新时代法学教育丛书

NEW ERA LEGAL EDUCATION SERIES

新时代法学教育丛书

莫纪宏 总主编

国际公法学教程

柳华文 主编

当代中国出版社
Contemporary China Publishing House

图书在版编目(CIP)数据

国际公法学教程 / 柳华文主编 . -- 北京：当代中国出版社 , 2024. 8. -- (新时代法学教育丛书 / 莫纪宏总主编). -- ISBN 978-7-5154-1423-2

Ⅰ . D99

中国国家版本馆 CIP 数据核字第 2024X6N451 号

出 版 人	王　茵
责任编辑	邓颖君
责任校对	贾云华　康　莹
印刷监制	刘艳平
封面设计	乔智炜　李默涵
出版发行	当代中国出版社
地　　址	北京市地安门西大街旌勇里 8 号
网　　址	http://www.ddzg.net
邮政编码	100009
编 辑 部	(010)66572156
市 场 部	(010)66572281　66572157
印　　刷	中国电影出版社印刷厂
开　　本	787 毫米 ×1092 毫米　1/16
印　　张	30.25 印张　1 插页　674 千字
版　　次	2024 年 8 月第 1 版
印　　次	2024 年 8 月第 1 次印刷
定　　价	78.00 元

版权所有，翻版必究；如有印装质量问题，请拨打（010）66572159 联系出版部调换。

新时代法学教育丛书
编委会

总 主 编	莫纪宏
副总主编	吴 用　张初霞
总 顾 问	崔唯航　张政文　王新清　李 林　陈 甦　孙宪忠
	李明德　田 禾　周汉华　邹海林　沈 涓
编委会成员	莫纪宏　吴 用　张初霞　柳华文　谢增毅　李 霞
	柳建龙　苗鸣宇　李洪雷　翟国强　廖 凡　贺海仁
	张 生　刘小妹　吕艳滨　谢鸿飞　陈 洁　汤洁茵
	席月民　管育鹰　薛宁兰　王天玉　刘仁文　徐 卉
	董 坤　刘洪岩　周 辉　谢海定　姚 佳　刘敬东
	戴瑞君　蒋小红　李庆明　曲相霏　毛晓飞　王帅一
	申 洁

总　序

2023年2月底，中共中央办公厅、国务院办公厅联合印发了《关于加强新时代法学教育和法学理论研究的意见》（以下简称《意见》）。《意见》明确指出，要完善法学教材体系。坚持以习近平法治思想为统领，通过抓好核心教材、编好主干教材、开发新形态教材等，构建中国特色法学教材体系。为了有效贯彻落实《意见》对构建中国特色法学教材体系提出的明确要求，中国社会科学院大学法学院组织学院全部师资力量和科研力量，出版了本套能够充分体现中国社会科学院大学"科教融合"成果、面向高等法律院校本科、硕士和博士的通用法学教材。本套教材严格按照《意见》提出的完善法学学科专业体系，构建自主设置与引导设置相结合的学科专业建设要求，立足目前高等法律院校教学体系现状，依托中国社会科学院法学研究所和国际法研究所强大的科研能力，用两年左右的时间编写而成，是一套适应新时代高等法律院校教学特点的"新时代法学教育丛书"。丛书主要面向高等法律院校的法学硕士、法律硕士，同时可以作为提升本科生阅读和理解能力的教学辅导资料，并可以成为夯实法学博士生法学知识基础的参考文献。

此套丛书分两批完成。第一批主要根据中国社会科学院大学法学院2023年6月的教学管理体制改革方案，建立以17个教研室为基础的教学管理单位，负责各门法学核心课程的设计、教材的编写以及法学本科、硕士和博士的培养计划等教学管理工作，围绕《意见》强调的法学主干学科编写各门法学核心课程的教程，包括《法理学教程》《中国法律史学教程》《宪法学教程》《行政法学教程》《刑法学教程（上、下册）》《民法学教程（上、下册）》《商法学教程（上、下册）》《刑事诉讼法学教程》《民事诉讼法学教程》《行政诉讼法学教程》《经济法学教程》《社会法学教程》《环境与资源法学教程》《知识产权法学教程》《国际公法学教程》《国际私法学教程》《国际经济法学教程》《军事法学教程》，同时按照中国社会科学院大学法学院目前各学科教研室设置的布局，与上述核心课程教程一起推出《网络与信息法学教程》《监察法学教程》。每册教程50万字左右，按照教育部规定的高等法律院校专业课程教学的基本要求编写，既有正文讲解，又有引导性、提纲性的内容提示，还有思考题和参考文献。鉴于有些学科知识量较大，将《刑法学教程》《民法学教程》《商法学教程》分为上、下两册编写，给主体为法学硕士、法律硕士的学习群体全面和系统地掌握法学基础知识提供高质量的教学辅导读物。第一批出版20本教程（23册），2024年底出齐。第二批教程预计16本左右，主要为落实《意见》加强新兴学科建设的要求，拟编写的教程包括《立法学教程》《文化法学教程》《教育法学教程》《国家安全法学教程》《区际法学教程》《社会治理法学教程》《科技法学教程》《气候法学教程》《海洋法学教程》《涉外法学教程》《党内法规学教程》《法学论文写作指导教程》《法学方法论教程》《法学文献阅读辅导教程》《法律职业伦理教程》《法学学术规范与学术道德教程》等。第二批教程拟于2025年底出齐。为了加深学习者对教程内容的理解，在第二批教程出版的同时，从每一本教程中抽象出50余个常用的学科名词术语，汇编成《新时代法学教育大辞典》，作为辅导学生学习和理解教材的必备参考。"新时代法学教育丛书"共计30余本，构成了《意见》要求设置的法学教学体系的整体框架和全部内容，可以为全面和系统地培育高等法律院校的本科生、硕士生和博士生提供最富有实效的教学参考资料，形成系统化的法学知识体系，以因应新时代对法学人才之需。本套丛书是全国600多所高等法律院校或法学院率先贯彻落实《意见》对法学教材体系建设要求形成的重要教学科研成果，丛书的出版可以为全国高等法律院校编写同类教材或者直接采用作为教材提供帮助。

为保证按时按质地组织"新时代法学教育丛书"的编写和出版工作，中国社会科学院大学、中国社会科学院法学研究所和国际法研究所举全力支持中国社会科学院大学法学院组织的"新时代法学教育丛书"的编写和出版，这将是2020年9月20日中国社会科学院大学法学院成立后由法学院独立组织出版的充分反映法学院教学能力和科研实力的系列法学教材，是法学院为争创"双一流"建设学科而进行的带有前瞻性、创新性、战略性的重大教学改革和创新举措。

"新时代法学教育丛书"由中国社会科学院大学法学院组织，法学院院长莫纪宏教授任总主编，执行院长吴用教授、党委书记张初霞副教授任副总主编，法学院院务会组成人员、17位教研室主任以及法学研究所、国际法研究所若干研究室主任作为丛书编委会成员，同时聘请中国社会科学院李林、陈甦、孙宪忠学部委员，中国社会科学院大学党委书记崔唯航教授、校长张政文教授、常务副校长王新清教授以及中国社会科学院大学法学院特聘教授李明德、田禾等教授作为丛书总顾问，集中中国社会科学院大学法学院全部在编教学人员编写。

总共两批30余本教程的编写采取两种模式的主编责任制。一是以法学院现有17个教研室为单位，主干和核心课程以教研室主任作为学科教程的主编，教研室全体在编教学人员参加编写；二是由法学院根据具体情况指定特定人员负责教程编写工作。

"新时代法学教育丛书"是面向高等法律院校在读学生的教学参考书，知识点全面覆盖，以问题为导向，带有思考性特点，主要群体是法学硕士和法律硕士，难度中等，适合本科生提升和博士生夯基使用。丛书使用2008年出版的社科法硕教材和中国社会科学院研究生教材编写体例，每本教材的名称统一为《××法学教程》。

中国社会科学院大学法学院是中国社会科学院实行"科教融合"的改革举措，吸收中国社会科学院法学研究所、国际法研究所、研究生院以及原中国青年政治学院法学院四个方面的科研和教学力量汇集起来的科研型教学单位，从2020年9月20日成立至今尚不足4年，是全国600多所高等院校法学院中较年轻的法学院。尽管起步较晚，但法学院可以追溯的历史却源远流长。

我们的法学研究生教育最早可以追溯到 1961 年。1978 年成立了中国社会科学院研究生院法学系，正式开启了中国社会科学院系统的规范化法学教育历程，1981 年我们成为新中国首批设立法学一级学科博士点的 3 家单位之一。我们的法学本科教育也于 2009 年入选教育部第四批高等学校特色专业建设点，2012 年入选教育部、中央政法委首批卓越法律人才教育培养基地（应用型、复合型法律职业人才教育培养基地），当然也都是北京市的特色专业和法律人才教育培养基地。因为有了这样良好的法学教育基础，2019 年，中国社会科学院大学法学院入选了国家级一流本科专业建设点。

数十年来，法学院人才培养成效卓著，大量优秀毕业生在法学科研、教育领域以及党政机构、司法和监察部门、律师事务所、大型企业等实务部门就职，为法治中国建设作出了杰出贡献。

"科教融合"以后的法学院现有本科专业学位点、法学一级学科硕士学位点、法律硕士专业学位点、法学一级学科博士学位点，还有博士后流动站，目前在读学生 1100 余人。

我们希望通过我们自己的努力，将"科教融合"的成果和中国社会科学院大学法学院的办学特色体现到"新时代法学教育丛书"中去，积极探索中共中央办公厅、国务院办公厅联合印发的《关于加强新时代法学教育和法学理论研究的意见》中明确提出的"抓好核心教材、编好主干教材、开发新形态教材等，构建中国特色法学教材体系"各项要求的新路子，力争在不久的将来跻身中国高等法律院校的"名院"行列，为国家培养更多合格的法治人才。

中国社会科学院大学法学院院长
中国社会科学院法学研究所所长
2024 年 4 月于北京沙滩北街 15 号

目 录 CONTENTS

绪 论 　　001

第一章　国际法的性质与发展　　014
第一节　国际法的性质　　015
第二节　国际法的发展　　017

第二章　国际法的渊源　　023
第一节　国际法渊源的定义　　024
第二节　国际法渊源的内容　　025
第三节　国际法的编纂　　034

第三章　国际法与国内法的关系　　042
第一节　概述　　042
第二节　国际法与国内法关系的理论学说　　043
第三节　国际法与国内法关系的法律规则　　048
第四节　国际法与国内法关系的司法实践　　057

第四章　国际法的基本原则　　064
第一节　国际法基本原则的概念　　064
第二节　国际法基本原则与强行法　　065
第三节　国际法基本原则的历史发展　　066
第四节　和平共处五项原则与国际法基本原则　　071

第五章　国际责任　　074
第一节　国际责任的概述　　075
第二节　国家责任　　079
第三节　国际法不加禁止行为所产生的损害性后果的国际责任　　089

第六章　国际法上的主体　096
  第一节　概述　096
  第二节　国际法上的基本主体　098
  第三节　国际法上的其他主体　101
  第四节　个人的国际法地位问题　104
  第五节　其他非国家实体的国际法地位问题　108

第七章　国际法上的国家　113
  第一节　国家的概念和类型　113
  第二节　国家的基本权利和义务　117
  第三节　国家豁免　121
  第四节　国际法上的承认　125
  第五节　国际法上的继承　130

第八章　国际组织法　136
  第一节　认识国际组织　137
  第二节　国际组织法的基本内容　140
  第三节　国际组织的主要法律问题　142
  第四节　联合国及其专门机构与区域性国际组织　149

第九章　国际法上的个人　160
  第一节　国籍问题　161
  第二节　外国人的法律地位与待遇　169
  第三节　庇护和引渡　176
  第四节　难民　182

第十章　国际人权法　186
  第一节　国际人权法的概念与历史发展　186
  第二节　普遍性人权公约　192
  第三节　普遍性人权机制　200

第十一章　国际法上的领土　208
  第一节　领土的概念与范围　209
  第二节　领土的取得和变更　213
  第三节　领土的组成、边界和边境制度　218

| 第四节 | 极地法律制度 | 226 |

第十二章　海洋法　234

第一节	海洋法的历史与发展	234
第二节	基线和内水	237
第三节	领海和毗连区	241
第四节	群岛与海峡	245
第五节	专属经济区和大陆架	248
第六节	公海与国际海底区域	253
第七节	海洋争端的解决	256
第八节	中国与海洋法	260

第十三章　空间法　267

第一节	空间的法律地位	267
第二节	国际航空法	272
第三节	外层空间法	284

第十四章　国际环境法　294

第一节	概述	295
第二节	大气环境的保护	302
第三节	海洋环境保护	304
第四节	自然资源的保护	307
第五节	危险物质和活动的管制	313
第六节	国际贸易与环境	316

第十五章　国际卫生法　321

第一节	国际卫生法概述	322
第二节	世界卫生组织	324
第三节	《国际卫生条例（2005）》	328
第四节	《烟草控制框架公约》	335

第十六章　条约法　341

第一节	概述	341
第二节	条约的缔结	346
第三节	保留	350

  第四节 条约的生效和暂时适用 353
  第五节 条约的遵守和适用 355
  第六节 条约解释 359
  第七节 条约的修订 362
  第八节 条约的失效、终止和停止施行 364
  第九节 条约管理 369

第十七章 外交和领事关系法 373
  第一节 外交和领事关系及其法律制度的概念和性质 374
  第二节 国家对外关系机关与人员 375
  第三节 外交特权与豁免 379
  第四节 领事关系及其法律制度 386
  第五节 中国的相关立法和实践 391

第十八章 和平解决国际争端 395
  第一节 概　述 395
  第二节 国际争端的政治解决方法 400
  第三节 常设仲裁法院 403
  第四节 国际法院 406
  第五节 国际海洋法法庭 411

第十九章 国际刑法 417
  第一节 国际刑法的基本概念和国际刑事司法机构 417
  第二节 国际刑事犯罪的基本种类 427
  第三节 国际刑事责任的个人归责 433
  第四节 国际刑事法院的管辖权 439
  第五节 国际刑事协助 443

第二十章 国际人道法 448
  第一节 国际人道法概述 449
  第二节 对作战手段和方法的限制 454
  第三节 战斗人员、平民和对战争受难者的保护 459
  第四节 中国与国际人道法 462

后　记 468

绪　论

【内容提示】

党和国家对国际法的重视前所未有。特别是党的十八大以来，党的重要文件多次强调加强涉外法治、进一步加强国际法的研究和运用。习近平法治思想中有深刻、丰富的国际法内容。中共中央办公厅、国务院办公厅印发《关于加强新时代法学教育和法学理论研究的意见》对加强国际法教学、研究、学科建设等作出明确和重要部署。

自改革开放之初，国际法教学、研究和运用就备受重视，并取得了很多成就，作出了重大贡献。新的时代背景下，加强涉外法治，促进国际法教学、研究和运用有新的要求，需要以习近平法治思想为指导，进一步加强国际法教学、为培养涉外法律人才奠定基础，加强国际法的运用、充分发挥国际法的作用，要统筹国内和国际两个大局、加强国际交流与合作。

2023年6月28日，新中国首部全面、系统规范中国对外关系工作的《对外关系法》出台。它是一部基础性、里程碑式的国家立法，是与国际法密切相关的国内法，不仅直接规定和呈现了中国国际法立场和原则，也为进一步完善涉外立法、促进国际法实践奠定了基础。

一、习近平法治思想高度重视国际法

2019年10月在北京举行的中国共产党十九届四中全会通过了《中共中央关于坚持和完善中国特色社会主义制度　推进国家治理体系和治理能力现代化若干重大问题的决定》提出，到中国共产党成立100年时，在各方面制度更加成熟更加定型上取得明显成效；到2035年，各方面制度更加完善，基本实现国家治理体系和治理能力现代化；到新中国成立100年时，全面实现国家治理体系和治理能力现代化，使中国特色社会主义制度更加巩固、优越性充分展现。正是在这个重要文件中，专门提到了国际法。它明确提出："加强涉外法治工作，建立涉外工作法务制度，加强国际法研究和运用，提高涉外工作法治化水平。"[1]

涉外法治是具有涉外因素、实现涉外工作目标、促进对外关系发展的法律工作的总称，是国家全面依法治国的有机组成部分。涉外法治与国际法密切相关。涉外法治必然

---

[1]《中共中央关于坚持和完善中国特色社会主义制度　推进国家治理体系和治理能力现代化若干重大问题的决定》，人民出版社2019年版，第38页。

会受到国际法的影响，并与国际法产生互动。国际法是调整国际法主体之间——主要是国家之间，包括国家与其他国际法主体如国际组织等之间的关系的具有法律效力的规则、原则和制度的总称。

2020年10月党的十九届五中全会在北京召开。这是在我国将进入新发展阶段、实现中华民族伟大复兴正处在关键时期召开的一次具有全局性、历史性意义的重要会议，全会审议通过的《中共中央关于制定国民经济和社会发展第十四个五年规划和二〇三五年远景目标的建议》全面总结了我国"十三五"期间的历史性成就，深刻指明了今后一个时期我国发展的指导方针、目标任务、战略举措。这次大会明确了我们全面建设社会主义现代化的目标方向和战略路径举措，昭示我国即将迈入全面建设社会主义现代化国家的新发展阶段，开启第二个百年奋斗目标的新征程。建议中专门提到："坚持多边主义和共商共建共享原则，积极参与全球治理体系改革和建设，加强涉外法治体系建设，加强国际法运用，维护以联合国为核心的国际体系和以国际法为基础的国际秩序，共同应对全球性挑战。"[1]这个承前启后的重要文件再次重视和强调国际法，具有重要的指导意义。

2020年11月16日至17日在党的历史上首次召开的中央全面依法治国工作会议正式确立了习近平法治思想，将习近平法治思想明确为全面依法治国的指导思想。会议强调，习近平法治思想内涵丰富、论述深刻、逻辑严密、系统完备，从历史和当代相贯通、国际和国内相关联、理论和实际相结合上深刻回答了新时代为什么实行全面依法治国、怎样实行全面依法治国等一系列重大问题。[2]时任全国人大常委会委员长栗战书指出，习近平法治思想是马克思主义法治理论中国化的最新成果，是习近平新时代中国特色社会主义思想的重要组成部分，是全面依法治国的根本遵循和行动指南。[3]习近平法治思想包括国内法治和涉外法治，兼顾国内治理和国际治理，包涵了深刻、丰富的国际法内容。习近平法治思想中的国际法内容，既与中国深化改革、扩大开放、促进经济发展和社会进步相关，也与经济全球化、全球范围内维护和平与促进发展的种种机遇和挑战相关。随着中国日益走近世界舞台的中央，中国作为最大的发展中国家对于国际法的立场、态度、主张和贡献引人注目，并越来越具有更广泛和深远的影响。[4]

2022年10月16日习近平总书记在中国共产党第二十次全国代表大会上所作的报告中明确提出，"加强重点领域、新兴领域、涉外领域立法，统筹推进国内法治和涉外法治，以良法促进发展、保障善治"；"坚定维护以联合国为核心的国际体系、以国际法为

---

[1]《中共中央关于制定国民经济和社会发展第十四个五年规划和二〇三五年远景目标的建议》，载《人民日报》2020年11月4日，第4版。

[2]《坚定不移走中国特色社会主义法治道路　为全面建设社会主义现代化国家提供有力法治保障》，载《人民日报》2020年11月18日，第1、4版。

[3]《人大工作要认真贯彻习近平法治思想　为全面建设社会主义现代化国家履职尽责》，载《人民日报》2020年11月20日，第1版。

[4]参见柳华文：《论习近平法治思想中的国际法要义》，载《比较法研究》2020年第6期。

基础的国际秩序、以联合国宪章宗旨和原则为基础的国际关系基本准则"。[1]党和国家对于加强涉外法治、加强国际法的研究和运用的重视前所未有，国际法研究和实践由此获得更大的促进和推动。

2023年2月，中共中央办公厅、国务院办公厅印发《关于加强新时代法学教育和法学理论研究的意见》，提出"到2035年，与法治国家、法治政府、法治社会基本建成相适应，建成一批中国特色、世界一流法学院校，造就一批具有国际影响力的法学专家学者，持续培养大批德才兼备的高素质法治人才，构建起具有鲜明中国特色的法学学科体系、学术体系、话语体系，形成内容科学、结构合理、系统完备、协同高效的法学教育体系和法学理论研究体系"，专门强调"完善涉外法学相关学科专业设置，支持能够开展学位授权自主审核工作的高等学校按程序设置国际法学相关一级学科或硕士专业学位类别，支持具有法学一级学科博士学位授权点的高等学校按程序自主设置国际法学相关二级学科，加快培养具有国际视野，精通国际法、国别法的涉外法治紧缺人才"。[2]这是法学教育史上里程碑式的文件，对于国际法教学和研究有非常重要的指导和推动作用。

二、国际法教学、研究与运用为改革开放作出重要贡献

（一）新中国成立之初就高度重视发挥国际法作用

新中国成立之初，中国共产党和中国政府就高度重视国际法。周恩来总理专门聘请当时武汉大学校长周鲠生先生到外交部担任专职的法律顾问。他是首任外交部法律顾问，从1949年12月起，他为新中国外交条法事业鞠躬尽瘁20余年。国际法学家李谋盛先生说："在外交方面，鲠生先生任外交部顾问后，毛主席和周总理都很重视他的意见。有些重要的外交文件，都要经鲠生先生提出意见后，才批发出去。"[3]陈体强、王铁崖等一批国外学成回国的国际法学家也担任了新中国外交部的法律顾问。

周鲠生先生作为专家审定中华人民共和国的英文国名翻译，建议在抗美援朝中以"中国人民志愿军"称号赴朝参战，1958年炮击金门时确立"12海里领海宽度"，将渤海湾作为领湾确立法律地位，还为中国在1971年恢复中华人民共和国在联合国的合法席位作出重要贡献。

20世纪50年代初，新中国国内百废待兴，国际社会面临西方国家的围堵，也面临周边国家的疑虑甚至敌视。1954年新中国第一代领导集体以卓越的政治智慧正式提出了和平共处五项原则。周鲠生先生以法律智慧和国际法的深厚功力，经过反复推敲，最终确定了和平共处五项原则的具体措辞。和平共处五项原则符合第二次世界大战后国际关系的新的历史趋势和潮流，引起国际社会的强烈共鸣，对树立社会主义中国的国际形象，开创和发展新的国际局面奠定了坚实的基础。1955年，20多个亚非国家出席万隆

---

[1] 习近平：《高举中国特色社会主义伟大旗帜　为全面建设社会主义现代化国家而团结奋斗》，载《中国共产党第二十次全国代表大会文件汇编》，人民出版社2022年版，第34、37页。

[2] 《中办国办印发〈关于加强新时代法学教育和法学理论研究的意见〉》，载《人民日报》2023年2月27日，第1、6版。

[3] 李谋盛：《周鲠生先生传略》，载《晋阳学刊》1988年第6期。

会议，在和平共处五项原则基础上提出处理国家间关系的十项原则，倡导团结、友谊、合作的万隆精神。20世纪60年代兴起的不结盟运动将和平共处五项原则作为指导原则。此后，和平共处五项原则又为1970年第二十五届联合国大会通过的《国际法宣言》、1974年第六届联合国大会特别会议通过的《建立新的国际经济秩序宣言》等重要文件采纳，逐渐成为国际法基本原则。

现在和平共处五项原则写进了中国与160多个国家的建交条约当中，成为"国际关系最大公约数"。和平共处五项原则的提出和发展，自始至终，有国际法角度的深思熟虑的创造，是中国对国际法和国际法治的重要贡献。中国国家主席习近平在和平共处五项原则发表70周年纪念大会上的讲话中说："70年前，和平共处五项原则正式发表，成为国际关系史上的伟大创举，具有划时代的重大意义。今天……纪念和平共处五项原则发表70周年，就是要在新形势下弘扬和平共处五项原则，携手构建人类命运共同体，为人类文明进步提供强劲动力。"[1]

1973年12月至1982年12月，联合国第三次海洋法会议起草通过了海洋法领域最重要的多边条约《海洋法公约》。这是中国重返联合国后参加的第一个重要的多边国际谈判。中国积极参与了此次海洋法会议，为公约反映广大发展中国家利益和呼声，建立更为公平合理的海洋秩序作出贡献，也为中国更好地参与国际立法以及国际法的实施奠定了基础、积累了经验。

（二）国际法教学、研究与运用与改革开放同时起步

早在中国改革开放启动之初，中国卓越的领导人邓小平就专门注意到了国际法。

党的十一届三中全会拉开了改革开放的序幕。1978年12月13日，邓小平在全会前召开的中央工作会议上发表了题为《解放思想，实事求是，团结一致向前看》的讲话，明确提出"要大力加强对国际法的研究"。[2]这是为十一届三中全会定调的重要讲话，如春风，如号角，使中国国际法研究获得极大的鼓舞。可以说，中国国际法学40多年的发展与改革开放同步。

北京大学、吉林大学于1978年招收了"文化大革命"结束后的全国首批国际法硕士研究生，它们都在1979年创办了全国首批本科国际法专业。这对于尽快为中国改革开放培养法律人才，特别是国际法人才，具有重大意义。1980年2月，中国国际法学会成立，时任中国社会科学院副院长宦乡担任首任会长。《中国国际法年刊》1982年创刊，成为一直以来反映我国国际法研究成果的重要平台。

国际法教材是改革开放以后恢复和加强国际法教学与研究的重中之重。北京大学的王铁崖先生组织国内各大学国际法教授和专家20余人，编写出版了中华人民共和国第一部国际法教科书，[3]是国内使用时间最长、影响最大的教材，曾于1988年荣获全国高

---

［1］ 习近平：《弘扬和平共处五项原则 携手构建人类命运共同体——在和平共处五项原则发表70周年纪念大会上的讲话》，载《人民日报》2024年6月29日，第2版。

［2］ 邓小平：《解放思想，实事求是，团结一致向前看》，载《邓小平文选》（第二卷），人民出版社2008年版，第147页。

［3］ 王铁崖主编：《国际法》，法律出版社1981年版。

等学校优秀教材特等奖。王先生 1983 年在北京大学创立了国际法研究所。

1979 年韩德培先生在武汉大学主持了法律系重建工作。他于 1980 年组建了武汉大学国际法研究所。早在 1983 年，韩先生就注意到，香港、澳门的回归和中国的统一事业将使解决区际法律冲突的区际私法在中国的国际私法研究中占有重要地位。[1]

曾任外交部法律顾问、中国社会科学院法学研究所研究员的李浩培先生 1985 年当选为瑞士国际法研究院院士，后来在 1993 年当选为联合国前南斯拉夫问题国际刑事法庭法官。他在 1987 年出版的 700 多页的专著《条约法概论》是获得第一届国家图书奖一等奖的一本由中国国际法学者撰写的经典国际法著作。[2]

老一辈国际法大师们为中国的国际法学和国际法实践的发展呕心沥血，作出巨大的贡献。在他们的努力下，我国的国际法学伴随国家的改革开放迅速起步，不断发展，并始终与中国改革开放的实践紧密联系在一起。

改革开放伊始，中国就不乏涉及国际法运用的实践。1979—1987 年，美国持有清朝政府湖广铁路债券的个人针对中华人民共和国提起湖广债券案。中国方面根据国际法据理力争，强调主权豁免和恶债不予继承的国际法原则，美国最高法院最终撤销了不利于中国的判决。

（三）国际法教学、研究和运用在改革开放中深化

改革开放使中国逐步走上发展社会主义市场经济的发展道路。中国对外交往增多，经济联系更加紧密。改革开放的推进过程，也是全面确立依法治国基本方略、不断走向法治中国的过程。与此同步，中国对国际法的重视不断加强。

国际法多次成为中共中央法制讲座的主题。比如，1994 年 12 月 9 日，中共中央政治局第一次法制讲座在中南海举行，时任华东政法学院教授的曹建明主讲的题目是《国际商贸法律制度与关贸总协定》。1996 年 12 月 9 日，外交学院卢松副教授为中央政治局主讲《国际法在国际关系中的作用》。2006 年 5 月 26 日，中国社会科学院的郑成思研究员和中南财经政法大学吴汉东教授为中央所作讲座的题目是《国际知识产权保护和我国知识产权保护的法律和制度建设》。

党的十八大以来，习近平总书记多次发表加强国际法治的重要讲话，阐明了中国的国际法立场和主张，为国际治理和中国国际法学的发展指明了方向。比如，2014 年 6 月 28 日，习近平在和平共处五项原则发表 60 周年纪念大会上指出，各国应该共同推动国际关系法治化，在国际关系中遵守国际法和公认的国际关系基本原则，用统一适用的规则来明是非、促和平、谋发展。2015 年 11 月 30 日，习近平在气候变化巴黎大会的开幕式上发表的主题为《携手构建合作共赢、公平合理的气候变化治理机制》讲话中指出："我们应该创造一个奉行法治、公平正义的未来。要提高国际法在全球治理中的地位和作用，确保国际规则有效遵守和实施，坚持民主、平等、正义，建设国际法治。"[3]

---

[1] 韩德培、李双元：《应该重视对冲突法的研究》，载《武汉大学学报》（社会科学版）1983 年第 6 期。
[2] 李浩培：《条约法概论》，法律出版社 1987 年版。
[3] 习近平：《携手构建合作共赢、公平合理的气候变化治理机制》，载《习近平谈治国理政》（第二卷），外文出版社 2017 年版，第 529 页。

在改革开放的大背景下，中国老一辈国际法学家学贯中西，继往开来，新一代的国际法学人刻苦钻研，使中国国际法基础理论与应用研究都伴随改革开放的进程获得了极大的推进，涌现出大量学术成果和一批又一批的国际法学人才。

2001年中国加入世界贸易组织是中国经济与世界接轨的重要标志。这极大地鼓舞了中国国际法学者的研究热情。国际法特别是国际经济法在人才培养和研究成果上都取得了突破，为我国对外经济交往提供了有效的法律服务和有力的智力支持。

加强国际法研究的一个重要举措就是机构建设。比如，2002年10月，在中国加入世界贸易组织的大背景下，中国社会科学院正式在原法学研究所国际法研究室的基础上建立了所级的国际法研究中心，2009年9月更名为国际法研究所。2007年4月，武汉大学成立跨学科的边界与海洋研究院。

2013年12月，中国社会科学院获得了《国际法研究》双月刊的刊号，成为国内第一本原创性国际法专业学术期刊。此后短短几年间，又有《边界与海洋研究》《武大国际法评论》《国际经济法学刊》《国际法学刊》等国际法领域的学术期刊相继获得正式刊号。它们是反映中国国际法学研究成果的重要平台。

进入21世纪，深海、极地、网络、外空等"新疆域"，反恐、非传统安全、气候变化、反腐败、中国海外企业合规、反对美国所谓"长臂管辖"、海外中国公民权益保护等新课题、前沿问题成为中国国际法学界的研究重点。近年来，菲律宾单方面提起的所谓"南海仲裁案"是典型的国际法律战，使得本来就颇受重视的海洋法研究更成为学界热点。中国国际法学界运用法律武器有力地批驳"仲裁庭"通过的所谓的"南海仲裁案裁决"，[1]积极维护我国的海洋权益，并为国际海洋争端的和平解决贡献智慧。

中国国际法学家走出国门、在联合国及其专门机构等国际组织中担任重要职务的人也越来越多。原外交部法律顾问、国际法院法官史久镛先生还担任过国际法院院长。张月姣女士是中国第一位就职世界贸易组织争端解决机制上诉机构的国际法专家，还担任过上诉机构主席。2018年12月18日举行的庆祝改革开放40周年大会上，史久镛和张月姣两位国际法学家被党中央、国务院决定授予改革先锋称号。[2]

改革开放以后，中国国际法理论研究和实践工作的广度、深度和速度均大幅度提升。[3]可以说，中国国际法研究和运用在中国改革开放和现代化建设的进程中作出了重要贡献，并面临前所未有的发展空间和发展机遇。

三、百年未有之大变局开启国际法教学、研究与运用的新时代

（一）世界出现百年未有之大变局

世界正处于大发展大变革大调整时期，世界多极化、经济全球化、社会信息化、文化多样化深入发展，全球治理体系和国际秩序变革加速推进。

---

〔1〕 参见中国国际法学会：《南海仲裁案裁决之批判》，外文出版社2018年版。
〔2〕 《改革先锋、中国改革友谊奖章获得者名单》，载《人民日报》2018年12月19日，第3版。
〔3〕 朱晓青：《新中国国际法治70年》，载高培勇主编：《新中国法治建设70年》，中国社会科学出版社2019年版，第340页。

2015年10月12日，中共中央政治局举行第二十七次集体学习，主题是全球治理格局和全球治理体制。习近平总书记当时就指出："国际社会普遍认为，全球治理体制变革正处在历史转折点上。国际力量对比发生深刻变化，新兴市场国家和一大批发展中国家快速发展，国际影响力不断增强，是近代以来国际力量对比中最具革命性的变化。"[1]2016年9月27日，中央政治局第三十五次政治学习，主题是二十国集团领导人峰会和全球治理体系变革。习近平总书记又指出："全球治理格局取决于国际力量对比，全球治理体系变革源于国际力量对比变化。"[2]

新兴市场和发展中国家的群体性崛起，是最近十几年来国际格局最引人注目的变化之一。其经济总量，根据购买力平价计算，2014年已经超过发达国家，到2017年占世界经济比重已达到58.2%；按现价法计算，这个比重是近40%。[3]这其中，中国经济快速发展的贡献是主要因素。

回顾历史，近一百多年以来，对于中国而言，也是百年未有之大变化。习近平总书记说："当前，我国处于近代以来最好的发展时期，世界处于百年未有之大变局，两者同步交织、相互激荡。"[4]从1840年开始，中国面临西方列强入侵，被迫面对世界；[5]1949年，新中国成立，中国人民站起来了，但是积贫积弱，百废待兴；1978年，中国改革开放，主动走向世界；2001年，以加入世界贸易组织为标志，中国开始深度融入世界，中国人民开始逐渐富起来，国家开始逐渐强起来。现在，中国已经成为世界第二大经济体，中国与世界的互动进入新的阶段。

中国经济实力的增长是实实在在的变化，但是包括软实力在内的综合国力的增强、在参与全球治理中的能力和作用的加强还处在一个渐进发展的过程当中。中国作为新崛起的发展中大国，与美国等发达国家在整体财富、人均国民生产总值、核心科技、国际话语权等方面还存在差距。

中美关系是世界上最重要的双边关系之一，也事关世界经济增长和国际和平与发展。中国以互利共赢为经贸关系的目标，主张国与国之间本着相互尊重的态度，通过平等对话找到解决问题的办法。中国坚定不移地维护以联合国为基础的国际体系和以国际法为基础的国际秩序，支持和推动真正的多边主义，这是大国外交中的大国之道。

当今世界的不确定性来源于西方世界内部，中国等发展中国家继续崛起，成为世界局势的稳定力量；中国正在以一个负责任大国的姿态为不确定的世界提供着确定性，并

---

[1] 习近平：《弘扬共商共建共享的全球治理理念》，载习近平：《论坚持推动构建人类命运共同体》，中央文献出版社2018年版，第259页。

[2] 习近平：《提高我国参与全球治理的能力》，载习近平：《论坚持推动构建人类命运共同体》，中央文献出版社2018年版，第384页。

[3] 全国干部培训教材编审指导委员会编：《全面推进中国特色大国外交》，人民出版社、党建读物出版社2019年版，第7页。

[4] 习近平：《坚持以新时代中国特色社会主义外交思想为指导 努力开创中国特色大国外交新局面》，载习近平：《论坚持推动构建人类命运共同体》，中央文献出版社2018年版，第539页。

[5] 1840年英国对中国发动的鸦片战争是西方工业文明与东方农业文明的碰撞，也可以说是引起中国3000年未有之变局。

提供着当今国际秩序所必需的国际公共产品，表明中国已具备对国际秩序和区域秩序作出制度性补充的能力。[1]

（二）加强国际法教学、研究和运用的新要求

当今世界，国际社会的不确定性增多，去全球化的声音不绝于耳。也有人歪曲中国立场，变换方式渲染"中国威胁论"。正如国家主席习近平2018年4月10日在博鳌论坛开幕式主旨演讲中指出的，"无论中国发展到什么程度，我们都不会威胁谁，都不会颠覆现行国际体系"。[2]2014年10月24日，在"联合国日"之际，外交部长王毅在《光明日报》发文，旗帜鲜明地指出"中国是国际法治的坚定维护者和建设者"。[3]

2018年3月11日，第十三届全国人民代表大会第一次会议通过了新的宪法修正案，其中在宪法序言第12自然段中增加了"坚持和平发展道路，坚持互利共赢开放战略"和"推动构建人类命运共同体"的新内容。这是对中国自20世纪50年代以来主张的和平共处五项原则的意义深远的坚持和发展。

在新时代，中国提出并践行的"一带一路"倡议，源于中国，属于世界；构建新型国际关系、构建人类命运共同体的主张，是中国方案，又是世界视野。中国国际法学要与时俱进，阐释和支持中国的新理念、新主张和新实践。正如2018年12月28日，时任中央政治局委员、中央外事工作委员会办公室主任杨洁篪在外交部和中国国际法学会共同举办的改革开放40周年国际法工作座谈会上的主旨讲话所指出的，我们要深刻把握新一轮改革开放对国际法工作提出的新要求，努力开创中国国际法工作新局面。[4]

"加强国际法研究和运用"写进十九届四中全会通过的决定，从坚持和完善中国特色社会主义制度、推进国家治理体系和治理能力现代化的高度来认识国际法，这是对近年来中国对外交往方针和政策的一次重要总结、重申和发展。法治的内涵扩大了，涉外法治成为重要的法治建设的内容，涉外法务工作成为新的制度性设计和要求，国际法获得新的、更大的重视和强调。决定中提到的两个"坚定不移"，即坚定不移维护国家主权、安全、发展利益，坚定不移维护世界和平、促进共同发展，可以说是中国国际法研究和运用的两个面向或者两个任务。

十九届五中全会通过的《中共中央关于制定国民经济和社会发展第十四个五年规划和二〇三五年远景目标的建议》表明，今后一个时期我国继续坚持多边主义和共商共建共享原则，积极参与全球治理体系改革和建设，加强涉外法治体系建设，加强国际法运用，维护以联合国为核心的国际体系和以国际法为基础的国际秩序，共同应对全球性挑战。

2020年11月召开的中央全面依法治国工作会议正式确立了习近平法治思想。

---

[1] 郑永年：《为世界提供确定性和正能量》，载《人民日报》2019年12月26日，第8版。
[2] 习近平：《开放共创繁荣，创新引领未来》，载习近平：《论坚持推动构建人类命运共同体》，中央文献出版社2018年版，第524页。
[3] 王毅：《中国是国际法治的坚定维护者和建设者》，载《光明日报》2014年10月24日，第2版。
[4] 《杨洁篪出席改革开放40周年国际法工作座谈会并发表主旨讲话》，载外交部网站，访问时间：2021年8月15日。

习近平总书记在此次会议上强调：要坚持统筹推进国内法治和涉外法治；要加快涉外法治工作战略布局，协调推进国内治理和国际治理，更好维护国家主权、安全、发展利益；要强化法治思维，运用法治方式，有效应对挑战、防范风险，综合利用立法、执法、司法等手段开展斗争，坚决维护国家主权、尊严和核心利益；要推动全球治理变革，推动构建人类命运共同体。[1] 2018年6月召开的中央外事工作会议确立了习近平外交思想的指导地位。习近平外交思想是新时代我国对外工作的根本遵循和行动指南。[2] 中国国际法学者可以结合习近平外交思想，深入学习领会和贯彻作为全面依法治国指导思想的习近平法治思想，特别是其中的国际法内容和主张。

四、进一步加强国际法教学、研究与运用的方向

国际法研究有承上启下的意义。它的上游是要加强国际法教学，下游是要加强国际法运用。反过来说，上、下游两端又能起到较好的支撑和拉伸作用，促进中国国际法学的快速发展和真正繁荣。我国目前的一个突出问题是，国际法研究在扩大科研队伍规模、增加机构设置和资金投入上都有了不少举措，而它的上、下游情况仍不乐观，实践中亟须大量的、优秀的涉外法律人才，国际法教学和运用的水平尤其需要提升。如何加强国际法研究与运用，应该是一个系统工程，需要国际法学界、相关政府部门等发挥聪明才智，开展不懈努力。

（一）加强国际法教学，为培养涉外法律人才奠定基础

中国资深外交官、联合国国际法委员会委员黄惠康曾指出："改革开放40年来，中国国际法人才队伍培养取得了长足的发展，国际法能力不断提升。但现在有的国际法队伍和能力与民族复兴、构建人类命运共同体的目标仍然有着很大的距离，具有国际化水平、在重要国际法岗位的国际法人才以及有国际竞争力和影响力的国际法智库存在明显'短板'，应对国际事务捉襟见肘。"[3]

2014年10月23日中共中央第十八届四中全会通过的《中共中央关于全面推进依法治国若干重大问题的决定》中就提到："建设通晓国际法律规则、善于处理涉外法律事务的涉外法治人才队伍。"[4]

习近平总书记非常重视加强全球治理人才队伍建设。2016年9月27日，他在中央政治局第三十五次集体学习时指出："参与全球治理需要一大批熟悉党和国家方针政策、了解我国国情、具有全球视野、熟练运用外语、通晓国际规则、精通国际谈判的专业人才。要加强全球治理人才队伍建设，突破人才瓶颈，做好人才储备，为我国参与全球治

---

[1]《坚定不移走中国特色社会主义法治道路　为全面建设社会主义现代化国家提供有力法治保障》，载《人民日报》2020年11月18日，第1、4版。

[2] 中共中央宣传部、中华人民共和国外交部编：《习近平外交思想学习纲要》，人民出版社、学习出版社2021年版，第1页。

[3] 黄惠康：《中国特色大国外交与国际法》，法律出版社2019年版，第494页。

[4]《〈中共中央关于全面推进依法治国若干重大问题的决定〉辅导读本》，人民出版社2018年版，第33页。

理提供有力人才支撑。"[1]新时代，新任务，我们亟须加强国际法教学和人才培养工作。习近平总书记的重要论述也指明了具体的要求和工作路径。我们从中可以获得重要的启示：学习国际法，不仅是学习国际法律规则，还要了解党和国家的方针政策，了解国情，了解世界，具有全球视野，需要学好外语，还要学习和掌握国际谈判的技能。

特别需要强调的是，国际法人才培养需要认识到了解国情，掌握中国立场、中国主张和中国实践的重要性。西方学者安西娅·罗伯茨在比较了联合国安理会五个常任理事国的国际法教学情况后指出，美国的国际法教科书经常含蓄地传达一种"我们所实践的就是国际法"的信息，而中国的教科书在潜意识中给人的感觉好像是"国际法是其他国家所实践的"。[2]一方面，从中可以看出美国作为发达国家、甚至是超级大国在国际法上的单边主义特点，而中国作为发展中国家对于国际法从遵守、跟从到参与和促进的过程中所体现出来的是一种支持多边主义、较为客观和谦卑的态度；另一方面，也在一定程度上说明中国国际法教学存在对中国国际法实践关注和表述不够充分的问题。

国际法教学还有很大的发展潜力。应该在课程设置和引导中鼓励高校学生学习国际法，并积极引导优秀学生在国际法领域深造。

国际法和国内法作为两个相互独立的不同的法律体系，在概念、内容、方法和运作规律上均有不同，在知识和能力培养结构上也有差异。比如，与国内法学不同，国际法学与外交史、国际关系史、国际政治和国际关系属于有所交叉并密切联系的学科。[3]王铁崖先生有一个主张："研究国际关系和国际关系史必须有一定的国际法知识为基础，而研究国际法则必须以国际关系和国际关系史为背景。"[4]

中国国际法学会会长黄进教授对完善法学学科体系、健全国际法学科体系，特别是将国际法学确立为法学门类下的一级学科也提出了建议。[5]前已提及，2023年2月中共中央办公厅、国务院办公厅印发的《关于加强新时代法学教育和法学理论研究的意见》，对加强国际法教学和学科建设有了明确的强调和要求。

（二）加强国际法的运用，充分发挥国际法的作用

国际法的研究当然要立足实际，要落脚在运用上。现代外交，在形式上体现为法律外交，它是一种工作范式。国家利益及其维护要通过法律概念表达出来，赢得尊重和支持。对外经济交往也是法律实践，离不开国际法保驾护航。当下亟须建立涉外工作法务制度，提高涉外工作法治化水平。

十八届四中全会《中共中央关于全面推进依法治国若干重大问题的决定》中也专门提到了"加强涉外法律工作"。它的具体阐述是："适应对外开放不断深化，完善涉外法

---

[1] 习近平：《提高我国参与全球治理的能力》，载习近平：《论坚持推动构建人类命运共同体》，中央文献出版社2018年版，第385页。

[2] Anthea Roberts, *Is International Law International?*, Oxford University Press, 2017, p.161.

[3] See Michael Byers, "International Law", in Christian Reus-Smit and Duncan Snidal (ed.), *The Oxford Handbook of International Relations*, Oxford University Press, 2008, p.612–631.

[4] 王铁崖：《国际法引论》，北京大学出版社1998年版，序言第2页。

[5] 黄进：《如何加强涉外法治人才培养》，载《法制日报》2019年11月20日，第9版。

律法规体系，促进构建开放型经济新体制。积极参与国际规则制定，推动依法处理涉外经济、社会事务，增强我国在国际法律事务中的话语权和影响力，运用法律手段维护我国主权、安全、发展利益。强化涉外法律服务，维护我国公民、法人在海外及外国公民、法人在我国的正当权益，依法维护海外侨胞权益。深化司法领域国际合作，完善我国司法协助体制，扩大国际司法协助覆盖面。加强反腐败国际合作，加大海外追赃追逃、遣返引渡力度。积极参与执法安全国际合作，共同打击暴力恐怖势力、民族分裂势力、宗教极端势力和贩毒走私、跨国有组织犯罪。"[1]相比于这种列举性的规定，十九届四中全会的决定更为概括，并提出了总的制度性要求和更高的法治化建设水平的要求。涉外法律与国际法是相互交叉的概念，十九届四中全会的决定更突出和强调了国际法。十九届五中全会的决定更进一步，提出加强涉外法治体系建设，加强国际法运用，维护以联合国为核心的国际体系和以国际法为基础的国际秩序。党的全面依法治国工作会议上，总书记强调坚持统筹国内法治和涉外法治，从国内法治和涉外法治的有机联系的角度阐述了涉外法治问题。结合中央一直以来越来越多的对国际法研究和运用的重视，我们要立足中国国情，从全面推动国内法治建设和发展需要、不断加强涉外法治工作、参与国际治理的角度全面理解当代加强和运用国际法的新要求。

（三）统筹国内和国际两个大局，加强国际交流与合作

国家治理体系和治理能力现代化是一个有机整体。发展的关键是立足实际，首先把国内的事情办好；同时，要有全球视野，重视统筹国内和国际两个大局，适应新时代改革开放、扩大对外交往、参与和推进全球治理的需要。

一方面，由内而外，国内经济实力、对外交往能力的增加，有助于我们"走出去"，开展平等互利的合作，参与和推动共商共建共享的世界经济和全球治理；另一方面，由外而内，在市场要素和资源全球配置的背景下，我们的对外开放与合作有利于满足国内发展的需要，外国和国际组织等的先进或者成功的治理经验也可以供我们参考和借鉴。

国际法是长时间逐渐累积、发展而来的法律规则体系，西方发达国家曾在相当程度上主导了国际法的形成和发展乃至运作过程。联合国成立以来，随着非殖民化运动的兴起和发展中国家的不断壮大，国际法的体系和具体制度不断进步，虽然不尽完美，已经成为国际社会和平与发展不可或缺的制度支撑。从整体上看，中国是现有国际法律秩序和国际体系的受益者。不过，从法律规则和制度中受益不是自然而然的，需要由具备法律技能的人才队伍来完成，需要通过有效地利用和运用、通过努力才能真正获益。

闭关锁国发展不了经济，学习、掌握、运用国际法也是一样。国际法研究和运用需要立足本国国情的基础上，有国际视野，了解、追踪国际动态，积极开展国际交流与合作。中国国际法学要尽可能消除研究空白，涵盖国际法理论和实践的方方面面。中国国际法学者要争取成为国内外在相关领域有影响力的专家。我们也要熟悉国外国际法专家

---

[1]《〈中共中央关于全面推进依法治国若干重大问题的决定〉辅导读本》，人民出版社2018年版，第40页；参见汪洋：《加强涉外法律工作》，载《〈中共中央关于全面推进依法治国若干重大问题的决定〉辅导读本》，人民出版社2018年版，第48—58页。

队伍的情况，多与他们交流交往，多结交知华、友华的国际法学界的朋友。随着改革开放的深化和发展，利用外脑，聘请国外法律专家、利用国外法律人才为我国国家、企业或个人提供法律服务的情况会越来越多。

在国际交流与合作方面，中国国际法学会、北京国际法学会等不同层面和领域的国际法学术团体，国内高校和科研院所中的国际法研究机构都发挥了学术外交、智库外交、民间外交的重要作用。

2023年6月28日，第十四届全国人民代表大会常务委员会第三次会议通过新中国成立以来首部全面、系统规范中国对外关系工作的《对外关系法》。基于宪法，全面、完整、具体、明确地规定中国对外关系的立场、目标任务、职权分工、基本制度和工作保障，它是一部基础性、里程碑式的国家立法。该法标志着中国作为国际关系中的大国在发展对外关系方面的成熟，表明中国永远是国际社会可预期、可信赖的建设性力量。该法与国际法密切相关的中国国内法，不仅直接规定和呈现了中国国际法立场和原则，也为进一步完善涉外立法、促进国际法实践奠定了基础。

总之，我国对强国际法研究、教学和运用的重视和强调前所未有，必将进一步促进中国国际法学的发展和繁荣，加快涉外法治人才的培养，提高中国涉外工作法治化水平。

重要名词术语

习近平法治思想、涉外法治、国际法、《对外关系法》

思考题

1. 为什么要学习国际法？如何学好国际法？
2. 习近平法治思想中对于涉外法治和国际法有哪些重要阐述？
3. 中共中央办公厅、国务院办公厅印发《关于加强新时代法学教育和法学理论研究的意见》对加强国际法学科建设有何部署？

典型案例分析

菲律宾政府单方面提起的所谓"南海仲裁案"的非法性

2013年1月22日菲律宾政府单方面提起所谓的"南海仲裁案"，意图由为该案组成的"仲裁庭"按《海洋法公约》裁决中菲两国涉南海争端。其实，中国早已作出过排除性声明，涉领土主权和划界事项不适用《海洋法公约》中规定的强制争端解决程序。中国不承认所谓"仲裁庭"的管辖权，拒绝参与相关程序。[1]对此，有人疑惑，"有理走遍

---

[1] 中国政府的相关立场可参见：（1）《中华人民共和国外交部关于应菲律宾共和国请求建立的南海仲裁案仲裁庭所作裁决的声明》；（2）《中国根据〈联合国海洋法公约〉第298条提交排除性声明》；（3）《中华人民共和国政府关于在南海的领土主权和海洋权益的声明》；等等。

天下",在国内诉讼中,较少有当事人会直接否定法院的管辖权,为什么我们会质疑所谓根据公约成立的"仲裁庭"的管辖权?我们为什么不参与"仲裁程序",在诉讼文书的往来与庭审交锋中反对"仲裁庭"的管辖权或者反驳菲律宾政府的主张?

该案是国际争端,适用国际法,就应该运用国际法知识、用国际法思路分析与解决,不能简单类似国内法的概念和经验来分析。首先,在国际法上,并不存在当然的凌驾于主权国家之上的世界政府或者司法机构来适用国际法、解决争议;相反,有没有对当事国适用的、有法律约束力的相关国际法规则,有没有双方同意的有管辖权的争端解决机构这是国际法办案要处理的最基本的两个问题。没有当事国的事先或者事后的同意作为基础,一方不能强制另一方接受争端裁判。其次,与国内法不同,国际法上空白还比较多,虽然《海洋法公约》的内容相当丰富,但是仍然存在许多"法无明文"之处,比如岛屿的定义并不明确,与南海相关的历史性权利的国际法规则存在于该公约之外的国际习惯法等一般国际法中。单纯以一个公约也解决不了相关的争议。再次,在国际法上有一个禁止反言的原则。就是指国家的法律立场应该前后一贯。一旦此次参与相关"仲裁程序",接受管辖,就难以在此案的后期阶段再否定其管辖权,而且相当于自行放弃了之前政府声明的立场,将来其他国也提起单方面的仲裁时,中国也将不得不应诉和参与相关程序,所以解释性声明的立场不可松动。最后,国际法不仅是一个规则体系,也是一个由人组成的运作机制或者体系,国际法的适用能否公平公正,还要考虑国际关系、社会环境、国际机构的人员组成等复杂的因素,不能简单视之。在美西方国家怂恿和支持下,菲律宾政府滥用国际法,单方面提起所谓"南海仲裁"并不符合国际法,中国当然不能承认、参与或者执行所谓的"裁决"。

国际法与国内法密切联系,但却是一个独立的法律体系,有自己独特的运作规律、概念、逻辑和方法。国际法对于维护国家主权、安全和发展利益,保护中国海外利益,维护中国企业、其他组织与个人的合法权益至关重要。

第一章 国际法的性质与发展

【内容提示】

国际法不同于国际道德或者国际礼让，国际法是法律。国际法具有的法律效力既包括国际条约、习惯等正式的国际法渊源所具有的法律约束力，也包括诸如联合国大会决议等国际法辅助性渊源所具有的表达国际法主体法律确信、具有一定建议和倡导性质的不具有法律约束力、但是具有一定法律意义的效力。即使国际法屡遭破坏甚至是严重的违反，也并不因之否定国际法的法律性质，相反更说明加强国际法治，加强对国际法的遵守和适用的重要性。

解读国际法的法律效力的理论基础主要有自然法学派和实在法学派之分，两者都在一定程度上揭示了国际法发展和适用的规律。不同学派从不同角度考察，都具有理论和实践意义，也具有方法论的价值。中国主流的认识是，国际法效力的根据是国际法主体、主要是各国国家意志的协调。

国际法的发展演进大致可以分为四个阶段，包括古代国际法、近代国际法、现代国际法和当代国际法。考察国际法的历史，有助于更好地理解国际法，知其然并知其所以然，有助于更好地掌握国际法的演进规律和运作规律，判断国际法发展的未来方向。

对国际法的性质需要有正确的判断和把握。国际法是法律，而不是国际道德。国际法的主体主要是国家；一些国际组织在一定范围和程度上享有国际法主体地位，享有国际法意义上的权利和义务；正在争取民族独立的实体可以具有国际法主体地位；个人在普遍国际法或称一般国际法上不是国际法主体。

对国际法性质的认识还涉及对国际法功能和作用的认识。过高的估计或者夸大国际法的作用不切实际，过低的看待或者贬损国际法的作用同样不符合实际、会错误理解国际关系的发展规律，不利于有效开展对外交往并切实维护本国利益。

国际法是一个动态发展的体系，在第二次世界大战结束、联合国成立后更有快速的发展，国际政治、经济、科技和人权国际保护等的发展都给国际法的发展带来巨大的影响。当代国际法在维护世界和平与发展，推动人类文明和进步方面发挥着前所未有的作用。当代国际法并不完美，仍然面临着重要的机遇和挑战。

重视国际法，对国际法的性质和发展有更加客观和科学的认识，就可以在新的时代背景下，推动中国国际法研究和实践更好、更快地发展。

第一节 国际法的性质

一、国际法是法律

国际法是调整以国家为主要参与者之国际关系的规则、原则和制度的总和。"国际法"（international law）的名称反映了这样的定义。国际法通常又称为"国际公法"（international public law），它与"涉外法""外国法"是不同的概念。其内涵突出了调整"国际关系"的特点，因此与国际经济法、国际私法在法律主体和法律关系主要内容上有一些差异。国际经济法和国际私法是在国际法基础上在具体领域的细化，同时更有自己独特的调整对象和方法，与国际法既有联系、又有区别。

日常生活中，人们会在广义上将国际公法、国际经济法和国际私法统称为"国际法"，但是并不意味着，对它们的研究可以合起来构成一个具体的学科；国际公法在相当程度上可以构成国际经济法和国际私法的基础，但是三者并不总是在一个体系里使用、通用一贯的概念、原则和方法。

17世纪初，荷兰法学家——"国际法之父"格劳秀斯在创立独立的国际法体系时采用的是拉丁文"万民法"的用词。17—18世纪，欧洲各国普遍以"万民法"指调整主权国家之间关系的法律。19世纪，"国际法"的名称出现了。20世纪以来，国际社会已经广泛使用"国际法"来表示调整主权国家以及国际组织等国际法主体之间关系的法律制度。

国际法是法律的一种，因此是有法律效力的，包括层级不同的效力，典型的如国际条约对缔约国产生法律约束力，国际习惯也是如此。辅助性的国际法渊源如联合国大会决议可能表达了成员国的一种法律确信，没有法律约束力，但是有倡导、建议或者表达成员国法律意愿的法律效力。换句话说，国际法上的"法律效力"一词内涵更为丰富，既包括法律约束力这种正式的法律效力，也包括国际法辅助性渊源所具有的并非法律约束力的、具有建议与倡导意义和表达法律意愿的低一层级的法律效力。

国际法是法，因此与国际道德、国际礼让是区别的。国际道德、国际礼让往往并不具有详细、具体的规则，或者即使有相关规则，但是并不具有法律约束力、强制力，不遵守本身引起的是道义和政治意义上谴责或者对等报复，而不是直接产生法律责任和后果。国际法涉及的领域广泛且规则体系化、具体化的程度远发达于国际道德或者国际礼让，它强调国际法的渊源和效力，并在体系化、机制化方面不断获得推动和发展。

从历史到当代，破坏国际法的现象和事例不胜枚举，一些实例让人印象深刻。但是，违法情形的存在本身并不能否定国际法的法律性质。实际上，国际秩序的存在本身是以绝大多数国家遵守现行国际法为基础的。守法的情况是普遍和经常的情况，这才使得破坏国际法的情形比较显眼，从而引起关注。国际社会的连带性不断加强，国际法对于国际范围内的不同领域的国际治理正在发挥越来越大的作用。换一个角度，可以这样说，越是国际法被挑战和破坏的时候，越需要强调国际法治，强调国际法的法律性质。

"弱国无外交"，有人会把国际关系的调整视为国家实力决定的内容，从而认为国际法无足轻重，谈不上法律或者法律约束力。其实不然，良好的国际秩序让国际社会的大多数成员在长期和整体上获益，而且法律的重要特点是普遍和平等的适用性。广大发展中国家、特别是发展中的和不发达的中小国家，在政治、经济和军事上无力与大国平起平坐、平等交涉解决纠纷的情况下，更希望在法律的框架下解决国际问题，通过国际法主张和维护自身权益。国际法的形成和适用与国家实力有密切关系，但是国际法本身也是对包括大国、强国在内的所有国家的一种约束。国际法不仅是大国，也是小国，是所有国家可以使用、努力最大限度使用的法律武器。

任何大国的崛起都是全方位的发展，国家实力包括硬实力和软实力，其对国际法形成与适用的积极参与、推动甚至是引领，标志着国家实力、影响力的提升。

二、国际法效力的根据

进一步解释国际法的性质，就涉及如何描述和论证国际法的效力，简单地说，就是国际法的效力、特别是约束力源自哪里、根据是什么？

近代以来，不同国家的学者们有不同的理论解读，形成了不同的学派，其实是从不同的角度来认识国际法，并且服务于特定国家、特定时期的国际实践和国际法态度。他们往往都有一定的科学性和合理性，但是会有时代和学者所服务的国家及其实践的烙印。我们对国际法效力根据的认识，离不开对国际社会现实状况、未来发展趋势的认识，因此是一个与时俱进的课题。

（一）自然法学派

自然法学派主要主张自然法为正义的标准，强调正义的绝对性。在国际法学史上，代表性人物主要是荷兰的格劳秀斯、德国的普芬道夫和瑞士的瓦特尔以及英国的劳里默等。格劳秀斯认为，自然法是国际法的独立渊源，国际法对各国的约束力不仅来自各国的意志，而且也来源于自然法。在实在国际法并不发达的年代，这种主张可以为大国出海、加强国际交往等提供更多支持。即使在今天，在国际法规则和制度尚属于空白的领域，自然法的思想和主张对于填补实在法的缺失也具有重要意义。但是，在当今世界，过于抽象的情况下，主观判断的余地太大，也可能不符合现代法治理念中立法先行的实际法原则。

（二）实在法学派

实在法学派主张实在法是人定法，不接受自然法的存在，而是由人制定或者认可的法律。因此，国际法是由国家参与制定或者接受的法律。实在法学派的产生与早期实在主义思想家有关，包括英籍意大利人真提利斯、英国的苏之、德国的黑格尔、英国的奥斯汀等人。奥斯汀被公认为实在法学说的创始人。他们提出的国家的概念、国家意志、国家同意或者共同同意等学说是国际法上的实在法学说的基础。黑格尔认为国家意志是最高的，不存在任何高于国家意志的权威，就是法律也要服从国家这个抽象的概念。实在法学派在相当程度上反映了现代和当代国际法的现实，是影响最大、影响最广的学说。实在法学的思想和方法具有现实意义。但是完全排斥自然法概念和思想，特别是奥斯汀把主权、命令和制裁归为法律的三大要素，因而否定了国际法的法律性质，称国际法为国际道德，则是偏颇和错误的。

自然法学派和实在法学派是最具代表性的解释国际法效力根据、认识国际法性质的学说，此外还包括纯粹法学派、社会连带主义学派、政策定向学说等不同的学派或者理论，从不同的角度和侧重来考察、分析国际法，能够反映国际法的一些特点，提供分析的思路和方法，有参考意义。

我国国际法学界关于国际法效力根据的主流观点与苏联的国际法思想类似，认为国际法的效力根据是各国意志的协调，既强调国际法是国家意志的反映，更点明，它不是哪一个国家意志的反映，而是多国的国家意志的互动、协调之后的结果。这是符合现实的科学的认识。主流认识之外，为了更好地认识国际法的性质和运作规律，学者还可以借鉴国内外不同的理论成果、分析工具，从不同侧面去发现和揭示国际法的性质、特点、运作和发展趋势等。实践是真理的检验标准，立足本国和国际社会的实际进行研究和阐释，才是正确和有价值的。有一点特别重要——实践特别是国家实践，包括国家的意志和行为在根本意义上决定了国际法的形成、发展、解释和实施。

在抽象的理论和学术观点指导下，可以更具体地研究国际法制度、原则和规则的形成、产生过程。从而能够更具体、生动、真切地揭示国际法的性质和规律。当今世界，国际社会中活跃的行为者除了国家和政治之外，还有政府间和非政府间国际组织、富可敌国而且影响力很大的跨国企业等，所以"国家意志的协调"变得更加复杂，国际法产生和运作的过程有诸多新特点，值得关注和研究。

第二节 国际法的发展

国际法的产生和发展都是实践的结果。国际法本身有漫长的发展史，是人类社会史、人类文明史的重要组成部分。

一、古代国际法

是否存在古代国际法是一个争议的问题。问题的焦点是在古代没有现代意义上的国家。虽然时空局限很大，但是类似现代意义国家的实体、社会治理主体是存在的。特别是在古埃及、古希腊、古罗马、古代印度和古代中国，的确存在一定形式的国际法，或者至少称为国际法的萌芽。在古埃及，公元前3100年就曾出现了美索不达米亚城邦之间订立的条约。在古代印度，产生了关于国家之间交往形成的战争和人道法等方面的国际法规则和制度。中国的春秋战国时期，诸侯国林立，相互之间形成了类似近代国际法规则的制度。一些共同信守的习惯和规则，有国际礼让的特点，也有国际法的特征。美国传教士丁韪良称为"中国古代国际法的遗迹"。公元前221年，秦始皇统一中国，中国进入2000多年的统一的封建帝国时代，与邻邦和外国之间是一种"天朝"与"藩属"或者"夷狄"的关系，并以朝贡制度维系这种关系。由于不存在平等主体之间的交往关系，缺少国际法存在的社会基础。

古代国际法的情况告诉我们国际法的产生是人类文明发展的必然，是跨地域、跨文化的人类智慧的结晶，是社会宏观治理的规律性要求。古代国际法实践、相关做法、思想或者习俗等反映了国际法存在和发展的本土资源、社会和文化基础，也可以给当今国际法的考察和研究提供启示。

二、近代国际法

1648年，结束欧洲长达30年战争的《威斯特伐利亚和约》的签订具有划时代的意义，是国际关系和国际法发展史上的里程碑，标志着近代国际法的产生。它的突出成就是，促使一大批罗马帝国统治下的城邦国家取得了独立，产生了主权国家的概念，在欧洲建立了国家体系，从而确立了领土主权、国家平等、国家承认、条约必须遵守等国际法原则。

1789年的法国大革命和1806—1815年的拿破仑战争推动了近代国际法的发展。从1815年维也纳公会到1914年第一次世界大战爆发前，欧洲出现了长达1个世纪的欧洲协作时间，也是总体和平时期，国际法获得了诸多发展，特别是促进了外交制度的法典化、开创并发展了定期多边会议制度、国际条约实践更为丰富、建立了国际河流制度、逐渐走上了禁止奴隶贸易和奴隶制度的道路、在战争法和人道法以及国际争端解决法的编纂上有诸多进展。

不过，近代国际法有很大的局限，它带有强权政治、欧洲主义、殖民主义色彩，不是普遍适用于全世界的、跨文明的国际法，而是源于欧洲、主要适用于欧洲或基督教"文明国家"之间的国际法，亚洲、非洲、美洲存在的欧洲列强的殖民地、半殖民地，被排斥在国际法的适用范围之外。在18世纪，随着美国的崛起，国际法逐步在美洲和非洲得到适用；到19世纪，主要是由于西方列强侵略和扩张的需要，国际法才被有选择地适用于亚洲、特别是近东和远东地区。

在中国，1662—1690年明清时期与荷兰交往的过程中，接触到了国际法。晚清，林则徐派人翻译了瓦特尔《万国法》一书中有关战争、封锁和扣船等章节。到清朝末年，中文"国际法"或"国际公法"开始更多使用并代替"万民法"或"万国公法"。

1689年中国与俄国签订的《尼布楚条约》是中国与外国缔结的第一个条约，也是旧中国与外国缔结的极少的平等条约。在近代中国，清政府中的一些开明官员如张之洞、林则徐等人都曾努力利用国际法维护本国利益。但是囿于种种局限，中国被西方列强排斥在"文明国家"之外，套上了一个又一个不平等条约的枷锁。从1842年中英签订第一个不平等条约《南京条约》开始，中国进入了一个不断遭受武力侵略、强加不平等条约的时期。八国联军发动侵华战争后，西方列强与清政府在1901年签订《辛丑条约》，中国完全沦为半殖民地半封建社会。不平等条约规定了西方列强的种种特权，包括领事裁判权、租借地、赔款、驻军等。不平等条约的法律性质、效力，废除不平等条约的历史和法律分析乃至对当代的影响是国际法研究的一个重要领域。

现在，相对于国际法学前辈，国际法学者的历史研究有所欠缺，对于近代不平等条约的研究有减少的趋势。一方面，不平等条约史涉及近现代中国的重要国际法实践，本身有历史和现实意义；另一方面，不平等条约史反映了国际法发展的经验教训、历史规律，值得深入探究和挖掘。

三、现代国际法

相对于近代国际法，现代国际法进入一个崭新的国际法深入和全面发展的时代。

现代国际法的开始时间并不明显，开始阶段有一个过渡性的时期。代表性的事件包括1917年俄国十月革命胜利、第一次世界大战结束和国际联盟建立以及第二次世界大战结束和联合国的建立。现代国际法与当代国际法难以在时间上准确划分，而大致可以将冷战结束后，特别是进入21世纪以来的国际法发展时期归为当代国际法。

第一次世界大战和十月革命打破了旧的世界格局，国际社会出现了不同的社会制度，一些体现主权平等的原则出现并对国际法的进步、适用范围的扩大有了实质性的突破。联合国是有史以来最具普遍性的国际组织，确定了集体安全制度并以和平、发展和人权作为宗旨，首次系统地确立了国际法的基本原则，为国际法的全面发展奠定了基础。

非殖民化运动风起云涌，一大批亚非拉国家实现了民族独立，第三世界形成并兴起。主权国家数量急剧增长，联合国会员国从50个增加到190多个，国际法的主体和效力空间有了历史性的变化，国际法真正具有了"国际"的特征。结构性的变化使国际法更具民主化的可能，国际体系的改革和发展具有更加坚实的基础。

正在争取独立的民族也获得了国际法主体的资格。非殖民化运动本身也是国际法实践，至今仍然有许多历史遗留问题没有解决。2019年2月25日，国际法院以13∶1的压倒性多数就查戈斯群岛案发表咨询意见，认定英国1965年将查戈斯群岛从毛里求斯分离"构成国际不法行为"，毛里求斯的非殖民化进程尚未合法完成，英国应尽快结束对查岛的管理，各国应协助联合国大会尽快实现毛里求斯的非殖民化。在亚非拉许多国家之间的领土与边界纠纷、民族宗教矛盾等都源于西方殖民统治时遗留下来的问题。

科学技术的进步、尤其是交通和通信技术日益发达，使得整个世界沟通更加便捷。经济全球化逐渐加强，国际法的触角向外层空间、深层海底延伸。大陆架等地理概念演化成国际法概念，国际合作在深度和广度上不断拓展，达到人类历史上全新的水平。

作为对两次世界大战人类两度身历惨不堪言的战祸的反思，国际社会突出强调人权保障的重要性。1945年《联合国宪章》和1948年《世界人权宣言》标志着人权保护国际化在普遍意义上的开始。国际人权法的发展具有历史性意义。联合国首任人权司司长约翰·汉弗莱认为，由于国际人权法的发展，国际法"不仅在内容上正在更新，而且它的特点和构成也在发生变化。就其特点而言，它曾是水平式的，因为它只是规定国家间的关系；现在它是垂直式的，因为它延伸到作为个人的男男女女。从现在算起100年以后，当历史学家就20世纪的国际法著书立说的时候，他们就会说，这个体系的这些历史发展是最重要和最彻底的"。[1]美中不足的是，东西方意识形态领域的对立一直影响

---

[1] John Humphrey, *No Distant Millennium: The International Law of Human Rights*, UNESCO, 1989, p.203.

着国际人权法的发展。从 20 世纪 70 年代末、80 年初开始，美国开始将人权政治化，美国的人权外交将人权作为工具自我授权，通过发布人权国别报告等形式对其他国家的人权状况品头论足，甚至歪曲、诋毁。而人道主义干涉等概念也为干涉他国内政等提供了论据。面对南斯拉夫和卢旺达等地发生的人道主义悲剧，国际刑法有了突破和发展，国际刑事司法有显著的成就，也有明显的局限。比如，国际刑事法院管辖的案子几乎都是非洲国家的案子，难有突破。在联合国，保护的责任的概念获得了讨论，但是尚无定论，历史的经验教训值得重视，如何前行，需要谨慎对待。

国际组织的发展影响现代国际法发展的重要因素。普遍性、区域性政府间国际组织具有国际法主体地位，类似奥委会一样的有重要影响的国际非政府组织也一样非常活跃并产生重要影响，也具有国际法主体地位。国际组织的兴起对于国际法的形成、运用和发展产生了积极影响。在国际法制度设计和实际运作中，国际组织、包括国际非政府组织的作用和影响成为重要的研究课题。一方面，国际组织不同于国家，不是完全的国际法主体；另一方面，国际组织的实践是直接的、具体国际法实践，是研究和运用国际法的主要阵地，值得关注。

关于非政府组织在国际法形成、适用和发展中的作用的研究，务必区分国内法意义和国际法范畴的研究的差异。在国内社会，非政府组织的活动和发挥影响自然地受所在国本地的政治和法律制度的全面的规范和监督，但是在国际社会，不存在"世界政府"和关于非政府组织活动的全面有效的规范和监督，无论是机制还是规则，因而存在"问责赤字"或者"规范真空"，再加上目前活跃在国际舞台的非政府组织主要是来自西方发达国家的非政府组织，其代表性和利益与价值取向是值得关注的。将国内法语境中的非政府组织的探讨与国际法语境中的非政府组织的考察混为一谈是不正确、不科学的。

四、当代国际法

20 世纪 80 年代末、90 年代初，冷战结束，此时，经济全球化趋势更加明显，科技、尤其是互联网、大数据、人工智能等技术运用深刻改变生活、生产方式以及国际经济交往状况。恐怖主义威胁凸显，传统安全和非传统安全问题交织，气候变化、生物多样性、环境保护和可持续发展的问题更加突出，国际贸易秩序面临单边主义的威胁，国际卫生健康合作的必要性日益突出……进入新的世纪，国际社会的紧密联系前所未有，国际组织的运作更加成熟，国际立法越来越多、越来越快，国际法实践更加丰富。

美国一家独大的情况和全球多极化趋势并存，国际社会的国际法治理成为新的课题，挑战和机遇并存。中国作为发展中大国，高度重视国际法，积极参与国际立法及其实施，认真履行国际义务，在坚持和平共处五项原则的基础上，提出发展新型国家关系，倡导真正的多边主义，积极推动构建人类命运共同体，符合了国际社会的发展趋势、各国人民的普遍期待和人类社会的共同利益。当代国际法向何处去？如何积极推动构建人类命运共同体，特别是将人类命运共同体理念法律化？我们需要立足现实，理论与实践相结合，团结其他国家及其国际法学者，共同倡导和推动构建人类命运共同体的进程。

美国在一定程度上主导了联合国等国际组织的建立和战后国际秩序的形成。在联合国的建立、发展和运作过程中，在国际立法和法律实施中，美国也发挥了许多主导性的作用。但是，美国一直在国际法领域有独特的立场，这一立场也将它与其他西方国家比如欧洲国家区分开来。美国对待国际法，具有孤立主义、实用主义、单边主义的特征。美国倡导甚至主导国际法规则的制定、国际机构的建立，也经常敦促其他国家履行相关的国际条约，但它自己却置身其外，不批准大量它曾积极参与促成的国际条约，比如联合国《海洋法公约》《建立国际刑事法院的罗马规约》等。近年来，美国一度退约、"退群"或者以退约、"退群"相威胁，破坏多边主义与国际合作。作为世界上最大的发达国家，美国其实是国际法律体系和秩序的最大受益者。然而，美国并没有满足。美国正在违反、破坏既有的法律框架，成为现有法律秩序的威胁。一国有重塑国际秩序的愿望是正常的，但是美国的表达和实现路径以"美国至上"为口号，动辄对他国和国际组织进行胁迫、压制和强求，缺乏合法性、正当性和建设性。

国际法的国别研究值得重视。安西娅·罗伯茨的著作提出一个引人思考的题目，国际法是国际的吗？[1]国际法的产生和运用，归根结底，是国家的实践。各国对国际法的态度、做法，共同影响了国际法的发展。对于重要利益相关国的国际法立场和主张以及实践，我们要努力了解和掌握。比如，改革开放的中国，正在积极推动"一带一路"建设，对于"一带一路"沿线国家的法律状态、国际法立场等，同样迫切需要关注和研究。大国的国际法实践具有重要影响，值得关注、跟踪。中小国家对国际法的运用具有明显和特殊的特点，同样值得研究。2020年，在学科调整、加强研究室建设的背景下，中国社会科学院国际法研究所成立了国别研究室，体现了这样的一种认识。

国际法学界的交流与合作也颇具意义。世界范围内，国际法领域的国内和国际学术团体更加活跃。亚洲是区域一体化较弱的区域，秘书处在新加坡的亚洲国际法学会成立较晚，不少中国学者积极参与。中国国际法学人"走出去"的机会更多，更有很大的潜力和空间。中国国际法学者可以更多地参与国内外的国际法学学术团体和组织，并努力发出中国国际法学者的声音，表达中国立场和中国主张。中国青年国际法学者思维活跃，往往有很好的国内外学习的背景，是中国国际法学者"走出去"的重要力量，是深度开展国际法研究、参与国际法实践的生力军。

总之，国际法性质、国际法效力是国际法研究的基本理论问题，也是把握国际法产生、运作和发展规律的关键问题，结合历史和当代的实证研究，我们应该努力做到"知其然"，"知其所以然"，推动形成符合实际，符合中国和国际社会发展需求和时代趋势的中国国际法观、中国国际法基本理论，这是进一步丰富和发展中国国际法学、服务中国国际法实践的基础。以史鉴今，国际法的发展史，国际法的实践史，本国和他国与国际法发生联系、开展互动的历史和案例，都值得研究。国际法的发展进程是曲折、复杂，也有比较明确的轨迹和方向的可循，顺应历史和时代发展潮流，中国国际法学研究和实践都有巨大的发展潜力。

---

[1] Anthea Roberts, *Is International Law International?*, Oxford University Press, 2017.

> **重要名词术语**

国际法的效力、国际法效力的根据、自然法学派、实在法学派

> **思考题**

1. 国际法是法吗？
2. 国际法效力的根据是什么？
3. 国际法史大致可以分为几个阶段？各阶段的特征是什么？
4. 中国与美国对待国际法的立场和态度有何不同？
5. 为什么要重视涉国际法的国别研究？

> **典型案例分析**

根据《巴黎协定》作出的"双碳"目标承诺是何性质？

2015年12月，中国国家主席习近平出席气候变化巴黎大会并发表重要讲话，为《巴黎协定》的制定作出了历史性贡献。2016年9月中国批准《巴黎协定》，与其他国家一道促使其在2016年11月4日正式生效。

根据《巴黎协定》，作为全球应对气候变化的自主贡献，所有缔约方应保证并通报自己的碳达峰和碳中和——"双碳"目标。2020年9月22日，中国国家主席习近平在第七十五届联合国大会一般性辩论上郑重提出："中国将提高国家自主贡献力度，采取更加有力的政策和措施，二氧化碳排放力争于2030年前达到峰值，努力争取2060年前实现碳中和。"作为世界上最大的发展中大国，中国率先作出了短时间内完成大幅度减排的承诺。美国和欧盟等缔约方也相继宣布了减排承诺。

由国家和国际组织宣布的"双碳"目标性质为何？有不少媒体和学者分析认为这是一种政治承诺，并不具有法律效力。真的如此吗？

其实不然。在国际法上，《巴黎协定》是多边国际条约，对缔约方具有法律约束力。中国等国和欧盟是根据《巴黎协定》的规定作出减排自主承诺的，是一种正式的单边或者称为单方面的法律行为。作为国际法上的法律行为，其性质是法律承诺，而并非是政治性表达。

进一步说，《巴黎协定》要求的是缔约方的自主承诺，是尊重了缔约方的自主性的。"双碳"目标的提出在国际法渊源上属于基于国际条约作出的单方面法律行为，其法律效力的根据来自国际法主体自身。一方面，承诺具有法律约束力，国际社会和其他国际法主体可以产生可信赖的预期；另一方面，作为单方面法律行为，"双碳"目标的落实主要依靠缔约方自身的努力。相关国际条约的秘书处及其机制可以根据条约发挥一定的协调和辅助作用，但是并非确保单方面法律行为实施的主体。

第二章 国际法的渊源

【内容提示】

国际法的渊源问题是国际法的基本问题之一，也是国际法学研究的重要领域。由于国际社会不存在类似国内立法机关的机构来制定具有普遍适用性的国际法律文件，国际法中也不适用判例法原则（*stare decisis*），因此确定国际法的渊源与国内法的渊源有着明显的区别。研究国际法的渊源，其核心议题就是要确定某一项国际法规则是否存在及其内容是什么。现有国际法律文件中尚未明确界定国际法渊源的定义，按照目前一种较为普遍的、为多数国际法学者接受的定义，国际法渊源是指国际法产生和存在的形式。一些学者将国际法渊源分为形式渊源与实质渊源，但是也有学者认为国际法中不可能有所谓的"形式渊源"，进而也就不存在区分形式渊源和实质渊源的问题。一般认为《国际法院规约》第38条是对国际法渊源的权威说明，即国际条约、习惯和一般法律原则是国际法的主要渊源。司法判例与各国权威最高之公法学家学说不具备国际法独立渊源的地位，只是确定法律原则的补助资料。此外，国际组织的决议、国家单方面行为等内容与国际法渊源的形成和发展密切相关。国际法的渊源与国际法的编纂密切相关。国际法的编纂有广义和狭义之分，广义的国际法编纂包括联合国《国际法委员会章程》第15条所述国际法的编纂和逐渐发展，狭义的国际法编纂是指对国际法领域既有的不成文法或习惯法规则最严格意义的书面记录。国际组织的出现对于国际规则编纂过程产生了结构性影响，促进了国际法渊源的扩展，也赋予国际造法概念以新的内涵。第二次世界大战之后，几乎所有重要的国际公约和国际软法文件，都是在国际组织框架内磋商达成的，在众多国际组织中，联合国居于核心地位。中国参与现代国际法的编纂始于20世纪初，目前正在广泛参与联合国系统、其他全球性国际组织（条约机构）以及相关区域性国际组织（论坛组织）发展和编纂国际法的活动，建设性地参与全球性、区域性多边框架与法律规则构建，不断拓展参与的广度、深度和力度，促进国际法治进步。

有关国际法渊源的探讨是国际法领域的基本问题之一，是认识和适用国际法的基础。在现有国际法律文件中尚未明确界定国际法渊源的定义，有关国际法渊源的概念、类型等问题，在学术界也存在不同观点，此领域存在争议的问题要远比已得到解决的问题多。[1]由于国际法与国内法在法律渊源的概念、种类以及确认方法上均存在很大区别，例如国际法领域不存在专门的立法机构等，故而不能按照寻找国内法渊源的方式，循着

---

[1] 朱晓青主编：《国际法学》，中国社会科学出版社2012年版，第12页。

法律制定的程序或制定法律机构的阶层，寻找国际法的渊源。[1]《国际法院规约》第38条第1款规定了国际法院在处理案件时应当依据的国际法规范，这被视为国际法各种渊源存在的权威说明，但是从起草该条款至今已经过去近100年，国际法的发展已经进入新阶段。在整理、分析、援引和评价有关国际法渊源的国际文件、学术观点时，需要将其放在发展中的国际法语境之内加以综合考虑，以发展的视角看待国际法渊源理论和实践的"变"与"不变"。

第一节　国际法渊源的定义

对于国际法渊源的含义有不同的理解。法律的"渊源"是一种形象和十分含糊的措辞，它不仅用以指各种创造法律的方法，而且用以表明法律的效力理由，特别是最终的理由。[2]国际法的根据、起因、证据、形成过程等概念与"渊源"有密切的关联，但含义又有所不同。奥本海（Lassa Francis Lawrence Oppenheim）在解释法律渊源时用水源举例，指出"渊源的意思是指泉源或水源；它应该解释为一股水从地面的流出。当我们看到一股水而想要知道它从哪里来的时候，我们就溯流而上，直到它从地面自然地流出的地方，那个地方就是这股水的渊源。此时可以清楚地知道，这个渊源并不是那股水的起因。渊源只是指水从地面上的某一地方的自然流出，而不论流出有什么自然起因。如果把这种意义的渊源概念应用于'法律渊源'，渊源和起因的概念就不会混淆。正如看到水在地面上流一样……如果要知道这些规则是从哪里来的，就必须溯流而上，直到它们的起点。找到这些规则发生的地方，那就是它们的渊源"。[3]但是也有学者指出，奥本海把法律渊源视为"行为规则所由发生和取得法律效力的历史事实"，就使法律的渊源与法律的起因和形成过程的概念混淆不清了。[4]

讨论国际法渊源主要目的在于确定某一项国际法规则是否存在及其内容是什么。早期观点认为国际法的渊源是指创造国际法的方法，创造国际法的两种主要方法则是习惯和条约。[5]此后有学者认为"国际法渊源可以有两种意义：一种是指国际法作为有效的法律规范形成的方式或程序；而另一种是指国际法渊源第一次出现的出处。从法律的观点说，前一种意义的渊源才是国际法的渊源；后一种意义的渊源只能说是国际法的历史渊源"。[6]也有学者认为，国际法渊源是国际法原则、规则、规章、制度第一次出现的地

---

[1] 白桂梅：《国际法》（第三版），北京大学出版社2015年版，第34页。
[2] ［美］汉斯·凯尔森：《国际法原理》，王铁崖译，华夏出版社1989年版，第253页。
[3] ［英］劳特派特修订：《奥本海国际法》（上卷·第一分册），王铁崖、陈体强译，商务印书馆1989年版，第17页。
[4] 王铁崖：《国际法引论》，北京大学出版社1998年版，第49页。
[5] ［美］汉斯·凯尔森：《国际法原理》，王铁崖译，华夏出版社1989年版，第254页。
[6] 周鲠生：《国际法大纲》，周莉勘校，中国方正出版社2004年版，第14—15页。

方。[1]有学者认为考察国际法渊源的主要目的在于，使法律规则得到认定并使法律规则与其他规则包括"应有法"规则区别开来，进而尊重、遵守和适用国际法，据此可以将国际法渊源定义为"国际法的原则和规则第一次出现的地方，使国际法的规范具有'合法性'的法律形式"。[2]还有学者从国际法的运用，即国际裁判实践中要解决的争端事项来理解，国际法的渊源就是指从哪里找到适用于该问题的法律规范，这些可适用的国际法有何种表现形式，这些法律是否已被争端双方或国际社会所认可，国际法的渊源也可以理解为在国际法上具有法律拘束力，且能在具体事项中适用的规则。[3]一些学者从"实质渊源"和"形式渊源"讨论国际法的渊源，认为实质渊源是指在国际法规则产生过程中影响这些规则内容的一些因素，如法律意识、正义观念、连带关系、国际互赖、社会舆论、阶级关系等。实质渊源是某一国际法规则存在的证据，这些渊源提供了该法律规则产生的背景、佐证和基本要素等"原料"，制定或解释法律者会根据上述"原料"来确定法律规则的基本内容和其代表的理念。所谓"形式"是就规则形成和表现方式而言的，形式渊源是国际法规则取得其法律效力或拘束力的方式或途径，这类渊源直接提供法律规则，如条约、国际习惯、一般法律原则。[4]二者之间的区别在于，"形式渊源是法律规则的效力和有效性的出处……另一方面，实质渊源是引申法律规则内容之所在，它提供规则的实体内容，而形式渊源赋予该规则以效力和法律性质"，[5]只有研究形式渊源才能辨别一个规则是否属于国际法规则。但是，也有学者认为，在国内法中形式渊源是造法的宪法机构，由宪法确定法律规则的地位，但在国际社会中则没有造法的宪法机构，因此，国际法不可能有所谓的"形式渊源"，进而在国际法上也没有所谓的"形式渊源"和"实质渊源"的区别。[6]目前一种较为普遍的、为多数国际法学者接受的国际法渊源定义，是指国际法产生和存在的形式，即相关的原则、规则或机制成为具有拘束力的国际法规范的方式和过程。[7]

第二节 国际法渊源的内容

由于对国际法渊源概念本身存在的争议，导致对于国际法渊源的内容也出现了各种

---

[1] 王铁崖主编：《国际法》，法律出版社1995年版，第10页。
[2] 邵沙平主编：《国际法》（第3版），中国人民大学出版社2015年版，第41页。
[3] 柳华文主编：《国际法研究导论》，中国社会科学出版社2021年版，第29页。
[4] 李浩培：《国际法的概念和渊源》，贵州人民出版社1994年版，第52页；贾兵兵：《国际公法：和平时期的解释与适用（第二版）》，清华大学出版社2022年版，第29页。
[5] J. Salmond, *Jurisprudence or the Theory of the Law*, London: Forgotten Books Publisher, 2012, p.99.
[6] 王铁崖主编：《国际法》，法律出版社1995年版，第8页；James Crawford, *Brownlie's Principles of Public International Law (9th edition)*, Oxford University Press, 2019, p.18-19.
[7] 王铁崖：《国际法引论》，北京大学出版社1998年版，第50页；周鲠生：《国际法》（上册），商务印书馆1976年版，第10页。朱晓青主编：《国际法学》，中国社会科学出版社2012年版，第13页。

不同的认识。一般认为《国际法院规约》第 38 条是对国际法渊源的权威说明，即国际条约、习惯和一般法律原则是国际法的主要渊源。司法判例与各国权威最高之公法学家学说不具备国际法独立渊源的地位，只是确定法律原则的补助资料。此外，国际组织的决议、国家单方面行为等内容与国际法渊源的形成和发展密切相关，也应该在国际法渊源的主题下得到相应的讨论。

一、《国际法院规约》第 38 条的规定

在讨论国际法渊源的内容时，最常引证的是《国际法院规约》第 38 条的规定，这一条规定内容如下：

> 1. 法院对于陈诉各项争端，应依国际法裁判之，裁判时应适用：
> （1）不论普通或特别国际协约，确立诉讼当事国明白承认之规条者。
> （2）国际习惯，作为通例之证明而经接受为法律者。
> （3）一般法律原则为文明各国所承认者。
> （4）在第 59 条规定之下，司法判例及各国权威最高之公法学家学说，作为确定法律原则之补助资料者。
> 2. 前项规定不妨碍法院经当事国同意本"公允及善良"原则裁判案件之权。

《国际法院规约》第 38 条的表述中并未使用"渊源"一词，也未对国际法渊源作出定义，未指明所列即为国际法的渊源，仅规定国际法院在审理、裁判案件时应适用的法律规则，但一般认为该条款是对国际法渊源的权威说明，是讨论国际法渊源的出发点。[1]有学者认为，《国际法院规约》第 38 条表述中的渊源不但提供了国际法规则的表现形式和来源，而且还提供了针对具体规则和实践上国家合意是否存在的证据，因此这些渊源似乎同时具备形式渊源和实质渊源的特征，该条本身就是国际法规则，因为它是一个多边条约的条款，因而具有条约的效力。[2]一般认为，《国际法院规约》第 38 条将国际法的主要渊源归结为条约、国际习惯和为各国承认的一般法律原则。司法判例和有权威的公法学家学说对解释说明国际法原则、规则的存在以及对国际法的形成和发展具有重要的辅助功能。[3]目前关于《国际法院规约》第 38 条的学术争议一直都存在，在理解该款对于国际法渊源的表达时，应当注意以下问题：一是该条的列举未能穷尽所有国际法渊源。《国际法院规约》通过后，不同学者对于该条所列举的国际法渊源是否全面、是否还有其他渊源便已经产生争议。一些学者认为诸如海洋自由原则、不干涉内政原则等取得国际法的效力，都是在通过各国长期实践之后，才形成公认的国际法的一部分。因此，国际法渊源只是自身作为形成法律方式的两个渊源，即惯例和条约。[4]目前多数国

---

[1] 朱晓青主编：《国际法学》，中国社会科学出版社 2012 年版，第 13 页。
[2] 贾兵兵：《国际公法：和平时期的解释与适用》（第二版），清华大学出版社 2022 年版，第 29—30 页。
[3]《国际公法学》编写组：《国际公法学（第三版）》，高等教育出版社 2022 年版，第 53 页。
[4] 周鲠生：《国际法》，商务印书馆 2018 年版，第 11 页。

际法学者认为《国际法院规约》第 38 条文本表述及其完整性远远不能令人满意，其列举的国际法渊源并不详尽，[1]国际法渊源具有开放性和发展性，凡是能形成国际法的方式和程序都是国际法的渊源。就目前而言，条约、国际习惯和一般法律原则是国际法的渊源，此外，还有确立国际法原则的辅助资料。[2]《联合国宪章》序言中称："尊重由条约与国际法其他渊源而起之义务，久而弗懈"，也表明起草者并不认为国际法渊源的范围具有封闭性，在条约之外还有国际习惯、一般法律原则等其他类型的国际法渊源。二是多数学者认为《国际法院规约》第 38 条规定的不同种类的国际法渊源之间并没有适用位阶之分。从该条规定出发，在国际法不同种类的渊源之间，以及在同一种类的不同渊源之间，不存在效力位阶和适用顺序，在实践中取决于国际性法庭或仲裁法庭需要解决的问题以及所面临的客观背景和具体情况。[3]

二、国际条约

国际条约是国际法的主要渊源。有学者将国际条约定义为国际法主体间依据国际法所缔结的据以确定其相互权利与义务的协议，也有学者将条约定义为国际法主体间缔结而以国际法为准，旨在确立其相互间权利与义务关系的国际书面协议，[4]或直接沿用 1969 年《维也纳条约法公约》第 2 条的定义。1969 年《维也纳条约法公约》第 2 条将条约定义为"国家间所缔约而以国际法为准之国际书面协定，不论其载于一项单独文书或两项以上相互有关之文书内，亦不论其特定名称为何"。因此，以公约、协定、议定书、换函、换文等命名的国际法律文书都可能构成国际条约。但是上述两种定义均有缺陷，原因在于《维也纳条约法公约》前述规定只是意在说明公约所使用的"条约"一词所具有的含义，而不能认为是从普遍意义上对条约的定义；并且条约的缔结主体并不仅限于国家之间，国家与国际组织之间、国际组织之间也可以缔结条约；条约文书的数目是条约的一个无关紧要的因素，根本无须列入它的定义；把条约定义为国际书面协定是使用一个同义词作为条约的定义，无助于对条约的理解。[5]基于此，国际条约定义为，两个或两个以上国际法主体依据国际法确定其相互间权利和义务的一致的意思表示。[6]基于此，条约的缔约方必须是国际法主体，即在某项条约尚未生效或它尚未对该主体生效的情况下表示同意接受该项条约约束的主体。条约缔结、内容、解释和适用必须符合国际法。条约规定的是缔约方之间在国际法上的权利和义务关系，或者确立某方面国际法原则和制度，并且缔约方之间必须存在一致的意思表示。条约的缔结通常采用书面形

---

[1] Samantha Besson, Jean d'Aspremont, "The Sources of International Law: An Introduction", Jean d'Aspremont, Samantha Besson (eds), The Oxford Handbook of the Sources of International Law, Oxford: Oxford University Press, 2017, p.4; A. J. P. Tammes, "The legal system as a source of international law", Netherlands International Law Review, Vol. 1, Iss. 4, 1953, p. 374.
[2] 梁淑英：《国际法》（第二版），中国政法大学出版社 2016 年版，第 13 页。
[3] 贾兵兵：《国际公法：和平时期的解释与适用》，清华大学出版社 2015 年版，第 25 页。
[4] 万鄂湘等：《国际条约法》，武汉大学出版社 1998 年版，第 3 页。
[5] 李浩培：《条约法概论》（第二版），法律出版社 2003 年版，第 3 页。
[6] 王铁崖主编：《国际法》，法律出版社 1995 年版，第 293 页。

式，1969年《维也纳条约法公约》所界定的"条约"只限于书面国际协议。国际法委员会在起草该公约的过程中曾特意说明，"无意否认符合国际法的口头协议的法律上的效力"。不过，口头协议缔结的例子在国际实践中是不多见的。[1]

三、国际习惯

国际习惯是指经接受为法律的一般实践、惯例或做法。一般是指具有习惯性质之国际法规则的总和，称为"习惯国际法"或"国际习惯法"，以作为和条约或"协议国际法"相对应的概念。有学者指出，19世纪之前，现代国际法主要是由建立在欧洲国家实践基础上的习惯法构成的。1919年以后，条约逐渐覆盖国际关系的各个领域，但是习惯法仍然发挥着重要作用，并对国际社会产生着普遍而且深刻的影响。[2]国际法院在"对尼加拉瓜进行军事和准军事行动案"和"《防止及惩治灭绝种族罪公约》适用案"中认为即便习惯国际法与条约具备相同的内容，这种规则也可独立于条约而继续存在和适用，甚至是在条约的缔约方之间继续存在和适用。[3]有学者认为，国际习惯法是在三种情况中形成的：（1）国家之间的外交关系，表现于条约、宣言以及各种外交文书；（2）国际组织和机构的实践，表现于国际组织和机关的决定、判决等；（3）国家内部行为，表现于国内法规、法院判决、行政命令等。这三种情况所表现的种种资料表明国家的实践，表明国家的意志，从而构成国际习惯法的证据。[4]

《国际法院规约》第38条第1款第2项的规定是讨论国际习惯的起点。在中文语境中"习惯""惯例"与"通例"的词意界分不甚明确，在某些情况下"习惯"一词常与"惯例"混用。有学者指出"惯例"有广义与狭义之分，狭义的"惯例"专指"习惯"，而广义的"惯例"则包括"习惯"在内；外交文件上所用的"惯例"一词可能既包括具有法律拘束力的习惯（即狭义的惯例），也包括尚未具有法律拘束力的"惯例"，即《国际法院规约》第38条第1款第2项所指的"通例"。[5]还有学者直接将《国际法院规约》第38条第1款第2项中的"通例"等同于国家实践。[6]一些学者认为，该项规定中"国际习惯"和"通例"（或一般实践）的关系被颠倒了，因为在实践中，"国际习惯不是，也不应该是通例的证明"。[7]《国际法院规约》第38条第1款第2项应该被理解和解释成"国际习惯，由通例证明而经接受为律者"。[8]

---

[1] 邵津主编：《国际法》（第六版），北京大学出版社、高等教育出版社2024年版，第414页。
[2] 贾兵兵：《国际公法：和平时期的解释与适用》（第二版），清华大学出版社2022年版，第29—30页。
[3] Case Concerning the Military and Paramilitary Activities in and against Nicaragua (*Nicaragua V. United State of America*), Judgment of 27 June 1986, ICJ Report, paras.174–179, p.93–96; Application of the Convention on the Prevention and Punishment of the Crime of Genocide (*Croatia v. Serbia*), Judgment of 3 February 2015, ICJ Reports, para.88, p.47–48.
[4] 王铁崖主编：《国际法》，法律出版社1995年版，第11页。
[5] 王铁崖主编：《国际法》，法律出版社1995年版，第10页。
[6] 白桂梅：《国际法》（第三版），北京大学出版社2015年版，第41页。
[7] 王铁崖：《国际法引论》，北京大学出版社1998年版，第71页。
[8] 李浩培：《国际法的概念和渊源》，贵州人民出版社1994年版，第89页；Rosalyn Higgins, *Problems and Process: International Law and How We Use it*, Oxford: Clarendon Press, 1994, p.18–19.

根据《国际法院规约》第38条第1款第2项的表述和国际法院的相关裁决，[1]一般认为，形成国际习惯需要同时满足两个要素：第一是"国家实践"，即在某一方面的国家实践实际上一致，而且参加实践的国家广泛而有代表性，包括了最有利害关系的国家；对于国际组织实践是否也如国家实践可以作为形成国际习惯的要素，目前并没有一致的观点。联合国国际法委员会认为，在某些情况下，国际组织的实践也有助于国际习惯的形成或表述。[2]满足形成国际习惯需要的"国家实践"必须符合以下三个条件[3]：一是实践性，即就实践的要素而言，一项习惯的形成需要一定的时间；但是何谓"一定的时间"并无一个固定的标准，在某些情况下长时间的实践并无必要，例如有关领空、大陆架的规则就是从相当快的成熟实践中产生的。[4]二是一贯性，即国家的实践在一定时间内必须是连续的、划一的，而不能前后矛盾和不相一致。三是一般性，即形成习惯之国家实践必须是一定数量之国家的广泛行为。第二是"法律确信"（opinio juris），即这种实践是基于对一项法律规则或法律义务的一般承认（a general recognition）。[5]"法律确信"是国际习惯形成主观的因素，是指国家感觉和拥有的一种确信，即某一形式的行为体现或遵循的规则是国际法所要求或允许的，因而是对国家有拘束力的法律规则。国际法院在"北海大陆架案"中指出：不仅行为必须表示为一致的通例，更须证明此种通例是一种法律规则。必须遵守以下信念：当事国必须有一种履行法律义务的感觉，而非仅单纯出于礼让或传统的考虑。[6]在"对尼加拉瓜进行军事和准军事行动案"中，国际法院进一步重申了上述观点。[7]法律确信必须通过一定的具体形式（在目前的语境中即国家的实践）才能得到体现和确认。而且，法律确信的存在也使习惯国际法符合国际法规则之形成的一个决定性标准，即任何国际法规则的有效性都必须依赖于国家的同意。如果条约可以被认为是国家对某一或某些规则之法律效力的"明示"承认的话，那么习惯则可以被认为是国家通过其实践体现出来的、对某一或某些规则具有国际法效力的"默示"承认。[8]因此，国家实践和法律确信必须共同起作用才能最终形成国际习惯。

四、一般法律原则

一般法律原则是国际法渊源之一，在填补国际条约和国际习惯法律空白方面具有

---

[1] 朱晓青主编：《国际法学》，中国社会科学出版社2012年版，第16页。

[2] See "Text of the draft conclusions on identification of customary international law", Chapter V Identification of customary international law, Report of the International Law Commission, Seventieth session (30 April – 1 June and 2 July – 10 August 2018), Official Records Seventy-third Session, Supplement No. 10,UN Doc No. A/73/10, p.119.

[3] 朱晓青主编：《国际法学》，中国社会科学出版社2012年版，第16—17页。

[4] James Crawford, *Brownlie's Principles of Public International Law* (9th edition),Oxford University Press, 2019, p.12-13.

[5] 邵津主编：《国际法》（第六版），北京大学出版社、高等教育出版社2024年版，第12页。

[6] North Sea Continental Shelf (Federal Republic of Germany/Denmark, Nethterlands;), Judgment of 20 February 1969, ICJ Reports,para.77, p.44-45.

[7] Case Concerning the Military and Paramilitary Activities in and against Nicaragua (*Nicaragua v. United State of America*), Judgment of 27 June 1986, ICJ Report,para.177, p.84-85.

[8] 朱晓青主编：《国际法学》，中国社会科学出版社2012年版，第17页。

重要的作用和意义。《国际法院规约》第 38 条第 1 款第 3 项规定的"一般法律原则为文明各国所承认者",来源于 1920 年《常设国际法院规约》的规定,并且没有作出任何修改。该款规定是国际联盟行政院设置的常设国际法院规约起草委员会所决定的。该委员会主席德康(Baron Édouard Eugène François Descamps)鉴于国际法的渊源在实际上并不限于上述两类,并且为了使常设国际法院不至因无法可依而拒绝司法裁判,向该委员会提议,把在权威的法律家的一致学说和文明国家的法律良知中得到表现的那种客观上公平的规则,规定为国际法的补充渊源。但是,该委员会的其他委员认为这样的规定不够明确,因此一致决定改采"文明各国所承认的一般法律原则"的表述。[1]但是,对于一般法律原则的含义,目前存在不同的学术观点,概括起来大致分为三种:第一种认为一般法律原则是国际法的一般原则和基本原则。然而,国际法的一般原则和基本原则已经包含在国际条约和国际习惯之中,因此,将这些原则称为"一般法律原则",并单列为国际法的渊源是没有意义的。第二种认为一般法律原则是共同于国际法和国内法的一般原则。然而,这样的原则既然已经存在于国际法中,就无法与条约和习惯并列为国际法产生和存在的形式即渊源。第三种认为一般法律原则是各国国内法律体系所一般接受的原则,即共同于或共存于所有国家国内法律体系或至少是各大主要法律体系的原则。[2]对比第一种观点和第二种观点,第三种观点既不强调一般法律原则的权威性和法律效力的基础,也不强调它们的历史、哲学或其他背景,而是突出它们是所有国家的国内法共同的基本要素,符合法律的统一性和法律的逻辑,避免了不同法律学说和不同意识形态之间的纷争,为绝大多数国际法学者所承认。[3]

在理解一般法律原则的含义及《国际法院规约》第 38 条第 1 款第 3 项的规定时,应当注意如下问题:一是"一般法律原则"的外延具有宽泛性,"一般法律原则"所包含的范围可能很广,但是哪些是可以适用的"一般法律原则",在国际法上是没有确定的。[4]二是并不是所有"一般法律原则"都可以适用于国际法主体之间的关系,只有那些可以适用于国际法主体之间的关系的"一般法律原则"才能构成国际法的渊源。三是不应将"一般法律原则"与《国际法院规约》第 38 条第 2 款的规定混淆,规约第 38 条第 2 款规定的"公允及善良"原则,原意是在公平和善意的基础上,即可以不严格依照国际法进行裁判,条件是必须得到当事国各方的同意。[5]有学者认为它是一种特殊的衡平法原则,是对衡平法内容的拓展。[6]而"一般法律原则"属于国际法渊源之一。四是《国际法院规约》第 38 条第 1 款第 3 项表述中的"文明国家"具有明显的"欧洲中心主义"

---

[1] 李浩培:《国际法的概念和渊源》,贵州人民出版社 1994 年版,第 104 页;Alain Pellet, Daniel Muller, "Article 38", Andreas Zimmermann, Christian J. Tams(ed.),*The Statute of the International Court of Justice: A Commentary* (Third Edition), Oxford University Press,2019, p.923–924.

[2] 朱晓青主编:《国际法学》,中国社会科学出版社 2012 年版,第 19 页。

[3] 白桂梅:《国际法》(第三版),北京大学出版社 2015 年版,第 49 页。

[4] 王铁崖:《国际法引论》,北京大学出版社 1988 年版,第 96 页。

[5] 邵津主编:《国际法》(第六版),北京大学出版社、高等教育出版社 2024 年版,第 14 页。

[6] 贾兵兵:《国际公法:和平时期的解释与适用》(第二版),清华大学出版社 2022 年版,第 60 页。

痕迹，是一种过时的表述，在该条款修改之前，"文明国家"应当被理解为作为国际社会成员的主权国家。

五、确定法律原则的辅助方法

《国际法院规约》第 38 条第 1 款第 4 项规定："在第 59 条规定之下，司法判例及各国权威最高之公法学家学说，作为确定法律原则之补助资料者。"依据前述规定，司法判例（judicial decisions）与各国权威最高之公法学家学说不具备国际法独立渊源的地位，只是确定法律原则的补充资料。

《国际法院规约》第 38 条第 1 款第 4 项规定的司法判例主要是指联合国国际法院和作为其前身的常设国际法院，以及其他国际性法院或法庭的判例。此条款中表述的"判例"不仅包括司法判决（Judgments），还包括法院或法庭发表的咨询意见（Advisory Opinions）。[1] 在检视和分析国际性法院或法庭的判例时可以发现，在具体案件的司法判断或咨询意见中援引本机构或其他国际机构裁决的现象由来以久，在分析司法判例与国际法渊源的关系时，应当注意如下问题：一是司法判例只能被认为是确定法律原则的补助方法，不能独立构成国际法的渊源。二是司法判例只拘束"当事国及本案"，而不能创制普遍地约束所有的国家的规则，这既是《国际法院规约》第 59 条的规定，也是《国际法院规约》第 38 条第 1 款第 4 项赋予司法判例作为确定法律原则补助资料时设置的前提条件。三是国际法院、国际海洋法法庭等国际性法院或法庭并没有采用如英美法系中的"先例主义"和判例法（Case Law），其作出的司法判例不是以个案判例形式表现出的法律规范。四是除了国际司法判例，国际仲裁庭、解决赔偿问题的混合仲裁庭、甚至国内法院的判决和仲裁庭的裁决，只要它们涉及国际法的适用，都是可以作为辅助性资料的"司法判例"。但是它们对证明和发展国际法所起作用的程度会有不同。[2]

国际法学说对于理解国际法的有关规则有重大的参考意义。这些国际法学说既可能来自历史上公认的权威国际法学者，也可能来自当代国际法学者。随着国际条约的大量增加、各种国际法资料的增多，当今"权威公法学家学说"在国际法渊源方面的地位有所降低。有学者指出，随着国际法体系与实践在 20 世纪中的成熟，国际法的主体和处理的问题都发生了深刻变化。主权国家和国际组织成为国际法立法过程中的主导力量，而司法机关在很大程度上决定着国际法规则的解释和国际法争议的裁判结果，这使学者著作在国际法的立法和司法过程中的影响日益边缘化。[3] 随着国际司法活动的增加、法院判例的发展以及了解国家实践新手段的出现，国际法学说作为确定法律原则辅助方法的权重有所减少。[4] 但是"权威公法学家学说"在确定国际法的规则甚至在国际法的发展

---

[1] Alain Pellet, Daniel Muller, "Article 38", Andreas Zimmermann, Christian J. Tams(ed.),*The Statute of the International Court of Justice: A Commentary* (Third Edition), Oxford University Press,2019, p.923–924.

[2] 白桂梅：《国际法》（第三版），北京大学出版社 2015 年版，第 52 页。

[3] 贾兵兵：《国际公法：和平时期的解释与适用》（第二版），清华大学出版社 2022 年版，第 54 页。

[4] Alain Pellet, Daniel Muller, "Article 38", Andreas Zimmermann, Christian J. Tams(ed.),*The Statute of the International Court of Justice: A Commentary (Third Edition)*, Oxford University Press,2019, p.923–924.

方面，目前仍有相当的作用。[1] 权威国际法学者著作的作用主要在于其证据价值，例如可用以证明某法律规范存在，其内容是什么，或惯例向习惯转化。[2] 常设国际法院、国际法院的判例很少直接援引国际法著作，但是在国际法院法官的个别意见或反对意见，以及国际仲裁庭、英美等国家的国内法院的裁决中被援引得较多。[3] 从国际法的发展史看，有时学说固然可能是国际法规则产生或变化的源头，但它们绝不是"某些规则、原则或制度成为具有拘束力之国际法规范的方式和过程"，故而也绝对不是国际法的"间接渊源"或"实质的渊源"。[4] 至于《国际法院规约》第38条第1款第4项在"公法学家学说"之前冠以"各国权威最高"的限定性条件，但是一般很难区分"权威"与"非权威"，国际司法及仲裁在引用国际法学说过程中也很少如此区分。

六、国际组织的决议

国际组织有广义和狭义之分。广义的国际组织包括政府间国际组织（Inter-Governmental Organizations）、非政府国际组织（International Non-Governmental Organizations），甚至还有跨国公司。[5] 狭义的国际组织仅指政府间国际组织。在国际法渊源层面讨论国际组织的决议，主要限于以国家或政府名义参加的国家间组织的决议，即政府间国际组织的决议。判断国际组织决议是否具有法律约束力，需要结合国际组织的类型、决议内容、国际组织章程等要素，综合进行分析。以联合国为例，一般情况下，按照《联合国宪章》的规定，联合国大会的决议，具体地说，它的规范性决议，或者说"旨在宣告国际法原则和规范的决议"，不能有拘束力，不能拘束会员国，更不能拘束非会员国；在少数情况下，联合国大会可以依据《联合国宪章》关于其职权的规定，对于联合国内部行政、财务事务等方面作出有拘束力的决议。联合国大会也可以根据条约规定的授权作出有拘束力的决议，或者作出本质上构成国际协定的决议。但是，这些情况甚为少见，属于例外的情况。[6] 如果国际组织的决议是宣布习惯国际法规则或正在产生中的国际法规则，则其不仅仅是确定国际法规则的重要"补助资料"，而应按具体情况视为习惯法的证明或将导致习惯法的产生，例如国际法院在"西撒哈拉案"咨询意见中提到西撒哈拉人民根据联合国大会通过的非殖民化宣言享有的自决权利。[7] 也有观点认为，如果国际组织的决议只是在该国际组织的创立条约所许可的范围内才对其成员国发生法律拘束

---

[1] 杨泽伟：《国际法》（第四版），高等教育出版社2022年版，第35页。
[2] 邵津主编：《国际法》（第六版），北京大学出版社、高等教育出版社2024年版，第13页。
[3] 《国际公法学》编写组：《国际公法学》（第三版），高等教育出版社2022年版，第59页；邵津主编：《国际法》（第六版），北京大学出版社、高等教育出版社2024年版，第13页。
[4] 朱晓青主编：《国际法学》，中国社会科学出版社2012年版，第21页。
[5] 国内学者对于广义的国际组织的范围存在不同认识，饶戈平教授主编的《国际组织法》政府间国际组织、非政府国际组织和跨国公司，均列入广义的国际组织。而梁西教授认为，从一般（普遍）意义来看，国际组织则可以包括政府间组织和非政府（间）组织。参见饶戈平主编：《国际组织法》，北京大学出版社1996年版，第10—11页；梁西：《梁西国际组织法》，杨泽伟修订，武汉大学出版社2022年版，第4页。
[6] 王铁崖：《国际法引论》，北京大学出版社1998年版，第111页。
[7] 邵津主编：《国际法》（第六版），北京大学出版社、高等教育出版社2024年版，第14页。

力，则其可以被视为包含在条约之内。[1]在学术探讨中，不具有法律约束力的国际组织决议通常被归入"国际软法"范畴加以讨论。

七、国家单方面行为

国家单方面行为，是指国家作出的，能够产生国际法律效果的意思表示。构成国家单方面的行为必须同时满足主观因素和客观因素，主观上国家要存在意欲产生法律效果的作为或不作为，客观上存在国际法依其意欲赋予法律效果。[2]在实践中，一些单方面行为是国家在国际法的框架内根据其明示授权而作出的，而另一些单方面行为则是国家在国际上行使行动自由时作出的；单方面行为既可以口头形式作出，也可以书面形式作出，可以针对整个国际社会作出，也可以针对一个或数个国家或其他实体作出。1996年联合国国际法委员会在建议联合国大会将国家单方面行为列为适于编纂和发展国际法的专题时指出，国际法的重要学说和国际法院裁决已经触及这个议题。[3]国际法委员会就该议题任命的特别报告员在报告中认为，在《国际法院规约》第38条的意义范围内，单方面行为不是国际法的渊源，但是却可能构成义务的渊源；[4]并且只有以明确、具体的措辞作出的单方面声明，才对声明国产生义务。如对这类声明所产生的义务范围有疑问，则必须以严格的方式解释这类义务。在解释这类义务的内容时，应优先重视声明的案文，同时应考虑声明作出的背景和当时情况。当单方面声明没有具体的指称对象时，解释者在确定单方面声明法律的效力时必须极为谨慎。[5]

八、国际法渊源与强行法

强行法（*jus cogens*），是指必须绝对遵守的法律规则。在1969年《维也纳条约法公约》通过之前，国际法学者对于国际法中是否存在强行法规则存在争议，代表性观点认为，关于习惯国际法规则具有强行法还是任意法性质的问题，在国际法传统理论中不能得到明确的回答。[6]在《维也纳条约法公约》制定过程中，绝大多数与会代表对于把强行法规则明确规定在条约法中并无异议，但是对强行法规则定义存在争论，国际社会对于哪些规则具有强行法的性质也没有一致的意见。[7]《维也纳条约法公约》第53条被视为强

---

[1] 李浩培：《国际法的概念和渊源》，贵州人民出版社1994年版，第53—54页。
[2] 多数国际法学者接受"国家单方面行为"的概念，但是国际法上并不存在"国家单方面行为"的权威定义。参见李浩培：《国际法的概念和渊源》，贵州人民出版社1994年版，第117-118页；白桂梅：《国际法》（第三版），北京大学出版社2015年版，第62页。
[3] See United Nations, *Yearbook of the International Law Commission 1996*, Volume II, Part Two, p.141.
[4] See United Nations, *Yearbook of the International Law Commission 2002*, Volume II, Part Two, p.86.
[5] See "Chapter IX Unilateral acts of States", Report of the International Law Commission on the Work of its 58th Session, International Law Commission, UN document A/61/10, 2006, p.165.
[6] 李浩培：《条约法概论》（第二版），法律出版社2003年版，第242页。
[7] 张潇剑：《国际强行法论》，北京大学出版社1995年版，第59页。

行法（一般国际法强制性规范）的一般定义，[1]有学者指出"违反强行法规则的条约无效的原则，是各文明国家承认的一般法律原则，是久已存在的一个重要的法律原则，这个重要的法律原则在《维也纳条约法公约》中才第一次得到明确的确认"。[2]2015年国际法委员会第六十七届会议决定将"强行法"专题列入工作方案，[3]试图通过追溯强行法的历史和理论基础，提供一个可被认定为强行法的规范的说明性清单；2019年国际法委员会一致通过的关于一般国际法强制性规范（强行法）的结论草案案文及其评注中，认为《国际法院规约》第38条第1款意义上的一般法律原则有可能构成强行法的基础是适当的；同时也指明在国家立场和国际判例中没有足够的依据支持关于强行法可能基于一般法律原则的主张。[4]2022年国际法委员会在"关于一般国际法强制性规范（强行法）的识别和法律后果的结论草案案文"中指出，强制法反映并保护国际社会的基本价值观，它们普遍适用，并且在位阶上高于其他国际法规则。[5]

第三节　国际法的编纂

一般认为，18世纪末英国学者边沁（Jeremy Bentham）最早倡议编纂国际法，他提出了系统性法典编纂的理论。[6]此后，1814年至1815年的维也纳会议被视为由国家之间通过外交会议编纂国际法的标志性事件，这一时期一些民间团体组织和个人也开始加入国际法编纂行列，通过与主权国家政府合作的方式，将某些领域的国际法原则、规则和制度加以编纂。1899年和1907年两次海牙和平会议继续推动国际法编纂活动。1907年第二次海牙和平会议决议提到继续编纂海战法，并计划召开第三次和平会议，[7]但是因第一次世界大战爆发而未能实现。尽管如此，海牙和平会议拉开了20世纪政府间通过协商大规模编纂国际法的序幕。国际联盟成立之后，于1924年以大会决议的方式，决定采纳不同的编纂国际法程序，即不要求各国政府来拟订适当的专题，而是将该任务委

---

[1] Sévrine Knuchel, *Jus Cogens: Identification and Enforcement of Peremptory Norms*, Zurich, Schulthess, 2015, p.19.

[2] 李浩培：《条约法概论》（第二版），法律出版社2003年版，第245页。

[3] See Report of the International Law Commission Sixty-seventh session (4 May-5 June and 6 July-7 August 2015), UN Doc. A/70/10, para.286, p.138.

[4] See Report of the International Law Commission Seventy-first session (29 April - 7 June and 8 July - 9 August 2019), UN Doc. A/74/10, para.57, p.154.

[5] International Law Commission, "Draft conclusions on identification and legal consequences of peremptory norms of general international law (jus cogens), with commentaries 2022", Adopted at 73rd session, UN Doc. A/77/10, 2022, p.18,26.

[6] 周鲠生：《国际法》，商务印书馆2018年版，第31页。

[7] 海战法在1922年的伦敦会议、1925年和1929年的日内瓦会议和1930年的伦敦会议上，都逐步得到了讨论。See James Brown Scott (ed.), *The Reports to the Hague Conferences of 1899 and 1907*, Oxford: Clarendon Press, 1916, p.216.

托给特定的编纂专家委员会。[1] 1930年在国际联盟主持下召开海牙国际法编纂会议，首次在世界（包括东西方国家）范围内编纂和发展国际法。1945年联合国成立后，促进国际法的编纂与发展是《联合国宪章》确立的目标，[2] 1947年联合国大会通过决议成立国际法委员会，作为编纂和发展国际法的主要机构。此后国际法编纂活动进入蓬勃发展时期，促使国际法律制度和规则体系化、系统化，形成以条约为基础的当代国际法秩序。

一、国际法编纂的含义和形式

国际法编纂有狭义和广义之分。狭义的国际法编纂是指，编纂工作在性质上是技术性而非政治性活动，其任务是查明和宣布已有的国际法规则，并且把这些规则加以准确表述，使之条文化、系统化。狭义的国际法编纂是指对国际法领域既有的不成文法或习惯法规则最严格意义的书面记录，聚焦对"现行法"（de lege lata）进行系统编制并予以发布，尽量保持语言、概念以及法律方法的一致性。其意在为国际法的不成文原则/规则提供书面形式，促成业已由各国的习惯或惯例协定所涵盖的商定规则，既不涉及对未来规则的思考，也不赞同对现有规则和规范的重新修改或修正。[3] 广义的国际法编纂是指，编纂应当是一个创造性的过程，不仅将法律和惯例中产生的原则具体化，而且通过统一现有的规则以及创设新的规则推动国际法的逐渐发展。[4]《国际法委员会章程》第15条区分了国际法的编纂和逐渐发展。前者又称国际法的法典化，是指对业已广泛存在各国实践、先例和学说的领域中的国际法规则，进行更为精确的表述和系统整理；后者则指对国际法尚未调整的事项或在各国实践中尚未充分发展出有关法律的事项，拟定公约草案。广义的国际法编纂包括《国际法委员会章程》第15条所述国际法的编纂和逐渐发展，即以"编纂"方式更精确地制定并系统整理广泛存在的国家惯例、判例和学说的国际法规则，以"逐渐发展"方式对国际法所未规定或在各国实践中尚未得到充分发展的各项主题拟订条约草案。而狭义的国际法编纂仅指《国际法委员会章程》第15条所述的国际法的编纂。但是，"编纂"与"逐渐发展"在实践中很难截然分开，国际法委员会就某一主题的工作往往同时涉及编纂和逐渐发展两个方面，具体偏重哪一方面则取决于所审议事项的具体情况；而且，尽管国际法委员会对这两项工作设定了不同的程序，但在实际工作中也并不作严格区分，而是形成了一种统一的工作方法，并根据所审议事项的具体性质或其他情况而灵活适用。[5]

国际法编纂有两类形式：一类是全面编纂，即把所有的国际法原则、规则和制度纳

---

[1] 郝鲁怡：《走近国际法治：国际法的编纂与逐渐发展》，中国社会科学出版社2022年版，第94页。
[2]《联合国宪章》第13条第1款第1项："大会应发动研究，并作成建议：（1）以促进政治上之国际合作，并提倡国际法之逐渐发展与编纂。"
[3] 郝鲁怡：《走近国际法治：国际法的编纂与逐渐发展》，中国社会科学出版社2022年版，第44页。
[4] Survey of International Law in Relation to The Work of Codification of The International Law Commission, Preparatory Work within the Purview of Article 18 Paragraph 1 of the Statute of the International Law Commission, Memorandum submitted by the Secretary-General, UN Doc. A/GN. 4/1/Rev. 1, 10 February 1949, para.5, p.5.
[5] 朱晓青主编：《国际法学》，中国社会科学出版社2012年版，第30页。

入一部法典之中；另一类是个别编纂，即将国际法的原则、规则和制度按部门编成几部或许多部法典。一般认为，由于国际法体系庞杂并且不断发展，至今没有而且也不可能有全面完整的法典，[1] 迄今的国际法编纂仅仅是将个别部门或方面的规则加以编纂，例如《联合国海洋法公约》是联合国第三次海洋法会议历经近十年谈判形成的，公约编纂了海洋法领域的大量习惯国际法，而且发展了新的海洋法制度。

国际法编纂并不影响国际习惯作为国际法渊源的作用。经过编纂形成的公约或公约草案中，有些条款是对既存习惯国际法规则的编纂，有些则是对尚不清晰或明确的国际法规则的逐渐发展。然而，就某一项具体条款而言，其究竟是对习惯国际法规则的编纂，还是创立了新的国际法规则，因而是逐渐发展，则需要更进一步的分析。但总的原则是就一项已经生效的国际公约而言，其所有条款对于缔约国均有约束力，包括创立新的国际法规则的条款；而其中编纂了既存国际法规则的条款，则仍以其所表述的习惯国际法规则的形式拘束所有国家，包括非缔约国。[2]

二、联合国与国际法的编纂

政府间国际组织已经成为国际法编纂的重要平台，专业知识对规则演进的作用日益凸显。国际组织的出现对于国际规则编纂过程产生了结构性影响，促进了国际法渊源形式的扩展，也赋予国际造法概念以新的内涵。此处所称的"国际规则"既包括国际条约等"硬法"，也包括国际宣言、准则、标准等"软法"。19 世纪末至 20 世纪初，各国借由参加多边外交大会（包括大会指定机构）拟订初步协议的形式来启动或整理已有规则，或起草涉及各国共同关心的新规则已经成为一种重要的国际规则编纂方式。这期间，尽管许多国际公约并没有得到普遍批准，甚至没有达到生效门槛，但仍然呈现了代表国家间利益的国际规范不断演变的特征。[3] 第二次世界大战之后，几乎所有重要的国际公约和国际软法文件，都是在国际组织框架内磋商达成的，在众多国际组织中，联合国居于核心地位。

国际法委员会是具体承担联合国大会编纂和逐渐发展国际法职能的专门机构。1947 年联合国大会通过决议设立国际法委员会，共同代表世界主要法系，负责国际法的编纂与逐渐发展的任务，同时通过《国际法委员会章程》对委员会的组织和职责加以规定。国际法委员会最初由 15 名委员组成，1956 年委员名额增加到 21 名，1961 年再增加到 25 名。从 1981 年至今，国际法委员会由 34 名委员组成，这些委员之中有 9 名来自非洲、8 名来自亚洲、3 名来自东欧、6 名来自拉美和加勒比地区、8 名来自西欧和其他地区。委员的入选条件是"公认合格胜任之国际法界人士"，[4] 但委员会的总体构成要能代表世界各主要文明形式和各主要法系。委员由各国政府提名、经联合国大会选举产生。委员是以个人身份而非以政府代表的身份参加工作。在国际法委员会拟订的条款草案的

---

[1]《国际公法学》编写组：《国际公法学》（第三版），高等教育出版社 2022 年版，第 64 页。
[2] 朱晓青主编：《国际法学》，中国社会科学出版社 2012 年版，第 31 页。
[3] 郝鲁怡：《走近国际法治：国际法的编纂与逐渐发展》，中国社会科学出版社 2022 年版，第 84 页。
[4]《国际法委员会章程》第 2 条第 1 款。

基础上，再由联合国主持的外交会议或联合国大会审议通过了一系列国际公约和任择议定书，例如《领海及毗连区公约》(1958)、《公海公约》(1958)、《捕鱼及养护公海生物资源公约》(1958)、《维也纳领事关系公约》(1963)、《关于防止和惩处侵害应受国际保护人员包括外交代表的罪行的公约》(1973)等。国际法委员会还对国际法领域内的一些重要问题提出意见、专业报告和其他形式的国际文件，它们虽然未形成有拘束力的国际公约，但是有助于在不同的国际利益主体之间促成协议和妥协，影响国际法的发展和成员国的决策，对于国际法研究有非常重要的参考价值，也显示或巩固了国际法委员会在国际法编纂领域的专业性与权威性。

此外，联合国系统内其他机构也被赋予国际法编纂职能。例如，联合国大会第六委员会（法律委员会）、外层空间委员会、国际贸易法委员会、曾经的人权委员会、国际海事组织等，也都在相关领域进行国际法的编纂和逐渐发展工作。例如，联合国大会通过的《经济社会文化权利国际公约》和《公民及政治权利国际公约》是由联合国人权委员会草拟的。2007年国际海事组织在联合国内罗毕办事处（UNON）总部举行的国际船舶残骸清除会议，通过了《内罗毕国际船舶残骸清除公约》，该公约的起草工作是由国际海事组织法律委员会完成的。在一些情况下，为了进行专项的编纂工作，也会根据联合国大会决议成立特别委员会，例如，1970年《关于各国依联合国宪章建立友好关系及合作的国际法原则宣言》就是由一个特别委员会草拟的。

三、中国与国际法的编纂

中国参与现代国际法的编纂始于20世纪初。1920年常设国际法院成立后，中国代表王宠惠是第一位中国籍法官，两度当选常设国际法院法官。1924年12月国际联盟理事会成立由17名法学家组成的"逐渐编纂国际法专家委员会"，王宠惠位列其中。[1]他在参与委员会工作时，主张"狭义的编纂可以被理解为仅仅是对现有法律的重述，对在实践中已经接受和采取行动的法律的编写"，而"广义的编纂涉及通过修改现有规则或增加新规则"。[2]"逐渐编纂国际法专家委员会"讨论关于"国家对领土内外国人及其财产造成损害的责任"议题时，王宠惠是专题小组的两名成员之一，负责草拟报告，回答了委员会提出的"一国是否对外国人在其管辖领土内遭受的损害承担责任以及在何种情况下、承担何种程序责任"等问题。[3]1944年，中国、美国、英国、苏联在美国首都华盛顿召开"关于国际和平与安全组织的华盛顿对话会"（敦巴顿橡树园会议），草拟《关于

---

[1] Resolution Adopted by The Council of The League of Nations On 12 December 1924, League of Nations Official Journal, February, 1925, p. 274.

[2] Yifeng Chen, "Between Codification and Legislation: A Role for the International Law Commission as an Autonomous Law-Maker", in The United Nations (ed.), Seventy Years of the International Law Commission: Drawing a Balance for the Future, Brill/Nijhoff Publishing, 2021, p. 243.

[3] Legal of Nations, Committee of Experts for the Progressive Codification of International Law, Questionnaire No. 4, c. 26. m. 23, February 9th, 1926, Annex; 郝鲁怡：《走近国际法治：国际法的编纂与逐渐发展》，中国社会科学出版社2022年版，第356页。

建立普遍性安全组织的建议草案》（以下简称《联合国宪章草案》），中国代表针对草案提出7条补充建议：（1）维护和平与安全必须根据正义与国际公法之原则，以免新的国际组织沦为强权政治的工具；（2）保障各国政治独立与领土完整，以增加各国特别是小国的安全感；（3）对侵略应予以定义，并尽量列举侵略的各种行为；（4）组织国际空军，以作为安全理事会权威的象征和采取行动的手段；（5）国际公法的方针与修订应由大会倡导，以有利于推进符合国际公法原则的安全；（6）国际法庭应能强制裁判；（7）应促进教育和文化合作。[1]其中，第（1）、（5）、（7）项建议得到与会各方的认同，最后写入了宪章草案。经1945年旧金山制宪会议，正式成为《联合国宪章》的相关条款。[2]1946年中国代表梁鋆立担任联合国秘书处国际法编纂司司长，主持国际法发展和编纂工作，同时负责《联合国国际法委员会年报》出版。1971年第二十六届联合国大会通过第2758号决议，决定恢复中华人民共和国在联合国的一切权利，承认中华人民共和国政府代表是中国在联合国的唯一合法代表。从1972年至今，共有6位中国籍代表担任国际法委员会委员，分别是倪征𣊫、黄嘉华、史久镛、贺其治、薛捍勤、黄惠康。[3]此外，中国针对国际法委员会编纂各项专题，分别以参加联合国大会第六委员会会议发言方式或者应国际法委员会之请提交书面意见的方式参与审议讨论。当前，动力不足是国际法的发展与编纂的一大"瓶颈"，在经历了20世纪六七十年代的高速发展后，国际法的法典化进展明显放缓。[4]自20世纪90年代以来，国际法委员会再没有产生与以往工作同等重要的公约编纂成果。尽管国际法委员会在许多国际法重要领域继续编写若干重要报告和条款草案，但通常具有争议性，为审议这些报告而举行的编纂会议没有取得很大成功，一些编纂性公约没有获得普遍广泛的支持。[5]

在国际法委员会之外，中国还广泛参与联合国系统专门机构、其他全球性国际组织（条约机构）以及相关区域性国际组织（论坛组织）发展和编纂国际法的活动。中国是联合国粮食及农业组织、国际民航组织、国际海事组织等联合国系统专门机构的重要成员，这些专门机构在各自专业领域不断推进国际法的发展和编纂。以国际海事组织为例，该组织是联合国负责海上航行安全和防止船舶造成海洋污染的专门机构。中国加入该组织后，历年均派团出席有关国际会议并参与相关国际法规、议定书的制定。1982年《联合国海洋法公约》创设了国际海洋法法庭、大陆架界限委员会和国际海底管理局，这三个机构不属于联合国系统，与联合国保持合作关系，例如，1997年联合国与国际海洋法法庭缔结《联合国与国际海洋法法庭合作与关系协定》建立双方合作机制，法庭被列为联合国大会观察员组织。中国是《联合国海洋法公约》的缔约国，国际海洋法法庭成

---

[1] See Documents of the United Nations Conference on International Organization, 1945, Vol.3, Document 1302; Vol.8, Document 1151; Vol.9, Documents 203, 416, 507, 536, 571, 792, 795 and 848.

[2] 黄惠康：《论国际法的编纂与逐渐发展》，载《武大国际法评论》2018年第6期，第3页。

[3] See International Law Commission, "Membership", https://legal.un.org/ilc/ilcmembe.shtml, last visited: January 10, 2024.

[4] 黄惠康：《中国特色大国外交与国际法》，法律出版社2019年版，第475页。

[5] 郝鲁怡：《走近国际法治：国际法的编纂与逐渐发展》，中国社会科学出版社2022年版，第367—368页。

立以来先后有 4 位中国提名的候选人当选国际海洋法法庭法官，他们分别是赵理海、许光建、高之国、段洁龙；其间，中国对国际海洋法法庭海底争端分庭关于"担保国责任"的咨询意见案、国际海洋法法庭关于"次区域渔业委员会"咨询意见案，向国际海洋法法庭提交了书面意见。2023 年 9 月，中国首次参与国际海洋法法庭口头程序，在国际海洋法法庭涉气候变化咨询意见案口头程序中进行陈述，阐述中国关于管辖权和有关国际气候变化法以及国际海洋法问题的立场和主张。这也是继中国参与国际法院"科索沃咨询意见案"口头程序之后，又一重要的国际司法实践。自 1997 年大陆架界限委员会第一届会议以来，先后有 2 位中国提名的候选人当选委员会委员，他们分别是吕文正、唐勇。1994 年国际海底管理局成立后，1996 年中国当选国际海底管理局第 1 届理事会 B 组成员，2004 年中国当选理事会 A 组成员后，一直保持 A 组成员的地位，积极推动国际海底管理局规则、规章的制定。2011 年国际海底管理局第 17 届会议期间，中国关于富钴结壳勘探区、开采区面积的建议被管理局采纳，解决了富钴结壳资源面积问题，使富钴结壳探矿和勘探规章最终得以通过。在参与区域性国际组织方面，中国 1983 年加入《南极条约》，1985 年成为南极条约协商国，同时也是《关于环境保护的南极条约议定书》《南极海洋生物资源养护公约》的缔约国，南极环境保护委员会和南极海洋生物资源养护委员会的成员。在海洋保护设立、生物资源养护等议题上，中国通过提交工作文件、合作修订保护措施等方式，深度参与南极治理法律秩序塑造。2013 年中国成为北极理事会正式观察员，中国的北极活动已由单纯的科学研究拓展至北极事务的诸多方面，涉及全球治理、区域合作、多边和双边机制等多个层面，涵盖科学研究、生态环境、气候变化、经济开发和人文交流等多个领域，对北极国际规则的制定和北极治理机制的构建发挥了积极作用。综上所述，前述提到的事例，只是中国参与国际法发展与编纂的一个缩影。近年来，中国秉持构建人类命运共同体理念，积极参与全球治理体系改革和建设，践行共商共建共享的全球治理观，坚持真正的多边主义，坚定维护以联合国为核心的国际体系、以国际法为基础的国际秩序、以联合国宪章宗旨和原则为基础的国际关系基本准则，建设性地参与全球性、区域性多边框架与法律规则构建，不断拓展参与的广度、深度和力度，坚持推进国际法治和国际关系民主化，推动全球治理朝着更加公正合理的方向发展。

重要名词术语

国际法的渊源、条约、习惯、一般法律原则、法律确信、国际法强行法、国际法的编纂和逐渐发展

思考题

1. 国际法的渊源有哪些？彼此之间的关系如何？
2. 国际法委员会在国际法的编纂方面有哪些主要成就？
3. 形成习惯国际法的要素有哪些？

典型案例分析

案例一　北海大陆架案

北海大陆架案是国际法院审理的第一个大陆架划界争端案。国际法院在该案中考察了条约整体或者某一条规则是否具有习惯国际法地位。丹麦、荷兰是1958年《大陆架公约》的缔约国，当时的联邦德国仅仅签署该公约，但尚未批准该公约。1964年、1965年德国分别与荷兰和丹麦进行北海大陆架划界谈判，但不久即产生争议，谈判随之终止。1967年三国签订协议，决定将有关北海大陆架划界争端交由国际法院审理。丹麦、荷兰两国主张《大陆架公约》第6条规定的等距离（中间线）原则应该适用，两国认为自《大陆架公约》生效以来，在公约自身影响和国家实践支持之下，公约第6条的规定已经成为习惯国际法的一部分，该条规定自动地对联邦德国具有约束力，联邦德国有义务接受按照等距离方法划界。而联邦德国反对在划界过程中适用公约该条规定。最终国际法院没有支持丹麦、荷兰的主张。法院认为由《大陆架公约》第6条明确规定的等距离原则，国际法委员会并没有建议它是正在产生的习惯法规则，也不能认为这一条款反映或者明确了习惯法规则。需要强调的事实是，在批准或者加入公约之时，不允许对公约第1、2、3条作出保留，而对于第6条并没有禁止国家作出保留。第6条与针对大陆架的权利直接相关，既然它没有被列入禁止保留的条款范围，一个合理的推测就是该条款没有被国际法委员会认为反映了正在形成的习惯国际法规则。[1] 国际法院认为，条约（条款）转化成习惯法的过程中，该条约必须已经得到大部分利益相关或受影响的国家的批准，且不允许针对该条约条款作出保留；转化过程通常要求经过一段合理的时间，但是，如果国家实践足够统一，转化也可以在短时间内完成；法律确信要求国家的实践必须是出于一种法律义务感，而这种法律义务感并非出自条约义务本身。[2]

案例二　庇护权案

1948年10月秘鲁发生了一次未遂政变。"美洲人民革命联盟"领导人维克多·托雷（Víctor Raúl Haya de la Torre）系本次政变的领导人，其于1949年1月3日到哥伦比亚共和国驻秘鲁大使馆请求避难，大使馆接受了他的请求，决定对其予以庇护。而秘鲁政府认为维克多·托雷所犯罪行为普通罪行，无权得到庇护，而哥伦比亚主张在拉丁美洲国家间存在着国家关于外交庇护的区域性习惯法规则。由于两国不能达成协议，遂将该争端提交国际法院。国际法院没有接受哥伦比亚的诉讼请求，认为"主张这种习惯法存在的当事国，必须在这个程度上证明这一规则已经对另一当事国产生约束力，即哥伦比亚共和国政府必须证明它所主张适用的规则是根据当事国经常、统一遵守的惯例，而且

---

[1] North Sea Continental Shelf (Federal Republic of Germany/Denmark, Netherlands), Judgment of 20 February 1969, ICJ Reports, p.39–40.

[2] North Sea Continental Shelf (Federal Republic of Germany/Denmark, Netherlands), Judgment of 20 February 1969, ICJ Reports, p. 72–74, 77.

这一惯例是（对维克多·托雷予以庇护的国家）享有权利以及属地国对此负有义务的表述"。[1] 最后，国际法院以 14 票对 2 票宣布哥伦比亚无权单方面并且以对秘鲁有约束力的方式确定罪行的性质；以 15 票对 1 票宣布秘鲁政府无义务发给避难者安全通行证。

---

[1] Asylum Case（*Colombian v. Peruvian*），Judgment of 20 November 1950, ICJ Reports, para.14.

第三章 国际法与国内法的关系

【内容提示】

国际法与国内法的关系既是一个理论问题也是一个实践问题。本章分别从有关国际法与国内法关系的理论学说、国际法与国内法关系的法律规则以及国际法与国内法关系的司法实践三个方面来阐述这一问题。

国际法与国内法关系的理论学说，传统的有"一元论"之"国内法优先说"、"一元论"之"国际法优先说"以及"二元论"，后来又有所谓的"协调论"。这些理论多为国外的学者所提倡。我国学者在总结这些理论的利弊得失的基础上，提出了处理国际法与国内法关系的"自然调整说"。

国际法与国内法关系的法律规则可以从国际和国内两个层面加以考察。在国际层面，相关的国际法规则确立了国家应善意履行国际法义务的指导原则。在国家层面，对国际法与国内法的关系，国家一般通过宪法从国际法与国内法的相互地位、国际法在国内法上被适用的方式、如何协调国际法与国内法的冲突等角度作出总体性规定。我国虽然没有在宪法中对国际法与国内法的关系作出说明，但是众多单行法律、法规有相关的规定，这些规定有助于分析国际法与我国国内法的关系。

国际法与国内法关系的司法实践也可以从国际与国内两个方面进行描述。国际法庭虽优先适用国际法，但也常常参考国内法。国内法院适用国际法的做法各不相同，各国对待习惯与条约的态度又有所不同。本章选取了中国、英国、美国、法国的部分司法实例加以说明，以引起读者对国内法院适用国际法的司法实践的关注。

第一节 概述

正确认识国际法需要解决的一个重要问题是国际法与国内法的关系。这个问题既是国际法的基本理论问题，因为"它牵涉到国际法的性质、国际法的渊源、国际法的效力依据、国际法的主体等国际法上带有根本重要性的问题"；[1] 又是国际社会如何对待国内法，更重要的是国家如何对待国际法的实践问题，因为伴随国际法调整范围的不断扩

---

〔1〕 王铁崖：《国际法引论》，北京大学出版社1998年版，第177页。

大，国家如何协调国际法与国内法、如何履行根据国际法承担的义务、国际法在一国法律体系中处于何种地位、如何解决国际法与国内法可能发生的冲突等实际问题不断出现在各国面前。在理论研究上，从外国到中国，对国际法与国内法关系的探讨由来已久，从未间断，且形成了有代表性的学术流派。在法律规范上，无论是国际法规则还是国内法规范，对如何处理国际法与国内法的关系均有一些规定。而在实践中，国际性的司法机构和国家的司法机关都有过处理国际法与国内法关系的实践经验。理论学说、法律规则和司法实践之间虽有内在的联系，却没有严格的逐级推导关系，尤其是各国的法律规则和司法实践很大程度上呈现出各行其是的多样性和复杂性。因此，从理论、规范和实践等几个方面来描述和分析国际法与国内法的关系，对于全面认识和把握国际法与国内法关系的历史、现状及发展趋势具有重要意义。

第二节　国际法与国内法关系的理论学说

对国际法是否构成一个独立于国内法律秩序的体系的不同回答，形成了几种关于国际法与国内法关系的代表性学说。最为典型的是"一元论"与"二元论"，后又有所谓的"协调论"。我国学者在反思这些理论的基础上，提出了"自然调整说""法律规范协调说"等思考国际法与国内法关系的新思路。

一、一元论

关于国际法与国内法关系的"一元论"（monism）认为，全部法律，无论它约束的是国家、个人还是非国家实体的行为，构成一个统一体。在他们看来，法律科学是一个统一的知识领域，一旦承认国际法是具有真正法律性质的规则体系，就无法否认国际法与国内法同属于法律科学这一整体的组成部分，并且是互有联系的两个部分。在这个大前提下，持一元论的学者就在法律科学的统一体中，国际法与国内法谁属优先的问题又有歧义，大致可划分为"国内法优先说"和"国际法优先说"。

（一）一元论之国内法优先说

一元论的国内法优先说主要为19世纪末20世纪初的德国学者所倡导，[1]代表人物如耶利内克（Georg Jellinnek）、佐恩（Zorn）、考夫曼（Ehrich Kaufmann）、文策尔（Wenzel）等。他们虽然承认国际法是法律，但是认为国际法的效力来源于国内法，是从属于国内法的次一等的法律。这种学说认为，法律是国家意志的体现，并且国家的意志在法律上是绝对的和无限的；国家的一切活动，包括对外交往活动，均应依其国内法而定，例如若没有国内宪法关于缔约权的规定，国家便不得对外缔结条约。这派的代表人

---

[1] 一元论之国内法优先说最早由德国学者J.J. Moster提出，后经C. Bergbohm，A. Zorn和M. Wenzel发展完善。参见［意］安东尼奥·卡塞斯：《国际法》，蔡从燕等译，法律出版社2009年版，第284—285页。

物,如佐恩、文策尔等进一步将国际法理解为"对外的公法",是国内公法的一个分支,因此国际法的效力和权威均来自于国内法;只有依据国内法,国际法才能成为法律。

根据这一学说,既然国际法的效力来源于国内法,那么国家就可以依其国内法任意地否定国际法的法律效力,解除其根据国际法承担的义务,从而根本否定了国际法的存在。这一学说在理论上的片面性受到了其他学说,特别是二元论的强烈抨击;又因其同现实经验的脱节,在第一次世界大战后逐渐失去了影响力。

(二)一元论之国际法优先说

一元论的国际法优先说兴起于第一次世界大战后,其代表人物有社会连带法学派的波利蒂斯(Politis)、塞尔(Scelle),以及规范法学派(也被称为维也纳法学派)的凯尔森(Kelsen)、菲德罗斯(Verdross)和孔慈(Kunz)等人。持这一观点的学者认为,国际法与国内法同属于一个法律体系。在这个法律体系中,国际法的地位高于国内法,国内法从属于国际法,在效力上依靠国际法。而国际法的效力则最终依赖于一个最高规范——"约定必须遵守"。代表人物凯尔森从国际法与国内法的主体、规定事项、渊源、效力理由等方面论证国际法与国内法属于同一个法律体系,而不是两个不同的法律体系。根据凯尔森的理论,构成这个法律体系的法律规范有高低等级之分,低级规范从高级规范中获得效力,国内法从国际法规范中获得效力。不能从更高规范中得到自己效力的规范称为"基础规范"。这个基础规范就是"约定必须遵守",它的效力是不证自明的,既是国际法效力的依据,也是整个法律规范体系的效力依据。[1]

国际法优先说在第二次世界大战后受到欧美一些学者的推崇,其影响延续至今。英国的劳特派特(Hersch Lauterpacht)和美国的杰塞普(Philip C. Jessup)均倾向于此说。但是国际法优先说的缺陷也是显而易见的。首先,理论上,所谓基础规范或最高规范的效力从何而来,该学说并没有给出令人信服的论据。其次,这一学说以世界主义思潮为背景提出,主张国内法从属于国际法,在逻辑上将否定国家主权原则这一国际法的基本原则,与当今国际社会的现实不符。

尽管如此,国际法优先说强调了国际法对国家行为的控制,强调各国及其代表应当遵守国际法律规则。这一理念对第二次世界大战之后各国处理国际法与国内法的关系产生了重大影响。一些国家在宪法中明确规定:该国缔结的条约具有优于国内法的法律地位。

二、二元论

19世纪末20世纪初,在英美国际法实践的基础上,出现了承认国际法权威的二元论(dualism)。它对一元论之国内法优先说进行了有力批驳,并与一元论之国际法优先说一度形成学术上的论战,其代表人物有德国学者特里佩尔(H. Triepel)和意大利学者安齐洛蒂(Anzilotti)等。二元论以实在法理论为基础,主张国际法和国内法分别构成各自的法律秩序,属于完全不同的两个法律体系。国际法与国内法的关系不是一种从属

---

[1] [美]汉斯·凯尔森:《国际法原理》,王铁崖译,华夏出版社1989年版,第339—348页。

关系，而是一种平行关系，因此该学说又被称为"国际法与国内法平行说"。特里佩尔在其著作中阐明了国际法与国内法的主要不同。首先，二者调整的社会关系有别，国际法调整国家与国家之间的关系；国内法调整一国范围内的个人与个人之间的关系，或者国家同其管辖下的个人之间的关系。其次，二者的效力依据不同，虽然二者的效力均来自国家的意志，但是国内法的效力来源于一国单独的意志；而国际法的效力则来源于多数国家的共同意志。安齐洛蒂则进一步认为，国际法和国内法的区别还在于决定各自体系的基本原则不同，国内法取决于"国家立法必须遵守"的基本原则，而国际法则是由"约定必须遵守"原则决定的。基于上述理由，二元论认为国际法与国内法属于法律的不同分支，各成体系，虽可以相互参考，但是彼此并不隶属，不存在等级高低的问题。除实证法学派的学者外，一些非实证法学派的学者，尤其是国内法院也支持二元论。但他们的着眼点在于国际法与国内法的渊源不同，国际法的渊源主要是条约和习惯，而国内法的渊源则主要包括国家立法机构通过的成文法以及法院的判例。

依据二元论，国家应如何适用国际法呢？实证法学派认为，国际法规则不能直接、自动地适用于国内；要想适用国际法规则，国家在国内必须履行特别的程序。对于条约规则，则必须经转化（transformation）为国内法才能适用，因为条约在性质上属于承诺，而国内法在性质上属于命令，二者的形式不同，故需要转化。关于国家如何适用国际法另有一种授权理论（Delegation Theory）。[1] 根据这一理论，国际法中的宪章性规则授权由各国宪法决定条约的条款何时生效、在何种情况下纳入到国内法中。国家为此而采取的程序或方法只是缔结条约程序的继续，既不是转化，也不是制定新的国内法规则，而不过是一个单纯的立法行为的延续。这样，国家宪法中所规定的要件，只是完整的国际立法程序的一个环节而已。

与一元论之国内法优先说相比，二元论承认国际法的法律约束力，反映了遵守国际法的意愿，但也为国家留下了某种"紧急出口"：由于国际法只有通过国内法律机制的"转化"才能在国内法确定的范围内实施，所以当遵守国际法与国家利益产生严重冲突时，国家可以通过不予转化国际法的方式阻止国际法规则在国内发挥作用。[2] 因此可以说，二元论反映了适度的民族主义，反映了那一时期国际社会的现实。

然而也应看到，关于国际法与国内法平行或对立的二元论过分强调了二者在形式上的区别，而忽视了它们在实际上的联系。这种联系因为国家既是国内法的制定者，又参与制定国际法而愈加紧密，将二者简单对立起来不能全面说明国际法与国内法之间在现实中的复杂关系。

三、协调论

协调论（theories of Co-ordination）是一种解释国际法与国内法关系的新理论，以杰

---

[1] 关于"授权理论"的主要观点可参阅［英］J.G.斯塔克：《国际法导论》（第八版），赵维田译，法律出版社1984年版，第71页；沈克勤编著：《国际法》（第七版），台湾学生书局1984年版，第73页。

[2] 参见［意］安东尼奥·卡塞斯：《国际法》，蔡从燕等译，法律出版社2009年版，第286—287页。

拉尔德·菲茨莫里斯（Fitzmaurice）、奥康内尔（O'Connel）等为代表人物。这种理论认为，既然国际法与国内法运作的领域不同，两种法律秩序作为体系就不会发生冲突，它们在各自的领域内都享有最高地位。但国家可能面临义务上的冲突。此时，需要将国际法和国内法解释得协调一致。另一方面，如果国家在国内法层面上未按照国际法所要求的方式运作，其结果并不是国内法的无效，而是国家应在国际层面上承担责任。这是因为，在协调论者看来，国际法是一种协调法，不会使与国际义务发生冲突的国内法规自动废止。英国国际法学者伊恩·布朗利（Ian Brownlie）也赞同这一理论，认为它与一元论和二元论相比，更加接近于现实。[1]

实际上，协调论与二元论有着共同的前提，即国际法与国内法属于两个不同的法律体系，两个体系在各自的领域中都是最高规范，哪一个领域都不能对另一个领域享有支配权。协调论揭示了国家在处理国际法与国内法的冲突时一种常用的方法，就是将二者解释得协调一致。

四、自然调整说

中国相当一部分学者既不赞同一元论，也不支持绝对的二元对立理论，而主张国际法与国内法关系的"自然调整说"。我国国际法学家周鲠生先生较早阐释这一学说。他认为，国家制定国内法，同时也参与制定国际法，国家的对外政策和对内政策都有密切的联系，而法律是为政策服务的，国家的对外政策自然影响它对国际法的态度和立场。因此，国际法和国内法按其实质来看，不应该有谁属优先的问题，也不是彼此对立的。国际法和国内法的关系问题，归根结底是国家如何在国内执行国际法的问题，也就是国家如何履行国际法义务的问题。按其性质，国际法约束国家而不直接约束国家的机关和国内的人民，即使国内法违反了国际法，其国内法庭仍须执行，但国家因此将负违反国际义务的法律责任。所以，国家既然承认了国际法规范，就有义务使它的国内法符合国际法的规定。而"从法律和政策的一致性的观点来说，只要国家自己认真履行国际义务，国际法和国内法的关系总是可以自然调整的"。[2]

与协调论一样，自然调整说也承认国际法与国内法属于两个不同的法律体系。二者之间的关系之所以能够自然调整，是因为首先，既然国家既制定国内法，又参与制定国际法，那么当国家在参与制定国际法时会考虑到本国的国内法，当制定国内法时也会考虑到自己依据国际法承担的义务，这就使得国际法和国内法能够在内容上保持一致。其次，自然调整说一方面确认了国际法具有不会使与之冲突的国内法当然无效的"协调法"性质；另一方面认为国家认真履行国际义务的态度，能够避免国际法与国内法之间的冲突，使二者达到自然调整的状态。而国家认真履行国际义务在实践中包括调整与其承担的国际义务不相符合的国内法。

自然调整说既强调国家主权，也强调国际法对国家的拘束力，较为全面地反映了国

---

[1] [英]伊恩·布朗利：《国际公法原理》（第五版），曾令良、余敏友等译，法律出版社2003年版，第52页。
[2] 周鲠生：《国际法》（上册），商务印书馆1981年版，第20页。

际法与国内法关系的现实。从自然调整说我们还可以看到国际法与国内法在内容上相互渗透、相互转化的动态关系，当今在人权保护等法律领域中国际法与国内法相互影响的趋势也证明了这一点。

五、其他理论

近年来，我国有学者提出了国际法与国内法关系的"法律规范协调说"，此学说可以被看作运用规范法学的理论，对国际法与国内法规范的内在关联性的进一步思考。该学说认为法律规范的和谐一致是准确把握国际法与国内法关系的理论起点，法的内在特质的普遍性与形式特征的共同性以及法治社会对法律体系融合协调的基本要求，决定了国际法与国内法必须而且只能在法律规范的统领下和谐共生、协调一致。国际法律规范与国内法律规范既分别在各自的法律系统范围内达到内部的和谐一致，又在总体上相互关联、互为因果、互相渗透、互相促进。[1]还有学者根据全球化和国际治理的原理，以经济分析的方法提出了国际法与国内法之间实质上是一种和谐共处、互济共赢的"利益协调关系"。[2]另有国外学者指出，当今世界，全球化进程刺破国际法与国内法的分野而呈现出的一元化倾向与"新民族主义"导致的国际法的碎裂并存，提出可以用"全球法律多元主义"（global legal pluralism）来描述国际法与国内法关系的现状。共同价值的存在、新的权力持有人的出现、法律的非正式化，这些都促使超越或者避开国际法与国内法的分野，更多地将二者之间的关系看作是一种存在连续性和非连续性的流动体系（a fluid set）。[3]

事实上，随着实践的发展人们逐步认识到对国际法与国内法关系的教条式的理论阐释常常陷入与法律现实相矛盾的境地。无论是二元论还是一元论，"二者都是学者为了解释国家所采取的不同的方法而提出的理论"。[4]没有一个国家在国内法律制度中声称自己是奉行"二元论"抑或"一元论"。换言之，理论的提出是为了解释实践，但国家却并不一定按照这两类二元对立的理论去安排实践。国际法规范的多样性和国家接纳国际法的路径的多样性也表明，"任何有关国际法与国内法关系的单一学说都无法圆满地阐释国际法与国内法的关系"：一方面二元论并不否认忌于对某个国际法规范采取国内法措施将产生的法律后果；另一方面一元论也部分地承认国际法中的规定可能需要转化为国内法来适用。因此可以说，"学说之争的实践意义已经大大降低"，"抽象地、教条式的理论建构已经收效甚微"。[5]在这种情况下，考察国际法与国内法的关系最终仍应转向

---

〔1〕 李龙、汪习根：《国际法与国内法关系的法理学思考——兼论亚洲国家关于这一问题的观点》，载《现代法学》2001年第1期。

〔2〕 参见万鄂湘主编：《国际法与国内法关系研究》，北京大学出版社2011年版，第34—59页。

〔3〕 Janne Nijman and Andre Nollkaemper, "Beyond the Divide", in Nijman &Nolkaemper, *New Perspectives on The Divide Between National and International Law*, Oxford University Press, 2007, p. 359.

〔4〕 [英]安托尼·奥斯特：《现代条约法与实践》，江国青译，中国人民大学出版社2005年版，第143页。

〔5〕 [德]沃尔夫冈·格拉夫·魏智通主编：《国际法》（第五版），吴越、毛晓飞译，法律出版社2012年，第81页。

实践。国际法与国内法关系的实践既表现为国际社会与国家对二者关系的法律规制，也表现为国际与国家层面的司法机构在各自的管辖领域内对二者关系的处理。

第三节　国际法与国内法关系的法律规则

历史地观察国际法与国内法的关系可以发现，国际法与国内法并非泾渭分明，而是相互渗透，有时甚至是相互转化的。现实中国际法与国内法的关系如何，可以从国际法如何对待国内法，以及国内法如何对待国际法两个方面来考察。国际法与国内法关系的理论学说在一定程度上对关于国际法与国内法关系的法律规则具有指导意义，而人们又倾向于从各国的法律规定中推导或证明其奉行的是哪一种理论。实际上，各个国家的法律关于国际法与国内法关系的规定有着较大的差异，往往并不能被哪一种理论所全面概括。

一、国际法与国内法相互渗透相互转化

（一）国内法转化为国际法

从历史渊源来看，国际法作为一种后发的法律秩序，其形成和发展过程自然会受到国内法的影响。学界公认近现代国际法受到国内私法的强烈影响，国内私法中的平等原则促使国际社会在规范国际关系时确立了国家主权平等原则。近年来的研究注意到，国内私法影响下的国际法存在着将复杂的国际关系简单化以及无法持续、有效保障主权国家对和平与安全的需求等潜在风险。国际法需要建立在某种等级制和集中化构架基础上的公法意义上的制度发展，这一发展毫无疑问需要汲取和借鉴国内公法中的有效经验。[1]

从实证法的角度，国际法各项渊源的形成都与国内法有切不断的联系。条约，作为国家间之协议，不可避免会从国内法律规定中汲取资源。这一点在国际人权法中有明显的体现。20世纪70年代一项对各国成文宪法与《世界人权宣言》的比较研究得出结论：《世界人权宣言》的诞生源于1948年之前制定的宪法。[2]那么以该宣言为基础起草的联合国诸项核心人权条约自然也吸取了国内宪法的成分。国际习惯，谓之作为通例之证明而经接受为法律者。普遍的国家实践和法律确信是构成习惯的两个基本要素。国内立法、行政行为、国内法院的判决都是国家实践的证明，因此对于形成国际习惯具有决定性作用。一般法律原则作为"文明各国所承认者"，是国际法的另一重要渊源。所谓一般法律原则，指的是各国国内法所产生的基于各国之间的共同法律意识的原则。它"着眼于

---

[1] 参见蔡丛燕：《国内公法对国际法的影响》，载《法学研究》2009年第1期。
[2] 该项研究选取的对象是1976年3月31日前刊登在A.P.布劳斯坦和G.H.弗朗茨编辑的《世界各国宪法汇编》中的142个国家的成文宪法。详见［荷］亨利·范·马尔赛文、格尔·范·德·唐：《成文宪法的比较研究》，陈云生译，华夏出版社1987年版。

那些以一般法律思想为基础并且可以移用于国际往来上的法律原则"。[1]因此，一般法律原则主要来源于国内法上的共同原则。可以说，包括国内立法在内的国家实践是国际法规则形成过程的基础和动力。

（二）国际法转化为国内法

国家在国内实施国际法的过程，有时就是国际法转化为国内法的过程。国家根据国际法制定国内法、修改国内法、使国内法与所承担的国际法律义务保持一致，是各国执行国际法最常见的形式之一。对于将国际法纳入国内法的国家，即认为国际习惯或所缔结的条约自动成为国内法的组成部分的国家，国际法一经该国正式接受即成为国内法。

二、关于国际法与国内法关系的国际法规则

（一）善意履行国际义务

国际法对各国施加了善意履行国际法的义务。《联合国宪章》在序言部分要求各成员国"尊重由条约与国际法其他渊源而起之义务，久而弗懈"。1969年《维也纳条约法公约》第26条明确"凡有效之条约对其各该当事国有拘束力，必须由各该国善意履行"。在这个前提下，各国对如何履行国际法义务，如何在国内实施国际法拥有很大的自主权，也因此出现了各种不同的立法例和司法实践。在芬兰船东仲裁案（Finnish Shipowners）中，[2]英国的意见非常典型地反映了这种观点，"关于如何构建国内法的问题，国家根据国际法享有完全的行动自由，其国内法属于国内事务，任何其他国家均无权置喙，只要该国内法足以履行其承担的国际义务"。[3]

（二）国家不得以国内法为由拒不履行国际义务

在遵守国际法与遵守国内法的关系问题上，《维也纳条约法公约》第27条作了如下规定，"一当事国不得援引其国内法规定为理由而不履行条约"。这一规定表明，在国际法看来，国际法具有优先性。19世纪70年代美英之间的阿拉巴马号索赔案（The Alabama Claim）[4]生动地阐释了这一点。

阿拉巴马号是英国利物浦市制造的一艘战舰。美国南北战争时期，英国是中立国，却将阿拉巴马号战舰卖给了美国内战的南方同盟政府，给北方造成了严重损失。内战结束后，美国向设立于瑞士日内瓦的仲裁法庭指控英国，认为后者未能防止在其管辖下的地方为南方同盟制造和装配军舰，并且当这条军舰停靠于英国的港口时也没有采取措施拿捕它。这些行为已经违反了英国的中立义务，美国要求英国给予赔偿。英国政府辩称：根据英国的国内法，英国政府没有权力阻止这条战舰的交易，因此英国不应对美国

---

[1] 周忠海主编：《国际法》，中国政法大学出版社2008年版，第71页。

[2] "Claim of Finnish shipowners against Great Britain in respect of the use of certain Finnish vessels during the war" (Finland, Great Britain), *Reports of International Arbitral Awards*, Vol.III, 3 May 1934, p.1479–1550.

[3] Alexander P. Fachiri, "The Local remedies rule in the light of the Finish Ships Arbitration", *British Year Book of International Law* 17 (1936), p.23–34.

[4] "The Alabama Claim", William W. Bishop Jr, *International Law, Cases and Materials* (3rd Editon), Litter Brown & Co. Law & Business, 1971. 转引自陈致中编著：《国际法案例》，法律出版社1998年版，第479—483页。

的损失负责。但仲裁庭驳回了这一辩解，认为英国作为一个国家，在国际法上对美国负有义务；英国自己的国内法不能成为不履行其国际法义务的借口。在国际法看来，一个国家如何在内部建立自己的组织机构，如何在国家的各个分支机构中分配权力，是国内事务，国际法对此并不关心。但是，一国不得以自己内部的组织结构为借口，不履行在国际法下承担的义务。

国际法的这一要求让不少联邦制国家感到棘手。对绝大多数的联邦制国家来说，缔结条约和发展对外关系是联邦政府的权力。而某些具体事项，例如环境保护，则可能属于州政府的权力。如果联邦政府代表整个国家签署了一个环保类条约，就会出现如何处理联邦和州的宪法权力的问题。但在国际法看来，条约的义务主体是作为国际社会一员的整个联邦国家；至于联邦国家如何在国内分配联邦权力和州权力，不是国际法问题。联邦国家不能以其国内的组织结构为由不履行国际法律义务。

（三）国际法对国家履行义务的具体方式作出规范

虽然通常情况下，国际法只关心国家履行国际义务的结果，不过问国家履行义务的具体方式，但是当代国际法在某些领域已经开始对缔约国如何履行国际义务发表意见，要求国家使其国内法与国际义务保持一致。此方面的进展集中体现在国际人权法、国际人道法、国际刑法、军控和裁军等方面的国际法领域。例如，1949 年《关于战俘待遇之日内瓦公约》对缔约国应当为战俘提供何种待遇作了详尽的列举，[1] 为国家履行条约义务提供了非常具体的指导。而一些国际人权条约则明确要求国家修改与之相悖的国内法。如《消除对妇女一切形式歧视公约》第 2 条（g）项就要求缔约国"废止本国刑法内构成对妇女歧视的一切规定"。根据这些规定，国际法已经对国家如何在国内落实条约义务给出了明确指引。由此可见，国家落实国际法的自主裁量范围正逐步受到国际法的约束。

三、关于国际法与国内法关系的国内法规则

国家常常通过宪法对国际法与国内法的关系作出原则性规定，主要解决国际法与国内法的相互地位，国际法在国内的适用方式、国际法与国内法的冲突如何协调等方面的问题。条约和习惯是国际法的主要渊源，因此国际法与国内法的关系主要包括条约与国内法的关系以及习惯与国内法的关系。对此一些国家在宪法中分别加以说明。

（一）习惯与国内法的关系

在宪法中明确规定习惯与国内法关系的国家并不多。在有相关规定的宪法中，习惯一般被称作"习惯国际法"（customary international law）或者"普遍承认的国际法规则"（generally recognized rules of international law）。总的来说，国家接受习惯为国内法律体系的组成部分。例如 1930 年《奥地利联邦宪法》第 9 条第 1 款规定，"普遍承认的国际法

---

[1] 例如，该公约关于在俘战俘的待遇问题，细化到"服装、内衣及鞋袜应由拘留国充分供给战俘"（第 27 条第 1 款），"在各战俘营内应设贩卖部，俾战俘得购买食品、肥皂、烟草及日常用品。其售价不得超过当地市价"（第 28 条第 1 款）的程度。

规则是联邦法律必要的组成部分"。1949 年的《匈牙利共和国宪法》第 7 条第 1 款规定，"匈牙利共和国的法律体系接受普遍承认的国际法原则，并应协调国内法与国家根据国际法承担的义务"。1997 年修订的《葡萄牙共和国宪法》第 8 条第 1 款规定，"普遍或习惯国际法的规则和原则是葡萄牙法律的必要组成部分"。

习惯在国内法律体系中通常处于低于宪法的地位。但是，关于习惯与普通法律的位阶关系各国规定有所不同。有的国家规定习惯的地位低于普通法律，例如 1996 年《南非共和国宪法》第 232 条规定，"习惯国际法只要不与本宪法和国会法案相冲突，即成为共和国的法律"。该条的言下之意是宪法和国会通过的法案优于习惯国际法。1994 年《马拉维共和国宪法》第 211 条第 3 款作了类似规定。有的国家规定习惯的地位等同于法律，例如 1987 年《韩国宪法》第 6 条第 1 款规定，"根据宪法缔结、公布的条约及普遍得到承认的国际法规具有国内法同等效力"。还有的国家规定习惯的地位高于普通法律，例如 1949 年《德意志联邦共和国基本法》第 25 条规定，"国际法的一般规则构成联邦法的组成部分。它们优先于各项法律并对联邦领土内的居民直接产生权利和义务"。依此规定，习惯不仅在地位上优于法律，而且具有直接适用性。

（二）条约与国内法的关系

1. 条约是否构成一国法律体系的组成部分

经适当批准或加入的条约是否构成一国法律体系的组成部分，是考察条约与国内法关系的一个重要方面，也是一国对待国际法态度的重要体现。有相当数量的国家在宪法中明确规定经批准或加入的条约是该国法律体系的组成部分。在这些国家，条约已经被当作具有强制性和拘束力的"法"来对待。但并不是所有国家都会在宪法中明确规定条约是该国法律体系的组成部分。有些宪法虽然未作明确规定，但是规定了条约与该国宪法、其他国内法相比的法律位阶关系。由此可以推断，条约已经被视为该国法律体系的组成部分。因为只有处于同一法律体系中的法，才可以判断相互之间的位阶高低以及发生冲突时何者优先的问题；若不在同一个法律体系之中，则不存在比较的前提。

2. 条约与国内法的相互地位

比较条约与国内法相互地位的前提是认为一国缔结或参加的条约是该国法律体系的组成部分，处于同一法律体系之中。许多国家在宪法中对条约与国内法的关系作出规定，但具体规则不一而足。依条约与宪法、法律的相互地位，这些规定可以归纳为几种类型。

（1）条约的地位优于宪法。一般性地规定条约地位优先宪法的国家极为罕见。少数国家赋予国际强行法以优先于宪法的地位。例如，《孟加拉国宪法》第 47 条第 3 款赋予惩处种族灭绝罪、反人类罪、战争罪及其他国际罪行的法律以优于或不低于宪法的地位。根据该条款，任何对上述罪行的拘留、起诉或处罚规定，"不得以与该国宪法的任何条款不一致或相矛盾而被视为无效、非法，或在将来被视为无效或非法"。[1] 换言之，如果国际法对种族灭绝罪、反人类罪、战争罪及其他国际罪行的惩处作出了与孟加拉国

---

[1] See *The Constitution of the People's Republic of Bangladesh*, Art. 47 (3).

宪法不一致的规定，那么在该国，国际法的有关规定继续有效。类似的规定也出现在瑞士宪法中。1999年修改后的《瑞士宪法》第193条规定，宪法的修改"不得违反国际法的强制性规定"；第194条再次声明"宪法的部分修改""不得违反国际法的强制性规定"。[1]这些规定说明，在瑞士，国际法的强制性规定优于瑞士宪法。

（2）条约的地位等同于宪法。近年来，有些国家在宪法中明确赋予了本国批准的人权条约以等同于宪法的地位。例如，1994年《阿根廷宪法》第75条第22款规定一般的条约和协定具有高于法律的效力。而《美洲人的权利和义务宣言》《世界人权宣言》《美洲人权公约》《经济社会文化权利国际公约》《公民及政治权利国际公约》及其议定书、《防止及惩治灭绝种族罪公约》《消除一切形式种族歧视国际公约》《消除对妇女一切形式歧视公约》《禁止酷刑公约》《儿童权利公约》，它们具有宪法的效力等级。其他人权条约和公约在经国会批准后，如果获得了两院议员2/3以上的同意，则可以取得宪法的效力等级。又如1999年《委内瑞拉宪法》第23条规定，"委内瑞拉执行和批准的关于人权的条约、协定、公约具有宪法地位，优于国内立法，应当被法院和公共权力机构及时和直接适用"。虽然两国均赋予人权条约在一定条件下有等同于宪法的地位，但是两国对人权条约在国内法上的适用方式采取了不同的做法。《阿根廷宪法》第75条第23款规定，国家通过立法或采取积极措施保障该国宪法和生效的国际人权条约的执行，也就是说，人权条约在阿根廷主要是通过立法等方式来转化适用的。而委内瑞拉的宪法则规定了人权条约的直接适用性，即可以直接被援引作当事人主张权利、法院裁判案件的依据。

（3）条约的地位低于宪法，但优于法律。这是较多国家对待条约的态度。持这一态度的国家又可以细化为两类：一类国家无条件地赋予条约优于国内普通法律的地位。例如1959年《突尼斯宪法》第32条规定，"经适当批准的条约具有优于法律的效力"。1987年《海地宪法》第276条第2款规定，"按照宪法规定的程序批准或同意的国际条约或协定即成为国家法律的一部分，并且将废除与之冲突的法律"。1991年《保加利亚宪法》第5条第4款、1992年《捷克宪法》第10条、1994年《塔吉克斯坦宪法》第10条、2001年修订的《希腊宪法》第28条第1款等均作出了类似的规定。另一类国家要求在其他缔约国履行条约的前提下赋予条约以优于国内法的效力，也就是附有相互主义的保留。最为典型的立法例是1958年《法国宪法》第55条，依据该条款，经合法批准或者核准的条约或协定，在公布后，具有高于法律的权威，但以缔约他方实施该条约或协定为条件。非洲一些讲法语的国家，如喀麦隆、塞内加尔、贝宁、中非共和国、乍得、尼日尔等，它们的宪法也作出了类似的规定。

（4）条约的地位等同于法律。例如，《美国宪法》第6条第2款规定：本宪法及依照本宪法制定之合众国法律以及根据合众国权力所缔结或将缔结的一切条约，均为全国的最高法律；即使与任何一州的宪法或法律相抵触，各州的法官仍应遵守。这里虽然将条约与宪法并列作为美国的最高法律，但是缔结条约不能背离美国宪法；并且美国的司

---

[1] See *Federal Constitution of the Swiss Confederation* of 18 April 1999, Art. 193 (4); Art. 194 (2).

法实践表明，在处理条约和联邦立法的关系上，美国采用了"后法优于前法"的原则。所以，美国联邦缔结的条约处于低于宪法，等同于联邦法律的地位。1987年《韩国宪法》第6条第1款规定，根据宪法缔结、公布的条约与国内法具有同等效力。2005年《莫桑比克宪法》第18条第2款也属于此类规定。

几乎没有国家在宪法中规定条约的地位低于法律，这相当于直接否定了国际法的效力。此外，值得注意的是，有些国家根据条约的不同性质或不同缔结程序赋予其不同的法律地位。常见的做法是，在宪法中赋予人权条约以优于其他条约的地位，或是赋予国会批准的条约以更高的地位。

3. 条约在国内法上的适用方式

在条约与国内法的关系上持二元论的国家认为，条约和国内法分处两个法律体系，即便是一国批准的条约也不是该国法律体系的组成部分，所有条约都需要通过制定国内法来实施，即将条约"转化"为国内法来适用。例如，2007年修订的《印度宪法》第253条规定，"国会为执行条约、协定或者公约有权制定适用于印度全境或者部分领土的法律"。

而条约在国内的适用方式，解决的是进入一国法律体系的条约如何得到适用或执行的问题，即经过适当的批准和公布程序之后，条约就可以像其他国内法一样被直接适用，还是仍需额外的立法程序辅助才可以被适用，即间接适用。可直接适用的条约在一些国家也被称为自执行（self executive）条约；相应的，需要额外立法措施辅助实施的间接适用的条约，也称非自执行（non-self executive）条约。

（1）直接适用条约。有些国家在宪法规定条约具有直接效力或者可以被直接适用，例如1995年《吉尔吉斯斯坦宪法》第12条第3款规定，"吉尔吉斯斯坦共和国批准的国家间条约以及其他国际法规范是吉尔吉斯斯坦共和国法律的组成部分并且具有直接效力"。1997年修订的《葡萄牙宪法》第8条也规定了条约的直接适用性。

（2）直接适用和间接适用相结合。还有的国家规定有些条约可以被直接适用，而另一些条约则须通过补充制定国内法来适用。这些国家的做法难以归入纯粹的一元论，也不是纯粹的二元论，而是一种混合做法。例如，1996年通过的《南非共和国宪法》第231条第4款规定，"国际协定需通过国家立法制定入法律才能成为共和国的法律；但是经国会批准的协定中自动执行的条款只要不与本宪法或者国会的法案相冲突即成为共和国的法律"。根据该规定，对条约的适用，南非采用了一种间接适用为原则、直接适用为例外的做法。与南非做法不同，《哈萨克斯坦宪法》第4条第3款规定，"共和国批准的条约优于共和国的法律，应当直接予以实施，为适用国际条约需要另行颁布法律的情况除外"。可见，哈萨克斯坦采用了以直接适用为原则，以间接适用的立场。事实上，大多数国家在处理条约如何在国内适用时的做法并不是非此即彼；同一国家对待不同的条约法规则时也可能采用不同的做法。正如安东尼·奥斯特（Anthony Aust）所言，在这个问题上，各国宪法的实践组成了一个宽广的序列：在它的一端可能是最纯粹的二元论形式；而另一端或许是最发达的一元论形式；在两个极端之间，有许多不同程度的变化形式。[1]

4.条约与国内法冲突的解决

一些国家的宪法还规定了如何解决条约与国内法的潜在冲突，这些规定可以概括为预防方法和解释一致的方法。

所谓预防的方法，就是在国家缔结或批准条约前即消除可能的冲突。例如1996年通过的《喀麦隆共和国宪法》第44条规定："如果宪法委员会查明条约或国际协定的条款与该宪法不一致，那么只有修改宪法后才能授权批准或者批准相关的条约或协定。"2003年修订的《罗马尼亚宪法》第11条第3款也作出了类似的规定。由此可以推定，经合法批准的条约与国家的宪法相一致，鉴于宪法在一国法律体系中的至上地位，原则上合法批准的条约与其他国内法律也应该是协调一致的。

解释一致的方法就是当国际法或国内法的含义不是非常明确肯定时，在可以有多种解释的情况下，应推定解释国家制定的国内法与国际法是一致的。这也是"协调论"者所主张的解决国际法与国内法冲突的方法。例如1996年通过的《南非共和国宪法》第233条规定，"在解释任何立法时，每一法院都应采纳与国际法相一致的合理解释，而不是与国际法不一致的其他解释"。

四、中国对国际法与国内法关系的法律规定

（一）中国对国际法的总体态度

中国《宪法》虽未对国际法与国内法的关系作出具体规定，但是强调了国家遵守国际法的基本立场。《宪法》序言申明：中国坚持独立自主的对外政策，坚持互相尊重主权和领土完整、互不侵犯、互不干涉内政、平等互利、和平共处的五项原则；坚持反对帝国主义、霸权主义、殖民主义。2023年《对外关系法》第4条第3款进一步规定，中国遵守联合国宪章宗旨和原则，维护世界和平与安全，促进全球共同发展，推动构建新型国际关系；主张以和平方式解决国际争端，反对在国际关系中使用武力或者以武力相威胁，反对霸权主义和强权政治；坚持国家不分大小、强弱、贫富一律平等，尊重各国人民自主选择的发展道路和社会制度。该法第19条重申：中国维护以联合国为核心的国际体系，维护以国际法为基础的国际秩序，维护以联合国宪章宗旨和原则为基础的国际关系基本准则。这些规定彰显了中国遵守国际法、坚持国际法基本原则的鲜明立场。对待条约义务，《对外关系法》第30条规定，国家善意履行有关条约和协定规定的义务，明确了中国恪守条约义务的基本态度。

（二）习惯与中国国内法的关系

学者对中国法律是否规定了习惯与国内法的关系存有争议，争议的焦点是中国某些法律中使用的"国际惯例"能否与作为国际法渊源之一的"习惯"等同。例如，1986年《民法通则》第142条第3款规定，"中华人民共和国法律和中华人民共和国缔结或者参

---

[1] 参见[英]安东尼·奥斯特：《现代条约法与实践》，江国青译，中国人民大学出版社2005年版，第143页。

加的国际条约没有规定的，可以适用国际惯例"；该法第 150 条补充规定，"依照本章规定适用外国法律或者国际惯例的，不得违背中华人民共和国的社会公共利益"。1992 年通过的《海商法》第 268 条第 2 款、第 276 条；1995 年通过的《民用航空法》第 184 条第 1 款、第 190 条作出了相同的规定。2004 年修订的《票据法》第 95 条第 2 款也规定，"本法和中华人民共和国缔结或者参加的国际条约没有规定的，可以适用国际惯例"。从这些规定可以看出，首先，国际惯例在适用次序上后于国内法，也后于条约，仅在前两者没有相关规定的情况下适用，因此起到补充作用；其次，国际惯例是"可以"适用而不是"必须"适用的，并没有严格的拘束力；最后，一般情况下，适用国际惯例不得同我国的社会公共利益相违背，而对适用条约则没有这样的限制。作为国际法渊源之一的习惯，须具备"国家反复实践"和"法律确信"两个条件，一经确立则对所有未对之表示反对的国家均具有法律拘束力。由此可见，中国法律中使用的国际惯例一词侧重指惯常的做法，"只有经过适用，才具有法律拘束力"，[1] 这与习惯有所不同，故上述规定并不是习惯在我国国内法上地位的体现。

2023 年 9 月通过的《外国国家豁免法》首次在中国国内法中使用了"习惯"一词。该法第 20 条第 2 款规定"本法规定不影响外国国家元首、政府首脑、外交部长及其他具有同等身份的官员根据中华人民共和国的法律、中华人民共和国缔结或者参加的国际条约以及国际习惯享有的特权与豁免"。这里的国际习惯即指作为国际法渊源的习惯。根据此规定，规范外交特权与豁免的国际习惯可以被直接适用。

（三）条约与中国国内法的关系

中国宪法或相关法律未明确规定中国缔结或者参加的条约是不是中国法律体系的组成部分，但是中国的多部单行法律规定了条约与国内法相比较的位阶关系，以及条约在国内的适用方式。从现行有效的法律规定和审判实践来看，中国缔结或者参加的条约是中国法律体系的组成部分。

1. 条约与中国国内法的位相互地位

（1）条约的地位低于宪法。2023 年《对外关系法》明确了条约与中国宪法的关系。根据该法第 30 条第 2 款，"国家缔结或者参加的条约和协定不得同宪法相抵触"。据此，中国缔结或参加的条约的法律地位低于宪法。

（2）条约与其他国内法的关系。由于缺乏宪法性法律的原则性规定，条约与中国宪法之外的其他国内法的相互关系不可一概而论。中国多部法律、行政法规对条约地位的规定呈现出以下几种关系。一是条约地位优于国内法。其典型表述是"中国缔结或参加的国际条约与国内法有不同规定的，适用国际条约的规定，但中国声明保留的条款除外"。这类规定出现在《票据法》《海商法》《民用航空法》《国境卫生检疫法》《进出境动植物检疫法》等法律中。二是国内法地位优于条约。此类规定仅出现在《红十字标志使用办法》这一行政法规中。该法规第 23 条第 1 款规定，"本办法有关红十字标志保护性使用的规定未尽事宜，依照日内瓦公约及其附加议定书的有关规定执行"。根据这

---

[1] 王铁崖：《国际法引论》，北京大学出版社 1998 年版，第 211 页。

一规定，红十字标志的保护性使用，应首先适用该办法，只有在该办法没有规定的事项上，才按照国际条约的规定执行。这似乎意味着，对该办法有规定的事项，即便办法与条约之间规定不一致，也应该按照该办法的规定执行，从而在红十字标志保护性使用的问题上，国内法相较于条约具有了一定的优先性。三是条约与国内法相互地位不明。有些法律规定可以选择适用国际条约或国内法，但没有进一步规定如果二者规定不一致应当如何处理。例如，《教育法》规定，对境外教育机构颁发的学位、学历证书的承认，依照中国缔结的条约或者中国的有关规定办理。这让人难以判断条约与国内法之间是否存在某种孰高孰低的位阶关系。

从目前的立法实践来看，中国采用了逐一立法模式来处理条约与国内法的相互地位。从分散的立法中尚难提炼出条约与国内法关系的普适原则。

2. 条约在中国的适用方式

中国法律、行政法规中规定适用条约的具体条款对条约的适用方式作了不完全一致的规定，概括而言可以划分为两类。

（1）直接适用国际条约。法律或行政法规在表述可以直接适用国际条约的具体方式上有几种不同情形：一是规定某些具体事项上直接适用条约，或者有条约的情况下，优先适用条约规定；二是某些具体事项要同时适用条约与国内法；三是规定对某些问题，可以适用条约也可以适用国内法；四是在某些问题上，当条约与国内法有不同规定时，适用条约的规定。这四种规定方式蕴含着一个共同前提，即条约具有直接适用性，可以被执法主体、司法主体和遵法主体直接作为有法律拘束力的规范据以执行和遵守。大多数涉条约的法律规定，均是将条约视为可直接适用的法来规定的。

（2）间接适用国际条约。中国《出境入境管理法》第90条规定，同毗邻国家接壤的省、自治区可以根据中国与有关国家签订的边界管理协定制定地方性法规、地方政府规章，对两国边境接壤地区的居民往来作出规定。《出境入境管理法》的这一规定明确要求通过制定国内法来实施条约。根据这一规定，中国通过制定地方性法律的方式适用同外国缔结的边界管理协定。类似的，《商标法》第21条规定，商标国际注册遵循中国缔结的国际条约所确立的制度，但具体办法由国务院规定。这一规定也意味着，虽然商标国际注册要遵循国际条约所确立的机制，但并非直接依据条约的规定来办理注册，而是由国务院通过制定行政法规的方式，将国际条约中所确立的商标国际注册制度具体化，通过适用国务院的规定来具体办理。这是因为，"商标国际注册涉及国际条约的履行、当事人权利的保护等一系列问题"，《商标法》"不可能对此一一作出详尽的规定"，为此，该条授权国务院对商标国际注册的具体办法作出规定。[1] 这些法律明确规定通过更进一步的立法方式适用条约。对此类情况，可以理解为条约无法直接适用，需要国内立法的补充细化。由此可见，我国法律并未统一采用直接适用国际条约的立法模式，在一些具体问题上，还规定了间接适用国际条约，即通过国内立法实施国际条约的适用方式。

---

[1] 参见《中华人民共和国商标法释义》，第21条释义，载中国人大网。

3. 条约与国内法的冲突与协调

在条约与国内法相互地位不明的情况下，需要有一套规则来协调二者之间的潜在冲突。最高人民法院通过司法解释确立了解释一致的原则，即当法律法规存在两种以上的合理解释时，按照与国际条约规定相一致的方法进行解释。2002年最高人民法院在关于审理国际贸易行政案件的司法解释中明确了这一原则。[1] 虽然这一规定针对的是国际贸易行政案件的解释，但是应当成为司法实践中解释国内法的一项基本规则，因为它体现了条约必须遵守的基本原则，也是国家在处理条约与国内法的潜在冲突时广泛遵循的做法，通过司法解释回避了国家可能存在的对国际条约的违背。

综上所述，单从各国关于国际法与国内法关系的形形色色的立法规制中，其多样性和复杂性即可窥见一斑，更何况日常大量的司法实践可能因为没有明确的法律依据或者因为不同的法官对于立法的不同理解和解释，可能呈现出更加复杂和多变的局面。

第四节　国际法与国内法关系的司法实践

国际法与国内法关系直观地反应在司法实践中，这类司法实践也可以从国际和国内两个层面来考察。

一、国际法庭中的国内法

国际法庭通常会特别关注国际法，这就好比国内法院一般会首先注意国内法一样。但是，国内法院不能因为适用国内法而影响所在国家履行其国际义务。当国家将相互间的争议诉至国际法庭时，被告国不得以其国内法与国际法有不同规定，或者国内没有相应的立法规则为由，为其违反国际法的行为进行辩解。

国际法庭对于国际法的优先适用，并不意味着国内法在国际法庭审理案件时毫不相干。首先，国际法庭在审理某些涉及国际损害赔偿的案件时，常常需要首先查明、解释和适用国内法。其次，国际法庭还经常为了确定是否已有一种演化为习惯国际法的规则，需要普遍研究一下各国的国内法。此外，为了有助于解决国际法上的疑难问题，国际法庭必须注意研究国内法或国内法律结构的特征，或者在适当条件下从国内法那里找到可类推适用的规则。从常设国际法院到国际法院，从法官们的辩护词和裁决书中，便可以看出国际司法机构对国内法的重视。也就是说，国内法上的某些规则和方法可以对国际司法实践、久而久之对国际法的内容产生影响。此处也体现了国际法与国内法在内容上相互影响和相互渗透的关系。

---

[1] 法释〔2002〕27号，《最高人民法院关于审理国际贸易行政案件若干问题的规定》，第9条。

二、国内法院中的国际法

虽然许多国家的宪法对国际法与国内法的关系作出了规定，但是国内法院对待国际法的态度丰富并发展了这些一般性的、较为抽象的规定。此外，在没有一般的法律规定或者法律规定不明的情况下，国内法院的司法实践对于理解一国对待国际法与国内法关系的态度更加重要。

（一）中国法院对国际法的适用

中国多部法律、法规、规章中有关适用条约的规定是司法实践适用条约的直接依据。除此之外，最高人民法院和最高人民检察院有关适用国际条约的具体指引为各级法院、检察院适用条约提供了更为直接的指南。从这些立法规定和司法解释中可以概括出中国法院适用条约的一般规则。第一，涉外案件优先适用国际条约。例如，2023年12月《最高人民法院关于审理涉外民商事案件适用国际条约和国际惯例若干问题的解释》明确了人民法院审理涉外民商事案件涉及适用国际条约的，直接且优先适用国际条约的原则，即"国际条约与中华人民共和国法律有不同规定的，适用国际条约的规定，但中华人民共和国声明保留的条款除外"。但也有司法解释和案例表明，"涉外"不是适用国际条约的必要条件。第二，法院适用国际条约不限于民商事案件，在行政案件、刑事案件、经济案件中同样可以适用国际条约。第三，虽然司法解释中的适用国际条约规定大多指向程序性事项，如裁判文书的承认与执行、送达、调查取证、刑事司法协助、引渡等，但司法解释也对部分实体问题适用国际条约作出了指引，包括涉外民事法律关系、船舶油污损害赔偿、涉外知识产权纠纷、涉外合同、涉外经济审判的实体问题。

中国法院有着适用国际条约的广泛实践。在具体的审判实践中，法院曾依据国际条约确立对案件的管辖权、直接依据国际条约确定案件事实、将国际条约作为裁判的理由或是将国际条约直接作为裁判的依据。

（二）英国法院对国际法的适用

英国的法律制度属于普通法系，其对待国际法的规则通常是通过判例确立起来的。英国对待条约和对待习惯国际法的态度有所差别。

依据现代英国司法当局的意向，国际法的习惯规则被认为是英国法律的一部分，英国国内法院应当予以适用，但是需要具备两个条件：一是此类习惯规则不得与英国成文法有所抵触；至于成文法制定在习惯规则形成之前或之后都在所不论。二是一旦某项习惯规则的适用范围被具有终审权的英国法院所确定，所有的英国法院均须受此确定的约束，即便日后出现了相反的习惯规则，亦复如此。英国法院在自动适用习惯国际法时还有两个重要的例外：首先，行政机关发布的国家命令，如战争宣言、并吞领土声明等，英国法院会不加怀疑地执行；其次，行政机关对于英王特权范围内的某些事项，例如，对于一个国家或政府作法律上或事实上的承认、依据外交特权享受司法豁免权的外交人员地位等，即便其所提供的意见或证明与国际法不符，法院也须受其限制。

英国对条约的适用与对习惯国际法的适用情形有显著的不同，这主要是受到行政机关与议会之间关系的宪法原则的影响。英国奉行的是议会至上的原则，而条约的谈判、签字和批准属于英国国王的权力范围。如果英国政府缔结的条约不经任何接受手续即可在国内自动生效，就有可能改变议会制定的国内法。为此，英国确立了适用条约的几项原则：（1）以下几类条约都必须以通过议会法案方式取得议会同意，必要时经过立法手续对法律作出修改：影响英国国民个人权利的条约、其条款或规定涉及修改普通法或成文法规的条约、赋予行政机关额外的权力的条约、对英国政府科以额外的财政负担的条约。（2）凡在条约约文中明确规定须经议会批准的条约，英国议会通常以法案的形式或以决议的方式加以批准。（3）涉及割让英国领土的条约，需要议会以法案的形式加以批准。（4）不需要经过立法程序的条约，不涉及变更国内法的非正式的行政协议，只需要签署，无须议会批准。

从这些规则可以看出，英国对待条约采用的是经由议会立法予以实施的转化适用的方式；如果仅在成文法中以一般或含糊的方式提到条约，并不足以构成必要的立法转化程序。如果英国的成文法规与以前签订的条约条款相抵触，英国法院须优先适用国内的成文法。

（三）美国法院对国际法的适用

美国法院对待习惯国际法的态度与英国法院类似，将其作为本国法律的一部分加以实施，并将美国国会制定的法案解释得不与习惯国际法相冲突。但后制定的成文法有优于先确立的习惯国际法的效力。对于行政机关的某些证明或意见，即便有时难以符合国际法，美国法院也应予以尊重，例如行政机关关于外国国家或政府的承认、外国船舶的性质和司法管辖豁免、外交使节的地位等的意见或证明。

美国法院在司法实践中将条约区分为自动执行和非自动执行两类，自动执行的条约可以直接适用，而非自动执行的条约则须通过一定的立法程序才能在国内执行。一般来讲，自动执行的条约本身规定具体、明确，无须通过国内法律予以补充便可直接由法院和行政机关予以适用；而非自动执行的条约则规定概括，不具有可操作性，需要国内立法予以补充和具体化。在美国加利福尼亚州最高法院1952年审理的富士君诉加利福尼亚州一案中，原告日本人的地产因为违背加利福尼亚《外国人的土地法》关于外国人不得取得该州土地所有权的规定而被没收。原告认为加州法律的这一规定违反了《联合国宪章》序言、宗旨和第55、56条的精神。但法院认为，《联合国宪章》第55条只规定联合国应促进对人权与基本自由的尊重，这些条款缺乏命令性与确定性，不能作为自动执行条款来适用。1992年美国在批准《公民及政治权利国际公约》（简称ICCPR）时专门作出的一项声明宣布，该公约第1—27条的规定为非自动执行条款。实际上，在认定自动执行和非自动执行的条款时，各国法院的法官往往受各自主观因素的影响而具有较大的随意性，甚至出现同一条约或同一条约的某项条款，在此国法院看来是可自动执行的，而在彼国法院则认为不可以；甚或在同一国家的这个法官认为是可自动执行的，而在另一法官看来却不可以。

如上文提到的，从美国法院的司法实践中可以推断出条约在美国具有等同于联邦法律的效力，并且后制定的联邦法律可以推翻先前通过的条约。例如，美国第一巡回上诉法院审理的 Verissimo 诉移民与归化局[1]一案涉及美国批准的 ICCPR 与美国移民与归化局法案的关系。该案中，收到搬迁命令的一位外国人申请人身保护令救济，但遭到了地区法院的拒绝。上诉法院认为，首先，由于该外国人犯有销售海洛因的罪行，无论他是否为美国常住居民，均不具备免除被驱逐的资格；其次，地区法院裁定移民与归化局第 212（h）条规定优于 ICCPR 是正确的，因为当后来制定的法案同之前的条约不一致时，法案将使条约变得无效。上诉法院指出，国会于 1996 年修改了第 212（h）条，如同本案申请人这样的加重犯不再具备申请取消搬迁命令的资格。于是上诉法院得出结论：1996 年对第 212（h）条的修正案使 1992 年对美国生效的 ICCPR 的相关规定变得无效；申请人不得依据 ICCPR 提出不应该将他驱逐出境的要求。在 El Zoul 诉美国公民与移民服务局案[2]中，法院同样指出尽管 ICCPR 与《移民与国籍法》存在冲突，但是国会后制定的法案优于之前的条约义务。持相同观点的还有 Castillo-Avalos 诉 Gonzales 案[3]的法院。

（四）法国法院对国际法的适用

对于习惯国际法在法国法律体系中的地位，法国宪法中没有具体的条文规定。1946 年法国第四共和国宪法序言中曾规定，"法兰西共和国，忠于自己的传统，遵守国际法的规则"。法国最高行政法院在许多决定中以解释该序言的方式适用了普遍承认的国际法原则。根据宪法序言中这一宣誓性的条款，最高行政法院叙述道，"法国法院已经将习惯国际法的规则视为具有直接适用性，无论这些规则是否与法院具有管辖权的事项相关，也无论在相关的事项上是否存在立法或行政法案。法国法院（对待习惯国际法）没有形成一贯的'采纳'或'并入'理论，也没有受到教条的二元论的影响，因为后者要求在对国际法规则进行司法适用之前需要通过专门的'转化'程序转化为国内法"。1958 年法国宪法将序言修改为"法兰西人民庄严宣告：忠于 1789 年人权宣言所肯定的，为 1946 年宪法序言所确认并加以补充的各项人权和关于国家主权的原则……"。虽然人们对这一序言是否构成法律渊源还存有怀疑，但是法国的法院却在毫不犹豫地适用习惯国际法，因为他们认为明确提及普遍承认的国际法规则并无必要，那么做不过是对一项已得到普遍确信的事实的重述。

对于条约，法国宪法赋予了其优于普通法律的地位。但是法国的司法实践也曾区分条约是否具有自动执行性。例如近年来法国法院在审理某案件时运用了《儿童权利公约》。最初，最高上诉法院总体拒绝了该公约的条款，依据是，"该项公约只对缔约国规定了义务，无法作为国内法直接援引"。但是，2005 年，也就是该公约生效 15 年之后，最高上诉法院第一民事厅推翻了其先前的判例。该法院在 2005 年 5 月 18 日的决定中第一次以十分明确的方式适用了《儿童权利公约》。2005 年最高上诉法院的报告强调指出，"最高民事厅原本可以只局限于适用本国法律条款，但是在向涉案各方说明之后，决定

---

[1] *Verissimo v. I.N.S.*, 71 Fed. Appx. 859 (1st Cir. 2003), cert. denied, 540 U.S. 1080, 124 S. Ct. 935, 157 L. Ed. 2d 754 (2003).

[2] *El Zoul v. Bureau of Citizenship and Immigration Services*, 2006 WL 526091 (2d Cir. 2006).

[3] *Castillo-Avalos v. Gonzales*, 136 Fed. Appx. 629 (5th Cir. 2005).

自动依据《儿童权利公约》第 3 条第 1 款和第 12 条第 2 款提出论点,从而肯定了该项文书超越本国法律的地位"。这一立场与最高行政法院的立场是一致的,后者曾赞同直接适用该公约的某些条款,尤其是第 3 条第 1 款,以此要求政府将儿童的最大利益作为最高考虑因素。尽管第一民事厅立场的改变具有重大意义,但是这只涉及《公约》的两项条款。法国的这一案例再次说明,首先,可自动执行的可以是某项条约,但更多时候是条约的某些条款;其次,同一国家的法院在不同时期对条约是否可以自动执行态度也会有不同。

各国法院处理国际法与国内法关系的实际做法,虽然原则上受到立法或已经形成的判例法的指导,但是受法官的自由裁量权等因素的影响而产生了千差万别的结果。随着国与国之间的联系日益紧密,国际法调整范围和影响效力的不断扩大,国内法院适用国际法的情形越来越经常化。以上列举的只是个别国家的个别做法,要想对这一问题有更加深入和全面的了解,还须不断关注更多国家的实践动态。

重要名词术语

国内法优先说、国际法优先说、二元论、协调论、自然调整说、转化、纳入

思考题

1. 请比较国际法优先说与国内法优先说。
2. 简述"二元论"与"自然调整说"的异同。
3. 你认为国际法与国内法的关系如何?
4. 请以实例说明国际法如何在国内得到适用。
5. 如何解决国际法与国内法的冲突?
6. 试述习惯与国内法的关系。
7. 试论条约在中国法律体系中的地位。

典型案例分析

阿卜杜勒·瓦希德诉中国某航空股份有限公司航空旅客运输合同纠纷案

基本案情

2004 年 12 月 29 日,Abdul Waheed(阿卜杜勒·瓦希德,以下简称阿卜杜勒)购买了一张由香港国某航空公司(以下简称国某航空公司)作为出票人的机票。机票列明的航程安排为:2004 年 12 月 31 日上午 11 时,上海起飞至香港,同日 16 时香港起飞至卡拉奇;2005 年 1 月 31 日卡拉奇起飞至香港,同年 2 月 1 日香港起飞至上海。其中,上海与香港间的航程由中国某航空股份有限公司(以下简称某航空公司)实际承运,香港与卡拉奇间的航程由国某航空公司实际承运。机票背面条款注明,该合同应遵守《华沙公约》所指定的有关责任的规则和限制。该机票为打折票,机票上注明"不得退票、不

得转签"。

2004年12月30日下午15时起上海浦东机场下中雪，导致机场于该日22时至23时被迫关闭1小时，该日104个航班延误。31日，因飞机除冰、补班调配等原因，导致该日航班取消43架次、延误142架次，飞机出港正常率只有24.1%。某航空公司的航班也因为天气原因延误了3小时22分钟，导致阿卜杜勒及其家属到达香港机场后未能赶上国某航空公司飞卡拉奇的衔接航班。某航空公司工作人员告知阿卜杜勒只有两种处理方案：一是阿卜杜勒等人在机场里等候3天，然后搭乘国某航空公司的下一航班，3天费用自理；二是阿卜杜勒等人出资，另行购买其他航空公司的机票至卡拉奇，费用为25000港币。阿卜杜勒当即表示无法接受该两种方案，其妻子杜琳打电话给某航空公司，但该公司称有关工作人员已下班。杜琳对某航空公司的处理无法接受，且因携带婴儿而焦虑、激动。最终由香港机场工作人员交涉，阿卜杜勒及家属共支付17000港币，购买了阿联酋航空公司的机票及行李票，搭乘该公司航班绕道迪拜，到达卡拉奇。为此，阿卜杜勒支出机票款4721港币、行李票款759港币，共计5480港币。

阿卜杜勒认为，某航空公司的航班延误，又拒绝重新安排航程，给自己造成了经济损失，遂提起诉讼，要求判令某航空公司赔偿机票款和行李票款，并定期对外公布航班的正常率、旅客投诉率。某航空公司辩称，航班延误的原因系天气条件恶劣，属不可抗力；其已将此事通知了阿卜杜勒，阿卜杜勒亦明知将错过香港的衔接航班，其无权要求某航空公司改变航程。阿卜杜勒称，其明知会错过衔接航班仍选择登上飞往香港的航班，系因为某航空公司对其承诺会予以妥善解决。

法院裁判

法院生效裁判认为：原告阿卜杜勒是巴基斯坦伊斯兰共和国公民，其购买的机票，出发地为我国上海，目的地为巴基斯坦卡拉奇。《中华人民共和国民法通则》第142条第1款规定："涉外民事关系的法律适用，依照本章的规定确定。"第2款规定："中华人民共和国缔结或者参加的国际条约同中华人民共和国的民事法律有不同规定的，适用国际条约的规定，但中华人民共和国声明保留的条款除外。"我国和巴基斯坦都是《经1955年海牙议定书修订的1929年华沙统一国际航空运输一些规则的公约》(以下简称《1955年在海牙修改的华沙公约》)和1961年《统一非立约承运人所办国际航空运输的某些规则以补充华沙公约的公约》(以下简称《瓜达拉哈拉公约》)的缔约国，故这两个国际公约对本案适用。《1955年在海牙修改的华沙公约》第28条第1款规定："有关赔偿的诉讼，应该按原告的意愿，在一个缔约国的领土内，向承运人住所地或其总管理处所在地或签订契约的机构所在地法院提出，或向目的地法院提出。"第32条规定："运输合同的任何条款和在损失发生以前的任何特别协议，如果运输合同各方借以违背本公约的规则，无论是选择所适用的法律或变更管辖权的规定，都不生效力。"据此，在阿卜杜勒持机票起诉的情形下，中华人民共和国上海市浦东新区人民法院有权对这起国际航空旅客运输合同纠纷进行管辖。

法院随后依据《瓜达拉哈拉公约》第1条、第7条的规定，判定阿卜杜勒有权选择国某航空公司或某航空公司或两者同时为被告提起诉讼；在阿卜杜勒只选择某航空公司为被告提起的诉讼中，某航空公司虽然有权要求国某航空公司参加诉讼，但由于阿卜杜勒追究的航班延误责任发生在某航空公司承运的上海至香港段航程中，与国某航空公司无关，根据本案案情，衡量诉讼成本，无须追加国某航空公司为本案的当事人共同参加诉讼。法院又依据《1955年在海牙修改的华沙公约》第19条、第20条的规定，某航空公司没有采取一切必要的措施来避免因航班延误给旅客造成的损失发生，不应免责。阿卜杜勒迫于无奈自费购买其他航空公司的机票，对阿卜杜勒购票支出的5480港元损失，某航空公司应承担赔偿责任。

案件评析

阿卜杜勒·瓦希德诉中国某航空股份有限公司案也是航空运输领域直接适用国际条约的典型案件。本案法院首先援用了《民法通则》第142条，然后直接依据中国和巴基斯坦均为缔约国的《统一非立约承运人所办国际航空运输的某些规则以补充华沙公约的公约》(《瓜达拉哈拉公约》)和《经1955年海牙议定书修订的1929年华沙统一国际航空运输一些规则的公约》(《1955年在海牙修改的华沙公约》)对本案进行了审判。[1] 本案特点在于，法院在审理过程中完全依据两个国际条约的具体规定来确定对案件的管辖权、确定诉讼双方的权利义务关系，并作出最终判决。本案中，国际条约不仅被作为判决的理由，也是判决的直接法律依据。

---

〔1〕 最高人民法院指导案例第51号，阿卜杜勒·瓦希德诉中国某航空股份有限公司航空旅客运输合同纠纷案，(2016)沪一中民一(民)终字第609号，2006年2月24日审结；最高人民法院审判委员会讨论通过2015年4月15日发布。

第四章 国际法的基本原则

【内容提示】

国际法的基本原则是构成国际法基础的，适用于国际法一切领域的，被所有国家普遍接受的，构成强行法规则并对国际法的所有其他原则、规则和机制起指导作用的决定性规则。《联合国宪章》第 2 条所载 7 项原则是国际法基本原则的最集中体现。《国际法原则宣言》等众多普遍性和区域性国际文书确认、重申和发展了《联合国宪章》提出的国际法基本原则。和平共处五项原则是对《联合国宪章》原则的高度概括，是对国际法基本原则进一步发展的重要贡献。各国均应努力维护以联合国宪章宗旨和原则为基础的国际关系基本准则和国际法基本原则。

第一节 国际法基本原则的概念

从法理学角度，法律原则可以被定义为"法律的基础性真理、原理，或是为其他法律要素提供基础或本源的综合性原理或出发点"。[1] 这些原则又分为对整个法律体系和所有法律活动起指导作用的基本原则，以及仅对个别领域和具体活动起指导作用的具体原则。由此，国际法的基本原则可以被定义为构成国际法基础的，适用于国际法一切领域并对国际法的所有原则、规则和机制起指导作用的决定性规则。按照这一定义，可以认为国际法基本原则具有如下一些特征：

（一）构成国际法的基础

国际法的基本原则构成了所有国际法的原则、规则与机制及其遵守、实施与适用的基础。首先，国际法所有其他的原则、规则和机制都是从国际法基本原则派生、发展出来的。例如，国家缔结条约的权利就是从国家主权原则派生出来的。其次，国际法所有其他的原则、规则和机制都必须符合国际法基本原则并受其制约，任何违背国际法基本原则的原则、规则和机制都是非法的。例如，历史上存在的"保护国""附属国"制度，就因为有违国家主权原则而退出了历史舞台；而任何旨在合谋进行侵略的条约也将因为违反国家主权原则而非法、无效。

---

[1] 张文显主编：《法理学》，高等教育出版社、北京大学出版社 2007 年版，第 74 页。

（二）适用于国际法的一切领域

国际法基本原则具有普遍适用性，即这些原则超越了国际法的各个具体领域、方面和过程，而对整个国际法律体系和所有领域以及其中的一切活动起指导作用。首先，国际法基本原则贯穿于国际法的所有实体领域，并对这些领域起指导作用。例如，无论是在海洋、领土、空间领域，还是在外交、条约、国际组织领域，都必须遵循国际法基本原则。其次，国际法基本原则贯穿于国际法的创制和实施的所有方面与过程。例如，无论是在条约的制定或习惯的产生中，还是在条约的实施和机制的运行过程中，都必须以国际法基本原则为指导。

（三）具有普遍接受性

尽管国际法作为一个法律体系适用于全世界范围内所有的国家，但并非所有的国家都接受同样的国际法规则的约束。例如，条约只约束批准或加入该条约的缔约国；国际组织的决定也只对其成员国有效。即是说，在国际法中，有相当一部分原则、规则和机制只约束一定数目而非所有的国家。与这样的原则、规则和机制不同的是，国际法基本原则的地位和内容是整个国际社会所公认的，为所有的国家所普遍接受。例如，国际社会的全体成员，无论其政治、经济、社会、法律制度如何，领土大小，人口多少，均同意和接受主权平等和领土完整原则。

第二节　国际法基本原则与强行法

在国际法中，与国际法基本原则既相联系又有区别的一个概念是强行法。强行法（*jus cogens*），又称强制法、绝对法，或强制规律、强行规则，即必须绝对遵守的法律规则，原本是一个可以追溯至罗马法的国内法概念，但自1969年的《维也纳条约法公约》中包含了有关规定之后，这一概念就进入了国际法并引起了颇多的争论。《维也纳条约法公约》中有关"强行法"的规定有两条，即第53条和第64条。第53条规定："条约在缔结时与一般国际法强制规律（绝对法）抵触者无效。就适用本公约而言，一般国际法强制规律指国家之国际社会全体接受并公认为不许损抑且仅有以后具有同等性质之一般国际法规律始得更改之规律。"关于"一般国际法新强制规律（绝对法）之产生"的第64条规定："遇有新一般国际法强制规律产生时，任何现有条约之与该项规律抵触者即成为无效而终止。"如果认为该两条是对既存习惯国际法的反映，则这些规定表明，国际社会对于国际法中强行法规则的存在，已经形成了一致认识。

尽管国际社会已经一致接受了国际法中强行法规则的存在，但迄今为止并没有形成对强行法的确切的、普遍接受的界定。《维也纳条约法公约》中对这一概念的定义，更多地是一种形式上的定义，并没有明确列出强行法的内容或哪些国际法规则——至少在该《公约》的意义上——为强行法规则，而只是为辩明哪些国际法规则可能具有强行法性质提供了标准。这些标准可以概括为：国际社会全体接受；公认为不许损抑或背离；

仅有以后具有同等性质的一般国际法规则才能加以更改。然而，对于国际法中的哪些原则和规则符合这三项标准因而具有强行法的性质，在《维也纳条约法公约》或其他国际法律文书中并没有权威的界定，国际法学者的见解也很不一致。

国际法基本原则与强行法具有一定的相同之处：它们都是国际社会所公认的，并且具有法律效力上的优先性。可以认为，国际法基本原则具有强行法的性质，因为这些原则符合成为强行法规则的三项标准。然而，国际法基本原则与强行法规则也有区别。首先，强行法这一概念规定于《维也纳条约法公约》中，因而主要适用于国际条约关系；而国际法基本原则适用于国际社会成员之间的一切关系和行为。其次，强行法的概念除了规定在《维也纳条约法公约》之中以外，主要是通过国家实践和国际司法机关的判例来发展的；而国际法基本原则明确规定在《联合国宪章》等诸多国际法律文书中。最后，国际法基本原则构成国际法体系的基础，对国际法的一切领域具有普遍适用性；而有些规则尽管具有强行法的性质，但并不适用于国际法的一切领域。换言之，强行法的外延要大于国际法基本原则的外延。例如，禁止酷刑已经被公认为一项国际法中的强行法规则，然而该规则只是国际人权法领域中的一项强行法规则，而不构成国际法的基础，对国际法的其他领域也不适用。因此，强行法概念的提出与确立，并不能否定国际法基本原则的重要性，而只是赋予了国际法基本原则更强有力的性质和地位。

第三节　国际法基本原则的历史发展

近代国际法产生之后，特别是到 18 世纪末、19 世纪初的资产阶级革命时期，一些指导国际关系包括法律关系的基本准则，如国家主权原则、国家平等原则、不干涉内政原则等，就已经被提出。第一次世界大战之后，在国际联盟时期，又提出了和平解决国际争端、废弃战争作为国家政策之工具等原则。

然而，国际法基本原则的重大发展是在第二次世界大战结束以后。第二次世界大战后，有两份国际文书在国际法基本原则的发展历程中具有标志性的意义。通过这些国际文书，国际法基本原则在国际法律体系中得到了牢固确立。

1945 年《联合国宪章》作为第二次世界大战后整个国际社会和国际秩序的基础性法律文书，首次全面、系统地确认和规定了不仅约束联合国及其会员国，也指导全部国际关系的国际法基本原则，这标志着国际法基本原则在法律上进入了正式确立和发展的新阶段。《联合国宪章》的序言和有关其宗旨的规定都涉及了国际法基本原则，但最集中的是《联合国宪章》第 2 条关于联合国的原则的规定。该条规定："为求实现第一条所述各宗旨起见，本组织及其会员国应遵行下列原则。"这些原则是：

"一、本组织系基于各会员国主权平等之原则。"该项规定实际上包含了两项国际法基本原则：国家主权原则和主权平等原则。将这两项原则规定为第 2 条第 1 项，说明了其对于联合国组织的重要性，也说明了这两项原则是最重要的国际法基本原则。

"二、各会员国应一秉善意，履行其依本宪章所担负之义务，以保证全体会员国由加入本组织而发生之权益。"该项规定的善意履行宪章义务的原则，与《联合国宪章》序言所宣布的"尊重由条约与国际法其他渊源而起之义务"一道，都是"约定必须遵守"这一国际法基本原则在《联合国宪章》的语境中的具体体现。

"三、各会员国应以和平方法解决其国际争端，俾免危及国际和平、安全及正义。"该项规定明确承认了久已存在的和平解决国际争端的原则，并且指出这是出于国际和平、安全与正义的需要。

"四、各会员国在其国际关系上不得使用威胁或武力，或以与联合国宗旨不符之任何其他方法，侵害任何会员国或国家之领土完整或政治独立。"该项实际上规定了两项国际法基本原则：一项是通常所说的禁止使用武力原则，即禁止在国际关系中使用武力或以武力相威胁；另一项是与国家主权原则相联系并进一步扩展该原则的国家之领土完整或政治独立不受侵犯的原则。

"五、各会员国对于联合国依本宪章规定而采取之行动，应尽力予以协助，联合国对于任何国家正在采取防止或执行行动时，各会员国对该国不得给予协助。"该项规定的是集体协助的原则。该原则意味着，一方面，联合国会员国有义务协助联合国的行动；另一方面，对于成为联合国之防止或执行行动的对象国，各会员国有义务不予协助。该原则主要是为了保障联合国的集体安全制度。

"六、本组织在维持国际和平及安全之必要范围内，应保证非联合国会员国遵行上述原则。"该项说明《联合国宪章》规定的原则是普遍性的，联合国会员国和非会员国应一致遵守。尽管《联合国宪章》作为一项条约仅约束联合国会员国，但该项规定表明《联合国宪章》所规定和确立的原则是国际法的基本原则，对一切国家均同等适用。

"七、本宪章不得认为授权联合国干涉在本质上属于任何国家国内管辖之事件，且并不要求会员国将该项事件依本宪章提请解决；但此项原则不妨碍第七章内执行办法之适用。"该项规定的是联合国框架内的不干涉内政原则，要求联合国不得干涉"在本质上属于任何国家国内管辖之事件"（但联合国依据《联合国宪章》第7章规定的集体安全制度采取的执行办法除外），也可推定适用于一切国际关系，即任何国际组织或国家都不得干涉本质上属于一国国内管辖之事件。不过，"某一事件是否完全属于一国管辖的问题本质上是一个相对的问题，取决于国际关系的发展"。[1]冷战结束以后，不干涉内政原则遭遇了巨大的挑战，如何在应对这些挑战的同时，坚持和维护不干涉内政原则，是国际社会和国际法的一项长期而严峻的任务。

除了第2条规定的一系列原则以外，《联合国宪章》还提出了一些国际法的基本原则，其中最重要的是人民自决原则和尊重与遵守人权原则。尽管早在第一次世界大战尚未结束之时，俄国十月革命的重要文件《和平法令》和美国总统威尔逊提出的"十四点原则"中就已经提出了自决原则，但第一次承认人民的自决权利，是在《联合国宪章》中。

---

[1] Permanent Court of International Justice, *Nationality Decrees Issued in Tunis and Morocco*, Advisory Opinion of 7 February 1923, PCIJ Series B. No 4, p. 24.

《联合国宪章》第1条第2项规定："发展国际间以尊重人民平等权利及自决原则为根据之友好关系，并采取其他适当办法，以增强普遍和平。"人民自决原则作为国际法的一项基本原则由此确立。1952年12月16日，联合国大会通过了关于"民族与国族的自决权"的第637（Ⅶ）号决议，建议"联合国会员国应拥护一切民族与国族之自决原则"。此后，为了加速非自治领土的解放，联合国大会又于1960年12月14日第1514（XV）号决议通过了《给予殖民地国家和人民独立宣言》，宣布"所有人民均有自决权，且凭此权利自由决定其政治地位，自由从事其经济、社会及文化发展"。1966年通过的《经济社会文化权利国际公约》和《公民及政治权利国际公约》的共同第1条以几乎完全相同的表述再次重申了人民自决权。从此，人民自决不仅是国际法基本原则之一，而且成为基本人权之一。

尊重与遵守人权尽管没有包括在《联合国宪章》第2条规定的基本原则之中，但是《联合国宪章》序言提到的第一项价值目标即为"基本人权"；其第1条第3项将"增进并激励对于全体人类之人权及基本自由之尊重"规定为联合国的宗旨之一；第55条（寅）项规定联合国应促进"全体人类之人权及基本自由之普遍尊重与遵守"；第56条则以会员国为出发点对第55条进行了补充："各会员国担允采取共同及个别行动与本组织合作，以达成第五十五条所载之宗旨。"由这些规定可以认为尊重与遵守人权也是联合国的基本原则之一。尊重与遵守人权作为联合国以及国际法一项基本原则，此后在不同场合得到反复重申。1948年通过的《世界人权宣言》在其起首就庄严宣布："鉴于对人类家庭所有成员的固有尊严及其平等的和不移的权利的承认，乃是世界自由、正义与和平的基础"；1966年通过的国际人权两公约在其序言中宣布："依据联合国宪章揭示之原则，人类一家，对于人人天赋尊严及平等而且不可割让权利之确认，实系世界自由、正义与和平之基础"；1968年国际人权会议发表的《德黑兰宣言》中称"国际社会各成员激励对于全体人类人权及基本自由之尊重之神圣义务"，"各国应重申有效实行《联合国宪章》及有关人权及基本自由之其他国际文书所尊崇原则之决心"；1993年世界人权大会通过的《维也纳宣言和行动纲领》也在其序言中"重申坚决维护《联合国宪章》和《世界人权宣言》所载的宗旨和原则"，"强调各国按照《联合国宪章》有责任促进和鼓励尊重所有人的人权和基本自由，不分种族、性别、语言、宗教"。因此，尊重与遵守人权是当代国际法基本原则之一。

联合国大会1970年10月24日第2625（XXV）号决议通过了有关国际法基本原则的专门文书《关于各国依联合国宪章建立友好关系及合作之国际法原则之宣言》（以下简称《国际法原则宣言》或《友好关系宣言》）。作为联合国大会的决议，《国际法原则宣言》本身没有法律约束力，但宣布"本宣言所载之各项宪章原则构成国际法之基本原则"，因此是对既存之国际法基本原则的宣示与重申。《国际法原则宣言》宣布了7项原则：

"各国在其国际关系上应避免为侵害任何国家领土完整或政治独立之目的或以与联合国宗旨不符之任何其他方式使用威胁或武力之原则。"根据该原则，使用或威胁使用武力的行为违反国际法和《联合国宪章》，永远不应作为解决国际争端的方法。侵略战争构成危害国际和平的罪行，在国际法上须负责任。这项原则还包括有关禁止宣传侵略战争、尊重国际疆界、禁止武力报复、禁止卷入内战或恐怖活动、禁止军事占领等规定。

"各国应以和平方法解决其国际争端俾免危及国际和平、安全及正义之原则。"根据该原则，为了俾免危及国际和平、安全及正义，各国应以谈判、调查、调停、和解、公断、司法解决、区域机关或办法的利用，或其他和平方法解决国际争端。"国际争端应根据国家主权平等之基础并依照自由选择方法之原则解决之。"

"依照宪章不干涉任何国家国内管辖事件之义务之原则。"根据该原则，任何国家或国家集团以任何理由，直接或间接，以武力、经济或政治手段干涉任何其他国家的内政或外交事务，干预或试图威胁其国家人格或政治、经济或文化，均构成对国际法的违反。因此，每一国都有权利选择其政治、经济、社会及文化制度，不受他国任何形式之干涉。

"各国依照宪章彼此合作之义务。"根据该原则，各国无论其政治、经济及社会制度上有何差异，均有义务在国际关系的各方面彼此合作，以期维护国际和平与安全，并增进国际经济安定与进步、各国之一般福利及不受此种差异所导致的歧视的国际合作。在这一原则中，还特别提到了各国应合作促进对于一切人民人权及基本自由之普遍尊重与遵守，以及各国应在促进全世界尤其发展中国家之经济增长方面彼此合作。

"各民族享有平等权利与自决权之原则。"根据该原则，各民族一律有权自由决定其政治地位，并追求其经济、社会及文化之发展；每一国家均有义务尊重此权利。这一原则是对《联合国宪章》中规定的"尊重人民平等权利及自决原则"的进一步细化与发展。该原则也提到了"促进对于人权与基本自由之普遍尊重与遵行"，以及禁止破坏国家的国内统一和领土完整，从而与前面的原则有机结合联系起来。

"各国主权平等之原则。"根据该原则，各国不问其经济、社会、政治或其他性质有何不同，都是国际社会的平等成员，其主权一律平等，均有平等的权利和责任。具体而言，主权平等包括下列要素：（1）各国法律地位平等；（2）每一国享有充分主权之固有权利；（3）每一国均有义务尊重其他国家之人格；（4）国家之领土完整及政治独立不得侵犯；（5）每一国均有权利自由选择并发展其政治、社会、经济及文化制度；（6）每一国均有责任充分并一秉诚意履行其国际义务，并与其他国家和平相处。从这些要素可以看出，国家主权平等原则几乎覆盖和包含了所有其他的国际法基本原则，这也凸显了国家主权原则在国际法基本原则体系以及整个国际法体系中的核心地位。

"各国应一秉诚意履行其依宪章所负义务之原则。"根据该原则，各国有义务一秉诚意、善意履行如下义务：（1）依据《联合国宪章》所担负的义务；（2）依据公认的国际法原则与规则所担负的义务；（3）依据符合公认之国际法原则与规则的国际协定所担负的义务。这是对"约定必须遵守"或"条约必须遵守"的进一步明确和细化。该原则尽管列为《国际原则宣言》所宣示之原则的最后一项，但从国际法规范效力的角度而言，是最重要、最基础性的原则，因为，如果国家不履行而任意违反其国际法义务，则不仅所有的国际法规则与机制将毫无效力可言，以上列举的其他国际法基本原则也将失去意义。

除了《联合国宪章》《国际法原则宣言》以外,还有众多普遍性和区域性国际文书确认、重申和发展了《联合国宪章》《国际法原则宣言》提出的国际法基本原则。

联合国大会于1974年通过了《建立新的国际经济秩序宣言》《建立新的国际经济秩序的行动纲领》《各国经济权利和义务宪章》。这些文书是基于广大发展中国家对建立更加公平合理的国际经济新秩序的呼吁而通过的。其中尽管这些文书主要有关国际经济秩序,但其中提出的大部分原则不仅指导国际经济关系,而且也构成了国际法的基本原则,是对国际法基本原则的重申与发展。这些原则集中体现在《各国经济权利和义务宪章》的第一章"国际经济关系的基本原则"中,其中列举的大部分原则属于对国际法基本原则的确认。这些原则是:(1)各国的主权、领土完整和政治独立;(2)所有国家主权平等;(3)互不侵犯;(4)互不干涉;(5)公平互利;(6)和平共处;(7)各民族平等权利和自决;(8)和平解决争端;(9)对于以武力造成的、使得一个国家失去其正常发展所必需的自然手段的不正义情况,应予补救;(10)真诚地履行国际义务;(11)尊重人权和基本自由;(12)不谋求霸权和势力范围;(13)促进国际社会正义;(14)国际合作以谋发展;(15)内陆国家在上述原则范围内进出海洋的自由。

1955年,29个亚非国家在印度尼西亚万隆举行了亚非会议,这是代表着占世界面积将近1/4和世界人口约2/3的广大亚非国家特别是刚刚摆脱殖民统治取得独立的亚非国家讨论有关其切身利益问题的国际会议。亚非会议通过了《亚非会议最后公报》,[1]其中所载的《关于促进世界和平和合作的宣言》提出各国应在10项原则的基础上,作为和睦的邻邦彼此实行宽容,和平相处,并发展友好合作:(1)尊重基本人权、尊重《联合国宪章》的宗旨和原则;(2)尊重一切国家的主权和领土完整;(3)承认一切种族的平等、承认一切大小国家的平等;(4)不干预或干涉他国内政;(5)尊重每一国家按照《联合国宪章》单独地或集体地进行自卫的权利;(6)不使用集体防御的安排来为任何一个大国的特殊利益服务,任何国家不对其他国家施加压力;(7)不以侵略行为或侵略威胁或使用武力来侵犯任何国家的领土完整或政治独立;(8)按照《联合国宪章》,通过如谈判、调停、仲裁或司法解决等和平方法以及有关方面自己选择的任何其他和平方法来解决一切国际争端;(9)促进相互的利益和合作;(10)尊重正义和国际义务。这些原则既确认和重申了《联合国宪章》所载原则,也引申和发展了亚非会议前一年提出的和平共处五项原则。

1973—1975年,33个欧洲国家以及美国和加拿大举行了3次欧洲安全与合作会议,这是冷战期间欧洲和北美国家为讨论欧洲安全与合作问题召开的国际会议。1975年,这35个国家的高级代表在芬兰赫尔辛基举行的正式会议上通过了《欧洲安全和合作最后文件》,[2]其中所载的《指导与会国间关系的原则宣言》声明与会国坚持《联合国宪章》所述原则,同意依照《联合国宪章》之宗旨与原则行事,提出指导与会国间相互关系的10

---

[1] 载中华人民共和国条约数据库。
[2] *Conference on Security and Co-Operation in Europe: Final Act*, Helsinki 1975.

项原则：（1）主权平等，尊重主权所固有之权利；（2）不以武力相威胁或使用武力；（3）边界不可侵犯；（4）国家领土完整；（5）和平解决争端；（6）不干涉内政；（7）尊重人权和基本自由；（8）各国人民的平等权利和自决；（9）国家间的合作；（10）善意履行国际法义务。这些原则不仅确认和重申了《联合国宪章》所载宗旨和原则，而且对缓和美苏两大集团的紧张关系发挥了作用。

第四节 和平共处五项原则与国际法基本原则

1954年4月29日中华人民共和国与印度共和国《关于中国西藏地方和印度之间的通商和交通的协定》的序文中，首次提出了和平共处五项原则，作为两国关系的基础。这五项原则是："一、互相尊重领土主权；二、互不侵犯；三、互不干涉；四、平等互惠；五、和平共处。"1954年6月28日和29日，中国和印度、中国和缅甸分别发表联合声明，确认五项原则即"互相尊重主权和领土完整、互不侵犯、互不干涉内政、平等互利、和平共处"将在相互关系以及各自国家同亚洲及世界其他国家的关系中予以适用，因此和平关共处五项原则具有国际法基本原则应具备的普遍适用性。和平共处五项原则生动反映了《联合国宪章》的宗旨和原则，并赋予这些宗旨和原则以可见、可行、可依循的内涵，是对《联合国宪章》的原则的高度概括和进一步发展，成为了国际法基本原则的重要组成部分。和平共处五项原则中包含4个"互"字、1个"共"字，既代表了亚洲国家对国际关系的新期待，也体现了各国权利、义务、责任相统一的国际法治精神。

2014年6月28日，中国国家主席习近平在和平共处五项原则发表60周年纪念大会上发表了《弘扬和平共处五项原则　建设合作共赢美好世界》的讲话，[1]高度总结了和平共处五项原则的历史意义，并探讨了新形势下如何更好弘扬这五项原则，推动建立新型国际关系，共同建设合作共赢的美好世界。

和平共处五项原则是国际关系史上的重大创举，为推动建立公正合理的新型国际关系作出了历史性贡献。首先，和平共处五项原则已经成为国际关系基本准则和国际法基本原则。和平共处五项原则精辟体现了新型国际关系的本质特征，是一个相互联系、相辅相成、不可分割的统一体，适用于各种社会制度、发展水平、体量规模国家之间的关系。1955年万隆会议通过的十项原则是对和平共处五项原则的引申和发展。20世纪60年代兴起的不结盟运动把五项原则作为指导原则。1970年的《国际法原则宣言》和1974年的《各国经济权利和义务宪章》都接受了和平共处五项原则。和平共处五项原则为当今世界一系列国际组织和国际文件所采纳，得到国际社会广泛赞同和遵守。其次，

---

[1] 习近平：《弘扬和平共处五项原则　建设合作共赢美好世界——在和平共处五项原则发表60周年纪念大会上的讲话》（2014年6月28日），载人民网。

和平共处五项原则有力维护了广大发展中国家权益。和平共处五项原则的精髓，就是所有国家主权一律平等，反对任何国家垄断国际事务。这为广大发展中国家捍卫国家主权和独立提供了强大思想武器，成为发展中国家团结合作、联合自强的旗帜，加深了广大发展中国家相互理解和信任，促进了南南合作，也推动了南北关系改善和发展。最后，和平共处五项原则为推动建立更加公正合理的国际政治经济秩序发挥了积极作用。和平共处五项原则摒弃了弱肉强食的丛林法则，壮大了反帝反殖力量，加速了殖民体系崩溃瓦解。在冷战时期，和平共处五项原则为和平解决国家间历史遗留问题及国际争端开辟了崭新道路。

当今世界正在发生深刻复杂的变化，和平、发展、合作、共赢的时代潮流更加强劲，国际社会日益成为你中有我、我中有你的命运共同体。同时，国际关系中的不公正不平等现象仍很突出，全球性挑战层出不穷，各种地区冲突和局部战争此起彼伏，不少国家的民众特别是儿童依然生活在战火硝烟之中，不少发展中国家人民依然承受着饥寒的煎熬。维护世界和平、促进共同发展，依然任重道远。新形势下，和平共处五项原则的精神不是过时了，而是历久弥新；和平共处五项原则的意义不是淡化了，而是历久弥深；和平共处五项原则的作用不是削弱了，而是历久弥坚。

第一，坚持主权平等。主权是国家独立的根本标志，也是国家利益的根本体现和可靠保证。主权和领土完整不容侵犯，各国应该尊重彼此核心利益和重大关切。这些都是硬道理，任何时候都不能丢弃，任何时候都不应动摇。国家不分大小、强弱、贫富，都是国际社会平等成员，都有平等参与国际事务的权利。各国的事务应该由各国人民自己来管，各国自主选择的社会制度和发展道路都要得到尊重，任何国家都不得出于一己之利或一己之见，采用非法手段颠覆别国合法政权。

第二，坚持共同安全。安全应该是普遍的。各国都有平等参与国际和地区安全事务的权利，也都有维护国际和地区安全的责任。各国要倡导共同、综合、合作、可持续安全的理念，尊重和保障每一个国家的安全。不能一个国家安全而其他国家不安全，一部分国家安全而另一部分国家不安全，更不能牺牲别国安全谋求自身所谓绝对安全。各国要加强国际和地区合作，共同应对日益增多的非传统安全威胁，坚决打击一切形式的恐怖主义，铲除恐怖主义滋生的土壤。对待国家间存在的分歧和争端，要坚持通过对话协商以和平方式解决，以对话增互信，以对话解纷争，以对话促安全，不能动辄诉诸武力或以武力相威胁。只有基于道义、理念的安全，才是基础牢固、真正持久的安全，因此要推动各国共同维护地区和世界和平安全。

第三，坚持各国共同发展繁荣。一些国家越来越富裕，另一些国家长期贫穷落后，这样的局面是不可持续的。各国在谋求自身发展时，应该积极促进其他国家共同发展，让发展成果更多更好惠及各国人民。各国要共同维护和发展开放型世界经济，共同促进世界经济强劲、可持续、平衡增长，推动贸易和投资自由化便利化，坚持开放的区域合作，反对各种形式的保护主义，反对任何以邻为壑、转嫁危机的意图和做法。各国要推动南南合作和南北对话，增强发展中国家自主发展能力，推动发达国家承担更多责任，努力缩小南北差距，建立更加平等均衡的新型全球发展伙伴关系，夯实世界经济长期稳定发展基础。

第四，坚持合作共赢。合作共赢应该成为各国处理国际事务的基本政策取向。合作共赢是普遍适用的原则，不仅适用于经济领域，而且适用于政治、安全、文化等其他领域。任何国家都应该把本国利益同各国共同利益结合起来，努力扩大各方共同利益的汇合点，要积极树立双赢、多赢、共赢的新理念，摒弃你输我赢、赢者通吃的旧思维。各国要坚持同舟共济、权责共担，携手应对气候变化、能源资源安全、网络安全、重大自然灾害等日益增多的全球性问题，共同呵护人类赖以生存的地球家园。

第五，坚持包容互鉴。文明多样性是人类社会的基本特征。当今世界的不同民族、不同文明多姿多彩、各有千秋，没有优劣之分，只有特色之别。各国要尊重文明多样性，推动不同文明交流对话、和平共处、和谐共生，不能唯我独尊、贬低其他文明和民族。各国要倡导交流互鉴，注重汲取不同国家、不同民族创造的优秀文明成果，取长补短，兼收并蓄，共同绘就人类文明美好画卷。

第六，坚持公平正义。公平正义是世界各国人民在国际关系领域追求的崇高目标。在当今国际关系中，公平正义还远远没有实现。各国应该共同推动国际关系民主化。世界的命运必须由各国人民共同掌握，世界上的事情应该由各国政府和人民共同商量来办。垄断国际事务的想法是落后于时代的，垄断国际事务的行动也肯定是不能成功的。各国应该共同推动国际关系法治化。推动各方在国际关系中遵守国际法和公认的国际关系基本原则，用统一适用的规则来明是非、促和平、谋发展。在国际社会中，法律应该是共同的准绳，适用法律不能有双重标准。各国应该共同维护国际法和国际秩序的权威性和严肃性，应该依法行使权利，反对歪曲国际法，反对以"法治"之名行侵害他国正当权益、破坏和平稳定之实。

重要名词术语

主权平等原则、善意履行宪章义务原则、和平解决国际争端原则、禁止使用武力原则、不干涉内政原则、尊重与遵守人权原则、《国际法原则宣言》、和平共处五项原则

思考题

1. 国际法基本原则有哪些特征？为何具有这些特征？
2. 公认的强行法规则中，是否还有可被归入国际法基本原则的规则？
3. 从国际法基本原则的发展过程中能看出什么样的规律？
4. 怎样认识和平共处五项原则的历史价值和当代意义？
5. 如何理解《对外关系法》第 19 条与国际法基本原则的关系？

第五章 国际责任

【内容提示】

国际责任亦称国际法律责任，是指国际法主体对其实施的国际不法行为或损害行为所应承担的法律后果。国家、国际组织、民族解放组织等国际法的主体具有承担国际责任的资格。就国际责任问题而言，在国际法上并未形成统一的一般性制度体系，但国际责任概念已发展至国际法不同领域，从现阶段发展来看，其外延涵盖国家责任、国际损害赔偿责任等。

国家责任是现代国际法中一项重要法律制度。在国际法上，国家对于其违反国际义务的行为应当承担责任，这种责任是根据国家作为国际人格者的地位所产生的，国家的主权并不能提供否认该责任的依据。不遵守一项国际义务就构成国家的国际不法行为，引起该国的国际责任，由此会对该行为国和对其他国家产生一些法律后果。一国对于本国的国际不法行为应当承担国家责任，这是一项国际法原则。产生国家责任必须具备两个基本条件：第一，一国实施了国际不法行为；第二，该行为可归于国家，即可视为"国家的行为"。一国的行为如不符合国际义务对它的要求，即为违背国际义务，而不论该义务的起源或特性为何，就构成国际不法行为。因此，一国无论是违反了基于国际条约的义务，还是违反了基于习惯国际法的义务，其法律后果是一样的，都要引起国家责任。国家的国际不法行为一经确定，就要产生国家责任，就要在行为国和受害国之间引起法律后果，形成一种新的法律关系。这种新的法律关系，不同于原有的权利和义务关系，而是根据国家责任制度所确定的规则，使受害国享有要求赔偿损害的权利，行为国承担赔偿的义务。

国际法不加禁止行为产生的损害性后果的国际责任制度，也称国际赔偿责任，是指国际法不加禁止、其有形后果有造成重大跨界损害的危险的活动产生的责任。它已经被国际实践和各国司法实践以及国际司法判例所广泛接受，无疑是传统国家责任制度的补充和发展。国际法不加禁止但造成损害后果的行为也称为国际损害行为，"不加禁止"包含两种情况：一种情况是国际法文件规定对此种行为不加任何限制，即不加禁止而允许的；另一种情况是国际法文件对此种行为没有明文规定禁止，也没有明文规定允许，这就意味着，只看行为与后果的关系，而不问其行为是否违反国际法的规定。

国家责任与国际法不加禁止行为的责任是两个不同事物，两者风险责任的基础迥异，规范风险责任规则的性质、内容和形式均不相同。因此，需要厘清两者的区别。国际不法行为的国家责任的产生取决于行为的不法性，而导致国际赔偿责任的是在国际法上未加禁止的，其有形后果有造成重大跨界损害的危险的活动，因此国际赔偿责任的产生取决于跨国损害的事实和后果的存在，只要该活动造成了损害，行为国就负有赔偿责任。

第一节　国际责任的概述

国际责任是国际法的重要法律问题。国际法在国际关系中日益发挥的作用及其逐步发展对于确保和平共处和消除战争威胁具有首要重要性。如果违反国际法而没有产生某些法律后果，或者不使违反国际法的国家或其他国际法主体承担国际责任，那么，国际法准则的法律权威就是无稽之谈。这种责任的执行就保证了国际法律秩序的有效性。国际责任问题的不断完善对于促进国际法治、保障国际关系的和平安全及稳定发展具有十分重要的意义。

一、国际责任的概念

国际责任又称国际法律责任，是指国际法主体对其实施的国际不法行为或损害行为所应承担的法律后果。国际责任是一个比较宽泛的概念，包括国家或国家以外的其他国际法主体在国际法上承担的责任。

国际责任的主体是国际法主体。国家、国际组织、民族解放组织等国际法主体都具有承担国际责任的资格。

第一，国家是国际法的主要主体，因此，国际责任主要是关于国家承担国际责任的规则，不仅涉及国家因实施国际不法行为所产生的国家责任，也包括国际法不加禁止行为造成损害性后果的国际责任（分为预防责任和赔偿责任）。国家责任与国际法不加禁止行为的国际责任在责任依据、规则性质以及责任内容和形式等方面各不相同。

第二，国际组织作为国际责任的主体，不具有国家的一般性权能，各国际组织权力和职能、成员国数目、与成员的关系、机构设置及组织规则方面有着多样性特性，因而在行为可归因性、免责、责任履行等方面的规则与国家责任有所区别。

第三，个人在国际法的个别领域，也可以成为国际责任的主体。随着国际刑法的发展，个人在国际法上直接承担刑事责任是确定无疑的。

虽然国际责任问题，在国际法上并未形成统一的一般性制度体系，但国际责任概念已发展至国际法不同领域，既涉及不同国际法主体的国际责任，也涉及相同主体因实施不同行为所产生的国际责任，从现阶段发展来看，其外延涵盖国家责任、国际损害赔偿责任、个人国际刑事责任等。

二、国际责任的编纂

（一）国际责任编纂的范畴

国际责任方面的立法活动兴起于20世纪30年代，并以国际法的编纂形式缓慢地向前发展。联合国国际法委员会在1949年第一届会议上，选择国家责任作为14项编纂专题之一。1953年，联合国大会通过第799（Ⅷ）号决议，为维持并促进国际和平起见，请国际法委员会在认为适当的时候尽快着手编纂国际法的国家责任原则（principles of international law governing state responsibility），联合国决议所使用的这一措辞是传统上国际责任的表述。在工作方法上，国际法委员会将"国家责任"专题框定于对国家的不法行为引起国际责任问题，但随着时间推移，国际法委员会将国家责任编纂工作进一步扩展至更宽泛的国际责任法问题。

1996年，国际法委员所编写的长期工作方案大纲中第九项主题为国际责任法（law of international responsibility），涵盖了较为广泛内容，包括国家责任、国际法不加禁止的行为所产生的损害性后果的国际责任、外交保护、国际组织的国际责任、职能性保护等专题。由此得见，国际责任编纂范畴是广义的，除了国家对国际非法行为的责任，国家对某些合法活动，例如空间活动和核活动所产生的所谓危险后果负责也受到关注，并且还涉及与国家以外的国际法主体的责任有关的问题。同时，随着国际组织法、国际刑法、国际环境法、空间法等国际法的其他部门法的飞速发展，推动了国际责任问题的发展。因而，在国际法的某些单独专题的编纂中，责任问题也往往与之联系在一起。

（二）国际责任的编纂

近年来，联合国国际法委员会对国际责任的编纂取得长足进步。其成果主要包括以下内容。

1. 对国际不法行为的国家责任的编纂

自20世纪初期，私人团体以及国际联盟相继开展国家责任的研究和编纂。（1）1925年美洲国际法协会应泛美联盟邀请起草"外交保护"专题；（2）为参与1930年海牙编纂会议，1927年国际法研究院通过一项"国家对在其领土上外国人人身或财产损害的国际责任"决议；国际法研究院还分别于1956年和1963年通过"用尽当地救济规则"的决议和"国家就个人所受损害提出的国际请求权的国家性质"的决议；（3）为参与1930年海牙编纂会议，1929年哈佛大学法学院起草了关于"国家对其领土内外国人的人身或财产损害的责任"的公约草案；应国际法委员会秘书处建议，1961年哈佛大学法学院将1929公约草案修改为"国家对外国人损害的国际责任的公约草案"；（4）第一届美洲国家间会议通过关于"主张和外交干预"的建议；第七届美洲国家间会议通过关于"国家的国际责任"的决议（蒙得维的亚，1933年）；（5）1925年国际联盟逐步编纂国际法专家委员决定将"国家对其领土内外国人的人身或财产损害的责任"列入编纂专题，并成立国家责任小组委员处理这一专题。1930年国际联盟海牙国际法编纂会议一读通过包括10项条款的草案，主要涉及责任基础和国际不法行为的客观和主观要素。然而，这一问题究竟属于有关责任的规则还是归于外国人待遇的规则，在各国出现了严重的分歧。最终，囿于海牙编纂会议时间所限，专家委员会未能完成对这一问题的研究。

国际法委员会在1955年第七届会议上，决定开始研究国家责任，并任命阿莫多（F. V. García Amador）为该专题的特别报告员。1956—1961年历届会议上，特别报告员连续提交了6份报告，讨论了国家的国际责任的各方面问题。在此期间，引起国家赔偿损害责任的具体法律行为存在很大争议。国家责任被描述为造成国际责任的行为或不作为、属于下列两类违法行为之一：(1)影响国家的行为，即损害国家作为法人的利益或权利的行为：包括不遵守条约（无论条约性质或目的如何）、不尊重外交豁免以及一般而言侵犯任何属于国家人格内在属性的权利，例如政治主权、领土完整、财产权等，这些行为具有多样化特征，有些行为定义不明确甚至无法界定。(2)对国家的国民人身或财产造成损害的行为，主要包括导致"国家对其领土上对外国人个人或财产造成的损害负有责任"的行为或不作为，此类行为类型是传统上私人和官方编纂以及司法裁决处理的国家责任范畴。

将国家责任限于"对外国人损害"的狭窄责任领域的观点遭到广泛批评。国家责任应当涉及所有基本问题，包括责任的产生、责任客体、行为的后果、排除不法性等诸多问题，而不应仅限定于处理对外国人人身或财产造成伤害的特定责任。因此，在研究国家责任时，也应当考虑到国际法在其他领域，特别是在维持和平领域的最近发展。国家责任编纂的出发点应该是明确违反国际法规则所规定的义务将产生归咎于国家的责任，而不论规则的起源、性质和目的如何。1979年，中国代表团在联合国大会第六委员会发言时亦指出，"国家对它的一切违反国际义务的行为都应承担法律责任"，过去有些国际法著作和国家实践往往把国家责任仅限于外国人在领土内受损害时的责任，而不谈侵略、干涉弱小国家的责任，显然不符合国际形势发展的需要，也不符合联合国宪章的精神。

"责任"是根据违反义务或不履行所导致的责任的性质而定，可以分为民事责任和刑事责任。1976年，国际法委员会将"国家罪行"列入编纂的条款草案后，20多年来未予重新审议。1998年第五十届会议上，国际法委员会就刑事责任与不法行为责任的区别进行了一般性辩论。对此，各国产生了巨大分歧，显示了这一问题的复杂性。国际法委员会通过辩论逐渐形统一意见，即在国际法发展的现阶段，刑法意义上的"国家罪行"概念尚未获得承认，因此，国家责任在性质上不包括国家的刑事责任。在2000年第五十二届会议上，国际法委员会根据新任特别报告员的第三次报告，删除了一读通过的条款草案第19条有关"国际罪行"的界定。

2001年，国际法委员会第五十三届会议上二读通过了《国家对国际不法行为的责任条款草案》（以下简称《国家责任条款草案》），并依据《国际法委员会规约》（以下简称《规约》）第23条，决定：(1)建议联合国大会在一项决议中注意到《国家对国际不法行为的责任条款草案》，并将其列为该项决议的附件；(2)建议大会鉴于本专题的重要性，在稍后阶段审议能否召开一次全权代表国际会议，审查《国家对国际不法行为的责任条款草案》，以期缔结一项关于本专题的公约。

《国家责任条款草案》是国际法委员会历经近半个世纪编纂工作的产物，与1969年《维也纳条约法公约》一起被誉为国际公法的两项基本支柱。《国家责任条款草案》试图以编纂和逐渐发展方式拟订关于国家对国际不法行为的责任的国际法基本规则，即国家责任是指根据国际法认定国家应对其违法的行为或不行为负责的一般条件，以及这种责任所引起的法律后果。

2. 对国际法不加禁止行为所产生损害后果的国际责任的编纂

1973 年，国际法委员会在第二十五届会议上，讨论拟订国家责任条款草案时指出，现行条款草案限于各国对国际不法行为负责，但并不应妨碍委员会在适当时候对另一种形式的责任进行研究，即防止与国际法未禁止的某些活动有关的危害……国际法委员会可以在完成对不法行为责任的研究后再对风险责任进行研究，也可以同时单独地进行研究。

联合国大会 1977 年通过第 32/151 号决议中核可了国际法委员会的建议，并邀请委员会在适当的时候，根据国家对国际不法行为的责任条款草案和其目前工作方案中其他专题的进展，启动关于国际法不加禁止行为所产生的损害性后果的国际责任（以下简称国际法不加禁止行为国际责任）这一专题的编纂工作。国际法委员会在 1978 年第三十届会议上设立了一个工作组，初步审议该专题的范围和性质，并任命昆廷-巴克斯特（Quentin-Baxter）为该专题特别报告员。1985 年在第三十七届会议上，胡利奥·巴尔沃萨（Julio Barbosa）接替担任该专题的特别报告员，自 1985 年至 1996 年又提交 12 份报告，以及包含 20 项条文的条款草案。1988 年，委员会第四十届会议开始对关于这一专题的条款草案进行一读。在 1992 年第四十四届会议上，设立了一个工作组，审议与该专题的范围、拟采取的方法以及未来工作的可能方向有关的一般性问题。工作组建议，首先应该考虑预防问题，然后再处理补救措施的问题。在这种情况下，补救措施的目的可能包括伤害的减轻、恢复和赔偿。因此，条款草案应首先处理针对引起跨界损害之风险的活动而采取的预防措施，其次处理当这些活动已经造成跨界损害时采取补救措施的条款。

2001 年第五十三届会议上，委员会二读通过了《国际法不加禁止行为所产生的损害性后果的国际责任条款草案（预防危险活动造成的跨界损害）》，并根据《国际法委员会规约》第 23 条，决定建议联合国大会根据关于预防危险活动的跨界损害的条款草案拟订一项公约。2006 年委员会第五十八届会议二读通过《国际法不加禁止行为所产生的损害性后果的国际责任条款草案（危险活动跨界损害所造成损失分配的国际责任）》，并根据《国际法委员会规约》第 23 条，决定建议联合国大会以决议的方式核准原则草案，并敦促各国在国家和国际一级采取行动予以落实。至此，"国际法不加禁止行为所产生的损害性后果的国际责任"专题在国际法委员会层面的编纂工作正式完结。

（三）对国际组织的国际责任的编纂

2001 年，国际法委员会通过《国家责任条款草案》，这些条款规定"不影响一国际组织依国际法承担的或任何国家对一国际组织的行为所负的责任的任何问题"。鉴于国际组织的数量众多，而且其职能越来越多，国际组织的责任问题具有重要性。2002 年，国际法委员会在第五十四届会议决定将"国际组织的责任"专题列入委员会工作方案，并且设立了一个关于本专题的工作组。工作组在其报告中简要讨论了这一专题的范围、这一项目与"国家对国际不法行为的责任"条款草案的关系、行为归属问题、与成员国对归于国际组织行为的责任有关的问题以及与国际责任的内容、责任的履行和争端的解决有关的问题。

2011 年,国际法委员会在第六十三届会议上二读通过《国际组织的责任条款草案》。《国际组织的责任条款草案》在许多方面类似于《国家责任条款草案》,但前者是一套独立的案文,每一个问题都从国际组织的责任的具体角度加以考虑,一些规定还处理了国际组织独有的问题。国际组织与国家明显不同,此外国际组织相互之间也有很大的差别。与国家相对的是,国际组织不具有一般性权能,其建立是为了行使专门的职能。各国际组织在其权力和职能、成员国数目、该组织与成员的关系、辩论程序、结构和设施以及国际组织受其约束的主要规则包括条约义务等方面有着显著不同。鉴于这种多样性及其影响,条款草案酌情强调了国际组织的专门特性,特别是其具体的职能。另外,国际组织的多样性可能影响到某些条款的适用,一些条款可能因某些国际组织的权力和职能而不能对其适用。

国际责任问题的国际法委员会编纂实践与成果结合了丰富的国家实践与国际法的最新发展,概括了复杂多样的国际习惯、一般法律原则以及大量国家实践,不仅为国际责任的理论研究提供了重要的法律基础,并且也初步构筑起有关国际责任制度的国际法规则框架。

第二节　国家责任

一、国家责任的概念与性质

国家责任是现代国际法中一项重要法律制度,在本质上关注的是关于"次要规则"(secondary rules)事项。当一国际法主体实施了违反国际法规则的行为,违背了自己所承担的国际义务,该国际法主体就应当在国际法上对自己的不法行为承担相应的责任。由此可见,国家责任指的是一国对于该国每一个"国际不法行为"所需承担的国际责任。

在国际法上,国家对于其违反国际义务的行为应当承担责任,这种责任是根据国家作为国际人格者的地位所产生的,国家的主权并不能提供否认该责任的依据。不遵守一项国际义务就构成国家的国际不法行为,引起该国的国际责任,由此会对该行为国和对其他国家产生一些法律后果。如行为国的赔偿义务,受害国寻求救济或采取对抗措施的某些权利以及在一定情况下所有其他国家对该不法行为采取相应措施的义务。国际不法行为最通常的后果是使受害国能够运用国际法所能利用的措施和程序,迫使违法国家履行其义务,从该国取得赔偿。

在现代国际关系中,国家责任制度的作用主要体现在三个方面:

首先,通过追究国家责任以纠正国家的不法行为。引起国家责任的基本条件之一是,一国违背了自己所承担的国际义务。而国家责任的一个重要方面就是违法行为国必须停止其不法行为,并对自己的不法行为承担法律责任。在国际关系中,由于没有强制性司法机制,因而,国家责任制度起着保证各国诚实履行国际义务,制止国家不法行为的作用。

其次，确立正确的行为规范，维持正常的国际关系秩序。国家责任本身不涉及具体的权利和义务，其目的是保证这些权利和义务得到实现和履行。通过纠正不法行为，明确行为规范，保障国家间的正常交往。国际法委员会在编纂国家责任专题时，将国家责任的规则与规定义务内容的规则加以区分，对此，引入"次要规则"与"主要规则"（primary rules）的概念进一步予以阐释：《国家责任条款草案》并不涉及在国际法特定领域中对国家施加义务的规则内容，即"主要规则"，而是确定不履行"主要规则"规定的义务产生的法律后果的规则，称为"次要规则"。

最后，追究违法行为国的国家责任使受害国的利益得到合理赔偿。如同私法中的责任概念一样，国家责任的最终目的之一是对权利和利益受到侵害者给予赔偿。赔偿的形式、内容和程序等是国家责任规则的主要研究对象。

二、国家责任的构成要件

一国对于本国的国际不法行为应当承担国家责任，这是一项国际法原则。

产生国家责任必须具备两个基本条件：第一，一国实施了国际不法行为（internationally wrongful acts）；第二，该行为可归于国家，即可视为"国家的行为"。

（一）国际法上的不法行为

当一国的行为违反了该国所承担的国际义务时，就构成国际不法行为。由此可见，国际不法行为的要素有两个：一是该行为按照国际法规定可归因于该国，二是该行为构成对该国国际义务的违背。这种行为，既包括行为，也包括不行为。例如，当他国外交使团的安全受到威胁时，驻在国政府没有及时采取有效的保护措施，致使该外交使团受到骚扰和入侵，造成损害，这就引起驻在国的国家责任。

就国家责任而言，国际义务一般必须是在有关行为发生时对该国有效的义务。由于国家责任制度现已涵盖了国际法的各个领域，所以国际不法行为包括了从对国际法的轻微违反到侵略行为等严重违反国际法的国际罪行等各种行为。《国家责任条款草案》第12条规定，一国的行为如不符合国际义务对它的要求，即为违背国际义务，而不论该义务的起源或特性为何。因此，一国无论是违反了基于国际条约的义务，还是违反了基于习惯国际法的义务，其法律后果是一样的，都要引起国家责任。根据《国家责任条款草案》第33条规定，责任国义务可能是对另一国、对若干国家或对整个国际社会承担的义务，具体取决于该国际义务的特性和内容及违反义务的情况。

责任后果的具体内容还取决于国际义务的具体规定。例如，《国家责任条款草案》第26条规定，一国违反一般国际法某一强制性规范所产生的义务的任何行为，不得以本章中的任何规定作为理由而解除其不法性。由此可见，侵略行为与一般国际不法行为在国际法上所产生的责任后果是不同的。

（二）国际不法行为的归责性

国家作为一个政治实体，其行为都是通过具体的政府部门、政府官员或其他代表行使的。将责任归于某一个国家承担时，必须是某一个违反国际法的行为是该国国际不法行为的结果。国际法委员会在《国家责任条款草案》中明确规定，国际不法行为的法律责任应当可归咎于当事国本国，否则不能引起该国的国家责任。

然而，对于哪些行为应当视为国家的行为，哪些行为不能视为国家的行为，国际法和国内法都有一定的规定。为了确定国家责任，首先要确定有关行为是否在国际法上被视为该国的国家行为。

区分国家行为与非国家行为无论在理论上还是实践上都是十分必要的。根据国际法的国家主权原则，国家对内享有至高无上的权力，包括属人管辖权和属地管辖权。但是，并不能因此而要求一个国家对其境内的所有人从事的一切活动所产生的后果都对外承担责任。国家只能对以国家或政府名义所从事的、由国家正式授权并控制的行为对外承担法律责任。国际法只能在现实可行的范围内确定哪些行为应当由国家负责，哪些行为不能由国家负责，而应当由行为者自己负责。

区分国家行为与非国家行为还有国内法上的意义。这是因为国家责任的直接法律效果就是国家要控制自己管辖下的所有行为。如果一国对外要对自己的行为承担法律责任，那么它对内就要采取相应的措施管理和调整这些行为，以保证其行为符合其对外所承担的国际义务。

（三）国家行为的内容

如前所述，国家只能通过其机构或代表、其官员或雇员从事国家行为。以国家机关的官方身份所从事的行为视为国家的行为。不管对内他们的地位是否独立，也不论他们在国家组织中处于何种地位，只要他们对外以国家或政府的名义活动，其行为就应由其本国负责。国家的行为必须涉及个人或团体的一些行为或不行为，国家只能通过其代表或代理采取行动。这里的问题是应该把谁视为代表国家行事的人，即为了确定国家责任的目的，什么能构成国家的行为。

根据《国家责任条款草案》规定，可归于国家的行为主要有：

1. 国家机关的行为

《国家责任条款草案》第4条规定，国家只能通过其机关或代表进行国家行为。一个国家机关，不论是属于立法、行政、司法或其他权力之下，其相关人员不论担任任何国际性或国内性职务，也不论在国家组织中处于上级或下级地位，其行为依国际法应视为该国的行为，相关行为应当由其本国负责。

（1）国家元首和政府首脑的行为。国家元首或政府首脑在行使职权过程中所为的国际侵害行为构成国际不法行为，当然引起该国的国家责任。但是，由于国家元首或政府首脑的身份特殊，他们的私人行为和官方行为一般很难在实践中加以区分。作为国家的代表，他们享有外国司法管辖豁免权，而且往往在其本国法院也享有管辖豁免，因此，在国际法上，对于他们的行为，一般不区分是公务行为还是私人行为，均视为国家行为。

（2）政府官员的行为。政府官员对他国造成损害的行为并不当然地引起其本国的国家责任。他们以政府官员身份所从事的公务行为被视为国家的行为。他们的私人行为所引起的法律责任则由其个人承担，国家不负责任。

（3）外交使节的行为。外交使节不同于一般的政府官员，其作为派遣国代表的地位使他们在接受国领土上所为的国际侵害行为具有极大的侵害性。同时，他们的外交地位又使接受国不能对这种行为行使管辖权。因此，国际法要求外交使节的派遣国对外交使节在驻在国所做的侵害该国或该国国民的一切行为承担责任。

（4）立法机关的行为。立法机关虽然在一个国家的政治生活中占有重要的地位，但是，它在国家的政治体制中并不负责国家的对外关系。尽管如此，立法机关仍然是国家机关，如果立法机关的行为含有损害他国的国际后果，那么这种行为可以被认为是国家行为，该国应当为此承担国际责任。例如，如果一国立法机关通过的法律违背了该国的国际义务，该国就要对该立法行为承担国际责任。

（5）司法机关的行为。司法机关的行为如果违反了本国对外国所承担的国际义务，同样也可以引起该国的国家责任。对他国而言，司法机关违反国际法的行为视为国家行为。在对外关系上，它与立法、行政机关别无二致，是作为国家机关对待的。

（6）地方政治实体和某些其他实体机关的行为。一国地方政治实体机关的行为依国际法应视为国家行为，但以该机关在有关事件中以该资格行事为限；虽非国家和地方政治实体正式结构的一部分，但经该国的国内法授权行使政府权力要素的实体，其机关的行为应视为该国的行为，但以该机关在有关事件中以该资格行事为限。

（7）逾越权限或违背指示行事的机关的行为。《国家责任条款草案》第7条规定，国家机关或经授权行使政府权力要素的个人或实体，如以此种资格行事，即使逾越权限或违背指示，其行为依国际法仍应视为国家的行为。在实践中，比较难判断的是越权行为。理论上讲，越权行为应视为行为者个人的行为，对由此而产生的损害，国家不承担赔偿责任。但是，在实践中，政府官员的某些越权行为依然能引起国家责任。这是因为，首先在一个特定事件中，哪个行为是经过授权，哪个行为是违背指示或逾越职权范围，二者很难截然分开。其次，有关行为是否越权，是根据国内法的有关规定来判断的。在实践中，国内法上的理由往往不能免除有关国家在国际法上所应承担的责任。

2. 实际上代表国家行事的个人行为

个人或团体在某种情况下，可能在实际上行使国家的权力，履行政府的职能，根据《国家责任条款草案》第8条和第9条规定，个人或团体的行为，在如下情况，依国际法亦应视为国家的行为：（1）如果一人或一群人实际上是在按照国家的指示或在其指挥或控制下行事；（2）如果一人或一群人在正式当局不存在和缺席和在需要行使政府权力要素的情况下实际上正在行使政府权力要素。总之，除经国家或政府正式授权外，非代表国家行事的个人行为不应视为国家的行为，他们损害他国利益的行为只能由其个人负责。但是，如果一国纵容个人或团体从事侵犯他国主权，侵害他国利益的活动，该国则应承担责任。

3. 一个国家或国际组织交由另一个国家支配的机关所为的行为

《国家责任条款草案》第6条规定，一个国家或国际组织的某一个机关如果交由另一个国家支配，并行使该支配国的政府权力，即使从国家组织结构上看，这些机关属于别国或国际组织，但其行为应视为支配国的国家行为，而不是其所属国的国家行为。在实践中，如果一国武装部队交由另一个国家支配，对于该部队的行为，给予命令的支配国就应承担责任。当然，这里的前提条件是，该部队必须是名副其实地置于该支配国的实际控制之下，名义上的指挥而实际上无控制权，则不能视为该支配国的行为。

4. 叛乱或革命起义机关的行为

《国家责任条款草案》第10条规定，成为一国新政府的叛乱运动的行为应视为国际法所指的该国的行为。在一国领土或在其管辖下的任何领土内成立的叛乱运动（或起义活动）机关的行为，依国际法不应视为该国的行为。政府对这些行为应予制止，并采取措施防止这些行为对其他国家的利益造成损害，一旦造成损害，该国有责任提供司法救济，给予受害人赔偿。

当叛乱或革命起义机关最终成为一个国家的新政府时，其所为的行为应视为该新政府所代表的国家的行为。叛乱或革命起义已经导致在原国家一部分领土上组成一个新国家时，其行为视为该新国家的行为。

5. 经一国确认并作为其本身行为予以采取的行为

《国家责任条款草案》第11条规定，不归于一国的行为，在并且只在该国确认并作为其本身行为予以采取的情况下，依国际法应视为该国的行为。因此，实施时不归于国家或不可能归于国家，但随后经国家确认并作为其本身行为予以采取的行为，归于国家。在许多情况下，经国家确认并予以采取的行为，可能是私人或实体的行为。第11条中"确认并采取"这一用语清楚表明，必要条件不仅是泛泛确认某种实际情况，而是有关国家查明了有关行为，并当作自己的行为。在"美国驻德黑兰外交和领事人员案"中，国际法院确认，伊朗领导人宣布保持将对美国使馆的占领和作为人质对其驻守人员的扣留作为向美国政府施加压力的政策，得到了其他伊朗主管当局的遵守，并得到他们在各种场合下所作声明的一再赞同。这项政策的结果是根本地改变了因占领使馆和作为人质扣押外交和领事工作人员所造成局面的法律性质，将武装分子持续占领使馆和扣押人质转换为国家行为。

6. 一国参与或介入他国的国际不法行为

关于一国参与或介入他国的国际不法行为，国际法上区分为不同的情况：

（1）一国对他国的援助或协助，如果经确定是为了使接受援助或协助的国家进行国际不法行为，则发生两种不同的国际责任：一方面，该项援助或协助本身就构成国际不法行为，应由援助国或协助国承担国际责任；另一方面，接受援助或协助而实行国际不法行为的国家，也应对其本身的国际不法行为承担责任。

（2）如果一国在受制于另一国的指挥或控制权力的活动领域内实行国际不法行为，则引起行使指挥或控制权力的国家的国际责任，但这并不妨碍实行国际不法行为的国家按有关国家责任的其他规定承担国际责任。在传统国际法中，这种关系常常发生在国际附庸关系、国际保护关系、联邦国及其成员邦之间的关系和占领国与被占领国之间的关系上。

（3）一国因受他国胁迫而实行某项国际不法行为，不论实施胁迫的根据如何，也不论胁迫手段是使用武力或武力威胁，或者采取经济压力或其他方式，只要由于实施胁迫，使他国不得不违背自己的意愿而实行国际不法行为，则实施胁迫国应对该国际不法行为承担主要责任；而受胁迫的国家如果超过实施胁迫国要求的范围，或者对胁迫能够抵抗而不加以抵抗，或者事实上是按照自己的意志行事，则也应负国际责任。

总而言之，关于国家行为，国际法并不注重国家内部的政治结构，无论是立法、行政和司法机关的行为，还是联邦政府和地方政府的行为，只要它们的行为是代表其国家的行为，它们的行为就具有国际法上的意义，在国际法上就视其为国家行为。

就个人行为而言，国家元首和政府首脑的行为，无论是公务的，还是个人的，原则上均视为国家的行为。这是因为作为国家和政府的最高代表，他们的权威性毋庸置疑，而一旦其行为构成国际不法行为，由此而产生一定法律后果应由国家承担。而对于其他政府官员，他们职能的代表性决定了其行为的性质。因此，在某些情况下，即使他们的行为属于越权，超过了其职能范围，但是他们作为政府的代表，国家对于他们的这些行为依然要承担国际责任。对于其他个人和团体的行为，如果是在政府的具体授权和有效控制之下代表政府所从事的行为，国际法就将其视为国家的行为。

三、国家责任的形式

国家的国际不法行为一经确定，就要产生国家责任，就要在行为国和受害国之间引起法律后果，形成一种新的法律关系。这种新的法律关系，不同于原有的权利和义务关系，而是根据国家责任制度所确定的规则，使受害国享有要求赔偿损害的权利，行为国承担赔偿的义务。

根据国际实践，国际法委员会的《国家责任条款草案》将其归纳为下列几种形式：

（一）停止不法行为

当一国正在实施一项国际不法行为时，不管其后果如何，它首先有义务要停止该不法行为。将终止不法行为作为一项法律义务写入国家责任规则，主要是从国际社会的现实和国家关系的现状出发的。它的作用主要是停止一个仍在进行中的国际不法行为，以保证被侵犯的国际法原则和规则能够继续有效和得到遵守。此外，停止不法行为也是为了保证有关国家将来遵守国际义务。停止不法行为的义务不同于赔偿义务，它不取决于整个行为是否已经完成。除非有关的国际权利和义务已经被修改，或者已经终止，或者有关的不法行为已经被原谅或认可，否则行为国就必须改正，继续履行自己的义务。所以，停止不法行为的义务是绝对的和无条件的。

在国际关系中，明确这一义务具有非常现实的意义。当一国际不法行为不是某个具体行为或事件，而是一个持续不断的行为时，受害国首先关注的是行为国停止不法行为，继续履行国际义务。虽然受害国根据国际法，要求行为国对其所造成的损害进行赔偿，但赔偿程序只有当整个行为终结之后才能开始，而且过程可能烦琐冗长。对于受害国最现实而急迫的往往是行为国立即停止不法行为。

此外，还有一类国际不法行为对于受害国来说，其损害性并不仅在于其所造成的后果，而在于行为的继续性，因此，停止该行为对于受害国尤其重要，例如，一国的国内立法严重违背国际法或该国对外所签订的国际条约，则该国有义务修改本国立法，停止该不法行为,以避免对他国造成进一步损害。

(二)赔偿

《国家责任条款草案》第34条规定,充分赔偿国际不法行为造成的损害,应单独或合并地采取恢复原状、补偿和抵偿的方式。

责任国有义务对国际不法行为所造成的损害提供充分赔偿。这里的损害包括国际不法行为造成的物质损害以及精神损害,而这里的赔偿通常作为一个集合的概念,是指各种形式的赔偿,如,恢复原状、赔款、道歉、保证不再重犯等。这些赔偿方式可以单独适用,也可以综合适用。换言之,对于国际不法行为所产生的损害后果,责任国应当恢复原状,但并不排除要求其向受害国道歉或保证此类行为今后不再发生。

根据国际实践,在确定赔偿时,还应当考虑到受害国或求偿国的国民是否有过失或故意的行为而导致了损害。国家责任的赔偿理论是建立在过错理论之上的。在国际实践中,无过错,则无责任;无责任,则无赔偿,一直为各国所接受。因此,如果受害国的行为,无论是作为还是不作为,无论是过失还是故意,导致了损害的后果,违法行为国就不能对此承担责任,这一部分损失应当从该责任国的赔偿额中扣除。此外,在任何情况下,赔偿不得导致剥夺一国居民维持其生活的资料。

一国对于自己的国际不法行为,不得援引国内法理由而拒绝给予充分的赔偿。《维也纳条约法公约》第27条对此也作出了规定。

在实践中,国际义务与国内法的关系比较复杂。如果国内法的因素涉及国家的宪法规定,就很难简单地认为,国内法不能构成任何的拒绝理由。在司法判例中,法院在考虑赔偿形式时,有时也顾及当事国国内法上的困难。因此,为了避免出现国际法与国内法发生冲突的情况,国家应首先确保国内法律符合本国对外所承担的国际义务。[1]

1. 恢复原状

受害国根据国际法有权要求从事国际不法行为的国家赔偿造成的损失,恢复原状。恢复原状是最普遍、最直接引用的一种赔偿形式。对于受害国来说,只要提出赔偿,首先应是恢复原状。实践中,受害国也是这样行为的。

恢复原状具有以下条件并在以下限度内:

首先,实际上并非不可能。如果恢复原状已在事实上不可能,就不应该坚持这种形式的赔偿。因为,赔偿的标准是公平合理。此外,有些损害一旦造成,就不可能再恢复原状,法律不能要求行为者采取事实上做不到的事情。

其次,受害国从恢复原状而非补偿中获得的利益与所引起的负担不能完全不成比例。基于公平原则,不应使一方得到的利益与另一方的负担完全不成比例。在司法判例中,这一考虑是很常见的。法院认为,在恢复原状的困难与受害者所得到的利益完全不成比例的情况下,恢复原状的要求是不合理的,不能够接受的,也不应给予的。而即使在事实上恢复原状是可能的,法院也往往考虑拒绝这种赔偿形式,采取赔款的形式。因此,是否采取恢复原状方式,应在不法行为国赔偿的负担和受害国被赔偿所受益二者之

---

[1] 王铁崖主编:《国际法》,法律出版社1995年版,第138页。

间进行平衡。如果二者之间"严重不对称",不法行为国就可以不采取这种方式给予赔偿。在实践中,当事国往往就此事先达成协议。

再次,不能违背根据一般国际法强制规律所产生的义务。恢复原状这种赔偿方式要受到国际法强制规律的限制。例如,国家不得以武力或武力相威胁的方式要求另一国以恢复原状的形式给予赔偿。在历史上,帝国主义列强在对待小国、弱国的关系上,常常以"炮舰方式",要求有关国家对其国民造成的损失给予赔偿。而这在当代国际关系中是应当坚决禁止的。

最后,恢复原状不致严重危害不法行为国的政治独立或经济稳定;而如不恢复原状,受害国也不会受到类似影响。

2. 补偿

根据国际法,受害国如不能以恢复原状的方式得到赔偿,有权要求实施国际不法行为的国家对其行为所造成的损害以"补偿"方式给予赔偿。

通常,补偿是主要的赔偿形式,是最经常采用的赔偿方式。补偿涉及受害国实际蒙受的、可以从经济上加以估计的任何损失,包括利息以及可以确定的利润损失。其是对受害国给予的货币补偿,而不包括惩罚性的赔款。损害既包括国家本身的财产或人员受到损害或为补救或减轻国际不法行为造成的损害而支出的开支遭受的损害,也包括本国自然人或公司遭受的损害,国家是以其名义在外交保护的框架内提出索赔的。

补偿的功能是补救国际不法行为造成的实际损失,针对的是受害国或其国民遭受的在经济上可评估的损害。补偿的目的不是要惩罚责任国,补偿也不具有示范性或警戒性。关于补偿的范围,司法判决和各国实践不尽一致,但往往都倾向于只要行为与损害后果之间的因果关系成立,直接损失和间接损失都应得到赔偿。

补偿在很大程度上是恢复原状的一种补充形式。当恢复原状不可能的时候,就可以采取补偿的方式。然而,有时尽管部分恢复了原状,仍难以做出充分的赔偿,所以还要给予补偿。补偿一般适用于"经济上可计算的损害"。国际实践对于补偿是否包括精神上和道义上的损害并不明确。就国际法而言,对于一国尊严的损害,行为国有义务赔礼道歉。对于个人精神上的创伤,国际法没有明确的赔偿规则。在更多的情况下,国际不法行为所引起的国际补偿责任是针对个人的损害赔偿。有些国际判例将个人或法人的损害视为其本国的"间接损害"。

此外,补偿应当包括可以确定的利润损失。在"霍茹夫工厂案"中,国际常设法院的判决称,受害方应当通过补偿得到财产在偿付时而不是被剥夺时的价值。关于利润的计算,一般有两种方法:一种是参照同类人的标准计算;另一种是以本身同等时间的收入估算。然而,在国际实践中,利润补偿始终是有争议的问题,其估算方法和范围因每个案件的具体情况不同而各有差异。

3. 抵偿

国际不法行为引起的损失如果不能以恢复原状或补偿的方式得到赔偿,则责任国有义务抵偿该行为造成的损失。抵偿可采取承认不法行为、表示遗憾、正式道歉或另一种合适的方式。同时,抵偿不应与损失不成比例,而且不得采取羞辱责任国的方式。

国际不法行为造成的物质和精神损害，通常在经济上是可评估的，因此可以补偿补救涵盖。而抵偿是对那些经济上无法评估，相当于冒犯他国的伤害做出的一种补救。这类损害常常具有一种象征性质，起源于违反义务，与对有关国家的物质损害后果无关。

通常，抵偿包括承认不法行为、表示遗憾以及其他适当的表达形式。作为适用满足的限制条件，受害国获得满足的权利不得损害行为国的国家尊严。受害国不得采取羞辱性的方式，且不应与其损失不成比例。历史上，受害国或自称受害的国家往往滥用权利，向行为国提出过分的、甚至是带有侮辱性的赔礼要求，严重侵犯了行为国的尊严，与国家责任制度的基本原则背道而驰。在现代国际关系中，这种情况仍然时有发生。为杜绝这种滥用权利的现象，对满足的某些具体形式，如对肇事者责任的追究应仅限于严重的刑事案件，或者满足不得要求采取有辱国格的形式等。

（三）保证不再重犯

保证不再重犯指受害国有权获得不法行为国保证不再重犯错误、重复国际不法行为的承诺。一般来说，保证不再重犯通常是在道歉时或在以其他方式赔偿时由行为国提出，而不再作为一种单独的赔偿形式加以强调。但是，保证不再重犯有其独特的作用。与其他形式的赔偿不同，保证不重犯着眼于将来的行为，是预防性的，而不在于对已经发生的行为后果进行补救。对于受害国而言，更重要的不仅是恢复原状，对已经造成的损害给予赔偿，而是要对以后的行为进行保证。因此，这项义务主要是针对严重的国际不法行为，而不是针对一般的国际不法行为。

总之，保证不再重犯不同于其他的赔偿形式。当客观情势上确实存在着不法行为会重演的可能时，受害国就有权要求行为国对于自己将来的行为提供保证，而不得再违反其所承担的国际义务。

四、国家责任的免除

引起一国国家责任的条件是该国实施了违背其国际义务的行为，给其他国家的利益造成了损害。但是，并非一国的任何违背国际义务的行为都产生国家责任。在某些情况下，由于客观原因或条件，可能对原本不法的行为免除责任。根据国际实践，国际法委员会在《国家责任条款草案》中主要规定了以下几种免责情况：

（一）同意

《国家责任条款草案》第20条规定，一国以有效方式表示同意另一国实行某项特定行为时，该特定行为的不法性在与该国家的关系上即告解除，但以该行为不逾越该项同意的范围为限。例如，根据国际法，外国军舰不得随便驶入一国领水，但经沿岸国的明示同意，外国军舰进入一国领水就不得视为对其领土主权的侵犯。

在适用同意这一免责方式时，应特别强调的是，所谓"同意"不得违反国际法基本原则所确立的国际义务。任何国家不得以获得有关国家同意为理由而从事与整个国际社会承认的基本法律规则背道而驰的行为。同意不适用于因一般国际法强制规律而产生的义务。这里的一般国际法强制规律（强行法）是指总体上被整个国际社会所接受、承认和不容减损的，且只能由以后具有相同性质的一般国际法规律加以变更的规律。而强制规律正是基于国际社会的公共秩序而存在的。历史上，帝国主义强国借"同意"之名，对弱小国家实施侵略，干涉其内政的例子不胜枚举。因此，同意必须自愿、有效、明示和合法。

（二）自卫

《国家责任条款草案》第 21 条规定，一国的行为如构成根据《联合国宪章》采取的合法自卫措施，则该行为的不法性即告解除。国际法委员会认为，第 21 条反映了一种普遍接受的立场，即自卫解除了在国际法规定的范围内采取的行为的不法性。该条提及的是"按照《联合国宪章》采取的"行动。此外，"合法"一词暗指采取的行动遵守在武装冲突中适用的全面克制义务，也遵守了自卫概念中固有的相称和必要性的要求。

（三）反措施

《国家责任条款草案》第 22 条规定，一国不遵守其对另一国国际义务的行为，在并且只在该行为构成按照第三部分第二章针对该另一国采取的一项反措施的情况下，其不法性才可解除。

一国不遵守其对他国国际义务的行为，如果是他国的某项国际不法行为所引起的，则该行为的不法性即不成立。采取反措施的前提条件是行为国的行为已经构成国际不法行为，受害国对此有必要采取对应措施。实践中，该条件一般由受害国单方来判断，所以往往带有主观性，容易被滥用。

为防止滥用反措施，《国家责任条款草案》规定了对受害国采取反措施的条件和限制。

第一，反措施的目的和限制。任何合法反措施的基本前提是存在着损害采取反措施国家的国际不法行为。《国家责任条款草案》第 49 条规定，一受害国只在为促使一国际不法行为的责任国履行义务时，才可对该国采取反措施。反措施的意图不是对不法行为给予一种惩罚，而是为实现促使责任国遵守义务而采取的手段。

第二，不受反措施影响的义务。《国家责任条款草案》第 50 条规定，反措施不得影响下列义务：（1）《联合国宪章》中规定的不得实行武力威胁或使用武力的义务；（2）保护基本人权的义务；（3）禁止报复的人道主义性质的义务；（4）依一般国际法强制性规范承担的其他义务。同时，采取反措施的国家仍然应当履行包括实行它与责任国之间任何可适用的争端解决程序，以及不得侵犯外交或领事代表、馆舍、档案和文件的义务。

第三，反措施的相称性要求。反措施必须与所遭受的损害相称，并应考虑到国际不法行为的严重程度和相关权利。总之，采取反措施必须是合理、适度的。

第四，与采取反措施有关的条件。一受害国在采取反措施以前，应要求责任国遵守相关的义务，受害国也必须通知责任国有意采取反措施，并提议与该国进行谈判。此外，一旦责任国履行了其与国际不法行为有关的义务，受害国即应尽快终止反措施。

（四）不可抗力

一国由于不可抗拒的力量或者由于该国无法预料、无力控制的事件发生，以致在实际上无法履行该国所承担的国际义务，在国际法上不视为不法行为。换言之，一国不对该类行为在国际法上承担法律责任。

不可抗力必须是不可预见的外界因素，并且这种外界因素使履行义务成为事实上的不可能。如果这种情况是由于行为国本身行为单独引起或与其他因素一并导致，或者行为国设想危险正在发生而无证据，该例外就不能适用。

（五）危难与紧急状态

危难是指代表国家执行公务的机关或者个人，在遭遇极端危难的情况下，为了挽救其生命或受其监护的其他人的生命，作为唯一的选择，不得已而采取的不符合本国国际义务的行为。紧急状态是指一国遭遇严重危及国家生存和根本利益的情况下，为应对或消除这一严重而紧迫的危险状况而采取的必要行为。同时，该行为是在此情况下保护国家根本利益的唯一方法且并不严重损害该国对之负有义务的国家和整个国际社会的根本利益。在上述两种特殊情况下，国家行为的不法性均被排除，因此，不构成国际不法行为，也就不产生国家责任。

不可抗力、紧急状态和危难都是由于外力的因素而引起的。在不可抗力的情况下，当事国并非有意不履行自己的国际义务，而是在实际上已不可能履行。在紧急状态下，当事国对于自己行为可能发生的法律后果是清楚的，但是为了更大的利益，只能如此选择。危难处于二者之间。危难情况下的行为也是主观上的故意行为，但不这样做，当事人的生命或受其监护的其他人的生命就会受到威胁。尽管他们主观上并不想违反其国际义务，但在客观上他们已经别无选择，履约只是形式上的可能。紧急状态并不针对个人的安危，而是指国家的利益和国家本身的生存受到威胁。另外，与同意和反措施相比，紧急状态并不受事先条件所限制。援引紧急状态不必考虑对方国家是否同意，也不要求对方已有不法行为。例如，在自卫的情况下，当事国虽然面临同样的危险，但这一危险是由于他国非法使用武力而造成的。自卫是在国际法允许的范围内以武力对非法使用武力行为所进行的反击。

当然，上述免责例外的适用是有条件的。一国不得在以下情况援引紧急状态作为排除其不法性的理由：（1）有关的国际义务排除援引紧急状态的可能性；（2）所谓的"紧急状态"是当事国所促成的。

在国际法委员会审议中，委员们提出增加一项条款，规定在某些免责的情况下，行为国依然应当对受害国给予赔偿。这是因为在实践中，虽然当事国采取违反国际义务的行为是迫不得已的，不应当在法律上承担责任，但因此而受到损害的国家仅仅因为客观原因而承担行为国违约的全部后果，就可能造成严重的不公正。因此，《国家责任条款草案》规定，援引解除行为不法性的情况并不违背对该行为造成的任何物质损害进行赔偿的规则。

第三节　国际法不加禁止行为所产生的损害性后果的国际责任

传统国家责任是以国家行为的违法性作为国家承担责任的前提条件的。然而，随着现代社会工业化水平的不断提高，高科技的不断开拓和高新技术的应用，人类利用自然的能力日渐增强，科学技术新领域中产生跨境环境损害影响的行为在国际关系中经常遇到。对此，国际社会迫切需要制定新法律规范以应对现实需求。因此，从20世纪中期开始，国际实践中陆续出现了许多确认跨界损害活动赔偿责任的司法判例，以及大量涉及或专门规定国家某些具体活动造成损害的赔偿责任的国际公约和其他有关的国际文件。

在国际实践和各国的司法实践中，损害责任制度正在逐步形成和发展。第二次世界大战以来，有关损害责任制度方面的国际公约主要有：《关于核损害的民事责任的维也纳公约》《关于油污损害的民事责任公约》《国际防止船舶造成污染公约》《远程跨界空气污染公约》《及早通报核事故公约》《国际水道非航行使用法条款草案》等。这些公约都在不同程度上规定了国家对从事特定活动所负的义务之标准，以及对其活动所造成损害应承担的国际责任。此外，一些相关公约也都有有关损害责任的规定。例如，1972年《空间物体造成损害的国际责任公约》第2条规定："发射国对其空间实体在地球表面，或给飞行中的飞机造成损害，应负有绝对的赔偿责任。"《联合国海洋法公约》第194条规定："各国应采取一切必要措施，确保在其管辖和控制下的活动不致使其他国家及其环境遭受污染的损害……"；第235条规定："各国有责任履行其关于保护和保全海洋环境的国际义务。各国应按照国际法承担责任。"1967年《关于各国探索和利用包括月球和其他天体在内的外层空间活动的原则公约》也有关于损害责任的规定。

由此可见，国际法不加禁止行为产生的损害性后果的国际责任制度，作为一种法律概念，已经被国际实践和各国司法实践以及国际司法判例所广泛接受，它无疑是传统国家责任制度的补充和发展。

一、国际法不加禁止行为产生的损害性后果的国际责任的概念

国际法不加禁止行为产生的损害性后果的国际责任（international liability for injurious consequences arising out of acts not prohibited by international law），也称国际赔偿责任，是指国际法不加禁止、其有形后果有造成重大跨界损害的危险的活动产生的责任。

国际法不加禁止但造成损害后果的行为也称为国际损害行为，"不加禁止"包含两个方面的情况：一是国际法文件规定对此种行为不加任何限制，即不加禁止而允许的；另一种情况是国际法文件对此种行为没有明文规定禁止，也没有明文规定允许，这就意味着，只看行为与后果的关系，而不问其行为是否违反国际法的规定。

跨界损害指在起源国以外的一国领土内或其管辖或控制下的其他地方造成的损害，不论各当事国是否有共同边界。造成重大跨界的危险是指发生事故的可能性及其损害性影响之程度的综合效应，"重大"一词应当根据具体情况具体确定，"重大"的程度超过"察觉"，但不必达到"严重"或"显著"的程度。损害是指对人、财产或环境造成的损害。

国际法委员会在处理"国家责任"专题时就曾指出，"国家对国际不法行为的责任"与"国际法不加禁止行为的责任"是两个不同事物，两者风险责任的基础迥异，规范风险责任规则的性质、内容和形式均不相同。因此，首先需要厘清两者的区别。第一，在概念上，"国家对国际不法行为的责任"意指违反国际义务的国际不法行为所产生的法律后果，而"国际法不加禁止行为的责任"事关一项合法活动或行为所固有的风险所致损害后果进行国际赔偿（make reparation）的责任。第二，在术语使用上，"国家责任"的英文标题使用"responsibility"，"国际法不加禁止行为国际责任"英文标题使用"international liability"。两个英文词汇的实质意涵并无差别，均意指不履行义务的法律后果，可以相互替代使用；但词语运用的变化旨在突出两种专题性质上的区别：responsibility 一词强调国际不法行为的后果，而 liability 内涵更为丰富，更适合表达合法行为产生的损害性后果及强调赔偿的必要性，同时还可以表示义务本身。第三，国家责任的有关规则属于"次要规则"，而国际不加禁止行为的国际责任则被归为"主要规则"（义务规则），即规定对于国际法不加禁止甚至是明确允许行为的严重有害后果，国家负有给予赔偿的"主要义务"；如果国家不履行支付赔偿的义务，则招致国家的国际责任。

国际不法行为的国家责任与国际损害责任之间的区别，主要表现在以下几个方面：

第一，国际不法行为的国家责任的产生取决于行为的不法性，而导致国际赔偿责任的是在国际法上未加禁止的，其有形后果有造成重大跨界损害的危险的活动，因此国际赔偿责任的产生取决于跨国损害的事实和后果的存在，只要该活动造成了损害，行为国就负有赔偿责任。

第二，在国际不法行为的国家责任中，即使行为国对其违背义和的行为采取了补救措施，行为国也不能再实施该行为，而国际赔偿责任中，只要行为国对其所造成的损害给予合理、适当的赔偿，行为国的行动自由就不受限制。例如，在跨国界环境污染领域，其损害常常是由国家的合法行为或国际法不加禁止行为所引起的。如果没有国际法不加禁止行为产生的损害性后果的国际责任制度规则予以援引，则在没有条约的情况下，该行为就会发生无法可依的情况，以至于受害者的利益得不到应有的保护。

第三，从责任主体来看，国际赔偿责任的主体更具有多元性，不仅包括国家和国际组织，也包括经营人与国家的共同责任及经营人的独立责任。

二、国际法不加禁止行为产生的损害性后果的国际责任的规则范畴

国际法委员会在 1997 年第四十九届会议上，决定将国际法不加禁止行为所产生的损害性后果的国际责任这一编纂专题分为两个部分：第一部分为预防危险活动造成的跨界损害；第二部分为危险活动引起跨界伤害所造成损失的国际责任，并分别于 2001 年和 2006 年通过《关于预防危险活动的跨界损害的条款草案》（以下简称《预防危险活动条款草案》）和《危险活动引起跨界损害情况下的损失分配原则草案》（以下简称《损失分配原则草案》）。

（一）预防与合作原则

各国应采取一切适当的措施，以预防或尽量减少重大跨界损害危险。如果这种损害已经发生，则尽量减少其影响。《预防危险活动条款草案》规定，起源国应采取一切适当措施，以预防重大的跨界损害或随时尽量减少这种危险。

同时，当事国应真诚合作，并于必要时要求一个或多个有关国际组织提供协助，以预防重大跨界损害或随时尽量减少这种危险。起源国对预防重大跨界损害负有首要责任，如果损害已经发生，则应该尽量减少这种危险。

在从事具有造成或可能造成跨国界损害危险的活动中，行为者与可能受影响的国家有义务相互合作，为预防、减少和消除损害采取必要的合作措施。

（二）核准原则

《预防危险活动条款草案》规定，须经一国事前核准方可在该国领土上或其管辖或控制下的其他地方进行有造成重大跨界损害危险的活动。下列情形下，须经起源国的事前批准：（1）在其境内或在其管辖或控制下的其他地方进行的活动；（2）上述活动的任何重大改变；（3）计划作出可能使某项活动转变为重大跨界损害危险的活动。一国的核准要求也应适用于所有在核准前已进行的活动。就审查已由该国签发的有关先前已存在的活动的核准。在核准的条件没有获得遵守的情况下，起源国应采取适当行动，包括于必要时撤销核准。

（三）危险的评估

起源国在核准经营者开展活动之前，应确保对有可能造成重大跨界损害的活动进行评估。通过这项评估可以使该国能够确定活动所涉危险的程度和性质，从而确定其应该采取的预防措施的类型。应该由谁进行评估的问题由各国自己决定。这些评估通常由经营者根据国家制定的某些准则进行。这些事项必须由各国通过其国内法或成为国际文书的缔约国加以解决。评估不仅应包括对人身和财产的影响，而且也应该包括对其他国家环境的影响。

对危险评估的要求完全符合《关于环境与发展的里约热内卢宣言》的原则17。该原则17规定就可能对环境造成重大不良影响的活动进行环境影响评估。作为一种国家手段，环境影响评估应针对拟议开展的、可能对环境有重大不良影响的活动，且应当由主管国家当局作出。许多国际协定也都含有对跨界活动不良影响进行评估的规定。例如，1982年《联合国海洋法公约》第205条和第206条、1982年《管理南极矿物资源活动公约》第4条、1985年《东盟保护自然和自然资源协定》等。毫无疑问，评估目前在环境开发领域已逐渐成为必不可少的程序。

（四）通知的原则

根据《预防危险活动条款草案》规定，如果评估表明有造成重大跨界损害的危险，起源国应及时将该危险和评估通知可能受影响国，并应向其递交评估工作所依据的现有技术和所有其他有关资料。起源国在收到可能受影响国于不超过6个月的期间提出的答复以前，不应就是否核准该项活动作出任何决定。

如果一国有合理理由相信，起源国已计划、或已进行一项活动，可能有对该国造成重大跨界损害的危险，该国可以要求起源国适用通知的规定，这种要求应附有具体解释，说明理由。如果起源国认为它没有义务发出通知，则应在合理期间内告知该要求国，并附上具体解释，说明作出这一结论的理由。如果这一结论不能使该国满意，经该国请求，两国应迅速进行协商。在协商期间，如果另一国提出请求，起源国应作出安排，采取适当而且可行的措施，以尽量减少危险，并酌情在一段合理期间内暂停有关活动。

该项活动进行期间，各当事国应及时交换该项活动有关预防或随时尽量减少重大跨界损害的危险的所有现成资料。即使该项活动已经终止，也应该继续交换这种资料，直到各当事国认为合适才停止。对于对国家安全或保护其工业至为重要或涉及知识产权的数据和资料的，起源国可以不提供或本着诚意与可能受影响国合作视情况许可尽量提供。起源国还应毫不迟延地以可以使用的最迅速方式将活动的紧急情况通知可能受影响国并向其提供一切有关的现有资料。

此外，各国还应以适当方式向本国或他国可能受到活动影响的民众提供有关该活动、所涉危险及可能造成的损害的资料，并查明其意见。

（五）关于预防措施的协商原则

为了预防和尽量减少造成重大跨界损害，协商也是非常重要的。行为国在准备进行某项活动时，如果预见到该活动可能对邻国造成危害，就应当及时通知该国，并与之进行磋商；如果受影响国主动要求磋商，行为国有义务同意该项要求。

《预防危险活动条款草案》规定，各当事国在其中任何一国提出要求时，应进行协商，以期为预防重大跨界损害或随时尽量减少这种危险所须采取的措施达成可以接受的解决办法。当事国应在这类协商开始时，就协商的合理时限达成协议。

当事国应当寻求基于公平利益均衡的解决办法。为达到公平利益均衡，当事国应考虑到所有有关因素和情况，包括（1）重大跨界损害危险程度以及有办法预防损害、或者尽量减少这种危险或补救损害的程度；（2）有关活动的重要性，考虑到该活动在社会、经济和技术上为起源国带来的总利益和它对可能受影响国造成的潜在损害；（3）对环境产生重大损害的危险，以及是否有办法预防这种损害、或者尽量减少这种危险或恢复环境；（4）起源国和酌情可能受影响国家愿意承担预防费用的程度；（5）该活动的经济可行性，考虑到预防费用和在别处开展活动或以其他手段开展活动或以其他活动取代该项活动的可能性；（6）可能受影响国对同样或可比较的活动所适用的预防标准以及可比较的区域或国际实践中所适用的标准。

如果协商未能取得一致同意的解决办法，起源国如果决定核准从事该项活动，也应考虑到可能受影响国的利益，不得妨碍任何可能受影响国的权利。

（六）及时和充分赔偿原则

尽管有关国家已遵守了关于预防危险活动的跨界损害的义务，危险活动引起的事件仍然会发生，并且由于这种事件，其他国家和（或）其国民可能遭受损害和严重损失，因此，应当制定适当而有效的措施，以确保因这种事件蒙受损害和损失的自然人和法人，包括国家，能够获得及时和充分的赔偿。

对此，《损失分配原则草案》原则3规定，对于国际法不加禁止的危险活动所造成的跨界损害，应当确保受害者得到及时和充分的赔偿，并且在发生跨界损害时维护和保护环境，特别是减轻对环境的损害以及恢复或使之复原。

原则4规定，各国应采取一切必要措施，确保其领土上或其管辖或控制下的其他地方的危险活动造成跨界损害时，受害者可获得及时和充分的赔偿。这些措施包括：（1）

要求经营者，或酌情要求其他个人或实体承担责任，这种责任不应要求出具过失证明；（2）要求经营者或酌情要求其他个人或实体为偿付索赔建立并保持财务担保，例如保险、债券或其他财务保证；（3）在适当情况下，要求在国家一级设立行业基金；（4）如果以上措施不足以提供充分的赔偿的，起源国还应确保提供额外的财务来源。

原则5规定，一旦发生了造成或可能造成跨界损害的危险活动事件，起源国应采取应对措施，包括：（1）起源国应立即将事件以及可能造成的跨界损害后果通知所有受影响或可能受影响的国家；（2）起源国应在经营者的适用参与下，确保采取适当的应对措施，并应当为此目的使用现有最佳科学数据和技术；（3）起源国还应当酌情与所有受影响的国家磋商并寻求合作，以减轻并在可能的情况下消除跨界损害后果；（4）受跨界损害影响或可能受影响的国家应采取一切可行措施减轻并在可能情况下消除此种损害后果；（5）有关国家应当酌情在相互接受的条件基础上寻求主管国际组织和其他国家的援助。

原则6规定，一旦其领土内或其管辖或控制下的其他地方的危险活动造成跨界损害，各国应赋予本国司法和行政部门以必要的管辖权和职权，并确保这些部门具备提供及时、充分和有效救济手段。各国还可协助诉诸迅速而又最经济的国际理赔程序。

在某种意义上，原则4和原则6一起包含了实质性措施和程序性措施，体现了起源国和有关国家提供的最低标准。实质性的最低标准，比如追究责任、无须举证过失而确定责任、确定这类责任的最低条件、限制或例外、设立财政政策担保或保险安排以履行责任等，是在原则4框架内处理的，而原则6则是处理程序性的最低标准，包括能够平等或不受歧视地申诉、有效法律救济的提供，等等。

重要名词术语

国际责任、国家责任、国际不法行为、国际义务、反措施、国际法的编纂、国际法不加禁止行为、跨界损害、赔偿

思考题

1. 什么是国家责任？
2. 什么是国际不法行为？
3. 什么是抵偿？
4. 什么是反措施？
5. 国家责任与国际法不加禁止行为产生的损害性后果的国际责任的区别是什么？
6. 国家责任制度中，哪些行为可归因于国家？

典型案例分析

"加布奇科沃—大毛罗斯项目案"（*Gabčikovo-Nagymaros, Hungary/Slovakia*）(1997)

该案涉及关于环境保护的国际法以及一般国际法的基本领域，如国家责任、条约法和国际水道法，是国际法院具有里程碑意义的一个裁决。

根据 1977 年《关于建造和运行加布奇科沃—大毛罗斯水闸系统的条约》（以下简称 1977 年条约），匈牙利和捷克斯洛伐克（1993 年并入捷克共和国和斯洛伐克之前）同意在多瑙河沿岸建造和运营一个水闸系统、一座水坝、一座水库、一座水力发电厂和防洪系统。在这项条约之后，两国的内部政治和经济制度都发生了重大变化，在匈牙利，一个重要的环境游说团体开始增长并反对计划中的多瑙河工程。在这些事件之后，匈牙利停止了部分工程，并最终寻求终止 1977 年的条约。1992 年，捷克斯洛伐克开始将多瑙河改道为一条电力运河，控制其 80%—90% 的流量，这是两国商定的替代项目（称为备选方案 C）。斯洛伐克和匈牙利决定将争端提交国际法院解决。

法院裁决，该案要考虑的主要法律领域之一是国家责任制度。国际法院裁决认为两国存在着相互交织的不法行为：匈牙利因终止该项目违反 1977 年公约义务而犯下了国际不法行为，斯洛伐克也同样单方面执行了 1977 年协定的修改版本，这种对 1977 年条约所提议的工程的替代的所谓备选方案 C 的实施侵犯了匈牙利的领土完整和主权独立。

匈牙利和斯洛伐克都提出了解除国际行为不法性的危急情况的抗辩。国际法院的裁决包括：其一，在该案中澄清了对国际环境领域的危急情况的理解。匈牙利辩称因存在生态的危急情况而解除行为的不法性，对此危法院认为，习惯国际法承认危急情况是解除不符合国际义务的行为不法性的一项理由。解除不法性的危急情况理由只有在特殊情况下才可接受。法院指出，危急状态必须与一国的基本利益有关，这种利益必须处于严重和迫在眉睫的危险之中，并且没有其他措施来防止这种对利益的威胁。在本案中，以下基本条件是有关的：一国与其一种国际义务相抵触的行为必须是该国的"基本利益"引发的。这个利益必须已受到某项"严重迫切危险"的威胁；受到质疑的行为必须是保护这项利益的"唯一办法"；该行为绝不能"严重损害"该项义务所针对的国家"基本利益"；行为国绝不能"促成危急情况的发生"。其二，在该案中讨论了反措施的条件。斯洛伐克辩称，匈牙利决定暂停和放弃工程的建设，使捷克斯洛伐克无法按照 1977 年条约的原先设想进行建筑工程，因此捷克斯洛伐克有权诉诸尽可能接近原设计的解决办法，主张实施备选方案 C 是一种反措施。对此，法院列举了诉诸反措施方面应满足的条件，认为反措施必须与所遭受的损害相称，而斯洛伐克剥夺了匈牙利公平合理地分享多瑙河自然资源的权利，因此这一反措施因不相称性而不合法。

第六章 国际法上的主体

【内容提示】

在国际法上,哪些实体被承认为法律上的主体,具有法律人格,依据法律规定享有权利承担义务,尚未有明确的国际法规定,在国际法学界是一个极具争议的问题。普遍认为,国际法上的主体,在国际法发展的不同历史时期有着不同的理论与实践。

并非国际关系的所有参与者都具有法律人格。具有国际法律人格意味着能参与国际法律关系、且被国际社会以某种形式接受,如国际司法实践亦或国家实践。

国家是国际法上的基本主体。1648年《威斯特伐利亚和约》的签署标志着近代国际法开始形成,它确立了国家主权平等原则。近代国际法只调整国家之间的关系,国家被认为是国际法上的唯一主体,个人只是国际法的客体。这一观念直到第一次世界大战前还是比较一致的。第一次世界大战后尤其是第二次世界大战后,随着一系列国际组织的建立,如国际联盟、联合国及其专门机构等国际组织数量剧增,引致国际社会基本结构发生变化。国际组织参与国际关系、在全球事务和国际法中的作用越来越重要,其国际法律人格在国际实践中得到体现,目前国际组织的有限的国际法主体地位已得到普遍承认。

在国家和国际组织之外,是否还存在其他国际法主体、以及他们在何种程度上享有国际法上的权利并承担义务,对此存在不同的看法。现阶段,中国国际法学界主流观点认为,争取独立民族也是有限的国际法主体,个人主体地位尚未定论,其他非国家实体是否具有国际法主体资格仍存在争议。

第一节 概述

一、国际法主体的概念

国际法上的主体,通常也称国际人格者,具有国际法律人格。关于国际法主体的概念有不同的定义。王铁崖先生将其定义为"独立参加国际关系并直接在国际法上享受权利和承担义务,并具独立进行国际求偿能力者"。[1]苏联学者将其定义为"拥有国际

---

[1] 王铁崖主编:《国际法》,法律出版社1995年版,第64页。

权利和义务并在国际法的范围和基础上予以实施的国际关系的参加者"。[1]詹宁斯、瓦茨提出,"在国际法上具有法律人格,是指它是国际法的主体,从而它本身享有国际法上所确立的权利、义务或权力,而且,一般地说,享有在国际上直接或通过另外一个国家(如在被保护国的情形)间接行为的能力"。[2]可以确认的是,国际法律人格是在国际法上被承认享有权利承担义务的实体的资格。每一独立国家都具有国际法律人格,是国际法上的主要主体。

但在其他情形下对国际法主体的承认面临困难。国际组织或因其设立文件规定或因宪章和职能目的等,其国际法主体虽被国际社会普遍承认,但其主体地位与国家不同。[3]争取独立民族也被接受是有限的国际法主体,而个人和其他非国家实体是否被接受成为国际法主体仍在争论阶段。[4]因此,法律人格是国际法主体这一概念的本质所在,[5]但在多大范围内享有法律人格受相关国际法的限制。

对于国际法主体应具备哪些要件,学界也存在不同看法。索伦森认为,国际法主体应具备三个要件:一是能承担国际法上的义务,二是能主张其在国际法上的权利,三是可以与国际法上的其他主体缔结条约或发生其他法律关系。[6]与索伦森不同,王铁崖主张,国际法主体具备的三个要件应为:一是独立参加国际关系的能力,二是直接承受国际权利和义务的能力,三是独立进行国际求偿的能力。同时进一步指出,国家同时具备上述三个要件,而国际组织和争取独立民族在一定范围内和一定条件下具备上述要件。[7]现在比较通行的看法是,从法律主体的两要件(行为能力和权利能力)出发,国际法上的主体既要具备以自己的行动独立参加国际法律关系的行为能力,还要具备一定的权利能力,即能够依法享受权利和承担义务的资格。[8]

二、国际法主体的范围

国际法上的主体,随着国际社会结构变化及其调整对象范围的扩大,在国际法发展的不同历史时期有着不同的理论与实践。依据国内权威著述,关于国际法的形成与发展学说认为,国际法的历史大致划分为三个阶段。[9]

第一阶段为古代和中世纪,不过对这一阶段是否存在国际法存在争议。整个古代和

---

[1] [苏]克利缅科等编:《国际法词典》,刘莎等译,商务印书馆1995年版,第104页。
[2] [英]詹宁斯、瓦茨修订:《奥本海国际法》(第1卷第1分册),王铁崖等译,中国大百科全书出版社1995年版,第91页。
[3] [英]戴维·M.沃克:《牛津法律大辞典》,法律出版社2003年版,第582页和第864页。
[4] 《国际公法学》编写组:《国际公法学》(第三版),高等教育出版社2022年版,第121—126页。
[5] 张军旗:《个人的国际法主体地位辨析》,载《东方法学》2017年第6期。
[6] Max Sørensen(ed.), *Manual of Public International Law*, Palgrave Macmillan, 1968, p.249.
[7] 王铁崖主编:《国际法》,法律出版社1995年版,第64—65页。
[8] 《国际公法学》编写组:《国际公法学》(第三版),高等教育出版社2022年版,第114—115页。
[9] 王铁崖:《国际法》,法律出版社1995年版,第33—41页;白桂梅:《国际法》(第三版),北京大学出版社2021年版,第7—15页;《国际公法学》编写组:《国际公法学》(第三版),高等教育出版社2022年版,第37-46页。

中世纪国际社会尚未形成，不存在近代意义上的主权国家，因而不存在调整国家之间关系的法律。虽然存在过一定形式的国际法，如制定调整罗马人与外国人之间关系的"万民法"，常设使团开始设立。但它们明显处于零散和无体系状态，不是现代意义上的国际法，因此无从讨论这一时期的国际法主体。

第二阶段，以 1648 年《威斯特伐利亚和约》为标志的近代国际法开始形成。《威斯特伐利亚和约》建立了主权国家体系，确立了领土主权和国家平等等原则。实在法理论开始取代自然法学理论。国际社会被视为是一种单一结构的社会，由主权国家构成，国家是国际法的唯一主体，个人只是国际法的客体。

第三阶段，1919 年第一次世界大战结束形成的现代国际法。从 20 世纪起尤其是两次世界大战的发生，国际社会经历了一系列重大变化，一些非国家行为体逐渐出现在国际舞台，从而使以国家作为单一主体的国际社会结构出现了一种向多元结构发展的趋势。对此，现代国际法理论与实践反映了这一变化，除承认国家是国际法主体外，普遍承认国际组织和正在争取独立的民族等具有国际法主体地位，但它们与国家的国际法主体地位存在明显差别，是有限的国际法主体。个人和其他非国家实体的国际法主体地位尚未确定或处在争论过程中。[1]

第二节 国际法上的基本主体

近代国际法的形成，促使国际法逐渐成为完全独立的法律学科。实在法学派开始取代自然法学理论占据优势。国际社会被视为由主权国家构成，国家被认为是国际法上的唯一主体，国家直接参与国际关系，享有国际法上的权利并承担义务，个人只能通过国籍国与国际法发生联系。第二次世界大战后，国际组织的有限的国际法主体地位得到普遍承认，改变了国家是国际法唯一主体的状况。20 世纪六七十年代非殖民化过程中，争取独立民族的有限的国际法主体也得到承认。

尽管在国际法律体系中，参与者和行为体越来越多，但国家仍然是最重要的法律人格者和国际关系的主要参与者。国家是国际法上的基本主体，拥有完全主权。

一、国家是国际关系的主要参与者

首先，国家与国家之间的关系是国际关系的主要内容和基本形式，处于最主要的地位并发挥最重要的作用。其他主体对国际关系的参与和影响，往往是通过国家进行的，在作用和效力上都无法与国家相提并论。

---

[1] 王铁崖：《国际法》，法律出版社 1995 年版，第 65 页；Malcolm N. Shaw，*International Law*(8th edn.)，Cambridge University Press，2017，p.305；《国际公法学》编写组：《国际公法学》(第三版)，高等教育出版社 2022 年版，第 114—126 页。

其次，只有国家拥有完全的国际法律权利能力和行为能力。国家拥有独立权、平等权、自卫权和管辖权这些基本权利，并可以通过订立条约设立各种具体权利和义务。这种能力是由国家具有主权决定的。国际组织的法律人格需要由成员国赋予，其权利能力和行为能力受其设立文件的约束，是有限制的。争取独立民族的国际法主体资格虽然得到国际社会的承认，但因为尚未最后形成为国家，实际上权利能力和行为能力也是有局限的。

最后，国家之间的关系是国际法调整的主要内容，涉及国家领土、与国家对外关系有关的外交和领事关系法、与国家缔约活动相关的条约法等。虽然国际组织法和国际人权法的出现，使国际法的内容不再局限于与国家有关的活动。但国际社会中其他主体之间的关系并不是国际法调整的重点，以调整国家关系为主仍是国际法的基本特征，国家仍是国际法上的基本主体。

二、国际法上的国家的构成要素

国际法上的国家这一概念强调国家作为国际人格者所具有的特征。国家是指由定居的居民和特定的领土组成的、有一定的政府组织和对外独立交往能力的政治实体。《奥本海国际法》提出："当人民在他们自己的主权政府下定居在一块土地之上时，一个真正意义上的国家就存在了。"[1]虽然国家定义存在差异，但普遍认为，成为国际法上的国家，应具备一些要素。然而，关于国家的构成要素，虽然没有形成明确的国际法规范，但在国际法理论上有大致一致的认识。

首先，1933年《蒙得维的亚国家权利和义务公约》第1条规定："国家作为一个国际人格者应具备下列资格要素：（1）定居的居民；（2）确定的领土；（3）政府；（4）与其他国家建立关系的能力。"这些关于国家构成要素的规定得到了广泛认可，并认为是研究国家构成要素的基础。然而，这个公约仅适用于美国和拉美国家，并不具备一般国际法效力。此外，有研究指出该公约列明的资格要素是不完整的和过时的，存在局限性和不足。[2]

其次，中国国际法学界主流观点认为，主权是国家的根本属性；主张作为国际法上的主体，国家应具备以下四个要素。[3]

第一，定居的居民。居民是国家的第一个基本要素。构成一个国家存在的居民，必须是该国永久性的人口，具有该国国籍或公民资格。没有居民，国家不能形成和存在。不过，居民人口的多少，不影响国家的存在。如人口大国（中国和印度，人口分别多达十几亿）和拥有万余人的太平洋岛国瑙鲁，均是国际法上的主体，它们在国际法上的权利不因人口多少而有差别。

---

[1]［英］詹宁斯、瓦茨修订：《奥本海国际法》（第1卷第1分册），王铁崖等译，中国大百科全书出版社1995年版，第92页。

[2] Jan Klabbers, *International Law*(8th edn.), Cambridge University Press, 2017, p.75–77.

[3] 王铁崖主编：《国际法》，法律出版社1995年版，第65—66页；周鲠生：《国际法大纲》，商务印书馆2013年版，第28页；《国际公法学》编写组：《国际公法学》（第三版），高等教育出版社2022年版，第127—128页。

第二,确定的领土。确定的领土是国家生存和发展的物质基础,也是国家行使主权的重要基础。在此值得指出的是,国家领土的组成包括陆地领土(领陆)、水域领水(领水)、领陆和领水的上空以及领陆和领水的底土。国家的领土有大有小,但领土面积的大小并不妨碍国家的存在。此外,国际法也未规定国家领土的界限必须是明确划定的。即使一个国家与其邻国存在边界划分争议,只要有不可否认的由被所谓国家的政府控制的一片连贯的领土,便可以被承认享有作为国家的法律人格。但是,一个没有确定的领土、漂泊不定的民族不能构成现代意义上的国家。

第三,政府。在特定领土上存在和维持法律秩序的有效政府是证明该领土构成国家的最佳证据。政府代表国家对内实行有效统治,对外进行国际交往。任何国家都应该有其政权组织,因此,国家区别于原始部落或者其他群体。至于国家采取何种形式的政权组织,由各国自己决定,属于国家内政。不过,不论何种形式,一个国家只有一个中央政府。

第四,主权。主权是国家的根本属性,它是国家具有的最高权力和对外的独立地位。"主权是最高权威……是在法律上并不从属于任何其他世俗权威的法律权威。因此,在最严格和最狭隘的意义上,主权含有全面独立的意思,无论是在国土以内还是在国土以外都是独立的。"[1]如果在一个地域内,存在定居的居民,也有政权组织,但是没有主权,它就不能构成国家。国际法要求国家具备主权这个要素,其目的是区别于国内内部划分的地方行政区域以及历史上的殖民地,它们都不具有主权,不具有国家的性质和功能。

国内学界通说认为,国家的四个要素是密切联系在一起的,它们是成为国家的充分和必要条件。必须具备并且只有全面具备这四个要素才能构成国家,成为国际法主体。不过,在一些特殊情况下,某个要素可能会暂时缺少或者处于特殊状态,但并不影响一国的主体资格。比如,一国的领土可能暂时地被非法侵占,或者一国发生内战时,政府的存继和有效性可能存在疑问,但是国家的国际人格并不发生变化。但另一方面,也不能说同时具备了上述四个构成要素的实体都是合法的国家,并因此取得国际法上的主体资格。违反国际法原则建立的实体,即便具备国际法上的国家构成要素,它的存在也是非法的。因侵略别的国家而产生的所谓的国家,不具有合法的国际法地位。此外,由于全球范围内基本没有无主土地,一旦非殖民化进程结束,未来新国家的建立只能是因为现有国家的合并、分离或分立而实现,因此对于国家构成要素,需要谨慎对待。[2]

---

[1] Robert Jennings and Arthur Watts(eds.), *Oppenheim's International Law*(9th edn.), vol.,1, Longman, 1992, p.122.
[2] 白桂梅:《国际法》(第三版),北京大学出版社 2021 年版,第 130–132 页;Malcolm N. Shaw,*International Law*(8th edn.),Cambridge University Press, 2017, p.569;邵津主编:《国际法》(第六版),北京大学出版社、高等教育出版社 2024 年版,第 33 页。

第三节 国际法上的其他主体

一、国际组织在国际法上的主体资格

（一）国际组织国际法主体地位的理论争议

国际组织是指国家间或政府间的国际组织，由成员国创建，通常通过签署条约的方式，以行使国家自身无法或不愿履行的任务或职能，如行使集体安全的联合国。在第一次世界大战前，国际关系基本上是国家之间的关系。近代国际法主张，国家是唯一的国际法主体，否认国际组织的国际法律人格。

第一次世界大战后，国际组织的成立，尤其是1920年国际联盟的成立，曾一度引发关于国际组织是否具有国际法律人格的争论，如国际联盟是一种外交会议形式，还是一个独立的国际组织。但由于当时国际组织数量极少，而且在国际社会中发挥的作用有限，所以国际法学界大都对此持否定态度。第二次世界大战后，随着联合国及其专门机构等国际组织的逐步建立，国际社会基本结构发生很大变化，国际组织的数量剧增，组织机构日臻完善，独立的行为能力得到很大发展，与国家或国际组织缔结条约并进行国际交往等。作为国际关系的参与者，国际组织在全球事务和国际法中的作用日趋重要。在此情形下，国际组织的法律人格逐渐得到广泛承认和接受，但它的法律人格是有限的，与主权国家不同。

对国际组织法律人格的来源和范围，理论上有"固有权利说"和"授权说"或"暗含权力说"等不同主张。"固有权利说"认为，国际组织特定的权利能力已被国际习惯法确认，因此其法律人格可以不依赖设立文件的授权独立存在。"授权说"或"暗含权力说"则主张，国际组织的法律人格都不是本身所固有的，而是由于其组织章程的规定及其实际所从事的活动所决定的，或由设立文件明确授权、或暗含赋予、或由成员国通过对其实践予以事后承认。但实际上，无论是明文授权还是暗含的权能，国际组织的法律人格都是由于国际组织为了有效地履行其职能的需要所决定的。此外虽然各国际组织的设立文件规定的权利能力和行为能力并不相同，但它们在国际法上还是有一些共同性内容，如缔约权、特权和豁免、国际求偿权、取得及处分动产及不动产等。[1]

（二）国际组织的国际法主体地位被接受的主要方式

目前，国际组织有限的国际法主体地位已被广泛接受，接受的方式体现在以下主要方面。

首先，国际组织的设立文件如章程或条约，对国际组织的国际法主体地位作出明确规定。如1919年《国际劳工组织章程》第39条和第40条明确授予国际劳工组织完全

---

[1] 江国青：《论国际法的主体结构》，载《法学家》2003年第5期；《国际公法学》编写组：《国际公法学》（第三版），高等教育出版社2022年版，第118—121页；邵津主编：《国际法》（第六版），北京大学出版社、高等教育出版社2024年版，第297页。

的法人资格,可订立契约、获得和处置不动产和动产、提起诉讼;国际劳工组织在其成员国领土内应享受为达成其宗旨所必要的特权及豁免待遇。1945年《联合国宪章》第104条和第105条规定,联合国在每个成员国领土上享有为实现其宗旨所必需的法律行为能力、特权和豁免。1946年《联合国外交特权及豁免公约》第1条规定,联合国应有完整之法律人格,具有订立契约、取得及处分动产和不动产,以及提起诉讼的行为能力。

其次,主权国家通过国际法实践,承认国际组织的国际法主体地位。现实中,主权国家与联合国及其各专门机构等国际组织缔结大量条约和协定,并向联合国和世界贸易组织等派驻常驻代表团。有研究指出,1986年《关于国家和国际组织间或国际组织相互间条约法的维也纳公约》也是国家通过国际条约的方式,确立国际组织的国际法主体地位。[1]

最后,国际法院发表咨询意见,承认联合国这一国际组织的国际法主体地位。在国际组织的设立文件如章程或条约中,如果成员国希望该组织被赋予特定法律人格,将由设立文件对该问题作出规定。但现实中出现的另一种情形是,国际组织的法律人格从该组织的职能或宗旨及其实践中推断出来。这也是1949年国际法院发表"关于为联合国服务而受损害的赔偿问题咨询意见"(以下简称"联合国求偿案")讨论和解决的问题。国际法院认为联合国是国际法主体,能够拥有国际权利和义务,并且有能力通过提出国际求偿请求来维护其权利,因为这对于实现《联合国宪章》规定的宗旨和原则是必不可少的。换言之,联合国是国际法主体,这是从该组织行使和享有的职能和权利中得出的必要推论。国际法院强调,必须承认联合国成员国通过将某些职能及其伴随的职责委托给联合国,使它具备了有效履行这些职能所需的能力。虽然国际法院发表这一咨询意见是针对联合国作出的,但它在法理上也适用于其他国际组织,如国际劳工组织和联合国粮食及农业组织,对国际组织的国际法主体地位的广泛接受起到决定性影响。[2]

这是国际法院在历史上第一次正式对国际组织的国际法主体资格给予权威性的承认,通过司法实践确立国际组织的法律人格。[3]

(三)国际组织国际法主体地位的特征

国际组织的国际法主体地位具有有限性。虽然国际组织的设立文件如章程或条约和国际法院发表的咨询意见均体现出接受国际组织法律人格的确定性,但是在国际法主体意义上,国际组织不同于国家。

首先,国家的法律人格以主权为基础。主权是国家的根本属性,意味着国家对内具有的最高权力和对外的独立地位。但国际组织是由成员国创建的,它是否具有国际人格取决于其设立文件关于其地位的规定和实际权力,或主权国家的国际法实践,受成员国或缔约国的限制,是派生的和有限的。

---

[1] 江河:《"发展中国家"的主体性及其软法化:以国际组织为视域》,载《社会科学辑刊》2021年第6期。
[2] Malcolm N.Shaw, *International Law* (8th edn),Cambridge University Press,2017,p.305.
[3] 杨合林:《论国际组织的国际法主体性》,载《中外法学》1990年第2期。

其次，国际法院在"联合国求偿案"咨询意见中指出，承认联合国具有国际法律人格，并不是说联合国是一个国家，也不是说它与国家具有相同的法律人格和权利义务。更不是说它是一个"超国家"实体。只是说它是一个国际法主体，能够享有国际法上的权利和承担国际法上的义务，并有能力通过提起国际求偿请求来维护它的权利。[1] 然而，这是有限的权利能力和行为能力，或由国际组织的设立文件规定，或由成员国通过对其实践予以事后承认。

最后，国际组织的国际法律人格与国内法律人格的区分。将国际法律人格赋予国际组织，对于将国际组织确立为直接在国际社会中运作的实体至关重要，而不致发生国际组织通过其成员国在国际上运作的情形。然而，需要注意的是，不要将国际法律人格与国内法律人格混为一谈。许多国际组织的设立文件都有明示或默示规定，赋予国际组织在国内法中的法律人格，以使其能够订立合同、取得或处分财产，或在当地法院提起法律诉讼，或具有行使职能所需的法律行为能力。《联合国宪章》第 104 条规定，联合国"应在其每一成员国领土内享有行使其职能和实现其宗旨所必需的法律行为能力"。在存在此类规定的情况下，国际组织的成员国有义务在其法律体系中承认此类法律人格，然而，如何实现将因各国而异，并将取决于国内法律制度。就此而言，还有一个相关问题，即不是特定国际组织的成员国，是否有义务承认该组织的人格。这可以通过直接与该组织签订协议、也可以间接通过国际私法规则（或法律冲突）来安排。[2]

二、争取独立民族在国际法上的主体资格

争取独立民族，一般是指代表一个民族反对殖民统治、争取独立解放斗争的政治实体，产生于第二次世界大战后。争取独立民族在国际法上的主体资格问题，是在非殖民化过程中被提出来的。它们的国际法主体资格逐渐得到国际社会的承认，与民族自决权作为国际法上实在权利的确立密切相关。一般认为，它们获得国际法主体资格的法律依据不是对领土的控制而是民族自决原则。

依据 1945 年《联合国宪章》第 1 条第 2 款规定，"发展国际间以尊重人民平等权利及自决原则为根据之友好关系"是联合国的宗旨之一。为实施《联合国宪章》这一规定，联合国大会于 1960 年通过了《给予殖民地国家和人民独立的宣言》。虽然该宣言没有法律拘束力，但它在国际社会产生了巨大影响，为国际法上民族自决原则的形成并最终成为一项集体人权奠定了基础。联合国大会于 1966 年通过了《公民及政治权利国际公约》和《经济社会文化权利国际公约》，这两项公约的第 1 条都对人民自决权作出了规定，"所有人民都有自决权，根据此种权利自由决定其政治地位，并自由谋求其经济、社会与文化的发展。所有人民得为他们自己的目的，自由处置其天然财富及资源，但不得妨害因基于互惠原则的国际经济合作及因国际法而产生的任何义务。在任何情形下，不得

---

[1] International Court of Justice, *Reparation for Injuries Suffered in the Service of the United Nations*, Advisory Opinion of April 11th,1949, p.179.

[2] Malcolm N. Shaw,*International Law*(8th edn.),Cambridge University Press, 2017, p.2392–2393.

剥夺人民的生存手段"。争取独立民族在一定范围内具有独立参与国际关系、直接承受国际法上权利义务的能力，如参加国际会议、与现存国家缔结条约或协定、在不同程度上参加国际组织、甚至派遣和接受外交使节等。

对争取独立民族国际法主体地位的确立，一是实现民族自决权的客观需要，二是国际社会已广泛承认争取独立民族国际法主体地位。然而，作为国际法主体，争取独立民族与国家是有区别的，因为它们实际上还只是正在向国家过渡的政治实体，在国际法上享有的权利和义务是有限的，并且其国际人格者地位是暂时的。它们在国际社会的活动的合法性都是建立在民族自决原则基础之上。

简而言之，争取独立民族是一种有限的国际法主体。由于争取独立民族缺乏国家的某些要素，还不能像国家那样在国际法上享有完全的权利和义务，它们在国际关系中行使国家所享有的部分基本权利。[1]

第四节　个人的国际法地位问题

关于个人在国际法上的地位问题，自近代国际法形成以来，随着国际法客体范围扩大有所改变，并因此受到国际法学界的重视。国际法主要是调整国家关系之间的法律，但也有关于个人的相关规定，主要涉及国籍、外国人的法律地位、外交保护、引渡和庇护、难民、人权和投资保护等，这些内容在第二次世界大战后越来越多。然而，国际法并没有对个人的国际法律人格作出规定。尤其是随着国际法上规定的国际犯罪刑事责任的规则和实践的出现以及国际人权法的形成，个人是否具有国际法律人格？他们在国际法上处于什么地位？对于这些问题，有不同的认识。在没有国际法明文规定的情形下，基于对个人在国际法上的实际地位的分析，理论界大致形成两种不同的认识：其一，个人不是国际法主体，但对此应持谨慎态度；其二，个人是国际法主体，然而是有限的国际法主体。总体来看，个人的国际法主体地位尚未定论。

一、个人在国际法上的实际地位的历史沿革

（一）近代国际法上的个人地位

在讨论近代国际法上的个人地位之前，首先需要指出的是，在近代国家产生之前，是否存在国际法是个有争议的问题。尽管古代社会和中世纪产生了类似于国际法的制度，如调整罗马人与外国人之间关系的万民法，但它并非是调整国家之间关系的法律。因此，只有在独立于主权国家国内法的近代国际法产生后，才可能引发个人在国际法上的地位问题。

---

[1] 王铁崖：《国际法》，法律出版社1995年版，第76页；《国际公法学》编写组：《国际公法学》（第三版），高等教育出版社2022年版，第121—122页。

以 1648 年《威斯特伐利亚和约》的签订为标志开始形成的近代国际法，以调整独立主权国家之间的关系为基础，主要协调的是国家之间的对等关系。在这样的国际关系中，个人在国际法上的身份可归为两类：一类是代表国家的身份，如一国的君主、使节或全权代表，他们根据这些身份代表国家，享有国际法上的外交特权与豁免；另一类是被自己的国家所代表的身份，如普通个人，根据这一身份只能享有国内法规定的权利，国际法规定并不涉及他们的权利。但是，国家在国内法中如何对待其境内的外国人却是国际法的内容，如外国人的权利受到侵害后的外交保护、外国人的出入境、庇护与引渡等。这些国际法内容虽然与个人有关，但个人无论是作为普通外国人还是寻求庇护或被引渡的个人，他们都是国家行使属人或属地管辖权的对象。此外，国家还对不属于该国管辖的地方所犯的"国际罪行"（如海盗行为）行使"普遍管辖权"，海盗罪中个人是国际法惩治的对象。这些与个人有关的国际法制度，目的是协调国家的管辖权，并调整国与国之间的对等关系。[1]因此，近代国际法普遍接受的观念是，国家是国际法的唯一主体，个人只是国际法的客体。

（二）现代国际法上的个人地位

个人在国际法上主体地位问题的提出，与惩治国际罪行与国际人权保护的兴起密切相关。以 1919 年第一次世界大战结束为标志的现代国际法，在保留近代国际法具有协调性质内容的基础上，新增了具有国际合作性质的内容，以维护国际社会的整体利益。国际法在这方面的内容体现在以下几方面。[2]

首先，对个人承担国际法上的义务的讨论通常涉及对国际罪行的惩治。第二次世界大战后，最初主要惩治战争罪行，如 1945 年《远东国际军事法庭宪章》确立了国际法上追究战争罪犯个人刑事责任的原则（第 5 条）。1948 年《防止及惩治灭绝种族罪公约》规定了灭绝种族罪。1998 年《国际刑事法院罗马规约》建立了常设性的国际刑事法院。该规约第 5 条规定对犯有灭绝种族罪、危害人类罪、战争罪和侵略罪的个人的惩治，这实质上是从国际法上为个人规定了不从事上述国际犯罪行为的义务。根据该规约第 17 条，只有在有管辖权的国内法院不愿或不能够对犯有上述国际罪行的个人加以惩治时，国际刑事法院才对之具有管辖权。这就是说，对罪犯个人，既有可能由国内法院加以惩治，也有可能由国际刑事法院加以惩治，具体由哪类法院惩治均不影响罪犯个人责任的国际法性质。

其次，第一次世界大战后，出现了关注个人权利的少数国际法实践，第二次世界大战后这种实践逐渐增多并引起人们重视。就国际法而言，主权国家与个人之间的联系历来就是国籍。这一点非常重要，尤其是在国家管辖范围和国家对个人的国际保护方面。如果发生国家对个人权利的侵害，在受害人用尽当地救济措施后仍未获得补偿，只能由受害人的国籍国提出国际求偿请求。一般来说，在国籍国没有提出抗议的情况下，即便

---

[1] 白桂梅：《国际法》（第三版），北京大学出版社 2021 年版，第 251—252 页。
[2] 贾兵兵：《国际公法：和平时期的解释与适用》（第二版），清华大学出版社 2015 年版，第 203—205 页；Malcolm N. Shaw, *International Law*(8th edn.), Cambridge University Press, 2017, p.632-634；白桂梅：《国际法》（第三版），北京大学出版社 2021 年版，第 252 页。

受害人的国籍国家可能同意赋予个人特定权利，并可根据独立于国内法的国际法执行这些权利，然而个人没有资格主张违反国际条约。例如，1907年中美洲五国缔结的《中美洲法院条约》规定，缔约国国民有权在该法院对其他国家提起诉讼。1919年《凡尔赛条约》第304（b）条允许协约国国民可以以自己的名义向混合仲裁庭提起针对德国要求赔偿的请求。但是，1928年常设国际法院在"但泽法院管辖权案"中重申了前述主张，强调根据当时的国际法，条约本身并不直接赋予个人权利或义务，尽管某些条约规定可以通过彼此的国内法院强制实施个人权利和义务。当时这类国际法实践显示新的发展趋势。第二次世界大战后，一系列其他条约规定个人直接享有权利，并使个人能够直接起诉到国际法院、法庭或者申诉至国际条约机构。如1950年《欧洲保护人权和基本自由公约》第25条、1998年《欧洲人权公约：第十一议定书》第34条、1966年《公民权利及政治权利国际公约任择议定书》第1条[1]以及1965年《关于解决各国和其他国家国民之间投资争端的公约》第1条和第25条的相关规定。[2]

上述规定显示，随着国际法的发展，为了全人类的利益惩治个人国际罪行，使其承担个人刑事责任。为保护个人的基本人权和自由制定国际人权法，直接赋予其人权和寻求国际救济的能力，使个人在国际法上的地位发生了变化。这些与外交保护制度下通过协调国家之间的对等关系并通过维护国家主权明显不同。但无论如何，在这些情形下，他们主要还是国际法上的惩治对象或人权保护的对象。

二、理论上的分歧

基于前述对个人在国际法上实际地位的分析，个人在特定范围内享有国际法上的权利，承担相应义务，甚至可以根据特定条约的规定通过国际程序寻求救济，这是否意味着个人是国际法上的主体或者他们具有国际法律人格？对此，国际法学界提出不同的理论观点。一种观点主张，个人不是国际法的主体，但对此应持谨慎的态度。另一种观点提出，个人是国际法主体，然而是有限的国际法主体。

（一）主张个人不是国际法主体，但对此应持谨慎态度

这种观点认为，个人不是国际法主体。[3]持这种观点的学者认为，其一，国家元首和外交代表等享有的外交特权和豁免，是以代表国家的特定身份为基础，通过国家间接享有这些国际法上的权利，并不是以个人身份直接享有的。其二，国际法上对个人国际罪行（如灭绝种族罪、战争罪等）的惩治，这些罪犯个人是国际法惩处的对象，他们不

---

[1]《公民权利及政治权利国际公约任择议定书》第1条规定，"成为本议定书缔约国的公约缔约国，承认委员会有权接受并审查该国管辖下的个人声称为该缔约国侵害公约所载任何权利的受害人的来文。来文所涉公约缔约国如非本议定书的缔约国，委员会不得予以接受"。

[2]《关于解决各国和其他国家国民之间投资争端的公约》第1条和第25条规定，依据该公约建立解决投资争端的国际中心，其管辖适用于缔约国和其他缔约国国民之间直接因投资而产生的任何法律争端，而该项争端经双方书面同意提交给中心。当双方表示同意后，任何一方不得单方面撤销其同意。

[3] 周鲠生：《国际法》（上册），商务印书馆1976年版，第62—63页；王铁崖：《国际法》，法律出版社1995年版，第77页；朱晓青主编：《国际法学》，中国社会科学出版社2012年版，第71页。

能享有国际法上的权利，不能成为国际法的主体。其三，国际人权公约是国家间的协定，它只使缔约各国相互承担由此产生的国际权利和义务，而个人仅是作为人权的主体成为直接受益者，并非条约权利的享有者。国家在人权公约下的义务与个人在人权条约下的权利相对应，缔约国履行条约义务构成个人人权实现的途径。其四，国际法上关于个人向国际程序寻求救济的规定，以国家同意为基础，因此很难说个人取得了独立于国家之外的国际求偿能力。其五，一些中国学者在特定的语境下讨论问题时，如对于个人人权的研究，可能会运用部门法中的主体概念，但这并非在严格的意义上说个人是国际法的主体。此外，还应该防止任意引申个人是国际法主体得出的其他并不科学的结论，如个人人权可以凌驾于主权之上或者人权无国界等。

随着现代国际法尤其是国际人权法的发展，一系列国际条约规定个人直接享有权利，并使个人能够直接诉诸国际程序寻求国际救济，如 1966 年《公民权利及政治权利国际公约任择议定书》和 1965 年《关于解决各国和其他国家国民之间投资争端的公约》。基于这些国际法实践，个人越来越被承认为是国际法的参与者。因此，有学者提出了"个人主体地位未定论"。国内学者《国际公法学》编写组和白桂梅都提到这一观点，[1]

（二）主张个人是国际法主体，然而是有限的国际法主体

首先，有观点主张，个人具有国际法主体资格，甚至还认为只有个人才具有国际法律人格。持这一观点的学者，多数属于自然法学派或新自然法学派，他们主张国际社会是由个人组成的，因为国家只是一个抽象概念，否认国家的国际法主体地位，组成国家的个人才是国际法主体，如法国的狄冀持这种观点。[2]

其次，有学者认为，在国际法没有明确规定个人的国际法律人格的情形下，个人在一定范围内享有国际法上的权利和义务，可反证个人在此范围内的国际人格。如国家元首和外交代表等个人享有的外交特权和豁免权，其主体是具有特定身份的个人，而这些权利是条约明文规定的，则可以认为这些个人享有了条约上的权利。这些情形构成了个人作为国际法主体的例证。此外，第二次世界大战后国际法日益关注个人权利的保护，个人必将在更大范围内成为国际法的主体。[3]

最后，还有学者认为，个人享有国际法上的权利和义务，使得在一定的条件下和范围内，个人具有一定的国际法律人格。[4]其一，国际人权条约直接规定了个人应享有的人权，并保障个人享有提出国际申诉的程序，如 1966 年《公民及政治权利国际公约任择议定书》（第 1 条）。其二，在 2007 年建立的联合国人权理事会机制中，声称自己是侵犯人权和基本自由行为的受害人个人，可通过个人申诉程序对侵害人权的国家提起申诉。其三，1982 年《联合国海洋法公约》第 187 条规定，作为国际海底区域开发合同当

---

〔1〕白桂梅：《国际法》（第三版），北京大学出版社 2021 年版，第 249—253 页；《国际公法学》编写组：《国际公法学》（第三版），高等教育出版社 2022 年版，第 122—124 页。
〔2〕［法］狄冀：《宪法论》（第一卷），钱克新译，商务印书馆 1959 年版，第 49 页。
〔3〕参见张军旗：《个人的国际法主体地位辨析》，载《东方法学》2017 年第 6 期。
〔4〕参见贾兵兵：《国际公法：和平时期的解释与适用》，清华大学出版社 2015 年版，第 203-205 页；张军旗：《个人的国际法主体地位辨析》，载《东方法学》2017 年第 6 期。

事方的企业或自然人，在国际海洋法法庭海底争端分庭具有诉权。1998年《国际刑事法院规约》第67条规定了作为个人的犯罪嫌疑人在法庭审判时享有辩护的权利。在国际经济法领域，诸如1965年《关于解决各国和其他国家国民之间投资争端的公约》规定个人在国际仲裁庭上的仲裁请求权，等等。这些条约或机制规定个人直接享有权利，并使个人能够直接诉诸国际法院和法庭，足以说明个人享有国际法上一定的权利和程序与救济上的保障，不过是有限的权利和保障。

第五节 其他非国家实体的国际法地位问题

在国际关系中，还有一些非国家实体在国际法的某些领域被赋予特定权利或义务，其宗旨和活动都具有国际性，在相关专业领域其地位和作用非常重要。但这些非国家实体是否也被接受成为国际法主体，仍是棘手问题。[1]

首先，非政府组织在国际法上的地位问题。白桂梅在《国际法》（第3版）将非政府组织定义为：并非由国家单独或通过国家之间的协议共同建立的、其组织成员不是国家或政府而是个人或民间团体的非营利性组织。这一定义排除了以营利为目的的非国家实体如跨国公司。红十字国际委员会和医生无国界组织等是在国际社会中影响较大的非政府组织。就红十字国际委员会而言，它依据日内瓦公约及其附加议定书的相关规定开展工作，目的是为两个或两个以上缔约国间所产生的武装冲突的受害人提供人道主义保护和援助。依据关于战俘待遇的1949年《日内瓦第三公约》（第9条、第73条和第126条）和关于战时保护平民的《日内瓦第四公约》（第3条和第143条）规定，它有保护战俘和平民的任务，有权实行一定的行为，如访问战俘营和拘禁营，与战俘和被拘禁者谈话并不受监视，监督救济物资的分配，向冲突各方提供相关服务等。有研究认为，为实现其宗旨开展国际性活动，相关行为直接受国际条约约束，该委员会的部分国际法主体资格应得到承认。然而，也有研究主张，红十字国际委员会依据总部所在国瑞士国家的国内法建立，法律地位由国内法规定，属于国际非政府组织。虽然它于1991年获得联合国观察员地位，但并不因为在国际上取得一定地位而成为国际法主体。

其次，跨国公司在国际法上的地位问题。跨国公司依据特定国家法律建立，但其全球性经营活动，涉及不同国家的法律适用。随着经济全球化进程的深度推进，相关国家政府已难以掌握跨国公司的整体经营信息并对其进行有效管理，这给跨国公司利用不同国家法律规避国家管制留下了监管隐患。基于这一客观现实，有研究提出应采用国际法规则对跨国公司商业活动进行规制，赋予跨国公司一定的国际人格，承认其经营活动范围内必要的国际权利和义务，使其受国际法约束并承担国际责任。但是这一主张遭到发

---

[1]《国际公法学》编写组：《国际公法学》（第三版），高等教育出版社2022年版，第125页；白桂梅：《国际法》（第三版），北京大学出版社2021年版，第162—163页。

展中国家的反对，担心赋予跨国公司一定的国际法地位，可能导致完全脱离相关国内法的约束。目前来看，对跨国公司进行国际规制的必要性已达成共识，但对于由此而提出的跨国公司在国际法上的主体地位问题，争议很大，现在停留在研究阶段。

重要名词术语

国际法上的主体、《威斯特伐利亚和约》、万民法、国家的构成要素、争取独立的民族

思考题

1. 为什么说具有国际人格的实体与那些根据国内法享有人格的实体不同？
2. 为什么说国家是国际法上的基本主体？
3. 为什么说国际组织和争取独立民族是有限的国际法主体？
4. 如何理解个人和非国家实体的国际法地位问题？

典型案例分析

国际法院 1949 年"关于为联合国服务而受损害的赔偿问题咨询意见"

1948 年 9 月 17 日，联合国官员贝纳多特伯爵（瑞典籍）在耶路撒冷执行职务时遭遇杀害，并由于警察采取措施迟缓，罪犯未受到追捕和查明。当时耶路撒冷处于以色列军队事实控制下。[1]

1948 年 12 月 3 日，联合国大会通过以下决议：联合国人员[2]最近在执行职务过程中发生的悲剧事件，迫使联合国亟待解决相关问题，以确保其人员在未来职务履行过程中得到最充分的保护，并确保对其人员所受损害取得赔偿。鉴于此，联合国大会决定将下列法律问题提交国际法院，请求其发表咨询意见：

问题 1：联合国人员在执行职务时受到损害，如果涉及国家责任，联合国作为一个组织，是否有能力向负有责任的"法律上或事实上的政府"提出国际求偿请求，就（a）联合国和（b）受害人或受害人亲属所受的损害取得损害赔偿？

问题 2：如果对问题 1（b）项的答复是肯定的，联合国的保护性权利如何与受害人本国国家的权利相协调？

---

[1] 王铁崖主编：《国际法》，法律出版社 1995 年版，第 75 页；贾兵兵：《国际公法：和平时期的解释与适用》，清华大学出版社 2015 年版，第 149 页。

[2] 在联合国决议中，使用"联合国代理人"（agent of the United Nations）这一术语。对此，国际法院认为，对"代理人"一词，应作最为宽泛的理解，也就是说，任何人是指，无论是否带薪官员，也无论是否长期受雇，被联合国的一个机关委托执行或帮助执行其一项职能，简而言之，就是联合国通过其行事的任何人。See International Court of Justice, *Reparation for Injuries Suffered in the Service of the United Nations*, Advisory Opinion of April 11th,1949, p.177. 本章案例分析使用"联合国人员"具体指代"联合国代理人"，以切合基本案情。

关于问题 1：法院从三个方面进行分析

（一）关于"提出国际求偿的能力"的含义

法院首要考虑了"提出国际求偿的能力"（capacity to bring an international claim）这一问题。为此，法院界定了"提出国际求偿的能力"的含义，认为，"提出国际求偿的能力"是指采用国际法承认的方法确立、提出和解决求偿的能力。当联合国作为一个国际组织，向它的成员国提出求偿时，应以与国家相同的方式提出，并由相同的程序予以规范。《联合国宪章》未作直接规定，法院考察了《联合国宪章》赋予联合国的特性，认为联合国要实现《联合国宪章》中对其宗旨和原则的规定，拥有国际人格的属性是必不可少的。

（二）联合国的国际权利是否包括了前述提出国际求偿的权利？

像联合国这样的实体，其拥有的权利和义务必须取决于其设立文件规定或暗含的并在实践中发展起来的宗旨和职能予以确定。法院的结论是，成员国赋予了联合国在履行其职能需要时提出国际求偿的能力。

对于国际求偿，国际法院考虑了两种情形。

问题 1（a）是指联合国人员在执行职务时受到损害，如果涉及国家责任，联合国作为一个组织，是否有能力向负有责任的"法律上或事实上的政府"提出国际求偿请求，就联合国所受的损害取得赔偿？联合国有能力对因违反国际义务而对其造成损害的成员国提出国际求偿。这种损害，仅指对联合国本身的利益、其行政机构、其财产和资产以及其作为监护人的利益造成的损害。显然，联合国有能力就这一损害提出求偿。由于联合国提出求偿是以负有责任的成员国违反国际义务为依据的，该成员国不能主张这一义务受国内法管辖，联合国有理由将其求偿赋予国际求偿的性质。当联合国因某一成员国违反其国际义务而遭受损害时，除非它有能力提出国际求偿，否则它无法获得赔偿。

问题 1（b）是指联合国人员在执行职务时受到损害，如果涉及国家责任，联合国作为一个组织，是否有能力向负有责任的"法律上或事实上的政府"提出国际求偿请求，就受害人或受害人亲属所受的损害提出损害赔偿？

国际法院认为，根据国际法，联合国必须被视为拥有《联合国宪章》虽未明文规定但通过必要的暗示赋予其履行职能所必需的权力。其一，考虑到其宗旨和职能，联合国可能认为有必要，而且事实上也认为有必要委托其工作人员在世界动乱地区执行重要任务。从本质上讲，许多任务都使这些工作人员处于普通人不会遇到的异常危险之中。由于这一原因，其工作人员在这种情况下受到损害时，其国籍国没有理由以外交保护为由提出求偿要求，或者无论如何他们不愿意这样做。为了确保有效和独立执行这些任务，并为其工作人员提供有效支持，联合国必须向他们提供充分的保护。

其二，为此目的，联合国各成员国已作出某些承诺，其中一些承诺载于《联合国宪章》，另一些承诺则载于补充协定中。法院必须强调的是，成员国根据《联合国宪章》第 2 条第 5 款向联合国提供"一切协助"的义务的重要性。而且还必须指出，联合国的有效工作——完成其任务以及其人员工作的独立性和有效性——要求严格遵守这些承诺。为此目的，联合国有必要在侵权行为发生时，要求责任国对其违约行为进行补救，特别是要求该国对违约行为可能对其人员造成的损害给予赔偿。

其三，为了使人员能够令人满意地执行其职务，他必须感到联合国对他的保护是有保证的，他可以指望这种保护。为了确保其人员的独立性，从而确保联合国本身的独立行动，联合国人员在执行职务时不必依赖联合国以外的任何其他保护（当然，除了他可能所在的国家应给予的更直接和立即的保护）。特别是，他不应该依赖其本国的保护。如果他不得不依赖该国，他的独立性很可能会受到损害，这将违反《联合国宪章》第100条所适用的原则。

其四，至关重要的是，联合国人员无论是来自强国还是弱国；受国际生活复杂情况影响或大或小；对于联合国人员的任务表示同情或不同情，他都应该知道，在执行职务时，他受到联合国的保护。

国际法院在审查委托给联合国的职能的性质及其人员任务的性质后，得出的结论是，联合国对其人员行使某种程度的职能保护的能力是出于《联合国宪章》的必要意图。

各国为使联合国人员能够执行职务而承担的义务不是为了人员自身的利益，而是为了联合国的利益。当联合国要求对违反这些义务的行为进行赔偿时，联合国是在行使自己的权利。在依据其人员所受损害提出赔偿要求时，联合国并不代表该受害人，而是在主张自己的权利，即确保对联合国作出的承诺得到尊重的权利。

考虑到上述因素，并考虑到联合国要求其成员国为该组织的良好工作而作出承诺义务这一不可否认的权利，国际法院认为，在违反这些义务的情况下，联合国有能力要求给予充分赔偿，在评估这种赔偿时，有权将受害人或受害人亲属所遭受的损害包括在内。

（三）非成员国的情形

如果被告国不是联合国成员国，联合国作为一个组织，是否有能力向负有责任的"法律上或事实上的政府"提出国际求偿请求，就联合国和受害人或受害人亲属所受的损害取得赔偿？

关于这个问题，国际法院认为，代表国际社会绝大多数成员的联合国成员国，有权根据国际法建立一个具有客观国际人格的实体，而不仅仅是由他们自己认可的人格以及提出国际求偿的能力。这种人格是客观的，因为它既可以针对非成员国，也可以针对成员国。客观人格并不取决于相关成员国的事先认可，而是来自组织本身的性质和职能。

因此，国际法院得出的结论是，无论被告国是否为联合国成员国，都应给予肯定答复。

关于问题2：联合国的行动如何与受害人本国的国家权利相协调？

首先，国际法院认为，当受害人拥有国籍时，显然在某些情况下，他所受到的损害可能涉及他的本国国家和联合国的利益。在这种情况下，国家的外交保护权和联合国的职能保护权之间可能会出现竞合。

对此，国际法院认为，涉案各方应在善意和常识（goodwill and common sense）的启发下找到解决办法，在联合国与其成员国之间，成员国有义务按照《联合国宪章》第2条第5款规定提供"一切协助"。尽管这两个求偿的基础不同，但这并不意味着被告国可以被迫就损害支付两次赔偿。国际法院认为，联合国与国家之间的权利竞合风险可以通过一项一般性公约或在每个具体案件中达成的协议来化解。

其次，协调联合国与一个民族国家的权利问题，可能出现的另一种情形是，当联合国人员具有被告国的国籍时如何协调。国际法院指出，事实上，联合国的行动不是基于受害人的国籍，而是基于他作为联合国人员的身份。因此，求偿所针对的国家是否将他视为本国国民并不重要，因为国籍问题与求偿的可受理性无关。因此，在法律上，联合国人员拥有被告国国籍这一事实似乎并不妨碍联合国就该人员执行任务时违反对其承担的义务提出求偿。

最后，1949年4月11日，国际法院发表咨询意见。

关于问题1（a），国际法院一致认为：

（1）联合国人员在执行职务时受到损害，如果涉及成员国责任，联合国作为一个国际组织，有能力向负有责任的"法律上或事实上的政府"提出国际求偿请求，就联合国所受的损害取得赔偿。

（2）联合国人员在执行职务时受到损害，如果涉及非成员国责任，联合国作为一个国际组织，有能力向负有责任的"法律上或事实上的政府"提出国际求偿请求，就联合国所受的损害取得赔偿。

关于问题1（b）：（1），法院以11票对4票得出结论：联合国人员在执行职务时受到损害，如果涉及成员国责任，联合国作为一个国际组织，有能力向负有责任的"法律上或事实上的政府"提出国际求偿请求，就受害人或受害人亲属所受的损害取得赔偿。

（2）法院以11票对4票得出结论：联合国人员在执行职务时受到损害，如果涉及非成员国责任，联合国作为一个国际组织，有能力向负有责任的"法律上或事实上的政府"提出国际求偿请求，就受害人或受害人亲属所受的损害取得赔偿。

关于问题2，国际法院以10票对5票作出结论：

当联合国作为一个国际组织就其人员受到的损害提出赔偿要求时，它只能以违反对自己的义务为依据提出求偿。遵守这一规则通常会防止联合国的行动与其人员的本国国家可能拥有的权利之间发生冲突，从而使他们的主张得到协调。此外，这种协调的安排必须依据适用于每一具体案件的考量因素以及联合国与特定国家之间达成的协议，无论是一般性的协定还是针对特定案件的协议。

该案例典型意义是：首先，国际法院在"联合国求偿案"咨询意见中承认，联合国具有国际法律人格，是说它是一个国际法主体，能够享有国际法上的权利和承担国际法上的义务，并有能力通过提起国际求偿请求来维护它的权利。但并不是说联合国与国家具有相同的法律人格和权利义务，更不是说它是一个"超国家"实体。

其次，虽然国际法院发表这一咨询意见是针对联合国作出的，但它在法理上也适用于其他国际组织，如国际劳工组织等，对国际组织的国际法主体地位的广泛接受起到决定性影响。

第七章 国际法上的国家

【内容提示】

国家是国际法的基本主体,国际法的各种原则、规则和制度都是围绕国家展开的,本章重点介绍了与国家相关的几个基本国际法问题。从国际法的角度看,国家是具有特定要素的政治实体,它的最主要分类是单一制国家和联邦制国家。独立权、平等权、管辖权和自卫权是国家的基本权利,也是国际法的基本原则,掌握它们是理解和适用国际法的钥匙。正是国家之间的独立与平等决定了它们应当豁免于另一国家的管辖,然而,随着国家越来越多地直接参与国际经济活动,国家的绝对豁免原则逐步被相对豁免原则取代。国际法上的承认制度是关于新国家和新政府的"诞生"的法律制度,而国际法上的继承制度则与国家"生命中"中发生领土变更等特定法律事实的法律后果相关。

第一节 国家的概念和类型

一、国家的定义和特征

从国际法的角度看,国家是指居住在特定领土上的永久居民在一个主权政府下组成的政治实体。1933年《蒙得维的亚公约》[1]第1条规定:"国家作为国际法人格者应当具备以下要件:(1)永久的人口;(2)确定的领土;(3)政府;(4)与其他国家建立关系的能力。"这个条款很好地概括了国家的本质属性,得到了各国的普遍接受。

(一)永久的人口

永久的人口也经常被称为定居的居民。人口或者居民是单个自然人的集合,国家是由一定的人口或者居民组成的特殊社会形式;有了一定数量的永久居民,才能形成稳定的政治和经济结构,从而构成一个国家。至于人口的多少,国际法并没有任何要求。世界上既有中国、印度这样人口十数亿的国家,也有瑙鲁和图瓦卢这样只有万余人口的国

---

[1] 《蒙得维的亚公约》全称《蒙得维的亚国家权利义务公约》(Montevideo Convention on the Rights and Duties of States),是1933年12月26日美国和拉美国家于第七届美洲国家国际会议期间在乌拉圭首都蒙得维的亚签署的一项国际公约。

家。而且，虽然现代国家的诞生与民族国家观念密切相关，但是当今世界上很少有单一民族的国家，大部分国家都是多民族的，其人口在种族、肤色和宗教信仰上存在差异。

（二）确定的领土

国家必有其人民所居住之土地，这块土地被称为领土。领土是由边界与其他区域隔开的自然和地理区域，国家对其领土拥有主权，也就是说，国家有权在该领土内行使其专属权力，并禁止外国政府在其上行使其权力。[1]一个国家的领土要有确定性，居无定所的游牧民族或者流浪部落不能构成现代国家；然而，领土的确定性并不要求所有的边界已经明确划定，与其他国家存在部分领土争端并不影响国家的存在。同样地，领土面积的大小或者领土是否连续，也不影响国家的存在。

（三）政府

国家是一个稳定的政治共同体，它能够为特定区域提供排他性的法律秩序；而存在有效政府（包括中央集权的国家机关）是一个稳定的政治共同体的最好证明。[2]政府是国家区别于其他社会形式的根本特征，但是国家在建立之后又因为内战或者外国侵略等原因而短暂失去能够进行有效统治的本国政府，并不影响国家的存在。至于政府的性质和组织形式，对国家的形成和存在不具有重要意义。

（四）与其他国家建立关系的能力

在国际法领域，上述《蒙得维的亚公约》所述要件中的第四要件最为重要，也就是说，一国必须具备公认的与其他国家发展对外关系的能力。[3]所谓与他国交往的能力可以理解为主权与独立的意思。[4]主权是一个国家独立自主的处理对内对外事务的最高权力，是国家的根本属性。在一个地域之内，尽管有政府组织和定居的居民，如果没有主权，也只能是一个国家的地方行政单位或殖民地，而不能是一个国家。[5]

二、国家的类型

以国家的结构形式为标准，国家可以分为单一制国家和联邦制国家；以行使主权的状况为标准，国家可以分为正常国家和主权受特殊限制的国家。

（一）单一国和复合国

按照国家的结构形式，国家可以分为单一国和复合国。

1. 单一国

单一制国家是指由若干行政区域构成的单一主权的国家，其特点是全国拥有单一的宪法和单一的立法、行政、司法系统，在对外关系中，单一制国家由中央政府代表国家统一行使外交权，各地方行政单位不是国际法主体。

中国是单一制国家。虽然，香港、澳门两个中国特别行政区根据"一国两制"的制

---

[1] Alexander Orakhelashvili, *Akehurst's Modern Introduction to International Law*, 9th edn., Routledge, 2022, p. 78.
[2] James Crawford, *Brownlie's Principles of Public International Law*, 9th edn., Oxford University Press, 2019, p.119.
[3] I. A. Shearer, *Stark's International Law*, Butterworths, 11th edn., 1994, p. 86.
[4] 邵津主编：《国际法》，北京大学出版社、高等教育出版社 2014 年版，第 32 页。
[5] 王铁崖主编：《国际法》，法律出版社 1981 年版，第 87 页。

度安排，在经济、金融、文化、体育和旅游等领域同世界其他国家、地区或有关组织进行交往，签订和履行有关协定；但是，它们都不具备国际法主体资格，不影响中国作为单一制国家的国家形式。

2. 复合国

复合国又称联合国家，是指两个或者两个以上国家的联合体。复合国主要有联邦和邦联两种形式。

（1）联邦。联邦是由两个或者两个以上成员国组成的统一国家。联邦拥有统一的宪法和统一的中央政府，联邦对成员国及其人民直接行使权力，这种权力得到联邦宪法的保障，不受成员国的干扰。联邦宪法通常会对联邦与成员国之间的权力划分作出详细的规定。成员国根据宪法享有决定内部事务的权利，这种自治权往往高于单一制国家的地方区域单位。在国际关系上，联邦政府垄断了对外宣战、媾和、缔结重要条约和派遣、接受外交使节的权力，在这个方面所拥有的权力往往并不弱于单一制国家的中央政府。而且，与单一制国家一样，联邦国家的人民也拥有共同的国籍。

联邦制是当前世界上一种重要的国家形式，很多我们耳熟能详的国家都是联邦制国家，例如，亚洲的印度、巴基斯坦，欧洲的德国、瑞士、奥地利，北美洲的加拿大、美国、墨西哥，南美洲的巴西、阿根廷，非洲的尼日利亚和大洋洲的澳大利亚，都是联邦制国家。

（2）邦联。邦联是两个或两个以上主权国家根据条约组成的国家联合体。在对外关系上，邦联不具有独立的国际法主体资格，各成员国仍然是独立的主权国家，分别保持自身的国际法主体资格。各成员国的人民拥有所在成员国的国籍，而不存在统一的共同国籍。虽然根据邦联条约，通常会建立邦联的共同机构负责处理条约所规定具体事务，但是这些共同机构并非中央政府，而是更加类似于一种特殊的国际组织。

邦联并不是一种稳定的组织形态，它们要么在短时间内就演变成一个真正的国家，要么迅速走向分裂，而那些长期存在的邦联，更多的时候会被认为属于区域性国际组织。例如，1778年至1787年的美利坚合众国、1815年至1848年的瑞士，1818年至1886年的德意志，都被认为属于邦联，它们后来发展为统一的国家；又如，1958年至1961年存在的阿拉伯合众国分裂为埃及、叙利亚和也门，1982年至1989年存在的塞内冈比亚分类为塞内加尔和冈比亚，1992年至2003年存在的南斯拉夫联盟共和国分裂为塞尔维亚和黑山；至于英联邦、法兰西共同体和独立国家联合体，虽然有人认为它们属于邦联，但是更多意见是把它们看作某种形式的国际组织。

（二）主权受到特殊限制的国家

大部分国家在对外关系中只受一般国际法的约束，可以行使全部主权；少数国家的主权还受到特殊的限制，因而不能行使全部主权。从主权受限是否自愿的角度，可以分为主权受到来自其他国家的外部限制的附属国，以及主权受到自愿的限制的永久中立国。

1. 附属国

附属国是指主权和独立受到限制，在对外关系上依附于其他国家的国家。附属国又分为附庸国和被保护国。

（1）附庸国。附庸国是指在对内事务上仍然享有一定自治权，而其对外事务完全或主要由另一国家来管理的国家。管理附庸国对外关系的国家称为宗主国，宗主国对附庸国的权力称为宗主权，宗主国与附庸国之间的关系基本上是按照宗主国的国内法形成的。

（2）被保护国。被保护国是指通过条约将其重要的对外事务交由一个强国处理而处于该强国保护之下的国家。保护关系的内容依各个保护条约的规定不同而不同。一般而言，被保护国保留国内问题的决定权，重要的对外事务则交由保护国处理。但是，被保护国并不是保护国领土的一部分，它仍然是国际法主体。

2. 永久中立国

永久中立国是指在对外关系中承担永久中立义务的国家。永久中立是相对于战时中立而言的，永久中立国通常具备两个条件：一是自愿永久承担中立义务；二是其中立地位通常是由强国通过条约保证的。中立义务主要包括：（1）放弃使用战争作为实现国家利益的手段，不得对他国开战或者参加其他国家之间的战争；（2）不得缔结与中立地位相抵触的条约，如军事同盟条约、共同防御协定，也不得参加任何军事同盟；（3）不得采取任何可能使其卷入战争的行动，例如，不得允许外国军队过境或者在其境内建立军事基地，也不得参加对其他国家的军事或者经济封锁。

永久中立国为了承担永久中立的义务，在与战争有关的权利上受到了特别限制，但是，这并不影响该国建立常备军，开展国防建设的权利，也不影响其对外国侵略进行自卫的权利。其他国家，尤其是保证国也应承担一定的义务：（1）对永久中立国的尊重义务，即尊重永久中立国的主权独立、领土完整和中立地位，不对其使用武力或以武力相威胁；（2）对永久中立国的保障义务，即在永久中立国的主权独立、领土完整和中立地位受到侵犯或有遭受侵犯的危险时，应使用一切可能的手段，保障永久中立国的中立地位。

当前世界上的永久中立国有瑞士、奥地利和土库曼斯坦。

3. 罗马教廷和梵蒂冈城市国家

罗马教廷和梵蒂冈是一个特殊的主权实体。罗马教廷是以罗马教皇为首的天主教最高机构，梵蒂冈城市国家是为了确保罗马教廷正常运行而成立的一个微型国家，位于意大利首都罗马西北角的高地上，面积仅0.44平方公里，教皇既是罗马教廷的教宗，也是梵蒂冈城市国家的元首。李浩培先生认为，梵蒂冈城市国家与罗马教廷虽然具有不可分离的关系，然而二者是两个不同的国际法主体：在对外关系中，梵蒂冈缔结的主要是技术性国际条约，如1964年《万国邮政联盟条约》和1973年《国际电信公约》；教廷缔结的主要是教廷条约及人道主义的和范围广大的国际公约，如1949年日内瓦四公约和1967年《外空条约》。[1]

---

[1] 参见李浩培：《国际法的概念和渊源》，贵州人民出版社1994年版，第18—19页。

第二节　国家的基本权利和义务

国家的基本权利与义务，是指国家固有的对于国家的存在和发展具有根本重要性的权利与义务。国家失去基本权利就不成其为国家，国家不履行基本义务就会给国际社会造成严重危害。白桂梅教授认为："国家的基本权利与义务是那些国家固有的权利和义务。它们不是国际法赋予的，而是国家固有的，即国家作为国家'生来'就有的。"[1]《奥本海国际法》（第九版）指出，"传统国际法一般认为，国际社会的成员资格必然赋予国家所谓的基本权利，这在主权国家组成的国际社会中是不言而喻的"。[2]

美洲国家在世界各国中最早关注到了国家的基本权利和义务。1933年12月，美洲国家组织通过《蒙得维的亚国家权利义务公约》；1948年4月通过了《美洲国家组织宪章》（又称《波哥大宪章》），其第3章专门规定了"国家的基本权利和义务"。1949年12月6日，联合国大会通过《国家权利义务宣言草案》，其中列举了国家的14项基本权利和义务。1970年10月24日，联合国大会通过了《关于各国依联合国宪章建立友好关系之国际法原则宣言》（以下简称《国际法原则宣言》），列举了7项国际法基本原则。进入20世纪70年代后，联合国大会陆续通过了《建立新的国际经济新秩序宣言》《行动纲领》《各国经济权利和义务宪章》等文件，从发展中国家的角度重申了国家在经济领域的若干基本权利和义务。综合上述重要文件，国家的基本权利至少应当包括以下四项：独立权、平等权、管辖权和自卫权。

一、独立权

独立权是指国家按照其自身意志处理本国各种内政和外交事务，不受他国干涉的权利。独立自主和不受干涉构成了独立权的正反两个侧面。从肯定意义上讲，国家依据独立权可以自主决定其政治、经济和社会制度，决定内政和外交方针政策。1949年《国家权利义务宣言草案》第1条规定："各国有独立权，因而有权行使其一切合法权利，包括政体之选择、不接受其他任何国家指命令。"从否定意义上讲，任何国家均不得干涉其他国家的内政。1970年《国际法原则宣言》第3项原则即"依照宪章不干涉任何国家国内管辖事件之义务之原则"。

独立权在诞生之初主要强调政治独立，20世纪六七十年代新独立的大批亚非拉发展中国家非常重视经济独立。1974年《各国经济权利义务宪章》第1条规定："每个国家有依照其人民意志选择经济制度以及政治、社会和文化制度的不可剥夺的主权权利，不容任何形式的外来干涉、强迫或威胁"；第2条第1款规定："每个国家对其全部财富、自然资源和经济活动享有充分的永久主权、包括拥有权、使用权和处置权在内，并得自由行使此项主权。"

---

[1] 白桂梅：《国际法》，北京大学出版社2015年版，第137页。
[2] Robert Jennings & Arthur Watts ed., *Oppenheim's International Law*, 9th edn., London, vol. I, p. 331.

二、平等权

平等权是指各个国家在国际关系中享有平等的法律地位的权利。法律地位平等是国家主权独立的必然结果。因为每个国家都享有独立的主权，任何国家都不依附于其他国家，所以它们之间的法律地位只能是平等的。国家主权平等是国际社会的基础，主权平等原则是国际法的基本原则。1949年《国家权利义务宣言草案》第5条规定，"各国有与他国在法律上平等之权利"；1970年《国际法原则宣言》第6条宣告了"国际主权平等之原则"。国家的平等权首先体现为形式和程序上的平等：（1）在国际会议和国际组织中享有平等的代表权和投票权；（2）在缔结条约或者签署其他国际文件时有平等地使用本国语言文字的权利；（3）国家尊严应受到尊重，在外交礼仪上享有平等的尊荣；（4）国家在外国享受司法豁免。[1]

国家平等更重要的是实质上的平等。王铁崖先生指出，"国家平等决不应该只是形式上的平等，而必须是实质上的平等。以形式上的平等来掩盖实质上的不平等，并不是国家平等的真正意义"。[2]根据1970年《国际法原则宣言》，主权平等尤其包括下列要素：（1）各国法律地位平等；（2）每一国均享有充分主权之固有权利；（3）每一国均有义务尊重其他国家之人格；（4）国家之领土完整及政治独立不得侵犯；（5）每一国均有权利自由选择并发展其政治、社会、经济及文化制度；（6）每一国均有责任充分并一秉诚意履行其国际义务，并与其他国家和平相处。

三、管辖权

管辖权是国家管理和支配本国领土和人民的权利。管辖本国领土和人民，是国家主权的重要体现：一国享有的对本国领土内一切人和物行使最高权威的权利是属地权威（又叫作属地优越权）；一国享有的对国内外本国人民行使最高权威的权利是属人权威（又叫作属人优越权）。根据属地优越权，国家对领土内一切人和物具有管辖权；根据属人优越权，国家不仅对国内的而且对国外的本国人拥有管辖权。[3]一国行使管辖权，首先体现在国内法层面上。在国内，国家行使管辖权通常采用制定、执行和适用国内法的方式。[4]因此，国内法对管辖权最重要的分类是立法管辖权、执行管辖权和司法管辖权。

这种分类虽然在国际法上也有着重要意义，但是从国际法的角度来看，更重要的是确定国家行使管辖权的范围，从而避免各种管辖方面的积极和消极冲突。白桂梅教授指出，国际法的各种原则、规则和制度几乎都与国家的管辖权有着不同程度的联系，这是

---

[1] 参见周鲠生：《国际法》（上册），武汉大学出版社2009年版，第179—180页；《国际公法学》编写组：《国际公法学》，高等教育出版社2022年版，第131—132页。

[2] 王铁崖主编：《国际法》，法律出版社1981年版，第93页。

[3] See Robert Jennings & Arthur Watts ed., *Oppenheim's International Law*, 9th ed., Longman, vol. I, p. 382; 周鲠生：《国际法》（上册），武汉大学出版社2009年版，第186页。

[4] 《国际公法学》编写组：《国际公法学》，高等教育出版社2022年版，第133页。

因为国际法不仅维护国家的管辖权，还要限制国家行使管辖权的范围。[1] 因此，国际法需要确定国家与管辖对象之间的联系因素，从而将各种人、物和事件"分配"给不同的国家来管辖。所以在国际法上最重要的分类是按照管辖依据将国家管辖权分为属地管辖权、属人管辖权、保护管辖权和普遍管辖权。

（一）属地管辖权

属地管辖权，也称为属地优越权、领域管辖权或领土管辖权，是指国家对其领土内的人和物（包括领土本身），除依照国际法应当豁免者外，都有管理或支配的权力。1949年《国家权利义务宣言草案》第2条规定："各国对其领土以及境内之一切人与物，除国际法公认豁免者外，有行使管辖之权。"属地管辖权是领土主权乃至整个国家主权的重要内容，是国家主权的对内最高权的具体体现。根据"领土内的一切都属于领土"的古老的法律格言，一国领土之内所有个人和所有财产都处于其统治和支配之下，而且外国个人和财产一旦越过一国边界，也将处于该国领土权威之下。[2]

国家的属地管辖权是专属的、排他的。国际常设法院1927年在"荷花号案"的判决中指出，"国际法对一国所施加的首先也是最重要的限制是，除非存在相反的规则，它不得以任何方式在另一国家的领土上行使其权力。在这个意义上，管辖权当然是属地的；除非依据来自习惯国际法或一项公约的许可性规则，一个国家不得在其领土外行使管辖权"，[3] 当一国的属地管辖权与其他国家的管辖权相冲突时，属地管辖权应居优先地位。任何外国的管辖权都要受属地管辖权的限制。

美国法律中的长臂管辖经常侵犯其他国家的属地管辖权。美国1976年《外国主权豁免法》允许美国法院对外国国家行使对人管辖权，前提是原告已经依据《外国主权豁免法》对外国国家合法有效送达且不存在管辖豁免例外。在"9·11"事件后，美国借着反恐的名义新设对外国人洗钱的长臂管辖，只要依据美国《联邦民事程序规则》或外国人被发现之处能向外国人送达，美国联邦地区法院就有权管辖美国政府提起的有关洗钱的民事诉讼或者强制执行行政处罚决定。美国长臂管辖权已越出狭义的民事诉讼范畴，更加进入行政处罚和刑事处罚的领域。[4]

（二）属人管辖权

属人管辖权，又称属人优越权或国籍管辖权，是指国家享有的对其本国国民进行管辖的权利，不论其居住在国内还是国外。属人管辖的根据是国籍：当一国国民在自己国家领土上时，属地管辖与属人管辖是重叠的；当一国国民定居国外或临时去国外旅行时，其国籍国仍然可以依据属人或国籍对其实行管辖。因此，属人管辖权发挥作用的对象主要是本国海外侨民。由于海外侨民同时处于东道国的属地权威之下，所以国籍国只在有限的情况下对本国海外侨民行使管辖权，例如，涉及刑事、税收等事项，而对于海外侨民发生的民事或者商事活动，国籍国很少会主动行使管辖权。

---

[1] 白桂梅：《国际法》，北京大学出版社2015年版，第137页。
[2] Robert Jennings & Arthur Watts ed., *Oppenheim's International Law*, 9th ed., Longman vol. I, p. 384.
[3] The *Lotus* case, PCIJ, Series A, No. 10, p. 18–19.
[4] 李庆明：《美国的外国主权豁免理论与实践》，人民日报出版社2021年版，第80—81页。

在刑事管辖中，属人管辖权通常又分为主动的属人管辖权和被动的属人管辖权。主动的属人管辖权是指国籍国对本国海外侨民实施的犯罪活动行使管辖权的情况；被动的属人管辖权是指国籍国对本国海外侨民是受害者的犯罪活动行使管辖权的情况。例如，2010年《制止与国际民用航空有关的非法行为的公约》（又称《北京公约》）第8条第1款规定，"各当事国应当采取必要措施，以就下列情况而对第一条所列的罪行，确立其管辖权：……（五）罪行是由该国国民实施的"，就是关于主动的属人管辖权的规定；该条第2款规定，"各当事国也可就下列情况而对任何此种罪行确立其管辖权：（一）罪行是针对该国国民实施的……"，则是关于被动的属人管辖权的规定。

（三）保护管辖权

保护性管辖权是指国家为了保护其本身的安全或重大利益，对外国人在该国领域之外的侵害行为实行管辖权。保护性管辖权可以保护国家免遭在国外实施的危害其主权或政治独立权利的行为的侵害。因为此类行为（如叛国罪）在其发生的国家可能不会受到惩罚，所以只能由受害国行使保护性管辖权。一国行使保护性管辖权显然会受到侵害行为发生地国的属地管辖权的限制。未经侵害发生地国的同意，受害国不得进入该国逮捕该外国人，也就无从行使保护管辖权。然而，如果该外国人在实施侵害后进入了受害国领域内，因而从属于受害国属地权威的支配，那么受害国就有机会对其加以惩处。我国《刑法》第8条规定，"外国人在中华人民共和国领域外对中华人民共和国国家或者公民犯罪……可以适用本法"，被认为是关于保护管辖权的规定。商务部2020年颁布的《不可靠实体清单规定》中也确立了保护管辖权。根据该规定第2条的规定，"国家建立不可靠实体清单制度，对外国实体在国际经贸及相关活动中的下列行为采取相应措施：（一）危害中国国家主权、安全、发展利益；（二）违反正常的市场交易原则，中断与中国企业、其他组织或者个人的正常交易，或者对中国企业、其他组织或者个人采取歧视性措施，严重损害中国企业、其他组织或者个人合法权益……"。

（四）普遍管辖权

普遍管辖权适用于国际社会整体所严重关切的具有国际性的某些犯罪，意味着任何能够以符合国际法的方式逮捕罪犯的国家，都可以对其行使管辖权。普遍管辖的根据不是属地、属人或国家直接受到严重危害，而是国际法上的严重罪行具有危及世界和平与安全、危害全人类的共同利益的性质，需要世界各国共同行动，使各种国际罪行受到应有的惩罚，以维护国际社会的公共秩序或公共利益。这些国际罪行的严重性质授予了所有国家实施管辖的权利。

1976年一读通过的《国家责任条款草案》曾经包括了一个国际罪行的描述性定义："一国所违背的国际义务对国际社会的根本利益至关重要，以至于整个国际社会公认违背该项义务是一种罪行时，其因而产生的国际不法行为构成国际罪行。"程晓霞教授认为，国际罪行可以理解为发生在国际环境下并具有跨国或者跨境影响，或破坏国际法律价值观或利益，引起国际关切、因而需要受到国际管制的犯罪行为。第一类包括海盗行为、贩毒、贩卖奴隶或人口、核恐怖主义罪行、腐败和其他形式的国际有组织罪行，第二类包括种族灭绝罪、危害人类罪、战争罪、侵略罪、酷刑、强迫失踪和种族隔离。[1]

我国《刑法》和我国参加的国际条约中均存在普遍管辖权条款。我国《刑法》第9条规定："对于中华人民共和国缔结或者参加的国际条约所规定的罪行，中华人民共和国在所承担条约义务的范围内行使刑事管辖权的，适用本法。"2010年《北京公约》第8条第3款规定，"如果被指控的罪犯在某一当事国领土内，而该当事国不依据第十二条将其引渡给依照本条适用的条款对第一条所列的罪行已确立管辖权的任何当事国，该当事国也应当采取必要措施，确立其对第一条所列罪行的管辖权"。

四、自卫权

自卫权是指国家在受到外来武装攻击或者侵略的时候，进行单独或者集体自卫的权利。1949年《国家权利义务宣言草案》第12条规定，"各国受武力攻击时，有行使单独或集体自卫之权利"。自卫权的行使涉及武力手段的使用，因此，国际法规定了行使自卫权的严格条件。第二次世界大战以后，联合国作为对国际和平与安全负有主要责任的全球集体安全组织，重塑了行使自卫权的条件。根据《联合国宪章》第51条和习惯国际法，合法行使自卫权应当具备以下条件：（1）行使自卫权的前提条件是"受到武力攻击"；（2）会员国采取的单独或者集体自卫行动应"在安全理事会采取必要办法，以维持国际和平及安全以前"；（3）会员国行使自卫权应当立即向安全理事会报告，并且在任何方面不得影响安理会履行维持国际和平与安全的职责；（4）行使自卫权应遵守必要性原则和相称性原则。在1837年"加罗林号"事件中，美国国务卿丹尼尔·韦伯斯特很好地诠释了这两个原则：自卫的必要性是指"刻不容缓的、压倒一切的、别无选择的、没有时间深思熟虑的"；相称性是指自卫行为不应包含"任何不合理或过分的事情，这是因为以自卫的必要性为正当理由的行为，必须为该必要性所限制并且始终明显地限于该必要的范围之内"。[2]

第三节　国家豁免

一、国家豁免的概念和根据

国家豁免是指国家及其财产不受外国法院管辖和强制执行的特权。具体而言，国家豁免包括："（一）未经一国放弃司法管辖权豁免，另一国法院不得受理和审判以该国家为被告的诉讼；（二）即使一国已放弃了司法管辖豁免，如未经该国放弃执行豁免，另

---

[1] 程晓霞、余民才主编：《国际法》，中国人民大学出版社2021年版，第50页。
[2] Robert Jennings & Arthur Watts ed., *Oppenheim's International Law*, 9th ed., Longman vol. I, p. 420.

一国法院不得对该国国家财产采取执行措施。"[1]广义的国家豁免包括外交豁免,而狭义的国家豁免与外交豁免有着明显的区别。龚刃韧教授指出,国家豁免主要是指国家(特别是对外代表国家的中央政府)及其国家财产在外国法院的应享有的豁免;而外交豁免则通常限于使馆和外交代表在接受国内应享有的特权与豁免。[2]

有关国家豁免的国际法可能比关于管辖权的法律更重要,因为它界定了一国主权与其他国家的主权之间的界限。国家豁免是因国家的主权平等而产生,是国家管辖权的例外,因此又被称为国家管辖豁免。"平等者之间无统治权"这一古老的一般法律原则是国家管辖豁免的法律根据。[3]龚刃韧教授也认为主权平等原则作为国家豁免原则的理论根据是适当的,"这是因为主权平等理论正确反映了国际社会中国家的地位以及国家之间的基本关系,因此也为国家豁免原则的适用提供了客观依据"。[4]与此同时,国家独立和国家尊严也是国家豁免的基础。[5]

国家豁免是19世纪形成的一项习惯国际法原则,并被2004年联合国大会通过的《国家及其财产管辖豁免公约》(以下简称《国家豁免公约》)所编纂。由于外交豁免的国际法规则已经通过1961年《维也纳外交关系公约》的制定而形成了单独的规则体系,《国家豁免公约》使用的是狭义的国家豁免概念。截至2024年1月31日,《国家豁免公约》已有23个当事国,未能达到30个国家的生效条件;我国在2005年9月签署了该公约,但是尚未批准。2023年9月,我国颁布了《外国国家豁免法》,自2024年1月1日起施行,该法在很大程度上借鉴了《国家豁免公约》的有关条款,体现我国在外国国家豁免问题上的正式立场,是我国涉外立法的重要进展,是我国统筹推进国内法治和涉外法治的又一里程碑。

二、国家豁免的主体

国家是一个抽象的政治概念,在法律上体现为代表国家行事的机关或者个人。因此,要确定哪些主体能够享有国家管辖豁免,就需要分辨出谁能对外代表国家。根据《国家豁免公约》第2条第1款第b项的规定,能够代表国家的有:(1)国家及其政府的各种机关;(2)有权行使主权权力并以该身份行事的联邦国家的组成单位或国家政治区分单位;(3)国家机构、部门或其他实体,但须它们有权行使并且实际在行使国家的主权权力;(4)以国家代表身份行事的国家代表。1976年美国《外国主权豁免法》规定,"外国"包括外国国家的政治分支机构或外国国家的代理机构或媒介,而外国代理机构或媒介是指下列任何实体:(1)是独立的法人、公司或其他组织;(2)是外国国家或其政治分区的机关,或其大部分股份或其他所有者权益由外国或其政治分区拥有;(3)既不是美国一个州的公民,也不是根据任何第三国法律创建的。与美国相比,我国2023年9

---

[1] 段洁龙主编:《中国国际法实践与案例》,法律出版社2011年版,第1页。
[2] 龚刃韧:《国家豁免问题的比较研究》,北京大学出版社2005年版,第4页。
[3] 周忠海主编:《国际法》,中国政法大学出版社2017年版,第78页。
[4] 龚刃韧:《国家豁免问题的比较研究》,北京大学出版社2005年版,第26页。
[5] 王铁崖主编:《国际法》,法律出版社1995年版,第93页。

月颁布的《外国国家豁免法》中对外国国家定义更加接近《国家豁免公约》。该法第 2 条规定："本法所称的外国国家包括：（一）外国主权国家；（二）外国主权国家的国家机关或者组成部分；（三）外国主权国家授权行使主权权力且基于该项授权从事活动的组织或者个人。"

从各国实践来看，国有企业原则上不是国家豁免的主体。《国家豁免公约》第 10 条第 3 款规定，当国家企业或国家所设其他实体具有独立的法人资格，并有能力：（1）起诉或被诉；和（2）获得、拥有或占有和处置财产，包括国家授权其经营或管理的财产，其卷入与其从事的商业交易有关的诉讼时，该国享有的管辖豁免不应受影响。中国赞成通过达成国际协议来消除各国在国家豁免问题上的分歧。如果外国国家无视关于国家豁免的国际法原则，侵犯我国的国家及其财产豁免权，中国有权采取对等措施。[1]

三、国家豁免的原则

长期以来，在国家及其财产的管辖豁免问题上，一直存在着绝对豁免与有限豁免两种理论与实践的对立。绝对豁免是传统的原则，认为凡是国家行为和国家财产，除非国家自愿放弃豁免权，一律应当豁免外国法院的管辖。从 19 世纪后半叶开始，由于出现国家从事贸易、铁路、海运和邮政业等商业活动的现象，在欧洲大陆国家开始出现有限豁免的主张。在 20 世纪，国家直接从事商业活动的现象增多，越来越多的国家开始实行有限或相对豁免原则。从有关有限豁免的实践来看，一般是把外国国家的行为分为两类：统治权行为（act jureimpreii）和〔经营〕管理权行为(act juregestionio)。在英美法系国家的司法实践中，这两类行为的相应的用语是"主权行为"和"商业交易行为"；在大陆法系的相应用语是"公法行为"和"私法行为"。主权行为、统治权行为或公法行为，是指国家的政治、军事和外交等以国家的主权者的资格行事的行为，属于主权豁免的范围；经营管理权行为、商业交易行为或私法行为，是指国家直接参与经济、贸易等商业性活动的行为，不属于主权豁免的范围。

《国家豁免公约》和我国《外国国家豁免法》均采取了有限豁免原则。按照有限豁免原则，国家从事商业交易不应享有豁免。根据《国家豁免公约》第 2 条第 1 款第 c 项的规定，"商业交易"是指：（1）为销售货物或为提供服务而订立的任何商业合同或交易；（2）任何贷款或其他金融性质之交易的合同，包括涉及任何此类贷款或交易的任何担保义务或补偿义务；（3）商业、工业、贸易或专业性质的任何其他合同或交易，但不包括雇用人员的合同。根据我国《外国国家豁免法》第 7 条第 2 款，商业活动是指非行使主权权力的关于货物或者服务的交易、投资、借贷以及其他商业性质的行为。我国法院在认定一项行为是否属于商业活动时，应当综合考虑该行为的性质和目的。

四、国家豁免的例外

管辖豁免的例外是指根据有限豁免原则或者其他特殊原因，不能享有国家豁免的情

---

[1] 段洁龙主编：《中国国际法实践与案例》，法律出版社 2011 年版，第 2 页。

况。国家豁免的最主要例外就是我们曾经提到商业交易例外,其他还有一些各国普遍认可的例外情况。据李庆明教授的研究,美国《外国主权豁免法》规定了9种例外情况:(1)放弃豁免;(2)商业活动;(3)征收;(4)在美国某些种类的财产权;(5)非商业侵权;(6)执行仲裁协议和裁决;(7)船舶优先权;(8)恐怖主义例外;(9)反诉。[1]《国家豁免公约》将管辖豁免的例外分为两种情况:一是不得援引豁免的诉讼;二是国家豁免权的放弃。

（一）不得援引豁免的诉讼

根据《国家豁免公约》第三部分的规定,国家对以下8种情况的诉讼不得援引豁免:(1)商业交易。一国如与外国一自然人或法人进行一项商业交易,而根据国际私法适用的规则,有关该商业交易的争议应由另一国法院管辖,则该国不得在该商业交易引起的诉讼中援引管辖豁免。(2)雇用合同。除有关国家间另有协议外,一国在该国和个人间关于已全部或部分在另一国领土进行,或将进行的工作之雇用合同的诉讼中,不得向该另一国原应管辖的法院援引管辖豁免。(3)人身伤害和财产损害。(4)财产的所有、占有和使用。(5)知识产权和工业产权。(6)参加公司或其他集体机构。(7)国家拥有或经营的船舶,只要在诉讼事由产生时该船舶是用于政府非商业性用途以外的目的,即不得援引管辖豁免。(8)仲裁协定的效果,即一国与外国一自然人或法人订立了将有关商业交易的争议提交仲裁的书面协议的时候,关于仲裁协议的有效性、解释或适用、仲裁程序或者裁决的确认或撤销的诉讼。我国《外国国家豁免法》第7条至第12条分别规定了商业活动引起的诉讼、劳动或劳务合同引起的诉讼、人身或财产损失引起的赔偿诉讼、涉及特别财产事项的诉讼、涉及特别知识产权事项的诉讼以及仲裁裁定需要法院审查特别事项而引起的诉讼等。

（二）国家豁免的放弃

国家豁免的放弃是指一国以明示或默示方式自愿地同意接受外国法院的管辖,放弃援引国家豁免。放弃国家豁免是一种弃权行为,因此不仅需要是自愿的,还需要是明确和确定的。国家放弃外国管辖权豁免,可以通过明示或者默示的方式进行。《国家豁免公约》第7条第1款规定了明示放弃的方式。根据该条款的规定,"明示同意行使管辖"是指一国如以下列方式明示同意另一国对某一事项或案件行使管辖,则不得在该法院就该事项或案件提起的诉讼中援引管辖豁免:(1)国际协定;(2)书面合同;(3)在法院发表的声明或在特定诉讼中提出的书面函件。我国《外国国家豁免法》第4条规定:"外国国家通过下列方式之一明示就特定事项或者案件接受中华人民共和国的法院管辖的,对于就该事项或者案件提起的诉讼,该外国国家在中华人民共和国的法院不享有管辖豁免:(一)国际条约;(二)书面协议;(三)向处理案件的中华人民共和国的法院提交书面文件;(四)通过外交渠道等方式向中华人民共和国提交书面文件;(五)其他明示接受中华人民共和国的法院管辖的方式。"

默示放弃是指在外国法院主动实施了特定的诉讼行为,被推定已经放弃了国家豁免的情况。依据《国家豁免公约》第8条第1款和第9条的规定,一国实施了下列行为即

---

[1] 参见李庆明:《美国的外国主权豁免理论与实践》,人民日报出版社2021年版,第168页及其以下部分。

不得在另一国法院的诉讼中援引管辖豁免：（1）该国本身提起该诉讼；（2）国家参与诉讼，即国家介入诉讼或采取与案件实体问题有关的任何其他步骤；（3）反诉。中国《外国国家豁免法》第5条也规定了默示放弃。依据该条款，外国国家有下列情形之一的，视为就特定事项或者案件接受中国的法院管辖：（1）作为原告向中国的法院提起诉讼；（2）作为被告参加中国的法院受理的诉讼，并就案件实体问题答辩或者提出反诉；（3）作为第三人参加中国的法院受理的诉讼；（4）在中国的法院作为原告提起诉讼或者作为第三人提出诉讼请求时，由于与该起诉或者该诉讼请求相同的法律关系或者事实被提起反诉。

放弃管辖豁免并不意味着放弃执行豁免。一国同意外国法院行使管辖权并不等于默示地同意外国法院对该国财产采取执行措施。《国家豁免公约》第18条和第19条规定了明示放弃执行管辖权的方式，但是，该公约并无条款对默示放弃执行管辖作出规定，而且，其第20条进一步强调"按照第7条的规定同意行使管辖并不构成默示同意采取强制措施"。因此，与管辖豁免不同，《国家豁免公约》认为执行豁免必须以明示的方式作出。依据中国《外国国家豁免法》第13条的规定，外国国家的财产在中国的法院享有司法强制措施豁免，外国国家接受中国的法院管辖，不视为放弃司法强制措施豁免。

第四节　国际法上的承认

一、承认的概念和特征

（一）承认的概念

广义的承认是指国家对于在其对他国的关系中产生的任何事实和情势的一种接受。[1]然而，在涉及国家和政府的时候，承认具有特别重要的意义。无论是作为国际法的手段，还是作为国家赋予承认的政治行为，承认都非常重要。正是由于其重要的法律和政治后果，这种具有特殊意义的承认必须与仅仅是随意使用这个术语，表达对现有情势的承认和认知的情况区别开来。[2]国际法上的承认主要是既存国家或国际组织根据国际法以一定方式对新国家或新政府的产生和存在的事实的确认，并表明愿意与被承认者建立或保持外交关系的政治和法律行为。

（二）承认的特征

国际法上的承认具有如下特征：

（1）承认的对象是国际社会成员资格，主要是对新国家或者新政府的承认，在特殊情况下还包括对交战团体和叛乱团体的承认。

---

[1] 王铁崖主编：《国际法》，法律出版社1995年版，第56页。
[2] Robert Jennings & Arthur Watts ed., *Oppenheim's International Law*, 9th ed., Longman vol. I, p. 127.

（2）承认的行为是一种国际法上的单方法律行为。承认行为只需要承认者单方的意思表示就可以发生法律效果，而不需要与被承认者达成合意。承认既可以由一个国家单独作出，也可以由多个国家联合作出，即所谓集体承认。无论是单独承认还是集体承认，相对于被承认者来说，都是一种单方行为。

（3）承认应当能够为被承认者所了解。国际法没有对承认的方式作出规定。一国可以通过发表声明、照会、函电的方式或签订条约的方式，明确表示承认，即明示承认；也可以通过与被承认国正式建立外交关系、建立领事关系并发给领事证书、缔结双边政治性条约、投票赞成一个新国家加入国际组织等方式表示承认，即默示承认。但是，与新国家或新政府共同参加国际会议甚至国际组织、或作为多边条约的当事国、与新政府保持某些必要的非官方接触，都不构成默示承认。目前，各国一般都采取明示承认，很少采取默示承认。

（4）承认不得违反国际强行法规范。依据一般国际法，国家并没有对某一情势作出承认的义务，但是对违反国际强行法规范导致情势，却承担了不得予以承认的义务。1932年1月7日，美国国务卿史汀生照会中、日两国政府，声明美国将不承认武力强加的领土变更，即"史汀生主义"，又被称为不承认原则。不承认原则是法律格言"不法行为不产生权利"（ex injuria jus non oritur）的具体适用，此后的一系列国际文件和国际事件巩固了这一原则。1970年《国际法原则宣言》宣布，"使用威胁或武力取得之领土不得承认为合法"。1974年《关于侵略定义的决议》宣称，"因侵略行为而取得的任何领土或特殊利益，均不得亦不应承认为合法"。1965年和1976年联合国大会和安理会分别通过决议，呼吁联合国会员国不得承认南非白人种族主义者策划的罗得西亚及特兰斯凯的"独立"。2004年，国际法院对"隔离墙案"发表咨询意见，宣布"所有国家都有义务不承认修建隔离墙造成的非法局势，并且不提供援助或协助维持修建隔离墙造成的局势"。[1]在国际法院2019年审理结束的"查戈斯群岛"案中，许多国家在书面意见中坚持认为，"第三国有义务不承认联合王国继续管理查戈斯群岛造成的非法状况，也有义务不提供援助以维持这种状况"。[2]

（5）承认行为会产生国际法上的效果。现有国家承认新国家或新政府出现，将会产生一系列的法律后果。这种法律后果因承认属于法律上的承认还是事实上的承认而有所不同。法律上承认是一种正式的、永久的承认，一经作出即不得撤回；事实上的承认是一种非正式的承认，可能随着双方关系的变化而被撤回。法律上的承认主要有以下几个方面的效果：①两国关系正常化，双方可以建立外交和领事关系。②双方可以缔结政治、经济、文化等各方面的条约。③互相承认各自的立法、行政和司法管辖权。④互相承认对方的诉讼权利和国家行为及其财产的豁免权。而事实上的承认，除不产生两国建

---

[1] *Legal Consequences of the Construction of a Wull in the Occupied Palestinian Territory, Advisory Opinion, I. C. J. Reports 2004*, p. 202.

[2] *Legal Consequences of the Separation of the Chagos Archipelago from Mauritius in 1965, Advisory Opinion, I.C.J. Reports 2019*, p.138.

立外交关系和缔结政治性条约的效果外，其他方面与法律上的承认基本相同。此外，承认还具有溯及既往的效力，即对新国家或新政府的承认，其效力可以追溯到新国家或新政府成立之时，这在承认对方的立法、行政和司法管辖权方面具有实际意义。

对国家的承认和对政府的承认是有区别的。对国家的承认是指承认国认为被承认的实体满足国家地位要求，并表现出作为国际社会成员与新国家打交道的意愿。对政府的承认意味着该政府被视为在对外关系中代表国家。而且，对一个国家的承认可以在不承认某一特定政权是该国政府的情况下进行。[1]

二、国家承认

（一）国家承认的概念

国家承认是指对新国家的承认，即既存国家承认某一地区的人民已组成一个新国家，同时表示愿意与其正常交往的政治和法律行为。

新国家的出现，主要有以下几种情况：（1）独立，指殖民地人民根据自决原则，以武装的或和平的方式摆脱殖民统治而成为主权国家。例如，1922年埃及摆脱英国殖民统治宣布独立。（2）合并，指两个或两个以上的国家自愿合并为一个新国家。例如，1964年坦噶尼喀和桑给巴尔合并为坦桑尼亚共和国。（3）分离，指一个国家（母国）的一部分分离出去成立新国家，而母国仍然存在。例如，1971年东巴基斯坦从巴基斯坦分离出去成立孟加拉国。（4）分立或解体，一个国家分成两个或两个以上的新国家，而母国不复存在。例如，1991年苏联解体为15个新国家。

（二）国家承认的法律性质

关于国家承认的法律性质，国际法学界长期存在所谓"构成说"和"宣告说"两种不同主张。

构成说认为，新国家只有经过现有国家的承认才能具有国际社会的成员资格。一个新国家即使完全具备国家要素，在没有得到承认的情况下也不是国际法的主体，所以说承认行为是构成新国家的国际法主体资格的要件，具有构成或创造国际法主体的作用。据劳特派特，正统构成说可以追溯到黑格尔，他是19世纪实证主义学说和国家在国际领域的绝对主权学说的精神之父之一；黑格尔教导说，国家之间通过承认行为按照自己的意愿建立法律关系，在承认之前，国家之间不存在法律性质的关系。[2] 后来，劳特派特更是在其修订的《奥本海国际法》（第8版）中明确指出："只有经过承认，一个国家才成为国际人格者和一个国际法主体。"[3]

宣告说认为，一国只要满足了国际法所规定的国家资格的各项条件，就能作为国际

---

[1] Alexander Orakhelashvili, *Akehurst's Modern Introduction to International Law*, 9th ed., Routledge, 2022, p. 104.

[2] H. Lauterpacht, *Recognition in International Law*, Cambridge, 1947, p. 38.

[3] ［英］劳特派特修订：《奥本海国际法》（上卷·第一分册），王铁崖、陈体强译，商务印书馆1971年版，第102页。

法主体存在，即成为国际权利和义务的主体，承认只是宣告了国家存在的事实。[1]换句话说，只要国家在事实上存在，那么它就立即成为国际法的主体，与其他国家的意愿和行为无关，承认行为只是宣告了国家存在的事实，并不构成国家的法律人格。[2]

上述两种学说中，构成说在理论上和实践上的错误是显而易见的。因为新国家是先于和独立于外国的承认而早已实际上存在的，因此，认为承认行为具有创立新国家和构成新国际法主体资格的作用，从而断定未经承认的国家在法律上就不存在的观点，是十分荒谬的。[3]陈体强先生精辟地指出，"一个国际法实体的权利义务的渊源，是其在特定领土区域之内对特定的人类行使实际最高权力的事实……这个事实是国际法的基础"。[4]陈体强先生还认为，尽管中国没有明确表明赞成哪一种学说，但从社会主义的基本原则可以得出这样的结论：宣告说或者事实说是更好接受的。根据主权和民族自决原则，一个民族有权建立自己的国家。一旦这个国家建立起来，就成为国际人格者，并根据国际法享有权利和义务，不管它是否得到其他国家的承认。[5]从国际实践来看，国家承认实质上不过是现存国家以一定方式表示对新国家的存在的认识，从而表明愿意与之建立正常关系的国家行为，而决不是对于新国家存在的客观事实有构成或创立、确认或否认等法律意义。[6]

三、政府承认

（一）政府承认的概念

政府承认是对新政府的承认，即承认一个国家的新政府是该国的正式代表，并表示愿意同其代表的国家建立或继续保持正常关系的政治和法律行为。虽然 1815 年就已经确立了有关惯例，新统治者或新政府要正式通知国家其开始执政，但是这与承认制度无关，并非所有政府的更迭都需要其他国家的承认。一般认为，按照一国宪法、基本法或根本性政治习惯所规定的程序发生的政府更迭，维持了国内统治的法律连续性，新统治者或新政府对外作为国家代表的资格不会出现疑问。[7]因此，只有在政府发生法外变更时才会出现拒绝承认请求的可能性，也就是说，并非依据宪法程序产生的新政府，而是通过革命或政变等非宪法手段建立新政府的情况下，才发生承认的问题。

政府承认与国家承认最大的不同是，国家承认是承认一个新的国际法主体，而政府承认不发生国际法主体资格的变更，只是承认该新政府是该国的正式代表。例如，对中华人民共和国的承认属于对新政府的承认，因为中华人民共和国政府的成立，并不终止

---

[1] H. Lauterpacht, *Recognition in International Law*, Cambridge, 1947, p. 41.
[2] Ti-Chiang Chen, *The International Law of Recognition*, Frederick A. Praeger, 1951, p.14.
[3] 王铁崖主编：《国际法》，法律出版社 1981 年版，第 101 页。
[4] Ti-Chiang Chen, *The International Law of Recognition*, Frederick A. Praeger, 1951, p.3.
[5] 陈体强：《中华人民共和国与承认问题》，载《中国国际法年刊》（1985 年卷），中国对外翻译出版公司 1985 年版，第 14 页。
[6] 王铁崖主编：《国际法》，法律出版社 1981 年版，第 101—102 页。
[7] M. J. Peterson, *Recognition of Governments: Legal Doctrine and State Practice, 1815-1995*, MacMillan Press, 1997, p. 13.

中国的国际法主体资格或增加新的国际法主体。

（二）政府承认的标准

国际社会对政府承认的标准并没有一致的意见，从而导致各国在承认外国新政府方面拥有广泛的自由裁量权。一种观点将"有效统治"（无论如何获得或维持）定义为政府承认的必要和充分标准。有效统治是指新政府已经控制了本国的全部或者绝大部分领土，并对领土内的本国人民实施了有效的管理和控制。有效统治原则肯定了国家对其内部事务的主权和独立，并禁止国际社会对新政权的政治意识形态和获取权力的手段进行审查，因此得到了许多国家的支持。劳特派特指出，"有关这个问题的国际法规则是，能够合理预期将会对该国全部或者几乎全部领土有效行使权力的革命政府，有权获得承认"。[1] 1950年1月6日，英国政府在承认中华人民共和国的电文中写道："察悉中华人民共和国中央人民政府已有效控制中国绝大部分之领土，今日业已承认此政府为中国法律上之政府。"

另一种观点认为有效统治只是一个必要条件，新政府要想获得承认，还要符合所谓"合法性"标准。从历史上看，曾经出现过三种形态的要求新政府具备合法性的主张：一是19世纪初法国大革命和拿破仑战争之后，俄、奥、普三国组成"神圣同盟"并联合其他欧洲封建君主提出所谓"正统主义"，主张只承认合乎封建王朝法统的方式建立的新政府，拒绝承认以革命方式产生的新政府。二是20世纪初，拉丁美洲频繁出现革命和政变，导致拉美地区局势长期不稳定。1907年，厄瓜多尔外交部长托巴提出，一切违反宪法产生的新政府，在其依宪法重新组建以前，他国不应该给予承认，这就是"托巴主义"。1913年美国总统威尔逊宣布，拒绝承认一切通过革命或政变等违反本国宪法而取得政权的新政府，除非该政府经由宪法程序合法选举获得人民的支持，这就是"威尔逊主义"。三是第二次世界大战结束后，大批前殖民地陆续实现独立，成了代表本民族的新政府。为了实现政治经济的真正独立，新政府经常对外国资本实行国有化，或者废除前政府所借不公平债务（即所谓恶债），因此，一些西方国家提出将所谓"遵守国际义务"作为承认新独立政府的条件。

事实证明，上述所谓"合法性"标准在历史上都只曾短暂存在，在政府承认方面真正长期起作用的仍然是有效统治原则。1930年，墨西哥外交部长埃斯特拉达声明："墨西哥政府停止发布任何具有授予承认意义的声明，因为我国认为这种是一种侮辱性的做法。"[2] "埃斯特拉达主义"认为，不应对其他国家的政府或政府更迭作出积极或消极的判断，因为这种行为将意味着对他国主权的侵犯。该学说的依据是自决原则和不干涉内政原则，得到了广泛的支持。

---

[1] H. Lauterpacht, *Recognition in International Law*, Cambridge, 1947, p. 98.

[2] M. Whiteman, *Digest of International Law*, vol. 2, 1963, at 85.

第五节 国际法上的继承

一、国际法上的继承的概念

国际法上的继承(succession)是指由于某种法律事实的发生而引起的国际法上的权利和义务依照国际法由一个国际法主体转移给另一个国际法主体的法律关系。按照继承主体来分，国际法上的继承主要包括国家继承和政府继承。按照继承的客体来分，主要包括条约继承和条约以外事项（财产、债务、档案等）所涉国际法上的权利义务的继承。规范这些继承关系的规则是国际法而不是继承者或被继承者的国内法。

20世纪70年代，在非殖民化进程的推动下，国际法委员会试图将国家继承法的一些主要领域编纂成法，并由此产生了两项公约：1978年《关于条约方面国家继承的维也纳公约》（1978年《条约继承公约》）和1983年《关于国家财产、档案和债务方面的继承维也纳公约》（1983年《财产继承公约》）。1978年《条约继承公约》已于1996年11月生效，截至2024年2月有23个当事国；1983年《财产继承公约》至今仍未生效。

二、国家继承

（一）国家继承的概念

国家继承是指一个国家对领土所负国际关系的责任被另一个国家取代。其中，在发生国家继承时被另一个国家取代的国家是被继承国，取代另一国家的国家是继承国。国际法中的国家继承不能与国内法中的继承，以及向相关继承人转移财产等相混淆；它不仅涉及其他利益和关切，而且国家主权、国家平等和不干涉内政等国际法原则，阻碍了与各国国内法相类似的一般继承原则的适用。[1] 这是因为当一个国际人格者消灭时，它作为人格者的权利和义务也随之消灭。[2] 换句话说，国家继承并不涉及国家的固有权利和义务，这些权利和义务存在的依据是国际法根本原则，是国家主权的结果，从而不能从先前的主权者转移给后一主权者。[3]

（二）国家继承发生的原因

国家的领土变更是引起国家继承的根本原因。当领土从与一个主权者转移至另一个主权者，对该领土及其人民和财产所负之国际责任，也从前者转移至后者，这样就产生了国家继承的需要。能够引起国家继承的领土变更方式有：（1）吞并和合并。吞并和合并都是两个现有国家合为一个国家，不同的是：吞并是指一国将另一国并入己国内部，前者的国际人格仍然存在而后者人格消失，例如，1990年联邦德国将民主德国并入而完成了德国统一。合并是两个现有国家合并后成立了一个新的国家。例如，1964年坦噶尼

---

[1] Malcolm N. Shaw, *International Law*, 8th ed., Cambridge University Press, 2017, p. 725.
[2] Robert Jennings & Arthur Watts ed., *Oppenheim's International Law*, 9th ed., Longman vol. I, p. 127.
[3] Malcolm N. Shaw, *International Law*, 8th ed., Cambridge University Press, 2017, p. 726.

喀与桑给巴尔合并组成了新的国家坦桑尼亚。(2)分裂。分裂是指一个国家分裂为两个或者两个以上部分,而各部分或者成为新的国家,或者为其他国家(通常是周边国家)所兼并。前者如1991年苏联解体后分裂为15个国家,后者如奥匈帝国分裂后,罗马尼亚根据1920年《特里亚农条约》兼并了特兰西瓦尼亚。(3)分离。分离是指一个国家的领土脱离出去而成为一个新国家的情况。例如,1971年东巴基斯坦宣布脱离巴基斯坦,成立新的孟加拉国。(4)领土的转移。转移是指一国领土的一部分因割让、买卖、交换或者其他原因而转交给另一国。例如,2015年印度与孟加拉国签署领土交换协议,交换了超过150块飞地。(5)独立。独立是指殖民地或者非自治领土(托管地)取得独立,建立本民族国家的情况。

(三)条约继承

条约继承是指之前适用于某一特定领土的条约,在领土发生变更之后是否继续适用于该领土。根据条约内容和领土变更的情形的不同,有些条约在领土变更后会得到继承,而有些条约则会失去效力。从条约的内容来看,不同的条约与国家的国际人格的密切程度不同。一般性和政治性条约与国家的国际人格关系密切,如和平友好条约、同盟条约、共同防御条约、参加国际组织的条约,被称为所谓"人身性条约",一般不予继承;处理所涉领土相关事务的条约与国家的国际人格可以分离,如划界条约、边境制度条约、界河和多国河流使用条约和道路交通条约,被称为所谓"非人身性条约",一般应予继承。

领土变更的情形不同,也会影响到对条约的继承。1978年《条约继承公约》有专门条款对不同的领土变更情形作出了具体规定:(1)当一国领土的一部分成为另一国领土的一部分时,被继承国的条约自国家继承之日起,在国家继承所涉及的领土上不再有效,而继承国的条约自国家继承之日起在国家继承所涉领土上生效。(2)新独立的国家对所有正在生效的条约,没有必须要继承的义务,他们可以选择决定被继承国的条约,而且对于宗主国是当事国的多边条约,新独立国家有选择继承的权利,这就是所谓的"白板原则"。(3)两个或两个以上国家合并为一个国家时,对任何一国有效的任何条约,仍然对继承国有效,条件是只适用于该条约原本适用的那部分领土,而不能适用于继承国的全部领土。(4)在国家解体或分离时,不论被继承国是否继续存在,对被继承国全部领土有效的条约,对所有继承国继续有效;而只对部分领土有效的任何条约,则只对该领土组成的继承国有效。

(四)国家财产的继承

国家继承意义上的国家财产,是指在国家继承之日按照被继承国国内法的规定为该国所拥有的财产、权利和利益。国家继承发生时,被继承国对国家财产所享有权利消灭,继承国对该财产的权利产生,而对第三国在被继承国领土内的财产不发生影响。一般而言,位于国家继承所涉领土内的被继承国的不动产应转属继承国,即不动产的国家继承遵循随所涉领土转移的原则;与被继承国对国家继承所涉领土活动有关的动产应转属继承国,即动产的国家继承遵循所涉领土的实际生存需要的原则。

1983年《财产继承公约》规定了不同领土变更情况下国家财产继承的具体规则。(1)在一国将其部分领土移交给另一国的情况下，被继承国的国家财产继承，应按被继承国与继承国之间的协议解决。如无协议，则按上述不动产和动产继承的一般原则解决。（2）继承国为新独立国家时，除被继承国与新独立国家在位于国家继承所涉领土内的被继承国的国家不动产和与国家继承所涉领土的活动有关的被继承国的国家动产，应转属继承国；属于国家继承所涉领土但在该领土之外而在领土附属期间成为被继承国的国家财产的不动产和动产，应由新独立国家继承；位于国家继承所涉领土之外的被继承国的不动产或动产，只要附属地人民对创造该项财产曾作过贡献，就应该按附属地人民的贡献比例由新独立国家继承。（3）国家合并时，被继承国的国家财产应转属继承国。（4）国家分离时，除被继承国与继承国另有协议外：①有关不动产随所涉领土转属继承国；②与所涉领土活动有关的动产转属继承国，但被继承国的其他动产应按公平的比例转属继承国；③上述规则不影响被继承国和继承国之间的任何公平补偿问题。（5）在国家解体的情况下，除有关继承国另有协议外，①有关不动产随所涉领土转属继承国，但位于被继承国领土外的被继承国的国家不动产（如使领馆）应该按照公平比例转属继承国；②与被继承国对继承所涉领土活动有关的动产转属继承国，但被继承国的其他动产应按公平的比例转属继承国；③上述规则不影响继承国之间的任何公平补偿问题。

（五）国家档案的继承

国家继承意义上的国家档案，是指被继承国为执行职能而编制或收到的，而且在国家继承之日按照被继承国国内法的规定属其所有，并出于各种目的作为档案直接保存或者控制的各种日期和种类的一切文件。国家档案是国家或民族的重要财富，体现了国家历史的连续性，在国内事务和国际关系中都有重要作用。由于国家档案不可分割，不能在继承国和被继承国之间或者在继承国之间按比例分配，但可以通过复制来满足继承需要。

1983年《财产继承公约》规定了不同领土变更情况下国家档案继承的特殊规则。（1）在一国的部分领土移交给另一国时，应当按照被继承国和继承国达成的协议解决档案继承问题。如无协议，被继承国的国家档案中为对继承所涉领土进行正常的行政管理所需要而应当移交给继承国的部分、完全或主要与国家继承所涉领土有关的部分，应转属继承国。（2）继承国为新独立国家时，原来属于国家继承所涉领土但在该领土之外而在领土附属期间成为被继承国的国家档案的档案，应由新独立国家继承；被继承国的国家档案中为对继承所涉领土进行正常的行政管理而应当留在该领土内的部分、完全或主要与国家继承所涉领土有关的部分，应转属继承国。（3）在国家合并时，被继承国的国家档案应转属继承国。（4）在国家的一部分或几部分领土分离时，被继承国的国家档案中为对继承所涉领土进行正常的行政管理而应当留在该领土内的部分、与国家继承所涉领土直接有关的部分，应转属继承国。（5）在国家解体时，被继承国的国家档案中为对某一继承国领土进行正常的行政管理而应当留在该领土内的部分、与某一继承国领土直接有关的部分，应转属继承国；被继承国的其他的国家档案应在考虑到一切有关情况后公平地转属各继承国。

（六）国家债务的继承

国家继承意义上的国家债务，是指一个被继承国按照国际法而对另一国、某一国际组织或任何其他国际法主体所负的任何财政义务。马尔科姆·肖认为，"公共债务或者国家债务，是指中央政府为了国家整体利益而承担的债务"。[1]我国有学者认为，"国家债务通常包括两类：一是国债，即以国家名义所借并用于全国的债务；二是地方化债务，即以国家名义所借但用于国家领土的某一部分的债务"。[2]根据1983年《财产继承公约》第36条的规定，国家继承本身不影响债权人的权利和义务。

此外，1983年《财产继承公约》还规定了不同领土变更情况下国家债务继承的特殊规则。（1）部分领土移交时，被继承国的国家债务应按照协议解决；如无协议，应按照公平的比例转属继承国。（2）继承国为新独立国家时，被继承国的任何国家债务不应转属新独立国家，但是另有协议的除外。当然，上述协议不得违反各国人民对其财富和自然资源享有的永久主权的原则，其执行亦不应危及新独立国家经济上的基本均衡。（3）国家合并时，被继承国的国家债务应转属继承国。（4）国家部分领土分离或者国家解体时，除另有协议外，被继承国的国家债务应按照公平的比例转属继承国，同时应特别考虑转属继承国的与国家债务有关的财产、权利和利益。

三、政府继承

政府继承实质上是发生政府的非宪法程序变更的情况下的国家继承，关于国家继承的一般规则大都可以适用于政府继承。周鲠生先生曾经精辟地指出，"中华人民共和国……作为一个国际法主体，是解放前中国的延续，因而单从传统的国际法理论说，根本不存在着国家继承问题。但是必须认识在阶级本质上中国已经变成了一个新的历史类型的国家。因此，把中华人民共和国政府对有关解放以前中国的权利义务的处理问题作为一个新的历史类型的国家继承问题提出是适当的"。[3]中华人民共和国政府关于继承的实践，丰富和发展了有关政府继承的国际实践。

（一）关于条约的继承

按照中国共产党一向主张废除不平等条约的宗旨，中华人民共和国政府对新中国成立前的中外条约全面进行审查，按照其性质和内容区别对待。1949年《中国人民政治协商会议共同纲领》第55条规定："对于国民党政府与外国政府所订立的各项条约和协定，中华人民共和国中央人民政府应加以审查，按其内容，分别予以承认，或废除，或修改，或重订。"《共同纲领》在当时有"临时宪法"的作用，所以上述条款反映了我国政府对旧条约的官方立场。虽然上述条款只提到了"国民党政府与外国政府所订立的各项条约和协定"，其实要加以审查的条约包括了"中国自前清以来直到解放为止与外国所订立的一切条约和协定"。[4]

---

[1] Malcolm N. Shaw, *International Law*, 8th ed., Cambridge University Press, 2017, p. 754.
[2] 《国际公法学》编写组：《国际公法学》，高等教育出版社2023年版，第152页。
[3] 周鲠生：《国际法》，商务印书馆2018年版，第164页。
[4] 周鲠生：《国际法》，商务印书馆2018年版，第165页。

（二）关于国家财产的继承

中华人民共和国政府对新中国成立以前的一切国家财产（包括公营企业财产）享有合法权利。旧中国的国家财产，不论动产或不动产，不论其是否位于中国境内，不论财产所在地的国家是否承认中华人民共和国政府，一律应由中华人民共和国政府继承。中国政府就"两航公司案""光华寮案"等涉及国家财产继承的案件中所表明的上述立场，是完全符合国际法的。

光华寮是位于日本京都市的一座楼房，1950年由中国国民党驻日代表团用变卖侵华日军在中国大陆掠夺的财产所得款项购买，用作中国留学生宿舍。1961年台湾当局以"中华民国"名义在日本进行了产权登记。1967年台湾当局所谓的驻日大使以"中华民国"名义在日本京都地方法院提起诉讼，要求居于该寮的留学生迁出该寮。1977年9月16日，京都地方法院确认该寮为中国国家财产，驳回起诉。原告上诉，1982年4月14日，日本大阪高等法院撤销原判，发回重审。1986年2月4日，京都地方法院出尔反尔，将该寮判给台湾当局，原审被告上诉。1987年2月16日，大阪高等法院维持原判，原审被告于1987年5月30日上诉于日本最高法院，2007年3月28日，日本最高法院针对程序问题作出判决，以日本政府已承认中华人民共和国政府为由，判定原告已无中国国家代表能力，将全案发回京都地方法院再审。2023年4月，光华寮因年久失修被拆除，当年6月已拆除完毕。

（三）关于国家债务的继承

对于旧中国的国家债务，中华人民共和国政府采取根据债务的性质和情况，区别对待的立场。对外国政府为援助旧中国政府进行内战，镇压革命，或者为在中国争夺势力范围而强迫旧政府举借的非法的或恶意的债务，我国政府不予继承。例如，清政府在1911年为筹资修建湖广铁路而向美、英、法、德四国发行的"湖广铁路债券"，就是一笔帝国主义列强为了争夺势力范围、控制中国经济命脉、盘剥中国人民的恶意债务，因此中华人民共和国政府明确宣布不予继承。对于合法债务，中华人民共和国政府采取与有关国家友好协商的办法进行清理，公平合理地予以解决。

重要名词术语

国家的构成要素、国家的基本权利、国家的重要类型、国家管辖豁免、国家承认、政府承认、国家继承、政府继承

思考题

1. 如何认识国家主权与国际法的关系？
2. 国际法对国家行使自卫权有哪些要求？国际法允许"先发制人"吗？
3. 如何界定内政与非内政的界限？
4. 如何真正实现国家的平等权？
5. 如何评价"构成说"和"宣告说"？

6. 政府承认的标准应当是什么？

7. 如何评价中华人民共和国政府的继承实践？

典型案例分析

湖广铁路债券案[1]

1979年11月，美国亚拉巴马州杰克逊等9人在亚拉巴马州地区法院起诉中华人民共和国政府，要求中国政府偿还清朝末年发行的湖广铁路债券等本金和利息。该法院受理案件并将中华人民共和国政府列为被告，向中国政府外交部长发出了传票。

湖广铁路债券是清朝末年为了筹集资金修筑湖南和湖北境内粤汉铁路和湖北境内川汉铁路而发行的债券，上述铁路是为了镇压南方各省的革命活动而修建的，债券由英、法、德、美等列强认购。

中华人民共和国政府拒绝接受上述传票，并指责美国地区法院的行为违反国际法的国家豁免原则。美国有关法院不顾中国政府的反对，于1982年9月1日作出缺席判决，要求中国政府赔偿原告41313038美元，外加利息和诉讼费用。1983年2月2日，中国外交部长向美国国务卿递交备忘录，指出国家主权豁免是国际法的一项重要原则，中国作为主权国家享有司法豁免权，美国法院对一个主权国家作为被告的诉讼行使管辖权，违反国家平等的国际法原则，违反《联合国宪章》。1983年8月12日，中国通过美国当地律师在美国联邦地区法院提出撤销判决和驳回起诉的动议。同时美国国务卿也向法院出具证词，表示支持中国政府的动议。1984年4月27日，美国联邦地区法院以1976年《国家主权豁免法》没有溯及力和"公共利益"为理由，撤销了1982年的缺席判决。此撤销判决后来为联邦第十一巡回上诉法院和联邦最高法院所确认。

---

[1] 参见陈致中编著：《国际法案例》，法律出版社1998年版，第32—35页。

第八章 国际组织法

【内容提示】

近代意义上的国际社会自17世纪中叶形成以来，存续已有三百多年的历史。在此期间国际关系的发展曾经表现出国家间共处、国家间合作及全球化的阶段性特征。这一演进过程同时也伴随着国际社会逐步走向组织化的趋势，并在具体型态上表现为国际组织的繁衍和扩张。国际组织是根据条约或受国际法制约的其他文书建立的、拥有自己的国际法律人格的组织。国际组织的产生和发展改变了国家之间外交活动的形式。除协定性政府间组织这一传统的国家间多边合作形式之外，还存在国家间论坛性国际组织、国际组织间的联合机构（项目）条约性组织等形式。

国际组织在国际法的发展中起到重要的促进作用，作为国际立法的组织者和推动者的同时，还为国际法增添新的领域——国际组织法。国际组织法的内容主要分为了两大部分。一部分是组织机构法，主要包括会员资格、表决制度、组织法律地位等；另一部分是组织的法律秩序，主要包括国际组织的造法职能、决策机构职权及程序的合法性等。而国际组织特权与豁免制度以及国际组织内部司法更是独具一格。特权与豁免制度是为了实现国际组织的目的，为了国际组织机构能自由行使职能和国际组织职员能独立履行职能和义务而需要的一切必要保障。也正是因为国际组织所具备的特权与豁免，当组织职员与组织行政当局发生就业争端时，出于对国际组织独立性的考虑，向国内法院提起诉讼往往不是第一选择。有鉴于此，国际组织内部司法这一"内部争端解决制度"应运而生。联合国作为当代最大、最普遍、最重要的国际组织，在国际组织法的发展进程中起着举足轻重的作用，是国际组织法研究的重点。

中国作为最大的发展中国家，一直积极推动国际组织为国际社会作出贡献。但中国对国际组织的重视、参与程度同发达国家相比整体上还存在着较大的距离。在当今这个机遇与风险并存的全球化时代，我们必须正视成绩与不足，以更加主动积极的姿态，全面参与国际组织活动，为全球治理贡献更多中国方案与中国智慧。

第一节　认识国际组织

一、国际组织的定义

从一种比较粗略的意义上来讲，国际组织有狭义和广义之分。狭义的国际组织（international organizations）是指国家间或政府间组织，即由若干国家或政府为了特定目的通过签订条约建立的常设机构。广义的国际组织除了包括上述国家间或政府间组织外，还包括国际非政府组织，例如，红十字国际委员会、绿色和平组织、大赦国际、国际奥林匹克委员会等。[1] 鉴于国际组织及其定义的复杂性，有必要对此作更详细的探讨。

有关国际组织的表述方式是很不一致的，包括政府间组织（inter-governmental organizations）、国家间组织（inter-state organizations）、公共国际组织（public international organizations）、国际机构（international institutions）等，而国际组织（international organizations）则是一种简便和普遍的表述方式。虽然目前还没有一种被广泛接受的国际组织的定义，但对其基本的组成要素还是有广泛共识的。国际组织主要是由国家组成的、由国际协定缔造的、有其自己的组织机构、并被赋予履行某些共同任务的实体。

对于国际组织的定义，还有一种值得重视的独到见解。此种观点认为，国际组织是全球化时代国家间多边合作的组织形态。[2] 政府间国际组织是国家间多边合作的法律形式，是广泛活跃于国际社会并有着重大影响的非国家行为体。[3]

二、国际组织的分类

为了研究的方便，人们往往根据各自的理解和需要对国际组织做出不同分类。一般情况下，以往的分类大都如此。第一，按照组织的性质和基本职能，可以分为综合性和专门性国际组织。前者如联合国、美洲国家组织、非洲统一组织等；后者如万国邮政联盟、石油输出国组织、国际货币基金组织等。第二，按照组织成员的地理范围，可以分为全球性与区域性国际组织。前者如国际民用航空组织、国际海事组织、世界贸易组织等；后者如北大西洋公约组织、阿拉伯国家联盟、东南亚国家联盟等。第三，按照组织活动的领域可以分为政治性、经济性、文化性或技术性国际组织，它们既有全球性的，也有区域性的，例子不胜枚举。第四，根据国际组织成员的性质作出分类，凡是由国家或其政府组成的常设机构，均为政府间国际组织；凡是由不同国家的自然人或法人组成的跨国界的非官方的国内法人实体，均为国际非政府组织。第五，根据对成员资格规定的条件，还可分为开放性国际组织和封闭性国际组织。对所有国家开放的、只要符合该组织宪章的规定均可加入

---

[1] 白桂梅：《国际法》（第三版），北京大学出版社 2015 年版，第 504 页。
[2] 饶戈平、胡茜：《全球化时代国家间多边合作的组织形态》，载饶戈平主编：《全球化进程中的国际组织》，北京大学出版社 2005 年版，第 36—90 页。
[3] 饶戈平：《论政府间国际组织的法律人格》，载饶戈平主编：《全球化进程中的国际组织》，北京大学出版社 2005 年版，第 91 页。

的国际组织为开放性国际组织。如果只对特定类型的国家开放、只有在满足特定条件后才可加入的国际组织则为封闭性国际组织。前者如联合国、世界卫生组织等,后者如石油输出国组织等。第六,根据国际组织的一体化程度还可以分为国家间组织和超国家组织,后者的典型代表是欧洲联盟。

国际组织法的研究对象一般限定于协定性政府间组织。[1]不可否认,作为国际合作的重要制度化形式,协定性政府间组织一直被认为是国家间多边合作的核心因素,[2]然而它是否是国家间多边合作的唯一制度化形式却是值得质疑的,国际组织法的研究对象也可作出相应的扩展。[3]

(一)传统的国家间多边合作形式——协定性政府间国际组织

国际组织法上一般认为协定性政府间组织至少应该包括如下要素:第一,成员主要是国家,少数情况下国际组织也可被吸收为成员;第二,必须建立在符合国际法的条约的基础之上;第三,必须有不同于其成员国的独立意愿,并被赋予法律人格;第四,必须有常设的组织机构;第五,必须能够通过针对其成员的规则。相比较而言,荷兰学者谢默斯和布洛克给出的定义是比较准确简练的。他们认为,"国际组织是建立在根据国际法订立的协定基础上,拥有一个以上具有独立意志的机构的合作形式"。[4]

国际组织上述的这些特征和定义,足以把协定性组织同目前一些暂且无法界定的组织型态区分开来,例如,国家间论坛缺乏一个条约的基础,国际组织之间的联合项目可能并没有独立的法律人格,同样地,条约性组织可能不具备独立的意志和权力。根据联合国经济及社会理事会在1950年第288(X)号决议的规定:"任何国际组织,凡不是经由政府间协议而创立的,都被认为是为此种安排而成立的非政府组织。"在这样简单的两分法之下,上述或多或少缺乏国际组织某些要件但又实质上体现了国家间合作的组织型态被置于了一个法律性质上的灰色地带,并且通常被排除在正式的政府间组织之外。显然,从这一概念出发,国际组织法下国家间多边合作的制度化形式被局限于协定性政府间组织一种。

(二)国家间论坛性国际组织

在国家间的制度化合作模式中存在着一类特殊的形式,有学者称之为G(Group)型合作,也有称G型组织或集团性组织的,即以国家间论坛的方式来对共同关心的问题进行讨论和交流并处理相关的危机,以期进行合作而提升共同的外交政策利益。这些所谓的G型合作模式有别于传统的政府间组织,彼此在组织型态上也并非完全一致,但是它们明显地具有一些共性:

---

[1] 饶戈平主编:《国际组织法》,北京大学出版社1996年版,第20页。

[2] 参见[德]沃尔夫刚·格拉夫·魏智通主编:《国际法》,吴越、毛晓飞译,法律出版社2002年版,第348页。

[3] 下面的内容主要参考饶戈平、胡茜:《全球化时代国家间多边合作的组织形态》,载饶戈平主编:《全球化进程中的国际组织》,北京大学出版社2005年版,第36—90页。

[4] Henry G. Schermers and Niels M. Blokker, *International Institutional Law*, Third Revised Edition, MartinusNijhoff Publishers,1995,p.6,para.23。

首先，它们一般不具有或者在产生的初期不具有常设的机构，仅仅以国家之间定期会议的形式来对共同关心的问题进行讨论，以期采取共同的立场或政策。而在实践中，它讨论的内容往往扩展到国际社会的许多方面，例如八国集团峰会的内容已经远远超过其初衷的多边货币管理，但凡国际贸易、债务、国际金融组织的发展和作用，甚至国际恐怖主义都可以作为议题。定期召开的会议或者论坛成为这些特殊的组织型态发挥作用、实现国家间合作的载体。正是在这个意义上，本书将之统称为"论坛性组织"。

其次，这些特殊的组织型态是由国家发起成立并参与的，国家是论坛的主要参与者，而论坛意图实现的目标也是促进国家之间的合作，借以解决共同关心的问题。在这个意义上，国家间论坛性组织与同样以论坛作为活动方式但是以非国家为主要参与者的其他论坛性组织区分开来。

最后，一般来说，这类组织型态并不是直接建立在国家之间的协议基础上，其成立和运作的法律依据、成员的权利与义务并不像协定性政府间组织一样在创始条约中得以规定，其法律地位是不甚清晰的。

将这些因素综合起来考虑，论坛性组织可以初步界定为：由多个国家发起成立并作为主要参与者，通过定期论坛或者会议等形式谋求国家的共同利益的一类制度化程度较低的国家间多边合作型态。严格地说，这并非一个定义而是对此类组织型态的简单描述。这类组织自产生之日就处在变动之中，不仅它们彼此之间在组织型态上各异，每个组织本身也有一个发展变动的过程，并将随着国际关系的发展继续变动。如 G7、G20、东盟 10+3 和东盟 10+1 等。

（三）条约性组织

条约性组织 (treaty organizations)，或称条约性机构 (treaty body)，在国际组织法上是一个日益引起重视的新概念。在某些特定领域内，例如贸易、环境、人权、裁军、电讯等，有广泛成员参加的重要的多边条约往往建立有制度化安排 (institutional arrangements)，以保证条约的实施 (implementation)、发展和审查。这类制度化安排在名称和形式上表现不一，有学者统称为"条约组织"。对于协定性组织而言，它建立所依据的多边条约，其目的就是创设一个国际组织，该条约是协定性组织的基本文件，构成组织成立和运作的法律基础，组织还据此被成员国赋予了独立的法律人格。而条约组织虽然也是根据某一条约而产生，但是该条约的目的并非成立一个组织，而是为了对国际社会中的某一问题达成一致的协议，条约组织仅仅是为了更好地执行、监督这一条约才设立的，是随附产生的。

迄今为止，虽然关于何谓"条约组织"并没有一个明确、权威的概念，但可以肯定的是，制度化的条约组织大量存在，而且往往集中出现在两个领域：一是多边环境协定 (multilateral environmental agreements)，二是人权保护条约。当然，这两类条约建立的条约组织具有不同的形式。多边环境协定下的条约组织大多以缔约方会议 (conference of the parties) 为主，同时包括一些辅助机构和秘书处；人权保护条约则多建立一些特定的委员会，一般称为条约机构 (treatybody)。[1]其中某些条约也规定缔约方应该召开会议来考虑对条约进行可能的修改或选举条约机构的成员。[2]

第二节　国际组织法的基本内容

一、国际组织机构法

作为国际组织法的第一部分，组织机构法所研究的问题涉及面甚广，概括地看，至少包括七个方面。

第一，组织的基本文件。组织的组成条约或组织法是国际组织的宪法性文件，它规定了组织的宗旨原则、法律地位、机构设置与职能、主要程序规则等，是组织赖以成立与运作的法律基础。有关它的制订、生效、主要内容、法律效力与地位、解释与修订等，历来是国际组织法研究的基本问题。

第二，成员资格与代表权。这涉及组织成员的类型、加入组织的条件与程序、成员的权利、义务与责任、成员资格的代表权问题以及成员资格的丧失等问题。

第三，组织的法律地位。这主要涉及国际组织在国内法与国际法上的法律人格问题。如何取得与确认国际组织的法律人格，法律人格即权利能力与行为能力的具体内容，法律人格属性所带来的法律后果，国际组织的管辖权等问题。

第四，组织机构及其职能。这涉及组织内各主要机构、辅助机构、附属机构的设置、组成和职能，机构的越权行为及其效力，各机构之间的相互关系。其中机构的职权范围是研究重点。

第五，组织机构的程序规则。这主要涉及组织各机构的会议制度、决策程序、表决制度以及执行机制的工作程序。其中表决制度是研究重点。

第六，组织内部的管理制度。这主要指组织内部的财政制度和人事管理制度。前者

---

[1] 人权事务委员会、经济、社会和文化权利委员会，禁止酷刑委员会、消除种族歧视委员会、消除对妇女歧视委员会和儿童权利委员会。其对应的公约分别为：1976 年生效的《公民和政治权利国际公约》、1976 年生效的《经济社会及文化权利国际公约》、1987 年生效的《禁止酷刑和其他残忍、不人道或有辱人格的待遇或处罚公约》、1969 年生效的《消除一切形式的种族歧视的国际公约》、1981 年生效的《消除对妇女一切形式歧视的公约》和 1990 年生效的《儿童权利公约》。

[2] 例如《儿童权利公约》第 43 条第 5 款规定："［儿童权利委员会］的选举应在联合国总部由秘书长召开的缔约国会议上进行。在此等会议上，应以三分之二缔约国出席作为会议的法定人数，得票最多且占席并参加表决缔约国代表绝对多数票者，当选为委员会成员。"再如《禁止酷刑和其他残忍、不人道或有辱人格的待遇或处罚公约》第 29 条第 1 款规定："本公约任何缔约国均可提出修正案，并送交联合国秘书长。然后，由秘书长将这一建议的修正案转交缔约各国，并要求它们通知秘书长是否同意举行一次缔约国会议以便审议和表决这一提案。如在来文发出之日起四个月内至少有三分之一的缔约国同意召开这样一次会议，秘书长应在联合国主持下召开这次会议。由出席会议并参加表决的缔约国过半数通过的任何修正案应由秘书长提请所有缔约国同意。"

涉及组织预算的制订程序、成员国与预算的关系、日常经费与特别经费的筹集、管理与支出。后者涉及国际公务员的聘用、待遇、管理规则以及争端解决机制。

第七，组织的对外关系。这主要指国际组织对外的权利能力和行为能力，包括对外关系权及特权与豁免。前者涉及国际组织的缔约权、使节权、承认权、求偿权及其他对外关系的能力。后者涉及组织本身、成员国使团以及国际公务员的特权与豁免。

国际组织机构法的内容不止于上述七个方面，其余者这里恕不一一列举。由于国际组织本身的多样性，机构法在各个组织的具体表现形式、范围、程度上不尽一致，很难有统一的固定的机构模式可套用于所有国际组织，必须具体地分析各个国际组织的具体情况。

二、国际组织法律秩序

国际组织法的第二部分是组织的法律秩序，这也是晚近以来国际组织法学者更有兴趣的研究领域，着重研究国际组织运作过程中的操作规则和执行机制。内容主要涉及国际组织的造法职能、决策机构职权及程序的合法性，决议的法律地位与效力，决议在成员国的实施，组织的监督实施机制、制裁惩罚机制、争端解决机制以及国际组织的责任等问题。

与此同时，国际法学者也注意对特定国际组织法律秩序的研究。以联合国系统为例，联合国至少在下列 18 个领域内，即武力与军备控制、人权、自决权、难民与移民、妇女、劳工、经济关系与发展问题、教育科学文化与信息、环境、海洋法、海运、邮政与电讯、民航、外层空间、卫生、粮食与农业、国际犯罪、国际私法的统一，形成了在全球范围内起作用的自成体系的法律秩序，即所谓"联合国的法律秩序"。[1] 国际组织的法律秩序有效地规范、调整着各个特定领域内国际组织及其成员国的活动，它们既是相对独立的，也是整个国际社会法律秩序的一部分。

国际法学者不但重视对国际组织法自身体系的研究，而且也很重视研究国际组织对国际法发展的影响。他们发现政府间国际组织的丰富实践不但形成了自己独特的法律秩序，成为国际法的一个特殊分支，而且极大地丰富、发展了现代国际法。

国际组织在各自的职能范围内形成了自己的法律秩序，它不但要求成员国严格履行自己所承担的国际义务和责任，调整好国内法与国际法的关系，而且通过组织措施或行动，加强了对成员国义务、责任的监督执行和惩罚机制。在国际和平与安全方面有维持和平行动、联合军事行动、"人道主义干涉"及经济制裁等措施；在裁军方面，有对违反禁止核扩散条约的监督与制裁；在国际贸易方面，各多边贸易协定有关执行措施的规定越来越严格，世界贸易组织的争端解决机制和贸易政策审议机制有效地扮演着裁判官和监督者的角色；在环境和气候方面，气候变化框架公约及京都议定书的执行机构，正在紧锣密鼓地制订有关温室气体减排的规则和制度；在人权方面，联合国人权委员会、人权事务委员会、各区域性人权法院都在强化各自的职能；在其他专门化或技术性

---

[1] 参见 Oscar Schachter, *United Nations Legal Order*, Cambridge, 1995, Vol.1, Vol.2.

领域，各相应的国际组织也都在加强自己的监督职能和惩罚机制。

不仅如此，诚如前面已提及的，近年来国际司法机构的数目增加，地位提高，作用扩大，对国际犯罪活动的审判机制的强化，从侧面反映了国际法执行机制的加强，也表明国际社会越来越重视利用国际组织扮演国际司法机构的角色。

第三节　国际组织的主要法律问题

一、国际组织的一般法律制度

（一）国际组织的会员资格

如上所述，国际法意义上的政府间国际组织是由国家组成的。因此，理论上只有国家才能取得国际组织的会员资格。但是在实践中许多国际组织都允许国家以外的实体以不同的身份参加该组织的活动并给予它们以适当不同的待遇，从而产生了所谓"完全会员"和"非完全会员"或"部分会员""联系会员""观察员"等区分。此外，一般的开放性国际组织都把其会员分为原始会员和纳入会员。

1. 原始会员与纳入会员

原始会员或创始会员（original members）是那些在组织宪章上签字并依其宪法予以批准的国家。联合国有 51 个创始会员国，它们是参加旧金山会议或者以前曾签署 1942 年《联合国家宣言》并且签署和依法批准《联合国宪章》的国家。

纳入会员（admitted members）是按照组织宪章的规定接纳的国家。一般的国际组织都为接纳新的会员国规定一定的条件。换言之，几乎没有任何国际组织是无条件地向一切国家或实体开放的。例如，《联合国宪章》第 4 条规定："凡其他爱好和平之国家，接受本宪章所载之义务，经本组织认为确能并愿意履行该项义务者，得为联合国会员国。"与联合国相同，许多国际组织只允许国家参加。

2. 完全会员与联系会员

完全会员（full members）是指在国际组织中享有并承担所有权利和义务的会员。一般只有国家可以取得完全会员资格。但是一些国际组织也允许非国家实体成为完全会员。例如，阿拉伯国家联盟于 1976 年接纳巴勒斯坦解放组织作为巴勒斯坦的代表成为该组织及其一些专门机构的完全会员。又如世界贸易组织允许在对外商务中享有完全自治的独立关税区参加该组织，因此中国香港和中国台北都是世界贸易组织的完全会员。

联系会员（associate members）是指没有满足会员资格条件的实体，虽然不能作为完全会员参加该组织，但可以参加该组织的某些活动，甚至可以成为该组织某些机构的成员。联系会员只享有有限的权利。

3. 观察员

观察员有临时和常设的两种。国际组织通常临时邀请一些非成员国或其他实体参加他们的会议。还有一些国际组织接纳常设观察员代表团，例如，联合国于1974年接纳巴勒斯坦解放组织作为一个非国家实体为常驻观察员。2012年11月29日，联合国大会通过决议接受巴勒斯坦为联合国观察员国。观察员（包括观察员国）在国际组织一般没有表决权。

（二）国际组织的表决制度

国际组织的表决制度或表决程序关系到该组织决议和行为的效力，也反映该组织内部权力政治的均衡并从而涉及组织成员的权利。因此，尽管各有不同，但程序规则对于所有国际组织都是相当重要的。国际组织的表决制度（程序规则）主要有以下几类：

1. 全体一致通过

依据全体一致通过制度，只要一个国家投反对票，决议就不能通过。这意味着每个国家都有否决权。这种制度建立在国家同意的基础之上，有利于维护国家主权。但是，因为每个国家都有否决权，在重大政治问题上，国家之间很难达成一致从而为决议的通过带来不可逾越的障碍。国际联盟的教训足以证明全体一致制度的弊端。

在充分强调国家主权的19世纪，全体一致通过的表决制度最为盛行。那时大多数国际会议通过的实质性决议均奉行这项程序规则。只有关于会议日程的问题或其他程序问题才允许采取多数通过的表决制度。但是与其形成鲜明对比，那些科学技术方面的国际会议和国际组织多数都适用多数通过制度，只有在个别情况下才采取全体一致的规则。随着"弃权""部分同意"和允许国家对公约或协定提出保留的机制的建立，全体一致通过制度逐渐被多数通过规则所取代，成为当代国际社会普遍采用的表决制度。[1] 但是在一些会员国数量有限的机构或组织里，例如，欧洲理事会的部长委员会、经济合作与发展组织理事会和阿拉伯理事会等，仍然适用全体一致通过规则。即便如此，全体一致通过制度也是仅仅得到有限的适用。[2]

2. 多数通过

（1）简单多数与特定多数。简单多数指过半数的多数通过制度，一般适用于关于一般事项或程序性事项决议的通过。特定多数可以是2/3或3/4等，具体规则应根据组织约章的规定来确定。例如，根据《联合国宪章》第18条第2款，联合国大会对于重要问题的决议以到会及投票会员国2/3多数通过。又如，根据《马拉喀什建立世界贸易组织协定》第9条第2款，对该协定附件一中多边贸易协定作出的解释决定应由3/4多数成员通过。国际组织一般都在其组织约章中规定哪些是重要事项，但一般都是举例说明而不是穷尽列举。这样容易在会员国间产生关于所要决策的事项是否属于重要事项的分歧。遇到这种情况，决定重要性这个事项本身也需要通过投票表决，但是一般仅需要简单多数通过。

（2）加权或加重投票。尽管根据国家平等原则，理论上每个国家应该享有一个投票

---

[1] 参见 Philippe Sands and Pierre Klein, *Bowett's Law of International Institutions*, Fifth Edition, Sweet & Maxwell, 2001, p.263-264。

[2] Philippe Sands and Pierre Klein, *Bowett's Law of International Institutions*, FifthEdition, Sweet & Maxwell, 2001, p.264-265.

权而且其在法律上的价值也应该是平等的，但是在实践中，一些国际组织给予某些国家两个以上的投票权，即加权投票制（plural voting）或者给予一些特定国家的投票以更高的价值，即加重投票制（weighted voting）。例如，从联合国成立到苏联解体，苏联在联合国一直享有三个投票权，因为苏联的两个加盟共和国——白俄罗斯和乌克兰——也取得了在联合国的代表权。欧共体在世界贸易组织中的情况在某种意义上也可以视为加重表决的例子。《马拉喀什建立世界贸易组织协定》第9条第1款规定："如欧洲共同体行使投票权，则其拥有的票数应与属WTO成员的欧洲共同体成员国的数目相等。"

加重投票制的目的是使某些国家在某国际组织中的利益得到真正的代表，而他们的利益反映其在政治、经济或财政方面对该组织所作的贡献。例如，根据《国际货币基金组织协定》第12条第5项规定，每个成员国享有250个基本投票权，另外每享有10万元特别提款权的份额便增加1票。

3. 协商一致通过

协商一致通过是在联合国的实践中形成的，无须投票，通过成员国之间的协商达成一致意见，从而进行决策的制度。

协商一致通过制度是为了解决多数通过制度产生的问题应运而生的。例如，联合国大会以2/3多数通过的某些决议实际上需要少数发达成员国的积极合作才能得到有效实施。然而，这些少数成员国因为不能接受这些决议而投了反对票。结果，虽然决议在联全国大会获得通过，但实际上根本无法得到实施。为了解决这个问题，联合国大会改变了完全以投票表决通过决议的传统方式，引进了协商一致这种新的决策机制。具体做法是，由一个协商委员会提出提案，这些提案的内容应尽量让那些能够使其得到有效实施的成员国接受，避免只能得到2/3通过但永远得不到此等成员国接受的提案。[1] 由于达到这样的一致需要协商委员会在相关会员国之间做大量的协商工作，可能要耗费相当长的时间。一些国际会议有时也适用协商一致通过制度。例如，1982年《联合国海洋法公约》就是协商一致通过的，协商的过程长达9年。[2]

（三）国际组织的法律地位

国际法意义上的国际组织不是超国家实体，而是国家间的组织。若干国家为了特定的目的通过签订多边公约的方式自愿建立并为了组织活动的需要间接或默示地赋予其一定的法律地位。因此，国际组织的法律地位不是它们固有的，而是其组织成员赋予的。正如梁西教授所指出的："国际组织是基于特定目的而设立的，为此目的，它除需要组织内部的工作机能外，还需要在其职能范围内对外开展活动。国际组织对外开展活动的基础是在其活动领域内占有必要的法律地位，而这种法律地位的前提条件是必须具有相对独立于其成员国的一定的法律人格。"[3] 国际组织很少直接或明确地规定它具有国际法律人格或者它是国际法主体。一般规定国际组织为了执行其职务而具有一定的法律行为

---

[1] 参见梁西：《国际组织法（总论）》（修订第五版），武汉大学出版社2001年版，第138页。
[2] 白桂梅：《国际法》（第三版），北京大学出版社2015年版，第532页。
[3] 梁西：《国际组织法》（修订第四版），武汉大学出版社1998年版，第8—9页。

能力。例如，《联合国宪章》第 104 条规定："本组织于每一会员国之领土内，应享受于执行其职务及达成其宗旨所必需之法律行为能力。"

国际组织的法律地位可以归纳为以下几点。

首先，国际组织具有其成员国所赋予的国际法律人格（legal personality）。与国家相比，国际组织是派生的国际法主体，即它是由作为其成员的国家创立的。这就意味着，"任何一个国际组织，包括联合国组织，不仅不能凌驾于国家之上，而且也不能与创立它的国家等量齐观"。[1]国际组织不是国家，也不是超国家，而是国家之间通过协议建立的，享有国家所赋予的国际法律人格的实体。

其次，国际组织是有限的国际法主体。与国家不同，国际组织在国际法上的权利和义务是基于建立该组织的成员国之间的协议。因此，国际组织的特定职能以及相关的权利和义务，都是以建立该组织的约章为依据的。这就意味着，国际组织在执行其职务并行使其权利时，不能超越其组织约章规定的范围。例如，根据《联合国宪章》，联合国大会不具有立法的职能。因此，联合国大会不能行使立法权从而制定国际法。此外，国际组织不是国家，它不具有国家的属性。"国际组织既没有领土，也不能对成员国国民进行统治，它所取得的法律人格，不管范围有多大，同主权国家所固有的完全法律人格比较起来，显然是很有限的。"[2]

最后，国际组织具有为执行其职能所必需的法律行为能力。作为有限的国际法主体，国际组织的权力和权利一般都不能超出该组织约章所规定的范围。但是，为了执行其职能，国际组织在特定情况下具有某些与其职能相关的"暗含权力"，即其组织约章没有明确规定的权力。不过无论如何，所谓"暗含权力"必须是执行其职能所必需，而这些职能都是该组织约章明确规定的。

二、国际组织的内部司法

（一）国际组织内部司法的定义及其发展

国际组织内部司法（Internal Justice）是指国际组织通过司法方式处理行政当局与职员之间就业争端的机制，具体而言，一般由该机制设立的国际行政法庭对有关争端作出裁决。除了采用"内部司法"（Internal Justice）这一名称外，有时也用"司法系统"（System of Administration of Justice）来表述，是一种国际组织的"内部争端解决制度"（Internal Dispute Resolution Regime）。[3]

随着国际组织职能的扩张，为国际组织提供服务的职员人数也与日俱增。在 20 世纪初，国际联盟（League of Nations）常设秘书处的工作人员只有数百人。然而，随着国际组织的发展，仅根据已公开资料的保守估计，在 2018 年全球国际组织职员总数可能就已经达到 220000 多人，欧盟机构的职员目前约为 60000 人，而联合国秘书处和联合

---

[1] 赵理海：《国际法基本理论》，北京大学出版社 1990 年版，第 161 页。
[2] 梁西：《国际组织法》（修订第四版），武汉大学出版社 1998 年版，第 10 页。
[3] 参见李赞、唐彦嘉：《欧洲联盟内部司法上诉机制研究》，中国言实出版社 2022 年版，第 1—2 页。

国系统有关实体的工作人员总人数在2020年则为79605人。[1]从内部行政管理所涉的人员数量和治理难度上来看，这对国际组织的内部治理结构提出了新的挑战和要求。

面对数量庞大且多元的职员群体，在绝大多数国际组织内部，作为机构管理者的行政当局与它所雇用的职员之间不可避免地会出现就业争端。国际组织内部司法正是为解决此类纠纷而设立的争端解决机制，其关键组成部分一般被称为国际行政法庭（International Administrative Tribunal，以下简称行政法庭）。这些法庭作为内部司法机构，属于国际争端解决机制，是国际司法不可或缺的有机组成部分。

被视为国际组织内部司法起源的国际联盟早在1927年就成立了行政法庭。早期的国际联盟仅采用内部申诉的方式，由行政当局审查职员争端。但在1925年的"莫诺德案"（Monod Case）中，国际联盟发现行政当局作为争端的当事方参与解决职员争端将难以保证结果的公正性与专业性，于是最终决定成立国际联盟行政法庭（Administrative Tribunal of the League of Nations）。这对国际组织内部司法机制的形成与发展产生了深远影响。此后许多国际组织纷纷选择将国际行政法庭作为解决职员争端的主要途径。这些法庭在争端解决中往往承担关键作用，需要处理相当多的案件。例如，在2022年，仅国际劳工组织行政法庭（International Labour Organization Administrative Tribunal，ILOAT）就作出了136份判决，[2]联合国争议法庭（United Nations Dispute Tribunal，UNDT）也作出了136份判决，联合国上诉法庭（United Nations Appeals Tribunal，UNAT）则作出了124份判决。[3]而国际法院（International Court of Justice，ICJ）在2022年仅作出4份判决。[4]国际海洋法法庭（International Tribunal for the Law of the Sea，ITLOS）从1996年创设至今也只受理了32个案件。[5]从数据的比较上来看，这些国际行政法庭的业务量在国际性司法机构中还是比较大的。

目前，具有一定国际影响力的全球或区域性国际组织大多都已设立内部司法机制。全球范围内已有几十个国际行政法庭。在此基础上，这些国际行政法庭还在继续增加与扩张，比较新近的例子是全球疫苗免疫联盟（The Global Alliance for Vaccines and Immunisation，GAVI）与加勒比共同体（Caribbean Community，CARICOM）于2019年各自分别设立的行政法庭。另外，依照创设公约的要求，中国参与创设、总部位于英国的国际组织平方公里阵列天文台（Square Kilometer Array Observatory，SKAO）也于2023年7月设立了自己的行政法庭。一些已设立行政法庭的国际组织会定期审查其内部司法机制以便进行完善，而一些没有行政法庭的国际组织则经常考虑是否需要设立一个法庭以

---

[1] United Nations Secretary-General, *Report of the Secretary-General: Composition of the Secretariat*, A/76/570 29 November 2021, p. 21.

[2] See ILO Administrative Tribunal, "Triblex: case-law database By Session", https://www.ilo.org/dyn/triblex/triblexmain.bySession.

[3] See United Nations Secretary-General, *Administration of Justice at the United Nations: Report of the Secretary-General*, A/78/156 (11 July 2023), paras. 18, 32.

[4] See ICJ, "Judgments, Advisory Opinions and Orders", https://www.icj-cij.org/index.php/decisions?type=2&from=2020&to=2023&sort_bef_combine=order_DESC.

[5] See ITLOS, "List of Cases", https://www.itlos.org/en/main/cases/list-of-cases/.

更好地解决内部职员纠纷。[1]

近年来，我国高度重视和积极参与联合国内部司法事务，标志性的事件是我国最高人民法院的两名法官于2022年首次成功获任联合国争议法庭和联合国上诉法庭的法官，[2]另一名法官此前也获任国际劳工组织行政法庭的法官。[3]平方公里阵列天文台也于2023年7月设立了自己的行政法庭——独立就业法庭（Independent Employment Tribunal），一位中国籍律师当选为该法庭的法官。[4]这证明我国开始重视和实际参与到国际组织内部司法机构法官的遴选等工作中，并取得初步成果。

（二）国际组织内部司法机制的基本运作模式

1. 内部司法机制的构建方式

（1）设立国际组织自己的行政法庭。这种方式可以将争端的管辖权保留在国际组织内部，使职员起诉更为便捷，并简化案件的处理流程，提高法庭的办案效率。从更长远的角度看，这方便了国际组织对法庭的管理，法庭也能够照顾到国际组织的特殊性，以更好地建立、完善国际组织自身的内部司法机制与相关法律制度。该方式在一些强调独立性的、具有特定职能的或区域性的国际组织中特别明显。例如，作为金融机构的世界银行与国际货币基金组织（International Monetary Fund，IMF）以及作为区域性国际组织的欧盟与美洲国家组织（Organization of American States，OAS）都选择设立自己的行政法庭。

（2）委托其他国际组织的行政法庭处理本国际组织的职员争端。这是现阶段一些规模不大或影响力较小的国际组织较为常见的一种选择。尽管内部司法机制对国际组织能够产生相当多的积极作用，但很多国际组织可能基于费用的考虑而暂时搁置设立内部司法机制的想法。因此，它们选择通过协议将对职员争端案件的管辖权交由其他行有余力的国际组织相关机构。

现阶段有两个国际行政法庭最受其他国际组织的青睐。一个是国际劳工组织行政法庭。截至2023年9月，多达58个国际组织接受该法庭的管辖。[5]另一个则是联合国的行政法庭，已有超过20个国际组织或机构接受其管辖。[6]但联合国内部司法机制存在一定的特殊性，因为联合国在2009年的改革中构建了一个上诉机制，该机制包括作为初

---

[1] Chris de Cooker, Proliferation of International Administrative Tribunals,12 *Asian Journal of International Law* 232, p. 238(2022).

[2] See United Nations Internal Justice Council,*Appointment of judges of the United Nations Appeals Tribunal and of the United Nations Dispute Tribunal: Report of the Internal Justice Council*, A/77/129/Rev.1, 28 October 2022, p. 33, 36；《中国法官首次当选联合国上诉法庭和争议法庭法官》，载中华人民共和国最高人民法院网。

[3] See *Report of the Finance Committee of Government Representatives*, ILC.109/Record No. 4A, 10 June 2021, p. 15.

[4] See SKAO, "Independent Employment Tribunal", https://www.skao.int/en/482/independent-employment-tribunal.

[5] See International Labour Organization, "Organizations recognizing the jurisdiction", https://www.ilo.org/tribunal/membership/lang--en/index.htm.

[6] See Administration of Justice at the UN Internal Justice System, "WHO CAN USE THE SYSTEM", https://www.un.org/en/internaljustice/overview/who-can-use-the-system.shtml.

审机构的联合国争议法庭与作为上诉机构的联合国上诉法庭。考虑到联合国内部司法机制现在有两个行政法庭，委托联合国处理职员争端的国际组织将面临如下选择：一是将争端交给整个联合国内部司法上诉机制处理；二是只接受作为初审机构的联合国争议法庭的一审终审；三是国际组织设立自己的行政法庭作为初审法庭，同时接受联合国上诉法庭的上诉管辖。

（3）设立包含职员争端管辖权的综合性司法机构。这种情况则较为特殊，有少数国际组织虽然也设立了内部司法机制来解决职员争端，但其司法机构具有综合职能，除受理职员争端案件外，还有权受理其他类型的案件。欧盟法院就是典型的此类机构，它对职员争端以及与欧盟机构相关的合同、知识产权、国家援助等各类争端具有管辖权。[1] 当然，欧盟因其"超国家性"，相比于其他国际组织可能拥有成员国让渡的更多权力。这使得欧盟法院能够被赋予更多的司法权力来管辖其他与欧盟履行职能相关的争端。其他国际组织由于不具备该特性，可能很难设立一个类似于欧盟法院这样包括职员争端解决在内的、具有广泛管辖权的司法机构。[2] 所以，欧盟及其法院的特殊性让很多人认为这种模式在现阶段借鉴意义不大，但毫无疑问，欧盟法院解决职员争端的模式是一种高效而经济的选择。

2. 内部司法机制的审级安排

如果国际组织选择设立自己的内部司法机制，那么它需要面对的另一个较为重要的基础性问题则是审级安排。国际组织内部司法机制的审级主要分为一审终审与两审终审。具有内部司法上诉机制的国际组织并不多，目前最具代表性的为联合国与欧盟。联合国在2009年的内部司法改革中设立了上诉机制。欧盟则早在1989年就设立了内部司法上诉机制，并在经历一系列改革后形成以普通法院（General Court）为初审法院，欧洲法院（Court of Justice）为上诉法院的司法架构。除此之外，法语国家及地区国际组织（Organisation internationale de la Francophonie，OIF）也为其职员争端的解决提供了上诉的可能。

这些国际组织之所以设立上诉机制，很大程度上是因为在一审终审的情况下，法庭的裁决缺乏监督和纠正。同时，国际组织职员争端所适用的法律仍处于不断发展、完善之中，并没有形成一个明确统一的规范体系。上诉机制也存在不足。多设置一级司法机构将增加国际组织的成本开支，并且如果机制设计得不合理，没有合适的上诉筛选、时效限制等制度，那么上诉可能导致滥诉和降低案件的处理效率。但考虑到上诉机制相比一审终审制度可为司法公正以及当事方权益提供更充分的保障，在国际组织财政条件允许、内部司法制度合理的情况下，设立上诉机制显然是一个更好的选择。[3]

---

[1] See Court of Justice of the EuropeanUnion, "Presentation", https://curia.europa.eu/jcms/jcms/Jo2_7033/en/.

[2] 有数量极少的国际组织内部司法机制除职员争端外，还对其他类型的争端具有管辖权。例如，《国际统一私法协会章程》第7条第2款规定，国际统一私法协会（International Institute for the Unification of Private Laws）的行政法庭对该协会与第三方之间的合同关系所产生的争端有管辖权。但其司法管辖范围仍然非常有限。

[3] 以上内容主要参考李赞、唐彦嘉：《论构建在华国际组织构建内部司法机制的模式与路径》，载《国际法研究》2023年第6期。

第四节 联合国及其专门机构与区域性国际组织

联合国是目前世界上最大和最重要的综合性国际组织，几乎包括世界上的所有国家，在国际事务中发挥着越来越大的作用。联合国是在第二次世界大战后建立的，它的建立是世界人民渴望永久和平和普遍安全的结果。

一、联合国的主要机关

联合国的 6 个主要机关是：大会、安全理事会（以下简称安理会）、经济及社会理事会（以下简称经社理事会）、托管理事会、秘书处和国际法院。除国际法院将在后文"和平解决国际争端"一章中讨论外，下面将简要介绍一下联合国主要机关。

（一）大会

1. 大会的组成

联合国大会由联合国所有会员国组成，每个会员国有一个投票权，可以派 5 个代表。

非会员国、国际组织和其他政治实体，可以经联合国大会的批准以观察员的身份出席联合国大会。观察员经大会的允许可以发言，但没有投票权。

大会每年从 9 月的第三个星期开始召开常会，一般持续到 12 月 25 日。如果会议的日程没有结束，可以在第二年春天继续进行。除了常会外，大会还可以在半数以上的会员国请求之下召开紧急会议或特别会议以便解决突然产生的问题。除全体会议外，大会还设有 6 个主要委员会以便分担大会的工作：第一委员会，即裁军与国际安全委员会；第二委员会，即经济与金融委员会；第三委员会，即社会、人道主义和文化委员会；第四委员会，即特别政治和非殖民化委员会；第五委员会，即行政和预算委员会；第六委员会，即法律委员会。[1] 此外，每届常会还设立两个程序委员会，即总务委员会和全权证书委员会。为了有效地行使其职权，大会还设立了一些常设和临时机构。其中的一个最重要的常设附属机构是 2006 年建立的人权理事会。

2. 大会的职权

《联合国宪章》第 10 条规定："大会得讨论本宪章范围内之任何问题或事项，或关于本宪章所规定任何机关之职权；并除第 12 条规定外，得向联合国会员国或安全理事会或兼向两者，提出对各该问题或事项之建议。"《联合国宪章》第 12 条规定，当安理会对于任何争端或情势正在执行本宪章所授予的职务时，大会非经安理会请求不得提出任何建议。可见大会享有广泛职权，概括起来可以分为两个方面：一般权力和在维持国际和平与安全方面的权力。

大会的一般权力涉及《联合国宪章》范围内的任何问题，包括负责整个联合国组织

---

[1] 1992 年以前有 7 个委员会，但 1992 年决定将第七委员会，即特别政治委员会与非殖民化委员会合并，成为现在的政治和非殖民化委员会。

的运作和联合国各项职能的有效履行。经社理事会和托管理事会，作为联合国的两个主要机关，它要对大会负责，执行大会交给的工作并向大会报告它们的工作。应该特别指出的是，大会根据《联合国宪章》第 13 条第 1 款，负责"提倡国际法之逐渐发展与编纂"。

根据《联合国宪章》第 11、12、14 和 35 条的规定，对于危及国际和平与安全的问题，只要安理会没有就该问题执行其职权，大会就有权进行讨论并提出解决问题的建议。如果安理会正在就某此类问题执行其职权，除非受到安理会请求，大会不得就该问题提出任何建议。[1] 在实践中，为了避免两个机关就同一个问题作出相互冲突的决议，安理会一般采取终止执行其职权的办法，而不是在讨论或审议一个问题的同时请求大会提出建议。[2] 实际上，在安理会不是有意终止执行其职权而是由于五大国不能取得一致无法履行其权责的特别情况下，大会曾经就危及国际和平与安全的问题进行讨论并提出解决问题的建议。1950 年 11 月 3 日，联合国大会通过的题为"团结一致共策和平"的决议，即著名的"377 号决议"提出了大会的这种主张。例如，大会依据该项决议于 1956 年的苏伊士运河事件、1958 年和 1960 年的南非、安哥拉、突尼斯等事件中，在安理会因否决权不能执行其职权时对这些问题的解决提出建议。但是，除 1956 年苏伊士运河事件外，大会依据"377 号决议"采取的行动并未取得明显效果。[3]

此外，根据《联合国宪章》第 35 条，对于可能引起国际摩擦或威胁国际和平与安全的争端行使讨论和提出建议的权力。但是同样受到《联合国宪章》第 12 条规定的上述限制。

总之，大会有广泛的职能，但是它的权力相当有限，大会的权力仅限于"讨论"和"建议"。此外，大会不是立法机关，除了关于联合国组织内部事项的决议，它通过的大部分决议对成员国都没有法律拘束力，仅具有"讨论"和"建议"的性质。

（二）安全理事会

1. 安理会的组成

安理会由 5 个常任理事国和 10 个非常任理事国组成。[4]《联合国宪章》第 23 条将常任理事国确定为：中国、法国、英国、美国和苏联（现在是俄罗斯）。非常任理事国由大会选举产生，任期 2 年，每年选举 5 个，不得连任。[5] 每个理事国可以派 1 名代表。

---

〔1〕 即便如此，大会仍可以就该问题展开讨论，因为《联合国宪章》第 12 条仅限制大会这方面的建议权。参见许光建主编：《联合国宪章诠释》，山西教育出版社 1999 年版，第 118 页。

〔2〕 参见许光建主编：《联合国宪章诠释》，山西教育出版社 1999 年版，第 118—119 页。

〔3〕 联合国大会根据 377 号决议已召集了 11 届特别紧急会议，包括 1958 年 8 月第 3 关于中东问题；1960 年 9 月第 4 届关于刚果问题；1967 年 6 月第 5 届关于中东局势问题；1980 年 1 月第 6 届阿富汗局势问题；1980 年 7 月至 1982 年 10 月的第 7 届巴勒斯坦问题；1981 年 9 月的第 8 届纳米比亚问题；1982 年 1 月的第 9 被占领的阿拉伯领土问题；1997 年以来的第 10 届被占领的东耶路撒冷和其他巴勒斯坦地区问题等；2014 年以来的第 11 届紧急特别会议。参见联合国网站。

〔4〕 根据 1965 年的联合国宪章修正案，非常任理事国从原来的 6 个，增加到 10 个。

〔5〕 规定不得连任是为了避免产生"准常任理事国"。这种规定是吸取国联的教训，因为国联允许非常任理事国在一定条件下连任并由此引起国联内部的不和。

安理会设有两个常设委员会：专家委员会和接纳新会员国委员会。

2. 安理会的职权

安理会主要负责维护国际和平与安全。根据《联合国宪章》第24条，为了能够迅速有效地采取行动，联合国会员国将维持国际和平与安全的主要责任授予安理会，并同意安理会代表它们执行职务。为此《联合国宪章》在第6—8章和第12章中授予安理会以特定的权力。根据这些规定，安理会的权力可以归纳为以下几个方面。

（1）断定威胁和平与安全行为之存在。根据《联合国宪章》第39条，安理会有权断定是否存在任何对和平的威胁、破坏和平的行为和侵略行为。一旦断定存在任何此等行为，安理会为维持或恢复国际和平及安全应按照《联合国宪章》第41、42条规定的办法作成建议或抉择。

（2）采取强制性集体非武力制裁行动。根据《联合国宪章》第41条，安理会应首先决定采取非武力的办法以便维持或恢复国际和平及安全，包括经济关系、铁路、海运、航空、邮电、无线电及其他交通工具的局部或全部停止，以及断绝外交关系。联合国建立以来，安理会曾多次适用第41条的规定，采取各种非武力的方法，维持或恢复国际和平与安全。特别应该提及的是1966年安理会对南罗得西亚实行的强制性集体制裁，这是联合国的历史上安理会第一次适用第41条。[1]此外，安理会对伊拉克的制裁也是非常重要的实践。

（3）采取强制性集体武力行动。如果非武力的方法仍不能达到目的，安理会可以根据《联合国宪章》第42条采取武力行动。《联合国宪章》第42条规定："安全理事会如认为第41条所规定之办法为不足或已经证明为不足时，得采取必要之空海陆军行动，以维持或恢复国际和平及安全。此项行动得包括联合国会员国之空海陆军示威、封锁、及其他军事举动。"自《联合国宪章》生效到20世纪80年代末，由于冷战的缘故，安理会适用第42条的规定，采取集体军事行动，只有一次：1950年针对朝鲜的军事行动。然而，这唯一的一次还被认为是武力强制的非法适用，"因为这项决议是在安理会两个常任理事国——中华人民共和国和苏联——不在场的情况下通过的"。[2]

后冷战时期安理会在适用第42条采取集体军事行动方面有了很大改变。尽管冷战以后安理会在执行强制行动方面展现出新的希望，但是在制止有常任理事国参与的非法使用武力或武力威胁方面，仍然不能发挥有效作用。

（4）促使国际争端的和平解决。安理会在和平解决国际争端方面也负有重要责任。联合国建立以来，安理会在其权限范围内为和平解决争端作出了重要贡献。根据《联合国宪章》的规定，该机构在四个方面发挥作用。

首先，根据《联合国宪章》第36条第1款和第11条第2款，安理会跟大会一样，都有权对在其职权范围内的国际争端解决提出建议。例如，1948年在阿拉伯和以色列的

---

[1] 参见安理会1966年2月16日第232号和1968年5月29日第253号以及S/RES/232和S/RES/253等决议。

[2] 参见许光建主编：《联合国宪章诠释》，山西教育出版社1999年版，第320页。

冲突的早期阶段，大会就为巴勒斯坦的未来制定了一个详细的计划。[1] 又如，1976 年安理会建议希腊和土耳其为解决争端而恢复直接对话。[2]

其次，在对事实的调查方面，安理会和大会一样都曾广泛利用调查的方法，对许多国际争端展开过调查。为此，曾经建立过许多辅助机构。建立专门辅助机构的目的可以是单纯地进行实地调查，例如，1947 年安理会在希腊边境进行的调查；也可以是进行调停、调查与和解，例如，1947 年联合国大会建立的巴尔干特别委员会、1948 年对印度和巴基斯坦争端、1949 年对希腊与保加利亚等国的边界争端、1979 年对阿拉伯领土争端、1987 年对伊朗和伊拉克争端、20 世纪 90 年代对伊拉克的核危机、2005 年对黎巴嫩恐怖行为等进行的调查。调查一般采取由安理会委派专门调查小组或委员会等方式进行。除非争端各方同意作出相反的规定，调查报告一般不对外公布。

再次，安理会和大会一样，也常常通过斡旋促进和平解决争端。特别是在联合国建立之初，这两个机构都曾为此建立专门委员会从事斡旋。例如，1947 年安理会专门建立了一个由比利时、澳大利亚和美国的代表参加的斡旋委员会，以便促进恢复关于印度尼西亚独立的谈判并监督荷兰与印度尼西亚之间停火。此外，安理会和大会都曾委派个人、联合国的其他机构进行斡旋。[3] 例如，哈马舍尔德担任秘书长期间就曾经多次从事此类工作。[4]

最后，安理会和大会一样，还可以将争端提交联合国其他机关去解决。虽然《联合国宪章》没有明确规定安理会向大会提交任何国际争端，但在实践中，安理会一般通过将某项争端从其日程中撤销的方式让大会来处理。根据《联合国宪章》第 36 条第 3 款，原则上安理会应注意，凡是具有法律性质的争端应由争端当事国根据国际法院规约的规定提交国际法院解决。但是，在实践中安理会很少这样做。[5]

3. 常任理事国的"否决权"

安理会有特殊的表决程序。根据《联合国宪章》第 27 条，每一个理事国有一个投票权。表决程序依表决事项的不同遵循不同的规则。凡是程序性事项，例如，议题列入议程、推迟审议议程上的议题、暂停或终止会议等，"应以九理事国之可决票表决之"。"安理会对于其他一切事项之决议。应以九理事国之可决票包括全体常任理事国之同意票表决之。"这就意味着任何一个安理会常任理事国对于所有非程序性事项，即所谓实质性事项，如果投了反对票，该项决议就不能通过。这就是常任理事国的"否决权"。安理会对实质性事项的表决所实行的规则通常称为"五大国一致"规则，或"雅尔塔规

---

[1] 联合国大会第 194（Ⅲ）号决议。
[2] 安理会第 395 号决议（1976 年）。
[3] 充当斡旋人或调停人是联合国秘书长在和平解决争端方面从事的最重要的活动，这个问题将在后面详述。
[4] 参见 J.G. Merrills, *International Dispute Settlement*, 3rd Edition, Cambridge University Press, 1998, p.225。
[5] 到 2001 年为止，安理会明确建议争端当事方诉诸国际法院的事仅有一次，即 1947 年建议英国和阿尔巴尼亚将科孚海峡争端提交国际法院解决。参见 Bruno Simma(ed), *The Charter of United Nations: A Commentary*, 2nd Edition, Oxford University Press, 2002, p.627。

则"。此外，关于某事项是否实质性事项的问题如需表决，该事项本身也是实质性事项，常任理事国也可以使用"否决权"，即所谓"双重否决权"。

否决权是吸取了国联的教训在 1945 年 2 月召开的雅尔塔会议上确定下来的。国联行政院关于实质性决议的表决实行出席会议的全体委员国一致同意的规则，即每个委员国都有否决权。由于不能迅速有效地作出反应，这种全体一致通过的规则严重地阻碍了行政院，使其很难在维持国际和平与安全的重要问题上通过决议。1945 年雅尔塔会议确定的"五大国一致"规则既吸取了国联的教训，因而没有采取安理会所有成员的全体一致通过规则；也反映了第二次世界大战期间大国同心协力赢得战争胜利的经验，因而坚持 5 个常任理事国一致的规则。

但是，五大国的否决权遭到了许多中小国家的反对。[1]特别是冷战期间两个超级大国滥用否决权的情况时有发生。一些国家曾经在联合国大会提出限制或取消否决权的主张。[2]不过，因为任何直接地限制或取消否决权都会涉及修改《联合国宪章》的问题，而修宪属于非程序性事项，除非五大国一致同意限制或取消否决权，否则"否决权"本身就是难以逾越的障碍。

有两个与"否决权"的行使相关的问题需要特别提起注意，即弃权和缺席的问题。第一个问题是，常任理事国如果投弃权票可能产生什么效果的问题。《联合国宪章》第 27 条第 3 款规定："但对于第六章及第五十二条第三项内各事项之决议，争端当事国不得投票。"这就意味着作为争端当事国，常任理事国被迫或被强制弃权。由于这种强制性弃权的规定是以回避原则为基础的，构成了"五大国一致规则"的例外，因此，强制性弃权不应产生阻止安理会通过决议的后果。但是，常任理事国自愿的弃权是否产生否决的效果呢？从联合国建立以来的实践来看，回答是否定的。因为"常任理事国已把主动弃权不被视为否决的实践接受为是宪章法律的一部分"。与"否决权"相关的第二个问题是，常任理事国因故缺席不能参加投票是否影响安理会决议的通过？在常任理事国缺席的情况下安理会通过的决议是否有效？[3]

（三）经济及社会理事会

1. 经社理事会的组成

经社理事会由经过联合国大会选举产生的 54 个成员国所组成，每年选举其中的 1/3，可连选连任。每个理事国应有一名代表，一个投票权。理事会的决议经出席及投票的理事国过半数表决通过。虽然《联合国宪章》没有规定选举的标准，但在实践中形成了关于地域分配的某种谅解。在 54 个理事国中有 14 个非洲国家、11 个亚洲国家、10 个拉丁美洲和加勒比地区国家、6 个东欧国家、13 个西欧和其他国家（即澳大利亚、新西兰、加拿大、美国等不属于西欧地区的发达国家）。

为了便于履行其职权，经社理事会可以建立经济与社会部门，特别是建立以提倡人

---

[1] 规定否决权的第 27 条，在旧金山会议上是以 30 票对 2 票、15 票弃权通过的。参见赵理海：《联合国宪章的修改问题》，北京大学出版社 1982 年版，第 125—126 页。

[2] 赵理海：《联合国宪章的修改问题》，北京大学出版社 1982 年版，第 126—132 页。

[3] 参见许光建主编：《联合国宪章诠释》，山西教育出版社 1999 年版，第 199 页。

权为目的的各种委员会以及其他委员会（《联合国宪章》第68条）。据此该理事会迄今设有8个职司委员会、5个区域委员会、3个常设委员会、4个由政府专家组成的专家机构、5个其成员以个人身份工作的专家机构和5个其他相关机构。

2. 经社理事会的职权

根据《联合国宪章》第62条的规定，经社理事会在国际经济、社会、文化、教育、卫生及其他相关方面享有广泛的权力。它可以就上述这些事项进行研究并提出报告；向联合国大会、联合国会员国和相关机构提出这些事项的建议案（第1款）。在人权方面，它可以提出建议案以便"增进全体人类之人权及基本自由之尊重及维护"（第2款）。此外，它还可以就其职权范围内的事项拟定公约草案和召集国际会议（第3、4款）。

根据《联合国宪章》第57条、第63条和第64条的规定，为了使联合国在国际经济及社会合作方面成为协调各国行动的中心，经社理事会可以通过与各种经济、社会、文化、教育、卫生及其他相关方面的专门性国际机构签订协议的方式与其建立法律联系并协调各机构的政策和活动。与经社理事会建立这种法律联系的国际机构称为"联合国的专门机构"，目前已经有19个。

虽然同样是联合国的主要机关，但是经社理事会应该在安理会邀请下向其提供情报并应向其提供协助（第65条）；经社理事会还应该在其职权范围内执行大会的相关建议，在联合国会员国或联合国专门机构请求之下并经联合国大会同意向前者提供服务。

（四）托管理事会

1. 托管理事会的组成

根据《联合国宪章》第86条的规定，托管理事会由三部分成员组成：管理托管领土的会员国、不属于管理托管领土会员国的安理会常任理事国和经联合国大会选举产生的必要数额的其他会员国。后者的任期为3年，前两者则不受任期限制。

2. 托管理事会的职权

托管理事会是联合国为执行监督国际托管制度的执行情况而建立的专门机关，在联合国大会的权力之下行使其职权。托管理事会的职权主要包括：审查托管当局提交的报告；审查来自托管领土的居民或其他各方提交的书面或口头请愿书；向托管领土派遣视察团对托管领土进行视察以及根据托管协定的规定行使上述其他职权（《联合国宪章》第87条）。

托管制度是在国际联盟的委任统治制度基础上建立起来的，但是理论上其潜在适用范围比国联的委任统治制度要广泛得多。根据《联合国宪章》第77条，托管制度适用于：前委任统治之下的领土、自敌国分离出去的领土和被自愿置于托管制度下的领土。在非殖民化过程中，所有托管领土与非自治领土先后依据国际法上的自决原则摆脱了殖民统治或附属地位并建立独立国家。托管理事会的工作随着帕劳于1994年结束托管地位从而成为独立国家而告结束，至此所有的托管领土均获得自治或独立。因此，随着托管理事会历史使命的完成，其存在的必要性已经消失。1994年11月1日托管理事会暂停运行。[1]

（五）秘书处

1. 秘书处的组成

秘书处由秘书长一人和办事人员若干人组成。办事人员中包括副秘书长、助理秘书长以及其他高级官员和工作人员。秘书处下设各个部门，分管各自领域内的事务，这些部门从1946年的8个增加到现在的30多个，其中包括秘书长办公厅、法律事务厅、维护和平部、政治事务部、经济发展部、难民事务高级专员办公室、人权事务高级专员办公室、环境署、人道事务部等。秘书处办事人员的人数是按联合国组织的需要确定。

秘书长经安理会推荐由联合国大会委派。只有获得安理会和大会共同支持的人才能当选。特别是安理会的推荐，由于属于非程序性的事项，还必须适用"五大国一致"规则，安理会常任理事国可以行使否决权。联合国建立以来，已经有8任秘书长。[2]

秘书长是联合国的行政首长（《联合国宪章》第97条），以个人身份任职，不代表任何国家，仅对联合国组织负责。在秘书长及办事人员执行职务时，"不得请求或接受本组织以外任何政府或其他当局之训示，并应避免足以妨碍其国际官员地位之行动"。（《宪章》第100条）

2. 秘书长的职能

根据《联合国宪章》第98条和第99条的规定，秘书长的职能可以归纳为：

首先，以秘书长的资格在联合国大会、安理会、经社理事会及托管理事会行使职务。这些职务包括为大会和各理事会的会议提供一切相关服务；传递信息；保存国际公约、条约或协定等。

其次，执行联合国大会及各理事会托付的其他职务。特别是在和平解决争端方面，联合国建立以来，联合国大会和安理会委托秘书长执行了许多政治职务。关于秘书长执行这类职务的情况将在后面"和平解决争端"的章节中详细讨论。

最后，向联合国大会提交报告。根据《联合国宪章》第98条，秘书长应向大会提交关于联合国工作的常年报告。这是秘书长应尽的义务。[3]

二、联合国专门机构

（一）联合国专门机构的概念及特征

与联合国的主要机关不同，联合国专门机构是指根据《联合国宪章》第57条和第

---

[1] 1994年4月25日，该理事会通过决议修改了其议事规则，取消了年会并同意在大会或安理会时召开会议。

[2] 第一任为特里格弗·赖伊（挪威），第二任为达格·哈马舍尔德（瑞典），第三任为吴丹（缅甸），第四任为库尔特·瓦尔德海姆（奥地利），第五任为哈维尔·佩雷斯·德奎利亚尔（秘鲁），第六任为布特罗斯·加利（埃及），第七任为科菲·安南（加纳），第八任为潘基文（韩国），第九任为古特雷斯（葡萄牙）。联合国在实践中形成了不推荐安理会常任理事国的国民担任秘书长的惯例。

[3] 秘书长的报告主要内容是联合国在本年度工作的重大进展概况介绍，包括联合国大会一般性辩论的热点问题，是了解联合国最新发展的重要资料。要查看这些报告的内容，可以登录联合国网站。

63条的规定通过签订协议的方式与联合国建立了法律关系的专门性国家间经济、社会及其他组织与机关，《联合国宪章》将其简称为"专门机关"。

联合国专门机构有三个特点：第一，它们是国家间国际组织，不是私人团体或学术研究机构，也不是非政府组织。第二，它们是在经济、社会、文化、教育、卫生及其他相关方面负有广泛国际责任的专门性国际机构，不是区域性组织，也不是仅负有有限责任的组织。这些机构有些在国际联盟建立前就已经存在，但多数是联合国建立后才成立的。联合国愿意与非政府组织和区域性国际组织建立联系，但它们不是《联合国宪章》第57条所指的联合国专门机构。第三，它们通过与联合国经社理事会签订协议与联合国建立了法律联系。

（二）联合国专门机构的现状

与联合国建立关系的协议一般先由经社理事会发起关于协议的谈判，谈判由该理事会的谈判委员会直接与相关的专门机构进行。然后将谈判达成的协议提交经社理事会，再提交联合国大会批准。协议得到批准后即宣布该专门机构与联合国建立关系。

迄今为止，联合国共有19个专门机构，它们是：（1）1865年成立的国际电信联盟；（2）1875年成立的万国邮政联盟；（3）1919年成立的国际劳工组织；（4）1945年成立的粮食及农业组织；（5）1945年建立的国际复兴开发银行；（6）1945年成立的国际货币基金组织；（7）1946年成立的联合国教育、科学及文化组织；（8）1947年成立的国际民用航空组织；（9）1948年成立的世界卫生组织；（10）1950年根据《世界气象公约》建立的世界气象组织；（11）1956年成立的国际金融公司；（12）1958年成立的国际海事组织；（13）1960年成立的国际开发协会；（14）1967年成立的世界知识产权组织；（15）1977年成立的国际农业发展基金；（16）1985年成立的联合国工业发展组织；（17）1988年成立的国际多边投资保证机构；（18）1966年成立的国际投资争端解决中心；（19）1970年通过其组织规约的世界旅游组织。[1]

（三）专门机构与联合国的关系

如上所述，专门机构根据《联合国宪章》第57条和第63条的规定通过签订协议的方式与联合国建立关系并从而成为联合国专门机构。因此，它们与联合国的关系是由相关的国际协议建立的。尽管各个专门机构与联合国建立联系的协议都有一些不同内容，但在规定其与联合国的关系上内容基本相同，主要包括以下几个方面。

1. 协调与被协调

《联合国宪章》第57条的目的是保证联合国成为在国际经济及社会合作方面协调各国行动的中心，从而避免因各国际专门机构重复性资源投入造成的浪费或在行使其职能上可能产生的矛盾或冲突。因此，协调各个联合国专门机构的工作和活动是联合国的权利，接受并服从协调是各专门机构的义务。例如，在建立关系的协议中一般规定，联合国专门机构要向经社理事会提交报告，后者有权审议这些报告并提出建议。为

---

[1] 参见联合国网站。关于世界旅游组织的成立日期说法不一，主要原因是该组织的前身是1946年成立的非政府组织——国家旅游组织，详见世界旅游组织网站。

此，联合国还建立了一个协调工作行政长官委员会［the UN System Chief Eecutives Board（CEB）］。[1]该委员会可以在需要进行协调时直接或通过其小组委员会审查所有专门机构的整个运作情况，确定优先顺序以便集中精力和资源。经社理事会自己也建立了一个项目与合作委员会，与协调工作行政委员会联合召开会议。

2. 互派代表

联合国组织与一些联合国专门机构之间可以互派代表参与对方的各种会议，但是没有投票权。这样的安排对于联合国与专门机构的相互沟通以及对联合国协调作用的发挥都是至关重要的。

3. 成员国资格方面的联系

大多数联合国专门机构在接受会员国方面都给予联合国会员国以一定的优惠待遇，即如果一国已经成为联合国会员国，只要该国接受该专门机构的组织文件就可以成为其成员国。而对于非联合国会员国的接受，必须经过申请、审议和批准等程序。

4. 专门机构与联合国不存在隶属关系

联合国专门机构都是具有独立法律地位的实体，不是联合国的附属或辅助机构。因此，它们与联合国没有隶属关系。除非在建立关系的协议中另有规定，它们的决议和活动无须得到联合国的审查或批准。

三、区域性国际组织

（一）区域性国际组织概述

区域性国际组织是指其成员国仅限于某一特定区域范围的国际组织。目前欧洲、美洲、亚洲、非洲和太平洋地区都有许多各种不同的区域性国际组织。它们有的属于综合性的，例如，美洲国家组织、非洲统一组织（现在的非洲联盟）等；有的是专门性的，例如，阿拉伯石油输出国组织、非洲油料生产国组织等；还有的完全是冷战的产物，因此主要是军事性的，例如，北大西洋公约组织、华沙条约组织等。

应当指出的是，有些区域性国际组织，例如，北大西洋公约组织或者欧洲安全与合作组织，成员国跨越了区域的界线。美国和加拿大都是这两个组织的成员国。但是，由于这些组织毕竟不是向世界开放的而且其主要成员国均在一个特定区域，仍然可以将其视为一个区域性组织。

除了区域的局限性使其成为成员封闭的实体外，区域性国际组织与普遍性国际组织在国际法上的地位和特征以及其组织职能、结构等各方面都是类似的。

（二）区域性组织与联合国的关系

《联合国宪章》第8章在和平解决争端和采取强制行动两个方面规定了区域性国际组织与联合国的关系。根据第52条，《联合国宪章》并不排除用"区域办法或区域机关"应付关于维持国际和平与安全的事件。但条件是，"此项办法或机关及其工作与联合国之宗旨及原则符合"。联合国会员国在将地方争端提交联合国安理会之前，应先交由区

---

[1] 委员会由联合国秘书长和各专门机构的行政首长组成，委员会的主席由秘书长担任。

域机关用和平方法加以解决。

根据第 53 条，安理会在执行集体安全体制下的强制行动时，可以在适当情况下利用区域办法或区域机关。遇此情形，相关的区域组织应与安理会配合。例如，1965 年安理会通过决议对南罗得西亚采取强制性制裁行动时就曾要求非洲统一组织协助安理会决议的执行。[1] 区域组织在采取制裁行动或使用武力维持国际和平与安全时，必须得到安理会的授权。根据《联合国宪章》第 54 条，无论何时，区域组织为维持国际和平与安全而采取或正在考虑采取行动，有义务向安理会报告。[2]

重要名词术语

国际组织、国际非政府组织、国际组织特权与豁免、国际组织法律人格、联合国安全理事会、国际组织内部司法

思考题

1. 国际组织豁免与国际法上其他豁免制度的异同。
2. 国际组织的组织形态和分类。
3. 国际组织内部司法的发展现状。
4. 联合国的主要机关。

典型案例分析

"陈诉联合国秘书长"案（Chen v. Secretary-General of the United Nations）

原告陈某花[3]女士从 1997 年起担任联合国制版校对科中文股（Chinese Unit of the Copy Preparation and Proofreading Section）股长。1999 年，联合国对该科的股长职位进行了职级调整，将英文、法文和阿拉伯文股的股长由 P-2 级升至 P-4 级。他们的薪酬也随之提升。但中文和俄文的股长职位没有进行调整。于是，陈女士于 2006 年向该科管理人员提交了职级调整的申请，后者完全支持这一请求。然而，负责分管该领域的联合国助理秘书认为，联合国的六种官方语言难度不同，工作量也不同。因此，他拒绝对陈女士的职级进行调整。联合国大会和会议管理部（Department for General Assembly and Conference Management）于 2008 年 10 月 6 日通知陈女士，她的请求不能被批准。陈女士遂选择诉诸联合国的内部司法系统。该案经历了初审和上诉两个阶段。

在初审阶段，[4]联合国争议法庭认为，中文股与英文、法文和阿拉伯文股的工作在

---

[1] 参见联合国安全理事会 1965 年第 217 号决议，S/RES/217，联合国网站。
[2] 相关内容主要参考白桂梅：《国际法》（第三版），北京大学出版社 2015 年版，第十六章第三、四节。
[3] 案件的中文名为判决中的英文音译。
[4] See Chen v. Secretary-General of the United Nations, UNDT/2010/068, 22 April 2010.

工作性质与工作量上没有本质区别。因此，联合国行政当局拒绝调整陈女士职级的决定违反了《工作人员条例》的相关规定，即秘书长应遵照大会所制定的原则，按照职员需要承担职务和责任的性质，适当调整其职位级别。同时，这一决定也违反了《世界人权宣言》《经济社会文化权利国际公约》中关于"同工同酬"原则的规定。依此，法庭命令秘书长向陈女士支付赔偿金。随后秘书长选择提起上诉。

在上诉阶段，[1]联合国上诉法庭肯定了初审判决，并回应了秘书长的上诉诉求。秘书长认为联合国争议法庭的裁决篡夺了其行政裁量权。对此，上诉法庭表示这一观点是错误的，因为任何裁量权都不能以专断、任意或非法的方式行使。联合国行政当局并不拥有违反同工同酬原则的裁量权。此外，法庭还重申了不同语言校对工作的平等性，指出中文与其他语言一样同等重要，对陈女士的区别对待是一种歧视与侮辱。最终，联合国上诉法庭维持了原判。

"陈诉联合国秘书长"案体现出国际组织行政当局在行使权力的过程中可能会出现滥用或专断的现象，侵犯职员的个人权益。组织的内部司法系统则能够对行政当局的行政行为进行监督与规制，防止其裁量权过度膨胀。正如联合国上诉法庭在案件中所言："任何裁量权都不能以专断、任意或非法的方式行使。"这种通过司法机关对行政机关的制衡，有助于推动国际组织内部法治建设。

同时，该案保障了陈女士同工同酬的权利，体现出内部司法系统在保障基本人权方面的重要意义。在法庭的法律适用上，案件还强调了除组织的内部法律文件外，《世界人权宣言》等国际人权文件中的人权原则同样可以适用于国际组织职员争端的处理。

通过审理此类案件，内部司法系统不仅为受到不公正对待的职员提供了救济，还促使国际组织反思和审视其内部规范和程序，确保它们与人权、法治等基本法律理念相一致。

---

[1] See Chen v. Secretary-General of the United Nations, 2011-UNAT-107, 11 March 2011.

第九章　国际法上的个人

【内容提示】

国际法上的个人是指在一国境内并且受该国管辖的人，也被称为国际法上的居民。国籍在确定个人对国家的不同关系和不同的法律地位上具有重要的意义。因此，研究国际法上的个人问题，首先必须了解什么是国籍。

国籍是指一个人属于某一国家的国民或者公民的法律资格，是国家与个人之间的一种固定的法律联系。国家由个人所组成，国籍表明一个人与某一特定国家之间固定的法律联系。在国际法上，国籍对于国家和个人均有重要的意义，它构成了国际法上的管辖、引渡、外交保护等相关制度的基础。国籍是一个国家确定某人为其国民或者公民的根据，是确定一个人的法律地位的重要根据。同时，国籍既是国家行使管辖权的重要根据，也是国家对个人提供外交保护的依据。

国籍问题本身是主权国家的国内管辖事项，每个国家有权依照本国法律决定谁是它的国民。国籍法是指规定个人国籍的取得、变更、丧失以及处理国籍冲突的规则和原则的法律规范总称。国籍法属于国内法的范畴。国籍法虽然是国内法，但是，随着国际间人员交往的日益频繁，出现国籍立法的冲突和抵触是很自然的事情，也容易引起国际纠纷。因而，国籍问题又具有其国际性，成为国际法的一个重要内容。国籍的冲突分为积极冲突和消极冲突两种情况。国籍冲突的发生，主要是由于每个国家都有权按照自己的国家利益，自主地规定谁是它的国民，谁不是它的国民的原因。既然每个主权国家都有权这样做，它们的国籍立法就会多种多样，这些立法相互间总是有或多或少的差异，因而就必然会使有些人具有多重国籍，而有些人根本不具有任何国籍。

外国人是指在一国境内不具有居留国国籍而具有其他国籍的人。外国人处于居留国的属地管辖之下，他必须遵守居留国的法律和法令。由于外国人同时处于国籍国的属人管辖之下，他仍然负有效忠本国的义务，当他的合法权益受到侵害而用尽当地救济方法未获解决时，可以寻求获得其本国的外交保护。

外交保护泛指一国对在国外的本国国民，在其合法权益遭到所在国的违反国际法的侵害时，通过外交途径所进行的保护。国家有权对其在国外的本国国民的合法权益进行外交保护，这是国家属人管辖权的重要内容之一。国家机关根据国内法承担保护本国在外国的侨民的责任，各国的驻外使领馆的主要职务之一就是向本国公民提供外交保护。

庇护是指国家对于遭受追诉或迫害而来避难的外国人，准其入境和居留，给以保护，并拒绝将他引渡给另一国的行为。这种庇护，也叫领土庇护。庇护是国家的主权行为,是国家从它的属地优越权引申出来的权利。对于请求政治避难的外国人,是否给予庇护,由给予庇护的国家自行决定。引渡是指一国应外国的请求,把在其境内被外国指控为犯罪或判刑的人,移交给请求国审理或处罚的一种国际司法协助行为。

广义上的难民是指因政治迫害、战争或自然灾害等而被迫离开其本国或其经常居住国而前往别国避难的人。狭义上的难民,仅指根据1951年《关于难民地位的公约》(以下简称《难民地位公约》)和1967年《难民地位议定书》所界定的难民。根据上述公约,难民在入境、居留和出境方面享有特定的权利。

第一节　国籍问题

一、国籍的概念

（一）概念

国际法上的个人（individual）是指在一国境内并且受该国管辖的人,也被称为国际法上的居民。国际法上的个人包括本国人、外国人、双（多）重国籍人和无国籍人。区别这些人的标志,就是看其所具有的国籍的情况。具有本国国籍的人是本国人,具有外国国籍的人是外国人,具有两个或多个国家的国籍的人是双（多）重国籍人,不具有任何国家的国籍的人是无国籍人。国籍在确定个人对国家的不同关系和不同的法律地位上具有重要的意义。因此,研究国际法上的个人问题,首先必须了解什么是国籍。

国籍（nationality）是指一个人属于某一国家的国民或者公民的法律资格,是国家与个人之间的一种固定的法律联系。广义地说,个人包括自然人和法人,因此,国籍问题也包括法人的国籍。不过,法人国籍与个人（自然人）国籍不完全一样,确定法人国籍的依据与个人不同,一般按照何国法律成立就是何国的法人。本章讨论的主要是个人（自然人）的国籍。

（二）国籍在国际法上的意义

国家由个人组成,国籍表明一个人与某一特定国家之间固定的法律联系。在国际法上,国籍对于国家和个人均有重要的意义,它构成了国际法上的管辖、引渡、外交保护等相关制度的基础。

第一,国籍是一个国家确定某人为其国民或者公民的根据。国际法以调整国家之间关系为主,并不直接对个人赋予权利和施加义务,而是通过国家与个人发生联系,将个人与国家联结的最主要因素就是国籍。某人取得一国国籍后,就成为该国的国民或者公民。

在大多数国家,国民与公民是两个相同的概念。但是在有些国家,国内法规定国民与公民在政治地位上是有差别的,因而国民与公民的含义也并不完全相同。从国际法的角度来说,凡具有一国国籍的人,都是该国的国民,而不论他在该国是公民或不是公民,因此,这种区别仅在国内法上具有重要意义,在国际法上则意义不大。

第二,国籍是确定一个人的法律地位的重要根据。在国际法上,本国人与外国人的法律地位是不同的。具有本国国籍的人就处于本国国民或公民的地位,受本国法律管辖,享有本国国民或公民的权利和承担义务。不具有本国国籍的外国人或者无国籍人处于外国人地位,依居住国法律享有有限的权利,比如一般不享有选举与被选举权,同时也不承担效忠国家、服兵役等义务。

第三,国籍是国家行使管辖权的重要根据。国际法上的国家的管辖权包括属地管辖、属人管辖、保护性管辖和普遍性管辖4种。属人管辖和保护性管辖是依据国籍进行管辖,需要区分本国人与外国人,因此国籍至关重要。例如,我国《刑法》第7条规定了属人管辖的内容,针对我国公民在我国领域外犯罪进行管辖;第8条规定了保护性管辖的内容,针对外国人在我国领域外对我国国家或者公民的犯罪进行管辖。

第四,国籍是国家对个人提供外交保护的依据。国家对于侨居在国外的本国人有权给予外交保护,并且不得拒绝本人入境回国。一国国民在国外的合法权益受到另一国不公正的待遇或非法侵害,并且不能通过正常途径获得所在国的适用救济或已用尽当地救济时,其国籍所属国可对其行使外交保护权。

二、国籍的取得和丧失

国籍的取得是指一个人取得某一国家的国民或公民的资格。根据各国的国籍立法和实践,国籍的取得主要有两种方式:一种是因出生而取得一国国籍;另一种是因加入而取得一国国籍。

(一)因出生而取得国籍

因出生而取得国籍,又称原始国籍,是指一个人由于出生而取得一国国籍。这是最主要的一种取得国籍的方式。各国国籍立法对因出生而取得国籍采取不同的立法原则,一般而言有两项原则,一是血统主义原则(*jus sanguinis*),二是出生地主义原则(*jus soli*),也有国家将两者结合。

(1)依血统主义原则取得国籍。就是根据亲子关系取得国籍,即以父母的国籍来确定一个人的国籍。根据这一原则,凡本国人所生的子女,不论出生在国内还是国外,当然具有本国国籍,而不问子女的出生地在何处。

(2)依出生地主义原则取得国籍。这是指一个人的国籍根据他的出生地来决定,也就是说,一个人出生在哪国,就取得哪个国家的国籍,而不问他的父母属于哪国国籍。

(3)依血统主义原则和出生地主义原则相结合的混合原则取得国籍。这是指亲子关系和出生地都是决定国籍的根据。不过,采取混合原则的国家,立法上也有不同。有的以血统原则为主,以出生地原则为辅,有的以出生地主义原则为主,以血统主义原则为辅,还有的则平衡地兼采两种原则。

(二)因加入而取得国籍

因加入而取得国籍,又称继有国籍,是指一个人由于加入某国国籍而取得该国国籍。继有国籍可以分为两类:一类是根据自愿申请而取得的继有国籍,例如,外国人或无国籍人通过本人自愿申请并经批准而取得该国国籍；另一类是不根据当事人的意思而根据法律规定的某些事实取得的继有国籍，如由于婚姻、收养、准婚生、领土变更等事实而根据有关国家国内法的规定取得该国国籍。

1. 自愿申请入籍

申请入籍，旧称归化，是指外国人或无国籍人按照一国法律规定，通过本人自愿申请并经批准而取得该国国籍。

一个国家是否允许外国人或无国籍人加入本国国籍，是一国主权范围内的事。国家可以根据本国法律的规定，或者批准当事人的申请而入籍，或者拒绝当事人的申请而不准入籍。入籍必须具备什么条件及经过什么法律程序，由各国法律规定。任何人没有权利主张一个国家必须接受他入籍，在不准入籍的情况下，该国无须说明理由，别国也无权干涉。

2. 由于婚姻入籍

这是指一国国民由于与他国国民结婚而取得他国国籍。由于婚姻而变更国籍的问题，主要是婚姻对女子国籍产生影响的问题。

婚姻对女子国籍的影响，各国法律规定是不同的。主要有以下三种情形：

（1）无条件的妻随夫籍。也就是说，凡是与本国男子结婚的外国女子即取得本国国籍，凡是本国女子与外国男子结婚即丧失本国国籍。

（2）外国女子与本国男子结婚，无条件地取得本国国籍，即采取妻随夫籍的原则；而本国女子与外国男子结婚，不必然变更国籍，即采取女子国籍独立的原则。

（3）外国女子与本国男子结婚，原则上取得本国国籍，但有一定条件；而本国女子与外国男子结婚，原则上丧失本国国籍，但也有一定条件。

但是，现在大多数国家国籍立法的倾向是，根据男女平等的原则和妇女国籍独立的原则，规定婚姻不影响国籍，即本国人与外国人结婚，双方各保有原来国籍。

3. 由于收养入籍

这是指一国国民收养无国籍或具有外国国籍的儿童为养子女，而使被收养的儿童取得收养者国家的国籍。

当一国的国民收养外国人为子女时，被收养者的国籍是否发生变更，按照各国的法律规定大致有三种情形：

（1）收养影响国籍。即本国国民收养的外国籍或无国籍的养子女，因收养而取得本国国籍。

（2）收养不影响国籍。即本国人收养外国人为子女，该养子女不当然取得养父母的国籍，而仍保留原国籍。

（3）收养虽不影响被收养人的国籍，但养父母所属国可以按优惠的条件给被收养人以该国国籍，优惠条件一般是指居住期限、年龄等。

4. 由于交换领土入籍

两国在平等的基础上依条约交换部分领土，该领土上的居民的国籍是否随领土的交换而变更，一般是依双方的协议解决的。

因加入而取得国籍，除以上几种主要情况外，还可以由于认领非婚生子女、取得住所等实现。另外，广义上也可以将国籍的恢复归入国籍的取得。恢复因为某种原因曾经丧失的国籍，获得的已经不是原始国籍了，属于继有国籍。个人恢复国籍，只能按照一般外国人申请入籍的程序进行，而是否能够重新获得国籍完全由国家主管部门决定。不过，包括我国在内的许多国家对曾经具有本国国籍的人申请复籍规定与一般外国人入籍不同的程序和标准。

（三）国籍的丧失

国籍的丧失是指一个人由于某种原因丧失他所具有的某一国家的国籍。各国国籍法一般都有关国籍丧失的规定，不过情况和条件不完全相同。概括而言，国籍的丧失可分为自愿和非自愿两种类型。

1. 自愿丧失国籍

是指根据本人的意愿而丧失国籍。有两种情形：一是本人自愿申请退籍，经批准后丧失本国国籍。各国国籍法都规定一些退籍的条件。二是在两个以上国籍中选择一个国籍，从而也发生丧失未选择的国籍的情形。

2. 非自愿丧失国籍

是指由于法定原因而非由于本人自愿丧失本国国籍。非自愿丧失国籍，主要是由于取得外国国籍、婚姻、被收养、被认领和被剥夺国籍等原因而丧失本国国籍。

三、国籍的冲突及解决

国籍的冲突可分为积极冲突和消极冲突两种情况。国籍冲突的发生，主要是由于每个国家都有权按照自己的国家利益，自主地规定谁是它的国民，谁不是它的国民的原因。既然每个主权国家都有权这样做，它们的国籍立法就会多种多样，这些立法相互间总是有或多或少的差异，因而就必然会使有些人具有多重国籍，而有些人根本不具有任何国籍。

（一）国籍的积极冲突

国籍的积极冲突，是指一个人同时具有两个或两个以上国家的国籍。具有两个国家的国籍称双重国籍，具有两个以上国家的国籍称为多重国籍。

具体来说，产生双重国籍的原因，主要有以下几种：

（1）由于出生。由于各国对因出生而赋予国籍所采取的原则不同就产生双重国籍。例如，有的国家对国籍的取得采取血统主义原则，有的国家对国籍的取得采取出生地主义原则，本国法律采取血统主义原则的某人，在采取出生地主义原则的国家所生的子女，一出生即具有双重国籍。

（2）由于婚姻。由于各国对女子与外国人结婚是否影响其国籍的问题采取不同的立法原则，妇女就可能由于婚姻取得双重国籍。例如，有的国家法律规定，本国女子与外国人结婚，不丧失国籍，同时，其丈夫国家的法律规定，外国女子因结婚取得其夫的国籍，这样，这个女子就由于结婚具有双重国籍。

（3）由于被收养。由于被收养产生双重国籍，也是由于各国对收养外国人是否影响该被收养者的国籍问题采取不同的立法原则的结果。

（4）由于入籍。由于各国对入籍的规定不同，也可能产生双重国籍。

（5）由于被认领，也可能产生双重国籍。

由于各国国籍法规定的不同而产生双重国籍或多重国籍，从法律角度来说，构成了国籍冲突，或称积极的国籍冲突。对双重国籍人来说，双重国籍使个人陷入困难境地。因为，双重国籍人与两个国籍国都有固定的法律联系，他可以享受两个国籍国赋予的权利，但他应同时效忠于两个国籍国，同时承担两个国籍国法律规定的义务。从国家之间的关系来看，双重国籍问题往往引起国家间的纠纷。对第三国来说，双重国籍给第三国对外国人的管理带来不便。

由此可见，双重国籍问题无论对个人，还是对国籍国和第三国，都会产生严重的后果，因此必须认真加以解决。解决双重国籍的问题，主要是消除已经存在的个人双重国籍的问题，以及防止今后产生双重国籍的问题。主要的途径有：

（1）国内立法。这是防止和减少双重国籍产生的有效办法。各国在制定国籍法时，应避免制定可能产生双重国籍的条款，或从积极方面制定避免产生双重国籍的条款。例如，准许有双重国籍的儿童在成年时可以自愿放弃某一国籍；外国女子与本国人结婚可以取得本国国籍，但如果该女子本国法准许她保留本国国籍（即不因结婚而丧失国籍），她就可以放弃本国国籍；本国人在外自愿取得他国国籍时，则当然丧失本国国籍；等等。

（2）双边条约。就是有关国家在平等的基础上，通过协商达成协议，签订双边条约，以解决两国间存在的双重国籍问题。例如，1955 年缔结的《中华人民共和国和印度尼西亚共和国关于双重国籍问题的条约》第 1 条规定，凡属同时具有中华人民共和国国籍和印度尼西亚共和国国籍的人，都应根据本人自愿的原则，就中华人民共和国和印度尼西亚共和国国籍选择一个国籍。

（3）国际公约。为了解决双重国籍问题，通过国际间协商制定国际公约以解决国籍的冲突。例如，1930 年《关于国籍法抵触的若干问题的公约》、1933 年《美洲国家间国籍公约》、1997 年《欧洲国籍公约》等，这些规定对于防止和减少双重国籍问题起到一定作用。

（二）国籍的消极抵触

国籍的消极抵触，是指一个人不具有任何国家的国籍，又称无国籍，即任何国家根据它的法律都不认为该人是其国民。

无国籍产生的原因，也是由于各国国籍法的不同规定。具体说，主要有以下原因：

（1）由于出生。一对无国籍的夫妇在采取纯血统主义的国家所生的子女，或者一对采取出生地主义国家的夫妇，在采取纯血统主义国家所生的子女，就是无国籍人。

（2）由于婚姻。一个采取婚姻影响国籍原则的国家的女子与一个采取婚姻不影响国籍原则的国家的男子结婚，就会产生无国籍人。例如，一国立法规定，本国人与外国人结婚丧失本国国籍，而对方国家的立法规定，外国人与本国人结婚不因此取得本国国籍，这便造成无国籍状态了。

（3）由于收养。一个采取收养影响国籍原则的国家的被收养人为一个采取收养不影响国籍原则的国家的收养人所收养，就产生无国籍人。

（4）由于被剥夺。某些国家的国籍法和有关法律规定有剥夺国籍的条款。如果一个人由于某种原因被剥夺了国籍，在未取得新国籍之前，他就是一个无国籍人。

无国籍人不具有任何国家的国籍。现在多数国家对无国籍人通常给予一般外国人的待遇。但当他的利益遭到侵害时，他不能请求任何国家给予外交保护，而任何国家也不会给予外交保护。无国籍人是不能享受根据互惠原则给予某些特定国家公民的优惠待遇的。

解决无国籍问题，通常采取两种方法：一是国内立法的方法。如《中华人民共和国国籍法》第6条规定：父母无国籍或国籍不明，定居在中国，本人出生在中国，具有中国国籍。二是签订国际公约的方法。如1954年《关于无国籍人地位的公约》、1961年《减少无国籍状态公约》等，这些规定有助于避免无国籍状态的发生。

四、国籍法律制度

（一）国籍法

国籍问题本身是主权国家的国内管辖事项，每个国家有权依照本国法律决定谁是它的国民。这一原则为《关于国籍法抵触的若干问题的公约》所肯定，并在1955年国际法院"诺特鲍姆案"的判决中得到承认。一国决定何人具有其国籍因而是它的国民或者公民的法律就是国籍法。

国籍法是指规定个人国籍的取得、变更、丧失以及处理国籍冲突的规则和原则的法律规范总称。国籍法属于国内法的范畴。由于国情、历史、文化和法律制度的差异，各国国籍立法的方式和所采纳的法律原则是不同的。就立法方式来说，大致有两种：一种是在宪法中规定国籍事项，另一种是以单行法来规定。最早用宪法规定国籍问题的是法国的1791年宪法，最早用单行法规定国籍问题的是普鲁士的1842年国籍法。就立法原则来说，在国籍的取得方面，有的国家采取血统原则，有的国家采取出生地原则，还有的国家采取血统原则与出生地原则结合的混合原则。

国籍法虽然是国内法，但是，随着国际间人员交往的日益频繁，出现国籍立法的冲突和抵触是很自然的事情，也容易引起国际纠纷。因而，国籍问题又具有其国际性，成为国际法的一个重要内容。国际社会为了解决国籍问题而通过一些多边国际条约。第二次世界大战前出现的比较重要的有关国籍的条约包括：1930年《关于国籍法抵触的若干问题的公约》《关于某种无国籍情况的议定书》《关于双重国籍某种情况下服兵役义务的议定书》和1933年《美洲国家间国籍公约》《美洲国家间关于妇女国籍的公约》等。联合国成立以后，联合国国际法委员会将国籍问题列为优先考虑的编纂项目之一。有关国籍的重要条约包括：1954年《关于无国籍人地位的公约》，1957年《已婚妇女国籍公约》，1961年《减少无国籍状态公约》《关于取得国籍的任择议定书》等。这些多边国际条约大致分为两类：第一类有关妇女的国籍问题；第二类有关国籍的积极和消极抵触，有助于减少无国籍人的产生，也有利于改善双重国籍人、无国籍人的地位。

（二）中国国籍法

中国在历史上曾对国籍是采取血统主义原则。旧中国曾制定和颁布过几部国籍法，第一部是1909年清政府颁布的《大清国籍条例》；第二部是1914年袁世凯政府颁布的《民国三年修正国籍法》；第三部是1929年国民政府颁布的《民国十八年修订国籍法》。这几部国籍法所采用的共同原则是血统主义，其处理国籍问题的基本原则和主要特点：一是在赋予原始国籍上以父系血统主义为主，对父亲国籍不明或无国籍的，才按母亲血统赋予国籍；对父母国籍均不明或无国籍人生于中国的子女，也采用了部分出生地主义的原则作为补充；二是对已婚妇女的国籍问题，采用了妻随夫籍的男女不平等原则；三是对加入和恢复中国国籍的人的待遇上存在一些歧视性的规定，主要是在政治待遇上与中国原始国籍人有很大不同，受到许多限制；四是承认和不避免双重国籍。

1949—1980年的30多年的时间里，我国虽然没有公布国籍法，但是，中国政府有一系列的国籍政策，正确处理了在当时复杂历史条件下的各类国籍问题。这些国籍政策的内容主要包括：承认历史上已经取得的国籍；以血统主义为主，以出生地主义为辅的原则赋予原始国籍；本着睦邻友好的精神，合理解决我国边境地区居民的国籍问题；既不主张，也不赞成双重国籍，积极妥善地处理历史遗留的双重国籍问题。国际社会的反华排华势力曾经一度高涨，一些侨居国外的华人由于历史造成的双重国籍问题，切身利益受到极大影响，也阻碍了新中国对外关系的发展。在上述基本思想的指导下，我国先后与印度尼西亚、马来西亚、泰国等东南亚国家在平等互利和互相尊重的原则下，通过签订双边条约和联合公报的形式，解决所在国华侨的双重国籍问题。

1980年9月10日，经第五届全国人民代表大会第三次会议审议通过，颁布了新中国第一部国籍法，即《中华人民共和国国籍法》（以下简称《国籍法》）。这部国籍法以法律形式重申了我国在国籍问题上的一贯原则，使之法律化，巩固和发展了30多年来我国处理国籍问题的经验。它还吸收了外国处理国籍问题的有益经验，尊重国际间处理国籍问题的通行习惯，体现和发展了我国一贯实行的有关国籍问题的政策和思想，成为我国处理国籍问题的主要法律依据。

中国现行《国籍法》的基本原则是：

第一，爱国主义和国际主义相结合的原则。《国籍法》规定，"中华人民共和国是统一的多民族国家，各民族的人都具有中国国籍"。我国是一个主权国家，凡中国公民都必须遵守我国的宪法和法律。适当而有效地解决华侨双重国籍问题，是我国外交政策的一个基本方针。我国一贯提倡和主张侨居外国的华侨根据自愿的原则加入居住国的国籍，对于已经取得居住国国籍的，即自动丧失中国国籍；同时，对于坚持保留中国国籍的，也表示欢迎，希望他们遵守居住国的法律，帮助侨居国发展经济，与当地人民友好相处。

第二，维护民族平等、民族团结和祖国统一的原则。有的国家视我国某些民族的人为他们的公民，通过他们的驻华使、领馆向我国一些民族的人发护照或国籍证件，也有些中国人未经批准退出中国国籍即领取了外国护照或外国公民证，为此，我们坚持各民族的人都具有统一的中华人民共和国国籍，对中国公民在境内取得的外国护照不予承认。

第三，在原始国籍赋予上采取血统主义和出生地主义相结合，以双系血统主义为主，以出生地主义为辅的原则。《国籍法》摒弃了单系血统主义的原则，第4条规定，"父母双方或一方为中国公民，本人出生在中国，具有中国国籍"，第5条规定，"父母双方或一方为中国公民，本人出生在外国，具有中国国籍"，这些都是适用血统主义的规定。同时第5条又规定，"父母双方或一方为中国公民并定居在外国，本人出生时即具有外国国籍的，不具有中国国籍"，又体现了出生地主义的原则。

第四，不承认中国公民具有双重国籍。我国的国籍政策历来主张每人只有一个国籍，不承认中国公民具有双重国籍。《国籍法》第3条明确规定，"中华人民共和国政府不承认中国公民具有双重国籍"，包括：既不承认具有中国国籍的人同时具有外国国籍，也不承认外国国籍的人同时具有中国国籍。为了防止和消除双重国籍状态，第9条还规定，"定居外国的中国公民，自愿加入或取得外国国籍的，即自动丧失中国国籍"。第8条和第13条也规定申请加入或恢复中国国籍被批准的，不得再保留外国国籍。

第五，尽量减少无国籍的原则。减少无国籍是有关国籍法公约倡导的一条重要原则，《国籍法》第6条规定，"父母无国籍或国籍不明，定居在中国，本人出生在中国，具有中国国籍"。

第六，男女平等，已成年的家庭成员各自独立的原则。我国采用了双系血统主义的原则，本身已经体现了男女平等的原则。同时，没有规定因通婚而自动取得或丧失中国国籍的条款，也体现了男女平等的原则。

第七，申请与审批相结合的原则。《国籍法》规定，中国国籍的取得、丧失和恢复，除第9条规定的以外，必须办理申请手续。加入、退出和恢复中国国籍的申请，均由公安部审批。

国籍审批是公安部主管的一项重要业务，国家移民管理局于2018年4月2日组建成立，是公安部管理的国家局，具体承担国籍管理的职责。《国籍法》规定了取得、恢复和丧失中国国籍的标准和程序。

（1）入籍。关于原始国籍的取得，个人可以由于出生取得中国国籍。第4条规定，父母双方或者一方为中国公民，本人出生在中国，即具有中国国籍。第5条规定，父母双方或者一方为中国公民，本人出生在外国，具有中国国籍；但是父母双方或者一方为中国公民并定居在外国，本人出生时即具有外国国籍的，不具有中国国籍。为了减少无国籍人，第6条规定，父母无国籍或者国籍不明，定居在中国，本人出生在中国，则具有中国国籍。

关于继有国籍的取得，第7条规定，外国人或者无国籍人，愿意遵守中国宪法和法律，并具有以下条件之一的，可以经申请加入中国国籍：①中国人的近亲属；②定居在中国的；③有其他正当理由的。第8条规定，申请加入中国国籍获得批准的，即取得中国国籍；被批准加入中国国籍的，不得再保留外国国籍。根据我国实践，申请加入中国国籍获得批准的，即取得中国国籍，并将获得国籍证书。

（2）复籍。第13条规定，曾经有过中国国籍的外国人，具有正当理由，可以申请恢复中国国籍；被批准恢复中国国籍的，不得再保留外国国籍。经过批准的可以恢复中国国籍，并将获得复籍证书。

（3）国籍的丧失。中国公民因其在外国定居并取得外国国籍或者因其退籍获得批准而丧失中国国籍。《国籍法》第9条规定，定居在外国的中国公民，自愿加入或者取得外国国籍的，即自动丧失中国国籍。另外，第10条规定，中国公民具有下列条件之一的，可以经申请批准退出中国国籍：①外国人的近亲属；②定居在外国的；③有其他正当理由。实践中，经批准后，申请人可以获得退籍证书。该法特别规定，国家工作人员和现役军人，不得退出中国国籍。

在充分考虑到了中华人民共和国香港和澳门两个特别行政区的特殊情况的基础上，1996年5月15日第八届全国人大常委会第十九次会议通过了《关于〈中华人民共和国国籍法〉在香港特别行政区实施的几个问题的解释》；第九届全国人民代表大会常务委员会第六次会议又于1998年12月29日通过了《关于〈中华人民共和国国籍法〉在澳门特别行政区实施的几个问题的解释》，这是对《国籍法》的补充和完善。香港和澳门居民的国籍问题将在《国籍法》原则的指导下，在这些解释的基础上得到解决。

第二节　外国人的法律地位与待遇

一、外国人的概念

外国人是指在一国境内不具有居留国国籍而具有其他国籍的人。为了便于管理，无国籍的人也往往归入外国人的范畴。双重国籍人，如果他所具有的两个国籍都不是居留国的国籍，就属于外国人；如果他具有的国籍中有一个是居留国的国籍，居留国一般不把他作为外国人看待。外国人还包括外交代表、领事官员、国际组织代表等享有外交特权和豁免的外国人，但是，这类外国人具有特殊的法律地位，与一般外国人不同，因而不在一般外国人的法律地位的范围之内。

在法律上，外国人除指自然人外，还应包括外国法人，因此外国人的地位也包括外国法人的地位。国际条约也往往将自然人的保护与法人的保护联系在一起。按照国际法，所有在一国境内的外国人都处在所在国的管辖之下，他们必须遵守所在国的法律。如果不是这样，国家主权就不能维护，国际间的正常交往就不能保护，国际和平和安全就要受到危害。这个原则体现在大量现代国际条约和国际实践中。

一国规定给予外国人何种法律地位，这是一国的主权范围之事，别国无权干涉，但是，居留国在规定外国人的法律地位时，需要顾及：（1）关于外国人法律地位的国内法不能与本国承担的国际义务相违背；（2）不能违反国际法的基本原则和国际习惯法规则；（3）还应顾及外国人本国的属人管辖权。

外国人处于居留国的属地管辖之下，他必须遵守居留国的法律和法令。由于外国人同时处于国籍国的属人管辖之下,他仍然负有效忠本国的义务,当他的合法权益受到侵害而用尽当地救济方法未获解决时,可以寻求获得其本国的外交保护。

二、外国人的入境、居留和出境

(一)概论

根据国际法,一个国家有权自行决定外国人入境问题,即是否允许外国人入境以及在什么条件下同意外国人入境。这是属于一国的内政问题。随着国际间人员交往的增多,在一国,外国人入境、居留、出境等现象越来越多,每个国家都有规定外国人入境、居留、过境、旅行、出境的法律,国际上也存在大量有关的条约或协定。

1. 入境

根据国家主权原则,国家有权准许或拒绝外国人入境,除条约另有约定以外,国家没有接纳外国人入境的义务。一国可以根据它的属地优越权和移民政策,自主决定是否接纳外国人入境以及相关的条件。

在现代国际社会里,各国在互惠的基础上都允许外国人为合法的目的而入境,但一般都要求持有护照和经过签证。也有些国家,他们之间在互惠的基础上,通过协议,互免签证。一国为了本国的安全和利益,有权拒绝某些外国人入境,如精神病患者、某种传染病患者、刑事罪犯等,但是,不应有任何歧视。

护照(passport)是本国人出入国境和在国外证明国籍和身份的证件。例如,《中华人民共和国护照法》第2条规定,中华人民共和国护照是中华人民共和国公民出入国境和在国外证明国籍和身份的证件。签证(visa),是一国依照本国法律规定为申请出入或通过本国的外国人颁发的一种许可证明。例如,《中华人民共和国出境入境管理法》第15条规定,外国人入境,应当向驻外签证机关申请办理签证。签证是一个国家的主权行为,一个人不得主张其获得签证的权利,他国一般也不得对一国的签证决定提出异议。

按照国际协定,特殊人员或者群体,如国际组织官员、难民等可以使用特别旅行证件来代替护照。难民海员可以持有根据1957年《关于难民海员协定》或者1951年《关于难民地位的公约》签发的特别旅行证件代替护照。

2. 居留

合法进入一国境内的外国人,可以根据居留国的法律和有关的国际条约或协定的规定,在该国作短期、长期或永久居留。但是,是否允许外国人居留,这是接受国自行决定的事,任何外国人没有主张接受国必须准予居留的权利,任何国家也不能主张它的国民有在外国领土内居住的权利。

外国人在一国居住的时候,其合法权利应得到保护,这是国际法的公认准则。外国人在居留期间的权利和义务或者说外国人所享有的待遇由居留国的法律规定,接受居留国的属地管辖。按照国际实践,外国人的权利,包括人身权、财产权、著作权、发明权、劳动权、受教育权、婚姻家庭权利以及继承权和诉讼权等,一般都受到居住国的保护。至于本国人享受的政治权利,外国人一般是不享受的。对于外国人在居住国所享受的权利和承担的义务的内容,各国都分别在宪法、民法、商法、劳动法、诉讼法等有关法律中作出规定，或将外国人的入境、居留、出境和所享受的权利集中规定在一个单行法规中。此外，关于外国人入境、居留、出境方面应享受的权利和承担的义务，各国之间有大量的双边条约和协定。

3. 出境

外国人出境，只要符合所在国有关出境的规定，就应允许他出境。这是因为，一国对其境内的外国人只有属地优越权，而没有属人优越权。

根据国际法，一国不得禁止外国人合法离境。1966年《公民及政治权利国际公约》第12条规定，外国人离境的权利要受所在国法律规定的有关国家安全、公共秩序、公共卫生或风化或他人权利与自由所产生的必要的限制。因此，在特定情况下，如果有合理理由，可以限令外国人离境，或将他驱逐出境。各国法律一般都规定，外国人出境，必须没有未了结的司法案件或债务，交清他应缴纳的捐税，办理出境手续。对于合法出境的外国人，应允许按照居留国法律的规定，带走其合法财产，并不得对外国人出境进行阻拦或者拒发出境签证。

驱逐外国人出境可以是外国人所在国的权利，但是要符合法律上的要求。《公民及政治权利国际公约》第13条规定，一国对其境内合法居留的外国人，非经依法判定，不得驱逐出境，而且除了事关国家安全必须紧急处分外，必须准许该外国人提出不服驱逐的理由，并申请主管当局复审。除此之外，许多国际条约，如1928年美洲国家间《关于外国人地位的公约》第6条，1955年《欧洲居留公约》第3条都规定了对驱逐外国人的限制。如果违反国际法驱逐外国人，就构成对外国人合法权益的侵犯，外国人的本国有权提出抗议，在必要时可以进行外交保护并提出赔偿要求。

（二）中国的出入境管理

通常所说的出入境管理是指我国公安机关出入境管理部门和人员，依据有关法律规定，对中国公民（包括港澳台居民、华侨）出入国境和外国人入出我国国境以及在我国的居留实施的管理。

我国在出入境管理方面主要的现有法律是2013年7月1日起施行的《中华人民共和国出境入境管理法》（以下简称《出境入境管理法》），根据该法，我国关于外国人入境、出境和居留的主要原则和规则包括：

1. 外国人的签证

《出境入境管理法》第15条规定，外国人入境，应当向驻外签证机关申请办理签证。第16条规定，签证分为外交签证、礼遇签证、公务签证、普通签证。对因外交、公务事由入境的外国人，签发外交、公务签证；对因身份特殊需要给予礼遇的外国人，签发礼遇签证。外交签证、礼遇签证、公务签证的签发范围和签发办法由外交部规定。对因工作、学习、探亲、旅游、商务活动、人才引进等非外交、公务事由入境的外国人，签发相应类别的普通签证。

第21条规定，外国人有下列情形之一的，不予签发签证：（1）被处驱逐出境或者被决定遣送出境，未满不准入境规定年限的；（2）患有严重精神障碍、传染性肺结核病或者有可能对公共卫生造成重大危害的其他传染病的；（3）可能危害中国国家安全和利益、破坏社会公共秩序或者从事其他违法犯罪活动的;(4)在申请签证过程中弄虚作假或者不能保障在中国境内期间所需费用的;(5)不能提交签证机关要求提交的相关材料的;(6)签证机关认为不宜签发签证的其他情形。对不予签发签证的,签证机关可以不说明理由。

第22条规定,外国人有下列情形之一的,可以免办签证:(1)根据中国政府与其他国家政府签订的互免签证协议,属于免办签证人员的;(2)持有效的在华外国人居留证件的;(3)持联程客票搭乘国际航行的航空器、船舶、列车从中国过境前往第三国或者地区,在中国境内停留不超过24小时且不离开口岸,或者在国务院批准的特定区域内停留不超过规定时限的;(4)国务院规定的可以免办签证的其他情形。

2. 外国人的入境出境

《出境入境管理法》第24条规定,外国人入境,应当向出入境边防检查机关交验本人的护照或者其他国际旅行证件、签证或者其他入境许可证明,履行规定的手续,经查验准许,方可入境。

第25条规定,外国人有下列情形之一的,不准入境:(1)未持有效出境入境证件或者拒绝、逃避接受边防检查的;(2)具有不予签发签证的第21条第(1)项至第(4)项规定情形的;(3)入境后可能从事与签证种类不符的活动的;(4)法律、行政法规规定不准入境的其他情形。

对不准入境的,出入境边防检查机关可以不说明理由。对未被准许入境的外国人,出入境边防检查机关应当责令其返回;对拒不返回的,强制其返回。外国人等待返回期间,不得离开限定的区域。

第27—28条规定,外国人出境,应当向出入境边防检查机关交验本人的护照或者其他国际旅行证件等出境入境证件,履行规定的手续,经查验准许,方可出境。外国人有下列情形之一的,不准出境:(1)被判处刑罚尚未执行完毕或者属于刑事案件被告人、犯罪嫌疑人的,但是按照中国与外国签订的有关协议,移管被判刑人的除外;(2)有未了结的民事案件,人民法院决定不准出境的;(3)拖欠劳动者的劳动报酬,经国务院有关部门或者省、自治区、直辖市人民政府决定不准出境的;(4)法律、行政法规规定不准出境的其他情形。

3. 外国人的停留居留

《出境入境管理法》第29条规定,外国人所持签证注明的停留期限不超过180日的,持证人凭签证并按照签证注明的停留期限在中国境内停留。

第30条规定,外国人所持签证注明入境后需要办理居留证件的,应当自入境之日起30日内,向拟居留地县级以上地方人民政府公安机关出入境管理机构申请办理外国人居留证件。申请办理外国人居留证件,应当提交本人的护照或者其他国际旅行证件,以及申请事由的相关材料,并留存指纹等人体生物识别信息。公安机关出入境管理机构应当自收到申请材料之日起15日内进行审查并作出审查决定,根据居留事由签发相应类别和期限的外国人居留证件。

外国人工作类居留证件的有效期最短为90日,最长为5年;非工作类居留证件的有效期最短为180日，最长为5年。

第31条规定，外国人有下列情形之一的，不予签发外国人居留证件：（1）所持签证类别属于不应办理外国人居留证件的；（2）在申请过程中弄虚作假的；（3）不能按照规定提供相关证明材料的；（4）违反中国有关法律、行政法规，不适合在中国境内居留的；（5）签发机关认为不宜签发外国人居留证件的其他情形。

外国人在中国境内工作，应当按照规定取得工作许可和工作类居留证件。任何单位和个人不得聘用未取得工作许可和工作类居留证件的外国人。第43条规定，外国人有下列行为之一的，属于非法就业：（1）未按照规定取得工作许可和工作类居留证件在中国境内工作的；（2）超出工作许可限定范围在中国境内工作的；（3）外国留学生违反勤工助学管理规定，超出规定的岗位范围或者时限在中国境内工作的。

4. 外国人的永久居留

对中国经济社会发展作出突出贡献或者符合其他在中国境内永久居留条件的外国人，经本人申请和公安部批准，取得永久居留资格。外国人在中国境内永久居留的审批管理办法由公安部、外交部会同国务院有关部门规定。外国人有下列情形之一的，由公安部决定取消其在中国境内永久居留资格：（1）对中国国家安全和利益造成危害的；（2）被处驱逐出境的；（3）弄虚作假骗取在中国境内永久居留资格的；（4）在中国境内居留未达到规定时限的；（5）不适宜在中国境内永久居留的其他情形。

三、外国人待遇的一般原则

国际法上并没有外国人待遇的具体规定，除非订有国际条约或者存在相关国际习惯的约束，各国可以自行决定给予在本国的外国人何种待遇。各国一般都通过国内立法确定给予在本国的外国人待遇的原则和限制。这些原则和限制在标准上应该是客观的，不应存在歧视，或者违背该国在国际法上承担的义务。

（一）国民待遇

国民待遇是指国家在一定范围内给予外国人与本国公民相同的待遇，即在同样条件下，外国人所享受的权利和承担的义务与本国人相同。根据这种方式，第一，国家给予外国人的待遇不低于给予本国人的待遇；第二，外国人不得要求任何高于本国人的待遇。

根据国际实践，国家给予外国人国民待遇，是限制在一定范围内的。一般限于民事权利和诉讼权利，例如，一些国家规定外国人不得在本国从事律师职业。至于政治权利，如选举权和被选举权，外国人一般不能享有。同样，外国人也不向所在国承担服兵役和效忠的义务。

早在1804年，《法国民法典》中就规定了外国人的国民待遇。现在，几乎所有国家都通过国内法或者国际条约规定，在互惠原则的基础上互相给予对方国家的国民以国民待遇，它体现了国家之间的平等关系，使外国人与本国人享有平等的民事权利和法律保护。

（二）最惠国待遇

最惠国待遇是指一国（施惠国）给予另一国（受惠国）的国民或法人的待遇，不低于现时或将来给予任何第三国国民或法人在该国的待遇。最惠国待遇一般是通过条约中的最惠国待遇条款给予。最惠国待遇通常也是国家之间在互惠原则的基础上互相给予的。

最惠国待遇也是限定在一定范围内的，通常适用于经济和贸易等方面。自从17世纪出现最惠国待遇条款以来，历经300多年至今，这一原则被广泛采用，各国一般都通过签订条约或者协定规定最惠国待遇的给予及其条件、范围和例外情形。这一原则适用的结果，使一国境内的受惠国的国民享有与任何第三国国民在同等条件下同等的权利和待遇或者是优惠待遇，避免遭受歧视，并促进国际经济交流和贸易、投资等的发展。

联合国国际法委员会自1967—1978年研究编纂最惠国条款专题，于1978年通过了《最惠国条款草案》。此后，最惠国条款就成为关税总协定的基石，并被纳入大量双边和区域投资协定。特别是在双边投资协定方面，出现了最惠国条款能否从实质义务延伸到争端解决规定的争论。2006年，国际法委员会认为鉴于国际形势已经改变，而最惠国条款是国际投资条约中的重要条款，应当再次对该专题开展进一步工作。2015年，国际法委员会通过《最惠国条款研究组最后报告》。

（三）互惠待遇

互惠待遇是指国家之间根据平等互惠的原则，互相给对方公民某种权利、利益或者优惠，一般涉及在税收优惠、互免入境签证、免收签证费等方面的待遇。这一原则旨在避免外国人在本国享有片面的优惠和权益。

（四）差别待遇

差别待遇是指国家给予外国人不同于本国公民的待遇，或给予有不同国籍的外国人不同的待遇。它包括两种情况：一是指国家给予外国公民或法人的民事权利，在某些方面少于本国公民或法人。二是指对不同国籍的外国公民和法人给予不同的待遇。采取差别待遇不能有任何歧视。如果采取的差别待遇是歧视性的，则是违反国际法的。

四、外交保护

外交保护泛指一国对在国外的本国国民，在其合法权益遭到所在国的违反国际法的侵害时，通过外交途径所进行的保护。国家有权对其在国外的本国国民的合法权益进行外交保护，这是国家属人管辖权的重要内容之一。国家机关根据国内法承担保护本国在外国的侨民的责任，各国的驻外使领馆的主要职务之一就是向本国公民提供外交保护。

一国为其在外国的本国国民提供外交保护必须具备两个基本条件：

第一，被保护的个人必须具有保护国的国籍。因为外交保护权源于属人管辖权，所以国籍是确定国家行使外交保护的根据。

第二，在所在国已经"用尽当地救济"。即采用所在国的国内救济办法，在用尽当地救济办法，包括行政和司法等救济途径，仍然未能获得有效解决的情况下才可以进行外交保护。

国际法委员会在1996年在第四十八届会议确定"外交保护"为适于编纂和逐渐发展的专题，国际法委员会于2006年通过《外交保护条款草案》；它虽然没有法律约束力，但是是相关国际法解释的重要参考。外交保护是受害人国籍国为保护受害人并使该人因遭受国际不法行为而得到赔偿所使用的程序规则，《外交保护条款草案》只涉及要求国家对国际不法行为损害他国国民情况负责的一种程序规则。主要内容如下：

1. 国家享有外交保护的权利

《外交保护条款草案》第 2 条规定，一国享有实行外交保护的权利。外交保护的基础是国家的属人管辖权。外交保护在国家之间进行，本质是处理国家关系的制度，无论其国民是否作出请求，国家均可自行决定；实施外交保护应尊重外国的主权和属地管辖权。

一国有权为一国民实行外交保护，国家并非有任何责任或义务这样做。一国的国内法可能会要求本国为其国民实行外交保护，但国际法并没有规定这种义务。国际法院在"巴塞罗那电车、电灯和电力公司案"中明确地说明了这个立场，"在国际法规定的范围内，一国可采用其认为妥当的任何手段、在其认为妥当的任何程度上实行外交保护……在这方面，国家保留酌处权，这种权力的行使可取决于与特定案件无关的政治考虑或其他考虑"。

2. 实行外交保护的国籍原则

《外交保护条款草案》第 3 条规定，有权实行外交保护的国家是国籍国，从而确认了受害人国籍国有权为该人实行外交保护的原则。第 4 条规定，对自然人的外交保护而言，国籍国指该人根据该国法律，通过出生、血缘、归化、国家继承或以不违反国际法的任何其他方式，获得了其国籍的国家。

值得一提的是，《外交保护条款草案》第 4 条并不要求一国证明该国与某一国民的国籍之间具有有效或真正联系，作为实行外交保护的附加因素，即"真实国籍"。"真实国籍"是国际法院在"诺特鲍姆案"的判决中阐述的规则。在该案中，国际法院指出：一国给予的国籍，只有在构成个人与给予其国民身份的国家间联系的法律表述时，才授权该国针对另一国实行保护。根据这一规则，实行外交保护的国家应当表明该国与受害者之间的真实的联系，或者与该国保持有实际的权利和义务关系。对此，国际法委员会认为，国际法院提出的"真实联系"规则仅限定在具体案件的事实范围内，并不是一项适用于所有外交保护情况的一般性规则。

外交保护的国籍条件还要求受害人符合"持续国籍原则"，即受害人连续地保持该国国籍。《外交保护条款草案》第 5 条规定，一国有权对从发生损害之日到正式提出求偿之日持续为其国民的人实行外交保护。如果在上述两个日期该人都持有该国籍，则推定该国籍是持续的。一人在受到损害时为其原国籍国国民，而不是现国籍国的国民，则现国籍国不得针对原国籍国就该人所受到的损害实行外交保护。按照这一原则，一个国家在行使外交保护权，以及向另一个国家要求处理和赔偿时，受害人应当具有保护国的国籍，而且从受害时起到提出保护时，都应持续保持保护国国籍。在这期间，受害人不可丧失、变更或者中断其国籍。

外交保护适用国籍原则存在例外情形。传统上，一国仅可为其国民实行外交保护，而《外交保护条款草案》第 8 条规定，一国可为无国籍人和被该国根据国际公认的标准承认为难民的人实行外交保护，但该人须在受到损害之日和正式提出求偿之日在该国具有合法的惯常居所。国际法委员会指出，第8条的规定超越了只有国民才可享受外交保护的传统规则，体现了法律的逐渐发展。

3. 双重或者多重国籍个人的外交保护

《外交保护条款草案》还处理为具有双重或多重国籍的国民实行外交保护的问题。包括两种情形：

第一，针对非国籍国实行外交保护。第6条规定，双重或多重国籍国民的任一国籍国可针对非国籍国为该国民实行外交保护；两个或多个国籍国可为具有双重或多重国籍的国民共同实行外交保护。

第二，一国籍国对另一国籍国实行外交保护。第7条规定，一国籍国不得为同属另一国国民的人针对另一国籍国实行外交保护，除非在发生损害之日和正式提出求偿之日，前一国的国籍均为该人的主要国籍。传统上，一国籍国不得为有双重国籍的国民针对另一国籍国提出求偿。例如《关于国籍法冲突的若干问题公约》第4条规定，一国不得针对其国民的另一国籍国为该国民实行外交保护。国际法委员在编纂中则采取了另一种立场，即主要国籍国可为其国民针对另一国籍国提起诉讼。第7条没有使用"有效联系国籍"的措辞，而是使用"主要国籍"，意在表明与另一国相比，该个人与该国有着较强的联系。对此，实行外交保护的国家应负举证责任，证明其国籍是主要国籍。

4. 用尽当地救济原则

《外交保护条款草案》第14条编纂关于实行外交保护之前必须用尽当地救济的习惯国际法规则，规定一国对于其国民所受损害，在该受害人用尽一切当地救济之前，不可提出国际求偿。当地救济指受害人可以在被指称应对损害负责的国家，通过普通的或特别的司法或行政法院或机构获得的法律救济。

用尽当地救济原则存在例外情形。《外交保护条款草案》第15条规定了无需用尽当地救济的几种情况：（1）不存在合理可用的能提供有效补救的当地救济，或当地救济不具有提供此种补救的合理可能性；（2）救济过程受到不当拖延，且不当拖延是由被指称应负责的国家造成的；（3）在发生损害之日受害人与被指称应负责国家之间没有相关联系；（4）受害人明显被排除了寻求当地救济的可能性；（5）被指称应负责的国家放弃了用尽当地救济的要求。

第三节 庇护和引渡

一、庇护

（一）庇护的概念

庇护（asylum）是指国家对于遭受追诉或迫害而来避难的外国人，准其入境和居留，给以保护，并拒绝将他引渡给另一国的行为。这种庇护，也叫领土庇护。

庇护是国家的主权行为，是国家从它的属地优越权引申出来的权利。对于请求政治避难的外国人，是否给予庇护，由给予庇护的国家自行决定。

根据联合国大会1967年12月14日通过的《领土庇护宣言》的规定，凡犯有"危害和平罪、战争罪或危害人类罪之人"，不在庇护之列。从第二次世界大战后引渡和惩处战争罪犯的实践看，各国对犯有上述国际罪行的人是不予庇护的。被国际公约和习惯国际法确认犯有国际罪行的其他罪犯，如海盗、贩毒、贩奴等罪犯，以及一般公认的普通刑事罪犯，也都不属于庇护对象。

（二）受庇护的人的地位

受庇护的外国人，通常称为政治避难者，同一般外国侨民一样，处于所在国领土管辖权之下，遵守庇护国的一切法律法令，在所在国保护之下，可以在该国居留，不被引渡，也不被驱逐。根据《领土庇护宣言》第4条的规定，给予庇护之国家不得准许享受庇护之人从事违反联合国宗旨与原则之活动。

（三）关于域外庇护的问题

域外庇护，又称外交庇护，是指在驻在国的使馆、领事馆、军舰和商船内给避难者以庇护，即庇护国在外国领土上庇护外国人，其中包括庇护所在国的公民。现代国际法并不承认这种庇护。国际法院在1950年"拖雷庇护权案"的判决中指出："与领域庇护不同，在外交庇护的情况下，避难者置身于罪行发生地国境内。决定对避难者给予外交庇护有损领土国的主权，它使犯罪者逃脱领土国的管辖，并构成对纯属该管辖事项的干涉。如果庇护国有权单方面确定避难者所犯罪行的性质，则将对领土国的主权造成更大的损害。因此，不能承认这种有损领土主权的外交庇护，除非在某一特定情况下，它的法律依据得到了确立。"1961年《维也纳外交关系公约》第41条第3款规定："使馆馆舍不得充作与本公约或一般国际法之其他规则、或派遣国与接受国间有效之特别协定所规定之使馆职务不相符合之用途。"

（四）中国关于庇护的法律规定

《中华人民共和国宪法》第32条第2款规定，中华人民共和国对于因为政治原因要求避难的外国人，可以给予受庇护的权利。

我国宪法规定的庇护权具有以下特点：（1）受到庇护的对象必须是外国人，而不包括中国人。（2）受到庇护必须是因为政治原因，非政治原因比如刑事犯罪就不得受庇护。考虑到庇护权涉及复杂的国际关系和政治问题，根据我国的实际情况和以往的经验，我国宪法对庇护权问题作出了原则性规定，即只要"政治原因"即可给予庇护。（3）受到庇护的外国人不得被引渡或者被驱逐出境。

二、引渡

（一）引渡的概念

引渡 (extradition) 是指一国应外国的请求，把在其境内被外国指控为犯罪或判刑的人，移交给请求国审理或处罚的一种国际司法协助行为。

引渡的历史可以追溯到古代，但至18世纪末叶以前，引渡的对象主要是叛乱者、逃兵和异教徒，并且是否引渡完全由君主自由决定。当时的引渡只不过是各国统治者维护专制统治和进行政治交易的一种工具而已。随着欧洲资产阶级革命的胜利，以及罪刑法定和无罪推定等刑法原则的确立，引渡的对象、程序和性质才发生了根本变化。1833年10月1日，比利时颁布了世界上第一部引渡法，即《引渡法大纲》；英国也于1870年颁布引渡法，明确规定了严格的引渡程序，标志着现代引渡制度的诞生。

引渡以条约为依据。在国际法上，国家没有引渡罪犯的义务，除非它根据条约承担了这种义务。在没有条约的情况下，国家是否向他国引渡罪犯，则完全是它根据主权自由决定的事。

在当代引渡活动中，引渡条约发挥着重要的作用，许多国家在引渡实践中坚持"条约前置主义"。"条约前置主义"是指被请求国根据本国法规定并严格要求，与请求国开展引渡合作必须以存在双边引渡条约关系为引渡合作的前提条件，否则无法接受并执行请求国的引渡请求，依本国法可作出拒绝引渡的决定。也就是说，双边引渡条约或引渡公约被视作引渡合作的根本依据。虽然现在很多曾经严格遵守"条约前置主义"的国家逐渐允许变通与例外，但引渡条约的影响依旧不容忽视。随着国家间的交往日益增多，各国还通过签署有关引渡问题的多边条约解决这一问题，如1933年《美洲国家间引渡公约》，1957年《欧洲引渡公约》等。在各国引渡的国内立法和国家间的引渡条约以及国际实践基础上，1990年联合国大会通过了《引渡示范条约》，确定了有关引渡问题的一般规则。

（二）引渡的主体与对象

1. 引渡的主体

请求引渡的主体指有权请求引渡的国家，一般是对罪犯主张管辖权的国家。有以下三类国家：

（1）罪犯本人所属国。根据国家的属人优越权，国家对于本国人在外国的犯罪行为具有管辖权，因此，罪犯的所属国有权要求引渡。

（2）犯罪行为发生地国。根据国家的属地优越权，不管罪犯是否本国人，只要犯罪行为发生在该国，该国就有权请求引渡。

（3）受害国。根据国家属地优越权的延伸原则，国家享有保护性管辖权。因此，尽管犯罪行为发生地不在本国，甚至犯罪人也不属于本国人，但犯罪行为的后果及于该国，该国就可以行使管辖权，因而有权请求引渡。

以上三类国家对罪犯都有权提出引渡要求。但是，如果这三类国家同时都对同一罪犯提出引渡要求时，在原则上，被请求国有权决定把罪犯引渡给何国。有些国际公约对这个问题作了具体规定。

2. 引渡的对象

是指被某国指控为犯罪或判刑的人。他可以是请求引渡的国家的国民，也可以是被请求引渡的国家的国民，还可以是第三国的国民。

大多数国家基于维护本国的属人优越权的考虑，均不允许向外国引渡本国国民。只有英、美等极少数国家不拒绝引渡本国国民。《中华人民共和国引渡法》第8条规定，根据中国法律，被请求引渡人具有中华人民共和国国籍的，中国政府拒绝引渡。

被引渡的罪犯是否可以由原来的请求国转交给第三国，国际实践也并不一致。有些条约规定，未经被请求国同意，请求国不得将被引渡人转交（再引渡）给第三国。

（三）引渡的规则

从国家间签订的引渡条约、各国的引渡法，以及各国进行引渡的实践来看，在引渡罪犯的问题上，已形成以下一些公认的国际习惯法规则。

1. 政治犯不引渡原则

政治犯不引渡，是法国资产阶级革命以后，通过西欧一些国家的国内立法和各国间的引渡条约的规定，逐渐形成的一项原则。现在已成为各国公认的国际法原则。但是，这项原则实施起来是困难的。因为：

（1）关于政治犯的含义和范围缺乏明确性，各国的解释不尽一致，而且有的政治活动兼有普通罪行，即所谓相对的或混合的政治犯罪，如何适用这一原则，就很困难。

（2）对于某种犯罪行为是否是政治犯的决定权，属于被请求引渡的国家，因此，政治犯不引渡原则可能被歪曲或滥用。

2. 双重犯罪原则

又称相同原则，是指被请求引渡人的行为，必须是请求引渡国和被请求引渡国双方法律都认定是犯罪并可以起诉的行为，而且这种罪行必须是能达到判处若干年有期徒刑以上刑罚的罪行。

3. 双重审查原则

即请求国与被请求国在提出引渡请求或者给予协助时，都需要经过司法当局对引渡罪行进行合法性审查，然后再由行政当局进行审查并结合国家主权、条约义务、对等原则或者其他因素作出最后决定。司法和行政两部门的审查是缺一不可、互相制约的。

4. 罪名特定原则

又称同一原则，指请求国在将被引渡人引渡回国后，只能以请求引渡时所主张的罪名进行审判或惩处，不得以不同于引渡罪名的其他罪名进行审判或惩处。

各国会出于基本人权或者本国司法体制的考虑而拒绝引渡。在那些废除死刑的国家，经常会适用死刑不引渡原则，即对于那些有可能在引渡后被判处死刑的人，不予引渡。

5. 本国公民不引渡原则

指一国不将本国公民引渡给外国，也不要求外国引渡该国公民到本国，但是，一国可以根据外国的请求和相关法律对本国犯罪者进行审判和处罚。

（四）引渡的程序

引渡的程序通常在引渡条约或有关引渡的国内立法中加以规定。引渡罪犯的请求与回复，一般通过外交途径办理。一般程序为：（1）被请求国应请求国的要求对引渡人临时逮捕；（2）请求国提出正式的引渡请求；（3）被请求国有关机关对引渡请求进行审查并将决定交由有关机关批准；（4）被请求国按约定的时间、地点、方式与请求国完成对罪犯的移交。

（五）引渡的效果

请求引渡国即可根据其法律对罪犯进行审判，但是，根据罪名特定原则，对该罪犯，请求国只能就其请求引渡时所指控的罪名加以审判和处罚。如果请求国对被引渡的人就另外的罪名审判和处罚，被请求引渡国是有抗议的权利的。

近年来，"或引渡或起诉"（*aut dedere aut judicare*）条款被纳入国际刑事司法合作尤其是引渡合作的国际法律文件中。"或引渡或起诉"在同有罪不罚作斗争的国际合作方面所起的作用从格劳秀斯时代就得到承认。格劳秀斯最早提出"或引渡或惩罚"（*aut dedere aut punire*）原则，指在接到引渡请求后，一国要么应给予有罪者以应得的惩罚，要么将他交由请求国处置。现代的说法是将"惩罚"改为"起诉"，以此作为引渡的替代做法。2005年，联合国国际法委员会决定将"或引渡或起诉"专题列入工作方案进行编纂，2014年委员会通过了《"或引渡或起诉"的最后报告》（以下简称《最后报告》），并决定结束对专题的审议。《最后报告》指出，多边公约中载有"或引渡或起诉"的条款在表述、内容和范围方面大相径庭，相关条款似可分为两大类，即（1）规定只有在引渡请求提出后拒绝引渡被指称犯罪者时才触发起诉义务的条款；（2）规定一国依照被指称犯罪者在该国领土上这一事实本身负有起诉义务，且可通过准予引渡免除起诉义务的条款。对于"或引渡或起诉"是否具有习惯国际法地位的问题，委员会注意到，一些国家认为，习惯国际法中没有"或引渡或起诉"的义务，还有一些国家认为，"或引渡或起诉"义务的习惯国际法地位需要得到进一步审议。对于根据存在禁止特定国际罪行的习惯规则就推断出"或引渡或起诉"义务的习惯国际法性质，各国普遍不赞同。

（六）中国的实践

自中华人民共和国成立至1993年，我国曾与邻国和友好国家签订过一些刑事司法协助条约，但都没有包括引渡的内容。根据我国有关法律和政策的规定，对依照我国法律规定犯有罪行的外国人，外国要求引渡的，原则上按照我国参加的国际公约或双边协定办理。对不具备上述条件而外国要求引渡的人，则由我国有关部门根据具体情况决定是否引渡。由于没有引渡条约，我国在司法实践中对外逃的罪犯和犯罪的外国人多通过与有关国家间的友好合作，采取遣返方式达到相互引渡罪犯的目的，即不通过外交途径，而是由两国警方合作，将罪犯驱逐出境后移交对方。

近年来，随着我国对外政治、经济、文化等各方面的交流和人员往来日益增多，我国境内的一些刑事案件也呈现了国际性和跨国性的特点。1993年8月26日，中国与泰国正式签署《中华人民共和国与泰王国引渡条约》，这是我国在引渡领域缔结的第一项双边条约。截至2023年12月，我国已与各国缔结双边引渡条约共60项。

2000年12月28日，第九届全国人民代表大会常委会第十九次会议通过了《中华人民共和国引渡法》（以下简称《引渡法》）。《引渡法》的公布施行，使我国在处理引渡问题上有法可依，标志着我国已经建立起完善的引渡制度。

《引渡法》规定，中国和外国之间的引渡，通过外交途径联系。中国外交部为指定的进行引渡的联系机关，引渡条约对联系机关有特别规定的，依照条约规定。

1. 关于请求中国引渡

最高人民法院指定的高级人民法院对请求国提出的引渡请求是否符合本法和引渡条约关于引渡条件等规定进行审查并作出裁定。最高人民法院对高级人民法院作出的裁定进行复核。外交部接到最高人民法院不引渡的裁定后，应当及时通知请求国。外交部接到最高人民法院符合引渡条件的裁定后，应当报送国务院决定是否引渡。

国务院决定不引渡的，外交部应当及时通知请求国。人民法院应当立即通知公安机关解除对被请求引渡人采取的强制措施。因此简单地说，可以认为国务院对是否引渡有最终决定权。引渡法还规定，国务院在必要时，得授权国务院有关部门决定。

引渡由公安机关执行。对于国务院决定准予引渡的，外交部应当及时通知公安部，并通知请求国与公安部约定移交被请求引渡人的时间、地点、方式，以及执行与引渡有关的其他事宜。

《引渡法》第8条规定，外国向中华人民共和国提出的引渡请求，有下列情形之一的，应当拒绝引渡：（1）根据中华人民共和国法律，被请求引渡人具有中华人民共和国国籍的；（2）在收到引渡请求时，中华人民共和国的司法机关对于引渡请求所指的犯罪已经作出生效判决，或者已经终止刑事诉讼程序的；（3）因政治犯罪而请求引渡的，或者中华人民共和国已经给予被请求引渡人受庇护权利的；（4）被请求引渡人可能因其种族、宗教、国籍、性别、政治见解或者身份等方面的原因而被提起刑事诉讼或者执行刑罚，或者被请求引渡人在司法程序中可能由于上述原因受到不公正待遇的；（5）根据中华人民共和国或者请求国法律，引渡请求所指的犯罪纯属军事犯罪的；（6）根据中华人民共和国或者请求国法律，在收到引渡请求时，由于犯罪已过追诉时效期限或者被请求引渡人已被赦免等原因，不应当追究被请求引渡人的刑事责任的；（7）被请求引渡人在请求国曾经遭受或者可能遭受酷刑或者其他残忍、不人道或者有辱人格的待遇或者处罚的；（8）请求国根据缺席判决提出引渡请求的。但请求国承诺在引渡后对被请求引渡人给予在其出庭的情况下进行重新审判机会的除外。

《引渡法》第9条规定，外国向中华人民共和国提出的引渡请求，有下列情形之一的，可以拒绝引渡：（1）中华人民共和国对于引渡请求所指的犯罪具有刑事管辖权，并且对被请求引渡人正在进行刑事诉讼或者准备提起刑事诉讼的；（2）由于被请求引渡人的年龄、健康等原因，根据人道主义原则不宜引渡的。

2. 关于中国请求外国引渡

请求外国准予引渡或者引渡过境的，应当由负责办理有关案件的省、自治区或者直辖市的审判、检察、公安、国家安全或者监狱管理机关分别向最高人民法院、最高人民检察院、公安部、国家安全部、司法部提出意见书，并附有关文件和材料及其经证明无误的译文。最高人民法院、最高人民检察院、公安部、国家安全部、司法部分别会同外交部审核同意后，通过外交部向外国提出请求。

被请求国就准予引渡附加条件的，对于不损害中华人民共和国主权、国家利益、公共利益的，可以由外交部代表中华人民共和国政府向被请求国作出承诺。对于限制追诉的承诺，由最高人民检察院决定；对于量刑的承诺，由最高人民法院决定。公安机关负责接收外国准予引渡的人以及与案件有关的财物。

第四节 难民

一、难民的概念

在第一次世界大战后，国际上出现了大量的非正常的人口流动，出现处理和应对难民的问题。1921年6月24日，国际联盟设立了难民事务局及难民事务高级专员，挪威人弗里德约夫·南森（Frdtjof Nansen）担任了首任专员，负责保护和救援第一次世界大战后滞留在各国的难民。南森的工作促使难民居留国向难民签发具有国际效力的旅行和身份证件——"南森护照"。南森护照是根据1922年由53个国家参加的日内瓦会议通过的《关于发给俄国难民身份证的协议》，由难民居住国政府发给难民的一种身份证件，有效期1年，是否续签，由签发国家酌情决定。这种护照使难民获得在居留国的合法身份，也使其有机会申请入境第三国寻求生计。之后，国际上出现了一系列关于颁发难民证件的专门协定。

广义上的难民是指因政治迫害、战争或自然灾害等而被迫离开其本国或其经常居住国而前往别国避难的人；狭义上的难民，仅指根据1951年《关于难民地位的公约》（以下简称《难民地位公约》）和1967年《难民地位议定书》（以下简称《议定书》）所界定的难民。根据该公约，难民是指因正当理由畏惧由于种族、宗教、国籍、属于某一社会团体或具有某种政治见解的原因遭受迫害而留在其本国之外，并且由于此项畏惧而不能或不愿受该国保护的人，或者不具有国籍并由于上述事情留在他以前经常居住的国家以外而现在不能或由于上述畏惧不愿返回该国的人。但上述定义不适用于当时从联合国难民高级专员以外的联合国机关或机构获得保护或援助的人；被其居住地国家主管当局认为具有附着于该国国籍的权利和义务的人；有重大理由足以认为犯有破坏和平罪、战争罪或违反人道罪，或在以难民身份进入避难国以前曾在避难国以外犯过严重非政治罪行，或曾有违反联合国宗旨和原则的行为并经认为有罪的人。

在区域国际法的层面，1969年非洲统一组织首脑会议通过了《非统组织关于非洲难民某些特定方面的公约》。该公约在保留了上述普遍性难民定义的同时规定："难民"一词也适用于由于其居住国或国籍国部分或全部遭到外来侵略、占领、外国统治或出现严重危害公共秩序事件而被迫离开自己的习惯居住地而在其居住国或国籍国以外的地方寻求避难的任何人。

1984年11月，十几个拉美国家通过了《卡塔赫纳宣言》，建议对本区域使用的难民定义作扩大性的解释，以包括由于其生命、安全、自由受到普遍暴力、外国入侵、国内武装冲突、大规模侵犯人权或其他严重危害公共秩序的情况的严重威胁而逃离本国的人。

此外，需要注意的是，联合国难民署在20世纪70年代以后的职权和工作范围实际上也已超出了其规章所规定的难民定义的范围,包括了"流离失所者"和"寻求庇护者"等。

二、难民的法律地位和待遇

根据《难民地位公约》及1967年《议定书》的规定,难民的法律地位主要体现为以下几个方面:

(一)难民的身份和法律地位

《难民地位公约》规定,难民的个人身份,应受其住所地国家的法律支配,如无住所,则受其居住地国家的法律支配。

缔约各国对合法在其领土内居留的难民,除因国家安全或公共秩序的重大原因应另作考虑外,应发给旅行证件,以凭在其领土以外旅行。缔约各国对合法在其领土内的难民,应给予选择其居住地和在其领土内自由行动的权利,但应受对一般外国人在同样情况下适用的规章的限制。

(二)难民的入境、居留和出境

《难民地位公约》及1967年《议定书》的缔约国并不负有主动接受难民入境并准其在本国居留的积极义务,但在拒绝难民入境、居留,以及将之驱逐出境等方面则受到了以下限制:

(1)《难民地位公约》第31条规定,①缔约各国对于直接来自生命或自由受到第1条所指威胁的领土未经许可而进入或逗留于该国领土的难民,不得因该难民的非法入境或逗留而加以刑罚,但以该难民毫不迟延地自行向当局说明其非法入境或逗留的正当原因者为限;②缔约各国对上述难民的行动,不得加以除必要以外的限制,此项限制只能于难民在该国的地位正常化或难民获得另一国入境准许以前适用。缔约各国应给予上述难民一个合理的期间以及一切必要的便利,以便获得另一国入境的许可。

(2)《难民地位公约》第32条规定,①缔约各国除因国家安全或公共秩序理由外,不得将合法在其领土内的难民驱逐出境。②驱逐难民出境只能以按照合法程序作出的判决为根据。除因国家安全的重大理由要求另作考虑外,应准许难民提出有利于其自己的证据,向主管当局或向由主管当局特别指定的人员申诉或者为此目的委托代表向上述当局或人员申诉。③缔约各国应给予上述难民一个合理的期间,以便取得合法进入另一国家的许可。缔约各国保留在这期间内适用它们所认为必要的内部措施的权利。

(3)《难民地位公约》第33条是关于禁止驱逐出境或送回的规定,即"不推回原则":①任何缔约国不得以任何方式将难民驱逐或送回("推回")至其生命或自由因为他的种族、宗教、国籍、参加某一社会团体或具有某种政治见解而受威胁的领土边界;②但如有正当理由认为难民足以危害所在国的安全,或者难民已被确定判决认为犯过特别严重罪行从而构成对该国社会的危险,则该难民不得要求本条规定的利益。

(三)难民的待遇

《难民地位公约》第7条规定,除公约载有更有利的规定外,缔约国应给予难民以一般外国人所获得的待遇。一个人经申请获准取得难民地位后,难民本人及其家庭成员便可以根据《难民地位公约》和《议定书》，在缔约国境内负有遵守所在国的法律、规章，以及该国为维持公共秩序所采取的措施的一般义务，同时享受所在国赋予的权利和待遇。

具体而言，（1）动产和不动产。缔约各国在动产和不动产的取得及与此有关的其他权利，应给予难民尽可能优惠的待遇，此项待遇不得低于在同样情况下给予一般外国人的待遇。（2）艺术权利和工业财产。关于工业财产的保护，例如，对发明、设计或模型、商标、商号名称、以及对文学、艺术、和科学作品的权利，难民在其经常居住的国家内，应给以该国国民所享有的同样保护。（3）结社的权利。关于非政治性和非营利性的社团以及同业公会组织，缔约各国对合法居留在其领土内的难民，应给以一个外国的国民在同样情况下所享有的最惠国待遇。（4）向法院申诉的权利。难民在其经常居住的缔约国内，就向法院申诉的事项，包括诉讼救助和免予提供诉讼担保在内，应享有与本国国民相同的待遇。（5）职业活动。缔约各国对合法在其领土内居留的难民，就从事工作以换取工资的权利方面，应给以在同样情况下一个外国国民所享有的最惠国待遇。（6）公共教育。缔约各国应给予难民凡本国国民在初等教育方面所享有的同样待遇。缔约各国就初等教育以外的教育，特别是就获得研究学术的机会、承认外国学校的证书、文凭和学位、减免学费以及发给奖学金方面，应对难民给以尽可能优惠的待遇，无论如何，此项待遇不得低于一般外国人在同样情况下所享有的待遇。（7）公共救济、社会保障。缔约各国对合法居住在其领土内的难民，就公共救济和援助、报酬、社会保障等方面，应给以凡其本国国民所享有的同样待遇。

重要名词术语

国籍、国籍的积极冲突、国籍的消极冲突、国民待遇、庇护、引渡、难民、不推回原则

思考题

1. 什么是国籍的积极冲突和消极冲突？
2. 国籍取得的条件有哪些？
3. 什么是庇护？
4. 什么是国民待遇？
5. 引渡制度的基本原则是什么？
6. 难民的法律地位是什么？

典型案例分析

"诺特鲍姆案"（*Nottebohm, Liechtenstein v. Guatemala*, 1955）

诺特鲍姆1881年生于德国汉堡，其父母均为德国人。依德国国籍法规定，诺特鲍

姆出生时即取得了德国国籍。1905年，在他24岁时离开了德国到危地马拉居住并在那里建立了他的商业活动中心和发展事业。直到1943年他的永久居所地都在危地马拉，大约在1939年他离开危地马拉到汉堡，并于同年10月到列支敦士登作暂短的小住，然后于同年10月9日，以德国进攻波兰为标志的第二次世界大战开始的一个多月后他申请取得了列支敦士登的国籍。列支敦士登的法律规定外国人取得国籍，有3年居留期，他申请了居留例外，并缴纳了一定的手续费和入籍税，于10月20日取得列支敦士登国籍。1940年初，他返回了危地马拉，继续从事他的商业活动，并申请将他在外国人登记册上注明的德国国籍改为列支敦士登国籍，得到了危地马拉当局的准许。1941年12月11日，危地马拉向德国宣战。1943年11月19日，危地马拉警察当局逮捕了诺特鲍姆，并把他交给了美国军事当局并拘留在美国。同时扣押和没收了他在危地马拉国的财产和商店。危地马拉还于1944年12月20日作出了取消把他登记为列支敦士登国民的行政决定。1946年，他获释放后，向危地马拉驻美国领事馆申请返回危地马拉，遭到拒绝后，他只得到列支敦士登居住。同年7月24日，他请求危地马拉政府撤销1944年关于取消他登记为列支敦士登国民的决定，也遭到拒绝。列支敦士登于1951年12月7日向国际法院提起诉讼，反对危国逮捕诺特鲍姆和没收他的财产，认为这是违反国际法的，应给予损害赔偿和补救。

在本案中，列支敦士登要求危地马拉政府恢复原状和赔偿，理由是危地马拉政府对列支敦士登公民诺特鲍姆的行为违反了国际法。危地马拉对国际法院的管辖权提出异议，但国际法院在1953年11月18日的判决中驳回了这一反对意见。在1955年4月6日的第二次判决中，国际法院对于列支敦士登提出的以诺特鲍姆国籍为依据的申诉，作出不予受理的裁定。

国际法院首先阐释了国籍在国家与个人之间的性质与地位问题，主权国家有权通过自己的立法来解决与获取国籍有关的规则，并通过其本国机关根据该立法授予的国籍归化来赋予个人国籍。国籍的作用是决定被授予国籍的人享有关国家法律授予或强加于其国民的权利和义务，并受其约束。因此，国籍属于国家的国内范畴管辖事项。因此，国际法院对列支敦士登赋予个人归化国籍是否合法不予判断。但是，国际法院认为，列支敦士登基于国籍代表个人向法院行使针对其他国家行为的外交保护，就是把自己置于国际法的层面上，应当由国际法决定了一个国家是否有权行使保护，那么法院需要审查列支敦士登授予诺国籍的行为是否会产生国际影响，或言之是否列支敦士登授予国籍行为是否可以作为向他国主张权利的依据。

国际法院认为，在国际层面上，给予国籍只有在个人与给予其国籍的国家之间有真正的联系时，才有权得到其他国家的承认。然而，列支敦士登的国籍并非基于与列支敦士登的任何真正联系，他入籍的唯一目的是使他能够在战时获得中立国民的地位。由于这些原因，列支敦士登无权受理他的案件，并代表他向危地马拉提出国际索赔。

第十章　国际人权法

【内容提示】

国际人权法是第二次世界大战结束以后发展起来的一个新兴部门，是国际法中尊重和保障人权的原则、规则和机制构成的法律制度。国际人权法经过初创、规范设立、机制设立和落实四个阶段，已经发展成为一个既包括实体法也包括程序法的庞大、复杂法律制度，且具有由联合国主导的制度以及由区域性组织主导的制度两个层次。联合国通过了大量的人权文书，其核心是9项人权公约，每项公约都宣示了所承认、尊重、保护和实现的人权的重要性；界定和列举了这些人权的详细内容、哪些行为是对所涉人权的违反和侵犯、缔约国为实现这些权利应承担的义务和采取的措施；规定了监督公约实施和执行的国际机制，包括设立的机构的组成、职权和程序。这一部分一般被称为"以条约为基础的机制"。在联合国人权制度之内，还有"以《宪章》为基础的机制"，即根据《联合国宪章》建立的各种机构及其在人权领域的程序和工作。

第一节　国际人权法的概念与历史发展

一、人权的概念和历史发展

（一）人权的概念、本质和形态

"享有充分的人权，是长期以来人类追求的理想。"[1]但是，对于如何理解人权的概念，极具争议性。对"人权"也有各种各样的定义，获得大致认可的一种定义是：人权，或称人权和基本自由，是一个人作为人依其自然属性和社会属性所享有或应享有的基本权利。

最广泛意义上的人权具有三种形态和层次，即应有权利、法定权利和实有权利。应有权利即指一个人作为人即享有或应该享有的所有权利。这是最本源意义上的人权，有时也称作道德权利。法定权利是被法律制度承认和规定、并以法律强制力保证其有效实现的人的基本权利。实有权利是人在现实生活中真正享有和行使的人权，人在现实生活

---

[1]　国务院新闻办公室：《中国的人权状况》，1991年11月，前言。

中真正享有或行使的权利往往与法律承认和规定的权利有一定的差距。

（二）人权的分类与历史发展

能被归为人权的权利有数十项之多，为了方便理解，往往需要将人权分类。一种分类方式是以人权的主体来分类，即单个个人所拥有的个人人权和一定的人的组合所拥有的集体人权。另一种分类方式是以人权的内容分类，即根据不同权利的性质分类。一种较为通行的方式是结合这两种分类方式，将人权分为以下几类。

1. 公民权利和政治权利

通常所说的公民权利和政治权利包括生命权、免于酷刑和其他残忍的、不人道的或有辱人格的待遇的自由、免于奴役和强迫劳动的自由、人身自由和安全权、迁徙自由、获得公正审判的权利、在法律面前人格被承认的权利、隐私权、思想、良心和宗教自由、表达自由、集会自由、结社自由、家庭和婚姻权利、参与公共事务的权利、选举权和被选举权等。这一类人权的实现通常要求国家承担尊重即不干涉的义务，构成了对国家权力的限制，因此又被称为"消极权利"。启蒙时代的思想家提倡的人权主要是公民权利和政治权利。到18世纪末19世纪初，随着资产阶级革命，这些权利从理论中的应有权利向规范化的法定权利转化，规定在许多资产阶级民主国家的宪法中。由于公民权利和政治权利被提出和获得法定权利形态的时间较早，因此又被称为"第一代人权"。

2. 经济、社会和文化权利

通常所说的经济、社会和文化权利包括工作权、享受公正和良好的工作条件的权利、工会权、社会保障权、获得适足生活水准的权利、健康权、受教育权、文化权利等。这一类人权的实现通常要求国家采取积极的措施和步骤，构成了对国家可动用资源的主张，因此又被称为"积极权利"。对经济、社会和文化权利的需要成为一种政治主张和法律理论主要是在19世纪，即无产阶级壮大和社会主义思潮兴起的时期。到20世纪初，经济、社会和文化权利开始在某些国家的宪法中获得实在法的形态。由于经济、社会和文化权利被提出且获得法定权利形态的时间要晚于公民权利和政治权利，因此又被称为"第二代人权"。

3. 集体人权

与以上两类享有主体为个人的权利相对应的，则是可以由一定人组成的集体拥有的权利，即集体人权，有被成为"团结权利"。集体人权一般包括自决权、发展权、环境权、和平权和人类共同财产权等。集体人权被提出是在第二次世界大战以后，与非殖民化以及发展中国家的崛起有紧密联系，因此又被称为"第三代人权"。目前，除了自决权以外，其他集体人权尚没有获得国际法中的法定形态，对其权利主体、义务主体以及权利义务的内容也存在理论争议。

将人权分为"消极权利"和"积极权利"或者三代人权，只是一种方便但非科学的认识。目前较为普遍的共识是，无论是对于公民权利和政治权利，还是经济、社会和文化权利，国家都既承担尊重的消极义务，也承担保护和实现的积极义务；许多个人权利具有集体维度，大多数集体权利也具有个人维度。1993年维也纳世界人权会议宣布："一切人权均为普遍、不可分割、相互依存、相互联系。国际社会必须站在同样地位上、用同样重视的眼光,以公平、平等的态度全面看待人权。固然,民族特性和地域特征的意义以及不同的历史、文化和宗教背景都必须要考虑,但是各个国家,不论其政治、经济和文化体系如何,都有义务促进和保护一切人权和基本自由。"[1]这应成为理解国际人权法所规定的所有人权的起点和基础。

二、国际人权法的概念与历史发展

(一)国际人权法的概念和特征

国际人权法,或称人权的国际保护,是指国际法中尊重和保障人权的原则、规则和机制构成的法律制度。国际人权法作为一种法律制度,主要由两部分构成:一部分是国际人权法律规范,即一系列有关人权的尊重与保障的国际法原则与规则,这一部分是实体法;另一部分是确保这些规则得到遵守、实施和执行的机制,这一部分是程序法。

国际人权法既具备国际法的一般特征,又有一些特殊性。如同在国际法的其他部门中一样,国家也是国际人权法的核心与基础,国际人权规则主要由国家创制和实施(经常是在国际组织的框架内),因此仍然具有"国家间法"的形式特征。国际人权法的特殊性则主要表现在,其宗旨和目的在于尊重和保障人的权利而不像国际法的大部分内容一样在于保护国家的利益。国际人权法的实体法部分规定的主要是个人权利以及与之对应的国家的义务,而非国家之间的权利和义务;其程序法尽管在一定程度上仍带有国家间对等的性质,但其目的仍是实现个人的权利。国家根据国际人权法承担的、与人权相对应的实质义务包括承认、尊重、保护和实现几个方面。

国际人权法与某些国际法部门有较为紧密的联系,特别是国际人道法和国际刑法。现在,国际人权法和国际人道法越来越呈现互相补充与融合的趋势;而随着某些严重侵犯人权的行为被认为是国际犯罪,国际刑法也逐渐成为保障某些人权的有力工具。

在国际人权制度中,除了联合国主导的普遍性人权制度以外,在欧洲、美洲和非洲还存在区域性人权制度(在亚洲则存在阿拉伯国家联盟和东南亚国家联盟之下的次区域人权制度)。在这些区域中,相关的区域性国际组织也通过了大量的人权文书,并建立了相应的、一般而言比普遍性人权机制更为发达和有效的实施和监督机制,对于保护和促进各自区域内的人权发挥着作用。

(二)国际人权法的历史发展

1. 人权与传统国际法

国际人权法作为国际法的一个分支是在第二次世界大战结束以后发展起来的。在此前的传统国际法中,人权问题被当作完全属于国内管辖的事项,并不存在人权应受国际法保护的概念,在国际法中也不存在成体系的人权规范。不过,在传统国际法中也曾存在一些现在可以归结为与人权有关的一些原则、规则和机制,其中包括禁止奴隶制和奴隶贸易、外交保护、国际人道法以颇有争议的人道主义干涉等。在第一次世界大战结束以后的国际联盟时期,还发展出了少数者的保护、委任统治、国际劳工保护等与人权有

---

[1] 世界人权会议报告,A/CONF.157/24 (Part Ⅰ) (1993),《维也纳宣言和行动纲领》,第5段。

关的制度。这些原则、规则和机制中，只有很少一些如禁止奴隶制和奴隶贸易、少数者的保护、国际劳工标准等，在现代国际人权法中存续了下来，并且获得了普遍性和更完备的规范。

2. 国际人权法的产生

国际人权法的发展大致上经历了四个阶段，即初创阶段、规范设立阶段、机制设立阶段和落实阶段。第二次世界大战中的所发生的惨烈暴行使整个国际社会认识到，对人权的侵犯不仅有违人类良知，而且严重威胁国际和平与安全。国际社会相信，人权问题不能再完全由国家管辖，而应该由国际法加以规定和调整；在国际法中承认和保护人权，不仅符合国际法目标的进步概念，而且符合国际和平的基本需要。正是基于这样的信念，战后重建国际政治和法律秩序的联合国在其《联合国宪章》中开篇即称，"我联合国人民同兹决心，欲免后世再遭今代人类两度身历惨不堪言之战祸，重申基本人权，人格尊严与价值，以及男女与大小各国平等权利之信念"，从而开创了人权的国际保护的新局面。

《联合国宪章》和《世界人权宣言》的通过代表着国际人权法的正式形成。在《联合国宪章》中，除了序言以外，另有6处提到了"人权及基本自由"，其中最为重要的是其第55条（寅）项，该项规定联合国作为一个整体应促进"全体人类之人权及基本自由之普遍尊重与遵守"，第56条则规定会员国担允采取共同及个别行动与联合国合作，以达成第55条所载之宗旨。这是"人权"这一概念首次规定在国际法律文件中。然而，《联合国宪章》中的这些人权条款有若干缺陷。首先，没有定义应予尊重与遵守的人权与基本自由的具体内容；其次，没有明确规定其会员国尊重与遵守人权与基本自由的具体义务；最后，也没有规定任何实施和执行这些人权与基本自由的机制。这主要是因为，联合国的创始会员国计划在短时期内通过"国际人权宪章"，对人权的内容和相应的实施机制作明确、具体的规定。

作为确立"国际人权宪章"的第一步，联合国大会于1948年12月10日通过了《世界人权宣言》，"作为所有人民和所有国家努力实现的共同标准"。《宣言》包括序言和30条实质性规定。在序言中，《宣言》明确指出人权"乃是世界自由、正义与和平的基础"，第3条至第21条规定了公民权利和政治权利，第22条至第27条规定了经济、社会和文化权利。《世界人权宣言》是首次全面、详细地规定和列举人权和基本自由的国际文书，在世界人权历史上具有里程碑的意义，具有极高的道德和政治地位。从法律角度而言，《世界人权宣言》也有若干缺陷。首先，《世界人权宣言》只是联合国大会的决议，本身没有国际法上的拘束力；其次，《世界人权宣言》也没有规定任何实施和执行机制。存在这些缺陷的原因在于：《世界人权宣言》被认为只是创制"国际人权宪章"的第一步，很快就会走出的第二步将是起草和通过一项具有正式法律约束力的国际人权公约，其中将以法律规范的形式更具体、细致地规定各项权利，并辅之以相应的实施和执行机制。然而，这一"国际人权公约"最终都未能实现。因此在很长一段时间内，《世界人权宣言》都是唯一一份全面宣示和列举人权的国际文书，发挥着重要作用。《世界人权宣言》中的许多内容因为反映了人权领域的习惯国际法，相关规则在此意义上具有法律约束力。

（三）国际人权法的规范创制

在以《联合国宪章》中的人权条款和《世界人权宣言》为标志的初创阶段过后，国际人权法的发展即进入了规范设立阶段。这一阶段国际人权法的主要发展是出现了一系列具有法律约束力的国际人权公约，为人权的国际保护提供了规范基础。

在所有的国际人权条约中，最重要的是通常被称为"国际人权两公约"或"联合国人权两公约"的《经济社会文化权利国际公约》与《公民及政治权利国际公约》。1947年联合国人权委员会在其第一次会议上讨论了起草和制订"国际人权宪章"的事项。在《世界人权宣言》通过后，联合国大会于1950年通过决议要求人权委员会制订一项单一的国际人权公约。然而，在该公约起草期间，由于资本主义国家、社会主义国家和正在兴起的发展中国家对不同类型权利的重要性和实施机制存在不同的主张，联合国大会于1952年决定由人权委员会起草两项公约，分别规定两类权利。人权委员会分别了起草《经济社会文化权利国际公约》与《公民及政治权利国际公约》，于1954年通过经社理事会将两公约草案提交联合国大会审议。1966年12月16日，联合国大会通过了两公约，同时通过了与《公民及政治权利国际公约》同时起草的该公约的《任择议定书》。《经济社会文化权利国际公约》于1976年1月3日生效，《公民及政治权利国际公约》及其《任择议定书》于1976年3月23日生效。此后，联合国大会又于1989年12月15日通过了《旨在废除死刑的〈公民及政治权利国际公约〉第二项任择议定书》，该议定书于1991年7月11日生效。

《世界人权宣言》《经济社会文化权利国际公约》《公民及政治权利国际公约》及其《任择议定书》构成了通常所说的"国际人权宪章"（International Bill of Human Rights），成为国际人权标准的基础规范。

除了规定所有人的两大类人权的"国际人权宪章"以外，以联合国为代表的国际社会还通过了一系列专门性国际人权公约，具体地保护某一项人权或数项相互联系的人权，或具体地禁止对人权的某一种侵犯。这些公约主要包括1965年12月21日通过、1969年1月4日生效的《消除一切形式种族歧视国际公约》，1979年12月18日通过、1981年9月3日生效的《消除对妇女一切形式歧视公约》，1984年12月10日通过、1987年6月26日生效的《禁止酷刑和其他残忍、不人道或有辱人格的待遇或处罚公约》（通常简称《禁止酷刑公约》），1989年11月20日通过、1990年9月2日生效的《儿童权利公约》。这些公约与国际人权两公约一道构成了"核心"国际人权公约，提供了国际人权法律标准的主要内容。除了这些公约以外，联合国还通过了其他一些人权公约，如《防止及惩治灭绝种族罪公约》《妇女政治权利公约》《关于难民地位的公约》《禁止并惩治种族隔离罪行国际公约》等。除了这些有法律约束力的公约以外，联合国还通过了大量有关人权的宣言、决议、原则、规则、守则等。这些文书尽管没有正式的法律约束力，也成了国际人权标准中不可或缺的组成部分。除了联合国本身之外，联合国的某些专门机构如联合国教育、科学和文化组织和国际劳工组织也通过了一定数量的与人权有关的条约。

设立规范是国家人权法发展的必经阶段，该阶段自国际人权法初创时即已开始，在 20 世纪 60 年代至 80 年代达到高峰，现在速度已经减慢，但并没有完全停止。在过去 30 多年间，又有数项"核心"国际人权公约获得通过，即 1990 年 12 月 18 日通过、2003 年 7 月 1 日生效的《保护所有移徙工人及其家庭成员权利国际公约》，2006 年 12 月 13 日通过、2008 年 5 月 3 日生效的《残疾人权利公约》，2006 年 12 月 20 日通过、2010 年 12 月 23 日生效的《保护所有人免遭强迫失踪国际公约》。另外，2000 年 5 月 25 日还通过了《儿童权利公约》的两项任择议定书，即《关于买卖儿童、儿童卖淫和儿童色情制品问题的任择议定书》（2002 年 1 月 18 日生效）和《关于儿童卷入武装冲突问题的任择议定书》（2002 年 2 月 11 日生效）。可以认为，随着国际社会对人权的共识不断加深，在今后还可能出现新的人权标准、通过新的人权公约。

（四）国际人权法实施和执行机制的设立

国际人权法发展的第三个阶段是设立实施和执行机制，以保证人权规范能得到有效实施和执行。1946 年设立的联合国人权委员会在最初的 20 余年里，并没有在人权领域采取任何实质性行动，而将工作重点放在了规范设立上。20 世纪 70 年代，情况发生了变化。一方面，联合国经济及社会理事会于 1967 年通过第 1235 号决议、1970 年通过第 1503 号决议，授权人权委员会及其下设的防止歧视和保护少数小组委员会审查大规模侵犯人权的情势；另一方面，某些人权公约设立的负责监督实施与执行的委员会也于 20 世纪 70 年代末期开始运作。这标志着国际人权法进入了设立机制的阶段。

设立机制在制度层面上确保了国际人权标准之实施与执行的规范化与程序化。然而，在相当一段时期内，由于国际政治格局与国际关系的不良影响，这些机制一直没有得到很好的落实、取得理想的效果。直到冷战结束、国际关系缓和以后，这种局面才得到了改变。1993 年召开的维也纳世界人权会议通过的《维也纳宣言和行动纲领》着重强调了人权领域的具体行动、人权事业的实际进展。这种行动和发展一方面表现为在冷战之前即已存在的机构与机制开始发挥更加充分、积极的作用；另一方面表现为又设立了许多新的机构与机制。在以《联合国宪章》为基础的机制方面，1993 年设立了联合国人权事务高级专员，2006 年设立了取代人权委员会的人权理事会。在以条约为基础的机制方面，最近的发展则包括：1999 年 10 月 6 日通过了《消除对妇女一切形式歧视公约任择议定书》（2000 年 12 月 22 日生效）；2002 年 12 月 18 日通过了《禁止酷刑公约任择议定书》（2006 年 6 月 22 日生效）；2008 年 12 月 10 日通过了《经济社会文化权利国际公约任择议定书》（2013 年 5 月 5 日生效）；2011 年 12 月 19 日通过了《儿童权利公约关于设定来文程序的任择议定书》（2014 年 4 月 14 日生效）。此外，在《残疾人权利公约》通过的同时，也通过了一项《任择议定书》（2008 年 5 月 3 日生效）。

随着国际社会认识到人权与发展、安全密不可分，共同构成联合国工作的基础，人权在国际关系和国际法中逐渐主流化，对国际法的其他领域以及各国的法律制度、规定和实践产生着越来越重要的影响。各国应坚持将人权的普遍性原则同本国实际相结合，促进人权全面协调发展，在平等和相互尊重的基础上开展人权领域国际交流与合作，推动国际人权事业健康发展。

第二节 普遍性人权公约

在第二次世界大战以后,国际社会通过了几十项国际人权公约。这些公约提供了国际人权领域中绝大部分的法律规范,确立了国家在人权方面的国际法律权利与义务,构成国际人权标准的主要内容,成为人权国际保护的最主要法律依据。这些公约中9项被认为是"核心公约",它们在结构上都可以分为如下几个部分:

序言。这一部分规定公约的目的和宗旨,即宣示公约所要承认、尊重、保护和实现的人权的重要性。核心人权公约在其序言中都明确提到了《联合国宪章》和《世界人权宣言》是其规定的基础,有些公约还提到了在其缔结之前缔结的其他相关人权条约或通过的与其主题一致或相关的非法律性文件,特别是联合国大会的决议。

实质部分。这一部分是各公约的核心部分,具体规定所涉公约要尊重和保障的人权的详细内容,缔约国应承担的义务和采取的措施。各公约由于调整领域的不同,实质部分也覆盖人权的不同领域和方面。但是,所有人权公约都在其最初几项条款之一中明确宣示了可视为享有其他所有人权之基础,也构成国际人权法基本原则之一的非歧视原则,即公约所载之权利应予普遍行使和享有,不得因诸如种族、肤色、性别、语言、宗教、政治或其他见解、民族或社会出身、财产、出生或其他身份等任何区分而有任何区别。

机制部分。这一部分规定所涉公约的实施和执行方式。因为人权条约实质上调整的主要是每一缔约国与其本国国民的关系,所以缔约国之间的相互制衡——这是传统国际法得以被遵守的根本原因和保障——在很大程度上并不能保证人权条约的实效性。人权公约的实效性主要依靠国家的自愿遵守、实施和执行,但对此还必须予以监督。主要的人权公约都规定了监督其实施和执行的国际机制,包括设立的机构的组成、职权和程序,以尽可能地确保对所涉公约的履行和遵守。这也是人权公约的一个核心部分,同时也是人权公约和很多其他国际条约的一个很大不同。

最后部分。这一部分主要规定有关公约之签署、批准、加入、生效、修正、保留、作准文本的事项,和其他的国际条约并无太多差异。

一、《经济社会文化权利国际公约》

(一) 结构与内容

《经济社会文化权利国际公约》共有31条,分为序言和五个部分。第一部分只有第1条,规定民族自决权;第二部分从第2条到第5条,是对缔约国义务的一般规定;第三部分从第6条到第15条,列举各项实质性权利,是该公约的主体部分;第四部分从第16条到第25条,有关实施和监督机制;第五部分从第26条到第31条,涉及签署、批准、加入、生效、作准文本等条约法事项。

该公约的第三部分规定的实质性权利包括工作权,享受公正和良好的工作条件的权利,工会权利,享受社会保障包括社会保险的权利,家庭、母亲与儿童的相关权利,获得相当的生活水准的权利，享受能达到的最高身心健康的权利，受教育权利和文化权利。

（二）缔约国的义务

《经济社会文化权利公约》第 2 条第 1 款是对缔约国义务的一般性规定："本公约缔约国家承允尽其资源能力所及，各自并借国际协助与合作，特别在经济与技术方面之协助与合作采取种种步骤，务期以所有适当方法，尤其包括通过立法措施，逐渐使本公约所确认之各种权利完全实现。"第 2 条第 2 款是非歧视条款，规定在行使公约所宣布的权利时，不得有任何歧视。第 2 条第 3 款则允许发展中国家在适当顾及人权及国民经济之情形下，可以决定在何种程度上保证非本国国民享受该公约所确认的经济权利。

第 2 条是该公约中最重要的规定之一，概括了缔约国在该公约之下的法律义务的性质，规定了缔约国应如何处理第 6 条至第 15 条规定的实质权利的实施问题。缔约国根据该公约承担以下几个方面的义务。

第一，"采取种种步骤，务期以所有适当方法，尤其包括通过立法措施"意味着立法措施是特别需要的，在有些情况下可能甚至是必不可少的，但不能仅限于此。除了立法之外，可被认为适当的方法中还包括司法、行政、经济、社会和教育措施，而且这与特定的政府或经济制度无关。第二，"逐渐使本公约所确认之各种权利完全实现"意味着这些权利在短时期内一般无法充分实现。但是，无论一个缔约国的经济水平和发展程度如何，它都有义务立刻或尽快采取措施以保障该公约规定的权利的充分享有和实现，而不能逐渐地采取措施，长期或无限期地拖延对公约义务的履行。第三，"尽其资源能力所及"意味着经济、社会和文化权利的实现受到资源条件的限制。但是，某一缔约国如将未履行最低限度的核心义务归因于缺乏资源，就必须表明在履行义务时，已经尽了一切努力，利用了一切可得资源，并将履行义务作为优先事项。第四，"各自并借国际协助与合作，特别在经济与技术方面之协助与合作"意味着除了某一缔约国自身已经尽了最大努力之外，国际合作争取发展从而实现经济、社会和文化权利是所有国家的一项义务。第五，与所有的人权一样，经济、社会和文化权利的行使、享有和实现也不能是歧视性的。然而，为了确保某些群体或个人的适当进步以平等地享有经济、社会和文化权利而采取的特别措施，不应被视为歧视。缔约国还有义务禁止私主体（人或机构）在任何公共生活领域中进行歧视。

（三）缔约情况

截至 2024 年 4 月，《经济社会文化权利国际公约》有 172 个缔约国。中国于 2001 年 3 月 27 日批准了该公约，批准时对有关工会权利的第 8 条第 1 款（子）项作出了一项声明。

二、《公民及政治权利国际公约》

（一）结构与内容

《公民及政治权利国际公约》共有 53 条，分为序言和六个部分。第一部分与《经济社会文化权利国际公约》的第 1 条完全相同，规定民族自决权；第二部分从第 2 条到第 5 条，规定缔约国的一般义务、男女平等、克减及限制等；第三部分从第 6 条到第 27

条，列举各项实质性权利，是该公约的主体部分；第四部分从第28条到第45条，有关实施和监督机制；第五部分从第46条到第47条，规定该公约与其他国际组织职能以及国家经济主权之间的关系；第六部分从第48条到第53条，涉及签字、批准、加入、生效、作准文本等条约法事项。

该公约的第三部分规定的实质性权利包括生命权，免于酷刑和其他残忍的、不人道的或有辱人格的待遇的自由，免于奴役和强迫劳动的自由，人身自由和安全权，被剥夺自由的人应受合于人道及尊重其固有人格尊严的待遇的权利，不因无力履行契约义务而被监禁的权利，迁徙和居住自由，外侨不受非法驱逐的权利，获得公正审判的一系列权利，罪刑法定与刑法不溯及既往，在法律面前人格被承认的权利，私生活权利和名誉权利，思想、良心和宗教自由，意见和表达自由，禁止鼓吹战争与民族、种族或宗教仇恨，和平集会权利，结社自由，家庭和婚姻权利，儿童的相关权利，参与公共事务的权利与选举权和被选举权，法律面前平等的权利和少数者权利。另外，该公约还有一个旨在废除死刑的第二任择议定书，该议定书的缔约国应采取一切措施废除死刑。

（二）缔约国的义务

该公约第2条规定了缔约国"尊重并确保"公民和政治权利的义务。与《经济社会文化权利国际公约》的相应条款相比，这些规定更为直接和明确，具有两方面的含义：一方面，第2条本身为缔约国确立了独立的义务；另一方面，缔约国在履行第6条至第27条规定的义务时，也必须以第2条为基础原则并达到第2条所要求的效果。根据该条的规定、负责监督该公约实施的人权事务委员会在履行其职能时阐述的意见以及相关的国际法理论与实践，缔约国承担以下几个方面的义务。

第一，缔约国承允尊重并确保所有在其领土内和受其管辖之人不受歧视地享有该公约所确认的权利。对这一义务，没有任何限定，因此缔约国的政治和法律制度、经济和发展水平、社会和文化传统等，均不得成为不履行该公约所规定之义务的理由。第二，如果缔约国现行立法或其他措施对该公约承认的权利没有规定，则缔约国有义务按照本国的宪法程序和该公约的规定，采取必要措施和制定必要的立法或其他措施。这一规定为缔约国设定了两方面的义务，一方面是对该公约确认而国内法没有规定的权利，缔约国应采取必要的立法或其他措施以实施这些权利；另一方面，对于不符合该公约规定的国内法规定或做法，缔约国有义务加以修正以使之符合该公约的要求。但是，缔约国并没有义务将该公约纳入国内法中直接适用。第三，当该公约确认的权利或自由被侵犯时，受害者能得到有效的补救，即使此种侵犯是以官方资格行事的人所为。这种救济措施应由合格的司法、行政或立法当局或由国家法律制度规定的任何其他合格当局裁定，还应该在获准时，得到有效地执行。

（三）缔约情况

截至2024年4月，《公民及政治权利国际公约》有174个缔约国。中国于1998年10月5日签署了该公约，但迄今没有批准，所以中国还不是缔约国。中国一直在积极考虑和研究批准和在国内实施该公约的问题。

三、《消除一切形式种族歧视国际公约》

（一）结构与内容

《消除一切形式种族歧视国际公约》共有 25 条，分为序言和三个部分。第一部分从第 1 条到第 7 条，规定种族歧视的定义以及缔约国在消除种族歧视方面承担的各种义务，是该公约的主体部分；第二部分从第 8 条到第 16 条，有关实施和监督机制；第三部分从第 17 条到第 25 条，规定有关条约法的技术性事项。

（二）缔约国的义务

该公约第 2—7 条详尽地规定了缔约国在消除一切形式的种族歧视方面应承担的各种义务。

第一，缔约国应谴责种族歧视，并立即以一切适当方法实行消除一切形式种族歧视与促进所有种族间谅解的政策。为此，缔约国同时承担尊重的消极义务和促进的积极义务，并需要采取法律、政策、社会、经济、文化等各方面的措施。缔约国还应以一切适当方法，禁止并终止任何人、任何团体或任何组织所施行的种族歧视。缔约国应特别谴责种族隔离并承诺防止、禁止并根除具有此种性质的一切习例。第二，缔约国应保证人人有不分种族、肤色、民族或人种在法律上一律平等的权利。该公约列举了其平等享有尤其应该加以保证的权利和自由，并规定缔约国有义务在享受这些权利的方面禁止和消除种族歧视。第三，缔约国应谴责凡以某一种族、肤色或人种优越性的思想或理论为根据，或试图辩护或提倡任何形式的种族仇恨及歧视的一切宣传和一切组织；并承诺立即采取积极措施以根除对此种歧视的一切煽动或歧视行为。禁止传播以种族优越或仇恨为根据的一切思想与意见和表达自由的权利并不冲突。第四，缔约国应保证在其管辖范围内，人人均能经由国内主管法院及其他国家机关对违反本公约侵害其人权及基本自由的任何种族歧视行为，获得有效保护与救济，并有权就因此种歧视而遭受的任何损失向此等法庭请求公允充分的赔偿或补偿。第五，缔约国应立即采取有效措施尤其在讲授、教育、文化及新闻方面以打击导致种族歧视之偏见，并增进国家间及种族或民族团体间的谅解、容恕与睦谊，同时宣扬《联合国宪章》之宗旨与原则、《世界人权宣言》、《消除一切形式种族歧视宣言》及本公约。

（三）缔约情况

截至 2024 年 4 月，《消除一切形式种族歧视国际公约》有 182 个缔约国。中国于 1981 年 12 月 29 日加入了该公约，加入时对规定公约争端解决的第 22 条提出了保留。

四、《消除对妇女一切形式歧视公约》

（一）结构与内容

《消除对妇女一切形式歧视公约》共有 30 条，分为序言和六个部分。第一部分从第 1 条到第 6 条，规定对妇女的歧视的定义以及缔约国在消除对妇女歧视方面的一般义务；第二、三、四部分从第 7 条到第 16 条，详细地规定妇女在政治、经济、社会、文化和法律各方面的平等权利，以及缔约国相应的具体义务；第五部分从第 17 条到第 22 条，有关实施和监督机制；第六部分从第 23 条到第 30 条，规定有关条约法的技术性事项。

（二）缔约国的义务

《公约》第 2—16 条详尽地规定了缔约国在消除对妇女一切形式歧视方面应承担的各种义务。

第一，缔约国应谴责对妇女一切形式的歧视，立即用立法和司法等一切适当办法，推行消除对妇女歧视的政策，包括禁止贩卖妇女以及使妇女卖淫以盈利的行为。第二，缔约国应在所有领域，特别是政治、经济、社会和文化领域，采取一切适当措施，保证妇女得到充分的发展和进步，以确保妇女在与男子平等的基础上行使和享有人权和基本自由。第三，除废除或修改歧视性法律以外，缔约国还有必要采取行动，包括采取更多的临时特别措施，来推动妇女参与教育、经济、政治和就业，以加速实现男女事实上的平等。这些措施不被视为构成歧视。第四，缔约国应采取一切措施，改变男女的社会和文化行为模式，以消除基于因性别而分尊卑观念或基于男女任务定型所产生的偏见、习俗和一切其他做法。第五，缔约国应采取一切适当措施，消除在本国政治和公共生活中对妇女的歧视，其中应特别保证妇女与男子平等的政治权利。在国籍、教育、就业、保健、诸如契约和财产等民事事务、迁徙和居住、婚姻和家庭以及法律权利等方面，缔约国应保证妇女享有与男子同等的权利。

（三）缔约情况

截至 2024 年 4 月，《消除对妇女一切形式歧视公约》有 189 个缔约国。中国于 1980 年 11 月 4 日批准了该公约，是最早批准的国家之一。中国根据公约第 29 条第 2 款作出声明，不受规定公约争端解决的第 29 条第 1 款的约束。

五、《禁止酷刑公约》

（一）结构与内容

《禁止酷刑公约》共有 33 条，分为序言和三个部分。第一部分从第 1 条到第 16 条，规定酷刑的定义以及缔约国在禁止酷刑和其他残忍、不人道或有辱人格的待遇或处罚方面的义务；第二部分从第 17 条到第 24 条，有关实施和监督机制；第三部分从第 25 条到第 33 条，规定有关条约法的技术性事项。

（二）缔约国的义务

该公约第 2—16 条详尽地规定了缔约国在禁止酷刑和其他残忍、不人道或有辱人格的待遇或处罚方面应承担的各种义务。

第一，缔约国应采取有效的立法、行政、司法或其他措施，防止在其管辖的任何领土内出现施行酷刑的行为。免于酷刑自由是一项绝对的人权，没有任何限定和例外。任何意外或紧急情况、上级官员或政府当局之命令等，均不得作为施行酷刑之理由。第二，缔约国不得将任何人驱逐、推回或引渡至该人有遭受酷刑危险的国家。第三，缔约国应将一切酷刑行为定为刑事罪行，并加以适当惩处。对酷刑罪行应"或引渡或起诉"。第四，缔约国应充分进行关于禁止酷刑的教育和宣传。第五，缔约国应经常审查有关逮捕、扣押、监禁和审讯的规则、指示、方法、做法和安排，以避免发生任何酷刑事件。

第六,缔约国应确保对酷刑指控进行公正的调查,确保任何声称遭到酷刑的个人有权向主管当局申诉并得到迅速而公正的审查。第七,缔约国应在其法律体制内确保酷刑受害者得到补偿,并享有获得公平和足够赔偿的可执行权利。第八,缔约国应确保在任何诉讼程序中不得援引任何确属酷刑逼供作出的陈述为证据。第九,缔约国应保证防止公职人员或以官方身份行使职权的其他人在该国管辖的领土内施加、唆使、同意或默许未达到第1条所述酷刑程度的其他残忍、不人道或有辱人格的待遇或处罚的行为。

(三)缔约情况

截至2024年4月,《禁止酷刑公约》有174个缔约国。中国于1988年10月4日批准了该公约,批准时根据公约第28条第1款作出声明,不承认第20条规定的禁止酷刑委员会的调查职权,根据第30条第2款作出声明,不受规定争端解决的第30条第1款的约束。

六、《儿童权利公约》

(一)结构与内容

《儿童权利公约》共有54条,分为序言和三个部分。第一部分从第1条到第41条,规定"儿童"的定义(18岁以下的任何人)以及儿童的权利和缔约国的相应义务;第二部分从第42条到第45条,有关实施和监督机制;第三部分从第46条到第54条,规定有关条约法的技术性事项。

该公约第2条至第5条是对儿童权利和国家义务的一般性规定,第6条至第41条全面规定了儿童的公民、政治、经济、社会、文化和其他权利。与"国际人权宪章"中规定的人权和基本自由相比,这些条款更全面、细致地考虑和体现了儿童作为特殊人群的性质和需要,并对他们的权利作了极为翔实的规定。

该公约还有两项关于买卖儿童、儿童卖淫和儿童色情制品问题以及关于儿童卷入武装冲突问题的任择议定书,对儿童某些权利加以扩展和强化。

(二)缔约国的义务

根据该公约中的相关规定,可以总结出有关儿童权利的4项基本原则。这些原则是解释该公约,承担缔约国义务的指导原则。

第一,非歧视原则。缔约国应确保其管辖范围内的所有儿童享有公约所载的权利,而不遭任何歧视,"不因儿童或其父母或法定监护人的种族、肤色、性别、语言、宗教、政治或其他见解、民族、族裔或社会出身、财产、伤残、出生或任何其他身份而有任何差别"。这一规定的基本要求是机会平等。第二,儿童最大利益原则。缔约国当局在作出涉及儿童的决定时,均应以儿童的最大利益为一项首要考虑。这一原则针对法院、行政当局、立法机构、公私社会福利机构的决定。这是公约的一项根本要求,要落实该原则是一个重大的挑战。第三,儿童的生命、存活与发展原则。与其他人权公约中有关生命权的规定不同,该公约除确认了儿童固有的生命权外,还规定儿童存活与发展权利应"最大限度地"获得确保。在这一范畴中,"发展"的概念应作广义理解,即不仅指身体健康,而且还包括心理、情绪、认识、社会和文化方面的发展。第四,尊重儿童的意见的原则。作为具有一定自主性的人，儿童应能对影响到其本人的一切事务自由表达意见，对其意见应按儿童的年龄和成熟程度给以适当的看待，儿童有权要求其意见被听取和认真考虑。

由于该公约全面规定了儿童的一切权利和基本自由，缔约国为确保该公约的实施也需要承担全面的义务：采取一切适当的立法、行政和其他措施以实现公约所确认的权利；根据其现有资源所允许的最大限度采取措施以实现儿童的经济、社会和文化权利；在国际合作的范围内采取实现儿童的经济、社会和文化权利的措施。

（三）缔约情况

截至2024年4月，《儿童权利公约》有196个缔约国，是所有人权公约中缔约国数目最多的一个，联合国会员国中只有美国未批准该公约。《关于儿童卷入武装冲突问题的任择议定书》和《关于买卖儿童、儿童卖淫和儿童色情制品问题的任择议定书》分别有173个和178个缔约国。中国于1992年3月3日批准了该公约，批准时对有关儿童生命权的第6条作出了一项声明。中国于2002年12月3日批准了《关于买卖儿童、儿童卖淫和儿童色情制品问题的任择议定书》，于2008年2月20日批准了《关于儿童卷入武装冲突问题的任择议定书》。

七、《保护所有移徙工人及其家庭成员权利国际公约》

（一）结构与内容

《保护所有移徙工人及其家庭成员权利国际公约》共有93条，分为序言和九个部分，是条款最多的核心人权公约。第一部分从第1条到第6条，确定了公约适用的主体范围即"移徙工人及其家庭成员"等相关概念和适用的时间范围。第二部分只有一条即第7条，是对非歧视原则在该公约适用领域中的具体化。第三部分从第8条到第35条，规定了所有移徙工人及其家庭成员的人权。第四部分从第36条到第56条，规定了有身份或身份正常的移徙工人及其家庭成员的其他权利。第五部分从第57条到第63条，是适用于特殊类别的移徙工人及其家庭成员的规定。第六部分从第64条到第71条，规定了增进工人及其家庭成员国际移徙的合理、公平、人道和合法条件。从第二部分到第六部分是该公约的主体部分，全面、详细地列举了各类移徙工人及其家庭成员的公民、政治、经济、社会和文化权利，以及缔约国的相应义务。第七部分从第72条到第78条，是有关监督和实施机制的规定。第八部分从第79条到第84条，是有关缔约国义务的一些一般规定。第九部分从第85条到第93条，规定有关条约法的技术性事项。

（二）缔约国的义务

根据该公约的规定，缔约国的义务可以总结为三个方面：第一，非歧视的义务，即承担尊重并确保移徙工人及其家庭成员对公约所规定的权利的享有不受公约第7条所禁止的区别的限制。第二，全面地尊重并采取必要措施以保障公约第8条至第63条列举的各类移徙工人及其家庭成员的各方面的权利和基本自由。第三，为增进工人及其家庭成员国际移徙的合理、公平、人道和合法的条件，采取立法和其他各种必要的政策与措施，包括为此目的在缔约国之间进行的协商与合作。

（三）缔约情况

截至 2024 年 4 月，《保护所有移徙工人及其家庭成员权利国际公约》有 59 个缔约国，主要是移徙工人输出国。中国既没有批准也没有签署该公约。

八、《残疾人权利国际公约》

（一）结构与内容

《残疾人权利国际公约》共有 50 条，大致可分为序言和五个部分。第一部分从第 1 条到第 9 条，是规定公约的宗旨、所使用的各种概念的定义、一般原则、一般义务、平等和非歧视、残疾妇女和儿童、提高认识、确保残疾人无障碍的一般性条款。第二部分从第 10 条到第 30 条，全面、详细地规定残疾人的公民、政治、经济、社会和文化权利，以及缔约国的相应义务。第三部分从第 31 条到第 33 条，规定了缔约国在统计和数据收集、国际合作以及实施和监测方面的义务。第四部分从第 34 条到第 40 条，是有关监督和实施机制的规定。第五部分从第 41 条到第 50 条，规定有关条约法的技术性事项。

（二）缔约国的义务

该公约第 4 条列举了缔约国的一般义务，第 8 条和第 9 条还规定了提高认识和提供无障碍环境的义务。缔约国根据公约承担如下义务。

第一，缔约国应确保并促进充分实现所有残疾人的一切人权和基本自由，使其不受任何基于残疾的歧视。为此，缔约国应采取一切适当措施实施公约确认的权利，修订或废止构成歧视残疾人的现行法律、法规、习惯和做法，在一切政策和方案中考虑保护和促进残疾人的人权，不实施任何与公约不符的行为或做法并确保公共当局和机构遵循公约的规定行事，消除任何个人、组织或私营企业基于残疾的歧视，在研究和开发货物、服务、设备和设施方面，尽可能满足残疾人的需要并研究和开发适合残疾人的新技术，向残疾人提供无障碍环境并介绍助行器具、用品和辅助技术，促进培训协助残疾人的专业人员和工作人员。第二，关于经济、社会和文化权利，缔约国应尽量利用现有资源采取措施，以期逐步充分实现残疾人的权利。第三，在为实施公约而拟订和施行立法和政策时以及在涉及残疾人问题的其他决策过程中，缔约国应与残疾人密切协商，使他们积极参与。第四，缔约国应采取有效和适当的措施，以便提高整个社会对残疾人的认识，促进对残疾人权利和尊严的尊重，消除对残疾人的定见、偏见和有害做法，提高对残疾人的能力和贡献的认识。

（三）缔约情况

截至 2024 年 4 月，《残疾人权利国际公约》有 191 个缔约国。中国于 2008 年 8 月 1 日批准了该公约。

九、《保护所有人免遭强迫失踪国际公约》

（一）结构与内容

《保护所有人免遭强迫失踪国际公约》共有 45 条，分为序言和三个部分。第一部分从第 1 条到第 25 条，规定缔约国在保护所有人免遭强迫失踪方面的义务。第二部分从第 26 条到第 36 条，有关实施和监督机制；第三部分从第 37 条到第 45 条，规定有关条约法的技术性事项。

（二）缔约国的义务

该公约第 1—25 条详尽地规定了缔约国在保护所有人免遭强迫失踪方面应承担的各种义务。

第一，任何人不应遭到强迫失踪；任何意外或紧急情况，均不得用来作为强迫失踪的理由。第二，缔约国应将强迫失踪行为列为犯罪，并采取适当措施，调查强迫失踪情况、对强迫失踪案件行使管辖权、追究相关人员的刑事责任、施予处罚，对强迫失踪罪行应"或引渡或起诉"。第三，缔约国应保证强迫失踪的受害人得到有效的救济。第四，缔约国应确保任何指称有人遭受强迫失踪的人，有权向主管机关报告案情并得到及时、公正、全面的审查和调查；在有正当理由相信有人遭到强迫失踪的情况下，即使无人正式告发，缔约国也应责成有关机关展开调查。第五，在保护所有人免遭强迫失踪方面，各缔约国应相互合作。第六，缔约国不得将任何人驱逐、推回或引渡至该人有遭受强迫失踪的危险的国家。第七，缔约国应对剥夺人身自由作出详细规定，确保被剥夺自由者的各项权利。

（三）缔约情况

截至 2024 年 4 月，《保护所有人免遭强迫失踪国际公约》有 72 个缔约国。中国既没有批准也没有签署该公约。

第三节　普遍性人权机制

在国际人权法中，除了确认和规定人的基本权利以及国家的相应义务的实体规范以外，还包括有关确保这些规范之遵守、实施和执行的机制。这些机制与实体规范一道组成了国际人权法的有机整体。根据法律基础的不同，在普遍层次上的国际人权法的实施与执行机制可以分为两大部分，即通常所谓的"以宪章为基础的机制"和"以条约为基础的机制"。

一、根据《联合国宪章》设立的机制

"增进并激励对于全体人类之人权及基本自由之尊重"是联合国的宗旨之一，但《联合国宪章》本身并没有规定任何人权和基本自由的实施和执行机制。在《联合国宪章》通过时的构想是，由一份独立的"国际人权公约"详细规定有关人权的国际法律规则及其实施和执行机制。由于国际人权两公约在联合国成立 20 余年后才得以通过，其规定的机制又在 10 年后才投入运行，而联合国面临着处理和应对国际人权问题的严峻局势，因此联合国以宪章中有关人权的规定以及在此方面对联合国主要机关的授权为基础，建

立了一系列负责人权工作的机构，并赋予其相关的监督人权之实施的职责与权限。这些机构及其工作就构成了"以宪章为基础的机制"。由于尊重与遵守人权是联合国宗旨之一，因此其六大主要机关的工作均可被认为与人权有关，其中尤以联合国大会与联合国经济及社会理事会的工作与保护和促进人权有最为密切的关系。

（一）联合国大会和联合国经济及社会理事会

《联合国宪章》第 10 条规定"大会得讨论本宪章范围内之任何问题或事项，或关于本宪章所规定任何机关之职权"，并得向联合国会员国"提出对各该问题或事项之建议"。就人权问题，《联合国宪章》第 13 条第 1 款更为具体地规定大会应发动研究，并作成建议，以促进国际合作，助成全体人类之人权及基本自由之实现。因此，联合国大会在人权领域发挥着重要作用。每年联合国大会的议程中都包括了广泛的人权议题，如世界范围内的人权状况、各人权条约机构向大会提交的报告、经济及社会理事会和人权理事会等联合国机关及其下属机构向大会提交的有关人权的报告等。除了审议各种有关人权的议题以外，联合国大会对人权的另外一个主要贡献是通过了无数有关人权的决议和宣言，其中的许多宣言成为随后也由联合国大会通过的国际人权公约的前身。

在联合国的人权活动中，经济及社会理事会起着特别重要的作用。《联合国宪章》第 62 条第 2 款明确规定经济及社会理事会"为增进全体人类之人权及基本自由之尊重及维护起见，得作成建议案"。为履行在人权方面的职能，理事会有权召开国际会议、起草国际公约、进行研究、准备报告并向联合国会员国和特别机构作出建议。《联合国宪章》第 68 条授权理事会"设立经济与社会部门及以提倡人权为目的之各种委员会，并得设立于行使职务所必需之其他委员会"。人权委员会、妇女地位委员会及预防犯罪和刑事司法委员会等与人权事务最相关的职司委员会就是理事会根据该条设立的。经济及社会理事会关于人权事项的建议通常在审议人权委员会和各人权条约机构的报告的基础上作成。另外，授权讨论和审查严重侵犯人权的"1235 程序"和审查有关指控大规模侵犯人权的来文的"1503 程序"，也是由经济及社会理事会的决议设立的。

（二）联合国人权委员会和联合国人权理事会及其下设机构

于 1946 年设立并于 2006 年撤销的联合国人权委员会曾经是联合国体系内处理人权事务的最主要政府间机构，也是国际层次上最重要的人权机构。人权委员会由政府代表而非以个人身份任职的专家组成，最初有 18 个成员国，逐渐扩展到 53 个成员国。

人权委员会在其存在的 60 年间，作为负责人权事务的最主要联合国机关，承担了使国际社会关注人权问题，将人权事项交由联合国审议和处理的"发动机"的角色，为国际人权事业作出了重大贡献，主要表现在：第一，起草了包括"国际人权宪章"、其他主要人权公约在内的诸多人权文书，确立了国际人权法的基本规范框架。第二，通过包括专题机制和国别机制的"特别程序"审查人权标准的实施和执行，并确认在人权领域中的主要问题和需要采取的行动。第三，将有关人权事项的报告和建议提交经济及社会理事会并协助理事会协调联合国体系内的人权活动。第四，负责提供旨在增强保护和促进人权的能力的咨询服务和技术协助。第五，具体负责联合国针对人权侵犯的主要来文程序即"1235 程序"和"1503 程序"。

联合国人权委员会于1947年建立了防止歧视和保护少数小组委员会（1999年更名为促进和保护人权小组委员会）作为其附属性的咨询机构。小组委员会由26名独立专家组成。小组委员会作为人权委员会的"思想库"，中心任务是协助人权委员会的工作。小组委员会就其工作向人权委员会报告，并通过人权委员向经济及社会理事会和联合国大会报告。

由于人权委员会是一个政治性的机构，因此存在具有政治化倾向和效率低下的问题，饱受诟病。另外，随着冷战结束以后，人权在国际事务中主流化，与安全和发展一道，成为国际社会和联合国的主要议题之一。经济及社会理事会下设的人权委员会的地位显然与人权的重要性不相匹配，需要建立更高级别的人权机构并借机改革联合国的人权机制。2006年3月16日，联合国大会通过第60/251号决议，设立了作为大会附属机关、直接向联合国所有会员国负责的人权理事会，取代人权委员会成为联合国的主要人权机构，委员会则于2006年6月16日撤销。

人权理事会由联合国大会以简单多数直接选举产生的47个成员国组成（按地域集团分配席位），任期为3年，在连续两任后没有资格立即再次当选。2006年5月9日，联合国大会选举产生了包括中国在内的人权理事会首批成员。[1]理事会设于日内瓦，在每年全年定期开会，每年计划举行的会议不少于3次，总会期不少于10周；还可以召开特别会议。人权理事会的主要目标是充当联合国关于人权问题对话与合作的主要论坛；通过对话、能力建设和技术援助，帮助会员国遵循人权义务；同时，向大会提出关于进一步发展人权领域国际法的建议。

人权理事会全面承担了人权委员会原有的机制、职能和职责，将审查并在必要时改进及合理调整各种机制，包括专题机制和申诉机制。根据设立人权理事会的联合国大会决议中的相关内容，人权理事会在2007年6月的第五届会议上通过的题为"联合国人权理事会的体制建设"的第5/1号决议中，全面确立和调整了其工作机制，对于普遍定期审议机制、特别程序、申诉程序等作出了详细规定。与人权委员会的机制相比，最大的变化是普遍定期审议机制。为了避免人权委员会的国别机制存在的各种问题，联合国大会在其建立人权理事会的决议中，将这一机制界定为："根据客观和可靠的信息，以确保普遍、平等地对待并尊重所有国家的方式，定期普遍审查每个国家履行人权义务和承诺的情况；审查应是一个基于互动对话的合作机制，由相关国家充分参与，并考虑到其能力建设需要；这个机制应补充、而不是重复条约机构的工作。"根据这一机制，所有联合国会员国每隔4年半向理事会提交报告，说明其为改善国内人权状况而采取的行动及其履行人权义务的情况，并接受人权理事会的审议。人权理事会通过工作组会议和人权理事会全体会议两个阶段审议各国提交的报告，并形成最终的结果文件，其中包括三部分：工作组会议和全体会议进程的概要；对受审议国家的结论和建议，其中应该标明受审议国家明确表示支持的建议；以及受审议国家自愿作出的承诺。人权理事会从2008年开始进行第一轮普遍定期审议，到2024年已经进行到第四轮审议。

---

[1] 中国后来于2009年、2013年、2016年、2020年和2023年又五次当选人权理事会成员。

咨询委员会、特别程序和申诉程序则是人权理事会从人权委员会继承的机制。咨询委员会取代了人权委员会的增进和保护人权小组委员会，行使理事会智囊团的职能，在理事会的指导下，向人权理事会提供专业知识和建议，主要侧重于研究报告和根据调研提出的咨询意见。咨询委员会由代表世界各地区、具有不同专业背景的18名独立专家组成，每年召开两届会议。特别程序是由特别报告员、特别代表、独立专家和工作组组成的独立人权专家机制，旨在从专题角度或具体国别角度对人权问题提供建议和报告，涵盖公民、文化、经济、政治和社会等多方面的人权问题，其活动包括开展国家访问，通过发函或转发来文提请各国及其他行为者关注据称侵犯人权的案件以及更广泛的结构性问题，撰写专题报告和组织专家讨论会，促进国际人权标准的发展完善，从事宣传活动，提高公众意识，为技术合作提供咨询意见等。申诉程序旨在处理世界任何地方在任何情况下发生的一贯严重侵犯人权且得到可靠证实的情况，受理由个人、团体或声称是人权侵犯受害者或掌握与该类侵犯相关的直接可靠信息的非政府组织提交的来文，具体工作由来文工作组和情况工作组负责。申诉程序是保密的，以加强与相关国家间的合作，并以公正、客观、高效、注重受害者且能及时启动为目标。

尽管人权理事会的地位比之人权委员会已经有了很大的提升，不再是经济及社会理事会下设的机构而是联合国大会的附属机关，还创设、改革了许多人权机制，但是它仍然不是联合国的主要机关——这涉及对《联合国宪章》的修改因而极其困难，而且仍处于初创时期，因此，它能否克服人权委员会以往面临的问题，更有成效地推进联合国在人权领域的工作，仍是一个值得关注的问题。

（三）联合国人权事务高级专员

尽管在联合国层次上设立一位专门负责人权事务的高级官员的提议早在联合国初期就提了出来，但直到1993年的维也纳世界人权大会，国际社会才对此达成共识。1993年12月20日，联合国大会通过了第48/141号决议，创立了联合国人权事务高级专员（以下简称人权高专），成为经联合国大会同意由联合国秘书长任命并在其领导下对联合国人权活动负主要责任的官员。人权高专任期4年，可连任一届，一般由具有极高声望和能力的人士担任。人权高专领导作为联合国秘书处一部分的人权高级专员办事处的工作。

人权高专的职能包括将联合国的人权意识和决心付诸实践，以促进人权的普遍享有；担当领导角色并强调人权的重要性；促进人权方面的国际合作；通过联合国体系激励并协调人权行动；促进国际人权标准的普遍批准和实施；协助新的人权规范的发展；支持和协调以《联合国宪章》和条约为基础的人权机构；对严重侵犯人权作出反应；采取防止侵犯人权的措施；促进国家人权机构的设立；采取实地人权行动；提供教育、信息咨询服务和技术协助等。人权高专领导的人权高专办是联合国秘书处的一部分，负责具体履行人权高专的各项职能，在联合国人权事务中据主导地位并承担在联合国工作中将人权主流化的重要任务，其工作方法侧重于三个主要方面，即人权标准的制定、监督和实施。

二、根据主要人权公约设立的机制

为了监督各缔约国对其条约义务的遵守、实施和执行,各主要人权公约都设立了名称各异的委员会(被统称为"人权条约机构")作为所涉公约的监督机构:《公民及政治权利国际公约》第 28 条设立了人权事务委员会、《消除一切形式种族歧视国际公约》第 8 条设立了消除种族歧视委员会、《消除对妇女一切形式歧视公约》第 17 条设立了消除对妇女歧视委员会、《禁止酷刑公约》第 17 条设立了禁止酷刑委员会、《儿童权利公约》第 43 条设立了儿童权利委员会、《保护所有移徙工人及其家庭成员权利国际公约》第 72 条设立了保护所有移徙工人及其家庭成员权利委员会、《残疾人权利国际公约》第 34 条设立了残疾人权利委员会、《保护所有人免遭强迫失踪国际公约》第 26 条设立了强迫失踪问题委员会。《经济社会文化权利国际公约》的情况特殊,其本身没有建立一个特别机构来审查报告和担负其他监督实施的功能。为了弥补这一缺陷,经济及社会理事会于 1985 年建立了"经济、社会和文化权利委员会",[1] 作为《经济社会文化权利公约》的监督机构。尽管该委员会是由联合国而非《经济社会文化权利国际公约》本身设立的,因而是经济及社会理事会的一个附属机构,但其职能已经与其他的人权条约机构没有很大不同,因此该委员会的工作经常被当作"以条约为基础的机制"之一,而不过分强调其不同的法律基础。

这些委员会均由以个人身份任职的独立专家组成,人数从 10 人到 23 人不等(多为 18 人)。这些委员的任期均为 4 年,一般可连选连任。各公约一般都要求委员为缔约国国民、品格高尚、在所涉专业领域具有公认的专长。在委员会的选举中,应考虑到地域的公匀分配及确能代表世界不同文化及各主要法律体系。

这些人权条约机构根据所涉公约中的相关条款,承担了大致相同但又有所差别的职能,这些职能可以分为以下几类。

(一)接受和审查缔约国定期报告

所有 9 项核心人权公约都规定了缔约国定期报告制度,要求缔约国按规定周期向人权条约机构提交报告,这是各主要人权公约规定的唯一的强制性制度。报告的内容一般包括为履行公约所承认的权利方面所采取的立法、司法、行政或其他措施,所取得的进展,以及可能存在的影响公约的实施和履行义务的因素和困难等。

缔约国提交的定期报告将由各人权条约机构在公开会议上审查,某些公约还要求在审查报告时,缔约国政府派代表出席与条约机构的"建设性对话"。在审查缔约国报告的基础上,各委员会作出结论性意见,并在其年度报告中公布。结论性意见一般分为缔约国履行义务的积极进展、委员会关注的主要问题以及建议几个方面,这种结论性意见对缔约国没有法律约束力,只有建议和供参考的性质和意义。

---

[1] 经济及社会理事会第 1985/17 号决议:《审查经济、社会、文化权利国际公约执行情况政府专家会期工作组的组成、组织和行政安排》,E/RES/1985/17。

（二）接受和审查国家间的来文

9项核心人权公约中，除了《消除对妇女一切形式歧视公约》和《残疾人权利国际公约》之外的7项公约都在公约本身或任择议定书中规定了国家间来文制度（也称国家间申诉制度），规定如果某一缔约国认为另一缔约国未履行公约规定的义务，在双边解决无效之后，可以向有关委员会提交来文请求审议。委员会如果无法就来文在所涉缔约国之间达成和解，可以就争议作出结论。

国家间来文制度有两个特点：首先，除了《消除一切形式种族歧视国际公约》之外，其他公约规定的该制度都是任择性的，只有在缔约国作出明确接受该程序的声明时，才得约束该缔约国；其次，该制度只在都声明接受了该制度的缔约国之间有效。除了《消除一切形式种族歧视国际公约》规定的国家间来文制度外，其他公约规定的这项制度从来未被适用过。中国没有接受任何公约规定的国家间来文制度。

（三）接受和审查个人来文

所有9项核心人权公约都在公约本身或任择议定书中规定了个人来文制度（也称个人申诉制度），即某一个人（有些公约允许个人联名）如认为自己由所涉公约规定的权利受到了侵犯，在用尽国内救济之后，可以向有关委员会提交来文请求审议。委员会在经过一系列的程序之后，可以对来文进行审查并作出意见。

个人来文制度的特点是：首先，该制度都是任择性的，即其适用完全以缔约国通过明确声明接受该程序为前提；其次，该制度是在国际层次上为个人提供救济的唯一程序，因此尽管这一程序并非司法程序而且条约机构的最后意见对有关缔约国没有法律拘束力，但仍然被认为是保障人权公约之实施的最强有力的机制。中国没有接受任何公约规定的个人来文制度。

（四）发布一般性意见或一般性建议

各人权条约机构除了就缔约国报告发表针对性的意见以外，还就一些并不涉及特定缔约国而有关公约某一方面的一般问题发表一般性意见或一般性建议。这些一般性意见或建议代表着由独立专家组成的条约监督机构的集体观点，主要有关对公约条款的解释，也有部分涉及条约实施与执行的其他方面。迄今为止，除了强迫失踪问题委员会以外的8个人权条约机构都发布了数目不等的一般性意见或建议。它们尽管在正式意义上没有法律约束力，但由于其来源和目的，可以被认为是对有关公约条款和事项的权威解释，可以作为缔约国实施和执行公约时除公约约文之外的最主要依据，同时也是理解和研究这些公约及其规定的权利和义务的重要参考资料。

（五）调查

9项核心人权公约中，除了《消除一切形式种族歧视国际公约》《公民及政治权利国际公约》《保护所有移徙工人及其家庭成员权利国际公约》之外的6项公约都在公约本身或任择议定书中规定了调查制度，即如果相关委员会收到可靠的资料，表明某一缔约国严重地或系统地侵犯所涉公约规定的权利，委员会应请该缔约国合作研究该资料并提出它的意见。考虑此类意见以及其他资料后，委员会可以指派其委员进行调查并立即向委员会报告。在该缔约国的同意下，这种调查可以包括对其领土的访问。委员会在对调查的结果进行审查后,应将这些结果连同任何意见或建议一起转交该有关缔约国。所有这些程序都是保密的。在程序的所有阶段,均应寻求该缔约国的合作。所有调查制度和委员会的相应权限都是非强制性的,或者需要缔约国明确接受,或者缔约国可以选择不接受。中国没有接受任何公约规定的调查制度。

重要名词术语

三代人权、《世界人权宣言》、国际人权宪章、核心人权公约、人权理事会、普遍定期审议、人权条约机构、一般性意见/建议

思考题

1. 与国际法的其他部门相比,国际人权法有哪些特殊性?
2. 国际人权法的发展经历了哪几个主要阶段?
3. 核心国际人权公约有哪些?是何时通过与生效的?
4. 《公民及政治权利国际公约》与《经济社会文化权利国际公约》规定的缔约国义务有何异同?
5. 联合国人权理事会的普遍定期审议机制的主要内容是什么?
6. 人权条约机构承担哪些主要职能?
7. 中国如何在国内法中实施和执行已经批准的国际人权公约?

典型案例分析

黄某勇诉秘鲁案

20世纪90年代末,黄某勇伙同他人通过骗领毛豆油进料加工手册、成立虚假保税仓库等非法手段,倒卖免税毛豆油10.7万吨,共计偷逃税款7亿余元人民币。案发后,他先是逃往美国,后来逃到秘鲁。2008年10月,黄某勇在秘鲁被秘鲁警方逮捕,随后中国政府根据《中华人民共和国和秘鲁共和国引渡条约》向秘鲁提出引渡要求。2009年,经中国最高人民法院决定,后由外交部代表中国向秘鲁政府作出了对黄某勇不判处死刑的外交承诺。2010年1月26日,秘鲁最高法院判决同意引渡黄某勇。黄某勇随后向秘鲁宪法法院提起违宪申诉,同时向美洲人权委员会提出申诉。

2013年10月30日美洲人权委员会将"黄某勇诉秘鲁"案提交到美洲人权法院。2014年9月3日,美洲人权法院开庭审理黄某勇诉秘鲁案。2015年6月,美洲人权法院正式作出判决,判定秘鲁政府可以引渡黄某勇回中国,不存在死刑和酷刑的风险。[1]其后,黄某勇又陆续穷尽了秘鲁国内和美洲人权法院全部相关程序,于2016年7月17日被引渡回中国。2019年6月12日,武汉市中级人民法院对黄某勇案作出一审判决,

---

[1] I/A Court H.R., *Case of Wong Ho Wing v. Peru*. Judgment of June 30, 2015. Series C No. 297.

黄某勇犯走私普通货物罪，判处有期徒刑 15 年。黄某勇提出上诉后又撤回上诉，判决遂生效。

美洲人权法院指出，在引渡程序中，应当遵守相关国家在人权方面的国际义务和应有的程序要求，同时，这一法律要求不能被用作逃避惩罚的途径。法院认为，因为在中国普通货物走私罪按照审判时的刑法不适用死刑，所以排除了原告方被判处死刑的可能。同时，没有证据证明引渡黄某勇将使秘鲁面临违反酷刑或其他残忍、非人道或有辱人格虐待禁令的真正的、可以预见的人身危险。

在本案中，美洲人权法院认为，应当考虑欧洲人权法院在类似案件判决中体现的法理和联合国《公民权利及政治权利国际公约》框架下人权事务委员会和《禁止酷刑和其他残忍、非人道和有辱人格的待遇和处罚公约》框架下禁止酷刑委员会的立场和观点。作为人权国际保护的权威和专业机构，它们在国际人权法的法理阐释和运用上具有相通性、一致性。至少，这些机构和机制在努力追求和保持一种整体性和统一性。

在判断可采纳的证据类型上，因为本案审理的是当事人声称的可能面临的侵犯人权的危险，举证时以专家证人为主。法院在判决中多次引用了秘鲁政府推荐并获得法院许可的中国专家证人的证言。北京师范大学赵秉志教授关于中国刑法的证言为法院认定，中国社会科学院柳华文研究员对中国在禁止酷刑方面取得的进展的意见也在判决中得到援引，时任外交部条法司参赞孙昂对中国《引渡法》第 50 条的澄清获得法院的关注。

在 2013 年 11 月 22 日的新闻公报中，美洲人权委员会就指出，该案首次使美洲人权法院有机会，就引渡案件和裁决中必须适用的标准形成案例法；特别是，法院将可以就引渡申请国关于死刑和酷刑风险所作的外交或者其他种类的保证发表意见。[1]更重要的是，美洲人权法院在 2015 年度的年报中指出，黄某勇诉秘鲁案是美洲人权法院关于引渡框架下国家义务的首个案例，对未来引渡和遣返案件的处理具有指导意义。

总之，该案是美洲人权法院引渡第一案，也是中国首次在国际司法机构参与涉及中国的人权诉讼的案件，在处理引渡、遣返案件中的人权问题方面具有典型意义和长远影响。

---

[1] Inter-American Commission on Human Rights, Press Release No.93/13.

第十一章　国际法上的领土

【内容提示】

国际法上的领土是国家主权支配下的特定空间，是国家的基本构成要件。领土与国家、主权、独立等概念密不可分。一国享有充分的领土主权，意味着该国以其主权领土为界，享有不受干涉的对内最高权与对外独立权。领土主权的内容包含了领土所有权，领土所有权概念有时候也被用来表达领土主权。在一些情况下，某国可能在特定领土上只享有某些类型的管理权而没有主权。这样的情况主要有：军事占领，国际共管，委任统治与联合国托管，领土租借和国际地役。

领土的取得与变更指国家在某块特定的领土上建立主权或改变领土的主权归属。先占、割让、添附、征服与时效概括为传统的五种领土取得模式。随着国际实践的发展和国际法的进化，"领土取得模式说"的理论解释力已经有限。国际司法实践中，产生领土争议的各方往往需要从领土权源的角度来论证和分析各自主张的领土主权依据、证据与证明。其中，传统的领土取得模式主要用以解释历史上的领土主权依据，在现当代的领土争端中，需要更多关注条约、有权机构的处置、创立新国家或者新独立的国家政府、领土的放弃和默认等新发展的一些领土权源依据。还有一些权源证据、证明通常并不能独立地导致领土主权的建立或变更，但在领土争端中是重要的考量因素，包括领土的"有效控制"、历史权利固化等。

边界用以分隔国家间的领陆、国家管辖海域和公海、分隔领空和外层空间，也分隔国家间的底土。边界如果未得到明确的划定，容易引起边界争端。相邻或相关国家间，通常通过和约或边界条约确定边界范围与划界方式。中国的陆地边界全长约2.2万公里，与14个国家接壤，是世界上陆地边界线最长、邻国最多的国家。截至2008年，中国已与14个陆上邻国中的12个国家签订了边界条约或协定，所有争议边界确定了近90%。

南极地区和北极地区处于地球的南北两端，合称为极地地区或者两极地区。极地的地理位置极其特殊，影响着全球的生态平衡，对于人类认识自我及全球的可持续发展至关重要。南极和北极虽然同称极地，但是，南北极的领土主权地位与国际治理模式存在重大差异。南极是目前世界上唯一主权不属于任何国家的大陆。

第一节 领土的概念与范围

国际法上的领土（territory）概念具有法理拟制性。领土是国家主权支配下的地球的确定部分，是国家的构成要素。没有领土的国家不能成立，非国家主体不存在国际法上的领土主权问题。[1]尽管根据国际法上的构成要件，国家需要有确定的领土（a defined territory），但这种领土并不要求绝对确定。部分边界未划定，或存在边界争端，均不妨碍其成为国家。国际法上也没有规定至少要多大的领土才能成为国家。摩纳哥只有大约1.9平方公里的领土，但它仍然是一个独立的国家。[2]南极是目前世界上唯一主权不属于任何国家的大陆。

一、领土与国家主权、独立

在国际法理论中，主权概念的历史、起源与国家概念的历史、起源以及性质，两种概念有着密切的联系。国家资格及地位是其享有主权权利的基础。鉴于领土主权的内容具体表现为国家在特定地理区域上的一系列权力、权利和义务，这就包含了国家独立，即一国对其内外部事务有进行自主决定的权利。在此意义上，学界在探讨领土主权时，往往把领土主权作为国家主权的同义词。[3]

对国家主权、独立与领土完整的保护，体现在《联合国宪章》第2条之中。该条规定："各会员国在其国际关系上不得使用威胁或武力，或以与联合国宗旨不符之任何其他方法，侵害任何会员国或国家的领土完整或政治独立。"此外，《关于各国依联合国宪章建立友好关系及合作之国际法原则宣言》和"和平共处五项原则"等都禁止侵犯国家主权和领土完整。保护国家独立、领土完整与不干涉原则相辅相成。关于国家有权处理其内外事务而不受干涉的原则，在尼加拉瓜诉美国案、英国与阿尔巴尼亚的科孚海峡案等国际司法案例中有清楚的反映。领土完整与不干涉原则均是国际法上的习惯法规则。因此，一国享有充分的领土主权，意味着该国以其主权领土为界享有不受干涉的对内最高权与对外独立权。

二、领土主权与领土所有权

领土与国家主权概念虽然密切相关，但领土问题不完全等同于主权问题，并非所有国家和领土之间的关系都可以通过主权概念来解释和表达。在复杂的国际实践中，理论与实务界均有可能在一些场合将领土所有权等同于领土主权概念，并加以解释和运用。

格劳秀斯将罗马法中的占有观念引入国际法领域，对萌芽时期的国际法产生了重大的影响。当时，各国的领土被视为君主的私人财产，君主可以像处置自己的私人财产那

---

[1] 王铁崖：《国际法》，法律出版社1995年版，第229页。
[2] 丘宏达：《现代国际法》，台北，三民书局2008年版，第469页。
[3] See Surya P. Sharma, *Territorial Acquisition, Disputes and International Law*, Kluwer Law International, 1997, p.2–4.

样处置自己的领土,割让领土的条约通常以君主个人出卖土地的形式出现。国际法上领土理论的逻辑原理类似于国内法上调整私人财产关系的物权取得制度,其核心问题是,国家怎样和通过哪些行为、采取行动,获得特定的权利或建立包括国家主权在内的不同的地位(即使不仅是法律地位)。因此,领土主权包含了财产权内容,涵盖了领土所有权意义,国家有权对其领土范围内的一切土地和资源进行占有、使用和支配。

在现实中,领土主权和领土所有权的概念也常混用。在马来西亚与新加坡的白礁岛主权争议案中,国际法院判决指出,"所有权"一词有时用来指主权。法院提到,在事实上的国家实践中,诸如"领土主权的取得"(acquisition of territorial sovereignty)、"获得领土财产"(possess the property of a territory)、"统治某一领土"(have dominium over a territory)等这些表达都通常意味着对领土主权的取得。[1]当然,关于某领土的私人权利的取得与公法意义上的国家主权领土的取得是有明确区分的:

一是领土上有关主权的决定并不影响个人或国家作为私主体可能在同一区域拥有的所有权。在贝宁与尼日尔的边界争端案中,国际法院认为,在桥梁上的划界问题完全独立于双方共同拥有的这些构筑物的所有权。

二是土地上的某部分在一个国家的主权之下,但财产所有权却可能属于另一国。历史上,芒达森林(Mundat Forest)曾在德国的主权之下,其所有权却属于法国;廷威萨地区(Tiwinza)的主权属于秘鲁,其所有权却属于厄瓜多尔。此外,欧洲国家实践中还有一个被普遍接受的做法是,可以不变更主权而转移财产权,反之亦然,领土主权的变更不应影响私有财产权。

所以,尽管领土主权的内容包含了领土所有权,并且领土所有权在某些场合的运用也可能等同于领土主权的意涵,但领土所有权强调私法意义上的财产权,并不能代替领土主权概念。

三、领土管理权问题

一国可以将其特定领土上的权力之运行(exercise of authority)赋予另一个国家,而保留其主权,这种处理也可以是某国际组织或和平会议决议的结果。因此,除了主权领土类型外,国际法上还存在着由某些国家或国际组织拥有管理权的领土类型,这类管理权也被称为占领权、统治权或施政权(行使立法、行政与司法权)等,指国家运行与实施层面的管理权能。享有主权的国家可以在该领土上行使充分和最高的专有权利,而享有管理权的国家只能在领土上拥有委任统治或托管协议所赋予的权力,或者,基于条约或习惯国际法规则,对领土进行某种事实控制。主权与管理权之间的区别,主要在于权利持有人是否能够处分所涉领土。国家对某领土只享有全部或部分的管理权而没有主权的情况主要有:

---

[1] *Pedra Branca/Pulau Batu Puteh, Middle Rocks and South Ledge Case (Malaysia v. Singapore)*, ICJ Reports 2008,[Judgment]para.222.

（一）军事占领

军事占领也称为战时占领或交战国占领。占领是作战的一个目的。如果交战国成功地占领了敌国领土的全部或者一部分，它就实现了战争的一个重要目的。国际法关于作战的规则在占领问题上比任何其他部门都进步。占领者绝不能仅因占领领土的事实而获得对该领土的主权，而是对该地区暂时行使军事权力。占领国在军事占领期间，虽然有占领权力，但应该同时遵守国际法上关于战争、武装冲突和人道主义法的海牙体系与日内瓦体系。同时，军事占领不能与侵略混为一谈，占领是对敌国领土的暂时占有，入侵则以侵占该领土的主权为目的。[1]第二次世界大战中，以美国为首的盟军在1945—1952年军事管理琉球群岛，就是属于军事占领，占领国并不获得对琉球的领土主权。[2]

（二）国际共管

领土的国际共管也简称为共管，指两个或两个以上的国家对某一领土共同行使主权，通常由国家间达成协议，对领土主权进行相互限制和共同管理。国际实践中有不少共管的实例。如奥地利和普鲁士在1864—1866年对石勒苏益格-赫尔斯泰因和劳恩堡的共管，英国和埃及在1898—1955年对苏丹的共管，英国和法国在1914—1980年对新赫布里底群岛（现为独立国瓦努阿图）的共管，英国和美国从1939年至今对坎顿岛和恩德伯里岛的"共同控制"，1973年巴西和巴拉圭订约规定："巴拉纳河的水资源属于两个国家共管所有。"共管还可以作为对有待以后确定归属地位的领土所采取的临时措施，这往往发生在相邻国家之间。如比利时与德国协议共管它们边界上的马尔梅迪地区。科威特和沙特阿拉伯对其边界2000平方英里的中立地区，在1922—1965年分享平等权利。后来在该区域发现石油，双方于1965年同意对其进行划分，该划分于1969—1970年获得批准，此时科威特—沙特边界最终确定在目前的位置。如果是双方都有主权依据的国家对争议领土或者相邻领土达成共管协议进行共管，通常不会引发法律争议，但是，如果一些国家对其自身没有主权依据的领土（他国领土、非自治领土、地位未定领土等）协议"共管"，这类共管除非符合委任统治或托管领土的条件，否则将遭遇合法性质疑。

（三）委任统治与联合国托管

《国际联盟盟约》第22条规定了委任统治（mandates）制度，该制度被1945年《联合国宪章》第12章的托管（trusteeship）制度所取代。被委任统治或者被托管管理的国家，在不获得相关领土的主权的前提下，按照委任统治协议或托管协议的内容具体行使委任统治或托管管理领土的权力。根据《联合国宪章》，联合国托管具体分为普通托管和战略托管两种类型，战略托管下的领土又称为战略防区。普通托管领土必须经过联合国大会的核准；如果是战略防区，需要经过安理会的核准。不管是普通托管还是战略托管，都应该专门签订托管协议，"由直接关系各国……予以议定"。

---

[1] [英]劳特派特修订：《奥本海国际法》（下卷·第一分册），王铁崖、陈体强译，商务印书馆1989年版，第321—322页。

[2] 参见罗欢欣：《国际法上的琉球地位与钓鱼岛主权》，中国社会科学出版社2015年版，第94—96页。

1945年6月26日，联合国专门成立了托管理事会，负责对置于国际托管制度下的领土实行管理，行使联合国关于除指定为战略防区之外的托管领土的职能。1946年，联合国大会批准将8处领土置于托管理事会的托管之下。原日本委任统治下的前德属太平洋岛屿（密克罗尼西亚、马绍尔群岛、北马里亚纳群岛和帕劳岛链），经1947年安理会决议通过，以美国作为唯一管理当局进行战略托管，是《联合国宪章》第82、83条规定下的唯一战略托管区域。1990年和1994年，联合国安理会分别通过第683号和第956号决议，终止了上述战略托管，此四处领土在法律上成为了独立国家（尽管仍然以不同形式保留着与美国的联合）。由联合国托管理事会正式监督的托管领土，目前已经基本上都成了独立国家或者经全民公决并入了邻国，托管理事会已经基本停止工作。但是，世界上还存在着像琉球群岛（日本称冲绳）这样的"潜在托管领土"，未解决其领土的最终主权地位。[1]

（四）租借与国际地役

国家可以通过签订条约对他国领土行使非完全主权性质的一些权利，主要形式包括租借和国际地役。它们都起源于物权法中的使用权理论。

（1）领土租借。在租借期间，出租土地的主权者作为出租国，将其领土上的部分主权权利让渡给租借者，租借者在租借期满后归还给出租国。历史上的租借案例有很多，譬如，1941年英国将百慕大的小块领土租借给美国作为军事基地，为期99年；1962年芬兰与前苏联缔结一项条约，苏联将塞马运河的苏联部分和小维索茨克岛租借给芬兰，为期50年。但是，19世纪较为盛行的租借土地大都建立在不平等条约的基础上，具有非法性。如1898年帝国主义列强利用清朝政府在中日甲午战争失败后的危难时机，强迫其将胶州湾租借给德国，为期99年；旅顺和大连租借给俄国，为期25年；威海卫租借给英国，为期25年；九龙租借给英国，为期99年。上述租借地，中国政府已全部收回。

（2）国际地役。国际地役指一国为了他国利益而限制其本国特定的领土权益或限定领土主权的行使方式，此种限制与特定领土的相邻权或者特别的条约与习惯相关。国际地役可以分为积极地役和消极地役。积极地役指一国有权在另一国领土内从事某种行为，如筑路、设立税关、军队过境或驻扎、捕鱼等。消极地役指一个国家要求另一个国家不得在其领土内从事某种行为，如要求某一邻国在双方边界地区的某些城镇不设防，或要求某一国家不得允许外国军舰在其某一港口内停泊等。国际地役的合法性也取决于地役提供国和接受国之间是否有平等自愿的协商合意。国际地役的主体只能是国家，国家给予外国个人或法人的类似权力不构成国际地役。国际地役的客体是受限制的国家领土的全部或部分，而且可以使陆地，也可以是河流、海域、领空等。以国家领土为客体

---

[1] 琉球群岛作为"从敌国剥离的领土"，在第二次世界大战后即处于战时占领阶段。1951年，《旧金山和约》第3条规定琉球群岛应该提交联合国托管（提交托管前由美国临时行使立法、行政和司法权）。1971年，作为管理国的美国与日本私自签订《关于琉球与大东群岛的协定》，约定将其在《旧金山和约》第3条项下的权利"放弃和让渡给日本"，使琉球作为"潜在的托管领土"，法律地位一直未能确定。参见罗欢欣：《国际法上的琉球地位与钓鱼岛主权》，中国社会科学出版社2015年版。

的意义在于将国际地役与其他对领土主权的限制区分开来。例如，某一国际条约限制某国武装力量的建立和编制，由于这不涉及该国领土为另一个国家的利益服务，不属于国际地役。

第二节 领土的取得和变更

领土的取得与变更，指国家在某块特定的领土上建立主权或改变领土的主权归属。国际法学著作中，一度将先占、割让、添附、征服与时效概括为传统的五种领土取得模式。但是，随着国际实践的发展和国际法的进化，"领土取得模式说"的理论解释力已经有限，是"一个过时的反映第一次世界大战以前学术倾向的术语"。[1] 国际司法实践中，产生领土争议的各方往往需要从领土权源（title to territory）的角度来论证和分析各自主张的领土主权依据、证据与证明。其中，传统的领土取得模式主要用以解释历史上的领土主权依据，现当代的领土争端中，更多关注的是新发展的一些领土权源依据。[2]

一、传统的领土取得模式

（一）先占

先占也叫无主地先占（Occupation of terra nullius），指一个国家有意识地对"无主地"（terra nullius）进行占领从而取得主权的行为。"无主地"最初的意思是从来没有被任何国家占领过的地方，因此，在16世纪以前，仅仅发现（discover）本身就能产生主权。进入19世纪后，随着人类科技对地球的高度开发和"人类共同继承遗产"概念的产生，无人占领类型的无主地基本已经不存在，从而在国际法上发展出"有效占领"的概念，除发现外，还要求占领是有效的，达到"占领有效性"的条件才能产生领土主权。[3] 故而，先占概念在学界探讨中又往往被替换成"有效占领"（effective occupation）或者"占领取得"（acquisition by occupation）。目前，先占模式因为"无主地"的消亡而难以再适用。

（二）征服

征服（Subjugation or Conquest）只有当两国间发生战争时，战胜国才可以借此作为取得战败国领土主权的一种因由。征服作为一种领土取得方式，通常要符合三个条件：

---

[1] 譬如，布朗利在其著作中指出"许多教科书都会列举包括先占、添附、割让、征服和时效在内的取得模式，这个目录不仅不精确，而且并不能充分地反映出国际法庭的工作方式"，"取得模式是一个过时的反映第一次世界大战以前学术倾向的术语……整个取得模式的概念在原理上是不正确的，并且会加重理解真实状况的困难"。See Ian Brownlie, *The Rule of Law in International Affairs,* The Hague: Martinus Nijhoff Publishers, 1998, p.126-127, 153.

[2] 罗欢欣：《国际法上的领土权利来源：理论内涵与基本类型》，载《环球法律评论》2015年第4期。

[3] 仲裁员胡伯在1928年的"帕尔马斯岛案"中对此进行了阐述。See Palmas Island Arbitration Reports of International Arbitral Awards, Vol.11, p.829-871.

（1）预先的宣战，在交战国之间建立战争状态是前提；（2）在战争状态结束后对所攫取的领土要有"有效控制"；（3）和平条约（和约）的签订以结束战争、确认主权转移。这三个要件里面，主要是"和约"是否为征服的必要条件存在争议。不管怎样，胜利国在武装冲突的时候以单方面声明宣布将合并敌国的土地作为战争行为的结果时，这种领土主权转移方式的有效性却不管是在传统还是在当代国际法上都不被普遍接受。1945年后，《联合国宪章》确立了禁止使用武力原则，更废弃以战争作为解决国际争端的手段，故通过征服方式取得领土在当今社会也已经不再适用。

（三）时效

时效也称为时效取得（Acquisitive Prescription），是在非无主地领土上确立主权的方式。当该领土是非法获得的，或是在有关情况下不能证明取得的合法性时，国家才提出时效主张。一国在占有他国的某块土地后，因为在相当长时期内不受干扰地占有，而可能基于时效而取得该土地的领土主权。但是，因为时效取得适用于主权不明或没有合法主权依据的情况下，所以它在国际法上作为一种领土取得方式在早期就存在争议。

首先，按照"非法行为不产生合法权利"的一般法理，时效被认为不能成为所涉领土在该情况下转移给另一国家的基础。其次，关于时间跨度，在国际法上并没有任何确切的时间标准认为经过该段时间后能够据此获得主权。时效学说的主张者们想要将国内的法律制度向国际法中进行转换，所需要的是它得到实现而不只是某个固定的时间界限，从而使法官有权认定权利从其合法所有者手中转移到占有者那里，或者，对某个进行充分管理的主体予以认可。所以，在美国与墨西哥之间的查米尔（Chamizal）边界争端案中，裁决强调在这个方面不存在固定期限。

当然，国际法上并不排除国家间可以通过条约来约定时效的时间界限。英国与委内瑞拉的圭亚那边界裁决案就是这种特别协定的案例。但是，这是基于条约而不是一般国际法来进行裁决的独特案例，[1] 并不能因此认为判决结果是时效取得。事实上，建立在时效取得上的主张都有反效果（counter-effect），它意味着认可其原始权利属于另一个国家。所以，国家的实践表明，各国都很谨慎地不依赖于时效取得作为它们主张领土权利的主要基础。可以说，时效因存在高度争议性而不被普遍接受。

（四）割让

割让（Cession）通常指根据条约将一国的领土转移给他国，这种情况大多发生在战争结束以后，交战各方通过签订和平条约的形式达成。然而，它具体又可以分为依不平等条约的割让和依平等条约的割让。1895年中国签订《马关条约》将台湾割让给日本就是一种不平等条约的割让。但是，因为《联合国宪章》明确禁止使用武力，这一模式已被禁止和废弃。关于平等条约的割让，1803年法国出价6000万法郎将路易斯安那卖给美国，以及1867年俄国以720万美元将阿拉斯加（面积1518800平方公里）卖给美国，1890年英国以获得东非洲桑给巴尔（Zanzibar）保护国为条件将黑尔戈兰岛让给德国等

---

[1] R. A. Humphreys (1967), "Anglo-American Rivalries and the Venezuela Crisis of 1895", Presidential Address to the Royal Historical Society 10 December 1966, Transactions of the Royal Historical Society, 17: p.131-164.

情况，都可以算作一种平等条约下的割让。自愿、平等的割让至今有效。但是，从签订平等条约的角度来探讨领土主权的取得或变更，使"割让"这一概念本身的意义受到挑战。学界往往直接将"条约"作为领土权利的来源/依据而不再提及"割让"这一模式。

（五）添附

添附（Accretion）指由于天然或人为的原因使陆地增长而引起的国家领土的扩大。自然添附如河口出现的三角洲、河岸涨滩、领海出现的新生岛屿等。人工添附如围湖造田、围海造田等。按照1982年《联合国海洋法公约》的规定，专属经济区、大陆架或公海上建立的人工设施与岛屿等不构成国家领土的人为添附，不能形成领海或改变领海基线。除了在专属经济区、大陆架和公海上建设的人工设施和人工岛屿外，对自然的群岛和岛屿进行的扩建行为应该属于对陆地的人工添附，比较典型的例子如我国2013年以来对南沙一些岛礁的扩建。鉴于海洋法上只规定了人工设施和人工岛屿建设问题，中国在南海的一些岛礁扩建应该主要由领土法而不是海洋法来解释。

二、领土的权源问题

领土主权的传统模式分析法并不能全面解释现实中领土争端的复杂法律关系。国际司法实践中，国家领土的权源（title to territory）问题，成为领土、边界争端案件中探讨的重点。

英文中的"title"一词本身含有多义，可以指"权利来源或根据"，也可以指"权利"，"权利资格"，或者权利的"证据与证明"。发生领土争端时，争议各国需要证明其主权领土的权利来源，提供权利依据与证明。领土权源理论关注的是国家获得领土主权的依据问题，即国家通过什么样的行为、方式，或者有什么样的证据可以证明其在领土上建立主权。先占、割让、添附、征服与时效五种传统的领土取得模式虽已过时并基本不再适用，但是，对于国家论证其主权领土在历史上的取得依据，按照"时际法"原则，仍然具有意义。除此以外，新发展的一些权利来源可以作为建立领土主权的独立依据，或者对国家主张其领土主权的建立具有一定的证据与证明效力。[1]

（一）条约

根据自愿与平等的原则，国家可以通过条约建立、确认、变更或放弃领土主权与主权权利。作为领土主权依据的条约，除了可能是割让条约外，还可能是和平条约或者划界条约。事实上，新中国成立后，我国与绝大部分邻国都是以订立边界条约的方式处理了领土边界争端，使这些条约成为国家领土主权的确立依据。其他国家间的领土边界条约，比较有代表性的有，2015年印度和孟加拉签订历史性的《土地边境协议》，两国交换总计162块飞地（孟加拉国领土内有111块印度飞地，总面积约1.7万公顷，印度境内有51块孟加拉国飞地，总面积约7000公顷）。

（二）有权机构的处置

一些有权机构或国际组织的决议往往可以决定领土的归属。例如，在早期的欧洲，

---

〔1〕 罗欢欣：《国际法上的领土权利来源：理论内涵与基本类型》，载《环球法律评论》2015年第4期。

通过罗马教皇训令的形式发布的教皇决定可以作为领土的权利来源。譬如，梅梅尔领土法案（Memel Territory Statute）的解释案例，埃塞俄比亚和厄立特里亚之间《洛桑条约》的解释案。此外，拥有合法管辖权的司法法庭按照公平原则对领土争端作出的处理裁定，也可以成为主权权利的基础。当然，其他司法裁决，如国际法院或仲裁机构对于现有情势是什么、以及这种状况是否产生领土主权的决议，也具有对权利的权威宣示作用。

（三）新国家或新独立的国家政府创建

毫无疑问，创建一个新国家或新的受国际法承认的独立国家政府，将导致相关领土的主权建立或变更。国家与政府继承的规则表明，新国家或新的独立国家政府对以条约或其他方式建立的既存边界是尊重的。占有已占学说（uti possidetis）就包含了先前的行政界限到新国家边界之间的转移。例如，布基纳法索和马里的边境纠纷案，萨尔瓦多和洪都拉斯的土地、岛屿及海洋边界纠纷案，还有贝宁和尼日尔的边境纠纷案，尼加拉瓜和洪都拉斯在加勒比海的海洋划界案，都说明了对既存边界的这种尊重。

新国家或新的国家政府还可以通过行使人民自决权实现。近现代以来，人民自决权在反抗殖民主义统治和去殖民化的亚、非、拉国家独立运动中发挥了重要作用。人民自决权的行使往往以解放战争和全民公投的形式举行，但除非建立新国家、国家联合或者合并国家，或者建立受承认的新独立国家政府，人民自决权本身并不直接导致领土主权的建立或变更。

（四）领土的放弃和默认等国家单方行为

国家的单方行为也是国际义务的来源，国家的正式声明、通告都是一种单方行为，国际法委员会工作报告中明确对此进行了确认。国际司法实践中，尽管对于国际常设法院(PICJ)在东格陵兰岛案中将伊伦声明（Ihlen Declaration）视作一种单方行为或者默示认可还存在争议，但该法庭也明确认可单方行为可以为国家创建义务。[1]这样，单边行为就能产生将一个国家的领土主权转移到另一个国家的效果。与作为领土取得方式的先占相对应，领土放弃的概念在传统国际法上被认为是失去领土的方式，通常指主权的持有者不再有保留领土主权的意愿从而放弃领土。放弃的结果是，领土要么再次成为无主地，要么置于另一个国家的主权之下。

正因为领土放弃的单方性，所以对它有着严格的认定标准，即国家对于领土放弃的意愿必须被毫无疑问地清楚地展示。领土可以通过正式的方式放弃，即单方声明，或者纯粹的事实情势，例如主权资格的持有者停止对领土的管理或宣示主权、默认、禁止反言等。从这个意义上，领土默认也可以说是领土放弃概念的一部分，是放弃行为的一种默示表达。或者说，也可以说领土放弃分为明示放弃和默示放弃两种。为表达上的方便，将领土放弃/默认并列陈述，可以显示出同一个概念的两个方面。

国家单方行为导致的领土放弃与默认，在司法裁决中至为重要，法院或是仲裁机构

---

[1] Marcelo G Kohen and Mamadou Hébié, *Territory Acquisition, Max Planck Encyclopedia of Public International Law*, Heidelberg and Oxford University Press.

通常不是将注意力集中在权利是否通过"时效取得"而获得,而是关注争端国家双方的行为是否构成对权利的放弃或是否默认了其他国家的行为。默认是单边行为体现的一种默示表达,能够导致对主权的放弃或将其转移给另一个国家。有必要注意,被宣称默许了的国家应该对对方实施的行为有直接和明确的了解。此外,默许国还被置于应该对这类行为进行回应的责任之下,这种情况会出现在另一国家对某土地提出明确的主权主张的时候。对此,国际法院在白礁岛案中强调,关于可认定为"默认"的同意虽然"可以是默示的、暗含的,或者甚至是解释上的,但它必须要建立在毫无疑问的基础上"。

(五)其他的权源证据与证明

国际实践中还存在其他一些行为、方式与证据,常常被国家在领土争端中引用为权源证据或证明。这些其他类型的权源证据或证明通常并不能独立地导致领土主权的建立或变更,但是领土主权建立或变更中的重要考量因素。

(1)领土的"有效控制"。在传统的"先占"模式中,鉴于世界上无人发现的无主地基本已经不存在,从而在国际法上发展出"发现+有效占领"或"占领取得"的概念,要求占领必须是有效的才能产生领土主权。从而,"无主地"不再仅仅指"无人占领过的土地",而是包括占领无效、被放弃或之前未被任何其他国家建立有效主权的土地。其中,国家责任法中的国家行为要件通常被用来作为确定某项行为是否能归因于国家、是否构成国家的有效控制行为的习惯国际法参考。即按照《国家不法行为的责任条款草案》所规定的国家行为要件,"有效控制"行为有其主观和客观的构成要件。客观上,国家需要有在领土上行使主权的行为,主观上,国家行为要展现出实施主权的主观意愿。

尽管"有效控制"在领土争端中具有重要意义,但它本身在任何情况下都不具备自动创设权利的功能,或者说不能独立构成领土的主权依据。因为在领土争端中,对于"有效控制"之法律价值的评估并不是基于法律权利,而是基于它的"存在事实"。即当一块领土上不存在主权权利,或者权利不能通过其他方式确定时,"有效控制"便可以创造一项领土权利。同时,"有效控制"行为在司法抗辩中的主要作用是,不管主权权利何时存在,都能作为对其他国家"有效控制"主张的初步对抗。然而,根据"非法行为不能创设合法权利"的一般法律原则,如果"有效控制"行为是非法的,该"有效控制"本身并不能创造主权权利。此外,在其他权源证据含混不明的情况下,"有效控制证据"如果与某项主权权利一致,还具有某种证明意义上的剩余功能(residual function),具有特定意义的证据价值或者相关权利的解释功能。[1]

(2)历史权利固化问题。"历史权利固化"(historical consolidation of title)概念的产生,是为了避免时效取得在理论与实践中的问题。两种学说相互保持着争议性,受到国际法院在相关案例中的注意。相比之下,时效理论建立在长期的持续的占有的基础上,历史权利固化则关注国家对特定领土可能在历史的较长时期内所主张的特别利益,并且

---

[1] "as good as a title", to use the words of Max Huber in Island of Palmas Case, *Hague Court Reports 2d 83 (1932)*, (Perm. Ct. Arb. 1928), 2 U.N. RIAA, 839.

这种主张得到其他国家的普遍的宽容与认可。这个概念产生于英挪渔业案中法官的附带意见，由法官在处理挪威要求扩展其超过国际法规定的渔区界限的意见时提出，其中，法庭着重强调其他国家对于挪威划界体系以及利益上的宽容的态度。历史权利固化理论并未成为独立的领土权利来源，更不能对抗已有的主权依据。在喀麦隆和尼加拉瓜的划界纠纷案中，后者为了主张其对巴卡西半岛的主权，也提出了历史权利固化的概念。法庭同时提出："历史权利固化概念从来没有被作为领土争端的主权权利基础"，对于法庭来说，"历史固化理论是高度争议的，并不能取代已经建立的国际法上的领土取得模式，而是需要考虑到在事实和法律上的很多重要差异"。[1]

第三节　领土的组成、边界和边境制度

国际法上的领土包括领陆、内水、领海、领空和底土，内水和领海统称为领水。领水的范围以领陆为基础来划分，而领空又根据领陆和领水的范围来确定。领水、领空和底土可以视作陆地领土的附属部分，不能独立于陆地领土之外而存在。关于陆地领土的边界与边境制度具有较长的历史，相关规则更为完善。

一、领土的组成

（一）领陆

领陆（land territory）是指国家陆地疆界以内的全部陆地，包括大陆和岛屿，是国家领土最基本最重要的组成部分。领陆决定着领水、领空、底土的界限范围。一个国家可以是没有领海的内陆国，但任何国家都不能没有领陆。大陆架不是传统的国家领土组成部分。根据现代国际法，大陆架是沿海国陆地领土的自然延伸，沿海国为勘探开发自然资源的目的，对大陆架享有专属性的主权权利。国家对领陆行使完全的主权。未经一国同意，任何其他国家或国际组织的人员、船舶、航空器等都不得入内。一国对其领陆范围内的一切人、物和事件行使管辖权，除非后者依据国际法享有豁免。

（二）领水

领水（territory waters）是指国家主权管辖下的一国疆界范围内的全部水域，包括内水和领海两部分，在群岛国的情况下，还包括群岛水域。内水是国家领陆范围内的一切水域和领海基线向陆地一面的全部海域，可分为内陆水和内海水。凡在一国领陆范围内的水域，如河流、湖泊、运河及水库等都可称为内陆水。而海港、内海湾、内海峡、河口湾及领海基线向海岸一面的海域可称为内海水。内水的法律地位与领陆相同，是国家享有完全的排他的领土主权的水域。领海是沿海国主权管辖下的陆地领土及内水以外邻

---

[1] Crucially, the Court stressed that "where a title of sovereignty exists, effectivités contra legem cannot prevail over it", See *Land and Maritime Boundary Case (Cameroon v. Nigeria), ICJ Reports 1998*, Judgment, para. 65.

接的一带海域。沿海国对其领海享有完全主权，但外国船舶在领海享有无害通过权。群岛水域是由群岛基线所包围的海域，其地位相当于群岛国的内水，属于群岛国的主权领土范围。

（三）领空

领空（territorial airspace）是处于国家管辖下的领陆和领水之上的垂直高度的空间。每一个国家对其领空具有完全的和排他的主权。由于空气空间和外层空间的分界问题并未在国际法上得到完全解决，领空的上限尚未形成定论。虽然领空的界限与陆地和领海息息相关，但关于领空空间的法律制度主要由航空法所调整。

（四）底土

底土也称为底层领土，国家主权领土范围内的底土包括领陆和领水的底土。理论上普遍认为，国家对其底土的主权权利可直达地心，但目前并没有确切的国际法规则加以明确。整体而言，国家有权对其底土及底土中的资源开发、利用和科研活动行使完全主权。由地理特征看，有的国家的领土是由领陆连成一片的，称为"连续领土"，有的国家领土被海面或其他国家的领土隔开，称为"非连续领土"，如日本、英国；还有的国家领土的一部分被包围在他国领土之内，称为"飞地"。所以，国际法维护国家的领土完整是从法理层面而言，不同于地理和地质概念上的领土或领土板块的完整性。

（五）其他主权权利、管辖权区域以及公共空间

在领陆、领水和领空等国家主权领土之外，还有一些区域空间尽管不属于国家领土范畴，但国家对其享有一定的主权权利或管辖权，如毗连区、大陆架和专属经济区。并且，除了真实存在的地理部分外，还存在一些法律拟制的领土（fictional parts of territories），在特定意义上可被视作国家领土的一部分。譬如，在公海上以及外国领水内的军舰和特定的公有船舶，它们通常被认为是本国领土的浮动部分；在公海上的商船在某些方面也被认为是船旗国（合法悬挂其国旗）的领土的浮动部分；此外，用作外交使节官舍的房屋也在很多方面通常被认为是该使节本国的一部分。但是，这些学说并未获得公认。[1] 国际法上还存在一些规范公共空间的制度规则，如不属于任何国家主权领土范围的公海、国际海底区域、外层空间和极地区域，相关的具体规则主要由国际海洋法、空间法、极地条约与规则体系加以规范。

二、边界与边境制度

边界（boundaries）用以分隔一国领陆和他国领陆、分隔国家管辖范围的海域和公海、分隔领空和外层空间，也分隔一国底土和他国底土的界限，分为陆地边界、海上边界、空中边界和地下边界。确定和标明边界的线称为边界线。

---

[1] 参见［英］劳特派特修订：《奥本海国际法》（上卷·第二分册），王铁崖、陈体强译，商务印书馆1972年版，第9页。20世纪60年代苏联的国际法教科书将海船、河船、空中飞艇和飞行工具看作是国家领土的假设部分，或者"浮动""飞行"的领土。参见苏联科学院法律研究所编：《国际法》，世界知识出版社1961年版，第192页；朱晓青主编：《国际法学》，中国社会科学出版社2012年版，第116页。

（一）边界的种类与形式

在大航海时代以前，人类的生活主要集中在陆地上，国家间通常根据自然习惯确定各自活动的边界。事实上，直到 19 世纪开始，随着人类科学技术发展和测汇水平的提高，精确的边界线才开始取代相对模糊的疆界，在地图上出现了现代意义上的边界线。在所有边界中，陆地边界是基础边界，也被称为国界，疆界。海上边界、空中边界和地下边界均以陆地边界为基础划分。2021 年 10 月 23 日，我国第十三届全国人民代表大会常务委员会第三十一次会议通过《陆地国界法》，该法所称的陆地"国界"与国际法上陆地领土"边界"的意思一致。

边界线很多是在历史实践中形成的，一国自古以来在其所在领土行使权力，该国居民也一直在此生活和活动，习惯上与邻国形成了传统界限，这种边界线也称"传统边界线"。传统边界后来也可能经过有关双方之间的正式条约而成为"确定边界线"。欧洲和非洲大部分国家的边界线是确定边界线。我国与缅甸、阿富汗、蒙古等国经签订边界条约后划定的边界线就是确定边界线。在边界线中，有的是以自然状态（山脉、河流等）规定的，这称为自然边界线。在自然边界的基础上，还可以树立明确的界桩、界碑、栏杆等人工设施作为标志，称为人工边界或者有形边界。

国家通常利用自然标志和人工标志相结合，使边界逐渐成为一条具有可辨别特征的线。还有的边界仅在文本或地图上以经纬度标出，并不能在实地建立有形的界桩等标志。譬如，海面或海底的边界、空中边界，或某些复杂大面积地区的边界。例如，美国和加拿大以北纬 49 度为界，非洲许多国家的边界也是以经纬度划出的。海上边界往往是把选定的点连成直线为界，例如领海、专属经济区、大陆架的边界。这种以经纬度标出的边界线也称为"天文学边界线"，以直线或弧线划出的边界称为"几何学边界线"，也统称为"无形边界线"。空中边界、海上边界、地下边界通常是这种无形边界线。

（二）划界程序与原则

国家的边界首先是基于自古以来没有异议的占有。一国对某地区行使领土主权而长期以来没有任何反对事实，就足以肯定领土的边界，这也构成国家间的一种默示协议。国家和政府继承等会导致边界的继承。1969 年的《维也纳条约法公约》在第 62 条第 2 项也专门规定"不得援引情况之改变……以退出或终止一项确定的边界条约"。[1] 1978 年 8 月 23 日的《关于国家在条约方面的继承的维也纳公约》第 11 条第 2 款特别规定"国家继承不影响……条约划定的边界"。[2] 如果国家领土被合并的话，原国家的边界成为新国家的边界，而国家分裂的话，原来的区域行政边界则成为新的国际边界。[3]

（1）划界的基本程序。近现代以来，人类对领土的利用和开发程度急剧上升，国家间的领土主权争夺激化。国家间的传统边界如果未得到明确的划定，往往容易引起边界争端。为此，现代的国家边界通常根据和约或者专门的边界条约加以确定并进行具体的

---

[1] Vienna Convention on the Law of Treaties, UNTS, Vol.1155, p.331.
[2] UN. Doc. A/CONF, 80/31（1978），AJIL, VOL. 72 (1978), p.971.
[3] 参见周鲠生：《国际法》，武汉大学出版社 2007 年版，第 358—359 页。

划界。划界通常包括三个程序：

其一，签订边界条约。相邻国家间通常通过协议签订正式的边界条约，有关边界问题的专约，或者在合约中设定领土条款进行划界。边界条约的约文中，一般会规定边界的位置和大致走向，并将边界线标绘在地图上。边界条约是划界的"母约"。

其二，勘界。由根据边界条约设立的勘界委员会进行实地划界，并在边界上竖立界桩、界碑或者栏杆等标志，称为"标界"。这里的标界通常指在陆地做的人为的有形标界。

其三，制定边界议定书和图表。标界完成后，作为勘界工作的一部分，划界双方通常还会拟定边界议定书并绘制地图。议定书和附图一般都是作为条约的附件。边界条约，加上议定书和地图共同构成确定边界的基本法律文件。例如，1960年1月，中缅签订《关于边界问题的协定》，成立中缅边界联合委员会。1960年10月中缅两国签订《中缅边界条约》（母约），由联合委员会进行实地划界、勘界（包括标界）、制定边界议定书和绘制地图。1961年10月，中缅两国签署了《关于两国边界的议定书》并附上了边界地图。中缅边界条约、边界议定书和附图是确定中缅边界的基本法律文件。

（2）划界的基本原则。除非相邻或相关国家间有特别协议，边界的确定通常需要首先参考自然和习惯形成的地理地质界限，以山脉、河流、湖泊等天然的分界线为基础。

其一，山脉划界以分水岭为原则。对于边界山脉，通常以山脉的分水岭为界。1961年《中缅关于边界的议定书》规定："凡是《中缅边界条约》第七条规定以分水岭为界的，即以分水岭的山脊为两国的边界线。"如果山脉的分水岭和山脊位置不一致时，划边界线时应根据具体情况协议确定。

其二，界水划分需要考虑到水资源的利用与航行问题。界水包括河流、湖泊、内陆海和领海等不同种类。涉海边界问题主要由海洋法规范。如果两国领土有相邻的湖泊或内海，除国家间另有协议外，通常以湖泊或内海的中心划定界水。河流为界的情况比较复杂，需要区分界河、多国河流和国际河流。

界河指流经两国之间并分隔两国领土的河流，这种河流可能是可航河流，也可能是不可航流。如果是可航河流，其边界线通常选取界河的主航道中心线；如果是不可航流，其边界线通常选取河道的中间线。如果国家间有专门协议，两国领土也可能虽然以河流为界，但不在河道中划界，而以河之两岸为界，河流不属于沿岸国任何一方所独有，而由双方所共有或共用。[1]

多国河流指流经两个或两个以上国家领土的河流，流经沿岸国的河段分别属于各国的内水，由相应的流域国对其享有主权和管辖权。考虑到航行的便利性，在通常的国际实践中，多国河流所流经沿岸各国的船舶均可以在整条河流通航。

国际河流指流经两个及以上的国家并通向海洋，根据国际条约向所有国家商船开放的河流。这个概念的提出是为了解决一国领土外河流的通航权问题。国际河流在地理特征上类似于多国河流，但其法律地位与多国河流不同，主要表现在国际河流中的船舶能

---

[1] 参见周鲠生：《国际法》，武汉大学出版社2007年版，第364页。

直接通航至海洋，从而需要专门的国际条约确立其平时的自由航行原则。与多国河流类似的是，流经各沿岸国的国际河流的河段也分属各国的主权领土（相当于内水），各沿岸国对其本国境内的河段享有主权。

早期的国际法主要关注各国在国际河流的自由航行问题，但后来不得不考虑到航行以外的河水利用，如发电、灌溉、其他工业用途及其可能产生的污染。1929年常设国际法院对奥得河（River Oder）国际委员会的领土管辖权判决中，指出国际河流的所有沿岸国对整个河流的使用应有平等的团体利益。国际河流的使用问题曾由国际法学会于1966年在赫尔辛基举行的第52次大会中讨论，通过了《国际河流利用的赫尔辛基规则》，提出了公平利用原则。[1]

联合国国际法委员会自1973年开始研究国际河流问题，委员会认为赫尔辛基规则中所用的"国际河流流域盆地"一词不妥，因而改用国际水道（international watercourse）一词，除河流外，把湖泊、运河、冰河以及地下水均包括在内，制定了国际水道非航行使用法草案。1997年5月21日，联合国大会通过了《国际水道非航行使用法公约》，公约于2014年生效，但由于上下游国家对公约内容的争议，截至目前，只有30多个联合国会员国受该公约约束。[2]

（三）边境制度

陆地边界线内侧一定纵深的区域，称为边境。国家一般通过国内法规定毗邻边界一带地区的管理制度，称为边境制度。边境管理主要涉及边界守卫、维护、出入境、过境通商和检查、卫生检验检疫、自然资源利用和保护、边境区居留等各项规章制度。国家主要依据习惯国际法、边界条约和国内边境管理制度来维护边境地区的社会秩序，保障国家领土安全。根据国际国内的实践，对边境进行制度管理涉及以下主要内容。

（1）界标的维护。陆地勘界后通常会建立边界标志，简称界标。陆地边界的双方都负有保护界标的义务，任何一方都不得任意移动、毁坏界标，并共同协商对界标进行维护和修理的方法。譬如，我国同缅甸1961年签订的《关于两国边界的议定书》第38条规定，如果一方发现界桩已被移动、损坏或毁灭，应尽速通知另一方，负责维护该界桩的一方这时应该采取必要的措施，在另一方在场的情况下，在原址按原定的规格予以恢复、修理或重建。第39条规定，缔约各方对于任意移动、损坏、毁灭边界标识或故意使界河改道的人，应视情节轻重予以追究。

（2）界水的利用和保护。河流、湖泊或内海划界后的两侧界水，包括岛屿等地物，分别属于沿岸国家，沿岸国对其本国一侧行使主权管辖，包括保护界水环境和资源，进行航道维护与基础设施修缮等。界水也可能因自然原因发生变动。譬如水流变化导致航道中心线偏向一侧。通常，如果因界水流向的急剧变化而改道，除非另有协议，原划定的边界线维持不变。1960年《中缅边界条约》就规定："如果界河改道，除双方另有协

---

[1] See International Law Association, Report of the 52nd Conference, 1966, p. 844–496.

[2] United Nations Treaty Series Online, Convention on the law of the non-navigational uses of international watercourses, https://treaties.un.org/Pages/UNTSOnline.aspx?id=2&clang=_en, last visited Sep. 15, 2020.

议外，两国的边界线维持不变。"

（3）边境居民往来。两国间边境地区的居民，无论在民族、风俗习惯或者在经济生活等方面都有共同之处，过境往来通常都较为频繁。为了给边境居民的活动提供便利，相邻国家可以通过条约和协定，对边民之间的探亲访友、小额贸易、宗教朝圣等往来活动做出特别安排。我国同印度、尼泊尔和越南等国都有关于双方边民来往问题的特别协定。如中印《关于中国西藏地方和印度之间的通商和交通协定》第5条规定："两国边境地区居民，凡因进行小额贸易或探望亲友而互相过境往来，仍按以往习惯前往对方地区，而不限于经过前述第四条所指定的山口和道路，并无须护照、签证或许可证。"因此，边境地区居民的往来一般不受出入国境手续的限制，他们由边境当局处理。

（4）边境事件的处理。国家边境地区一般由各级地方政府外事部门、公安机关和边防部队，统称边境管理部门，分工负责和联合管理。国家一般会在边境地带内划定的特别控制区，实行特殊的管理制度，这类特别控制区也称为边境禁区。相邻国家间还可以签订条约，设置专门的联合边界机构（如边界委员会）处理两国间的边境事件。对于偷越国境、损毁界标等事务，可以由边界委员会专门解决。如果边界委员会未能解决或者属于特别严重的事件，则通常需要经过外交途径解决。发生边境武装冲突时，才会涉及国家边防部队的军事介入问题。

三、中国的领土边界状况

中国的陆地边界全长约2.2万公里，与14个国家接壤，是世界上陆地边界线最长、邻国最多的国家。1949年新中国成立时，基于历史原因，我国与所有邻国都存在边界问题。本着公平合理、友好协商原则，截至2008年10月，我国已经与14个陆上邻国中的12个国家签订了边界条约或协定，所有争议边界确定了近90%。领土边界问题的顺利解决，使中国有了一个和平的周边环境，能够集中精力进行社会主义建设。

20世纪60年代，我国相继与缅甸、尼泊尔、朝鲜、蒙古国、阿富汗和巴基斯坦解决了历史遗留的边界问题，划定边界线1万余公里，占我国陆地边界总长的近一半，形成了新中国解决边界问题的第一个高峰期。改革开放以后，党中央把握和平与发展的时代主题，在"睦邻友好、稳定周边"外交方针指引下，我国相继与老挝、俄罗斯、哈萨克斯坦、吉尔吉斯斯坦、塔吉克斯坦和越南6个国家谈判解决了陆地边界问题，迎来解决边界问题的第二个高峰期。[1]其中，中俄边界条约的谈判最具代表性。从1964年到2004年共40余年，两国先后进行了4次正式的边界谈判。2004年10月14日中俄签署了《中俄关于两国边界东段的补充协定》，2008年10月14日，中国和俄罗斯在黑瞎子岛举行"中俄国界东段界桩揭幕仪式"，标志着中俄两国4300多公里的边界线全部确定。[2]

---

[1] 宗海谊：《中国共产党领导下的边海外交百年历程》，载《人民日报》2021年8月13日。
[2] 参见姜长斌：《中俄国界东段的演变》，中央文献出版社2007年版；罗欢欣：《中俄边界争端中的国际法争议》，载《东方法学》2010年第2期。

中印边界全长约 1700 公里，全部为未定界，双方地图标绘的边界线出入很大，问题最多。印度先后侵占中印边界西段的巴里加斯地区，中段的于桑、葱莎、乌热、香札、拉不底、什布奇山口以西、巨哇和曲惹等地区以及东段"麦克马洪线"以南地区的中国领土。所谓"麦克马洪线"，是英国主导下制造的一条虚假和非法的"条约"线。1913 年 10 月，英国政府采用欺诈手段使中国代表草签了一项"西姆拉专约"。此后，英国背着中国中央政府，诱使西藏地方代表又单独与其草签了经过更改的"西姆拉条约"，以秘密换文的方式，非法划定一条所谓的"麦克马洪线"，使得按照传统习惯线应属于中国的门隅（即门达旺）、上珞隅的一部、下珞隅的全部和下察隅等被划归英属印度。中国政府从未正式签署、批准和认可任何"西姆拉专约""西姆拉条约"或是"麦克马洪线"，对印度侵占的其他中国领土也一直抗议、反对，并致力于友好协商、和平解决争端。中印领土边界争议面积总计约达 12.5 万平方公里。[1]

中国和不丹自 1984 年起正式启动边界谈判。两国于 1998 年签订《关于在中不边境地区保持和平与安宁的协定》，确认双方在和平共处五项原则基础上发展睦邻友好关系；同意通过互谅互让解决边界问题；在边界问题解决前，双方致力于保持边境地区和平安宁，维持 1959 年 3 月以前的边界现状，不采取任何单方面行动改变边界现状；将通过友好协商解决争议地区问题。[2]

中国重视陆地领土的同时兼顾对领海、毗连区和专属经济区等主权、主权权利和管辖权海域的确权与保护，坚定捍卫国家主权和领土完整。早在 2000 多年前，中国人民就发现了南海诸群岛及相关岛屿和地物。东汉的《异物志》、宋代的《梦梁录》、元代的《岛夷志略》、明代的《东西洋考》、清代的《海国见闻录》等史书记载了南海诸群岛的位置、岛礁和相关海洋地物的分布情况，对中国人民在群岛海域的活动情况也有丰富记录，证明中国最早对南海诸群岛行使主权和管辖权，最早在群岛的岛礁、地物及其邻近和相关海域开展航行和捕鱼等活动，并且历代中国政府都持续地对南海诸群岛及相关海域加以管辖和利用。

第二次世界大战期间，日本侵占了南海诸群岛，但它们在日本战败后已经回归中国。1941 年 12 月，中国政府正式对日宣战，宣布废除中日之间的一切条约。1951 年 8 月 15 日，周恩来总理兼外长在"关于美英对日和约草案及旧金山会议的声明"中重申，"西沙群岛和南威岛正如整个南沙群岛及中沙群岛、东沙群岛一样，向为中国领土"。[3] 1958 年，中国政府发表领海声明，规定"中华人民共和国的一切领土，包括中国大陆及其沿海岛屿，和同大陆及其沿海岛屿隔有公海的台湾及其周围各岛、澎湖列岛、

---

[1] 周健：《新中国解决陆地边界问题的国际法实践》，载《边界与海洋研究》2021 年第 3 期。

[2] 《关于在中不边境地区保持和平安宁的协定》（1998 年 12 月 8 日），中华人民共和国外交部条约法律司编：《中华人民共和国边界事务条约集》（中印·中不卷），世界知识出版社 2004 年版，第 124—126 页。

[3] 中华人民共和国外交部条约法律司编：《中华人民共和国条约集》（卷六），法律出版社 1958 年版，第 30—32 页。

东沙群岛、西沙群岛、中沙群岛、南沙群岛以及其他属于中国的岛屿"。[1] 1992 年中国通过了《领海与毗连区法》，在第 2 条进一步明确"中华人民共和国大陆及其沿海岛屿、台湾及其包括钓鱼岛在内的附属各岛、澎湖列岛、东沙群岛、西沙群岛、中沙群岛、南沙群岛以及其他一切属于中华人民共和国的岛屿"是中国的"陆地领土"。[2] 此外，新中国全程参加了 1973 年至 1982 年召开的第三次联合国海洋法会议。1996 年 5 月 15 日，第 8 届全国人民代表大会常务委员会在决定批准《联合国海洋法公约》的同时，"重申对 1992 年 2 月 25 日颁布的《中华人民共和国领海及毗连区法》第 2 条所列各群岛及岛屿的主权",[3] 以表明中国虽然加入了海洋法公约，但并不因此减损此前中国立法所确认的关于群岛和岛屿的领土主权权益。

钓鱼岛及其附属岛屿（简称钓鱼岛群岛）位于中国台湾岛的东北部，是台湾的附属岛屿。中国古代先民在经营海洋和从事海上渔业的实践中，最早发现和命名钓鱼岛，目前所见最早记载钓鱼岛、赤尾屿等地名的史籍，是成书于明永乐元年（1403 年）的《顺风相送》。自明朝以来，中国政府在几百年内对钓鱼岛群岛持续有效地进行行政管辖。明清两代朝廷先后 24 次派遣使臣前往琉球王国册封，有关钓鱼岛的记载大量出现在中国使臣撰写的报告中。早在明朝初期，为防御东南沿海的倭寇，中国就将钓鱼岛列入防区。清代《台海使槎录》等官方文献详细记载了对钓鱼岛的管辖情况。清同治十年（1871 年）刊印的陈寿祺等编纂的《重纂福建通志》卷八十六将钓鱼岛列入海防冲要，隶属台湾府噶玛兰厅(今台湾省宜兰县)管辖。

直到 1895 年甲午战争中，日本迫使中国签订不平等的《马关条约》，向其割让台湾全岛及包括钓鱼岛在内的所有附属各岛屿。第二次世界大战中，《开罗宣言》《波茨坦公告》等国际法律文件均规定"日本必须无条件归还其窃取的中国领土"。日本在第二次世界大战战败后，中国将台湾列为第 15 受降区，在 1945 年 10 月正式进驻和接管台湾。美国等国家与日本签订的片面媾和条约"旧金山和约"所规定的由美国临时施政（最后应提交联合国托管）的"琉球"范围也不涵盖钓鱼岛。1972 年，美国擅自将含钓鱼岛群岛经纬度在内的所谓的"旧金山和约"第 3 条项下之"琉球与大东群岛的施政权放弃和让与"给日本，非法侵害了中国钓鱼岛群岛的主权和权益，没有任何法律依据，在国际法上没有任何效力。对于美日上述非法行径，中国政府和人民历来是明确反对的。[4]

---

[1] 《中华人民共和国政府关于领海的声明》，1958 年 9 月 4 日全国人民代表大会常务委员会第 100 次会议批准，国家法律法规数据库，https://flk.npc.gov.cn/detail2.html?ZmY4MDgwODE3NzdkMGM5NDAxNzc4NDg5YmZlZTA5OTk%3D，本文网络信息最后访问时间 2024 年 2 月 27 日。

[2] 《中华人民共和国领海及毗连区法》，1992 年 2 月 25 日第七届全国人民代表大会常务委员会 24 次会议通过，国家法律法规数据库，https://flk.npc.gov.cn/detail2.html?MmM5MDlmZGQ2NzhiZjE3OTAxNjc4YmY1YzlmZDAxNGY%3D。

[3] 1996 年全国人大常委会《关于批准〈联合国海洋法公约〉的决定》，中国人大网，http://www.npc.gov.cn/wxzl/gongbao/2000-12/16/content_5003571.htm。

[4] 参见中华人民共和国国务院新闻办公室：《钓鱼岛是中国的固有领土（白皮书）》，人民出版社 2012 年版；罗欢欣：《国际法上的琉球地位与钓鱼岛主权》，中国社会科学出版社 2015 年版。

第四节 极地法律制度

南极地区和北极地区处于地球的南北两端，合称为极地地区或者两极地区。极地的地理位置极其特殊，影响着全球的生态平衡，对于人类认识自我及全球的可持续发展至关重要。研究发现，整个西南极海冰面积在过去 30 年减少近 40%，说明温度升高是南极冰盖下沉和海冰融化的重要原因。人类在北极的活动范围与开发强度远远大于南极，气候变暖对北极的影响也更明显。科学报告指出，素有"全球变化指示器"之称的北极，在过去的 30 年里的变暖速度是全球变暖速度的两倍，温度持续上升使北极夏季海冰持续减少。南极和北极虽然同称极地，但是，因为人类可开发程度的具体差别，南北极的领土主权地位与国际治理模式仍然存在重大差异。

一、南极法律制度

南极主要位于南极圈以南，被称为是世界上最后一块"净土"，是地球上最偏远、寒冷和大风的地区，是目前世界上唯一没有常住人口的地区。南极地形以高原为主，但绝大部分都常年被冰雪覆盖。南极的冰雪资源占全球冰雪资源的 90%，储存了全世界可用淡水近 80%。因为南极极少有陆地露出，也不具备常住人口的条件，所以目前主要是"全球公域"，是目前世界上唯一主权不属于任何国家的大陆，但这不代表没有国家对南极主张主权。

（一）南极条约体系

南极地区的资源主要在 18 世纪末和 19 世纪初逐渐为各国航海家所发现。英国、法国、美国、德国、俄罗斯、挪威、西班牙、瑞典、阿根廷、智利、比利时、日本、澳大利亚等十多国先后派探险队到南极进行考察活动，并对南极提出主权要求。为了协调各国对南极的主张，约束各国在南极洲这块地球上唯一一块没有常住人口的大陆上的活动，并促进南极合作，1958 年国际社会在华盛顿召开了由美国、苏联、挪威、英国、比利时、日本、阿根廷、智利、南非、法国、澳大利亚、新西兰 12 国参加的"南极会议"，1959 年签订了《南极条约》（Antarctic Treaty）[1]。《南极条约》规定的南极（南极洲）范围指南纬 60°以南的地区，包括冰架，总面积约 5200 万平方公里。以《南极条约》为基础，各国主要围绕科学与环境合作问题，又相继签订了《南极海豹保护公约》（1972 年）、《南极海洋生物资源养护公约》（1980 年）和《南极条约环境保护议定书》（1991 年）[2]，形成了"南极条约体系"。"南极条约体系"作为规范人类南极活动的基本法律框架，确立了以下法律原则：

---

[1] 1959 年 12 月 1 日通过并开放给各国签字、批准和加入，于 1961 年 6 月 23 日生效。

[2] 此前还通过有《南极矿产资源活动管理公约》（CRAMRA），该公约在南极矿产资源协商会议上磋商和争论长达 11 年之久，于 1988 年在惠灵顿通过，但最终因许多国家政府拒绝签字而夭折。最后由 1991 年在马德里会议上签署的《关于环境保护的南极条约议定书》所代替，我国于 1991 年 10 月 4 日签署，条约生效时间为 1998 年 1 月 14 日。

其一，南极只应用于和平目的。这是《南极条约》第 1 条的明确规定。在南极地区，禁止采取一切军事性措施，不得建立军事要塞或军事基地，不得进行军事演习。若为科学研究或任何其他和平目的而使用军事人员或军事设备则不被禁止。《南极条约》同时要求实现南极洲无核化，禁止任何核爆炸以及在该地区处置放射性废料。

其二，冻结南极的领土主权。《南极条约》第 4 条规定："在本条约有效期间所发生的一切行为或活动，不得构成主张、支持或否定对南极的领土主权的要求的基础，也不得创立在南极的任何主权。在本条约有效期间，对南极的领土主权不得提出新的要求或扩大现有的要求。"由此冻结了领土主权的归属问题，但"同意存异议"（agreement to disagree），不因此禁止他国已经提出的主权要求，也不要求他们撤回已经对南极提出的主权主张。

其三，促进科学考察方面的国际合作。《南极条约》第 3 条规定，各国可以：（1）交换南极科学规划的情报，以便保证用最经济方法获得最大的效果；（2）在南极各考察队和各考察站之间交换科学人员；（3）南极的科学考察报告和成果应予交换并可自由得到。各国有科学考察自由，并应进行国际合作。

其四，定期举行"南极协商会议"。《南极条约》第 9 条规定，南极条约协商国定期协商共同关心的有关南极的事项，系统规划、审议并向各自本国政府建议旨在促进《条约》的原则和宗旨的措施。《南极条约》的 12 个原始缔约国是协商会议的当然成员国。其他在南极建有"全年站"的缔约国也可以成为协商会议的成员国。

其五，保护环境与资源。《南极条约》签订后，《南极条约环境保护议定书》等一系列法律文件均着重关注南极的环境与资源保护。依据这些文件，南极建立自然保护区用于和平科学活动；在南极的任何活动不得对南极的环境和生态系统构成破坏；进行活动之前，必须履行环境影响评估程序；采取专门措施保护南极地区的生物资源；1991 年后 50 年内，禁止在南极大陆进行任何商业性的矿物资源开发。

"南极条约体系"虽然对南极的保护作出了诸多开创性和重要的法律规定，但覆盖面仍不够广泛，诸条约的签署国家数量有限，也并没能全面禁止开发矿产资源。除了南极条约体系外，1982 年通过的《联合国海洋法公约》这类全球性的国际公约和通常的习惯国际法均适用于南极地区。

（二）中国与南极

中国于 1983 年正式开始南极考察并于该年加入《南极条约》。1984 年 6 月，中国成立了第一支南极考察队。1985 年 2 月 15 日，我国第一个南极科考站——长城站在南极洲乔治王岛菲尔德斯半岛南部建设完成，中国南极科考队的 591 名队员们仅用 27 天时间就建成了一座科考站，创造了各国在南极建站的最快纪录。目前，世界上共有 30 个国家在南极建立了 100 多个南极考察站。

中国是南极的后来者。相比较于西方发达国家，中国在南极的探索活动晚了接近一个世纪。1985 年 10 月 7 日，在第 13 届"南极条约"协商国会议上，中国正式成为《南极条约》协商国。中国作为南极协商国，对于南极相应事务具有决策权，可以直接地参与南极事务治理中。此前，中国是联合国常任理事国中唯一一个在南极问题上没有发言权的国家。中国不仅是《南极条约》体系的坚定拥护者，更是《南极条约》体系的维护者和积极实践者。南极关乎人类生存和可持续发展的未来，建设一个和平稳定、环境友好、治理公正的南极，符合中国和国际社会的共同利益。[1]

二、北极法律制度

北极通常指北极圈（约北纬66°34′）以北的陆海兼备的区域，总面积约2100万平方公里。作为四大洋之一的北冰洋，是北极地区的中心区域，北冰洋周边的陆地包括欧亚大陆、北美大陆、格陵兰岛、北极群岛、斯瓦尔巴群岛等，大陆和岛屿总面积约800万平方公里。由于北极不像南极地区极度寒冷、干旱和大风，虽然大部分地区也终年冰封，但仍有约1/3的陆地露出，所以北极圈的陆地主权已经被几个北极圈国家占领完毕。

（一）北极多方机制

目前，北极的陆地主权分属八个不同国家，它们也称为北极国家，包括加拿大、丹麦、芬兰、冰岛、挪威、俄罗斯、瑞典、美国。关于北极的国际治理，涉及北极国家间，北极国家和非北极国家或者北极域外国家之间的诸多法律关系，各类北极事务管理制度零散地分布在各国际公约和双/多边协议中，并没有形成统一的北极事务治理体系。目前，调整北极的国际性法律制度体系主要包括以《联合国海洋法公约》为代表的综合性全球公约，也包括《斯匹次卑尔根群岛条约》（又名《斯瓦尔巴群岛条约》，简称《斯约》），《极地水域营运船舶国际规则》（以下简称《极地规则》），《中白令海狭鳕资源养护与管理公约》《防止中北冰洋不管制公海渔业协定》等区域性和专门性的多边公约，仍然呈现分散式特点。

1989年，根据芬兰政府的提议，北极八国代表召开了第一届"北极环境保护协商会议"。1991年，八国签署了《北极环境保护宣言》，并随后制定了《北极环境保护战略》。[2] 1996年北极八国在加拿大举行会议，宣布成立北极理事会（Arctic Council），并随后将"北极环境保护战略"的所有工作也纳入其中。北极理事会又译为北极议会、北极委员会、北极协会，是进行北极事务协商的重要政府间论坛，但成员主要限于北极八国，在国际社会并不具有广泛代表性。2011年5月，北极理事会通过了该机构成立以来的第一份法律文件《北极空中和海上搜救合作协定》，还通过了一份规定理事会观察员权限和义务的文件。文件规定，申请成为北极理事会观察员的国家或国际组织，必须承认北极沿岸国家在北极地区拥有主权权利。2013年，北极理事会制定了《北极海洋油污预防与反应合作协定》，中国、意大利、印度、日本、韩国和新加坡成为北极理事会正式观察员国。

---

[1] 2017年5月22日，国家海洋局发布《中国的南极事业》白皮书。
[2] 《北极环境保护战略》的工作职能通过其设立的四个工作组履行，分别是北极监测与评估工作组（AMAP）、北极海洋环境保护工作组（PAME）、北极动植物保护工作组（CAFF）和突发事件预防、准备和反应工作组（EPPR）。

虽然北极国家间目前已经不存在陆地领土争议,[1]但北冰洋海域的面积超过1200万平方公里,相关海洋权益根据国际法由沿岸国和各国分享。北冰洋沿岸国拥有内水、领海、毗连区、专属经济区和大陆架等管辖海域,北冰洋中还有公海和国际海底区域。北极国家之间、北极国家与非北极国家之间有关北极海域划分和海洋权益分配的争议仍然复杂。这些争议类型主要包括,相邻或相向的北极国家间有关大陆架和专属经济区的划界争端,北极航道的性质与发展争端,北极公海、国际海底区域的界限划分、资源开发、环境保护以及和平与合作问题等。

(二)北极航道问题

北极航道分为东北航道、西北航道和中央航道。目前,除了中央航道因位于公海海域,争议较小外。俄罗斯、加拿大分别主张东北航道、西北航道是其内水,未经许可外国船只不得穿越北极航道航行,美国等国及欧盟则声称北极航道是用于国际航行的海峡其他国家船只有过境通行权。

东北航道西起冰岛,东至白令海峡,经过巴伦支海、喀拉海、拉普捷夫海、东西伯利亚海和楚科奇海。西北航道西起白令海峡,东至格陵兰岛,经过巴芬湾、波弗特海、楚科奇海等,穿过戴维斯海峡及北极群岛各海峡。随着近些年气候变化的影响,冰川消融速度的加快,北极航道均实现了通航,只是通航时间上的长短不同。通航条件上,东北航道好于西北航道,水域能够保证较长时间的流动,东北航道可通航时间为每年的7月至9月,西北航道可通航时间为每年的8月至9月,随着冰雪融化,可通航时间会逐渐增长。监测发现,北冰洋海冰覆盖面积每10年便减少约3%,1980年这一数字变为10%,科学家预计到2050年左右,北冰洋将会出现夏季无冰的状况。中国是世界贸易大国和能源消费大国,北极的航道和资源可能对中国的能源战略和经济发展产生巨大影响。

(三)中国与北极

中国作为北极域外国家,虽然在北极不享有领土主权,但依据《联合国海洋法公约》等国际条约和一般国际法在北冰洋公海等海域享有科研、航行、飞越、捕鱼、铺设海底电缆和管道等权利,在国际海底区域享有资源勘探和开发等权利。此外,中国作为《斯约》缔约国,有权自由进出北极特定区域,并依法在该特定区域内平等享有开展科研以及从事生产和商业活动的权利,包括狩猎、捕鱼、采矿等。

《斯约》是北极地区极具历史意义和内容特色的多边条约。1920年,由美国、丹麦、挪威、瑞典和英国等18个国家于在巴黎签订,后来扩展到包括中国、苏联等国在内的33个国家。中国在1925年成为《斯约》缔约国。该条约希望通过承认挪威对斯瓦尔巴群岛的主权,建立一项平等制度,使该地区得到和平的发展和利用,所以它首先确认了挪威对斯瓦尔巴群岛具有无争议的主权,同时规定该地区永远不得为军事所用,各个缔约国的公民有权自由进入,只需要遵守挪威政府的法律规则,即可自由从事商业、生产

---

[1] 北极地区此前唯一存在的陆地领土主权争端就是丹麦和加拿大之间关于汉斯岛的主权争议,目前该争端已经由双方和平解决,双方谈判划定了在汉斯岛的边界。

和科研等活动。

中国是北极事务的重要利益攸关方，也是"近北极国家"，是陆上最接近北极圈的国家之一。北极的自然状况及其变化对中国的气候系统和生态环境有着直接的影响，进而关系到中国在农业、林业、渔业、海洋等领域的经济利益。1996年，中国成为国际北极科学委员会成员国。从1999年起，中国以"雪龙"号科考船为平台，成功进行了多次北极科学考察。2004年，中国在斯瓦尔巴群岛的新奥尔松地区建成"中国北极黄河站"。截至2017年底，中国在北极地区已成功开展了8次北冰洋科学考察和14个年度的黄河站站基科学考察。[1]

重要名词术语

领土的取得与变更、先占、时效、军事占领、联合国托管、领土权源、领土的放弃和默认、边界、极地、南极条约体系

思考题

1. 试论领土与国家、主权、独立概念的关系。
2. 在某些领土上国家只享有特定管理权而没有主权的情形有哪些？
3. 什么是领土的权源？它与领土取得模式的关系是什么？
4. 论述领土的放弃和默认问题。
5. 中国当前存在的领土边界争端有哪些？
6. 论述南极条约体系。

典型案例分析

帕尔马斯岛案[2]

事实概要

本案是关于帕尔马斯岛（Island of Palmas）主权归属的争端。帕尔马斯岛又称"棉加斯岛"（Miangas），位于圣奥古斯汀角的菲律宾棉兰老岛（Mindanao，曾是西班牙殖民地）和纳努萨群岛（Nanusa group，曾是荷属殖民地）之间。1898年12月10日，美国和西班牙之间的战争通过签订《巴黎和约》[3]结束。在该和约中，西班牙同意将其殖民地菲律宾群岛及附近岛屿割让给美国，割让范围笼统地包括了帕尔马斯岛。1906年，美国

---

[1] 国务院新闻办公室：《中国的北极政策（白皮书）》，人民出版社2018年版。

[2] 全称是美国与荷兰之间的帕尔马斯或棉加斯岛仲裁案, Island of Palmas (or Miangas), The United States of America/The Netherlands), 国际常设仲裁院，马克斯·胡伯（Mr. Max Huber），1925年1月23日至1928年4月4日。

[3] Treaty of Peace between the United States and Spain, dated December 10th, 1898 (also called "Treaty of Paris").

驻菲律宾摩洛（Moro）的李昂纳德·伍德将军(Leonard Wood)在视察帕尔马斯岛时发现该岛悬挂荷兰国旗。美国政府便与荷兰政府交涉，由此引起美荷两国关于帕尔马斯岛主权的争端。因谈判无效，美荷两国于1925年1月23日签订仲裁协议，同意将争端提交国际常设仲裁院解决，双方同意选派法学家马克斯·胡伯为独任仲裁人（sole arbitrator）。

本案中，美国认为，作为西班牙在菲律宾权利上的继承者（successor），其对帕尔马斯岛的权利依据(title)首先建立在发现（discovery）的基础上；西班牙在发现取得帕尔马斯岛主权后在国际法上一直未曾失去；鉴于该岛包括在《巴黎和约》第3条割让给美国的菲律宾群岛之范围内，其主权即转移给了美国。荷兰则认为，西班牙发现该岛的事实尚没有足够证据，也没有取得主权的形式支持；即使西班牙在某个时候对该岛有过权利，该权利也已经失去；从1677年东印度公司殖民主义时期的第一阶段开始，甚至可以追溯到1648年至今，荷兰均在该岛践行主权，其权利最初来自于与当地土著首领所签订的建立宗主权的条约。美国反驳荷兰认为其所述事实未得到证明，即使可以证明，也不能作为荷兰在帕尔马斯岛建立主权的依据。本案的争议焦点是，在《巴黎和约》签订时帕尔马斯岛的主权属于西班牙还是荷兰，因为西班牙不能割让自己所不拥有的领土。

判决的主要内容

仲裁员胡伯在1928年4月4日作出裁决，裁定帕尔马斯岛是荷兰领土的一部分。裁定所依据的主要事实和理由如下：

（1）双方当事国均认可，关于发现和获得无人居住、或只有野蛮人或半文明民族所居住的土地的国际法，从中世纪末到19世纪末期发生了深刻的变化。[1]按照19世纪的国际法，国家对领土的占领需要得到持续和有效的主权展示。美国方面的证据表明，西班牙在16世纪对帕尔马斯岛的首先发现只是取得了一种"初始性权利"（inchoate title）。西班牙即使到1898年的时候仍然保持这种初始性权利，该权利也未优于荷兰自17世纪以来一直在该岛所建立的有效占领。

（2）诸多证据显示，荷兰从1677年到1906年都在帕尔马斯岛行使国家权力，其间，虽然有间断，但不影响其持续性。荷兰在帕尔马斯岛行使国家主权行为的整个过程中，西班牙或其他国家都没有对它提出反对，其国家权力的行使应当认为是平稳的。因此，美西《巴黎和约》在签订和生效时，或本争端发生时，帕尔马斯岛是荷兰的领土。

（3）西班牙无权把它并不拥有主权的帕尔马斯岛割让给美国。美国作为西班牙权利的继承者无权通过《巴黎和约》的割让而取得该岛的主权。

（4）美国称荷兰对《巴黎和约》没有作出反应，这对真正的领土主权拥有者来说不会产生什么影响。这不构成荷兰对此割让行为的承认。

（5）地理上的邻近性（contiguity）不是决定领土主权的一个要素。岛屿的主权决定

---

[1] "It is admitted by both sides that international law underwent profound modifications between the end of the Middle-Ages and the end of the 19th century, as regards the rights of discovery and acquisition of uninhabited regions or regions inhabited by savages or semi-civilised peoples", Island of Palmas Case (or Miangas), Award of the Tribunal, p.14.

于法律关系而不是地理远近的影响。

评析

本案是有关国际法上的领土主权问题的著名案例。胡伯仲裁员从国家主权和领土主权的概念开始，结合时际法等理论，对于领土"先占"学说相关的发现、占领与有效占领(effective occupation)问题作出了系统的解释和认定。本案裁决中的理论概念与分析逻辑被实务与理论界广泛引用，影响深远。

1. 关于国家主权、领土主权与权源证明问题

在裁决的说理过程中，胡伯首先对国际法上的国家主权与领土主权概念及理论作出了精辟的归纳。他指出，在国家间的关系中，主权意味着独立。独立意味着一个国家在地球的特定区域有行使排他性权力的功能。领土主权，是一种由国际法所认定、或者通过条约等形式所确认，或者由利害相关国或邻国所认可的，无争议的自然边界或固定边界所形成的空间形态。考虑到案件中争议双方各执一词，胡伯同时分析了争议国家间对领土权源的举证与证明相关的要点与逻辑。他指出，如果某处领土发生主权争端，在习惯法上就需要考察争议国之间，哪一国所主张的其通过割让（cession）、征服（conquest）或占领（occupation）等方式建立的领土权源更具优越性（superior to that which the other State might possibly bring forward against it）。对此，国家行使领土主权的行为与功能意义需要加以综合考察，胡伯提出，随着历史与国际法的发展，国家在领土上行使主权不但具有排他和专属的一面，也有确定法律保护和划分空间的意义。

2. 关于领土的发现与有效占领

根据时代与法律的进化，胡伯提出美国所提出的领土发现只是一项初始性权利时，系统性地引入有效占领(effective occupation)理论以判断怎样的主权依据是充分（sufficient）的。他指出，按照当今国际法（present-day international law），发现一片土地并不必然建立完整主权，某一特定时刻（a certain moment）的领土主权展示也不足以充分建立主权；争议国还必须证明其领土主权的持续存在，特别是，直到决定争端的关键日期，该国还以确切的国家行为作出了领土主权展示。因此，"持续和平稳的领土主权展示"（the continuous and peaceful display of territorial sovereignty）是判断有效占领和建立主权的充分权源的重要标准。国家行使立法、司法、行政的各类行为，包括宣布主权和升旗等均可以视作展现主权权威的方式，具体应该依据客观情况而定。同时，怎么判断"持续和平稳"？胡伯在分析帕尔马斯岛的情况时进一步指出，所谓"持续"，在整个历史时期是有可能间断的。荷兰在18世纪末19世纪初，在帕尔马斯岛上的国家行为比较少，但这不影响它的持续性；因为对于一个遥远和只有土著居民居住的小岛来说，不能要求经常性地国家权力行使；某块土地的主权发生争端时，关键要考虑领土主权是否继续存在并且在争端发生时仍然存在；平稳是指这种国家权力行为没有受到反对，或者得到了他国的承认/默认；主权的表示不必追溯到远古时期，本案中，荷兰在1898年《巴黎和约》签订的时候还有确切的国家行为证明帕尔马斯岛仍然是荷兰的领土。

3. 关于时际法

有关时际法（intertemporal law）的论证也是本案最引人注目的贡献之一。胡伯在裁

决中指出，当涉及相续不同时期法律体系时，应当将权利的创设与权利的存在区分开来（distinction must be made between the creation of rights and the existence of rights）；权利的创设遵从权利产生时的法律，权利的存续亦得满足法律演变后所要求的条件。按照 16 世纪的国际法，发现就可能产生对无主地的国家主权，但是 18 世纪中叶以后，国际法关于建立主权的条件与领土取得的方式均发生了重大变化。本案中，西班牙虽然可能确实在 16 世纪最早发现了帕尔马斯岛，但由于没有证据表明它在此后特别是在 18—19 世纪按照国际法的演进和变化实施了持续和平的有效占领，因此到美西签订《巴黎和约》时，西班牙已不再拥有帕尔马斯岛的主权。

传统意义上的领土先占主要针对"无主地"，但 18 世纪以后，在地球上完全不被人类发现的"无主地"已经基本丧失。因此，帕尔马斯岛案中将"有效占领"作为判断 19 世纪以后先占取得领土的要件，具有重要意义。值得一提的是，胡伯在鉴定荷兰"有效占领"的权源分量时，还结合了美国方面的举证不利、西班牙承认 / 不反对等状况与理论，并不能说有效占领在本案中完全独立地建立了领土权源。

第十二章 海洋法

【内容提示】

海洋法是规范各海域的法律地位以及调整各主体从事海洋活动所应遵循的原则和规则的总体。海洋法历史悠久,是国际公法中较为独特的一个领域。海洋法的制度在历史长河中不断发展,其中,1982年通过和开放签署的《联合国海洋法公约》是一部重要综合性法律文书。《联合国海洋法公约》构建了现代国际海洋秩序的法律框架,其富有特点的争端解决机制于近年处理了众多案件,《联合国海洋法公约》在一定意义上推动着海洋法的演进与发展。但是,《联合国海洋法公约》并未穷尽关于海洋权利义务的所有事项,应认识到"海洋宪章"仅是对该公约的一个美喻。《联合国海洋法公约》究其本质依然是一项条约,并不能代表或涵盖海洋法的全部内容。

中国是一个濒临海洋的国家,东部沿海自北向南有渤海、黄海、东海、南海,其中,渤海是中国的内海。我国海岸线漫长,沿海岛屿星罗棋布。党的十八大以来,中国首次正式提出"建设海洋强国"的国家战略目标。党的十九大报告指出,"坚持陆海统筹,加快建设海洋强国"。2019年4月,习近平国家主席首次提出了"海洋命运共同体"的理念。2023年9月,外交部发布《关于全球治理变革和建设的中国方案》,指出,"中国愿同各国携手维护以国际法为基础的海洋秩序,在全球安全倡议框架下妥善应对各类海上共同威胁和挑战,在全球发展倡议框架下科学有序开发利用海洋资源,在平等互利、相互尊重基础上推进海洋治理合作,维护海洋和平安宁和航道安全,构建海洋命运共同体,推动全球海洋事业不断向前发展"。

基于上述认识和精神,结合国际海洋法在国际公法学科中的地位及特点,本章分八节阐述国际海洋法,从海洋法的历史、编纂与发展入手,然后自内而外,依次介绍内水、领海、毗连区、专属经济区、大陆架、群岛、用于国际航行的群岛水域、公海、国际海底区域这些不同海洋区域的地位与法律规则,并阐述海洋划界和海洋争端解决的相关内容,最后以中国与海洋法的关系与互动作为本章最后一节。

第一节 海洋法的历史与发展

海洋是人类生命的根基,是人类赖以生存的资源宝库,是一个国家经济、社会发展的资源基地。海洋法有着非常悠久的历史。在传统的国际法中，特别是20世纪以前，与海洋利用有关的原则和规则主要体现在习惯国际法中。

一、海洋法的历史

1605年，荷兰的格劳秀斯撰写了《捕获法》一书，在该书的第12章论述了"海洋自由"。1609年，格劳秀斯在修订前书基础上匿名出版了《海洋自由论》，以自然法为基础，倡导自由的海洋。[1]他指出，海洋既不能被占领，也不能因使用而枯竭，应为各国自由利用。该书一出版立刻就引起了巨大的争议。1635年，英国的约翰·塞尔登（John Selden）在《海洋封闭论》一书中反对格劳秀斯的观点，并指出，海洋并非在任何地方都是公有的，它可以被占领。在该书中，塞尔登提出了"无害通过"的概念。格劳秀斯与塞尔登的观点针锋相对，有关"海洋自由"的讨论此起彼伏。从历史视角来看，海洋自由论后来占据了上风。海洋法律制度的发展一直就在海洋管辖与海洋自由之间演进与平衡。

二、海洋法的编纂

荷兰法学家宾刻舒克于1702年发表了《海洋领有论》，提出将海洋划分为领海和公海。宾刻舒克的论述奠定了为后世所熟知的"大炮射程论"，确立了海洋的二分法，即领海由国家管辖，公海由各国共有。在领海出现的早期，其时的"领海"为不同的目的而设置，沿海国在"领海"中的权利内涵是不确定的。19世纪，一些国家开始主张享有主权的"领海"，"领海"的宽度开始以特定的距离来确定。进入20世纪，随着国际政治力量对比的变化和科学技术的进步，许多国家相继提出新的海洋权利主张，海洋法进一步演进。

第二次世界大战后，联合国成立，召开了三次海洋法会议。1958年，第一次联合国海洋法会议在日内瓦召开，这次通过了4个公约，即《领海及毗连区公约》《公海公约》《大陆架公约》《捕鱼与养护生物资源公约》，但是这次会议没有解决领海的宽度等重要问题。1960年，联合国召开了第二次海洋法会议，讨论了领海宽度和渔区界限等问题，但这次会议没有达成新成果。

自20世纪60年代以来，随着国际形势的变化，海洋法的发展再次进入新阶段。1967年，马耳他向时任联合国秘书长递交了一份题为"关于目前国内管辖范围以外的海洋床底及底土专为和平目的及为人类利益而利用之宣言与条约"的提议，建议将国家管辖范围以外的海洋和底土的资源认定为不为任何国家所占有的人类共同继承财产，仅为和平的目的而开采利用，在其提议草案中第一次使用了"人类共同继承财产"的概念。[2]

---

[1] 该书中译本有多个版本：[荷]格劳秀斯：《论海洋自由》，马忠法译，张乃根校，上海人民出版社2020年版；[荷]格劳秀斯著，[荷]拉尔夫·冯·德曼·马戈芬英译：《海洋自由论》，马呈元译，中国政法大学出版社2018年版；[荷]格劳秀斯：《海洋自由论》，宇川译，上海三联书店2005年版。

[2] 参见王铁崖：《论人类的共同继承财产的概念》，载邓正来编：《王铁崖文选》，中国政法大学出版社2003年版，第67—94页。

1973年，联合国召开了第三次海洋法会议，这次会议于1982年12月10日结束，通过了一个包含320个条款和9个附件的《联合国海洋法公约》（以下简称《公约》）。《公约》是一份综合且复杂的法律文件，它涵盖了从一国的领海宽度，到领海以外海域权利以及海底资源的诸多问题。《公约》同时建立起国际海底管理局（International Seabed Authority, ISA）、大陆架界限委员会（Commission on the Limits of the Continental Shelf, CLCS）和国际海洋法法庭（International Tribunal for the Law of the Sea, ITLOS）三大重要机构。《公约》在通过的两年内，就有159个国家和实体签署了《公约》，但是德国、英国和美国等主要大国均没有签署。这些国家对于《公约》第11部分国家管辖范围以外的海床和洋底及其底土（"区域"）的规定有不同看法。《公约》于1994年11月17日生效，截至2024年3月，《公约》现有169个缔约方（168个国家和欧盟）。

《公约》生效意义重大。《公约》不但是国际社会在编纂和逐渐发展国际法方面的重要成就，而且《公约》创新的一些海洋法概念和海洋法制度，在其生效多年间获得了许多国家的认可，对各国的海洋实践产生了深刻影响。国际性法庭或仲裁庭在实践中多次指出，《公约》的一些条款反映了习惯国际法，这些条款不但可以适用于《公约》缔约国，也可以适用于非《公约》缔约国。

三、海洋法的发展

《公约》自开放签署的40余年中，一直处于发展过程中。迄今为止，《公约》已通过了三个专门的执行协定。

第一，1994年7月，联合国会员国通过了《关于执行1982年12月10日〈联合国海洋法公约〉第十一部分的协定》（以下简称《1994年执行协定》）。《1994年执行协定》构建起"区域"的管理和开采制度，大多数国家由此批准了《公约》。

第二，1995年8月，联合国会员国通过了《关于执行1982年12月10日〈联合国海洋法公约〉有关养护与管理跨界鱼类种群和高度洄游鱼类种群规定的协定》（以下简称《鱼类协定》）。《鱼类协定》于2001年12月11日生效，该协定补充了专属经济区的渔业法律制度，是《公约》的一个重要发展。

第三，2023年6月，联合国会员国以协商一致方式通过了《〈联合国海洋法公约〉下国家管辖范围以外区域海洋生物多样性养护和可持续利用协定》（以下简称《BBNJ协定》）。《BBNJ协定》是《公约》框架下的第三个执行协定，是各方经过近20年不懈努力，历经特设工作组、预备委员会、政府间大会等阶段达成的国际法律文书，是近年来国际法领域最重要的立法成就。《BBNJ协定》建立了海洋遗传资源、划区管理工具、环境影响评价、能力建设和海洋技术转让四大制度。《BBNJ协定》规定了国家管辖范围以外海域遗传资源及其数字序列信息的获取、利用和惠益分享模式，特别明确了发达国家的先期注资义务；规定了公海保护区的建立、监测程序，排除在争议海域设立保护区，并规定缔约方大会的决定应尊重并不损害其他法律文书、框架和机构；在确保国家对环境影响评价主导权和决策权的同时增强环评透明度；细化能力建设和海洋技术转让的具体模式和类型，建立专门委员会并规定了监测和审查制度。《BBNJ协定》明确不妨害一国主权、主权权利和管辖权，排除司法机构对国家管辖海域法律地位相关争端的管辖权。此外，《BBNJ协定》还是首个赋予国际海洋法法庭全庭咨询管辖权的全球性法律文书，但同时在事项、主体、程序等方面加以限制。

此外，海洋法除了在《公约》框架下得到发展以外，多个国际组织一直推动着《公约》和海洋法的发展。联合国一直是《公约》谈判、磋商和缔结的重要平台，在海洋法发展历程中发挥着重要的作用。近年来，联合国大会由于其讨论议题广泛，有跨领域和跨专题的优势，吸引了越来越多的机构参与海洋事务审议，各国在联合国层面讨论海洋政策与法律的机会日益增多。同时，多个联合国专门机构都在各自职能范围内，通过不同的国际协定，补充《公约》相关规定，推动着海洋法的发展。以联合国专门机构国际海事组织为例，《公约》多个条款提及制定海上安全、航行事项、海上污染等方面规章和标准的"主管国际组织"（competent international organizations）就是指国际海事组织。迄今为止，国际海事组织已主持通过了多项国际条约和数百项条例、准则和原则，极大地补充了《公约》的规定，推动了大量与海洋相关的国际标准的诞生。[1]这些由国际海事组织、联合国粮食及农业组织、国际劳工组织、联合国教科文组织等多边国际平台制定的海洋规则，与《公约》互相补充、彼此关联，补充着《公约》的规定，也反映了《公约》并非唯一的海洋国际规则。

第二节　基线和内水

基线是测量领海宽度的起点。《公约》第5条规定，测算领海宽度的正常基线是沿海国官方承认的大比例尺海图上所标明的沿岸低潮线。根据《公约》规定，基线有正常基线和直线基线两种，在群岛国家的情形下，还存在群岛基线。

根据《公约》和习惯国际法规则，海洋法在很大程度上是按照某些主要海洋区域的划分，以及对海洋的某些功能性利用而组成的。国际海洋法的内容包括将海洋划分为国家管辖范围内的内水、领海、毗连区、用于国际航行的海峡、群岛国、专属经济区、大陆架、公海，以及岛屿制度、闭海或半闭海、内陆国等规则，还包括国家管辖范围以外的国际海底资源开发制度和管理机构，以及海洋环境保护、海洋科学研究与技术转让和海洋解决争端等规则。[2]一般而言，对于海洋法的阐述都是从不同的区域入手，自内而外：内水、领海、毗连区、专属经济区、大陆架、公海、国际海底区域。

---

[1] The Secretariat of the International Maritime Organization, "Implications of the United Nations Convention on the Law of the Sea for the International Maritime Organization", IMO, LEG/MISC. 8, January 30, 2014, https://wwwcdn.imo.org/localresources/en/OurWork/Legal/Documents/LEG%20MISC%208.pdf.

[2] 陈德恭：《现代海洋法》，海洋出版社2009年版，第21页。

一、正常基线和直线基线

1. 正常基线

正常基线就是海岸的低潮线。《公约》第 5 条"正常基线"规定,"除本公约另有规定外,测算领海宽度的正常基线是沿海国官方承认的大比例尺海图所标明的沿岸低潮线"。正常基线多适用于海岸比较平直的情况。1958 年《领海及毗连区公约》和 1982 年《公约》中的"正常基线"都是低潮线,但基于地理环境多样性,实践中,大多数国家的低潮线是否都为正常基线,并不确定。例如,《公约》第 14 条"确定基线的混合办法"就规定,沿海国为适应不同情况,可交替使用以上各条规定的任何方法以确定基线。

2. 直线基线

直线基线是大陆海岸以外向外突出的地方或沿岸岛屿上适当地方确定若干基点,再将各基点之间用直线连接起来而画出的一条线。直线就是连接各个基点之间的线。《公约》第 7 条是"直线基线"的规定。该条第 1 款规定,在海岸线极为曲折的地方,或者如果紧接海岸有一系列岛屿,测算领海宽度的基线的划定可采用连接各适当点的直线基线法。《公约》还规定了以下划定直线基线的相关规则。

第一,《公约》第 7 条第 3 款和第 6 款规定了划定直线基线须满足的 3 项具体标准:一是直线基线的划定不应在任何明显的程度上偏离海岸的一般方向;二是基线内的海域必须充分接近陆地领土,使其受内水制度的支配;三是一国不得采用直线基线制度,致使另一国的领海同公海或专属经济区隔断。

第二,沿海岸的河口、海湾、海港和低潮高地在划定直线基线时应遵循下列规则。一是《公约》第 9 条规定,如果河流直接流入海洋,基线应是一条在两岸低潮线上两点之间横越河口的直线。二是《公约》第 10 条第 4 款规定,海湾天然入口两端的低潮标之间的距离不超过 24 海里,其基线则是连接这两个低潮标之间的封口线;如果超过 24 海里,24 海里的直线基线应划在海湾内。三是《公约》第 11 条规定,构成海港体系组成部分的最外部永久海港工程可作为直线基线的基点。但是,近岸设施和人工岛屿不应视为永久海港工程。四是《公约》第 7 条第 4 款规定,低潮高地上如果住有高于海平面的灯塔或类似设施,或以这种高地作为划定基线的起点已获得国际一般承认,该高地可作为直线基线的起讫点。

第三,1951 年英国诉挪威的"渔业案"是直线基线的典型案例。在该案中,国际法院考虑了挪威的地理情形,认为挪威陆地海岸线外星罗棋布的岛屿、礁石是其陆地的延伸,挪威采用直线基线不违反国际法。法院认为,在海岸线极其弯曲或者沿岸有很多岛屿的地方,低潮线相对独立,只能根据地理结构来判断基线。此外,2012 年"孟加拉国和缅甸在孟加拉湾的海洋划界争端案"等案件是关于直线基线有意义的案件。国际法院于 2022 年的"侵犯加勒比海的主权权利和海洋空间案(尼加拉瓜诉哥伦比亚)"中称,《公约》第 7 条第 1 款反映了习惯国际法。

第四,直线基线是大多数国家采用的基线。中国采用直线基线的方法确定领海基线。1958 年《中华人民共和国政府关于领海的声明》指出,"中国大陆及其沿海岛屿的领海以连接大陆岸上和沿海岸外缘岛屿上各基点之间的各直线为基线，从基线向外延伸 12 海里的水域是中国的领海。在基线以内的水域，包括渤海湾、琼州海峡在内，都是中国的内海、在基线以内的岛屿，包括东引岛、高登岛、马祖列岛、白犬列岛、乌岳岛、大小金门岛、大担岛、二担岛、东碇岛在内，都是中国的内海。" 1992 年《中华人民共和国领海及毗连区法》第 3 条规定，中华人民共和国领海基线采用直线基线法划定，由各相邻基点之间的直线连线组成。1996 年 5 月，《中华人民共和国政府关于中华人民共和国领海基线的声明》公布了大陆领海的部分基线和西沙群岛的领海基线。2012 年 9 月，中国公布钓鱼岛领海基线。2024 年 3 月 1 日，中国政府就中华人民共和国北部湾北部领海基线发表声明。

二、基线与海洋权利

第一，沿海国拥有确定基线的权力。各个国家地理形态千差万别，基线由沿海国确定。从基线开始，一个国家即可划定其海洋权利的范围。海洋权利是指国家对海洋空间，如领海、专属经济区和大陆架所享有的权利。这些权利源自国家对陆地的主权，即海洋法上的"陆地统治海洋"原则。陆地产生海洋权利，海洋权利与陆地的地位有关。海洋权利、历史性权利和历史性所有权是相关的概念。历史性所有权是《公约》第 15 部分和第 298 条提到的概念，是特别用于指对陆地或海域的历史性主权。

第二，海上陆地主要包括低潮高地和岛屿。根据《公约》第 13 条，低潮高地是在低潮时四面环水并高于水面，但在高潮时没入水中的自然形成的陆地。在确定基点时，《公约》第 17 条第 4 款专门规定了"低潮高地"的地位。如果低潮高地全部或一部分与大陆或岛屿的距离不超过领海的宽度，该高地的低潮线可作为测算领海宽度的基线。如果低潮高地全部与大陆或岛屿的距离超过领海的宽度，则该高地没有自己的领海。

《公约》第 121 条规定了岛屿的法律制度，岛屿是四面环水并在高潮时高于水面的自然形成的陆地区域，岛屿的领海、毗连区、专属经济区和大陆架应按照本公约适用于其他陆地领土的规定加以确定。但是，不能维持人类居住或其本身的经济生活的岩礁，不应有专属经济区或大陆架。在 2012 年尼加拉瓜诉哥伦比亚"领土和海洋争端案"判决中，法院认定，《公约》关于岛屿制度的第 121 条具有习惯国际法的地位。

第三，海平面上升对基线的法律影响研究正方兴未艾。联合国政府间气候变化专门委员会的报告指出，全球平均海平面正在缓慢上升。海平面上升将影响基线的确定依据。无论何种基线，一旦海平面上升，确定基线的地理特征将会受到最直接的影响。联合国国际法委员会就海平面上升对基线的影响开展了研究，该专题提出了固定基线的问题。但是，各国在缔结《公约》时并未考虑海平面上升问题，《公约》仅规定了在三角洲等海岸线非常不稳定之处（第 7 条第 2 款）、大陆架外部界限（第 76 条第 9 款）两种情形可使用固定基线，是否可以就此推定《公约》允许在其他情形中使用固定基线，目前并不确定。

三、内水

（一）内水的法律地位

海洋法的基本原则是"陆地统治海洋"，陆地领土的情况构成决定一个沿海国海洋权利的起点。划分海洋区域的起始点是领海基线。一国的领海基线既是一国内水与领海的分界线，同时又为各个外部海域界限的测算提供了起点。一国领海基线以内朝陆地一面的所有水域为内水，内水与国家领土具有同样的法律地位。

（二）海湾

海湾是指沿岸属于一国的明显的水曲，其凹入程度和曲口宽度的比例，使其有被陆地环抱的水域，而不仅是海岸的弯曲。《公约》中的海湾，是指被一国陆地所环抱，面积等于或大于横越曲口所划直线作为直径的半圆形的面积的水曲。如果水曲因有岛屿而有一个以上的曲口，该半圆形应划在与横越各曲口的各线总长度相等的一条线上，水曲内的岛屿视为水曲水域的一部分。

在海湾天然入口两端之间的距离不超过24海里的情况下，沿岸国可在这两端之间划出一条封口线，线内所包围的水域为该国的内水。这条线也就是沿岸国的领海直线基线。如果入口两端之间的距离超过24海里，则该24海里直线基线应划在海湾内以划入该线所可能划入的最大水域。但是，这些规定不适用于"历史性海湾"。历史性海湾是历史性权利的一种，它是指那些沿岸属于一国，湾口宽度超过24海里，但依据历史性权利被确立为沿岸国内水的海湾。《领海及毗连区公约》和《联合国海洋法公约》均承认"历史性海湾"的存在。从国际实践来看，历史性海湾是沿岸属于一个沿海国、湾口超出领海宽度两倍，历史上一直被认为属于该沿海国内水的海湾。这要求历史性海湾符合两个条件：一是沿海国明确主张并长期有效的对海外行使主权；二是国际社会，尤其是利益相关国已经默许该沿岸国的主张。加拿大主张哈德逊湾为历史性海湾，俄罗斯则主张大彼得湾为历史性海湾。

（三）港口和河口

港口是指用于装卸货物、上下乘客和船舶停泊，并具有各种工程设施的海域。港口的外部界限是连接港口最外缘各港口建筑工程最外各点而将整个港口包围在内的折线。港口属于沿海国的内水。根据1979年交通部发布的《中华人民共和国对外国籍船舶管理规则》第3条，船长或船舶所有人应在船舶预定到达港口1星期之前，通过外轮代理公司填具规定的表报，向港务监督办理进口申请批准手续，并在到达港口之前24小时（航程不足24小时的，在驶离前一港口时），将预计到港时间、前、后吃水等情况通过外轮代理公司向港务监督报告。

《公约》第9条规定，如果河流直接流入海洋，基线应是一条在两岸低潮线上两点之间横越河口的直线。现实中，河口上往往会出现三角洲。《公约》第7条第2款规定，在因有三角洲和其他自然条件以致海岸线非常不稳定之处，可沿低潮线向海最远处选择各适当点，尽管以后低潮线发生后退现象，该直线基线在沿海国按照《公约》加以改变以前仍然有效。

（四）历史性水域

1962年联合国秘书处提出一份题为《历史性水域，包括历史性海湾的法律制度》的文件，[1]提出构成历史性水域的因素主要是：一是主张历史性权利的国家已对该海域行使权利；二是行使权利应有连续性；三是这种权利的行使获得外国默许。

"历史性权利"一词并未在《公约》中有任何定义。《公约》仅在第298条第1款a项明确提及了"历史性所有权"（historic title），故没法从《公约》本身推断出任何关于历史性权利的规定。"历史性权利"（historic rights）并非是与《公约》的解释和适用相关的事项，对历史性权利的解释将指向《公约》以外的国际法。

在国际司法实践方面，1982年的"大陆架案"（突尼斯/利比亚）和1992年"陆地、岛屿和海洋边界争端案"（萨尔瓦多/洪都拉斯，尼加拉瓜介入）是两个较为典型的案例。在这两个案件中，国际法院确认历史性权利或历史性所有权的独特性质。在"大陆架案"中，国际法院指出1958年第一次联合国海洋法会议没有在实质上处理历史性水域制度，国际法委员会虽得到指令对其进行研究但也并未实施。国际法院表示："第三次海洋法会议的公约草案也未包含历史性水域制度的任何具体规定：既没有对这一概念的定义，也没有对'历史性水域'或'历史性海湾'法律制度的阐释。但公约草案中有提及'历史性海湾''历史性所有权'或历史原因，其在一定意义上构成对公约规定规则的保留。看起来很清楚，该事项继续由一般国际法调整。一般国际法并没有规定单一的'历史性水域'或'历史性海湾'制度，而是为每一个具体的、被承认的'历史性水域'或'历史性海湾'个案提供一个具体的制度。"[2]在"陆地、岛屿和海洋边界争端案"中，国际法院分庭进一步阐明丰塞卡湾水域的独特性："……丰塞卡湾是一个有三个沿岸国的海湾，进入该任一国家的船舶都需通过丰塞卡湾与大洋之间的主航道。很清楚，这种无害通过权并非不符合历史性水域制度，因为这正是之前是公海但现在是由直线基线所包围而形成的群岛内水的情况。另外，从实际情况看，这些水域在沿海国享有排他管辖权的3海里范围外，在这一3海里范围内无害通过权实践中已得到承认，因为只有穿过这些水域才能到达这一3海里的海域内，如果不承认在这些水域存在无害通过权，就会变得荒唐。"[3]

第三节 领海和毗连区

一、领海的法律地位

领海是指沿海国陆地领土及其内水以外、邻接陆地和内水一定宽度的海域。领海法律制度的发展是现代海洋法的主要内容之一。领海概念主要来源于习惯国际法，当今有

---

[1] UN Secretariat, *Juridical Regime of Historic Water, Including Historic Bay*, Study Prepared by the Secretariat, A/CN.4/143(1962), Yearbook of International Law Commission, 1962, Vol. Ⅱ, p.1–26.

[2] Continental Shelf (Tunisia/Libyan Arab Jamahiriya), Judgment, I.C.J. Reports 1982, p.18, para.100.

[3] Land, Island and Maritime Frontier Dispute (El Salvador/Honduras: Nicaragua intervening), I.C.J. Reports 1992, p.351, para.393.

关领海的法律制度体现于《公约》中相关的规定。领海宽度问题，在领海制度的发展历史上一直存在争议。从 19 世纪到 20 世纪初期，各国所建立的领海宽度大多数为 3 海里或 4 海里，少数国家虽较宽，但没有超过 12 海里。此后，领海宽度的不同主张，不仅反映在各国的国家实践中，也成为了国际社会最有争议的问题之一。

1958 年第一次联合国海洋法会议所通过的《领海和毗连区公约》以及《公约》都有针对领海的明确规定。《公约》第 2 条"领海及其上空、海床和底土的法律地位"规定，沿海国的主权及于其陆地领土及其内水以外邻接的一带海域，在群岛国的情形下则及于群岛水域以外邻接的一带海域，称为领海。沿海国的主权及于领海的上空及其海床和底土。对于领海主权的行使受《公约》和其他国际法规则的限制。

《公约》第 3 条规定了领海的宽度，即"每一国家有权确定其领海的宽度，直至从按照本公约确定的基线量起不超过十二海里的界限为止"。12 海里领海宽度是目前绝大多数国家的选择。

二、无害通过权

无害通过权这一概念随着领海定义的逐渐清晰也得到广泛承认。外国船舶在沿海国领海享有无害通过权，随着沿海国主权观念日益浓厚，无害通过权的概念和沿海国主权的概念平行发展，互相推动着彼此的发展。

（一）无害通过的含义

1. 通过

根据《公约》第 18 条第 2 款和第 20 条，"通过"应符合以下要求：（1）通过必须迅速不断地继续进行，不能停靠，不能抛锚。但通常航行所附带的、由于不可抗力或遇难的情况则不在此限。（2）潜水艇和其他潜水器在通过时必须浮出海面行驶，并且展示旗帜。《公约》第 23 条规定，外国核动力船舶和载运核物质或其他本质上危险或有毒物质的船舶，在行使无害通过领海的权利时，应持有国际协定为这种船舶所规定的证书并遵守国际协定所规定的特别预防措施。

2. 无害

《公约》关于"无害"的标准较为宽松。一个通过行为只要不损害沿海国的和平良好秩序或安全就是无害的，这种通过的进行应符合该公约和其他国际法规则。《公约》第 19 条第 2 款列举了 12 项不属于无害通过的行为：（1）对沿海国的主权、领土完整或政治独立进行任何武力威胁或使用武力，或以任何其他违反《联合国宪章》所体现的国际法原则的方式进行武力威胁或使用武力；（2）以任何种类的武器进行任何操练或演习；（3）任何目的在于搜集情报使沿海国的防务或安全受损害的行为；（4）任何目的在于影响沿海国防务或安全的宣传行为；（5）在船上起落或接载任何飞机；（6）在船上发射、降落或接载任何军事装置；（7）违反沿海国海关、财政、移民或卫生的法律和规章，上下任何商品、货币或人员；（8）违反本公约规定的任何故意和严重的污染行为；（9）任何捕鱼活动；（10）进行研究或测量活动；（11）任何目的在于干扰沿海国任何通讯系统或任何其他设施或设备的行为；（12）与通过没有直接关系的任何其他活动。

（二）沿海国关于无害通过的权利和义务

1. 制定关于无害通过的法律和规章

《公约》第21条第1款规定，沿海国有权依本公约规定和其他国际法规则，对无害通过领海制定法律和规章，包括涉及航行安全和海上交通管理，保护助航等设施和设备，保护电缆和管道，养护资源和防治污染，海洋科学研究和水文测量，防止违反沿海国的海关财政移民或卫生等方面。沿海国制定上述法律和规章，除使一般接受的国际规则或标准有效外，不应适用于外国船舶的设计、构造、人员配备或装备。

2. 领海内的海道和分道通航制

《公约》第22条规定，沿海国考虑到航行安全认为必要时，可要求行使无害通过其领海权利的外国船舶使用其为管制船舶通过而指定或规定的海道和分道通航制，特别是沿海国可要求油轮、核动力船舶和载运核物质或材料或其他本质上危险或有毒物质或材料的船舶只在上述海道通过。同时，沿海国有义务在指定海道和规定分道通航制时，考虑主管航行的国际组织的建议，习惯上用于国际航行的水道、特定船舶和水道的特殊性质和船舶往来的频繁程度。沿海国应在海图上清楚标注这种海道和分道通航制，并应将海图妥善公布。

3. 不妨碍无害通过的义务和权利

沿海国不应妨碍外国船舶无害通过领海，不应对外国船舶强加其实际后果等于否定或损害无害通过的要求，也不应对任何国家的传播有形式上或事实上的歧视。沿海国还应将其所知的在其领海内对航行有危险的任何情况妥为公布。为保护国家安全之必要，在不歧视的条件下，沿海国可以在领海的特定区域内暂停外国船舶的无害通过。

（三）军舰的无害通过问题

1958年《领海与毗连区公约》和《公约》对军舰概念是有定义的。根据《公约》，军舰是指属于一国武装部队，具备辨别军舰国籍的外部标志，由该国正式委任兵名列相应的现役名册或类似名册的军官指挥和配备，有服从正规武装部队纪律的船员的船舶。然而，《领海与毗连区公约》和《公约》都没有明确表明，所有船舶是否包括军舰，因此，无害通过的条款就存在不同的解释。

在联合国第三次海洋法会议中，各国就军舰是否在领海内享有无害通过权，存在分歧。海洋大国为了使军舰取得更大的自由，在联合国海洋法会议上主张一切船舶都享有无害通过权，而另外一些国家则从国家安全和利益出发认为无害通过不适用于军舰，外国军舰在临海通过需要预先通知或取得同意。中国与阿根廷、厄瓜多尔、巴基斯坦和菲律宾等30多个国家组成了共同提案国，坚持外国军舰在通过外国领海时应事先通知该国或经该国许可。为了保证《公约》草案尽快达成一致，会议主席主持了多期会议，努力协调立场，促成各方妥协，最后形成的《公约》案文与1958年《领海及毗连区公约》极为相似。在1982年4月30日通过《公约》后的全体会议上，许多共同提案国作了发言，重申自己的立场。

在具体实践中，《公约》缔约国对这个问题的理解不尽相同。在领海通行问题上的经典案例是"科孚海峡案"。该案涉及的是军舰在国际海峡中通过的问题，但国际法院在该案判决中仍然没有解决军舰无害通过领海的判断问题。在实践中各国的具体做法主要有三种：一是实施无害通过制度，二是要求通知制度，三是需要批准制度。2019年，乌克兰诉俄罗斯"关于扣留三艘乌克兰海军船舶案"指示的临时措施命令中，国际海洋法法庭在提到海军船舶的通过后指出，《公约》下的通过制度，诸如无害通过或过境通过，适用于所有船舶。但是无论怎样，军舰和其他用于非商业目的的政府船舶享有除其船旗国以外的任何管辖的豁免权。任何军舰在通过国家的领海时，无论其通过是否被认为是无害的，它的当地管辖豁免权不受影响。在2012年，阿根廷诉加纳"自由号船案"指示临时措施命令和"关于扣押三艘乌克兰海军船舶案"指示临时措施命令中，国际海洋法法庭承认军舰的豁免权，指令有关国家立即释放。扣留的军舰及其人员，如果军舰不遵守沿海国关于通过领海的法律和规章，而且不顾沿海国向其提出遵守法律和规章的任何要求，沿海国所能采取的适当补救措施，只能是要求该军舰立即离开领海。军舰和其他用于非商业目的的政府船舶不遵守沿海国有关通过领海的法律和规章或国际法规则而使沿海国遭受的任何损失或损害，船旗国应付国际责任。

中国在1996年批准《公约》时声明，《公约》有关领海内无害通过的规定，不妨碍沿海国按其法律规章要求外国军舰通过领海必须事先得到该国许可或通知该国的权利。这也是1958年关于领海的声明和《中华人民共和国领海及毗连区法》中规定的立场。

三、领海内的管辖权

沿海国对其领海内的人、物或事件享有管辖权，但同时也受条约和习惯国际法的限制。沿海国可以根据《公约》第21条制定相应的法律的同时，也可对通过其领海的外国船舶行使刑事管辖权和民事管辖权。

（一）刑事管辖权

《公约》第27条规定，沿海国不应在通过领海的外国船舶上行使刑事管辖权，以逮捕与在该船通过期间船上所犯任何罪行有关的任何人或进行与该罪行有关的任何调查，但下列情形除外：一是罪行的后果及于沿海国；二是罪行属于扰乱当地安宁或领海的良好秩序的性质；三是经船长或船旗国外交代表或领事官员请求地方当局予以协助；四是这些措施是取缔违法贩运麻醉药品或精神调理物质所必要的。此外，对于在驶离内水后通过领海的外国船舶，沿海国有权采取其法律授权的任何步骤进行逮捕或调查。但在考虑是否逮捕或如何逮捕时，应适当顾及航行的利益。除《公约》第12部分关于"海洋环境的保护和保全"另有规定或违反适用于专属经济区的法律规章外，对于来自外国港口仅通过领海而不进入内水的外国船舶，沿海国不得在通过领海的该船舶上采取任何步骤，以逮捕与该船舶驶进领海前所犯任何罪行有关的任何人或进行与该罪行有关的调查。

（二）民事管辖权

《公约》第28条规定，沿海国不应因对通过领海的外国船舶上某人行使民事管辖权的目的而停止其航行或改变其航向。沿海国不得为任何民事诉讼的目的而对船舶从事执行或加以逮捕，但涉及该船舶本身在通过沿海国水域的航行中或为该航行的目的而承担的义务或因而负担的责任，则不在此限。该条不妨害沿海国按照其法律为任何民事诉讼的目的而对在领海内停泊或驶离内水后通过领海的外国船舶从事执行或加以逮捕的权利。对于享有外交特权与豁免的人以及军舰和其他用于非商业目的的政府船舶不能行使管辖权。此外，沿海国管辖权的行使，还不应妨碍外国船舶的无害通过。

四、毗连区

毗连区是与其领海外缘相毗连的一定范围内的海域，沿海国在此海域内对海关、财政、卫生、移民等事项享有立法及执法管辖权。一方面，类似毗连区的功能区在《公约》诞生之前就在实践中存在，具有悠久的历史。1958年第一次联合国海洋法会议确定了毗连区制度，《公约》第33条延续1958年《领海及毗连区公约》的规定，即"沿海国可在毗连其领海称为毗连区的区域内，行使对下列事项所必要的管制：（1）防止在其领土或领海内违反其海关、财政、移民或卫生的法律和规章；（2）惩治在其领土或领海内违反上述法律和规章的行为。毗连区从测算领海宽度的基线量起，不得超过二十四海里"。此外，毗连区的管辖权扩展至海底考古领域。《公约》第303条第2款规定，为了控制这种文物的贩运，沿海国可在适用第33条时推定，未经沿海国许可将这些文物移出所指海域的海床，将造成在其领土或领海内对该条所指法律和规章的违反。

另一方面，近年国际司法实践中开始出现关于毗连区的案件。2022年4月，国际法院在"加勒比海主权权利和海洋空间案"（尼加拉瓜诉哥伦比亚）中首次提出，《公约》中与毗邻区有关的规定，即《公约》第33条和第303条第2款反映了习惯国际法。法院认为，虽然哥伦比亚不是《公约》缔约国，但其"整体毗连区"不符合《公约》第33条和第303条体现的习惯国际法，要求哥伦比亚采取措施使其"整体毗邻区"与《公约》体现的习惯国际法保持一致。在该案中，国际法院还指出，毗连区与专属经济区受两套不同制度的调整，法院区分了沿海国在毗连区中的权利与在专属经济区中的权利，认为这两个区域可能有所重叠，但在其中可以行使的权力和地理范围并不相同。[1]

我国1992年施行的《领海及毗连区法》规定，中华人民共和国有权在毗连区内，为防止和惩处在其陆地领土、内水或者领海内违反有关安全、海关、财政、卫生或者入境出境管理的法律、法规的行为行使管制权。此外，根据我国法规，在毗连区上空存在着飞行情报区。

第四节　群岛与海峡

一、群岛

《公约》第46条规定了群岛国和群岛的定义。"群岛国"是指全部由一个或多个群

---

[1] *Alleged Violations of Sovereign Rights and Maritime Spaces in the Caribbean Sea (Nicaragua v. Colombia)*, Judgment, I.C.J. Reports 2022, p. 266.

岛构成的国家，并可包括其他岛屿；"群岛"是指一群岛屿，包括若干岛屿的若干部分、相连的水域或其他自然地形，彼此密切相关，以致这种岛屿、水域和其他自然地形在本质上构成一个地理、经济和政治的实体，或在历史上已被视为这种实体。在海洋法上，群岛国的问题包括如何划定基线、基线内水域的法律地位以及外国船舶的通行权问题。

（一）群岛基线和群岛的法律地位

《公约》第47条规定，群岛国可以划定连接群岛最外缘各岛和各干礁最外缘各点的直线群岛基线。作为领海宽度的起算线，其他海域，如毗连区、专属经济区和大陆架的宽度也从此基线算起，基线以内水域称为群岛水域，公约对划定群岛基线的方法作了规定。

群岛水域的法律地位涉及水域、本身水域上空、海床和底土。《公约》第49条规定群岛国的主权及于群岛水域、群岛水域的上空、海床和底土，以及其中所包含的资源，无论其深度或距离海岸的远近如何。公约中关于群岛海道通过制度对群岛国在包括海道在内的群岛水域所享有的主权不发生影响。

（二）群岛制度下的的通过权

《公约》第52条规定，在第53条限制下、并在不妨害第50条的情况下，所有国家的船舶均享有通过群岛水域的"无害通过权"。《公约》第53条规定，群岛国可指定适当的海道和其上的空中航道，以便外国船舶和飞机继续不停和迅速通过或飞越其群岛水域和邻接的领海。所有船舶和飞机均享有在这种海道和空中航道内的群岛海道通过权。群岛海道通过是指按照公约规定，专为在公海或专属经济区的一部分和公海或专属经济区的另一部分之间继续不停、迅速和无障碍地过境的目的，行使正常方式的航行和飞越的权利。此外，如果群岛国没有指定海道或空中航道，那么在通常用于国际航行的海道以及其上空，船舶和航空器仍享有"群岛海道通过权"。根据这一规定，群岛国不再享有指定这种海道的排他性权利，而"通常"二字具有一定的客观内容，可由船旗国据具体情况来判断，另外，这两个字隐含着相关水道具有一定密度航运活动的要求。指定或更换群岛海道时，群岛国有义务向有关国际组织提交可以被该组织接受的建议方案。

二、海峡

（一）海峡的概念与法律地位

海峡是指连接两个较大的水域、自然狭长的水道或通道。大多数海峡是因为其地理位置而具有法律上的重要性。海峡由于对国家安全和海上交通具有非常重要的意义，那些处于海上主要通道的海峡更有不可替代的经济与军事价值。

在1958年联合国第一次海洋法会议准备阶段，联合国国际法委员会曾主张国际海峡应"一般"用于航行，但是，1958年《领海与毗连区公约》并没有包括这个条件。《公约》延续了1958年《领海与毗连区公约》的规定。海峡沿岸国的主权或管辖权的行使受《公约》第三部分和其他国际法规则的限制。《公约》中有与海峡相关的规定：一是《公约》第36条规定，如果穿过某一用于国际航行的海峡有在航行和水文特征方面同样方便的一条穿过公海或穿过专属经济区的航道，本部分不适用于该海峡；在这种航道中，适用公约其他有关部分其中包括关于航行和飞越自由的规定。二是《公约》第 35 条规定，本部分的任何规定不影响：第一，海峡内任何内水区域，但按照第 7 条所规定的方法确定直线基线的效果使原来并未认为是内水的区域被包围在内成为内水的情况除外；第二，海峡沿岸国领海以外的水域作为专属经济区或公海的法律地位；第三，某些海峡的法律制度，这种海峡的通过已全部或部分地规定在长期存在、现行有效的专门关于这种海峡的国际公约中。

（二）过境通行制度

根据用于国际航行的海峡的宽度和海峡两端所连接的海域的法律地位情况。《公约》为不同宽度和自然地理条件的海峡制定了不同的航行制度。第一类，海峡宽度超过两岸领海宽度，海峡中有在航行和水文方面同样方便的一条穿过公海或专属经济区的航道，在这种航道中适用航行和飞越自由；第二类，连接公海或专属经济区一部分与外国领海的海峡，适用无害通过制；第三类，用于国际航行海峡，是指两端连接公海或专属经济区构成海上交通要道的狭窄海峡。国际社会为在此种海峡上航行确立了"过境通行制度"。但是，如果这种海峡是由海峡沿岸国的岛屿和该国的大陆形成，而且该岛屿向海一面有在航行和水文特征方面同样方便的一条穿过公海或穿过专属经济区的航道，该海峡则不适用过境通行制而适用无害通过制。

过境通行是为两端均为公海或专属经济区的海峡而设计的继续不停和迅速过境目的的航行和飞越自由制度。所有船舶和飞机在此类海峡均享有过境通行的权利，船舶和飞机可以其正常通行方式行使过境通行权。海峡沿岸国不应妨碍过境通行，并应将其所知的海峡内或海峡上空对航行或飞越有危险的任何情况妥为公布。过境通行不应予以停止。

过境通行制度的实行，不影响构成用于国际航行的海峡的水域的法律地位，也不影响海峡沿岸国对这种水域及其上空、海床和底土的主权和管辖权。海峡沿岸国可以制定关于过境通行的法律和规章，也可为海峡航行指定海道和规定分道通航制。行使过境通行权的船舶和飞机，应毫不迟延地通过或飞越海峡，不得对沿岸国的主权、领土完整或政治独立进行任何武力威胁或使用武力，并应遵守沿岸国的有关法律和规章。未经海峡沿岸国的事先准许，外国船舶不得进行任何研究或测量活动。

过境通行制度是介于无害通过和航行与飞越自由之间的一种制度。过境通行制度一方面使海峡沿岸国的主权和管辖权在海峡的水域部分得到维护；另一方面对于外国船舶和飞机通过的自由予以承认。

过境通行与无害通过之间的区别主要在于有四个方面：第一，无害通过要求在领海通过的外国潜水艇浮上水面并展示旗帜；过境通行允许潜水艇在下潜状态下行使。第二，无害通过不适用于外国飞机，过境通行允许外国飞机在遵守航空规则以及其他有关国际法规则的前提下飞越过海峡。第三，过境通行外国船舶和飞机规定的义务小于无害通过，比如沿海国可以采取必要措施，防止非无害通过行为的发生，过境通行则没有此种规定，而且，《公约》明确要求不应停止过境通行。第四，从沿海国的管辖权来看，为保障安全和其他利益，沿海国对进行无害通过的船舶可以进行较为全面的管辖，而海峡沿岸国对过境通行的船舶和飞机在某些方面进行管理。比如，为海峡航行指定海道和规定分道通航制，防止减少和控制海峡环境污染，等等。

第五节　专属经济区和大陆架

一、专属经济区

（一）专属经济区的法律地位

专属经济区是指领海以外并邻接领海的一个区域，从领海基线起算，最远不超过200海里的宽度。大多数国家的渔业资源是在专属经济区发现的，因此专属经济区最早是与渔区有关的主张，而创设这一制度的动力就来自发展中国家。专属经济区的概念最初由肯尼亚于1971年向亚非法律咨询委员会和1972年向联合国海底委员会先后提出。与此同时，拉丁美洲国家开始提出了"承袭海"的概念。在《公约》的谈判过程中，得益于广大发展中国家的支持，专属经济区的概念才得以逐步形成和发展，但这一概念的出现本身就是妥协的产物，故专属经济区制度是创造出来的、独特的、功能性的制度。

专属经济区既不同于领海，也有别于公海，是介乎二者之间的一种新制度。在此区域内，沿海国享有对自然资源的专属权利和相关的管辖权，而其他国家享有航行、飞越、铺设海底电缆和管道的自由。根据《公约》和习惯法，建立专属经济区是选择性的主权行为，即沿海国需要以正式声明或立法来设立专属经济区。

（二）沿海国和其他国家的权利和义务

1. 沿海国在《公约》下的主权权利和管辖权

根据《公约》第56条第1款第1项，沿海国对专属经济区的一切自然资源享有主权，包括生物和非生物资源，对于该区域内从事经济勘探和开发，如利用海水、海流和海风风力生产能源等其他活动享有主权权利。根据《公约》第56条第1款第2项，沿海国对专属经济区内人工岛屿设施和结构的建造和使用，海洋科学研究，海洋环境保护和保全等事项享有管辖权。

2. 沿海国的捕鱼活动

根据《公约》，专属经济区沿海国对在该区域内的捕鱼活动享有管辖权。第61条规定，沿海国应决定其专属经济区内生物资源的可捕量，参照其可得到的最可靠的科学证据，应通过正当的养护和管理措施，确保专属经济区内生物资源的维持不受过度开发的危害。第62条规定，沿海国应决定其捕捞专属经济区内生物资源的能力。沿海国在没有能力捕捞全部可捕量的情形下，应通过协定或其他安排，准许其他国家捕捞可捕量的剩余部分。沿海国应将养护和管理的法律和规章妥为通知。就沿海国执行法律和规章的手段而言，第73条规定，沿海国行使其勘探、开发、养护和管理在专属经济区内的生物资源的主权权利时，可采取为确保其依照本公约制定的法律和规章得到遵守所必要的措施,包括登临、检查、逮捕和进行司法程序。

3. 其他权利和义务

专属经济区沿海国在行使《公约》赋予的权利,以及履行相关义务时,必须适当顾及其他国家的权利和义务,不以《公约》相抵触的方法从事相关行为。"适当顾及"的要求和标准并不清楚,存在一些讨论和争议。

《公约》第 58 条规定了其他国家的权利和义务。根据《公约》第 58 条第 1 款和第 2 款,其他国家在专属经济区内享有船舶航行、飞机飞越、铺设海底电缆和管道的自由。根据《公约》第 58 条第 3 款,《公约》关于公海自由方面的规定,只要与专属经济区制度不相抵触,均可适用,但是其他国家在专属经济区行使其权利和义务之时,应遵守沿海国按照公约规定和其他国家所制定的与本部分不相抵触的法律和规章。

此外,《公约》没有在专属经济区的军事利用问题上作出任何明确规定,《公约》有很多模糊之处,例如,第 88 条没有规定"和平目的"的含义,也没有规定"海洋科学研究"与军事活动之间是否有关联。从《公约》文本来看,只要公海的军事利用不与《联合国宪章》和其他国际法规则相抵触,似乎就不被禁止,但是这一判断又受到《公约》下相关规则的限制。第 298 条第 1 款第 2 项又将军事活动引起的争端排除在《公约》强制争端解决机制之外,这也说明了军事活动问题的不明确性。

在我国,1998 年《专属经济区和大陆架法》第 5 条规定,任何国际组织、外国的组织或个人进入中国专属经济区从事渔业活动,必须经中国主管机关批准,并遵守中国的法律、法规以及中国与有关国家签订的条约、协定。中国主管机关有权采取各种必要的养护和管理措施,确保专属经济区的生物资源不受过度开发的危害。该法还就专属经济区内的自然资源跨界种群、高度洄游鱼种、海洋哺乳生物等生物资源的开发养护管理、对人工岛屿设施和结构的管辖权进行了规定,这些规定均符合《公约》的要求。

二、大陆架

(一)大陆架的法律地位

大陆架不是国家领土的组成部分,是沿海国陆地领土在海水下面的自然延伸。在地质学上,从海岸到海底的斜坡,一般分为三段:第一段是平缓的斜坡(大陆架),第二段是一段向海洋急剧倾斜部分(大陆坡),第三段是通向深海床平面的一段更加平缓的斜坡。这三块区域称为大陆边,蕴藏着丰富的自然资源,包括石油、天然气和某些矿物资源。

《公约》第 76 条规定了大陆架的法律定义。该条规定,沿海国的大陆架包括其领海以外依其陆地领土的全部自然延伸,扩展到大陆边外缘的海底区域的海床和底土,如果从测算领海宽度的基线量起到大陆边的外缘的距离不到 200 海里,则扩展到 200 海里的距离。如果自然延伸离基线超过 200 海里,沿海国的大陆架则继续量到自然延伸的终止处,但在任何情况下都不能超过:从基线量起 350 海里;或 2500 公尺"等深线"以外 100 海里。这一款的适用受到关于确定大陆边外缘的两种方法的限制。根据该条,大陆架的计算方式有几种不同的标准。

大陆架概念产生于 20 世纪 40 年代末，当时的科学技术的发展使人们发现，大陆架蕴藏着丰富的矿物资源，继而，沿海国纷纷提出对大陆架享有主权或管辖权的各种主张。1945 年，美国总统杜鲁门发表声明，认为处于公海下、但毗连美国海岸的大陆架的底土和海床的自然资源属于美国，并受美国的管辖和控制。杜鲁门的这一公告在世界上产生了较大影响。其后，其他一些国家也提出了类似的主张。1969 年国际法院在"北海大陆架案"判决中指出，大陆架是沿海国陆地领土的自然延伸，沿海国凭借其对陆地领土的主权而对大陆架享有的权利在事实上自始存在，即肯定了这是一种固有的权利。[1] 理解《公约》的大陆架定义，有如下三个方面。

第一，《公约》的定义提及了距离标准。在 1945 年美国宣布对大陆架的权利主张时，使用的是地质和地形学的标准。《公约》关于大陆架定义的变化受到了 1969 年"北海大陆架案"的影响。《公约》的第 76 条既反映了大陆架 1982 年时已有的法律定义，也发展了这一定义。1982 年以后的实践开始逐渐更多依靠第 76 条下距离标准的考虑。在 1985 年国际法院"大陆架案"（利比亚/马耳他）的判决中，国际法院指出："自然延伸……部分是由从岸边起算的距离起确认的。自然延伸和距离这两个概念是相辅相成的，都是法律意义上大陆架定义的基本要素。"[2]

第二，大陆架是沿海国陆地领土在海水下的自然延伸。国际法院在"北海大陆架案"中确认了自然延伸原则，据此，作为本国陆地领土的自然延伸，沿海国对大陆架的权利不取决于有效或象征的占领或任何明文公告（第 77 条第 3 款）。

第三，沿海国对大陆架的主权权利和管辖权。沿海国对大陆架行使主权权利，仅涉及勘探和开发大陆架的自然资源，这一权利具有专属性质，其他国家或个人，未经沿海国同意不得从事对大陆架的勘探和开发活动。沿海国对大陆架的专属权利不需要有效的或象征性的占领，或任何明文宣告，任何国家不得因为某大陆在沿海国位作出明文宣布或者没有进行实际的勘探开发，就认定该沿海国放弃对大陆架的相关权利。沿海国对大陆架上的建筑享有管辖权，沿海国对大陆架上所建的人工岛与其他设施和设备及结构享有专属批准和管辖权，但人工岛屿周围不能形成领海。

（二）大陆架界限委员会的工作

外大陆架划界问题正受到国际社会的重视。按照《公约》第 76 条和附件 2 第 4 条规定，沿海国大陆架不足 200 海里时，可将其大陆架扩展至 200 海里；如大陆架超过 200 海里，沿海国应按规定的方式确定超过 200 海里以外大陆架外部界限，并向 200 海里以外联合国大陆架界限委员会提出申请。大陆架界限委员会对此进行审议并提出建议，沿海国在此建议的基础上所确定的 200 海里以外大陆架外部界限将具有确定性和拘束力，沿海国也将为勘探和开发其资源的目的，对所确定的大陆架行使主权权利。同时，《公约》还要求沿海国家尽早、最迟不应晚于《公约》对其生效之日起 10 年期限内向大陆架界限委员会提出申请。因此《公约》生效前已批准公约的缔约国家在 2006

---

[1] See *North Sea Continental Shelf*, Judgment, I.C.J. Reports 1969, p.3.
[2] *Continental Shelf (Libyan Arab Jarnahiriya/Malta)*, Judgment, I. C.J. Reports 1985, p. 13, at para.34.

年 11 月 16 日之前向大陆架界限委员会提出 200 海里以外大陆架外部界限的申请。其后,《公约》缔约国大会第 11 次会议通过决议,要求 1999 年 5 月 6 日之前成为《公约》缔约国的国家,须在 2009 年 5 月 6 日之前完成外大陆架的外部界限以及有关的法律程序。据此,俄罗斯于 2001 年向联合国大陆架界限委员会提交了大陆架外部界限的申请。2023 年 7 月,国际法院在"尼加拉瓜 200 海里以外大陆架划界案"中认为,根据习惯国际法,沿海国 200 海里以外大陆架不得扩展至另一沿海国 200 海里以内。法院首次提出存在这样一项习惯国际法,且论证非常简单。该案的结论在学界中引发了较大争议。

2009 年 5 月 11 日,中国代表向联合国秘书长提交了外大陆架的界限初步信息。2012 年 12 月 14 日,中国政府向联合国秘书处提交了东海部分海域 200 海里以外大陆架外部界限划界案。中国认为地貌和地质特征表明,东海大陆架是中国陆地领土的自然延伸,冲绳海槽是具有显著隔断特点的重要地理单元,是中国东海大陆架延伸的终止,中国东海大陆架宽度测算应从领海基线起超过 200 海里,中国进一步指出提交该划界案不影响中国政府以后在东海或其他海域提交大陆架划界案。

三、海洋划界

由于 1982 年《公约》创设了专属经济区等海洋区域,客观上造成了各国海洋区域和大陆架的主张重叠情况。因此,海岸相邻的国家、海峡或窄海相向的国家,有可能发生对彼此领海、毗连区、专属经济区和大陆架相关争议的主张。

(一)毗连区、专属经济区和大陆架的关系

1. 毗连区与专属经济区的关系

毗连区是基于沿海国管制权的扩张,其目的是预防和惩罚那些违反沿海国国内法和规章的行为,而专属经济区则是基于沿海国对自然资源拥有主权权利及为保护海洋环境建立的管辖权。这两套制度之间的区别在《公约》的谈判过程中就已得到承认。在行使这两套制度中的权利和义务时,每一个国家都必须合理顾及其他国家的权利和义务。

国际法院于 2022 年的"加勒比海主权权利和海洋空间案"中提出了毗连区与专属经济区的区分问题。法院还确认,由于在两国早于 2012 年的判决中并没有明确提到毗连区,因此该判决书划定的两国大陆架和专属经济区单一界线并不意味着专属经济区的划界包含毗连区的划界。[1] 该案判决首次对沿海国的毗连区制度与专属经济区制度进行了区分,澄清了在他国专属经济区建立本国毗连区和行使管制权的限制问题,同时还肯定了沿海国进行毗连区划界的可能。该案有一定创新,注重对沿海国专属经济区制度和大陆架制度的区别的同时,也强调了毗连区制度与专属经济区制度的区分。

2. 专属经济区与大陆架的关系

大陆架和专属经济区在 200 海里范围内是重叠在一起的区域,由于沿海国在专属经济区内享有的权利,也包括了对海床和底土及大陆架的权利。在第三次联合国海洋法会

---

[1] Alleged Violations of Sovereign Rights and Maritime Spaces in the Caribbean Sea (Nicaragua v. Colombia), Judgment, I.C.J. Reports 2022, p. 266.

议期间，一些国家提出取消大陆架概念的主张，但是大多数国家认为即使有了专属经济区，保留大陆架的概念仍属必要，他们提出的一个重要理由在于，1958年《大陆架公约》的一些缔约国已经建立了各种以大陆架为基础的法律制度，如一些国家已经给予外国公司或企业以勘探和开发大陆架资源的长期特许公约。最终，《公约》在两个部分分别对两个区域进行规定。分析沿海国在大陆架和专属经济区两个区域享有的权利及各自的特点，两者的联系和区别有以下四个方面。

第一，沿海国权利的重叠。沿海国对大陆架享有的所有权利在其专属经济区内均可享有。这种权利的重叠仅限于大陆架与专属经济区在200海里范围内的重叠部分。

第二，沿海国对大陆架和专属经济区的权利的性质。沿海国对大陆架享有的权利在性质上与对专属经济区享有的权利区别很大。大陆架权利是沿海国所固有的，不取决于有效的或象征性的占领或任何明文公告，而沿海国对专属经济区的权利，则必须经过公告。

第三，大陆架和专属经济区的范围，大陆架的范围最宽可达到自领海基线起算350海里，而专属经济区的范围不超过领海基线起算200海里。所以具有宽大陆架的沿海国可以在专属经济区之外享有大陆架。

第四，沿海国对大陆架和专属经济区的权利范围。沿海国对专属经济区的权利包括该区域内的所有自然资源，既包括生物资源，也包括非生物资源。而沿海国对大陆架的权利范围则仅限于海床和底土的非生物资源及属于定居种的生物资源。

（二）有关划界的规则

海洋区域的划界问题不限于专属经济区或大陆架之内，也可以涉及特殊情形如历史性海湾的划界，也会出现在领海或毗邻区中。《公约》第15条规定了领海划界的基本原则：除因历史性权力或其他特殊情形的存在而需要其他划界方法的情况，相关国家在没有协议的情况下，应该适用中间线原则。实践中，相邻国家还采用了不同的领海划界方法，最常用的是"等距离原则"，即从相邻海岸向外划出中间线作为边界。1909年由常设仲裁法院审理的"格里巴斯丹案"采纳了沿海岸划垂直线的方法，以一条垂直于海岸一般方向的线作为领海划分界线。

目前，专属经济区划界往往有混合性质，同时也涉及大陆架划界的问题。专属经济区与大陆架划界的规则比较接近，《公约》第74条和第83条的规定也较为类似。《公约》第74条规定，海岸相向或相邻的国家间专属经济区的界限，应该在国际法基础上以协议划定，以便得到公平解决。有关国家如在合理期间内未能达成任何协议，应诉诸《公约》第15部分所规定的争端解决程序。在达致协议前，有关各国应基于谅解和合作精神，尽一切努力做出可行的临时性安排，在此过渡期间，不危害或阻碍最后协议的达成。如果有关国家间存在现行有效、关于划定专属经济区办限的协定，应按照该协定行事。

在解决这些争端当中，当事国会依靠《公约》中的某些一般原则和习惯国际法规则。对于相向国家之间领海界限的划定，一般的做法是采用中间线对相邻国家划定领海界限，有时以海岸向外划分中间线，有时则采用一条简单的垂直线。在这两种分界方式中，还要考虑到一些特殊情况。《公约》第15条规定："如果两国海岸彼此相向或相邻，两国中任何一国在彼此没有相反协议的情形下,均无权将其领海伸延至一条其每一点都同测算两国中每一国领海宽度的基线上最近各点距离相等的中间线以外。但如因历史性所有权或其他特殊情况而有必要按照与上述规定不同的方法划定两国领海的界限,则不适用上述规定。"《公约》第83条第1款规定了大陆架划界的规则:"海岸相向或相邻国家间大陆架的界限,应在国际法院规约第三十八条所指国际法的基础上以协议划定,以便得到公平解决。"

(三)有关划界的案例

1958年《大陆架公约》第6条规定了等距离原则,但由于该原则没有考虑到各国大陆架地理情况的差异因素,遭到一些国家的反对。1969年"北海大陆架案"就表明了这种情况。国际法院在1969年"北海大陆架案"之后,又受理了多起海洋划界争端,包括1982年"突尼斯利比亚案"、1985年"利比亚马尔他案"等国家在海洋划界中所主张的原则,包括自然延伸原则、公平原则、等距离特殊情况原则等。

实践中,一些国家希望他们的海洋边界由单一边界线构成,例如在"关于海洋划界和领土争端案"(卡塔尔诉巴林)中,当事方请求国际法院为他们划定单一的海洋边界。国际法院认为,这种做法产生于实践,而非条约。[1]由于在第三次海洋法会议上大陆架和专属经济区的划界问题是放在一起讨论的,[2]有观点认为,这种单一边界的做法假以时日可能成为习惯国际法。另一方面,应该说,在实践中仍然存在着上述两个区域分开划界的可能,单一边界的做法并不构成习惯国际法。

第六节　公海与国际海底区域

一、公海

(一)公海的法律地位

根据《公约》第86条规定,公海为"不包括在国家的专属经济区、领海或内水或群岛国的群岛水域内的全部海域"。公海的法律概念不仅包括水体,还包括其上空及海床和底土。

第一,各国为和平目的而使用公海。《公约》第89条规定,任何国家不得有效地声称将公海的任何部分置于其主权之下。第87条规定,公海对所有国家开放,不论其为沿海国或内陆国。同时《公约》第88条规定,公海"只用于和平目的"。

第二,公海自由。"公海自由"是在《公约》和其他国际法规则所规定的条件下行

---

[1] *Maritime Delimitation and Territorial Questions between Qatar and Bahrain*, Merits, Judgment, I.C.J. Reports 2001, p. 40, para.141.

[2] See Satya N. Nandan and Shabtai Rosenne, *United Nations Convention on the Law of the Sea, 1982: A Commentary*, Volume II (Brill Academic Publishers, 2002), p. 801.

使的。公海自由对沿海国和内陆国而言，除其他外，包括：航行自由；飞越自由；铺设海底电缆和管道的自由，但受第6部分的限制；建造国际法所容许的人工岛屿和其他设施的自由，但受第6部分的限制；捕鱼自由，但受第2节规定条件的限制；科学研究的自由，但受第6部分和第13部分的限制。一国在行使这些公海权利和海底区域权利时，通常有义务适当顾及其他国家的利益。此外，各国还需要承担某些具体的义务，如就公海渔业养护的必要措施进行谈判并达成一致。

（二）船舶的国籍

根据《公约》第91条，每个国家应确定对船舶给予国籍。船舶在其领土内登记及船舶悬挂该国旗帜的权利的条件。船舶具有其有权悬挂的旗帜所属国家的国籍。国家和船舶之间必须有真正联系。《公约》第92条规定，船舶航行应仅悬挂一国的旗帜，而且除国际条约或本公约明文规定的例外情形外，在公海上应受该国的专属管辖。这个规则针对的是实践中存在的挂"方便旗"的做法，它规定除所有权确实转移或变更登记的情形外，船舶在航程中或在港内停泊时不得更换旗帜。《公约》第95条规定，军舰在公海上不受船旗国以外任何其他国家管辖，享有完全豁免权。

（三）公海的上的管辖权

第一，船旗国对其在公海上的船舶具有排他的管辖权。《公约》第92条规定，船舶航行应仅悬挂一国的旗帜，而且除国际条约或本公约明文规定的例外情形外，在公海上应受该国的专属管辖。根据《公约》第97条第1款，遇有船舶在公海上碰撞或任何其他航行事故涉及船长或任何其他为船舶服务的人员的刑事或纪律责任时，对此种人员的任何刑事诉讼或纪律程序，仅可向船旗国或此种人员所属国的司法或行政当局提出。这一规则推翻了常设国际法院对"荷花号"一案的判决，该判决认为受伤害船舶的所属国对碰撞事件拥有并行管辖权。

第二，船旗国的排他管辖权存在几种例外情况。一是贩卖奴隶。经过国际社会的努力，已经形成一系列人权条约，在法律上废除了奴隶制，禁止在公海上贩运奴隶是习惯国际法的规则。《公约》第99条规定，每个国家应采取有效措施，防止和惩罚准予悬挂该国旗帜的船舶贩运奴隶，并防止为此目的而非法使用其旗帜。在任何船舶上避难的任何奴隶、不论该船悬挂何国旗帜，均当然获得自由。二是海盗。《公约》第101条规定，海盗行为是指私人船舶（或飞机）的船员（或机组成员）或乘客为私人目的，在公海上（或其上空）对另一船舶（或飞机），或对另一船舶（或飞机上）的人或财物所从事的任何暴力、扣留或掠夺行为。三是非法贩运毒品。《公约》第108条规定，所有国家应进行合作，以制止船舶违反国际公约在海上从事非法贩运麻醉药品和精神调理物质。四是非法广播。所有国家还可以对公海上未经许可的广播形式行使管辖权。军舰对涉嫌从事海盗行为，奴隶贩运和其他某些行为的船舶具有登临权。

二、国际海底区域

（一）"区域"的由来与法律地位

国际海底区域在《公约》中称为"区域"，是指国家管辖范围以外的海床和洋底及其底土。"区域"内活动是指勘探和开发"区域"资源的一切活动。

国际海底区域制度是在科学技术发展并发现该区域内蕴藏丰富的矿物质资源后而出现的制度。从20世纪40年代至60年代中期，许多国家主张越来越宽的管辖海域，如200海里的管辖范围。一些国家和地区性组织越来越关注深海海底及其资源问题。1970年，联合国第25届大会通过了《关于各国管辖范围海床洋底及其底土的原则宣言》，宣布深海海底及其资源"为全人类的共同继承财产"，为建立国际海底区域制度奠定了基础。如前述，《公约》的第一个协定《1994年协定》于1996年7月28日起生效，该协定的附件第1部分规定，国际海底管理局是《公约》缔约国按照第11部分和本协定为"区域"确立的制度来组织和控制"区域"内活动，特别是管理"区域"资源的组织。管理局应具有公约明示授予的权力和职务。国际海底管理局具有国际法律人格，以及为执行其职务和实现其宗旨所必要的法律行为能力。管理局由大会、理事会、秘书处、法律和技术委员会、财务委员会和企业部等几个机构组成。管理局大会有权依照《公约》有关规定，就管理局权限范围内的任何问题或事项制订一般性政策。依据管理局大会所制订的一般性政策，作为管理局执行机关，管理局理事会有权制订管理局对于其权限范围以内的任何问题或事项所应遵循的具体政策。《1994年协定》附件的第2部分规定企业部初期的深海底采矿业务应以合资企业的方式进行；第3部分规定管理局的政策应由大会协同理事会制订；作为一般规则，管理局各机关的决策应当采取协商一致方式。理事会在管理局政策决策过程中处于关键地位。

关于"区域"的法律地位，《公约》第136条规定，"区域"及其资源是人类的共同继承财产。第137条第1款规定，任何国家不应对"区域"的任何部分或其资源主张或行使主权或主权权利，任何国家或自然人或法人，也不应将"区域"或其资源的任何部分据为己有。任何这种主权和主权权利的主张或行使，或这种据为己有的行为，均应不予承认。《公约》规定，对"区域"内的资源的一切权利属于全人类，由即将成立的国际海底管理局代表全人类进行行使。这些规定说明，"区域"的法律地位与公海不同，"区域"的资源属于全人类，与"区域"内资源有关的一切权利属于全人类，权利的行使由代表全人类的管理局进行。人类共同继承财产的定位是"区域"的鲜明特征。

（二）平行开发制

在第三次联合国海洋法会议上，区域内资源的开发方法引起了国家间的争论。广大发展中国家主张由管理局代表全人类开发和利用区域内的资源，少数工业发达国家反对这种单一开发者，主张由管理局颁发执照，缔约国的公私营企业在符合某些条件的情况下，与管理局缔结有关开发资源的协议进行开发。根据这种主张，管理局仅具有开发执照的职能，自身不能进行开发活动。《公约》最终对这两种分歧意见进行了综合和妥协，建立了平行开发制。平行开发制，是指以管理局为一方，以缔约国公私营企业为另一方的共同开发制度。《公约》第153条规定，"区域"内活动应由管理局代表全人类，按照本条以及本部分和有关附件的其他有关规定，和管理局的规则、规章和程序，予以安排、进行和控制。按照平行开发制，区域内的活动由管理局安排进行和控制，在区域内进行勘探和开发的主体是管理局的企业，缔约国及其国民实际控制的自然人和法人。

根据《公约》附件 3 "探矿、勘探和开发的基本条件" 第 3 条规定，平行开发的具体程序为：首先由企业部、申请开发的缔约国和合格的自然人或法人向管理局提出勘探开发的申请和工作计划，继而由管理局的法律和技术委员会对申请进行审核。根据附件 3 第 8 条 "区域的保留" 的规定，企业部以外的申请者及缔约国及其国民或其他合格的自然人和法人，在申请时必须向管理局同时提出两块具有同等价值的矿区，由管理局从中选择一块作为保留去进行开发，另一块矿区作为合同区，由申请人在管理局签订合同之后进行开发。

第七节 海洋争端的解决

海洋已经成为国际事务中的热点。随着海洋科学研究和技术手段的发展，人类对海洋战略地位及其价值的认识不断深化，开发和利用海洋及其资源的能力不断增强，但是与此同时，各类海洋争端也逐渐增多。国际海洋争端的解决机制分为两类，一类是国际法框架下的一般解决机制，以国际法院为例子，国际法院是联合国的主要司法机关，职能包括就国家间争端行使诉讼管辖权，截至 2021 年 12 月 31 日，提交到国际法院的案件有 182 件，其中 154 件是国家之间的诉讼案件，28 件是联合国机关和专门机构要求发表咨询意见的案件。在诉讼案件中，半数以上涉及领土和边界纠纷，不少涉及海事争端和有关国际法问题，还有一些涉及国家管辖权、外交和领事关系法以及非法使用武力问题。[1]另一类是《公约》框架内的解决机制。《公约》对和平解决争端作出了详细且复杂的规定。其中包括和平解决争端的政治方法和法律方法、相关程序、《国际海洋法法庭规约》，以及法庭海底争端分庭的规定。

一、《联合国海洋公约》的争端解决机制

（一）一般程序

《公约》提倡以和平方式解决有关海洋法公约的任何争端，同时《公约》标志着争端解决程序的一次变革。《公约》第 15 部分 "争端的解决" 第 1 节是争端解决程序的一般规定，共有 7 条。其中，第 279 条规定：各缔约国应按照《联合国宪章》第 2 条第 3 项以和平方法解决它们之间有关本公约的解释或适用的任何争端，并应为此目的以《宪章》第 33 条第 1 项所指的方法求得解决。注意第 279 条提出的是，这些争端应与《公约》的解释或适用有关。《公约》第 280 条和第 281 条均规定了争端方所自由选择的解决方式的优先地位。第 280 条 "用争端各方选择的任何和平方法解决争端" 提到，本公约的任何规定均不损害任何缔约国于任何时候协议用自行选择的任何和平方法解决它们

---

[1] 中华人民共和国外交部政策规划司主编：《中国外交（2022 年版）》，世界知识出版社 2023 年版，第 318—319 页。

之间有关本公约的解释或适用的争端的权利。第 281 条"争端各方在争端未得到解决时所适用的程序"规定，作为有关本公约的解释或适用的争端各方的缔约各国，如已协议用自行选择的和平方法来谋求解决争端，则只有在诉诸这种方法而仍未得到解决以及争端各方间的协议并不排除任何其他程序的情形下，才适用本部分所规定的程序。第 283 条要求作为缔约国的争端当事方迅速就以谈判或其他和平方法解决争端一事交换意见。第 284 条规定，如果缔约国愿意，可以将争端提交调解。《公约》附件 5 对调解程序作出了具体规定。

（二）强制程序

《公约》第 15 部分第 2 节规定了强制程序。《公约》第 287 条第 1 款规定，一国在签署、批准或加入本公约时，或在其后任何时间，应有自由用书面声明的方式选择下列一个或一个以上方法，以解决有关本公约的解释或适用的争端：按照附件 6 设立的国际海洋法法庭；国际法院；按照附件 7 组成的仲裁法庭；按照附件 8 组成的处理其中所列的一类或一类以上争端的特别仲裁法庭。第 3 款规定，缔约国如为有效声明所未包括的争端的一方，应视为已接受附件 7 所规定的仲裁。也就是说，如果缔约国不作选择，那么将被视为选择的附件 7 所规定的仲裁，如果两国之间出现争端，并选择同样一个机构，除双方另有协定外，争端将由该机构负责解决；如两国选择了不同的机构，而又不能就同一机构达成一致，争端可提交附件 7 所规定的仲裁。无论争端由哪一个机构审理，该机构适用《公约》的规则和其他国际法规则。

关于第 287 条的规定，尽管《公约》规定的是强制性争端解决程序，但是缔约国仍然有 4 种处于同一地位的选择机会。此外，如果争端发生在没有作出上述声明的缔约国之间，或者发生在选择了不同的争端解决程序的国家之间，除非争端各方另有协议，则该争端应提交附件 7 所规定的仲裁。

（二）强制程序的例外

《公约》第 297 条第 1 款规定，沿海国因在专属经济区内行使主权权利或管辖权而出现的《公约》解释或适用的争端，只有在特定情形下适用强制争端解决程序。第 297 条第 2 款规定，《公约》关于海洋科学研究的规定，在解释或适用上的争端应按照强制程序解决，但是沿海国应在专属经济区或大陆架行使权利或斟酌决定权而引起的争端，没有义务接受强制程序；第 3 款规定，对《公约》关于渔业的规定在解释或适用上的争端，应按照第 2 节解决，但沿海国并无义务同意将任何有关其对专属经济区内生物资源的主权权利或此项权利的行使的争端，包括关于其对决定可捕量、其捕捞能力、分配剩余量给其他国家、其关于养护和管理这种资源的法律和规章中所制订的条款和条件的斟酌决定权的争端，提交强制程序。

此外，一国在签署、批准或加入《公约》时，或在其后任何时间，在不妨害根据第 1 节所产生的义务的情形下，可以书面声明对于下列各类争端的一类或一类以上，不接受第 2 节规定的强制程序：海洋边界或涉及历史性海湾或所有权的争端；关于军事活动的争端；正由联合国安理会执行《联合国宪章》所赋予的职务的争端。

二、国际海洋法法庭

国际海洋法法庭的建立是《公约》的一个重要成果。《公约》附件6即《国际海洋法法庭规约》（以下简称《规约》）。《公约》在1994年11月16日生效之后，缔约国大会选举出了21名法官。他们从1996年8月1日起开始任职，任职时间为3年、6年或9年不等。1996年10月5日，加纳法官当选为第一任法庭庭长。1997年10月28日，法庭规则在法官全会上通过；该规则后经2001年3月和9月两次修订。和其他主要国际司法机构一样，国际海洋法法庭的管辖权也分为诉讼管辖权和咨询管辖权。截至2024年1月31日，国际海洋法法庭的"案件列表"上共有32个案件。

（一）国际海洋法法庭的诉讼程序

国际海洋法法庭的诉讼，诉讼当事方主要是《公约》的缔约国，不过根据《公约》第11部分第5节的规定，管理局或企业部对于国营企业以及自然人或法人为解决关于国际海底的活动的某些争端，也可以成为该法庭的诉讼当事方。根据《公约》第288条的规定，法庭对于下列争端具有管辖权：一是关于《公约》解释或适用的任何争端；二是关于与《公约》的目的有关的国际协定的解释或适用产生的任何争端；三是法庭海底争端分庭，以及任何其他分庭或仲裁法庭向其提交的任何事项。如果就法庭是否享有管辖权的问题出现争议，这一问题也由法庭以裁定的方式予以解决。

法庭适用《公约》的规定，以及与《公约》不相抵触的国际法规则。但海底争端分庭及特别分庭还应适用管理局的规则规章和程序，对有关"区域"内活动的合同事项要适用相应的合同条款。根据《公约》第290条，法庭及其海底争端分庭均可以在最后裁判前规定其根据情况认为适当的任何临时措施，以保全争端各方的各自权利或防止对海洋环境的严重损害。

（二）国际海洋法法庭的咨询程序

和其他主要国际司法机构一样，国际海洋法法庭的管辖权也分为诉讼管辖权和咨询管辖权。在《公约》的最初制度设计中，海洋法法庭的主要职能在于解决争端，强调其诉讼管辖权，并没有赋予其咨询管辖权，或者更为准确地说是海洋法法庭本身没有咨询职能，承担咨询职能的是海底争端分庭。

1. 咨询程序的相关规定

就《公约》而言，《公约》在第11部分有两个条款提及咨询意见，即第159条第10款和第191条，确立了国际海洋法法庭海底争端分庭的咨询管辖权。就《规约》而言，第21条规定了法庭的管辖权问题。第21条规定："法庭的管辖权包括按照本公约向其提交的一切争端和申请，和将管辖权授予法庭的任何其他国际协定中具体规定的一切申请。"这三个条款，共同构成海洋法法庭海底争端分庭咨询管辖权的法律基础。

除此以外，在《公约》和《规约》中并未明文授权法庭本身行使咨询管辖权。但在1997年通过、2001年修订的《海洋法法庭规则》第130—138条出现了法庭咨询管辖权的相关规定。其中，第138条规定："1.如果与本公约目的有关的国际协定明确规定可向法庭提出发表咨询意见的请求，法庭可以就某一法律问题发表咨询意见；2.提出咨询意见的请求应由协定授权或根据协定向法庭提出请求的任何机构转达给法庭；3. 法庭应比照适用本规则第 130 至 137 条。"

国际海洋法法庭的管辖权规定于《规约》的第 21 条和第 22 条。在咨询管辖权这个问题上有两点值得注意。一是在《公约》的框架下，只有《公约》第 159 条第 10 款和第 191 条承认咨询管辖权，且只及于国际海洋法法庭海底分庭。二是咨询管辖权的目的在于向相关国际组织提供法律咨询意见，而非用来解决该组织成立条约中条款的适用问题或解决争端。此外，国际海洋法法庭的咨询意见与国际法院的咨询意见一样，不具有拘束力。但是，近年实践已表明，国际司法机构发表的咨询意见表面上确实没有法律拘束力，但却在事实上拥有非常大的法律影响力。国际海洋法法庭特别分庭于 2021 年作出的"毛里求斯与马尔代夫在印度洋的海洋划界争端案"初步反对判决中就明确指出，国际法院的咨询意见和法院的判决一样，由 15 位法官一致作出，具有极大的法律权威和影响力，以致影响了该案查戈斯群岛的主权问题。[1]

2. 咨询程序的实践

在《公约》的最初制度设计中，海洋法法庭的主要职能在于解决争端，强调其诉讼管辖权，并没有赋予其咨询管辖权，或者更为准确地说是海洋法法庭本身没有咨询职能，承担咨询职能的是海底争端分庭。2011 年，国际海洋法法庭海底争端分庭处理了对其成立以来受理的第一起咨询意见案件，即"第 17 号案"——担保国对"区域"内活动的责任和义务问题。2015 年 4 月 2 日，海洋法法庭根据"次区域渔业委员会"提交的申请，对在次区域渔业委员会成员国专属经济区内渔业的相关问题发表咨询意见。该案是法庭第一次以法庭全体成员的方式发表咨询意见。

2011 年，国际海洋法法庭海底争端分庭处理了对其成立以来受理的第一起咨询意见案件——担保国对"区域"内活动的责任和义务问题（第 17 号案）。[2]中国在此案中提交了书面意见。

2015 年 4 月 2 日，海洋法法庭根据"次区域渔业委员会"提交的申请，对在次区域渔业委员会成员国专属经济区内渔业的相关问题发表咨询意见。该案是法庭第一次以法庭全体成员的方式发表咨询意见。[3]该咨询意见主要涉及管辖权的问题，以及与成员国专属经济区内的渔业权利、义务与责任的四个问题。就管辖权问题而言，在参与发表意见的国家和国际组织中，过半数表示支持海洋法法庭全庭行使咨询管辖权，包括中国、英国、美国在内的另一部分国家则持反对态度。

2022 年 12 月，小岛屿国家气候变化与国际法委员会请求国际海洋法法庭就气候变

---

[1] 参见高健军：《谁解决了查戈斯群岛的主权争端？——"毛里求斯与马尔代夫海洋划界案"初步反对主张判决评析》，载《国际法研究》2021 年第 5 期；同时可参见"专题：国际海洋法法庭新近实践与法治"，载《国际法研究》2021 年第 5 期。

[2] *Responsibilities and Obligations of States with Respect to Activities in The Area*, Advisory Opinion, 1 February 2011, ITLOS Reports 2011, p. 10.

[3] *Request For Advisory Opinion Submitted by The Sub-Regional Fisheries Commission*, Advisory Opinion, 2 April 2015, ITLOS Reports 2015, p. 4.

化引发的《公约》缔约方海洋环境保护义务发表咨询意见。委员会请求国际海洋法法庭就《公约》缔约国在应对气候变化对海洋环境影响所承担的义务发表咨询意见,具体包括:一是防止、减少和控制与气候变化造成或可能造成的有害影响相关的海洋环境污染的义务,包括由人为温室气体排放到大气中导致的海洋变暖、海平面上升和海洋酸化带来的有害影响;二是与海洋变暖、海平面上升和海洋酸化等气候变化影响相关的保护和保全海洋环境的义务。[1]

第八节 中国与海洋法

中国是一个濒临海洋的国家,有着长达18000千米的大陆海岸线,[2]东部沿海自北向南有渤海、黄海、东海、南海。"中国是一个海岸国家,长期以来对于海洋有兴趣和利害关系,虽然它走过的是一条曲折的道路——在闭关自守时期几乎断绝了海上的交往,直到殖民主义国家打开门户,才重新开放海洋交通——那是畸形的海洋交通。"[3]1949年10月1日中华人民共和国成立后,在开发利用海洋、管理海洋、海洋立法方面进入了一个新的历史阶段。海洋事业在此以后一直受到重视,近年来更是有所发展。

一、中国与《联合国海洋法公约》

1971年10月25日,联合国大会通过决议恢复了中华人民共和国在联合国的合法席位,1972年起中国派出代表团参加了联合国海底委员会和第三次联合国海洋法会议,自始参加了第三次海洋法会议历期会议,积极参加对海洋法各实质事项的审议。1982年4月30日,中国在表决《公约》时投了赞成票。同年12月10日在牙买加召开的海洋法公约签字仪式上,签署了《公约》。1996年5月15日,中国批准《公约》,成为《公约》的缔约国。

在第三次海洋法会议上,中国代表积极就领海基线的划定、领海中的通行制度、专属经济区制度、大陆架范围的界定等问题提出了观点。例如,中国于1973年向海底委员会第二小组委员会提出的工作文件指出:岛屿相互距离较近的群岛可视为一个整体,

---

[1] "小岛屿国家气候变化咨询程序"的情况和该协定全文可参见国际海洋法法庭官网页面,"Request for an Advisory Opinion submitted by the Commission of Small Island States on Climate Change and International Law", International Tribunal for the Law of the Sea, https://www.itlos.org/en/main/cases/list-of-cases/request-for-an-advisory-opinion-submitted-by-the-commission-of-small-island-states-on-climate-change-and-international-law-request-for-advisory-opinion-submitted-to-the-tribunal/,最后访问时间:2024年4月10日。

[2] 段洁龙主编:《中国国际法实践与案例》,法律出版社2011年版,第68页。

[3] 王铁崖:《新海洋法公约与海洋法的发展》,载邓正来编:《王铁崖文选》,中国政法大学出版社2003年版,第100—101页。

划定领海范围；坚持以"自然延伸"作为确定一国大陆架范围的基本原则；中国历来支持拉美国家关于专属经济区扩展沿海国管辖权的主张。1975年4月24日中国代表指出：专属经济区是国家管辖范围区域、不是公海的一部分。关于海洋划界，中国认为，海域划界的根据应是公平原则，即双方应在平等的基础上，考虑到一切因素，通过协商而确定；中间线并非海域划界的当然方案，只有在符合公平原则并得到双方同意的前提下才能得以适用。2006年8月25日，中国根据《公约》发表排除性声明，就《公约》第298条第1款（a）（b）（c）项相所述的任何争端（即涉及海域划界、历史性海湾或所有权，军事和执法活动，以及安理会执行联合国宪章所赋予的职务的争端），中国不接受《公约》第15部分第2节规定的任何程序。自1958年以来，中国政府在关于领海通行问题上的立场是一贯的，即外国军舰通过中国领海需要经过中国政府部门的事先批准，其他外国非军事船舶享有无害通过权。此外，中国有权利采取一切办法阻止外国船舶在其领海的非无害通过行为；在中国领海内，潜艇必须在水面航行。

关于"区域"的制度，中国代表团参加了历次联合国海洋法会议有关国际海底问题的协商，在许多问题上都发表了声明。中国一直支持77国集团的许多主张，例如，中国支持将"人类共同继承财产"原则作为国际海底制度的基础，原则上同意建立统一的国际机构来开展海底的勘探开发活动。又如，关于国际海底的资源生产政策，中国认为要考虑到陆产国、消费国和发展中国家的利益需求，合理控制产量。中国在"区域"内的活动开始于20世纪70年代中期。中国"大洋矿产资源研理局究开发协会"成为这个领域的先驱之一，并在1991年3月5日与管理局签订了勘测矿物资源的合同。随后，该协会按照经管理局批准的工作计划开始勘测"区域"的某一特定部分。管理局从1996年6月起开始全面运转。

《公约》生效后，中国积极参与依据《公约》设立的大陆架界限委员会、国际海底管理局和国际海洋法法庭的工作。2012年12月14日，中国常驻联合国代表团代表中国政府向联合国秘书处提交了东海部分海域200海里以外大陆架外部界限划界案。中国政府还积极推选中国公民到国际海洋法法庭和大陆架界限委员会工作，目前这两个机构均有中国籍的法官和委员。自海洋法法庭成立以来，先后在法庭任职的中国籍法官有赵理海（任期1996年至2000年）、许光建（任期2001年至2007年）、高之国（任期2008年至2020年）和段洁龙（任期2020年至今）。大陆架界限委员会先后任职的中国籍委员有吕文正（任期1997年至2018年）和唐勇（任期2019年至今）。

《公约》作为海洋领域的综合性法律文书，与其他国际条约和习惯国际法一道，共同搭建了现代国际海洋秩序的"四梁八柱"。作为发展中海洋大国，中国兼顾自身正当权益与国际社会整体利益，始终与广大发展中国家站在一起，全程积极参与《公约》谈判，是最早签署《公约》的国家之一。中国一贯恪守《公约》精神，严格履行《公约》义务，坚定维护《公约》的完整性和权威性，反对滥用《公约》争端解决程序。中国一贯主张在尊重历史事实和包括《公约》在内的国际法基础上，由直接当事国通过友好协商解决有关海洋争端。

二、中国维护海洋权益方面的实践

自签署和批准《公约》以来，中国建立起了比较完备的维护海洋权益的法律体系。1992年的《中华人民共和国领海及毗连区法》确立了国家拥有领海、管理和使用领海及毗连区的基本法律制度及一些原则性的规定。1996年5月，中国政府公布了《中华人民共和国政府关于中华人民共和国领海基线的声明》，公布了我国49个大陆领海的部分基线，28个西沙群岛的领海基线。1998年6月26日，第九届全国人大常委会第三次会议表决通过《中华人民共和国专属经济区和大陆架法》。该法的制定和颁布，"对于依法划定中国的专属经济区和大陆架，保障中国在这些区域的主权权利及管辖权的有效行使，保护、开发和利用中国海洋资源，维护国家海洋权益，具有重要的意义"。[1]此外，全国人大还相继制定和修改了一批涉海法律，具体有《海洋环境保护法》《海上交通安全法》《渔业法》《矿产资源法》《海域使用管理法》《海岛保护法》《测绘法》《港口法》《深海海底区域资源勘探开发法》等。国务院也制定了《涉外海洋科学调查研究管理规定》《海洋倾废管理条例》《铺设海底电缆管道管理规定》《水下文物保护管理条例》《矿产资源勘查区块登记管理办法》《对外合作开采海洋石油资源条例》《海洋石油勘探开发环境保护管理条例》等行政法规。[2]

上述法律、法规，在地域上覆盖了内水、领海、毗连区、专属经济区、大陆架等中国可管辖海域；在内容上，涉及岛屿领土主权、海洋权益维护、海洋资源开发利用、海洋环境保护、海洋科学研究、海上交通运输、深海海底区域资源勘探开发等，使中国的海洋工作在基本的、主要的各个方面都已经有法可依，初步形成了比较完整的海洋法律法规制度和体系。

2012年9月10日，中国政府公布了《中华人民共和国政府关于钓鱼岛及其附属岛屿领海基线的声明》，公布了钓鱼岛及其附属岛屿的领海基线。1998年6月，我国颁布了《专属经济区和大陆架法》，对专属经济区和大陆架的概念和范围进行了规定，并对专属经济区和大陆架自然资源的开发、利用、管理进行的规定，对涉外或境外经济组织在我国专属经济区和大陆架的权利进行了明确。此外，我国制定的维护海洋权益方面的立法还包括《海上交通安全法》《海警法》《渔业法》《海岛保护法》《深海海底区域资源勘探开发法》等。除此以外，中国还有许多维护海洋权益的行政法规和部委规章等。

北部湾划界是中国海上划界的首次成功实践，为中国今后与其他邻国划分海上边界线积累经验，意义重大。北部湾是一个较为狭窄的海湾，其宽度在110—180海里，按照《公约》的规定，沿海国可拥有宽度不超过12海里的领海、宽度不超过200海里的专属经济区以及更为宽广的大陆架。中越两国都是《公约》的缔约国，两国根据《公约》规定，在北部湾海域主张的专属经济区和大陆架存在重叠，须通过划界加以解决。1993

---

[1]《九届人大常委会第三次会议闭幕》，载《人民日报》1998年6月27日，第1版。
[2] 参见国家海洋局政策法规和规划司编：《中华人民共和国海洋法规选编》（第4版），海洋出版社2012年版。

年 8 月，在中越第三次边界谈判开始前，中越双方签署了《关于解决中华人民共和国和越南社会主义共和国陆地边界和划分北部湾问题的基本原则协议》，该协议规定，边界谈判应"按照包括 1982 年《联合国海洋法公约》在内的国际法所确认的法律制度和原则"进行。至此，中越双方就划界依据达成了共识，为两国间陆上和海上边界问题的最终解决奠定了基础。此后，自 1992 年至 2000 年中越双方共举行了 7 轮政府级谈判、3 次政府代表团团长会晤、18 轮联合工作组会谈及多轮的专家组会谈，最终于 2000 年 12 月 25 日在北京签署《中华人民共和国和越南社会主义共和国关于两国在北部湾领海、专属经济区和大陆架的划界协定》和《中华人民共和国政府和越南社会主义共和国政府北部湾渔业合作协定》。2004 年 6 月 30 日，两国政府代表在河内交换了上述协定的批准书，至此中越北部湾划界协定生效，标志着我国第一条海上边界的诞生。根据划界协定，中越双方处于北部湾的领海、专属经济区和大陆架的分界线共有 21 个坐标点相续连接而成，北自中越界河北仑河的入海口，南至北部湾的南口，全长约 500 公里。[1]

北部湾划界确定后，中越两国又于 2011 年 10 月 11 日签订了《关于指导解决中华人民共和国和越南社会主义共和国海上问题基本原则协议》，规定中越两国应"稳步推进北部湾湾口外海域划界谈判"，并设立了双方每年两次的政府边界谈判代表团团长的定期会晤机制。2019 年 12 月，中越北部湾湾口外海域工作组第 12 轮磋商、海上共同开发磋商工作组第九轮磋商在北京举行。双方就中域海上划界与共同开发等问题深入交换意见，一致同意要继续通过双边对话协商管控海上争议，积极推进海上合作，共同维护两国关系良好发展势头和南海和平稳定局面。[2]

三、加快建设海洋强国

党的十八大以来，习近平总书记高度重视海洋工作、关心海洋事业发展，围绕建设海洋强国发表一系列重要论述。例如，2013 年 7 月，在十八届中共中央政治局第八次集体学习时，习近平总书记就指出"建设海洋强国是中国特色社会主义事业的重要组成部分"。再如，习近平 2019 年 4 月 23 日讲话指出："海洋对于人类社会生存和发展具有重要意义。海洋孕育了生命、联通了世界、促进了发展。我们人类居住的这个蓝色星球，不是被海洋分割成了各个孤岛，而是被海洋连结成了命运共同体，各国人民安危与共。海洋的和平安宁关乎世界各国安危和利益，需要共同维护，倍加珍惜。""我们要像对待生命一样关爱海洋。中国全面参与联合国框架内海洋治理机制和相关规则制定与实施，落实海洋可持续发展目标。中国高度重视海洋生态文明建设，持续加强海洋环境污染防治，保护海洋生物多样性，实现海洋资源有序开发利用，为子孙后代留下一片碧海蓝天。"

党的二十大报告作出"发展海洋经济，保护海洋生态环境，加快建设海洋强国"的

---

[1]《中越北部湾划界协定情况介绍》，外交部网页，http://newyork.fmprc.gov.cn/web/wjb_673085/zfxxgk_674865/gknrlb/tywj/tyqk/200407/t20040730_9276905.shtml，最后访问时间：2024 年 4 月 11 日。

[2] 中华人民共和国外交部政策规划司主编：《中国外交（2020 年版）》，世界知识出版社 2020 年版，第 310 页。

战略部署。我国正处于由海洋大国迈向海洋强国的关键时期，以习近平同志为核心的党中央从统筹中华民族伟大复兴战略全局和世界百年未有之大变局的高度，擘画建设海洋强国宏伟蓝图。我们在学习海洋法的知识时，要培养大局意识、着眼长远，深刻理解和把握新时代海洋强国建设的主攻方向。

▶ 重要名词术语

直线基线、海洋权利、领海、专属经济区、群岛、大陆架、大陆架外部界限、公海、国际海底区域、历史性水域、历史性权利、管辖权、人类共同继承遗产、海洋命运共同体

▶ 思考题

1. 《联合国海洋法公约》与海洋法之间是什么样的关系？
2. 军舰是否享有无害通过权？
3. 毗连区和专属经济区的关系是什么？毗连区的法律地位是什么？
4. 什么是群岛的定义？《联合国海洋法公约》中关于群岛的规定适用于大陆国家远海群岛吗？
5. 如何理解国际海底区域制度的由来与当前问题？
6. 如何理解《联合国海洋法公约》第 15 部分的争端解决机制？
7. 如何理解海洋划界规则和原则的变化与发展？
8. 你觉得中国应如何参与全球海洋治理？如何在海洋领域有效地推进涉外法治？

▶ 典型案例分析

案例一　领土和海洋争端案（尼加拉瓜哥伦比亚，2012 年）

2001 年 12 月 6 日，尼加拉瓜向国际法院请求解决其和哥伦比亚之间在加勒比地区的领土主权和海洋划界争端。尼加拉瓜和哥伦比亚都是西班牙殖民地，在 19 世纪初取得独立之后，两国对加勒比海西部的莫斯基托海岸和圣安德列群岛存在主权争端。加勒比海西部分布着许多岛礁、环礁和暗滩，双方存在包括圣安德烈群岛等主要岛屿在内的主权争议。双方还对上述岛屿周边的一些岛屿是否构成圣安德利群岛组成部分及其主权归属存在争议。两国于 1928 年 3 月 24 日签订了《哥伦比亚和尼加拉瓜关于争议领土问题的条约》，其中尼加拉瓜承认哥伦比亚对圣安德烈群岛的主权，约定基塔苏埃尼奥礁和塞拉那礁为美国和哥伦比亚之间的终点。1930 年 5 月，两国又签订了一份批准 1928 年条约的议定书，规定对安德烈群岛向西不超过西经 82 度经线。1969 年尼加拉瓜在争议海区发放石油开发和勘探许可，引起了哥伦比亚的抗议，1972 年哥伦比亚和美国签订了条约，美国放弃主权要求。尼加拉瓜对此提出抗议。1979 年 7 月，尼加拉瓜主张 1928 年条约无效，哥伦比亚对此提出抗议。法院于 2012 年 11 月对本案作出判决。

尼加拉瓜在最后提交的诉讼请求中还包含了请求法院确定一条单一海洋边界，以划分两国之间的专属经济区和大陆架。法院认为，哥伦比亚不是《公约》的缔约国，因此要适用习惯国际法。关于 200 海里外大陆架划界，由于尼加拉瓜并没有满足向大陆架界限委员会提交信息，以使其作出建议的要求，在这种情况下，法院认为并不适合裁决外大陆架的划界问题。2012 年 11 月 19 日，国际法院作出判决，法院结合该案涉及的自然地理状况和社会历史背景，详细地论述了三阶段海洋划界方法论。

案例二　尼加拉瓜与哥伦比亚间在尼加拉瓜海岸 200 海里以外的大陆架划界问题案（尼加拉瓜诉哥伦比亚，2023 年）

2013 年 9 月 16 日，尼加拉瓜向国际法院递交请求书，要求划定在加勒比海内尼加拉瓜 200 海里以外的大陆架与哥伦比亚 200 海里大陆架重叠的区域。该程序是尼加拉瓜于 2001 年提起、2012 年作出的判决的后续。2016 年，法院发布初步反对意见判决，驳回了哥伦比亚的管辖权和可受理性异议。法院认为，2012 年判决未支持尼加拉瓜主张，由于尼加拉瓜其时尚未向大陆架界限委员会提交划界案，而提交划界案构成尼加拉瓜向法院提出划界诉求的先决程序条件。案件进入实体审理阶段。

2022 年 10 月，国际法院发布命令，要求尼加拉瓜和哥伦比亚仅就两项法律问题展开辩论，分别是：第一，依据习惯国际法，沿海国 200 海里以外大陆架能否扩展至另一沿海国 200 海里以内？第二，习惯国际法上确定沿海国 200 海里以外大陆架外部界限的习惯法规则是什么，《联合国海洋法公约》第 76 条第 2 款至第 6 款是否反映了习惯国际法？

2023 年 7 月 13 日，国际法院作出判决。法院简单指出，存在沿海国 200 海里以外大陆架不得扩展至另一沿海国 200 海里以内的习惯国际法。法院称，在实践中，大部分国家向大陆架界限委员会提交划界案时选择不将其大陆架外部界限扩展至邻国 200 海里以内，法院认为这足以反映习惯国际法的"法律确信"要素。除此以外，仅有极少数国家将 200 海里以外大陆架扩展至他国 200 海里界限以内，且这些划界案都遭到了反对。从整体上看，就识别习惯国际法目的而言，国家实践足够广泛和一致，且在这些实践基础上足以推断出法律确信的存在。法院故此也就无须再回答第二个问题。

本案关于习惯国际法的识别和外大陆架问题受到了广泛关注。

案例三　小岛屿国家气候变化相关问题咨询程序

2022 年 12 月，小岛屿国家气候变化与国际法委员会请求国际海洋法法庭就气候变化引发的《联合国海洋法公约》（以下简称《公约》）缔约方海洋环境保护义务发表咨询意见。小岛屿国家气候变化与国际法委员会请求国际海洋法法庭（以下简称法庭）就《公约》缔约国在应对气候变化对海洋环境影响所承担的义务发表咨询意见，具体包括：一是防止、减少和控制与气候变化造成或可能造成的有害影响相关的海洋环境污染的义务，包括由人为温室气体排放到大气中导致的海洋变暖、海平面上升和海洋酸化带来的有害影响；二是与海洋变暖、海平面上升和海洋酸化等气候变化影响相关的保护和保全海洋环境的义务。"小岛屿国家气候变化咨询程序"直指法庭咨询管辖权、《公约》对气候变化的适用性，气候变化法与海洋法的关系，引发了国际法理论与实践界的高度关注与重大辩论。

2023年6月，中国、印度、巴西、欧盟、英国、澳大利亚、新西兰等34个《公约》缔约国以及联合国、非洲联盟等9个国际组织应法庭邀请提交书面意见。2023年9月11日至25日，法庭举行口头程序，听取中国、欧盟、英国、印度等33个《公约》缔约国和非洲联盟、世界自然保护联盟、太平洋共同体等3个国际组织口头陈述。

"小岛屿国家气候变化咨询程序"是我国首次参与国际海洋法法庭口头程序，也是我国继2009年在国际法院参与科索沃咨询意见案口头程序后又一开创性国际司法实践。

第十三章 空间法

【内容提示】

空间法是随着航空技术和空间技术的进步而出现的，是国际法的新分支。事实上，空间法包括了航空法和外层空间法两个不同的法律部门，它们在基本原则和具体制度方面有很大区别。航空法的根本原则是领空主权原则，外空法的根本原则是外空自由原则，根本原则的不同，决定了这两个法律部门的具体制度存在巨大差别，也提醒我们划分空气空间和外层空间界限的重要性。然而遗憾的是，不论是功能主义还是空间主义的划界方法，都未能很好地解决这个问题，尤其是亚轨道飞行活动的出现，更是增加了这个问题的复杂性。

在领空主权原则的基础上，世界各国通过数以千计的双边航空运输协定实现了国际航空运输的正常运行，并且建立了国际民航组织，负责管理国际民用航空活动。当前，航空法已经形成了以1944年《芝加哥公约》为基础的国际民航管理体系、由1963年《东京公约》和一系列航空刑事条约组成的国际航空刑法体系以及以1999年《蒙特利尔公约》为核心的国际航空私法体系。

在空间自由原则的基础上，各国缔结了以1967年《外空条约》为核心的5个外空条约，构成了外层空间法的核心部分，并且建立起了营救制度、责任制度、登记制度和月球制度等具体的空间法律制度。20世纪80年代后，外空法的立法活动进入停滞时期，联合国大会通过了有关利用卫星国际直接电视广播、从外空遥感地球、在外空利用核动力源以及开展外空国际合作等一系列外空活动具体原则的决议，构成了外空"软法"。在此期间，许多国家也制定了本国的外空立法。所有这些法律规范，共同构成了外层空间的法律体系。

第一节 空间的法律地位

在人类发明飞行器之前，空间的法律地位从属于其下的地面。拉丁法谚有云"*Cuius est solum, eius est usque ad coelum et ad inferos*"，其含义是"谁拥有土地，谁就拥有土地的上空"。这条来自罗马私法的格言应用到国际法中，自然地演变为"国家对其领土之上的空间拥有主权"。然而，由于当时人类的空间活动几乎可以忽略不计，所以国际法和各国国内法中并未发展出专门调整人类空间活动的法律规范，因此，空间的法律地位实际上并不明确。

一、空气空间的法律地位

（一）早期航空立法未能确定空气空间的法律地位

1783年，法国人蒙戈尔菲耶兄弟（Joseph-Michel Montgolfier and Jacques-Étienne Montgolfier）发明的热气球在巴黎成功升空。早期的热气球飞行活动推动了法国在19世纪初率先制定了规范热气球飞行活动的国家和地方立法。随着热气球的普遍应用，法国政府又于1889年组织召开了第一次国际航空法会议。在这次会议上，空间自由派和国家主权派就发生了争论。1902年，航空法先驱、法国国际法学家福希耶（Paul Fauchille）在国际法学会的布鲁塞尔年会上提交了一份报告和一份题为《浮空器的法律制度》的公约草案，他认为"因为空气作为一个整体来看毫无疑问不适于占有，所以既不会有所有权，也不会有主权。这样一来，就只剩下空中自由"。[1]在这个时期，空中自由论在学术界占有一定的优势。

1903年，美国人莱特兄弟发明的重于空气的飞机试飞成功，这是现代飞机的雏形。1909年法国人布莱里奥（Louis Blériot）驾驶飞机飞越了英吉利海峡，人们欢呼"英格兰不再是一个岛屿"。1910年法国邀请19个欧洲国家在巴黎召开国际航空会议，会议审议的关键问题是空气空间的法律地位，即各国是否有权阻止外国飞机飞越其领土。与一般预料相反，这次会议并未采纳"空中自由"的学说，当时已经出现了主张国家对其领土上空享有主权的总趋势。[2]会议于当年6月休会，由于对空气空间法律地位的意见分歧以及后来第一次世界大战的爆发，没有签署任何协议。然而，这次会议讨论国际航空法的一些重要概念，例如航空器的国籍、登记和证书、机组人员的执照和日志、航路规则、公共航空运输、禁飞区等，直接影响到了1919年巴黎《关于管理空中航行的公约》。

（二）1919年巴黎《关于管理空中航行的公约》明确了领空主权原则

1899年和1907年两次海牙和平会议相继通过了《禁止从气球或用其他新的类似方法投掷投掷物和爆炸物宣言》和《禁止从气球上投掷投掷物和爆炸物宣言》，然而这两个宣言并未发挥实际作用。在第一次世界大战期间，很少有民用航空器飞行，各种类型的航空器大多被用于多种军事目的，包括轰炸不设防的城市和用机枪扫射行进中的军队。第一次世界大战使世界各国都看到了领空对于国家安全的重要意义，领空主权原则也顺理成章地得到了普遍支持。

1919年巴黎和会通过了《关于管理空中航行的公约》（以下简称《巴黎航空公约》），其第1条第1款规定："缔约各方承认，各国对其领土之上的空气空间享有完全和排

---

[1] Horace B. Jacobini, *A Resume of The International Law of Aviation*, A Master's Thesis, Fort Hays Kansas State College 1947, p.7.

[2] [荷]迪德里克斯·弗斯霍尔：《航空法简介》，赵维田译，中国对外翻译出版公司1987年版，第3页。

他的主权。"1944年《国际民用航空公约》继承了《巴黎航空公约》的此项原则，其第1条"主权"规定："缔约各国承认每一国家对其领土之上的空气空间享有完全的和排他的主权。"至此，领空主权原则成为国际航空法的一项基本原则。

二、外层空间的法律地位

空气空间的概念诞生时，并不存在明确的外部界限。从理论上讲，一国对其领土之上的空气空间的主权可以延伸至无限高度。1957年10月，苏联成功发射人类第一颗人造卫星"斯普特尼克一号"（Sputnik Ⅰ），开启了人类探索外层空间的序幕，空间由此被分为空气空间和外层空间两部分。一般来说，外层空间就是指空气空间之外的整个空间。

与各国对空气空间的法律地位长期出现争议不同的是，联合国大会自1958年起，连续通过了多项有关外层空间的决议，[1]最后于1966年12月通过了《外空条约》，迅速确立了外空自由原则。1967年《外空条约》第1条第2款规定，"所有国家可在平等、不受任何歧视的基础上，根据国际法自由探索和利用外层空间（包括月球和其他天体），自由进入天体的一切区域"；第2条规定，"各国不得通过主权要求、使用或占领等方法，以及其他任何措施，把外层空间（包括月球和其他天体）据为己有"。空间法先驱迪德里克斯·弗斯霍尔教授曾经精辟地指出，"适用于空气空间和外层空间的法律制度之间存在根本性差异：航空法奠基于对主权的考虑，而空间法则完全禁止国家通过任何形式（将外层空间）据为己有"。[2]因此，确定二者的界限具有重要的法律意义。

三、空气空间与外层空间的界限

截至目前，尚无国际社会普遍承认的空气空间和外层空间的正式分界线，亦无区分二者的法律规则，甚至在科学上也不存在普遍接受的区分方法。航空法学家或者空间法学家曾经提出过多种划界的理论主张，[3]联合国外层空间委员会也曾花了数十年讨论外层空间的定义和界限问题，甚至专门成立一个"外层空间定义和划界工作组"，但是并未形成一致性结论。

在外空委多年的讨论中提出的理论和方法可以分为两个流派：功能主义学派和空间主义学派。功能主义学派认为，航空法或空间法的适用应基于有关活动的特征，即决定性因素应该是活动的性质而不是活动的地点，航空法适用于航空活动，空间法适用于外

---

[1] 1961年12月20日联合国大会通过第1721 A和B（XVI）号决议，宣称"外空及各天体可任由各国依国际法规定探测及使用，不得为任何国家所专有"；1963年12月13日，联合国大会通过《各国探索和利用外层空间活动的法律原则宣言》，宣称"各国都可在平等的基础上，根据国际法自由探索和利用外层空间及天体"，"外层空间和天体决不能通过主权要求、使用或占领、或其他任何方法，据为一国所有"。

[2] Isabella H. Diederiks-Verschoor. "Differences Between Air Law and Space Law", *Recueil des Cours*, 172, (1981-Ⅲ), p. 320.

[3] 参见赵维田：《国际航空法》，社会科学文献出版社2000年版，第25页；贺其治、黄惠康主编：《外层空间法》，青岛出版社2000年版，第24—27页。

空活动；而所谓的空间主义者则认为应该建立一条物理分界线，在他们看来，海拔100公里（62英里）左右的冯·卡门线是界定空气空间和外层空间边界的适当标准。冯·卡门线是为了表彰匈牙利裔美国物理学家西奥多·冯·卡门的贡献而用他的名字命名的，他首次计算出在83.6千米（51.9英里）高度附近，由于空气过于稀薄，航空飞行是不可能的。[1]

功能主义学派遇到的主要困难是某个飞行器属于"航空器"还是"航天器"并非总是清楚的。区分二者的方法主要有两种：一种是看该飞行器活动的区域主要是空气空间还是外层空间，这就陷入了循环定义；另一种是看飞行器获取动力的方式，航空器是"任何能够在大气中从空气反作用（而不是空气对地球表面的反作用）获得支持的机器"，航天器是依靠自身携带的燃烧剂和氧化剂工作时产生反推力获得飞行动力的飞行器。这种分类也不能一劳永逸的解决问题，随着技术的进步出现了空天飞机，它兼具航空和航天飞行能力，是集航空器、航天运载工具及航天器于一身的航空航天飞行器，亦可以作为载人航天器。

同样地，空间主义学派也遇到了许多批评。首先，从空气空间到外层空间大气层逐渐变得稀薄，并不存在一条泾渭分明的自然界限；其次，不论是按照航空器的最高飞行高度还是按照人造地球卫星的最低飞行高度来划分，不能获得一条确定的界限，因为这两个高度都会随着技术的变化而变化；最后，由于大气分布的密度不同，冯·卡门线的高度也是变化的。

虽然国际社会长期以来未能对空气空间和外层空间的界限形成一致意见，但是似乎并未影响航空法和外层空间法的发展，不过这种情况在进入21世纪后逐渐发生了变化。近20年来，国际社会开始出现了临近空间活动，例如亚轨道飞行和高空气球，这些活动越来越普遍，在法律上的意义也越来越重要。例如，2021年7月11日，维珍集团董事长理查德·布兰森搭乘自家的团结号航天器到达距离地表85公里高空体验无重力环境；同年7月20日亚马逊公司创始人杰夫·贝佐斯搭乘其太空探索公司蓝色起源的航天器，一度抵达距离地表106公里的高空。当前，如果再不解决空气空间和外层空间的划界问题，不仅会导致各国主权之间的冲突，而且会阻碍临近空间商业活动的发展。

四、临近空间的法律问题

临近空间（near space）又叫作亚轨道空间（suborbital space），是指位于航空活动所使用的空间之上和空间活动使用的空间之下的空间，一般情况下除了发射航天器的火箭会偶尔穿越和极少数国家有试验性航天器飞行之外，该空间很少被人类使用。一种观点认为临近空间的海拔高度为20公里至100公里，另一种观点认为它只涵盖了海拔50公里至120公里的空间。这里的区别是前一种观点认为临近空间包括高空气球和亚轨道飞行器所使用的空间，而后一种观点认为，临近空间与亚轨道空间是同义语，只包括亚轨道飞行所使用的空间。大多数意见认为，高空气球完全符合航空器的定义，从而应当受

---

[1] Tanja Masson-Zwaan & Mahulena Hofmann, *Introduction to Space Law*, 4th ed., Wolters Kluwer, 2019, p. 13.

航空法的调整，也就是说其飞行活动应当属于地面国领空主权的管辖范围。目前引发较多关注的是亚轨道飞行给传统航空法和空间法的二分法带来的挑战。

亚轨道飞行与轨道飞行之间的主要区别在于飞行器的行驶速度。轨道飞行中，航天器必须达到所谓的轨道速度，又叫作第一宇宙速度（7.9千米/秒），使其能够遵循与地球的曲率，从而防止飞船因地球引力而被拉回地球；而亚轨道火箭的飞行速度低于该速度，其飞行轨道与大气层或者地球表面相交而无法完成环绕地球一周的轨道飞行，通常会爬升至约100公里的高度，然后重新进入大气层。亚轨道飞行本身并不是一项新活动，例如，探空火箭用于进行微重力实验，弹道导弹则携带弹头，等等。新鲜的是利用这项技术将付费的个人送入外层空间（还是空气空间）？这些交通工具是火箭还是飞机？它们运载的人是"宇航员"还是飞机上的乘客？应适用哪些法律？关于私人亚轨道飞行的法律问题已经有很多文章，但没有具体的答案。[1]

亚轨道飞行恰好处于空气空间和外层空间的交界处，而且同时使用了这两个空间，再加上空气空间和外层空间的划界问题尚未解决，因此，空间主义的方法在这里是很难实际应用的，而只能适用功能主义的方法，也就是要判断亚轨道飞行属于航空活动还是空间活动。[2]正如我们在上文中提到的那样，航空法以国家对其领土上方空气空间的完全主权为基础，而空间法以空间自由原则为基础，因此，亚轨道飞行归属于哪种法律调整，将会有完全不同的后果。航空法在航空器登记、管辖权、不定期飞行和定期航班的权利、承运人责任、飞机和机组人员的资格认证等方面都已经形成了明确的规定，因此，如果将亚轨道飞行视为航空活动，那么方兴未艾的亚轨道太空旅游将无法开展。然而，另一方面亚轨道飞行并非真正的空间飞行，而且自始就未以真正的空间飞行为目的，因此，亚轨道飞行器也很难被认定为"空间物体"，进而遵守空间法中有关空间物体的登记规则、责任规则，因此，对亚轨道飞行适用空间法也存在一定的困难。

当前，国际法学者提出的解决方式主要有两种：一是修改航空器和空间物体的定义，从而使亚轨道飞行器能够被航空法或者外层空间法所涵盖；二是改变原有的空气空间和外层空间的二分法，将临近空间作为一个独立的空间，并对其法律制度作出特殊规定。对于临近空间的法律地位，国际法学者建议应当参考1982年《联合国海洋法公约》中对海域的划分，有学者主张临近空间的法律地位应当等同于公海，也有学者主张应当等同于专属经济区。当然，持有这两种不同观点的学者，对临近空间的范围也有不同的主张：前者认为临近空间等同于亚轨道空间，范围从海拔50公里至120公里；后者认为临近空间应同时包括高空气球活动的空间，范围从海拔20公里至100公里。

美国是第一个制定亚轨道飞行具体规则的国家。美国的做法是向联邦航空管理局下属的商业航天运输办公室（FAA/AST）授予对该活动的监管和许可权力，采取了"轻触监管"（light touch）法律方法，主要关注公共安全和财产安全。这意味着亚轨道飞行器

---

[1] Tanja Masson-Zwaan & Mahulena Hofmann, *Introduction to Space Law*, 4th edn., Wolters Kluwer, 2019, p. 85.

[2] See Tanja Masson-Zwaan, *Regulation of Sub-orbital Space Tourism in Europe: A Role for EU/EASA?*, 35(3) Air & Space Law 263, 264 (2010).

必须像运载火箭一样获得许可，而不是像飞机一样获得认证。选择这种"轻触"方法是为了让新行业能够起步。美国法律没有定义亚轨道飞行是太空飞行还是其他飞行，它根据有关运输工具的类型进行监管。[1] 我国也已经研发成功了自己的亚轨道飞行器，并于2021年和2022年两次试飞成功，[2] 这标志着我国在亚轨道飞行领域进入国际先进行列。

第二节 国际航空法

一、国际航空法的概念和特征

20世纪初，随着航空器的发明和航空科学技术的发展，形成了国际法的一个新的分支——国际航空法。国际航空法是有关空气空间的法律地位和国际民用航空活动的法律规范的总体。国际航空法是一个综合性的法律部门，一方面，它"微观地提出了整个国际法的所有基本问题：主权、管辖权、领土、国家和其他国际法人的关系、国籍、私法的统一以及冲突法的许多问题，等等";[3] 另一方面，它是国际法和国内法的一个有机组成部分，只是由于其调整对象是航空活动而有别于其他法律，这是认识、理解和适用航空法时不可须臾忘怀的。[4]

（一）航空法具有国际性

航空法的国际性源自航空活动天然的国际性。一方面，航空活动所使用的空气空间没有自然边界，这使航空运输区别于陆运和海运；另一方面，航空运输的高速度和高成本决定了它更适合长距离的国际运输。历史上第一条定期航线就是1919年2月18日在巴黎和伦敦之间开通的国际航线。[5]

（二）航空法是公法和私法的结合

公法和私法之分是民法法系国家法律分类的基础。航空法的另一个特点就是它是一个兼有公法和私法两个部分的法律部门。在公法领域主要解决的是领空主权、国籍、管辖权、航权的交换等问题；在私法领域主要涉及承运人的法律责任问题，此外还有航空器的租赁、商业保险等问题。

（三）航空法只调整民用航空运输活动

1944年《芝加哥公约》第3条规定，该公约"……仅适用于民用航空器，不适用于国家航空器"，"用于军事、海关和警察部门的航空器，应认为是国家航空器"；第89条

---

[1] See Tanja Masson-Zwaan & Mahulena Hofmann, *Introduction to Space Law*, 4th edn., Wolters Kluwerr, 2019, p.87-88.

[2]《我国亚轨道运载器重复使用飞行试验取得圆满成功》，载中国政府网，2024年5月4日最后访问。

[3]［英］彼得·马丁等修订：《肖克罗斯和博蒙特航空法》，徐克继摘译，法律出版社1987年版，第10页。

[4] 赵维田：《国际航空法》，社会科学文献出版社2000年版，第2页。

[5] Pablo Mendes de Leon, *Introduction to Air Law*, 10th edition, Wolters Kluwer, 2017, p.3.

规定"如遇战争，本公约的规定不妨碍受战争影响的任一缔约国的行动自由，无论其为交战国或中立国"。从这两个条款可以看出，航空法只关注民用航空运输活动所产生的法律问题，而有关空战的规则、空中轰炸的规则，则由国际法的其他部门负责调整。

二、国际航空法的历史

（一）国际联盟时期

1.1919年《巴黎航空公约》

1919年巴黎和会召开期间，欧洲和北美出现了一些民用航空运输企业，巴黎至伦敦和巴黎至布鲁塞尔的航线已经开通，两名英国飞行员实现了首次穿越北大西洋的飞行，因此，未来航空业的发展顺理成章地成为和会的一个议题。3月12日和15日，巴黎和会最高理事会（the Supreme Council of the Peace Conference）通过两项决议，授权成立新的航空委员会，[1] 该委员会的任务是为和平时期起草一项国际航空公约。该委员会在1910年巴黎国际航空会议的基础上，用了7个月的时间起草了第一部国际航空公约。1919年10月13日，法国政府邀请38个国家在巴黎奥赛码头法国外交部的时钟厅（Salon del'Horloge）召开会议，共有27个国家签署了《巴黎航空公约》。

1919年《巴黎航空公约》于1922年7月11日生效，该公约在航空法发展中具有开创性地位，它的基本内容在今天依然适用，其重要贡献有两点：一是该公约确立了领空主权原则；二是公约设立了第一个管理空中航行的常设性国际机构"国际空中航行委员会"（the International Commission for Air Navigation，ICAN），它是当今国际民航组织的前身。

2.1929年《华沙公约》

1923年8月17日，法国政府建议在当年11月召开外交会议，缔结一项有关国际航空运输承运人责任的国际公约。1925年10月27日至11月6日，第一届国际航空私法会议在巴黎举行，通过了一份航空运输责任协定的初步草案；会议还决定成立国际航空法专家技术委员会（Technique d'Experts Juridiques Aériens，CITEJA），继续负责公约的起草工作。1929年10月4日至12日，来自33个国家的66名代表参加了在波兰华沙举行的第二次国际航空私法会议，美国仅派出了非官方观察员参加。

1929年10月12日，华沙会议通过了《统一国际航空运输某些规则的公约》（以下简称《华沙公约》）。《华沙公约》的主要宗旨之一，是牢固确立并具体规定航空承运人对造成旅客、行李和货物损失以及延误所引起的损害的责任原则。它是国际层面上第一个调整航空运输的综合性法律框架，对航空部门的发展发挥了至关重要的支持作用，确立了构成当代航空法基础的一系列原则，其中大部分至今仍然有效。

（二）1944年芝加哥会议

1944年11月1日至12月7日，应美利坚合众国政府的邀请，54个国家的代表在

---

[1] 新的航空委员会由比利时、巴西、英国、古巴、法国、希腊、意大利、日本、葡萄牙、罗马尼亚、塞尔维亚、克罗地亚和斯洛文尼亚王国和美国等国家的代表组成。

芝加哥召开会议，以便"为随即建立临时性的世界飞行航路和业务作出安排"，并"成立一个过渡性的理事会，以收集、记录和研究有关国际航空的数据，并提出有关改进的建议"。该次会议还被邀请"就通过一项新的航空公约需要遵循的原则和方法开展讨论"。会议通过了下列文件：（1）《国际民用航空临时协定》，设立了临时国际民用航空组织（PICAO），在主要公约生效之前起到过渡作用；（2）主要公约《国际民用航空公约》（以下简称《芝加哥公约》）；（3）《国际航班过境协定》（以下简称两项自由协定）；（4）《国际航空运输协定》（以下简称五项自由协定）；（5）主要公约的 12 个技术附件草案，为国际民用航空的技术和运行方面制定"标准和建议措施"；（6）推荐的《双边协定》标准格式，其内容是为了实现国际定期航班运输而交换航权，该协议纳入了《最后议定书》。[1]

1944 年《芝加哥公约》是规范各国在国际民用航空领域的权利和义务的基本法律文书，它明确了国际航空法的基本原则和主要制度，为国际民用航空活动提供了法律框架，是其它双边和区域航空协定的基础，被称为"国际航空宪章"。该公约第 2 章规定了国际民用航空组织的章程，该组织是联合国负责国际民用航空的专门机构，在国际民航运营中居于枢纽地位。

（三）国际民航组织时期

1947 年 4 月 4 日国际民航组织正式成立，5 月 6 日第一次国际民航组织大会召开，宣告国际民航组织正式开始运作。自此以后，国际民航组织主持了民用航空领域内所有新条约的起草和旧条约的修订工作。在国际民航组织的勤奋工作下，国际航空法逐渐形成了以《芝加哥公约》为基础，国际航空私法和国际航空刑法为支干的国际航空法体系。

1.《芝加哥公约》的修订和发展

1947 年 4 月 4 日《芝加哥公约》生效之后，一共经历了十余次修正，目前已然生效的修正案有 10 个。这些修正案中大部分是程序性或者事务性的，而涉及缔约国实体权利和义务的主要有两条：一是 1984 年 5 月 10 日，大会通过的关于新增第 3 条分条的修正案，该修正案于 1998 年 10 月 1 日对接受修正案的国家生效；二是 1980 年 10 月 6 日大会第 23 届会议上通过的新增第 83 条分条的修正案，该修正案已于 1997 年 6 月 20 日对批准的国家生效。

《芝加哥公约》的另一个发展是其技术性附件"国际标准和建议措施"的不断更新和增加。与 1919 年《巴黎公约》不同，1944 年《芝加哥公约》不包括技术性规则。芝加哥会议《最后文件》中包括了 12 个《技术性附件草案》。经过多次的增删和修订，目前《芝加哥公约》共有 19 个附件：附件 1《人员执照的颁发》；附件 2《空中规则》；附件 3《国际空中航行气象服务》；附件 4《航图》；附件 5《空中和地面运行中所使用的计量单位》；附件 6《航空器的运行》；附件 7《航空器国籍和登记标志》；附件 8《航空器的适航性》；附件 9《简化手续》；附件 10《航空电信》；附件 11《空中交通服务》；附件

---

[1] Paul Stephen Dempsey & Ram S. Jakhu (ed.), *Routledge Handbook of Public Aviation Law*, Routledge, 2017, p. 9–10.

12《搜索与救援》；附件 13《航空事故和事故征候调查》；附件 14《机场》；附件 15《航空情报服务》；附件 16《环境保护》；附件 17《航空安保》；附件 18《危险物品的安全航空运输》；附件 19《安全管理》。

2. 国际航空私法的发展

第二次世界大战后国际民航业务发展迅猛，越来越多的国家成为 1929 年《华沙公约》的缔约国，公约实施中遇到的争议和问题也越来越多，例如，承运人责任限额的问题就曾长期困扰着《华沙公约》。国际民航组织成立后，先后组织对 1929 年《华沙公约》进行了多次修订，主要包括：（1）1955 年《海牙议定书》；（2）1961 年《瓜达拉哈拉公约》；（3）1971 年《危地马拉城议定书》；（4）1975 年四个蒙特利尔《修订议定书》。此外，作为承运人的航空公司也与美国民航当局于 1966 年缔结了"蒙特利尔承运人间协议"，1995 年航空公司在国际航空运输协会（IATA）的主持下制定了《IATA 承运人间协议》。

1929 年《华沙公约》及其 9 个议定书和修补文件，在适用中出现了很大困难，经常导致同样情况的旅客所获赔偿差异巨大的情况。1995 年国际民航组织理事会决定起草一部新的公约取代上述所有文件。1999 年 5 月 10 日至 28 日在蒙特利尔召开的国际航空法会议通过了新的《统一国际航空运输某些规则的公约》（以下简称 1999 年《蒙特利尔公约》），该公约已于 2003 年 11 月 4 日生效，2005 年 7 月 31 日对我国生效，截至 2024 年 3 月 1 日有 139 个当事国。根据 1999 年《蒙特利尔公约》第 55 条的规定，对于在当事国之间或者当事国领土内履行的国际航空运输，该公约优先于华沙体制下的任何规则。

3. 国际航空刑法的形成和发展

1944 年《芝加哥公约》通过后，国家对其领土上空的空气空间拥有主权的原则获得了牢固树立，然而，航空器的法律地位问题仍然未能获得解决。航空器的法律地位，主要是指航空器升空后对其上或其内的各种行为，例如刑事犯罪、危及航行安全和机上正常秩序的行为以及生老病死等民事事实等由谁来管辖并适用何国法律的问题。[1]

国际民航组织理事会下设的法律委员会从 1950 年起就把"航空器的法律地位"列入研究课题。从 1956 年至 1962 年，法律委员会先后起草了三个案文，并最终于 1963 年 8 月 20 日至 9 月 14 日在东京召开的国际航空法大会上通过了《关于在航空器内犯罪和其他某些行为的公约》（以下简称《东京公约》）。随着时间的推移，人们认识到恐怖分子或其他非法干扰者对国际民用航空安全的严重威胁。民用航空背景下的"安全"概念被发展并定义为"旨在保护民用航空免受非法干扰行为的措施和人力、物力的组合"。因此，国际民用航空组织（ICAO）在《东京公约》的基础上制定了一系列条约和其他文书来打击恐怖主义和其他非法干扰行为。[2] 国际民航组织主持制定的刑事性反恐条约如下：（1）1970 年 12 月 16 日在海牙签署的《制止非法劫持航空器公约》（《海牙公

---

[1] 赵维田：《国际航空法》，社会科学文献出版社 2000 年版，第 419 页。

[2] Paul Stephen Dempsey & Ram S. Jakhu ed., *Routledge Handbook of Public Aviation Law*, Routledge, 2017, p. 137.

约》);(2)1971年9月23日在蒙特利尔签署的《制止危害民用航空安全的非法行为公约》(《蒙特利尔公约》);(3)1988年2月24日在蒙特利尔签署《制止在用于国际民用航空机场发生非法暴力行为以补充1971年9月23日订于蒙特利尔的〈制止危害民用航空安全的非法行为的公约〉的议定书》(1988年《蒙特利尔议定书》或《机场议定书》);(4)1991年3月1日在蒙特利尔签署的《关于注标塑料炸药以便探测的公约》(《MEX公约》);(5)2010年9月10日在北京签署的《制止与国际民用航空有关的非法行为的公约》(《北京公约》);(6)2010年9月10日在北京签署的《制止非法劫持航空器公约的补充议定书》(《北京议定书》);(7)2014年4月4日在蒙特利尔签署的《修正〈关于航空器上犯罪和某些其他行为的公约〉的议定书》(2014年《蒙特利尔议定书》)。

三、国际航空运输管理法律制度

国际航空运输是指经过一个以上国家领土之上的空气空间,以航空器运送旅客、行李、货物或邮件的公共航空运输。[1]国际航空运输需要使用主权国家的领土之上的空气空间(领空),因此需要获得有关国家的同意。为了"使国际民用航空按照安全和有秩序的方式发展",1944年《芝加哥公约》不仅制定了一系列的基本原则和制度,而且,成立了国际民航组织作为国际航空运输的主管国际组织。

(一)基本原则

1. 领空主权原则

《芝加哥公约》第1条规定:"各缔约国承认每一国家对其领土之上的空域具有完全和排他的主权。"领空主权原则已经成为习惯国际法的一项原则,即使对《芝加哥公约》的非缔约国亦有拘束力。根据该公约第2条的规定,一国领土包括其陆地领土和领水。值得注意的是,1919年《巴黎公约》规定的其他缔约国的航空器可以无害通过一缔约国领空的权利,未能得到《芝加哥公约》的承认,这显然应当归因于第二次世界大战的影响。

2. 区分不定期航班和定期航班的原则

虽然《芝加哥公约》并未承认外国民用航空器的无害通过权,但是它仍然尽力保留了最低限度的空中自由。该公约第5条和第6条分别对不定期航班和定期航班在缔约国领土上空飞行的情况作出了规定。对于不定期航班,第5条规定各缔约国同意其他缔约国的民用航空器,享有"不定期飞行的权利",条件是应当遵守各缔约国认为需要的规章、条件或者限制;对于定期航班,第6条则完全没有授予这种权利,而是规定"除非经一缔约国特准或其他许可并遵照此项特准或许可的条件,任何定期国际航班不得在该国领土上空飞行或进入该国领土"。

3. 航空器及其国籍原则

1919年《巴黎公约》包括了一个普遍接受的航空器的定义:"航空器是大气层中靠空气反作用力作支撑的任何器械。"1967年,国际民航组织为了排除气垫船修订了上述

---

[1] 邵津主编:《国际法》,北京大学出版社2014年版,第179页。

定义,新定义为"航空器是大气中任何靠空气反作用力而不是靠空气对地面(水面)反作用力作支撑的任何器械"。这是一个非常宽泛的定义,它既包括了重于空气的各种固定翼飞机、旋翼飞机、滑翔机,也包括了轻于空气的热气球、轻气球。

按照《芝加哥公约》设想,所有从事国际运输的航空器都应当具有一国的国籍,该公约第17条规定:"航空器具有其登记的国家的国籍。"与此同时,该公约禁止双重登记,但是允许转移登记。国籍原则借鉴了海洋法中有关船舶国籍的做法,已经成为国际航空法的另一个基本原则,《芝加哥公约》的许多规则和制度都是建立在这个概念的基础之上。例如,刚刚提到了第5条和第6条关于不定期航班和定期航班的规定,都是指某一缔约国的航空器而言的,如果离开了航空器的国籍,这些规定就会变得难以理解和无法适用。

无论是航空器的国籍还是船舶的国籍,都是对自然人国籍的一种法律上的模仿和拟制。就像一国有权对其国民行使保护和管辖那样,一国也有权对其航空器行使保护和管辖的权力。随着航空法的发展,这种权利从航空器本身逐步扩展到了其上的人和事。例如,1963年《东京公约》第3条第1款规定:"航空器登记国有权对在该航空器内的犯罪和所犯危害行为行使管辖权。"

(二)双边航空运输协定

1. 空中自由和航权

《芝加哥公约》重申了1919年《巴黎航空公约》中确立的领空主权原则,从根本上否定了空中自由原则。1944年芝加哥会议上,美国代表提出的关于多边交换5种"航行自由"或"航权"的建议也未获采纳,反而要求定期航班必须经过缔约国的"特别许可",这样一来,开通国际航线所必需的航权问题就未能得到解决。为此,芝加哥会议还通过了《国际航班过境协定》和《国际航空运输协定》,分别规定了2项自由和5项自由,但是因为缔约国数目始终不足,未能实现通过多边协定一揽子解决航权授予问题。

所谓航权是指一国民用航空器出入、经停另一国土,并做上下旅客、装卸货物或者邮件的商业活动的权利。[1] 航权本质上是一种市场准入权,也就是说一国的航空公司要想运营本国与另一国之间的航线,必须从另一国获得"航权"。1944年《国际航班过境协定》被称为"两大自由协定",它规定了第一、第二航权;1944年《国际航空运输协定》被称为"五大自由协定",它同时规定了第一至第五航权。根据这两份协定,第一航权是指不降停而飞越他国领土的权利;第二航权是指在他国领土内进行非运输业务性降停的权利;第三航权是在他国领土内卸下来自航空器所属国领土的客、货、邮的权利;第四航权是指在他国领土内装载前往航空器所属国领土的客、货、邮的权利;第五航权是指在他国领土内装卸前往或来自任何其他缔约国领土的客、货、邮的权利。严格来说,第一和第二航权并不涉及授权国的航空运输市场,因此,只有第三、第四和第五航权才是真正的市场运营权。

随着国际航空市场开放程度的提高,又出现了第六至第九航权的说法。第六航权是

---

[1] 赵维田:《国际航空法》,社会科学文献出版社2000年版,第98页。

指在两个他国领土之间运载客、货、邮的权利，中途经停航空器所属国；第七航权是指在两个他国之间运载客、货、邮的权利，不需要与第三和第四航权连接；第八航权是指在他国领土内两地之间运载客、货、邮的权利，需要与第三和第四航权连接；第九航权是指在他国领土内两地之间运载客、货、邮的权利，不需要与第三和第四航权连接（即运营一条他国境内的航线）。[1]

2. 百慕大模式

1947年国际民航组织正式成立后，仍然多次尝试多边地解决国际航班的权利问题，也未能获得成功。通过双边协定实现国际航空运输，已经成为最现实的选择。1944年芝加哥会议的最后文件中，包括了一个"临时航路协定的标准格式"，被称为"芝加哥格式"。1944年芝加哥会议结束后，包括英美在内的很多国家签署了"芝加哥格式"双边协定，然而，"百慕大模式"出现后，"芝加哥格式"被迅速取代。

1946年2月11日，英美两国经过艰苦的谈判，在百慕大签署了《英国政府和美国政府关于其各自领土之间的航空服务协定》（以下简称《百慕大协定》）。《百慕大协定》是妥协的产物，英国放弃了运力由双方政府事先确定的原则，基本上接受了美国关于运力由航空公司按照市场需求自行决定，双方政府可进行"事后检查"的主张；美国政府放弃了价格由市场竞争决定的主张，基本接受了英国关于价格由国际航协（IATA）统一确定的建议。当然这只是对《百慕大协定》实质的简要描述，实际的协定条款则要更为含糊。[2]

由于欧洲和北美之间的大西洋航线在当时的国际航运中具有举足轻重的地位，以及美国和英国在战后初期拥有很高的国际声望，《百慕大协定》得到了许多国家的效仿，再加上英美在签署协定时相约不与第三国签署任何不同于该协定条款的双边协定，这样"百慕大模式"就作为一种双边航空协定的标准模式在全球流行开来。事实上，1980年我国政府与美国政府签署的《民用航空运输协定》也是采用的"百慕大模式"。

目前，世界各国大约缔结了3000多个双边航空运输协定，国际航空运输就是由这3000多个协定编织而成的复杂网络来管理的。虽然近期逐渐出现了一些区域性多边协定（又叫复边协定），但是总体来说在国际航空运输中发挥主要作用的还是双边协定。

3. 开放天空协定

1992年美国交通部（DoT）提出"开放天空"政策，这个概念是指国际航空服务运营的一种自由方法。"开放天空"更像是市场营销术语而不是法律概念，因此，"开放天空"协定的缔约方必须把这种政策转化为法律规则。一般而言，"开放天空"协定应当具备以下要素：（1）两国航空公司享有在缔约双方国家的任何地点之间提供航空运输服务的自由，或者经由航空公司的母国提供所谓"第六自由"的运营，包括到中间点和延远点，但须遵守第三国的批准，并受到海关、技术、运营或环境的限制；（2）指定多家

---

[1] See Pablo Mendes de Leon, *Introduction to Air Law*, 10th edition, Wolters Kluwer, 2017, p. 61-62; 赵维田：《国际航空法》，社会科学文献出版社2000年版，第35—38页。

[2] 参见赵维田：《国际航空法》，社会科学文献出版社2000年版，第107页。

航空公司；（3）不对运载量作出限制；（4）在所有货物运输和例外情况下的旅客运输中，允许"第七自由"；（5）无限制的包机条款；（6）受到竞争主管部门的干预，目的是防止垄断、掠夺性定价和由于政府补贴而人为压低价格，定价自由；（7）促进包机、货运领域和全球分销系统(GDS)的自由化；（8）在位于另一方领土内的机场提供支持服务。行使上述权利自然受到国家和地方有关安全、海关、安保和环境的规则的限制，而且，槽口的不足也会给行使航权带来限制。[1]

"开放天空"协定的出现，标志着国际航空运输从传统的双边航权交换模式向以市场竞争机制为核心的模式的转变。美国已经与世界上100多个国家和地区实现了"开放天空"政策。除了双边"开放天空"协定外，美国达成了两项多边协定：（1）2001年与新西兰、新加坡、文莱和智利签署了《国际航空运输自由化多边协议》(MALIAT)，后来又有萨摩亚、汤加和蒙古加入；（2）2007年与欧洲共同体及其27个成员国签订的《航空运输协定》。

（三）国际民用航空组织

国际民航组织成立于1947年4月4日，由大会、理事会和其他必要的各种机构组成。其总部位于加拿大蒙特利尔，目前有193个成员国，与联合国成员国的数目相同。国际民用航空组织的宗旨和目的在于发展国际航行的原则和技术，并促进国际航空运输的规划和发展。

1. 大会

大会由所有缔约国的代表组成，每3年至少召开一次，由理事会负责召集，或者经不少于1/5的缔约国要求，也可以随时举行大会特别会议。每个缔约国在大会有一票的表决权，大会会议必须有过半数的缔约国构成法定人数，除《芝加哥公约》另有规定外，大会决议应由所投票数的过半数通过。《芝加哥公约》第49条概括了大会的权力和职责，其中最主要的是选举参加理事会的缔约国，以及审议理事会报告、议决和支配国际民航组织的预算。

2. 理事会

理事会是国际民航组织的常设机构，由大会选出的36个成员国代表组成。2016年10月大会通过一项修正案，用40个缔约国取代36个缔约国，目前仍未生效。理事会设主席1人，负责召集理事会、航空运输委员会及航行委员会的会议，并代表理事会。《芝加哥公约》第54条"理事会必须履行的职责"和第55条"理事会可以行使的职能"赋予了理事会很大的职权，这些职权是其他国际组织的执行机关所没有的，这些职权不仅包括了广泛的行政职能，还有准立法和准司法职能。

理事会的准立法职能是指按照《芝加哥公约》第6章的规定，"通过国际标准及建议措施；并为便利起见，将此种标准和措施称为本公约的附件，并将已采取的行动通知所有缔约国"的权力。《芝加哥公约》要求缔约各国在关于航空器、人员、航路及各种辅助服务的规章、标准、程序及工作组织方面，采用国际标准和程序，并为此授权国际

---

[1] See Pablo Mendes de Leon, *Introduction to Air Law*, 10th edition, Wolters Kluwer, 2017, p. 72-73.

民航组织制定国际标准和建议措施。表面上这些国际标准和建议措施只有建议的作用，任何国家在通知国际民航组织后，可以背离国际标准和程序，但是，由于航空运输对于安全的严格要求和统一国际标准的迫切需要，很少出现缔约国背离国际标准和建议措施的情况，因此，理事会也就获得了一种事实上的立法权。

准司法权是指《芝加哥公约》第18章"争端和违约"赋予理事会的争端解决职能。《芝加哥公约》为理事会设计了一个完备的争端解决程序。首先，如两个或两个以上缔约国发生争议而不能协商解决，经任何与争议有关的一国申请，应由理事会裁决。其次，任何缔约国对理事会的裁决可以向争端他方同意的特设仲裁庭或向国际法院上诉。再次，国际法院和仲裁庭的裁决，应为最终的裁决并具有约束力。复次，如理事会认为一缔约国的空运企业未遵守根据前条所作的最终裁决时，即不准该空运企业在其领土之上的空气空间飞行。最后，大会对违反第18章规定的任何缔约国，应暂停其在大会和理事会的表决权。

根据《芝加哥公约》的规定，理事会设立各种专门委员会协助理事会开展工作，其中最为主要的委员会有：（1）空中航行委员会。主要职责为考虑修改公约的附件，并向委员会提出建议。（2）航空运输委员会。主要职责是就航空运输的有关问题，如航空运输的定义、标准和建议措施等，向委员会提出建议。（3）法律委员会。法律委员会的前身是1925年在巴黎召开的第一届航空私法国际会议创建的国际航空法律专家技术委员会（CITEJA），其主要职责是研究并起草国际航空公约的草案，由理事会召集缔约国代表参加的航空法大会对草案进行讨论、修改和签署。

3. 秘书处

《芝加哥公约》授权理事会任命秘书长，在秘书长的领导下设立秘书处作为国际民航组织的日常行政机关。秘书长向理事会负责，执行理事会委派的职责，并定期向理事会报告秘书处各项活动的进展。秘书处由5个主要部门组成：空中航行局、航空运输局、能力发展和实施局、法律事务与对外关系局以及行政服务局。此外，秘书处还设立了7个地区办事处：（1）曼谷：亚太地区办事处；（2）开罗：中东办事处；（3）达喀尔：西非和中非办事处；（4）利马：南美办事处；（5）墨西哥：北美、中美洲和加勒比地区办事处；（6）内罗毕：东部和南部非洲办事处；（7）巴黎：欧洲和北大西洋办事处。

四、国际航空运输承运人责任制度

1999年《蒙特利尔公约》是华沙体制的继承者。《蒙特利尔公约》的起草者尽量使用了与华沙体制相同或者相似的术语，从而保持了法律的连续性，而且确保了过去70年积累的大量判例能够继续发挥作用。与此同时，1999年《蒙特利尔公约》又是对华沙体制全面和彻底的更新，从运输凭证、归责原则、责任和限额制度，到管辖法院都有较大的改动。

（一）适用范围

1999年《蒙特利尔公约》适用于"所有以航空器运送人员、行李或者货物而收取报酬的国际运输"，以及"航空运输企业以航空器履行的免费运输"，也就是说适用于各种

"商业性的"国际运输。而且,该公约提供了一个对"国际运输"的定义:"根据当事人的约定,不论在运输中有无间断或者转运,其出发地点和目的地点是在两个当事国的领土内,或者在一个当事国的领土内,而在另一国的领土内有一个约定的经停地点的任何运输,即使该国为非当事国",与此同时,"在一个当事国的领土内两个地点之间的运输,而在另一国的领土内没有约定的经停地点的,不是国际运输"。

(二)运输凭证

1999年《蒙特利尔公约》实质性地改变了对航空旅行文件的形式和内容的要求,电子客票和电子货运单成为航空业的标准凭证形式。就旅客运输而言,该公约第3条第1款规定,承运人"应当出具个人的或者集体的运输凭证,该项凭证应当载明:(一)对出发地点和目的地点的标示;(二)出发地点和目的地点是在一个当事国的领土内,而在另一国的领土内有一个或者几个约定的经停地点的,至少对其中一个此种经停地点的标示";对于货物运输而言,该公约第4条和第5条要求,承运人"应当出具航空货运单"或者"货物收据","航空货运单或者货物收据应当包括:(1)对出发地点和目的地点的标示;(2)出发地点和目的地点是在一个当事国的领土内,而在另一国的领土内有一个或者几个约定的经停地点的,至少对其中一个此种经停地点的标示;以及(3)对货物重量的标示"。

(三)承运人责任的范围

1. 旅客死亡和伤害

对于因旅客死亡或者身体伤害而产生的损失,只要造成死亡或者伤害的事故是在航空器上或者在上、下航空器的任何操作过程中发生的,承运人就应当承担责任。

2. 行李损失

对于因托运行李毁灭、遗失或者损坏而产生的损失,只要造成毁灭、遗失或者损坏的事件是在航空器上或者在托运行李处于承运人掌管之下的任何期间内发生的,承运人就应当承担责任。但是,行李损失是由于行李的固有缺陷、质量或者瑕疵造成的,在此范围内承运人不承担责任。关于非托运行李,包括个人物件,承运人对因其过错或者其受雇人或者代理人的过错造成的损失承担责任。

3. 货物损失

对于因货物毁灭、遗失或者损坏而产生的损失,只要造成损失的事件是在航空运输期间发生的,承运人就应当承担责任。但是,承运人证明货物的毁灭、遗失或者损坏是由于下列一个或者几个原因造成的,在此范围内承运人不承担责任:(1)货物的固有缺陷、质量或者瑕疵;(2)承运人或者其受雇人、代理人以外的人包装货物的,货物包装不良;(3)战争行为或者武装冲突;(4)公共当局实施的与货物入境、出境或者过境有关的行为。

4. 延误

旅客、行李或者货物在航空运输中因延误引起的损失,承运人应当承担责任。但是,承运人证明本人及其受雇人和代理人为了避免损失的发生,已经采取一切可合理要求的措施或者不可能采取此种措施的,承运人不对因延误引起的损失承担责任。

（四）承运人责任的限制

1. 免责

经承运人证明，损失是由索赔人或者索赔人从其取得权利的人的过失或者其他不当作为、不作为造成或者促成的，应当根据造成或者促成此种损失的过失或者其他不当作为、不作为的程度，相应全部或者部分免除承运人对索赔人的责任。旅客以外的其他人就旅客死亡或者伤害提出赔偿请求的，经承运人证明，损失是旅客本人的过失或者其他不当作为、不作为造成或者促成的，同样应当根据造成或者促成此种损失的过失或者其他不当作为、不作为的程度，相应全部或者部分免除承运人的责任。

2. 责任限额

对于旅客死亡或者伤害的赔偿，每名旅客不超100000元特别提款权的损害赔偿，承运人不得免除或者限制其责任。每名旅客超过100000元特别提款权的部分，承运人证明有下列情形的，不应当承担责任：（1）损失不是由于承运人或者其受雇人、代理人的过失或者其他不当作为、不作为造成的；或者（2）损失完全是由第三人的过失或者其他不当作为、不作为造成的。

对于旅客因延误造成损失的，承运人对每名旅客的责任以4150元特别提款权为限。对于旅客的行李损失，一般情况下承运人的责任以每名旅客1000元特别提款权为限。对于货物损失，承运人的责任以每公斤17元特别提款权为限，除非托运人在向承运人交运包件时，特别声明在目的地点交付时的利益，并在必要时支付附加费。

（五）诉讼管辖权

按照1999年《蒙特利尔公约》第53条第1款的规定，损害赔偿诉讼必须在一个当事国的领土内，由原告选择，向承运人住所地、主要营业地或者订立合同的营业地的法院，或者向目的地点的法院提起。这是1929年《华沙公约》已经承认的4种管辖权，此外，1999年《蒙特利尔公约》还承认了所谓"第五管辖权"。根据第53条第2款，"第五管辖权"只适用于因旅客死亡或者伤害而产生的损失，此时的诉讼可以向上述的法院之一提起，或者在这样一个当事国领土内提起，即"在发生事故时旅客的主要且永久居所在该国领土内，并且承运人使用自己的航空器或者根据商务协议使用另一承运人的航空器经营到达该国领土或者从该国领土始发的旅客航空运输业务，并且在该领土内该承运人通过其本人或者与其有商务协议的另一承运人租赁或者所有的处所从事其旅客航空运输经营"。此外，诉讼程序适用案件受理法院的法律。

五、国际航空刑事责任制度

航空刑法是航空法与国际刑法的交叉领域，航空刑法在国际刑法的发展过程中占有重要的地位，尤其是航空刑法的管辖权体系、或起诉或引渡原则，以及国际航空刑事条约的主要条款设计，都对其他打击跨国犯罪的国际条约产生了重要影响。与此同时，航空刑法也是国际反恐怖主义条约体系的组成部分。[1]

---

[1] 联合国反恐怖主义办公室列举了19份制止恐怖行为的国际法律文书，7份航空刑事条约均在其中。

(一)危害国际航空安全的犯罪

1. 普通罪行和危害行为

1963年《东京条约》第1条第1款规定:"本公约适用于:(一)违反刑法的罪行;(二)危害或者能危害航空器或其所载人员或财产安全,或危害航空器上的良好秩序和纪律的行为,无论是否构成犯罪行为。"1963年《东京条约》是国际航空刑法的基础,创制这个条约是为了解决航空器登记国对航空器内的犯罪和所犯危害行为的管辖权问题,所以它适用范围非常广泛,涵盖了有管辖权的国家的刑法上的所有犯罪。

此外,根据《东京公约》第1条第2款和第3款的规定,上述犯罪和危害航行安全的行为,应当发生在航空器"飞行中",而飞行中是指"航空器从其开动马力起飞到着陆冲程完毕这一时间";而2014年《蒙特利尔议定书》第2条将飞行中的定义修改为"一架航空器在完成登机后其所有外部舱门均已关闭时起,直至其任一此种舱门为下机目的开启时止,其间的任何时候均被视为飞行中"。

2. 恐怖主义罪行

当前,国际航空刑法包含的恐怖主义罪行可以分为:

(1)1970年《海牙公约》和2010年《北京议定书》所规定的劫机犯罪。《海牙公约》规定飞行中航空器内任何人"使用暴力或暴力威胁或任何其他形式恐吓非法劫持或控制该航空器行为"或此种企图为犯罪;《北京议定书》扩大了《海牙公约》的范围以涵盖不同形式的劫持航空器行为,包括通过现代技术手段实施的劫机行为,并且增加了关于威胁或共谋实施犯罪的条款。

(2)1971年《蒙特利尔公约》、1988年《机场议定书》和2010年《北京公约》涵盖了劫机行为之外的范围广泛的危害民用航空安全的恐怖主义罪行。

首先,1971年《蒙特利尔公约》规定任何人如果故意非法实施下述行为即为犯罪:一是对飞行中航空器内的人实施暴力行为,如该行为可能危及该航空器的安全;二是在航空器中放置爆炸装置;三是企图犯上述罪行;四是成为实施或企图犯此种罪行的人的共犯。

其次,《机场议定书》扩展了《蒙特利尔公约》的范围,使之包括服务国际民用航空的机场内的恐怖主义行为。

最后,《北京公约》取代了1971年《蒙特利尔公约》和《机场议定书》,它在上述两个公约的基础上又增加了新的罪名:一是利用民用航空器作为武器造成死亡、人身伤害或破坏的行为属犯罪;二是利用民用航空器释放生物武器、化学武器和核武器或类似物质造成死亡、人身伤害或破坏的行为,或使用此类物质攻击民用航空器的行为属犯罪;三是非法运输生物武器、化学武器和核武器或特定相关材料的行为属犯罪;四是对空中航行设施的网络攻击构成犯罪;五是当情况显示作出的威胁可信时,威胁实施犯罪行为本身可构成犯罪;六是共谋实施犯罪行为或等效行为应受到处罚。

(二)航空犯罪的管辖权

从1963年《东京公约》至2014年《蒙特利尔议定书》,每个条约都包含了一个管辖权条款,航空刑事条约的管辖权条款经历了一个从无到有,由简至繁的过程。以管辖权条款最为完备的 2010 年《北京公约》为例，国际航空刑法的管辖权类型主要有：（1）属地管辖权，即犯罪是在该国领土内实施的；（2）航空器登记国管辖权，即犯罪是针对在该国登记的航空器，或在该航空器内实施的；（3）降落地国管辖权，即在其内实施犯罪的航空器在该国降落时被指控的罪犯仍在该航空器内的；（4）主要营业地管辖权，即犯罪是针对租来时不带机组的航空器，或是在该航空器内实施的，而承租人的主要营业地，或如承租人没有这种营业地而其永久居所，是在该国的；（5）主动的国籍管辖权，即犯罪是由该国国民实施的；（6）被动的国籍管辖权，即犯罪是针对该国国民实施的；（7）无国籍人的惯常居所管辖权。犯罪是由其惯常居所在该国境内的无国籍人实施的。

此外，所有的航空刑事公约均不排斥缔约国根据本国法行使任何刑事管辖权。

第三节 外层空间法

一、外层空间法的概念

外层空间法，简称空间法或者外空法，是有关外层空间的法律地位以及各国探索和利用外层空间活动的法律。[1] 外层空间法诞生的时候，曾经出现许多名称，例如，"宇宙航行法"（astronautical law）、"行星际法"（interplanetary law）、"星际法"（interstellar law）、"外星法"（extraterrestrial law）、"外星财产法"（law of extraterrestrial possessions）、"卫星法"（satellite law），最后定名为是"空间法"（space law）和"外层空间法"（outer space law）。苏联和东欧国家的作品中使用最多是"空间法"或者"国际空间法"（international space law），西方国家主要使用"空间法"或者"外层空间法"，而我国学术界使用较多的是"外层空间法"和"空间法"，航天业务部门和立法机关似乎更喜欢使用"航天法"。

二、外层空间法的形成和发展

在苏联成功发射人造卫星之后，联合国立即认识到这个问题的重要性和迫切性。1958 年 12 月 18 日，联合国大会通过第 1348（13）号决议"外空之和平使用问题"，宣布"确认人类对于外空祸福与共，而共同之目的则在使外空仅用于和平之途"，并设立了"外空和平使用问题专设委员会"。1959 年 12 月 12 日，大会通过决议将上述专设委员会改为常设的"和平利用外层空间委员会"（以下简称外空委），成为联合国负责外空事务的专门机构。

外空委的任务是审查和平利用外层空间的国际合作，研究联合国可以开展的与空间有关的活动，鼓励空间研究计划，并研究探索外层空间所产生的法律问题。自从成立之

---

[1] 周忠海主编：《国际法》，中国政法大学出版社 2017 年版，第 230 页。

后，外空委就成为制定外层空间法的国际论坛。1961年，外空委设立了两个附属机构：科学和技术小组委员会和法律小组委员会，其中法律小组委员会在外空条约的起草中发挥了重要作用。

（一）外空条约体系形成时期：20世纪60—70年代

1963年12月13日，联合国大会第1962（XVIII）号决议通过了《各国探索和利用外层空间活动的法律原则宣言》（以下简称《法律原则宣言》）。《法律原则宣言》宣告了9项各国在探索和利用外层空间活动时应当遵守的原则，不仅成为以后起草外空条约的基础，而且这些原则本身被认为已经成为习惯国际法。[1]

1966年12月19日，联合国大会通过《关于各国探索和利用包括月球和其他天体在内外层空间活动的原则条约》（以下简称《外空条约》），于1967年1月27日开放签署，并于1967年10月10日生效。《外空条约》被称为《空间法大宪章》（the Magna Carta of Space Law），这不仅是因为《外空条约》在国际社会中得到普遍接受，[2] 更是因为它是整个外空条约体系的基石，其他所有主要空间条约都是它某个条款或者原则的具体化。

在1967年《外空条约》生效后的12年里，联合国又陆续缔结了四项主要空间条约。1967年1月27日，也就是《外空条约》开放签署的当天，美国"阿波罗1号"（Apollo I）宇宙飞船发生事故导致3名航天员丧生，这起事件加速了第二个空间条约的诞生，这就是1968年《营救航天员、送回航天员及送回射入外空之物体之协定》（以下简称《营救协定》）。《营救协定》于1967年12月19日经联合国大会通过，1968年4月22日开放签字，1968年12月3日生效。第三个空间条约是1972年《空间物体所造成损害的国际责任公约》（以下简称《责任公约》），该公约于1971年11月29日经联合国大会通过，1972年3月29日开放签字，1973年10月9日生效。第四个空间条约是1975年《关于登记射入外层空间物体的公约》（以下简称《登记公约》），该公约于1974年11月12日经联合国大会通过，1975年11月4日开放签字，1976年9月15日生效。第五个也是最后一份空间条约，是1979年12月5日联合国大会通过的《关于各国在月球和其他天体上活动的协定》（以下简称《月球协定》），1979年12月18日开放签字，1984年7月11日生效。

（二）外空"软法"时期：20世纪80—90年代

进入20世纪80年代后，外层空间的立法活动陷于停滞，联合国外空委没有机会再制定新的空间条约。然而，各国的空间活动仍然在蓬勃发展，许多新的空间活动都需要法律规则来规范和调整。在这种背景下，外空委推动联合国大会以决议的形式通过了一系列"原则"，填补人类外空活动中的法律空白。这些决议包括：（1）1982年12月10日大会第37/92号决议通过《各国利用人造地球卫星进行国际直接电视广播所应遵守的原则》（《卫星国际直接电视广播的原则》）；（2）1986年12月3日大会第41/65号决议

---

[1] Ram S. Jakhu & Paul Stephen Dempsey, *Routledge Handbook of Space Law*, Routledge, 2017, p. 8.

[2] 截至2023年8月9日巴拿马批准1967年《外空条约》，该条约共有114个当事国，包括了所有进入外层空间的国家。

通过《关于从外层空间遥感地球的原则》(《遥感原则》);(3) 1992 年 12 月 14 日大会第 47/68 号决议通过《关于在外层空间使用核动力源的原则》(《核动力源原则》);(4) 1996 年 12 月 13 日大会第 51/122 号决议通过《关于开展探索和利用外层空间的国际合作,促进所有国家的福利和利益,并特别要考虑到发展中国家的需要的宣言》(《合作宣言》)。

总而言之,五项空间条约和以联合国决议形式通过的四套原则,构成了当今国际空间法的核心,被称为"空间法大全"(the corpus juris spatialis)。[1]此外,联合国大会还通过了其他一些重要决议,这些决议虽然并非确定外空活动的法律原则,但是对于主要外空条约的解释和使用具有重要意义。这里至少需要提到两个决议:一是 2004 年 12 月 10 日,联合国大会通过了第 59/115 号决议《适用"发射国"概念》;二是 2007 年 12 月 17 日,联合国大会通过第 62/101 号决议《关于加强国家和政府间国际组织登记空间物体的做法的建议》。

(三)国家空间立法时期:21 世纪至今

进入 21 世纪后,空间活动商业化和私营化的趋势越来越突出,这在 20 世纪六七十年代空间法形成时期是无法预料的。鉴于非政府实体越来越多的参与空间活动,而且当前国际社会很难就新的空间条约达成协议,于是联合国外空委号召各国在国家一级采取适当行动,特别是在空间活动的授权和监督方面制定法律,确保空间商业活动有序进行。2013 年 12 月 11 日,联合国大会通过第 68/74 号决议《就有关和平探索和利用外层空间的国家立法提出的建议》(以下简称《国家空间立法决议》),建议各国根据本国法,同时考虑本国的具体需要和要求,在颁布本国空间活动监管框架时酌情考虑以下要素:(1)监管框架应覆盖空间活动的全过程;(2)应确立对本国领土上发生的空间活动和本国国民实施的空间活动的管辖权;(3)空间活动应需要国家主管机关审批;(4)审批条件应与国家承担的国际义务保持一致;(5)确保对得到批准的空间活动实施持续不断的监督和监测;(6)维持射入外层空间物体的国家登记册;(7)规定空间损害赔偿责任的索赔程序和保险要求;(8)在空间物体转让时应确保对非政府实体的空间活动继续实施监督。

实践中,各国的空间立法可以分为两类:一类是基本(一般性)空间立法,另一类是具体针对某项空间活动的特别空间立法。目前世界上很多国家已经制定了本国的空间基本法。例如,美国 1958 年《国家航空航天法案》,英国 1986 年《外层空间法案》,俄国 1993 年《空间活动法》,等等。特别空间立法种类较多,例如,加拿大 2005 年《遥感空间系统法》,美国 2015 年《商业空间发射竞争力法案》,卢森堡 2017 年《空间资源活动法》,等等。我国尚未制定空间活动的基本法,目前空间立法层级较低,主要是一些部门规章和其他规范性文件,例如,《空间物体登记管理办法》《民用航天发射项目许可证管理暂行办法》《空间碎片减缓与防护管理暂行办法》,等等。

---

[1] Tanja Masson-Zwaan & Mahulena Hofmann, *Introduction to Space Law*, 4th edn., Wolters Kluwer, 2019, p. 3.

三、外层空间法的基本原则

（一）外层空间"不得据为己有"的原则明确了外层空间的法律地位

1967年《外空条约》第2条规定："各国不得通过主权要求、使用或占领等方法，以及其他任何措施，把外层空间（包括月球和其他天体）据为己有。"这个条款体现了航空法的最基本原则，[1]它来自1963年《法律原则宣言》的第3项原则："外层空间和天体决不能通过主权要求、使用或占领、或其他任何方法，据为一国所有。"这个条款的措辞表明了航空法与外层空间法之间的巨大区别，前者承认国家主权，而后者禁止主权要求。这项原则主要有两项功能：一是在大部分国家（尤其是发展中国家）不具备外空探索能力的情况下，防止外空大国瓜分外层空间；二是阻止外空大国在外层空间"掀起新一轮瓜分狂潮"，并由此引发国际争端，危及世界和平与安全。有学者认为，不得据为己有原则不仅是条约性国际空间法的一项根本原则，而且已经成为拘束所有国家的一般国际法的一项重要规范（事实上的强行法规范），理由是：（1）该第2条的宣示性质；（2）包含在联合国大会一致同意通过的决议和《外空条约》之中；（3）国家之国际共同体在没有任何重要正式反对的情况下接受和承认了该原则。[2]

（二）"自由探索和利用"外层空间的原则是各国开展外空活动的法律依据

1967年《外空条约》第1条第2款规定："所有国家可在平等、不受任何歧视的基础上，根据国际法自由探索和利用外层空间（包括月球和其他天体），自由进入天体的一切区域。"这项原则是外空"不得据为己有"原则的应有之义，也是世界各国开展和参与外空活动的直接依据。这项原则还得到了《外空条约》第1条第3款中第一句话"应有对外层空间（包括月球和其他天体）进行科学考察的自由……"的支持。"科学考察"显然属于"探索"的一种典型形式，《外空条约》对科学考察的重申显示出这项活动的重要性，而且，外空法明确倡导和鼓励在科学考察中开展国际合作。

（三）探索和利用外层空间"应为所有国家谋福利和利益"的原则明确了外空活动的目标

1967年《外空条约》第1条第1款规定："探索和利用外层空间（包括月球和其他天体），应为所有国家谋福利和利益，而不论其经济或科学发展程度如何，并应为全人类的开发范围。"这个条款通常被称为"共同利益原则"，[3]其重心是所有国家应从外空探索和利用活动中受益，这不仅包括有外空能力的国家平等、自由参与外空活动并从中获益，甚至那些没有能力参与外空活动的国家，也应当从中受益。该条款中的"不论其经济或科学发展程度如何"，更是增加了这种意味。然而，这个条款的最后一个分句"并为了全人类的开发范围"（and shall be the province of all mankind）应当如何解释，一

---

[1] Tanja Masson-Zwaan & Mahulena Hofmann, *Introduction to Space Law*, Wolters Kluwer, 2019, p. 18.

[2] Stephan Hobe, Bernhard Schmidt-Tedd and Kai-Uew Schrogl (ed.), *Cologne Commentary on Space Law*, Vol.1, Carl Heymanns Verlag, 2009, p. 55.

[3] 邵津主编：《国际法》，北京大学出版社2014年版，第213页。

直都是不清楚的。[1]我国有空间法学者将这句话翻译为"并应为全人类共同的事情",[2]可能更为准确地表达了原文的含义。许多学者将探索和利用外层空间应为"全人类共同的事情",视为1982年《联合海洋法公约》和1979年《月球协定》将特定区域及其资源规定为"人类的共同继承财产"的前身。[3]然而,有学者指出,"无论如何,这个术语不适用于包括月球和其他天体在内的外层空间,而是只适用于其探索和利用"。[4]

(四)各国探索和利用外层空间必须遵守国际法的原则为外层空间确立了法律秩序

《外空条约》第3条规定:"各缔约国在进行探索和利用外层空间(包括月球和其他天体)的各种活动方面,应遵守国际法和联合国宪章,以维护国际和平与安全,促进国际合作和了解。"从国际法治的角度来看,这个条款在《外空条约》乃至整个国际法中具有重要意义,因为它规定了包括《联合国宪章》在内的国际法适用于人类在外层空间的活动,从而将人类的法律秩序扩展至外层空间。《联合国宪章》不仅是国际法的重要组成部分,还是联合国的组织章程,第3条在提及国际法的同时特别提及《联合国宪章》,一个后果是人类的外空活动应当遵守《宪章》的原则和规则,另一个后果是外层空间纳入了联合国的职责范围。

(五)和平利用外层空间的原则代表了人类对未来的美好希望

尽管联合国大会多次通过决议,要求各国应为和平目的从事探索和利用外层空间的活动,但是《外空条约》对外空武器化和军事化的问题,仅作了某些限制性的规定,而未作全面的禁制规定。[5]当时的国际社会希望通过《外空条约》阻止愈演愈烈的美苏冷战延伸至外层空间,然而,一些代表团关于外空完全非军事化的建议被美国和苏联明确拒绝,从而,这两种意见妥协的结果就是现在的《外空条约》第4条。第4条实际上确立了两个原则:

一是外层空间的部分非军事化:非武器化。《外空条约》第4条第1款规定:"各缔约国保证:不在绕地球轨道放置任何携带核武器或任何其他类型大规模毁灭性武器的实体,不在天体配置这种武器,也不以任何其他方式在外层空间部署此种武器。"这个条款对在外层空间的非武器化也是不彻底的,它只禁止了核武器等大规模杀伤性武器,并未提及其他外空武器,对显然属于军事用途的军事卫星也未加禁止。

二是月球和其他天体的完全非军事化:专用于和平目的。《外空条约》第4条第2款规定:"各缔约国必须把月球和其他天体绝对用于和平目的。禁止在天体建立军事基地、设施和工事;禁止在天体试验任何类型的武器以及进行军事演习。不禁止使用军事

---

[1] Tanja Masson-Zwaan & Mahulena Hofmann, *Introduction to Space Law*, Wolters Kluwer, 2019, p. 17.

[2] 参见[德]斯蒂芬·霍贝等主编:《科隆空间法评注(第一卷:〈外空条约〉)》,李寿平等译,世界知识出版社2017年版,第47页。值得注意的是,1996年《合作宣言》和2019年《长期可持续性准则》的中文本中均将这句话翻译为"并应成为全人类的事业"。

[3] Hobe, Schmidt-Tdee & Schrogl (ed.), *Cologne Commentary on Space Law*, Vol.1: Outer Space Treaty, Carl Heymanns Verlag, 2009, p. 36–37, para. 45.

[4] Tanja Masson-Zwaan & Mahulena Hofmann, *Introduction to Space Law*, Wolters Kluwer, 2019, p. 17.

[5] 贺其治:《外层空间法》,法律出版社1992年版,第66页。

人员进行科学研究或把军事人员用于任何其他的和平目的。不禁止使用为和平探索月球和其他天体所必须的任何器材设备。"这个条款得到了《月球协定》第3条的补充和完善，该条第3款进一步明确规定"缔约各国不得在环绕月球的轨道上或飞向或飞绕月球的轨道上，放置载有核武器或任何其他种类的大规模毁灭性武器的物体，或在月球上或月球内放置或使用此类武器"。

四、外层空间法的主要制度

（一）外层空间营救制度

外层空间的营救制度主要规定在1967年《外空条约》第5条、第8条和1968年《营救协定》之中。外空探索是一项高风险的探险活动，宇宙航行员作为人类探索外空的先驱者承担了巨大的风险，付出了巨大的牺牲，因此，外层空间法把宇宙航行员视为"人类派往外层空间的使节"，并在宇宙航行员发生意外、遇难、或在另一缔约国境内、公海紧急降落等情况下，要求"各缔约国应向他们提供一切可能的援助"。

1. 通知

缔约国获悉或发现宇宙飞船人员在其管辖的区域内、在公海、在不属于任何国家管辖的其他任何地方，发生意外，处于灾难状态，进行紧急或非预定降落时，要立即通知发射当局和通知联合国秘书长。

2. 协助

如发射当局之协助有助于实现迅速援救，或对搜寻及援救行动之效力大有贡献，发射当局应与该缔约国合作，以求有效进行搜寻及援救行动。

3. 营救

《营救协定》第2条和第3条规定了必须提供援助的情况。其中包括事故、遇难和紧急情况、意外登陆缔约方领土、登陆公海或任何其他不属于国家管辖的地方。

4. 送回

遇险的宇宙飞船人员必须被迅速、安全地送回发射当局的代表。营救行动可以以分为两种情况：一是宇宙飞船人员被迫降落在陆地或公海上；二是需要在空间中或天体上救援宇航员。后一种情况将很难处理，除非救援飞船能够及时到达遇险的运载工具以拯救生命。[1]

5. 归还

缔约国发现空间物体或其组成部分时，应通知联合国秘书长或者发射当局，若在发射当局管辖区域外发现的，应归还发射当局的代表。

（二）空间物体损害赔偿制度

空间物体损害赔偿制度规定在1967年《外空条约》第6条、第7条和1972年《责任公约》之中，制定该制度的目的是"特别确保对此等损害之受害人依本公约规定迅速给付充分及公允之赔偿"。

---

[1] Tanja Masson-Zwaan & Mahulena Hofmann, Introduction to Space Law, Wolters Kluwer, 2019, p. 24.

1. 责任主体

发射国对其外空物体在地球表面及对飞行中之航空机所造成之损害，应负给付赔偿之绝对责任。所谓"发射国"是指：（1）发射或促使发射外空物体之国家；（2）外空物体自其领土或设施发射之国家。

2. 归责原则

（1）绝对责任。发射国对其外空物体在地球表面及对飞行中之航空机所造成之损害，应负给付赔偿之绝对责任。

（2）过错责任。遇一发射国外空物体在地球表面以外之其他地方对另一发射国之外空物体或此种外空物体所载之人或财产造成损害时，唯有损害系由于前一国家之过失或其所负责之人之过失，该国始有责任。

3. 赔偿范围

赔偿范围为空间物体所造成的"损害"，包括：（1）生命丧失，身体受伤或健康之其他损害；（2）国家或自然人或法人财产或政府间国际组织财产之损失或损害。

4. 绝对责任的免责事由

绝对责任应依发射国证明损害全部或部分系由求偿国或其所代表之自然人或法人之重大疏忽或意在造成损害之行为或不行为所致之程度，予以免除。

5. 求偿和时效

一国遭受损害或其自然人或法人遭受损害时得向发射国提出赔偿此等损害之要求。赔偿损害之要求应循外交途径向发射国提出。赔偿损害之要求得于损害发生之日或认明应负责任之发射国之日起 1 年内向发射国提出之。

（三）空间物体登记制度

空间物体的登记制度是现行空间法的一个重要组成部分。空间法上的许多规定将空间物体的登记国作为适用法律的连接点。空间物体的登记国有助于确认空间物体的发射国，因而有助于空间法的原则和规定的顺利实施，特别是有关发射国的权利和义务的规定。[1] 1967 年《外空条约》第 8 条在对外空物体的归还作出规定的时候，提及了"登记国"，1975 年《登记公约》对需要登记的外空物体、建立国家登记册、建立联合国登记总册，以及登记的内容等问题作出了详细规定。登记义务与"发射国"的概念密切相关。一般而言，登记国即为发射国，然而，随着外空活动发展，尤其是参与外空活动的主体的多样化，登记国和发射国之间的关系也变得复杂化。

（四）月球开发制度

《月球协定》重申和详细阐述了 1967 年《外空条约》中适用于月球和其他天体的规则，其首要宗旨是"不使月球成为国际冲突的场所"，月球和其他天体应供缔约国"专为和平目的而加以利用"，这一点与《联合国宪章》和 1967 年《外空条约》的基本原则相一致。《月球协定》的另一个主要考虑就是保护所有人共享外空资源的权利，确保发展中国家能够与发达国家一样有机会从外空活动中获益，它明确规定"月球及其自然资

---

[1] 邵津主编：《国际法》，北京大学出版社 2014 年版，第 217 页。

源均为人类的共同财产"。在这个前提下,《月球协定》提出建立国际开发制度,"有秩序地和安全地开发月球的自然资源","所有缔约国应公平分享这些资源带来的惠益"。美俄两个航天大国和一些西方国家对月球及其自然资源属于"人类共同继承的财产",应当在开发可行时建立开发的"国际制度"表示不满。因此,《月球协定》不仅是五个外空条约中缔约国数量最少的,而且所有空间大国均未批准这个条约。

(五)卫星国际直接电视广播制度

《卫星国际直接电视广播原则》是国家主权原则与信息传播自由原则之间的妥协。该原则明确指出,"利用卫星进行国际直接电视广播活动,在开展时不得侵犯各国主权,包括不得违反不干涉原则,并且不得侵犯有关联合国文书所载明的人人有寻求、接受和传递情报和思想的权利"。随着互联网技术的出现,这个原则已经没有以往那么重要。[1]

(六)卫星遥感地球法律制度

"遥感"一词是指为了改善自然资源管理、土地利用和环境保护的目的,利用被感测物体所发射、反射或衍射的电磁波的性质从空间感测地球表面。《遥感原则》较好地平衡了进行遥感活动的国家与被感测的国家之间的利益。该原则的要点是:(1)遥感活动应为所有国家谋福利和利益,不论它们的经济、社会或科学和技术发展程度如何,并应特别考虑到发展中国家的需要。(2)进行遥感活动应遵守国际法。(3)进行遥感活动的国家应促进遥感活动方面的国际合作。(4)联合国和联合国系统内有关机构应促进遥感方面的国际合作,包括技术援助和协调。(5)遥感应促进地球自然环境的保护,以及保护人类免受自然灾害侵袭。(6)有关被感测国管辖下领土的原始数据和处理过的数据一经制就,该国即得在不受歧视的基础上依照合理费用条件取得这些数据。

(七)在外层空间使用核动力源的法律制度

核动力源由于体积小、寿命长及其他特性,特别适用于甚至必须用于在外层空间的某些任务,与此同时,在外层空间使用核动力源也存在着污染地球环境的风险。[2]《核动力源原则》提供了一套确保在外层空间安全使用核动力源的原则,其核心是安全使用核动力源的准则和标准,此外还包括了法律适用、协商、责任和争端解决的规则。2009年12月,外空委科技小组委员会与国际原子能机构联合发布了《外层空间核动力源应用安全框架》。《安全框架》意在作为国家指南使用,不具有国际法的法律约束力,其目的是促进外层空间核动力源应用上的安全,因此,对所有空间核动力源应用一律适用。2020年外空委科技小组委员会组织编写的一份文件显示,《核动力源原则》载有一些不能反映当前知识或技术的过时规定和数值要求,《安全框架》中采用的通用办法更符合最新情况,对空间核动力源从业人员更有帮助。[3]

---

[1] 与之境遇类似的还有1982年《联合国海洋法公约》第109条"从公海从事未经许可的广播"。

[2] 1978年1月苏联核动力卫星"宇宙-954号"失控,其放射性残片坠落在加拿大境内。1983年1月苏联另一颗核动力卫星"宇宙-1402号"失控后残片落入南大西洋。

[3] See Committee on the Peaceful Uses of Outer Space, *Preliminary analysis of how the Principles Relevant to the Use of Nuclear Power Sources in Outer Space contribute to the safety of space nuclear power source applications*, A/AC.105/C.1/L.378,2 December 2019.

（八）空间碎片减缓制度

空间碎片又叫作太空垃圾，是指人类在太空中留下的任何机器或碎片，它可以指大型物体，例如在任务结束时发生故障或留在轨道上的失效卫星；还可以指较小的物体，例如从火箭上掉落的碎片或油漆斑点。目前大约有 2000 颗活跃卫星绕地球运行，然而太空中也有 3000 颗死亡卫星，以及大约有 34000 块尺寸超过 10 厘米的太空垃圾，以及数百万块更小的碎片，如果它们撞上其他空间物体，可能会造成灾难性的后果。

2007 年 6 月，外空委通过了《空间碎片减缓指南》，建议各国在航天器和运载火箭轨道级的飞行任务规划、设计、制造和操作（发射、运行和处置）阶段，应当考虑下列准则：（1）限制在正常运作期间分离碎片；（2）最大限度地减少操作阶段可能发生的分裂解体；（3）限制轨道中意外碰撞的可能性；（4）避免故意自毁和其他有害活动；（5）最大限度地降低剩存能源导致的任务后分裂解体的可能性；（6）限制航天器和运载火箭轨道级在任务结束后长期存在于低地轨道区域；（7）限制航天器和运载火箭轨道级在任务结束后对地球同步区域的长期干扰。

重要名词术语

空气空间、领空主权、航权、国际民航组织、外层空间、外空不得据为己有、发射国、临近空间

思考题

1. 航空法与外层空间法的联系与区别是什么？
2. 空气空间和外层空间如何划界？
3. 什么是航权？
4. 简述国际民航组织理事会的主要职能。
5. 简述外层空间法的基本原则。

典型案例分析

"月球村公司"案

2005 年 10 月 14 日，北京市工商行政管理局朝阳分局（以下简称朝阳工商分局）在例行检查中发现月球村公司从事月球土地销售活动。同日，市工商局出具委托调查函，委托朝阳工商分局调查处理月球村公司销售月球土地一案，朝阳工商分局于同日立案调查。北京市工商局通过朝阳工商分局的调查认定月球村公司向 33 人出售"月球土地"48 英亩，每英亩价格为人民币 298 元，销售款共计人民币 14304 元。北京市工商局认为，月球村公司销售月球土地的行为涉嫌投机倒把，遂于 2005 年 10 月 28 日决定对月球村公司的相关财物予以扣留（封存），包括公司公章。月球村公司于 2005 年 11 月 14 日向

北京市海淀区人民法院提起行政诉讼，请求法院撤销被告作出的财物通知书，判令被告返还扣留财物，海淀区人民法院受理了该案件。

2006年3月31日，海淀法院公开审理了本案，并于当年10月20日作出判决。海淀法院认为，我国于1983年12月30日加入《外层空间条约》。该条约第1条第1款规定：探索和利用外层空间（包括月球和其他天体），应为所有国家谋福利和利益，属于全人类的开发范围。该条约第2条规定，各国不得通过主权要求、使用或占领等方法，以及其他任何措施，把外层空间（包括月球和其他天体）据为己有。从以上条约内容可以看出，任何国家均不能对月球主张所有权，不得在月球上设定所有权。因此，原告月球村公司在本案中所提到的月球土地所有权在我国是没有法律依据的，也是不合法的。而如果月球土地所有权不存在，则月球土地不可能成为被买卖的标的物，不能成为商品。最终，海淀区人民法院依法驳回原告的诉讼请求。

第十四章　国际环境法

【内容提示】

国际环境法是一个动态且快速发展的国际法领域，是关乎人类生存与发展的重要法律部门和法律秩序。它涵盖了广泛的学科视角和见解，并以创新的法律工具应对各种复杂的环境问题。近几个世纪以来，随着科学技术和工业文明的快速发展，人类活动对地球和生态环境造成史无前例的严峻挑战。随着生态危机显现出超越国家和全球化的性质，人类日益认识到保护和改善全球环境的重要性，特别是有必要制定新的国际法原则和规则来优先解决某些环境问题，并确保这些规则能够随着时代的发展而便于修订。这迫切需要国际法以更为灵活的方式快速发展。虽然从19世纪中期就开始出现关于环境的条约和国际判例，但是作为现代国际法的一个相对独立的分支，国际环境法主要形成与发展于近半个世纪以来。20世纪70年代以后，国际环境法进入了全面、系统发展的新阶段。1972年联合国人类环境会议、1992年联合国环境与发展大会、2002年约翰内斯堡可持续发展世界峰会被誉为人类环境保护史上的三座里程碑，对于加深人们对环境问题的认识、促进国际环境法的发展产生了深远影响。

作为一个新兴法律部门，国际环境法在很多方面突破了传统国际法的原有框架，为国际法的发展注入了新的活力。传统国际环境法主要处理诸如空气或水污染、迁徙动物的保护等跨界问题。当代国际环境法的调整范围不断扩大与深入，越来越多地处理诸如气候变化、臭氧层空洞、海洋环境、有害废弃物及危险物质的控制与管理、全球公域保护等全球性问题，以及诸如生物多样性保护、土地荒漠化、湿地和山地、森林与生态环境、自然文化遗产保护等各国和国内环境问题。因此，在国际法与国内法的关系问题上，当代国际环境法在理念、制度和规则上与各国国内环境法形成明显的交融与互动。同时，国际环境法与国际人权法、国际海洋法、国际经济法等存在紧密的联系。国际环境法扩大了国际法主体的范围，扩大了条约和习惯法等国际法渊源，发展了国家主权的内涵及必要限制，丰富了国际责任制度，推动了国际环境争端解决机制的发展。

第一节 概述

一、国际环境法的概念与特征

国际环境法（International Environmental Law）是指各国和其他国际法主体在开发、利用、保护和改善环境过程的国际交往中形成的，调整彼此间权利义务关系的原则、规则和制度的总称。纵观现代国际环境保护条约或协定的规定，国际环境法具有以下特征。

（一）国际环境法的调整范围具有广泛性

国际环境法与传统国际公法主要调整国家行为体有所不同，它还强调个人、企业和非政府组织等非国家行为体在全球环境治理中的作用。国际环境法的保护对象超越了国家领土和主权的范围，其保护对象涵盖了从个人和集体（国家）的环境权到人类共同继承遗产、共同空间、人类共同利益等各方面。

（二）国际环境法的调整手段具有综合性

国际环境法不仅涉及传统国际公法的一些领域，而且涉及国际私法、国际经济法、国际人权法和各国国内法，从而其调整手段具有综合性。尽管环境保护领域的条约数量不断增多，但由于国际习惯和国际条约的形成一般需要较长的时间和复杂的过程，"软法"性文件能够更快速地对紧迫的全球环境问题作出回应，因此国际环境法的"软法"现象较为多见。

（三）国际环境法的学科特征具有交叉性

国际环境法（学）融汇了多种学科的知识，它已成为法学界、科学界、经济界、政治界、社会学界进行交叉研究的新领域。一方面，国际环境法必须运用现代科学技术知识和自然科学原理作为立法的指导原则；另一方面，国际环境法在具体内容上需要广泛运用技术性规范。因此，国际环境法体现出明显的交叉学科特征。

二、国际环境法的渊源

作为国际法的一个分支，国际环境法的渊源既包括条约、习惯、一般法律原则、司法判决、权威国际公法学家的学说等传统国际法渊源，也越来越多地包括行为守则、建议、指南、决议、原则宣言、标准等"软法"形式的非传统渊源。

（一）条约

条约是创设有关环境的有约束力的国际规则的最常用的手段，包括全球性、区域性和双边条约。除了专门性规定特定环境问题的国际条约，国际法其他领域的条约也包含环境保护内容，例如 1982 年《联合国海洋法公约》、1972 年《保护世界文化和自然遗产公约》、1959 年《南极条约》、1967 年《外层空间条约》等。当前，国际环境条约已涵盖了国际水道、海洋环境、危险物质和废物处理、大气层和外层空间、生态系统和生物多样性保护、海洋生物资源、极地、世界文化和自然遗产等各个领域。

由于国际关系的复杂性和环境条约的技术性特点，就条约义务的必要性和原则性达成一致比就义务内容的具体细节达成一致更容易。因此，许多全球性或区域性国际环境公约具有"框架性公约"的特点，即首先对有关环境保护目标和基本原则作出规定，然后通过签订议定书或附件等形式对具体的权利义务作出详细规定。例如，1992年《气候变化框架公约》、1985年《保护臭氧层公约》和1979年《长距离跨界大气污染公约》均要求国家采取进一步行动来规定所应采取的明确措施，就此可能需要缔结更具体的议定书或附件，或通过非约束性行为指南或建议。再如，1976年巴塞罗那《地中海保护公约》要求各国至少批准一项该公约的附加议定书，这些议定书包括组织石油泄露、组织废物倾倒、保护海洋环境不受陆上污染源的侵害以及特别敏感性海域保护等方面。[1]

（二）国际习惯

尽管国际环境法是较新的国际法分支，但是现行国际环境法的许多原则却是习惯的产物。例如，国家"利用本国领土不能对他国领土造成损害"是习惯国际法上的一项重要规则。该规则不仅在1938年和1941年美国诉加拿大"特雷尔冶炼厂仲裁案"[2]和1949年"科孚海峡案"[3]中得到承认，而且得到1972年《斯德哥尔摩宣言》、1978年联合国环境规划署理事会通过的《关于共有自然资源的环境行为之原则》和1992年《里约环境与发展宣言》的反复确认。该原则之所以获得各国的普遍接受，主要是因为它建立在国家之间的对等关系基础上，即一国对其领土的利用不能妨碍其他国家享有的同等权利。但是，国家领土主权或管辖范围以外地区的环境是否也应受到保护，是否同样成为普遍接受的国际习惯规则，仍然存在疑问。[4]

习惯国际法的发展受到国际环境条约的影响，尤其是关于环境影响评估、跨界通知和磋商、跨界损害的预防和控制的条约条款，以及1982年《联合国海洋法公约》关于海洋环境保护和渔业维护的条款的影响。[5]此外，国际公约、国际组织和国际会议的宣言或决议中反复出现一些原则，尽管这些原则是否已经构成习惯国际法存在分歧，但至少可以说是正在形成中的习惯国际法。这些原则包括全人类共同遗产原则、国际合作原则、风险预防原则或预防行动原则、污染者承担费用原则、共同但有区别的责任原则、可持续发展原则等。

（三）非传统渊源："软法"

在环境领域的国际立法过程中，以行为守则、建议、指南、决议、原则宣言、标准为代表的"软法"发挥着重要作用，这些立法形式不是严格意义上《国际法院规约》第

---

[1] 参见[英]帕沙特·波尼、埃伦·波义尔：《国际法与环境》（第二版），那力、王彦志、王小钢译，高等教育出版社2007年版，第12页。

[2] Trail Smelter Arbitration (United States/Canada) (16 April 1938 and 11 March 1941), Reports of International Arbitral Awards, Volume 3, p. 1905–1982.

[3] Corfu Channel (U.K. v. Albania), Judgment of April 9 1949, ICJ Reports 1949.

[4] 参见白桂梅：《国际法》（第二版），北京大学出版社2010年版，第423页。

[5] 参见[英]帕沙特·波尼、埃伦·波义尔：《国际法与环境》（第二版），那力、王彦志、王小钢译，高等教育出版社2007年版，第12页。

38 条所列的国际法渊源，但是它们并不缺少权威性。在快速发展且尚未定型的国际环境法领域，"软法"的优势在于，它能使各国在不太想严格受约束的问题上对基本原则形成普遍共识，比条约更容易受到各国的接受和认可，并且易于修改和更新，可以作为达成有约束力的条约的基础和起步。例如，1972 年 6 月 5 日至 16 日在斯德哥尔摩举行的联合国人类环境会议通过了《人类环境宣言》《行动计划》和《有关机构和资金安排的决议》；1992 年 6 月 3 日至 14 日在巴西里约热内卢举行的联合国环境与发展大会通过了《里约环境与发展宣言》《21 世纪议程》和《关于森林问题的原则声明》；2002 年 8 月 26 日至 9 月 4 日在南非约翰内斯堡召开的可持续发展世界首脑会议通过了《约翰内斯堡可持续发展宣言》和《执行计划》。这三次具有里程碑意义的人类环境会议及会议成果为环境保护和可持续发展提供了指导性建议、原则宣言和行动指南。虽然这些文件本身不具有法律拘束力，但是它们可以指引国际法的逐渐发展，其中一些规则可能成为国家实践和法律确信的证据，进而塑造并形成具有法律拘束力的习惯国际法。

三、国际环境法的产生与发展

（一）国际环境法的萌芽阶段

国际环境立法最早可以追溯到 19 世纪上半叶。从这一时期至第二次世界大战结束，可视为国际环境立法的萌芽时期。这一时期出现了渔业资源管理和关于边界水域和国际水道保护的双边和多边条约，包括 1815 年欧洲国家订立的《关于保护国际水道的规定》、1839 年英国和法国在巴黎签订的《关于采挖英法沿岸牡蛎渔业和其他渔业专属权利范围条约》、1867 年《英法渔业条约》、1882 年《北海过量捕鱼条约》、1886 年《莱茵河流域捕捞大马哈鱼的管理条约》、1909 年《美加边界水域条约》等。同时，欧洲出现了早期的保护鸟类和野生动植物的双边和多边条约，主要有 1902 年 3 月 19 日在巴黎签订的《保护农业益鸟公约》、1911 年 2 月 7 日在华盛顿签订的英美《关于保护和保全海豹条约》和同年 7 月 7 日美、英、日俄签订的《关于保护和保全北太平洋海豹的华盛顿公约》等。这一时期还出现了对国际环境法形成与发展具有重要影响的国际仲裁案例。例如，1893 年美国和英国的"白令海海豹案"[1]是早期涉及国家管辖范围以外的生物资源的案例；1938 年和 1941 年的"特雷尔冶炼厂仲裁案"[2]是国际上首起涉及跨国环境责任的案例，确立了国家应承担跨国环境污染责任的原则。

（二）国际环境法的形成阶段

第二次世界大战结束后，随着科学发现的深入和环境保护思潮的兴起，国际环境保护领域国际合作的呼声日益增强。联合国主要机关（如联合国大会、经社理事会）和专门机构（如联合国粮农组织、联合国教科文组织）在促进保护环境的国际合作方面发挥了重要作用。例如，在联合国教科文组织的支持下，1948 年成立了第一个专门的国际

---

[1] Award between the United States and the United Kingdom, relating to the rights of jurisdiction of United States in the Bering's sea and the preservation of fur seals, Decision of 15 August 1893.

[2] Trail Smelter Arbitration (United States/Canada) (16 April 1938 and 11 March 1941), Reports of International Arbitral Awards, Volume 3, p. 1905-1982.

环境保护组织——国际自然保护同盟。在国际会议和国际组织的推动下,有关环境保护的全球性公约明显增多,主要集中于海洋环境保护、极地区域环境保护和外层空间环境保护等领域。例如,1954年《国际防止油类物质污染海洋的伦敦公约》(后来被1973年《防止船舶污染国际公约》取代)、1958年《捕鱼与养护公海生物资源公约》、1959年《南极条约》、1967年《关于各国探索和利用包括月球和其他天体在内外层空间活动的原则条约》等。这一时期的区域性条约也不断增多。例如,1968年5月,欧洲理事会相继通过《欧洲水宪章》《控制大气污染宣言》等重要文件。同年9月15日,非洲国家元首和政府首脑签署了《非洲保护自然界和自然资源公约》,涉及土壤、水、动植物资源等方面的环境保护和利用。

(三)国际环境法的发展阶段

20世纪70年代,国际环境法进入全面、系统、快速发展的新阶段。传统上认为,在1972年斯德哥尔摩联合国人类环境会议之前,国际环境法处于"传统时代";从斯德哥尔摩到1992年里约热内卢联合国环境与发展会议,国际环境法的发展进入"现代时代";从里约会议开始,国际环境法的发展进入"后现代时代"。然而,任何此类周期化都必然是近似的,并可能存在问题。当代国际环境法反映了传统、现代和后现代元素。[1]

1972年6月5日至16日,联合国人类环境会议于在斯德哥尔摩举行。此次会议被认为是国际环境法发展史上的重要里程碑和转折点。会议通过了《人类环境宣言》《人类环境行动计划》《关于机构和资金安排的决议》等重要文件。其中,《人类环境宣言》所确立的26项原则为国际环境法的快速发展奠定了思想基础,有些预示着国际环境法的发展方向。《人类环境行动计划》所提出的109项建议为协调各国环境政策提供了框架性工作方案,极大地推动了环境保护领域的国际合作。此次会议推动成立了联合国专司环境保护事务的机构——联合国环境规划署,其在联合国内部提供环境政策协调与指导、审查世界环境状况、加强环境条约的管理、实施联合国环境项目、建立全球环境检测系统和国际资料查询系统、促进国际环境法的编纂方面发挥重要作用。

联合国人类环境会议之后,国际环境法的立法进程进一步加快,陆续通过了调整海洋、淡水、空气、土壤和野生生物等各环境部门的国际法律文件,其中具有特别重要意义的有1972年《保护世界文化和自然遗产公约》、1973年《濒危野生动植物物种国际贸易公约》、1979年《远距离跨界大气污染公约》、1982年《联合国海洋法公约》、1985年《维也纳保护臭氧层公约》等。20世纪80年代中期,在环境领域产生了跨部门的国际环境法律制度,主要针对有毒或危险产品和废物、放射性产品、核废料以及极度危险的活动,例如1989年《控制危险废物越境转移和处置的巴塞尔公约》、1992年《关于工业事故跨界影响的国际公约》以及1986年《及早通报核事故公约》和《核事故或辐射紧急情况援助公约》等。

---

[1] Lavanya Rajamani, Jacqueline Peel (eds.), *The Oxford Handbook of International Environmental Law*, Oxford University Press, 2nd edition, 2021, p. 371.

1992年6月3日至14日，联合国环境与发展大会在巴西里约热内卢举行，大会主题是环境和可持续发展。里约会议是继1972年联合国人类环境会议之后举行的规模最大、级别最高、影响力最深远的关于世界环境与发展问题的国际会议之一，对国际环境法的编纂和逐渐发展具有划时代意义。里约会议通过了《里约热内卢环境与发展宣言》《二十一世纪议程》《气候变化框架公约》《生物多样性公约》《关于森林问题的原则声明》等重要文件，标志着各国对于人类环境问题有了突破性认识。与会各国就环境保护和经济发展相协调的主张达成共识，否定了"高生产、高消费、高污染"的传统发展模式，提出了可持续的经济与社会发展新思路，并表达了建立新的、公平的全球伙伴关系以解决环境与发展问题的共同愿望。大会申明了各国在环境问题上的权利与义务，提出了各国在全球环境退化问题上负有"共同但有区别的责任"。

2002年8月26日至9月4日，可持续发展世界首脑会议在南非约翰内斯堡召开，通过了《约翰内斯堡可持续发展宣言》和《执行计划》。此次会议被视为国际环境法发展史上的第三座里程碑。自此，国际环境法走向了系统化、体系化发展道路，并呈现如下特点。第一，有关环境保护的国际法文件日益增多，国际组织在国际环境事务中的作用日益凸显，国际环境法的组织化趋势进一步加强。第二，国际环境法的体系日臻成熟，调整范围扩大至几乎所有的环境领域，指导思想纳入风险预防原则等超前的立法观念，保护方法开始对不同环境部门实行综合控制，立法重心开始向实施、责任和赔偿等领域倾斜。第三，非政府组织、跨国公司和个人等非国家行为体在国际环境法的立法和实施中的作用进一步加强。[1]

四、国际环境法的基本原则

（一）不损害其他国家或国家管辖范围以外环境原则

国家对其自然资源享有永久主权是国际法上早已确立的一项基本原则。但是，国家在行使开发自己自然资源主权权利的同时，也负有确保在其管辖范围内或其控制下的活动不致损害其他国家或国家管辖范围以外地区环境的责任。不损害国家管辖范围以外环境原则体现了国家在资源利用和环境保护方面权利和义务的统一。

在1941年"特雷尔冶炼厂案"中，仲裁庭首次确立了国家对本国境内私人活动引起的跨界环境损害进行赔偿的先例，[2]由该案例引申的不损害其他国家或国家管辖范围以外环境原则已成为国际环境法中的基本原则。该原则得到了1972年《斯德哥尔摩人类环境宣言》原则21和1992年《里约宣言》的重申，并得到《生物多样性公约》《气候变化框架公约》等众多国际环境公约的确认。国际法院在1996年"威胁使用或使用核武器的合法性"咨询意见案中确认，不损害国外环境原则是"与环境有关的国际法的

---

〔1〕 参见梁西原著主编、王献枢副主编、曾令良修订主编：《国际法》（第三版），武汉大学出版社2011年版，第212—214页。

〔2〕 Trail Smelter Arbitration (United States/Canada) (16 April 1938 and 11 March 1941), Reports of International Arbitral Awards, Volume 3, p. 1905–1982.

一部分",适用于其他国家和"国家管辖范围以外地区"的环境影响。[1]国际法院多次重申了这一结论,肯定了该原则在一般国际法下具有约束力。

(二)国际合作原则

国际合作原则是《联合国宪章》第74条所确认的一项国际法基本原则。自1972年联合国人类环境会议以来,许多关于环境保护的条约、决议、宣言中都反复强调国际合作的重要性。例如,《人类环境宣言》第24条、《里约热内卢宣言》第27条、1985年《保护臭氧层维也纳公约》第2条、1992年《生物多样性公约》第5条都写明了国际合作原则。

国际合作原则不仅是国际环境法的基石,而且环境风险中的跨境合作中体现为其诸多具体的制度和措施,包括各国在重大跨境损害风险情况下进行通知及磋商、谈判以达成公平解决方案、环境影响评估和监督、紧急事务的通知和援助等。因此,国际合作原则在国际环境法领域具有特殊的重要意义。

(三)可持续发展原则

可持续发展的概念早在1987年由世界环境与发展委员会在其报告《我们的未来》中提出。该报告对可持续发展的定义是"既满足当代人的需要,又不对后代人满足其需要的能力构成危害的发展"。[2]根据菲利浦·桑兹的分析,可持续发展原则包含四个核心要素:代际间衡平原则、可持续发展原则、代内衡平原则和一体化原则。[3]在1992年联合国环境与发展大会上,可持续发展原则得到各国政府近乎普遍的认可,对国际环境法律与政策发展产生了深远影响,并贯穿于《里约宣言》《21世纪议程》《气候变化框架公约》《生物多样性公约》中。

可持续发展原则的内涵极为丰富,包括实体要素和程序要素。实体要素主要包括自然资源的可持续利用、环境保护与经济发展一体化、发展权、代内公平和代际公平以及通过适用污染者付费原则使环境成本内部化,程序要素主要涉及公众参与决策和环境影响评估。尽管这些概念单独来看并不新颖,但是可持续发展原则首次将它们以一种系统的方式归纳在一起,使一国对其国内环境管理成为国际关注的问题。尽管可持续发展原则在不同国际环境文件中被反复援引,但是可持续发展原则在不同场合和不同语境下可能具有不同含义。对于可持续发展原则是否具有习惯国际法地位,学界尚存在分歧。

(四)风险预防原则

风险预防原则是国际环境法上的一个重大发展。该原则要求一旦环境受到重大损害的威胁,那么就应该采取政治、法律、经济和行政等各种手段来控制或减少潜在的环境风险,即"防患于未然"。根据《里约宣言》原则15的表述,风险预防原则要求任何可能影响环境的决策和行动都应在其最初阶段充分考虑到有关的环境要求;遇有严重或不可逆转损害的威胁时,不得以缺乏科学充分确定证据为理由,延迟采取顾及成本效益的措施防止环境恶化。

---

[1] Legality of the Threat or Use of Nuclear Weapons (Advisory Opinion), ICJ Reports 1996, p. 242.

[2] 参见世界环境与发展委员会编著:《我们共同的未来》,世界知识出版社1989年版,第19页。

[3] Philippe Sands, *Principles of International Environmental Law*, Second Edition, Cambridge University Press, 2003, p. 253–266.

风险预防原则不限于跨境环境风险，也适用于全球环境风险（例如气候变化和生物多样性等领域）和促进可持续发展目标的国内环境风险。基于环境问题的特点和发达国家的经验教训，1980年联合国环境规划署等联合制定了《世界自然资源保护大纲》，就"预期的环境政策"作出规定。经济合作与发展组织环境委员会也提出，各国环境政策的核心应当以预防为主。这些建议最终导致20世纪80年代各国在环境政策上的调整和转变，预防原则开始出现在国际文件中。[1]

（五）共同但有区别的责任原则

共同但有区别的责任原则早在1992年联合国环境与发展大会的《里约宣言》中确立，并在《蒙特利尔议定书》《生物多样性公约》和《气候变化公约》中持续演进。《里约宣言》原则7将该原则阐释为："各国应当本着全球伙伴精神进行合作，以维持、保护和恢复地球生态系统的健康和完整。鉴于导致全球环境退化的各种不同因素，各国负有共同但有区别的责任。发达国家承认，鉴于其社会给全球环境带来的压力以及它们所掌握的技术和资金资源，它们在追求可持续发展的进程中负有责任。"共同但有区别的责任原则对发达国家和发展中国家之间的公正平衡给予了界定，对于发达国家和发展中国家之间的责任分配具有重要的规范价值。

共同但有区别的责任原则包含两个方面。一是"共同的责任"，即各国对保护全球环境的责任与义务是共同的；二是"有区别的责任"，即不同能力水平的国家之间，尤其是发达国家和发展中国家之间，这种共同责任是有区别的。有区别的责任是对共同责任的具体化和对共同责任的再分配，即对发达国家明确设置了更高的行为标准，而发展中国家则承担次要责任。这一方面是因为发达国家是历史上造成臭氧层消耗和气候变化等环境问题的主要责任人；另一方面也因为它们比发展中国家有更大的能力来应对这些问题。除了对发达国家设定更高的标准之外，《里约宣言》原则七还要求发达国家向发展中国家提供团结互助的援助，包括采取新的和额外的基金以及转让环境有益技术或替代方法。这些条款也体现在《气候变化公约》《生物多样性公约》和《臭氧层公约》及其议定书中，其目的是通过提供额外的费用和能力建设来帮助发展中国家履行承诺。

（六）污染者负担原则

污染者负担原则早期是由经济合作与发展组织在20世纪70年代提出的一项经济政策，旨在避免因国家承担污染预防和控制费用而导致国际贸易的不正当竞争。作为一项环境政策，污染者负担原则直到联合国环境与发展大会才首次获得国际上的支持。污染者负担原则是指造成环境损害的污染者有责任支付赔偿并承担弥补损害的费用，旨在通过明确污染者在污染预防、控制和治理等方面的责任，促进环境问题的公平解决，推动可持续发展。《里约宣言》原则16规定："考虑到污染者在原则上应承担污染的费用并适当考虑公共利益而不扭曲国际贸易和投资的方法，国家当局应努力倡导环境费用的内部化和经济手段的使用。"

随着污染者负担原则在国内环境政策和立法中被广泛采纳，并不断出现在调整海洋

---

[1] 朱晓青主编：《国际法学》，中国社会科学出版社2012年版，第268页。

污染（如 1990 年《国际油污防备、反应和合作公约》）、跨境工业事故（如 1992 年《工业事故跨界影响公约》）等特定领域的条约当中，该原则逐步发展为一项国内、国际环境法所共同接受的一般原则，成为当代社会环境法律和政策实践的重要法理基础。污染者负担原则具有规范和引导环境立法、弥补法律漏洞、帮助法律解释和解决国际贸易和环境争端等方面的法律实践意义。[1]

第二节　大气环境的保护

由于能源和工业使用化石燃料过程中产生的二氧化硫和氮氧化物，这些硫和氮的化合物可以在大气层中扩散数千里，并在水蒸气的作用下发生化学反应形成酸性化合物，对海洋、土壤、湖泊、河流、森林和农作物产生破坏。大气污染已经不再仅是相邻国家之间的跨境损害问题，而是一个区域性乃至全球性问题。因此，国际社会十分重视保护大气环境立法，围绕防止大气污染、气候变化和臭氧层破坏制定和签署了多项条约，其中具有代表性的有《远距离越界大气污染条约》、《保护臭氧层维也纳公约》及其议定书和《联合国气候框架公约》。

一、大气污染的防治

大气污染是人类最早关注也是最复杂的国际环境问题。大气污染是指大气因某种物质的介入，导致其物理、化学、生物或放射性等方面特性的改变，从而影响大气的有效利用，造成大气质量恶化的现象。大气污染给人类健康、农渔业生产带来严重的长期隐患，同时破坏自然生态系统，带来臭氧层损耗和全球气候变化问题。

在 1975 年欧安委的倡导下，联合国欧洲经济委员会于 1979 年 11 月在日内瓦主持制定了《远距离越界大气污染公约》，旨在限制并尽可能减少和防止大气污染，尤其是解决以二氧化硫的排放和酸雨为主的跨界大气污染问题。公约由序言和 18 项条款组成。公约第 1 条对"大气污染"和"远距离跨界大气污染"进行了定义，第 2 条至第 5 条规定了缔约国控制远距离大气污染及为此进行国际合作的一系列基本原则，包括有关大气环境的信息交换、磋商、调查研究和监测，以及减少和防止大气污染源的排放。此外，各缔约国还承诺制定包括大气质量管理系统在内的最佳政策和规则，尤其是使用经济上可行和低废、无废技术来控制各项措施，以符合平衡发展。[2]

《远距离越界大气污染公约》开创了区域性控制跨界大气污染多边法律制度的先河，同时也是国际环境领域的第一个框架性公约。为更好地实施该公约，缔约国义务在后续议定书中得以补充，包括《关于长期资助远距离跨界大气污染监测和评价议定书》

---

[1] 参见柯坚：《论污染者负担原则的嬗变》，载《法学评论》2010 年第 6 期。
[2] 参见朱晓青主编：《国际法学》，中国社会科学出版社 2012 年版，第 269—270 页。

（1984年）、《关于至少削减硫氧化物排放或其跨界流量30%议定书》（1985年）、《关于削减氮氧化物排放量或其跨界流量议定书》（1988年）、《关于削减挥发性有机化合物排放及其跨界流动议定书》（1991年）、《关于进一步削减硫化物排放议定书》（1994年）、《关于减少重金属排放量议定书》（1998年）、《关于持久性有机物污染议定书》（1998年）以及《关于减缓酸化、富营养化和地表臭氧的议定书》（1999年）等。

二、臭氧层的保护

臭氧层是地球大气层的一部分，具有吸收外层空间照射到地球的紫外线辐射的作用。臭氧层破坏直接威胁人类和地球生态系统。从20世纪70年代末以来，在联合国环境规划署的组织、主持和推动下，国际社会着手制定臭氧层保护的国际公约。1985年3月22日，在维也纳外交会议上通过了《保护臭氧层维也纳公约》。该公约于1998年9月22日正式生效，我国于1989年加入公约。

《保护臭氧层维也纳公约》第一个全球性大气保护框架公约。公约旨在保护人类健康和环境，使其免受人类改变或可能改变臭氧层的活动所造成或可能造成的有害影响。公约要求各缔约国：通过系统观察、研究以及交换资料的方式进行合作，以期更好地了解和评价人类活动对臭氧层的影响，以及臭氧层的变化对人类健康及环境的影响；采取适当的方法和行政措施，从事合作，协调政策，以便在发现其管辖或控制范围内的某些人类活动已经或可能由于改变或可能改变臭氧层而造成不利影响时，对这些活动加以控制、限制、削减或禁止；从事合作，制定执行本公约的商定措施、程序和标准，以期通过议定书和附件；建立缔约国会议制度，审查公约的执行情况，审议各国递交的科学资料，为减少可能导致臭氧层变化的物质的排放，促进适当政策、战略及措施的协调等。

1987年9月，在蒙特利尔外交会议上通过了《关于消耗臭氧层物质的蒙特利尔议定书》（以下简称《蒙特利尔议定书》）。《蒙特利尔议定书》限制各国生产和消费各种类型的消耗臭氧层物质。议定书制定了阶段性削减计划，以1986年各缔约国的实际使用量为基础，逐步降低受控物质的使用量。此外，议定书以附件形式分类规定了不同受控物质及不同物质消费与生产的削减比例，并对于发展中国家的特殊情况规定了一些优惠条件。[1] 1990年联合国环境规划署在伦敦召开国际会议，对议定书的内容又作了一些调整和修正，通过了《关于消耗臭氧层物质的修正议定书》（以下简称《修正议定书》）。《修正议定书》除了将控制物质由8种扩大到20种外，还设立了保护臭氧层的国际资金机制，包括多边基金，向发展中国家缔约方提供财务及技术合作。该议定书规定发达国家缔约方有义务以"公平和最优惠的条件"迅速转让替代品和有关技术。

三、防止气候变化

随着人类工业活动的增加，各种温室气体（二氧化碳、甲烷、氟氯碳化合物、氮氧

---

[1] 参见梁西原著主编、王献枢副主编、曾令良修订主编：《国际法》（第三版），武汉大学出版社2011年版，第219页。

化合物）不断增多，导致地球气温因温室效应而升高，人类生存环境面临严重危机。为保护气候系统，1988年联合国大会通过了《为人类当代及后代保护全球气候的决议》。1990年，联合国大会通过第45/212号决议，决定设立关于气候变化框架公约的政府间谈判委员会，起草气候变化框架公约。经过两年的努力，委员会于1992年5月9日在纽约通过了《联合国气候变化框架公约》。在1992年6月召开的联合国环境与发展大会上，153个国家包括中国签署了该公约。中国于1992年11月7日经全国人大批准《联合国气候变化框架公约》。

《联合国气候变化框架公约》第2条为缔约国确立了"将大气中温室气体的浓度稳定在防止气候系统受到危险的人为干扰的水平上"的目标。公约第3条确立了5项指导原则：第一，各缔约方应在公平的基础上，根据它们共同但有区别的责任和各自的能力，为人类当代和后代的利益保护气候系统；第二，各缔约方充分考虑发展中国家尤其是特别容易受气候变化不利影响之发展中国家的具体要求和特殊情况；第三，采取预防措施、预测、防止或尽量减少引起气候变化的原因并缓解其不利影响；第四，各缔约方有权并应当促进可持续发展；第五，合作促进有利的和开放的国际经济体系从而更好地应对气候变化问题。公约第4条第1款规定了所有缔约方的一般承诺，包括减少温室气体排放、加强科学研究、提高公众意识等；第2款至第10款确立了发达国家缔约国与发展中国家缔约国在控制温室气体上"共同但有区别的责任"，包括发达国家缔约国向发展中国家缔约国提供资金支持以及技术转让等照顾发展中国家利益条款。为更好地实现公约目标，公约还建立了一系列必要机构和资金机制。由于缔约国之间在确定削减排放的目标、排放削减单位的转让以及发展中国家待遇等问题上存在严重分歧，缔约国经过艰苦谈判，最终于1997年12月在京都召开的第三次缔约方会议上通过了《气候变化公约京都议定书》。

第三节　海洋环境保护

海洋占全球总面积的70%以上，是整个地球环境的重要组成部分。伴随着人类活动的增多，过度捕捞、工业污染和生活垃圾等给海洋资源和环境造成了严重的破坏。20世纪以来，部分国家竞相争夺生物资源，导致了关于捕猎海豹、捕鱼、捕鲸的多边条约的缔结。第二次世界大战后，随着资源过度开采、陆源和海源污染范围和影响不断扩大，各国逐步关注关于保护海洋环境的国际合作，缔结了一系列全球性和区域性海洋保护公约。全球性公约中最全面的相关条约是1982年《联合国海洋法公约》，还包括一些专门性海洋环境保护条约，如1972年《防止倾倒废物及其他物质污染海洋公约》、1973年《防止船舶造成污染国际公约》、1973年《关于油类以外物质造成污染时在公海上进行干涉的议定书》、1989年《国际打捞公约》、1990年《关于石油污染的准备、反应和合作的伦敦国际公约》等。20世纪70年代中期以来，联合国环境规划署主持开展了诸多区域性海洋环境项目，形成了一系列区域性海洋保护条约和相关议定书，如1974年《防止陆源海洋污染公约》、1983年《关于对付北海石油和其他有害物质污染的合作协定》、1992年《保护东北大西洋海洋环境公约》以及1992年《保护波罗的海区域海洋环境公约》等。

《联合国海洋法公约》对海洋环境保护具有重大意义。《联合国海洋法公约》在历史上首次试图为合理开发海洋资源和保护海洋环境提供了全面框架。《联合国海洋法公约》按照海洋污染源、海域的法律地位、国家类型（沿岸国、港口国和船旗国）分别规定了管辖、执行、适用的国际规则和标准以及对国家立法的要求。公约要求各国在适当情况下单独或联合采取符合该公约的必要措施，以防止、减少和控制海洋环境污染；各国确保在其管辖或控制下的活动不致使其他国家及其环境遭受污染的损害，并确保其管辖或控制范围内的事件或活动所造成的污染不致扩大到其按照本公约行使主权权利的区域之外。此外，各国还负有不将损害或危险从一个区域转移到另一个区域或将一种污染转变成另一种污染的义务。[1]

一、陆地源污染

陆地源污染是海洋污染的主要污染源，其主要通过河流直接或间接排入海洋。陆地污染源的污染物质种类繁多，并且造成陆地污染的行为基本上发生在国家领土或管辖范围以内。由于陆地污染主要是由一国在其领土上的活动造成的，这些活动只受到领土国管辖权的支配，其他国家无权干涉。因此，1982年《联合国海洋法公约》第207条只是要求"各国应制定法律和规章，以防止、减少和控制陆地来源的污染，同时考虑到国际社会制定的规则、标准和建议的方法及程序，各国应通过主管国际组织或外交会议，协调这一方面的政策"。

《联合国海洋法公约》第207条和第213条对控制陆源污染及其执行作出了规定，要求各国制定法律和规章，以防止、减少和控制陆源污染，同时考虑国际规则、标准和建议的办法和程序，以及区域的特点、发展中国家的经济能力及其经济发展的需要。此外，一些区域性国际公约也对控制陆源污染作出规定。例如，1974年《防止陆源海洋污染公约》旨在通过单独和联合采取防止海洋污染的措施、协调缔约国的政策以采取一切可能步骤防止海洋污染。又如，1974年《保护波罗的海海域海洋环境的赫尔辛基公约》、1980年《保护地中海不受陆地来源污染的雅典议定书》、1983年《保护东南太平洋不受陆地来源污染的基多议定书》以及1992年《东北大西洋海洋环境保护公约》均包含了控制陆源污染的规定。

二、海底开发活动造成的污染

海底开发活动分为国家管辖范围内的海底开发活动和国家管辖范围以外的海底（即《联合国海洋法公约》所称的"区域"）开发活动。《联合国海洋法公约》第208条和第

---

[1] 参见朱晓青主编：《国际法学》，中国社会科学出版社2012年版，第275页。

214 条规定了国家管辖的海底开发活动造成的污染所应采取的措施。公约要求沿海国应当制定法律和规章，以防止、减少和控制来自受其管辖的海底活动或与此种活动有关的对海洋环境的污染，以及来自其管辖下的人工岛屿、设施和结构对海洋环境的污染；各国应采取其他可能必要的措施，以防止、减少和控制这种污染；各国应通过主管国际组织或外交会议采取行动，制定全球性和区域性规则、标准和建议的办法及程序，以防止、减少和控制此类海洋环境的污染。

《联合国海洋法公约》第 145 条和第 209 条为防止、减少和控制"区域"内活动对海洋环境的污染作出了规定。该公约第 145 条要求各国对"区域"内活动采取必要措施，以确保切实保护海洋环境不受这种活动可能产生的有害影响。为此，国际海底管理局应制定适当的规则、规章和程序，以防止、减少和控制对包括海岸在内的海洋环境的污染和其他危害，并防止干扰海洋环境的生态平衡，以及保护和养护"区域"的自然资源，并防止对海洋环境中动植物的损害。该公约第 209 条要求各国制定法律和规章以防止、减少和控制该国的船只或设施所进行的"区域"内活动造成对海洋环境的污染，此种国内法律和规章不应低于管理局所制定的国际规则、规章和程序的要求。

三、倾倒造成的污染

倾倒是指故意将陆地的污染物质处置于海洋之中，一般通过有选择的运载工具将污染物质故意置于海洋之中。1982 年《联合国海洋法公约》第 210 条对倾倒作了原则性规定，要求各国应制定法律和规章，以防止、减少和控制倾倒对海洋环境的污染，这些国内法律、规章和措施在防止污染方面的效力不低于全球性规则和标准。

第一个专门控制海洋倾倒的公约是 1972 年《防止倾倒废物及其他物质污染海洋公约》（以下简称《伦敦倾倒公约》）。根据该公约的规定，倾倒指从船舶或航空器上有意地在海上倾弃废物或其他物质的行为，但不包括船舶或航空器正常操作所产生的废物的处置。公约通过附件列举，对不同类型的废物分别进行控制：对于毒害最大的（"黑名单"）废物，应禁止倾倒；对于毒害较大的（"灰名单"）废物，其倾倒应事先获得特别许可证；对于其他废物，其倾倒需要事先获得一般许可证。1996 年《防止倾倒废物及其他物质污染海洋公约的 1996 年议定书》对 1972 年《伦敦倾倒公约》进行了全面修订，增加了关于污染的定义、缔约国的一般义务、禁止海上焚烧、关于内水、遵守程序、区域合作、国际合作、技术合作和援助、技术和科学研究、争端解决等内容，并改变了"黑名单"和"灰名单"的方式，采取了可考虑倾倒的废物和其他物质名单的方式，禁止倾倒名单中没有的物质。

四、船舶源污染

船舶源污染是指在海上航行的船舶蓄意或由于疏忽而向海洋排放油污或其他有害物质造成的污染，通常包括运营污染和事故污染。1954 年在伦敦签订的《国际防止海上油污公约》标志着首次对油轮造成的油类污染进行国际规制的成功。联合国海事组织的直接参与或主持制定了一系列防止船舶污染的国际公约，对从船舶排放油或油性混合物的控制进行了规定。1973年《国际防止船舶污染公约》取代了1954年《国际防止海上油污公约》，旨在彻底消除有意排放油类和其他有害物质体物质而污染海洋环境，并将这些物质的意外排放减至最低限度。1973年《国际防止船舶污染公约》与《关于1973年国际防止船舶污染公约的1978年议定书》合称为"73/78年防污公约"（MARPOL73/78）。

国际习惯法赋予了船旗国充分的权力，以管制船舶造成的海洋污染和可能给环境造成危险的船舶操作的其他方面。例如，1982年《联合国海洋法公约》第211条要求各国制定法律和规章，防止、减少和控制悬挂其旗帜或在其国内登记的船只对海洋环境的污染。这种法律和规章至少应具有与通过主管国际组织或一般外交会议制订的一般接受的国际规则和标准相同的效力。此外，沿海国依其对沿岸海域的主权或主权权利对船舶行使管辖权。《联合国海洋法公约》第211条对防止在领海内包括行使无害通过权的外国船只以及在专属经济区内的外国船只造成污染的问题作出了规定。根据这些规定，沿海国可以制定法律和规则，以防止、减少和控制外国船只对海洋的污染。

五、来自大气层或通过大气层的污染

《联合国海洋法公约》第212条规定了来自大气层或通过大气层的污染。第一，各国为防止、减少和控制来自大气层或通过大气层的海洋环境污染，应制定适用于在其主权下的上空和悬挂其旗帜的船只或在其国内登记的船只或飞机的法律和规章，同时考虑到国际上议定的规则、标准和建议的办法及程序，以及航空的安全。第二，各国应采取其他可能必要的措施，以防止、减少和控制这种污染。第三，各国特别应通过主管国际组织或外交会议采取行动，尽力制定全球性和区域性规则、标准和建议的办法及程序，以防止、减少和控制这种污染。

第四节　自然资源的保护

人类生存依赖于地球上的自然资源，这些自然资源包括植被、动物等生物形态，也包括生物赖以生存的土壤、水流、空气等。由于经济增长和科技进步带来的人口大幅增长和人类活动范围的扩大，物种、栖息地、生态系统和生物多样性都受到严峻挑战。由此可见，自然资源保护成为现代国际法调整的一个新兴领域。各国在双边和多边基础上缔结了大量条约，为自然资源的管理和养护规定了国际法义务。

一、淡水资源的保护

淡水资源包括江河、湖泊、地下水和水库等。由于江河、湖泊往往跨越国界或者直接构成国家间的边界，淡水资源的污染问题在很多情况下需要通过国际合作才能解决。因此，淡水资源保护的调整主要通过制定区域和双边条约以及通过联合国环境规划署、经济与发展合作组织等国际机构通过的政策性文件进行。

（一）全球淡水保护

1966年8月国际法协会通过的《关于国际河流使用的赫尔辛基规则》（以下简称《赫尔辛基原则》）是最早和最经常被援引的关于淡水资源保护的国际文件之一，它编纂了于国际流域内水域的一般国际法规则。《赫尔辛基原则》第4条承认，国际流域内各国有权合理公平地利用流域内的水；第10条规定，各国不应对国际流域内的水造成任何新形式的污染或加重现有污染程度，从而可能对流域内另一个国家境内造成严重损害。国家应为减少各种现有污染采取一切合理措施，以便不在流域内另一国家境内造成损害。

《赫尔辛基原则》对国际河流的利用、管理和保护的习惯国际法的形成与发展具有积极影响。1972年斯德哥尔摩大会行动计划呼吁为防止淡水污染和保护整个水资源进行国际合作；1977年在阿根廷马德普拉塔召开的水资源大会建议研究可以用来管理共享水资源的方法，制定共同的规划，实施协调水资源利用所必需的机制；1979年联合国环境规划署理事会以《赫尔辛基原则》为蓝本，批准了《指导国家保护和和谐利用两个或多个国家共享自然资源的环境行为原则》，以及《二十一世纪议程》第18章呼吁通过"适用统一的开发、管理和利用水资源的方法""保护水资源的质量和供应"等。其中，《二十一世纪议程》从6个领域对保护淡水资源的质量和供应进行了较为详细的规定，分别是：水资源的综合开发与管理；水资源评价；水资源、水质和水生生态系统的保护；饮用水的供应与卫生；水与可持续的城市发展；可持续的粮食生产和农村发展的用水以及气候变化对水资源的影响。

1971年联合国国际法委员会开始把"国际水道非航行使用法"列入工作议程。1990年委员会通过了关于国际水环境保护的条款，1991年又通过了《国际水道非航行使用法条文草案》。草案在有关国际水道的污染问题上首先把"特雷尔冶炼厂案"中所阐述的习惯法原则适用到国际水道的问题，规定"水道国在利用国际水道时，不得对其他水道国造成明显的损害"。如果一国在本国境内对国际水道的使用，对另一国家境内的水道或其他自然资源或环境造成了较大的损害，这种使用就不属于"公平合理"的使用，有关国家应对其行为承担国家责任。

1997年5月5日，根据联合国国际法委员会起草的条款，联合国大会以第51/229号决议通过了《国际水道非航行利用法律公约》。这是第一个旨在保护国际水道环境的普遍性全球公约。该公约包括六个部分：第一部分是导言，主要规定了公约的适用范围以及公约与其他水道协定之间的关系；第二部分规定了公约的一般原则，包括水道国应以公平合理的方式参与国际水道的利用、开发和保护，水道国在本国利用国际水道不应对另一国境内的水道或其他自然资源造成严重损害，水道国有义务为实现国际水道的最佳利用和充分保护进行国际合作，水道国之间应就有关水道定期交流数据与信息等；第三部分规定水道国应就计划的措施对国际水道的可能影响进行信息交换和磋商；第四部分规定了国际水道生态系统的保护和保全，包括关于国际水道生态系统保护、水道国个别保护和联合保护相结合；第五部分是关于预防和减轻有害状况以及应对紧急情况；第六部分是关于武装冲突、水道国之间的间接接触、特定数据的保密性等杂项以及争端解决条款。该公约中的原则和规定反映了最低国际标准。在此基础上，各国可以与其邻国协商确定具体合作安排，公平合理地利用其淡水资源。

（二）区域淡水保护

区域合作为国际水道管理和环境保护提供了重要支持。国际河流委员会通常包含区域安排，以便水道国之间通知、协商和谈判，协调应对紧急情况，收集、传播和研究环境和水质问题的数据和信息，促进环境共同标准的制定、实施和定期审查。

20世纪60年代末开始，区域国际组织制定了一些关于国际河流的文件。例如，1968年5月，欧洲理事会通过《欧洲水宪章》；同年9月，欧洲理事会主持通过了《在洗涤产品中限制使用某些去污剂的欧洲协定》；1980—1990年，联合国欧洲经济委员会水问题小组起草了一系列关于在界水方面进行合作的文件。1992年3月，联合国欧洲经济委员会在赫尔辛基主持通过了《保护和利用跨界河流和国际湖泊公约》。该公约综合了跨界污染的规则和专门防止河流污染的规则，以保护水道免受跨界环境损害的影响。

（三）河流或流域制度

早在20世纪早期，欧洲和北美洲已经出现禁止有害于河流的工农业污染的制度，但严格的禁止污染边境水域义务仅在人类健康或财产遭受损害时才得以适用。20世纪60年代以后，越来越多国家之间缔结了专门保护国际河流或湖泊的条约。

在欧洲，依据1963年《保护莱茵河免受污染国际委员会的波恩协定》成立的莱茵河国际委员会是保护莱茵河的主要执行机构。该委员会对莱茵河污染情况进行调查、提出建议并起草指南，但具体措施的达成受制于成员方的一致同意。1976年欧共体理事会加入该委员会。同年12月，莱茵河沿岸国又签署了《保护莱茵河不受化学污染公约》和《保护莱茵河不受氯化物污染公约》。1999年《莱茵河保护公约》取代了1963年《莱茵河委员会协定》和1976年《保护莱茵河不受化学污染公约》，赋予莱茵河委员会更大的权力来作出具有约束力的决议，所有成员国必须以委员会规定的方式实施一致通过的决议措施。[1]

在北美洲，为规范美加边界上水资源的管理和利用，早在1909年1月美国与英国就签订了《美加关于界水及相关问题的条约》。条约至今仍然有效，构成美加界水制定的基础。依据该条约成立的国际联合会负责处理两国间在界水利用和其他边境问题上的争端。20世纪60年代以后，美加两国围绕五大湖污染问题于1972年和1978年签订《大湖水质协定》，并于1987年和2013年修订。《大湖水质协定》是最早规定维持生态系统完整性的国际条约之一，拉开了新时代跨界水生态保护法的序幕。

二、土壤和森林资源保护

随着全球气候变化和人类活动对自然环境的不合理干预，水土流失和荒漠化问题日益严重，对生态环境和人类生存的可持续性造成巨大威胁。国际社会从20世纪80年代

---

[1] 参见［英］帕沙特·波尼、埃伦·波义尔：《国际法与环境》（第二版），那力、王彦志、王小钢译，高等教育出版社2007年版，第307页。

起对治理水土流失、防止荒漠化和保护森林等问题予以关注。例如，1981 年国际粮农组织制定的《世界土地宪章》、1992 年联合国环境与发展大会通过的《关于森林问题的原则声明》等国际文件都在不同程度上强调了保护土壤和森林资源的重要性。

（一）土壤保护

土壤退化是指在各种自然尤其是人为因素影响下所发生的不同强度侵蚀而导致土壤质量及农林牧业生产力下降乃至土壤环境全面恶化的现象，包括水土流失、盐碱化、沼泽化、土壤肥力衰减及酸化等。由于土壤退化涉及土地整治以及各类土地资源保护，主要是一国国内政策问题，因此国际法只能促进国家间合作、组织信息交流和资助土地整治项目。

《二十一世纪议程》第 12 章"脆弱生态系统的管理：防沙治旱"列举了荒漠化的原因，规定了行动原则和执行方式，为防治荒漠化提供了技术基础和行动指南。《二十一世纪议程》指出，在防治沙漠化和旱灾的行动中，当地社区、农村组织、各国政府、非政府组织以及国际和区域组织的参与必不可少。《二十一世纪议程》提出防治沙漠化的六大方面：加强知识库和发展易受沙漠化和干旱易发地区的信息和监测系统，包括这些系统所涉经济社会问题；通过加强土壤保持、造林和再造林等活动，防治土地退化；制订和加强沙漠化易发地区消除贫困和促进替代生计系统综合方案；制订全面的防止沙漠化方案并将其纳入国家发展计划和国家环境规划；制订旱灾易发地区的综合备灾救灾计划及设计应付环境难民的方案；以及鼓励和促进民众参与和环境教育，重点是沙漠化的控制和旱灾影响的处理。[1]

1994 年 6 月在巴黎通过的《在严重干旱和荒漠化国家尤其是在非洲防治荒漠化的联合国公约》是 1992 年在里约召开的联合国环境与发展大会《二十一议程》框架下的三大环境公约之一。公约的宗旨是在发生严重干旱和/或荒漠化的国家，尤其是在非洲，防治荒漠化，缓解干旱影响，以期协助受影响的国家和地区实现可持续发展。公约要求直接受荒漠化影响的发展中国家将防治沙漠化和干旱置于优先地位，作为公约缔约方的发达国家则应提供资金和技术支持。公约要求各国政府共同制定国家级、次区域级和区域级行动方案，并与捐助方、地方社区和非政府组织合作，以共同对抗荒漠化挑战。

（二）森林保护

森林管理和保护主要依赖各国国内法律。国际森林保护主要是通过促进国家间合作而开展的。1983 年 11 月，热带木材的生产国和消费国在日内瓦签订了《国际热带木材协定》，为所有成员之间就世界木材经济的一切有关方面开展磋商、国际合作和政策制订工作提供了有效框架，旨在可持续经营热带森林，保护热带用材林资源，并使其得到合理利用。1994 年 1 月，有关国家签订了新的《国际热带木材协定》，取代 1983 年《国际热带木材协定》，并拥有 51 个缔约国。1992 年联合国环境与发展大会通过的《里约宣言》第 7 条承认，有必要恢复和保护地球生态系统的统一性；同时通过的《二十一世纪议程》第 11 章"制止砍伐森林"也提出维持所有类型森林用途的有关原则，建议加强

---

[1] 朱晓青主编：《国际法学》，中国社会科学出版社 2012 年版，第 280—281 页。

国家森林保护机构和权力，使森林得到更好的保护和可持续开发。

为继续推动国际森林问题谈判，联合国经社理事会于 1995 年至 1997 年和 1997 年至 2000 年，在联合国可持续发展委员会下分别设立了"政府间森林问题工作组"和"政府间森林论坛"。但是由于各国对森林主权、法律和政策等问题存在严重分歧，谈判举步维艰，成果甚微。2000 年 10 月，在联合国可持续发展委员会建议下，联合国经社理事会成立了"联合国森林论坛"。该论坛作为全球森林政策协调和对话平台，在加强各国对实现森林可持续经营的政治承诺、提高森林对全球发展目标的贡献、促进国际合作等方面取得诸多成就。

三、生物资源保护

生物资源包括植物、动物和微生物，以及它们赖以生存的非生物环境要素，对于维持自然界稳定、平衡和秩序以及人类长期可持续发展具有重要意义。1982 年《世界自然宪章》庄严宣告，"每种生命形式都是独特的，无论对人类的价值如何，都应得到尊重"。

（一）《世界自然宪章》

《世界自然宪章》是 1982 年 10 月 28 日联合国大会通过的全球自然保护的纲领性文件，旨在发展综合性的保护自然界、野生动物和生物多样性价值的法律机制。《世界自然宪章》第 2 条指出，"地球上的遗传多样性不得损害；不论野生或家养，各种生命形式都必须至少维持其足以生存繁衍的数量，为此目的应该保障必要的生境"。宪章第 10 条要求"合理使用"，即国家不能超过其自然的再生能力而使用自然资源；第 11 条使用了"最佳可获得技术"，对可能影响自然界的行为加以控制，尤其对特殊地区予以特别保护；第 22 条系统陈述了国家的义务，在充分考虑到各国对自然资源享有永久主权的情况下，每个国家均应通过本国主管机构与其他国家合作，执行宪章的各项规定；第 23 条要求人人都应当有机会按照本国法律个别或集体地参加拟定与其环境直接有关的决定；第 24 条强调了个人遵守《世界自然宪章》的义务及"努力保证"其目标的实现。

尽管宪章同其他联合国决议一样不具有法律拘束力，但是它反复被援引，对各国政策制定产生了深远影响。宪章被大多数国家接受，有利于建立对自然的国际法律保护，如果其中的有关内容能得到系统的适用和认真的遵守，有的规则就会转变为习惯国际法。宪章中的原则已反映在联合国环境与发展大会的其他文件中，包括对《生物多样性公约》产生了积极影响。

（二）《濒危野生动植物种国际贸易公约》

1972 年 6 月在斯德哥尔摩召开的联合国人类与环境大会全面讨论了环境问题，特别是濒危野生动植物保护问题，提议由各国签署一项旨在保护濒危野生动植物种的国际贸易公约。1963 年世界自然保护联盟成员会议公开呼吁各国政府正视此问题，着手野生动植物国际贸易管制工作。1973 年 3 月 3 日，在美国华盛顿特区的一次会议上最终商定了《濒危野生动植物种国际贸易公约》的文本，并于 1975 年 7 月 1 日生效。该公约一直是成员最多的保护协议之一，截至 2023 年 10 月底共有 184 个缔约国。

公约旨在管制而非完全禁止野生物种的国际贸易，其采用物种分级与许可证的方式,以达成野生物种市场的永续利用性。公约包括了3个附录:附录一为若再进行国际贸易会导致灭绝的动植物,明确规定禁止其国际交易,只有在特殊情况下才允许买卖这些物种的标本。附录二所列的物种包括如不采取严格的限制贸易措施,则有可能灭绝的物种,必须对其贸易加以控制,以避免与其生存不符的利用。附录三则是缔约国视其国内需要,自行决定进行管理以防止或限制开发利用,并需要其他缔约国合作控制其贸易的物种。该公约的附录物种名录由缔约国大会投票决定,缔约国大会每2年至2年半召开一次。

该公约制定了濒危物种名录,通过许可证制度控制这些物种及其产品的国际贸易,由此使公约成为打击非法贸易、限制过度利用的有效手段。公约要求各国对野生动植物进出口活动实行许可证或允许证明书制度,建立有效的双向控制机制。这种机制使历史文化传统、社会发展水平、政治经济利益不尽相同的国家都能接受并予以积极支持和合作,特别是能使消费国主动协助分布国防止其野生动植物的偷猎或非法贸易活动。公约机构还与相关国际组织合作,发挥海关和国际刑警组织在野生动植物进出口管理和打击走私犯罪方面的作用。

(三)《生物多样性公约》

《生物多样性公约》在1992年联合国环境与发展大会上正式签署,是迄今为止保护范围最广、内容最为全面、批准最为广泛的国际环境公约之一。公约超越了生物多样性保护,还包括可持续利用生物资源、获得基因资源及分享使用基因物质的惠益、获取技术(包括生物技术)等内容。

《生物多样性公约》第一次通过建立一个广泛的保护生物多样性的法律框架来填补旧体制的空白。在《生物多样性公约》诞生之前的国际公约主要是在一定基础上保障"合理地"或"明智地"使用共同财产或共同资源(如1972年通过的《保护世界文化和自然遗产公约》),或通过控制国际贸易来保护野生动植物物种(如1973年通过的《濒危野生动植物种国际贸易公约》),或着眼于保护特殊地域的生态系统(如1959年通过的《南极公约》)。这些公约虽然都有助于保护生物多样性,但是这种保护不具有系统性。《生物多样性公约》在认识到生物多样性对人类生存的价值的同时,还吸收了现代环境法中许多新的保护原则和政策。

《生物多样性公约》旨在保护生物多样性、持续利用其组成部分,以及公平合理分享由利用遗传资源而产生的惠益;实施手段包括遗传资源的适当取得及有关技术的适当转让,但须顾及对这些资源和技术的一切权利,以及提供适当资金。该公约重申了各国对自己生物资源拥有主权权利,有责任保护自己的生物多样性并以可持久的方式使用自己的生物资源,但同时也确认生物多样性的保护是"全人类的共同关切事项"。

《生物多样性公约》对于发达国家利用发展中国家的资源和向发展中国家转让技术等问题作了详细规定。公约第15条确认各国对其自然资源拥有的主权权利,取得遗传资源的决定权属于各国政府,并依照该国法律行使;规定每一缔约国应致力于创造条件,便利其他缔约国取得遗传资源用于无害环境的用途,不对这种取得施加违背本公约目标的限制,以及每一缔约国酌情采取立法、行政或政策性措施,以期与提供遗传资源的缔约国公平分享研究和开发此种资源的成果，以及商业和其他方面利用此种资源所获的利益，且这种分享应按照共同商定的条件。在技术转让方面，公约第16条以灵活的语言为发达国家施加了较其他环境公约更严格的义务。该条第2款规定，技术的取得和向发展中国家转让，应按公平和最有利条件提供或给予便利，包括共同商定时按减让和优惠条件提供或给予便利。

值得指出的是，国际上还有诸多保护一般或特定野生动物、植物和其他自然资源的国际公约，它们对于生物多样性保护具有不同程度的重要意义。例如，1946年《国际捕鲸管制公约》、1950年《国际鸟类保护公约》、1957年《保护北太平洋海豹公约》、1972年《关于特别是作为水禽栖息地的国际重要湿地公约》、1972年《南极海豹保护公约》、1973年《濒危野生动植物物种国际贸易公约》、1973年《保护北极熊协定》、1978年《国际植物新品种保护公约》、1979年《保护野生动物迁徙动物物种公约》、1980年《南极海洋生物资源保护公约》等。

第五节 危险物质和活动的管制

国际环境法上关于危险物质和活动的控制主要包括造成跨界环境损害的物质和活动，其中比较重要的问题包括核活动与核材料、有毒或危险废弃物质的处理以及重大技术风险等。

一、核活动与核材料的管制

在核能开发早期，为鼓励和促进核电发展，国际原子能机构于1956年成立。20世纪70年代的石油危机促使核能源使用的增加，放射性物质对健康和环境带来的长期损害引发国际关注。1986年切尔诺贝利事故在东欧和西欧造成严重的污染扩散，不仅对国际国内核设施规制的适当性提出了质疑，而且揭示了国际原子能机构应对灾难性危险的能力有限。为应对核事故带来的巨大危害，1986年通过了《及早通报核事故公约》和《核事故或辐射紧急情况援助公约》。

1986年《及早通报核事故公约》适用于已经造成或可能造成对另一国具有辐射安全影响的跨界国际释放事故。公约第2条要求在发生放射事故后，缔约国应立即直接或通过国际原子能机构将核事故机器性质、发生时间和确切地点通知实际受影响或可能会实际受影响的国家和机构，并迅速向这些国家和机构提供有关尽量减少辐射后果的可获得的情报。为减少辐射后果，公约还要求发生核事故的缔约国在其他缔约国请求时与其进行协商，鼓励缔约国之间签订与《及早通报核事故公约》主题事项相关的双边或多边协定。

1986年《核事故或辐射紧急情况援助公约》要求缔约国为了在发生核事故或辐射紧急情况时迅速提供援助，以便尽量减少其后果并保护生命、财产和环境免受放射性事故的影响，相互并与国际原子能机构合作。公约第 2 条规定，缔约国可以在核事故发生后，向其他缔约国或国际原子能机构或其他国际组织提出紧急援助的请求。第 3 条规定请求国有责任对援助进行全面的指导、管理、协调和监督；有义务尽其所能为援助的妥善和有效管理提供当地的设施和劳务并对进入其领土的人员、设备和物资予以适当保护。

自 20 世纪 60 年代以来，国际社会一直致力于禁止和限制核武器、生物武器、化学武器等对人类和自然界其他生物及其生存环境具有大规模杀伤性和毁灭性的武器的研发、生产和使用，先后制定了一系列重要的国际条约，包括 1953 年《禁止在大气层、外层空间和水下进行核试验条约》、1968 年《不扩散核武器条约》、1971 年《禁止在海床、洋底及其底土安置核武器和其他大规模毁灭性武器条约》、1996 年《全面禁止核武器条约》等。这些条约不仅对于保护人类环境，而且对于维护国际和平与安全发挥着重要作用。

此外，国际原子能机构还通过了一系列关于核活动和核材料的国际文件。1980 年《核材料实物保护公约》适用于国际和运输中的用于和平目的的核材料，要求缔约国在进行国际核运输时按照公约附件一的级别予以保护，否则不应输出或批准输出核材料，也不能从非缔约国输入或批准输入核材料以及其他方式的和运输。1994 年《核安全公约》强调对核设施享有管辖权的国家对核安全承担责任，要求各成员国建立和维持关于核设施安全的立法和管制框架，包括许可证制度、独立检查制度和执行制度。1997 年《废弃燃料和放射性废物管理安全联合公约》以追求高安全标准和防止事故发生为目标，对废弃燃料和放射性废物的管理及设施的设计、选址和运转提出了一般安全要求，并建立了相应的管制框架和管制机构。

二、化学品的国际管制

国际上关于化学品管理的法律文件主要包括化学品登记和分类、化学品贸易和化学品运输三个方面。

有关化学品登记和分类的国际组织及其制定的文件主要包括：联合国环境规划署、国际劳工组织和世界卫生组织共同制定的《国际化学品安全方案》；联合国环境规划署制定的《国际潜在有毒化学品登记册》；世界卫生组织制定的《按危险性分类的农药建议分类：分类指南》；联合国经社理事会制定的《关于危险商品检测和标准的建议》等。此外，联合国环境规划署设立了"国际潜在有毒化学物质登记处"，向不同国家卫生和环境保护部门提供有毒化学物质的资料。

关于化学品国际贸易的重要文件包括：联合国大会 1983 年通过的第 37/137 号决议；国际粮农组织于 1985 年制定的《关于农药使用和分销的国际行为准则》；联合国环境规划署理事会 1987 年 6 月 17 日通过的《关于化学品国际贸易资料交换的伦敦准则》和 1998 年 9 月 11 日通过的《关于在国际贸易中对某些危险化学品和农药采用事先知情同意程序的鹿特丹公约》等。

关于危险物品运输的重要国际文件包括：1924 年国际铁路运输政府间组织制定的

《关于国际铁路运输危险商品规则》；1944年国际民用航空组织制定的《芝加哥国际民用航空公约》之附件18；联合国经社理事会1956年通过的《关于危险货物运输的协议》；1960年国际海事组织制定的《国际海上运输危险货物运输守则》；国际海事组织1973年制定的《国际防止船舶造成污染公约》；国际海事组织海上安全委员会组织专家1981年编写的《国际海上危险货物规程》以及国际原子能机构1990年通过的《关于安全运输放射性材料条例》等。

三、有毒或危险废物的管制

危险废物在国际间的转移，尤其是向发展中国家的转移，会对人类健康和环境造成严重的危害。随着发达国家向发展中国家转移危险废物的现象日益受到国际社会关注，在全球和区域层面逐渐建立了有关废物处置和跨境转移的国际法律制度。1991年，在发展中国家环境与发展部长级会议上通过的《北京宣言》第16条呼吁所有国家建立向发展中国家转让低废技术的机制，提高鉴别、分析和处理废物的能力，以便建立一个在全球禁止向缺乏此类能力的发展中国家出口危险废物的机制。1992年《里约宣言》原则14也宣布，各国应有效合作，阻碍或防止任何造成环境退化或证实有害人类健康的活动或物质迁移或转让到他国。近几十年来，联合国环境规划署、经合组织和欧洲联盟等国际机构对危险废物的管理和跨境转移制订了许多规范性文件。例如，联合国环境规划署理事会于1987年6月通过了《无害环境危险废物管理的开罗准则》，为1989年3月在瑞士巴塞尔会议上通过的《控制危险废物越境转移及其处置巴塞尔公约》（以下简称《巴塞尔公约》）奠定了基础。

《巴塞尔公约》是控制危险废物越境转移及其处置的最重要的国际公约之一。该公约共有29条正文和6个附件，于1992年5月生效，并于1995年9月通过了修正案。公约旨在控制和减少公约规定的废物越境转移，把产生的有害废物减少到最低限度；将产生的危险废物数量和毒性减至最低限度，并保证在离产生地最近的地方对其进行无害环境的管理；帮助发展中国家对其产生的有害废物和其他废物进行无害环境的管理。公约确认了各国享有禁止来自外国的危险废物进入其领土或在其领土内处置的主权权利，并规定，如果缔约国禁止进口危险废物，或者没有以书面形式对进口表示同意，其他缔约国就不得允许向其出口危险废物。公约第4条为缔约国规定了一般义务，包括缔约国有权禁止危险废物或其他废物进口并将禁止的决定通知其他缔约国；接到此等通知后应禁止或不许可向禁止这类废物进口的缔约国出口危险废物和其他废物；在可能的范围内，将处置废物的设施设在本国领土内；禁止向经济和/或政治一体化组织且在法律上完全禁止危险废物或其他废物进口的某一缔约国或一组缔约国，特别是发展中国家，出口此类废物；不许可与非缔约国之间进行危险废物或其他废物的出口或进口的活动；不许可将危险废物或其他废物出口到南纬60°以南的区域进行处置等。公约第6条详细规定了危险废物在缔约国之间越境转移的事先通告和事后报告程序，以及情报管理程序。公约第8条和第9条对危险废物的再进口和非法运输作了规定。

《巴塞尔公约》只针对处置或待处置的废物。放射性物质被排除在外，因为它由其他制度来处理。危险物品的贸易，例如化学品的贸易，只要其目的不是为了处置，不受《巴塞尔公约》调整。危险物品的贸易主要由习惯法、非约束力文件和其他公约来调整。非约束力文件包括《在国际贸易中交换化学品信息的联合国环境规划署伦敦准则》《联合国粮农组织销售和使用杀虫剂行为准则》，其他公约包括1988年《某些危险化学品和杀虫剂在国际贸易中采取事先知情同意程序公约》。

第六节　国际贸易与环境

一、贸易与环境的关系

近些年来，国际贸易自由化与环境保护的关系是国际环境法律和政策中的重要问题。贸易与环境的关系日益密切，二者既相辅相成又互相矛盾。一方面，世界贸易组织（WTO）自由贸易规则体系与某些国际环境协议以及国内环境保护法律政策之间存在一定程度的冲突，比如多边贸易规则可能增加多边环境协议的执行难度，使各国在一定条件下不能采取保护本国环境的相关手段。另一方面，我们也应看到，贸易与环境是可持续发展的两个重要方面，贸易政策和环境政策的目标均是通过对自然资源的有效配置不断改善人类的生活质量，从而实现人类社会的可持续发展。1992年《里约热内卢环境与发展宣言》原则12重申："为环境目的而采取的贸易政策措施不应该成为国际贸易中的一种任意或无理歧视的手段或伪装的限制，应该避免在进口国家管辖范围以外单方面采取对付环境挑战的行动，以及解决跨越国界或全球性环境问题的环境措施应尽可能以国际协调一致为基础。"因此，在自由贸易与环境保护之间寻求平衡，是世界各国面临的难题。

从深层次来看，具有内在增长机制的贸易活动对自然资源需求的无限性与具有内在稳定机制的生态环境对资源供给的有限性之间存在矛盾关系。随着国际贸易和环境资源问题的矛盾日趋激化，各国政府为环保目的执行的限制或禁止进出口的环境贸易措施增多，日益影响到国际贸易的正常发展。一国采取贸易限制措施可能基于如下理由：为保护国家管辖范围之外的资源而采取贸易限制措施；为保护国内环境而采取贸易限制措施；为改善其他国家环境而采取贸易限制措施。一个国家为保护国内环境可能需要三种不同的贸易限制：对于不符合国内环境规范的商品或服务实施进口限制；对进口商品采用与国内商品同样的法规和要求；为了保存自然资源而采取的出口限制。[1]此外，贸易和环境之间的冲突问题也可能产生于对别国没有环境立法或环境立法水平低的担忧，这种情况的根本原因在于松弛的环境标准可以使国家更容易吸引外国投资。当前，贸易与

---

[1] 参见［英］帕沙特·波尼、埃伦·波义尔：《国际法与环境》（第二版），那力、王彦志、王小钢译，高等教育出版社2007年版，第680页。

环境的冲突问题在食品安全、知识产权、服务贸易和补贴等领域表现得较为明显。WTO改革应当关注新的环境问题及其影响，保护发展中国家进入全球市场，提高决策过程面向公众和非政府组织的透明度。

二、WTO 体系下中关于环境保护的相关规定

关贸总协定（GATT）对国际环境保护规则的实施提出了挑战。WTO/GATT 体系的核心是最惠国待遇原则和国民待遇原则，这两个非歧视原则对 GATT 第 2 条关税减让的约束性义务的履行至关重要。GATT 第 1 条最惠国待遇原则旨在确保以其他缔约方为原产地或目的地的相同产品得到相同待遇，这一待遇必须无条件的实施。GATT 第 3 条国民待遇原则广泛适用于针对进口产品采取的所有国内措施，包括税收、费用和任何形式的法令，对国内产品和进口产品要采取同样的待遇。GATT 第 11 条普遍消除数量限制条款规定，任何缔约国除征收税捐或其他费用以外，不得设立或维持配额、进出口许可证或其他措施以限制或禁止其他缔约国领土的产品的输入，或向其他缔约国领土输出或销售出口产品。GATT 第 20 条是"一般例外"条款，它有条件地免除了第 1 条、第 3 条和第 11 条在内的协定义务，使某些影响贸易自由的环境规则具有正当性。根据第 20 条（b）项和（g）项，缔约国可以为保护人类和动植物的健康和生命所必需，或为保护可以用竭的自然资源的需要而采取限制措施。但是，第 20 条的解释十分严格，其在多边环境协定中的适用存在很大困难。

从环境保护角度来看，在适用 GATT 解决争端的几个案件中，贸易自由的主张战胜了环境保护的主张。例如，1991 年 GATT 专家组作出了著名的"金枪鱼—海豚 1 号案"判决，首次阐述了根据 GATT 一国为保护资源而采取单边行动的范围以及国家管辖范围以外的环境问题。在该案件中，GATT 专家组以前所未有的强烈措辞谴责单边贸易措施。专家组认为，GATT 第 20 条（b）项和（g）项不能证明美国禁止进口金枪鱼的合法性，因为禁令不符合"必需"的要求。缔约方不能仅仅因为他国的环境政策与自己的不同而限制该国的产品进口，且如果一国出于生态原因允许贸易限制，它应在此之前确立标准和范围，以避免保护主义的滥用。

1986 年 9 月，关贸总协定部长级会议在乌拉圭的埃斯特角城举行，会议决定进行一场旨在全面改革多边贸易体制的新一轮谈判，即"乌拉圭回合"谈判。乌拉圭回合谈判的结果是设立了永久性的世界贸易组织，将关贸总协定的基本原则延伸至服务贸易和知识产权，达成了《服务贸易总协定》（GATS）和《与贸易有关的知识产权协定》（TRIPs）。1994 年 4 月 14 日，在签署乌拉圭回合谈判最后文件的会议上，GATT 缔约方通过了一项部长会议决定，在 WTO 的监管下正式成立了新的贸易与环境委员会，该委员会的职责是为促进可持续发展而制定加强贸易措施与环境措施间积极互动的规则的必要性提出适当建议。1994 年《建立世界贸易组织的协定》前言宣布，各国应确保"按照可持续发展的目的扩大对世界资源的充分利用，同时保护和维持环境"。

GATT 1994 第 20 条（b）项和（g）项与 GATT 1947 第 20 条（b）项和（g）项的内容完全一样。GATS 第 14 条"一般例外"也规定了为保护人类、动物或植物的生命或健

康，成员国可以采取或实施限制措施。TRIPs 第 8 条承认，成员国可以制定法律和采取必要措施保护公众健康和生活；第 27 条第 2 款则规定，可以为保护人类、动物的生命和健康或保护植物而拒绝对某些发明授予专利。此外，《技术性贸易障碍协定》和《实行动植物卫生检疫措施的协定》也强调，各国在制定技术规章或采取卫生或植物检疫措施时，应遵循现有的国际标准。根据《技术性贸易障碍协定》，如果一国要采取超过国际标准的措施，那么，该国必须表明，有关国家标准"由于根本性的气候或地理因素或根本性的技术问题，对于实现所要追求的合理目标而言是无效或不合适的"；根据《实行动植物卫生检疫措施的协定》，一国只有在"有科学上的理由"或者在通过该协定所规定的程序而确定了"适当的保护水平"的情况下，才能超越有关的国际标准。

总之，随着经济全球化和环境问题的日益国际化，贸易与环境的关系日益密切，相关国际法规则仍在持续发展之中。贸易与环境的协调发展对于人类可持续发展具有重要意义。我们应避免以牺牲生态环境和人类健康为代价换取经济发展，也应打破以邻为壑的贸易与环境壁垒，寻求协调、开放、绿色、健康的全球发展之道，促进可持续发展的开放性世界经济体系。

▶ 重要名词术语

国际环境法、大气资源保护、海洋环境保护、自然资源保护、危险物品和活动控制、国际贸易与环境、不损害其他国家或国家管辖范围以外环境原则、国际合作原则、风险预防原则、共同但有区别的责任原则、可持续发展原则

▶ 思考题

1. 什么是国际环境法的目的？
2. 什么是人类共同利益？如何保护这种共同利益？
3. 如何理解环境保护与人权的联系？
4. 分别概述大气环境保护与海洋环境保护问题。
5. 简述环境保护与贸易自由之间的关系。

▶ 典型案例分析

案例一 特雷尔冶炼厂仲裁案

特雷尔冶炼厂仲裁案（Trail Smelter Arbitration）涉及美国与加拿大之间的跨界空气污染纠纷。位于加拿大哥伦比亚省特雷尔附近的一个铅锌冶炼厂排放的气态硫化物向南越过美加边界，对美国的华盛顿州造成了严重空气污染，使该州的农作物、森林、草原、牲畜、建筑物等遭到了大面积损害。自 1927 年起，围绕特雷尔冶炼厂对华盛顿州造成污染的损害赔偿问题，美加两国政府开展了外交谈判，将该问题交由两国边境联合

委员会解决，但美国拒绝了委员会提出的解决建议。1935年4月，两国达成一项特别协议，将案件交由仲裁法庭进行解决。

在该案中，仲裁庭指出，加拿大政府不仅应当对特雷尔冶炼厂过去造成的污染损害负责，也有义务预防或控制它将来可能造成的损害。仲裁庭裁定国家没有权利允许在使用自己的领土时，对他国领土造成严重损害。仲裁庭认为，根据国际法和美国法，任何国家都无权使用或许可使用其领土由于烟雾损害到别国领土内的财产和人员，而本案的后果是严重的，证据清楚表明损害是存在的。因此，仲裁庭裁定，加拿大应当付给美国7.8万美元的赔偿和补偿。[1]本案是历史上首例处理跨国环境纠纷和跨国环境责任的案例，其所引申的不损害其他国家或国家管辖范围外环境原则得到国际文件的反复重申和确认，成为国际环境法的基本原则。

案例二　多瑙河巴斯科夫大坝案

1977年，匈牙利与捷克斯洛伐克签订《关于盖巴斯科夫—拉基玛洛堰坝系统建设和运营的条约》，规定作为"联合投资"，由两国以各自的成本在各国领土内的多瑙河河段开展大坝建设项目，旨在开发水电、改进多瑙河相关河段的航行、保护沿岸地区免遭洪水。1989年，匈牙利拒绝按1977年条约继续从事在自己领土内的拉基玛洛大坝建设，理由是该工程将导致在条约达成当时不能预见的损害。捷克斯洛伐克及其解体后1977年条约的继承者斯洛伐克对此的反应是，于1991年实施"临时解决"方案，在自己领土内建设大坝，单方面分流多瑙河水，以将盖巴斯科夫工程投入运营。匈牙利声称斯洛伐克的分流行为夺取了匈牙利的地下水，剥夺了匈牙利公平和合理分享多瑙河水的权利，使匈牙利在多瑙河附近的陆地干旱，给匈牙利造成了不可逆转的环境损害。斯洛伐克声称匈牙利单方面终止执行条约，它有权利采取补救措施。两国多次协商谈判未果，将此争端提交国际法院解决。除了有关条约法的问题外，争端各方对适用于多瑙河水利用问题的国际法原则提出了相对立的观点，匈牙利声称斯洛伐克分流多瑙河水并实施临时解决方案违反了公平和合理利用原则和无害原则。

该案涉及国际环境责任和风险预防原则。国际法院在1997年作出判决，认定斯洛伐克作为捷克斯洛伐克的继承者，为了实施临时解决方案，在其自己领土内建立大坝的行为并不构成国际不法行为，但是将大坝投入运营，单边分流多瑙河水的行为违反了与匈牙利签订的条约，剥夺了匈牙利公平和合理地分享多瑙河自然资源的权利，构成了国际不法行为；匈牙利暂停，后来又放弃其所负责的工程也违背了该条约，从事了国际不法行为。因此，匈牙利应为其暂停，后来又放弃其所负责的工程而使斯洛伐克遭受的损害赔偿斯洛伐克；斯洛伐克应为其实施临时解决方案，将在自己领土内建立的大坝投入运营，分流多瑙河水而使匈牙利遭受的损害赔偿匈牙利。[2]但是同时认定1977年条约仍

---

〔1〕 Trail Smelter Arbitration (United States/Canada) (16 April 1938 and 11 March 1941), Reports of International Arbitral Awards, Vol. 3, p. 1933.

〔2〕 Gabčíkovo-Nagymaros Project (Hungary/Slovakia), Judgment of 25 September 1997, 1997 ICJ No. 92, para. 155.

然有效，联合开发体制是条约的基本组成部分，双方应恢复这种体制，除非另有协议。为此，斯洛伐克为实施临时解决方案而在其自己领土内建立的大坝构成匈斯联合运营工程，但是匈牙利如果需要分享大坝的运营和利益，它必须按一定比例负担建设和运营成本。[1]关于风险预防原则，国际法院指出，在环境保护领域，鉴于环境损害往往具有不可逆转的性质，并鉴于此类损害的赔偿机制本身固有的局限性，因此要求时刻保持警惕并预防损害。[2]

---

[1] Gabčíkovo-Nagymaros Project (Hungary/Slovakia), Judgment of 25 September 1997, 1997 ICJ No. 92, paras. 125-154.

[2] Gabčíkovo-Nagymaros Project (Hungary/Slovakia), Judgment of 25 September 1997, 1997 ICJ No. 92, para. 140.

第十五章　国际卫生法

【内容提示】

在各国相互关联的当今世界，卫生健康是一个全球性问题。国家主席习近平于2020年首次提出"人类卫生健康共同体"。近年，习近平主席多次在国际舞台上深入阐述构建人类卫生健康共同体的重要意义，提出一系列重大倡议和举措，得到国际社会广泛认同。

国际卫生法是全球卫生治理中的重要组成部分。国际社会通过搭建法律框架，促进跨境集体行动和国际合作，实现全人类的健康福祉。2023年，我国发布《关于全球治理变革和建设的中国方案》，指出中国支持对全球卫生治理体系进行必要合理改革，提升全球卫生治理体系效率，更好地应对全球公共卫生危机，推动构建人类卫生健康共同体。中国支持世界卫生组织在全球卫生治理中发挥中心协调作用，支持其在客观、公正、科学基础上，加强同各方在全球卫生领域的合作。

国际卫生法可以归属于国际公法的一部分，具有跨学科和领域法的特征。本章分为4节，第1节概述国际卫生法的特点及其法律渊源，需要学习与领会《世界卫生组织组织法》中对健康权的提出与健康权的定义，以及卫生法中颇具特点的"软法性"法律渊源。第2节介绍国际卫生领域重要的政府间国际组织——世界卫生组织，并阐述中国与世界卫生组织的合作以及中国在世界卫生组织成立70余年以来的贡献。世界卫生组织的制度与运行是国际卫生法与全球卫生治理的重要环节，应注意延伸学习。第3节介绍当前在突发公共卫生事件防控领域唯一具有法律约束力的国际文书——《国际卫生条例（2005）》。该条约规定了"国际关注的突发公共卫生事件"的定义及其判断和宣布机制。在新冠肺炎疫情期间，《国际卫生条例（2005）》发挥了重要的规范作用，但也暴露了一些问题，现在处于世界卫生组织框架下的政府间修正进程中。第4节介绍2005年生效的《烟草控制框架公约》。该框架公约是当前根据《世界卫生组织组织法》第19条制定和通过的唯一法律文书，我国是该框架公约的缔约国。我国在《烟草控制框架公约》的履约方面作了很多工作，控烟工作取得了长足进步，控烟也被纳入《健康中国行动(2019—2030年)》的15个重大专项行动之一。

第一节 国际卫生法概述

国际卫生法具有国际公法的调整国际法主体之间法律关系的特征，可以作为国际公法的一部分。国际卫生法既包括了有法律拘束力的"硬法"性条约规则，还包括了大量的"软法"性的规范建议。在国际卫生法一些领域，"软法"性标准可能比"硬法"性规则更有影响力。

一、国际卫生法的特点

国际卫生法既有国际公法的共有特点，又包括卫生健康法的内容，有其自身的特点。

第一，国际卫生法以实现健康为目的。根据《世界卫生组织组织法》（以下简称《组织法》），世界卫生组织的宗旨是"求各民族企达卫生之最高可能水准"。《组织法》序言称健康是"不仅为疾病或羸弱之消除，而系体格，精神与社会之完全健康状态"，并明确规定了"享受最高而能获致之健康标准，为人人基本权利之一，不因种族、宗教、政治、信仰、经济及社会条件而有区别"。《组织法》是最早在世界上从法律角度提出健康"是每个人的基本权利"的法律文件，且同时指出"全世界人民的健康是谋求和平与安全的基础，有赖于个人与国家的充分合作""各国政府对人民健康负有一定的责任，唯有采取充分的卫生和社会措施才能够实现"。1948年联合国《世界人权宣言》第25条规定，"人人享受为维持他本人和家属的健康和福利所需的生活水准的权利，包括……医疗和必要的社会服务"。1966年《经济社会文化权利国际公约》第12条也规定了"人人享有尽可能高水平的身体和精神健康"。

第二，国际卫生法兼具广泛性和综合性。国际卫生法调整内容广泛。在国内法学学科体系中，卫生健康法学于2024年1月纳入"法学"一级学科之下。卫生健康法学是以卫生健康法及其规律为研究对象的法学学科，其研究范围包括：公共卫生服务的法律规范、医疗服务主体及医疗行为法律规范、药品与医疗用品生产、运输、使用等法律规范、医疗社会保险、健康保险、社会救助、互助保险法律规范以及其他卫生健康法律事务。其研究方向涵盖公共卫生法学、医事法学、药事法学等。

国际卫生法有着和国内卫生健康法学一样广泛的研究范围。一是其调整的内容广泛，几乎涉及了社会生活的各个领域和方面，如健康权的保护、全球卫生机构及其组织管理、疾病预防与控制、健康相关产品管理、公共卫生管理、筹资、知识产权、贸易、投资、交通等各个方面。二是国际卫生法具有综合的特征。国际卫生法不是一个单独的领域，其嵌入了包括国际人权法、国际人道法、国际环境法、国际贸易法、国际投资法等在内的规范、制度和程序，各个分支相互关联、相互影响，共同构成全球卫生治理的组成部分。此外，国际卫生法的具体内容须依据医学、生物学、卫生学等科学的基本原理和研究成果制定和调整。《国际卫生条例（2005）》第1条的定义中，就包括了"科学依据""科学原则"的定义，这表明了卫生法存在科学和技术规范法律化的情况，即卫生法将直接关系到卫生标准、卫生技术规范和操作规程、科学工作方法、程序等。三是国际卫生法具有多元的法律渊源体系。国际卫生法的渊源包括条约、条例、规章、标准、建议和守则等，很多建议、标准和规范虽然不具备法律拘束力，但却对公众健康与安全产生了深远的影响。

二、国际卫生法的渊源

《世界卫生组织组织法》规定，世界卫生大会可以通过三类文书：条约或协定、条例和建议。

（一）条约或协定

第一类是条约或协定。《组织法》第19条规定："卫生大会应有采定在本组织权限内任何事宜之国际协定或公约之权。此项公约及协定须获出席并投票会员国之三分之二多数票之通过，并须经各该会员国宪法程序接受后，对于各该会员国始发生效力。"目前根据《组织法》第19条通过的就是《烟草控制框架公约》。

（二）条例

第二类是条例。《组织法》第21条规定："卫生大会有权通过与下列有关之规章：预防疾病于国际间蔓延之环境卫生与检疫之必需条件及其他方法；关于疾病，死因，及公共卫生工作之名称；检验方法之国际通用标准；出售于各国市场之生物，药物及其他类似制品之安全，纯净，及功效之标准；出售于各国市场之生物，药物及其他类似制品之广告与标签。"目前根据《组织法》第21条通过的就是《国际卫生条例》和《命名条例》（The Nomenclature Regulations）。《命名条例》第2条明确授权世界卫生组织制定并修订有关疾病、死因和公共卫生实践的国际命名，以及规范诊断程序。第一届世界卫生大会于1948年召开时，就通过了关于疾病和死因命名的世界卫生组织1号条例，使疾病分类的长期国际进程正式化。通过提供标准化的命名，该条例有利于发病率和死亡率数据的国际比较。《命名条例》要求各国使用国际疾病分类的当前版本，目前更新至第11版。

（三）建议

第三类是建议。《世界卫生组织组织法》第23条规定："卫生大会就本组织职权范围以内的一应事项，有权向各会员国提出建议。"建议是软性的全球卫生规范，是以科学、伦理和人权为基础的软性标准。虽然没有约束力，但软性规范是有影响力的，特别是在国家层面，软性规范可以被纳入国家立法、法规或指导方针中。根据《组织法》第62条规定："会员国应就其依本组织建议暨公约、协议、与规章之规定所采办法，逐年向本组织提出报告。"也就是说，尽管这些建议不具备法律拘束力，但也要求成员国每年向其提出报告。目前，世界卫生大会中有两个比较重要的建议：1981年通过的《国际母乳代用品销售守则》（The International Code of Marketing of Breast-Milk Substitutes）和2010年通过的《国际卫生人员国际招聘行为守则》（The Global Code of Practice on the International Recruitment of Health Personnel, 2010）。这两个建议都有详细的规范标准，具有加强相关工作合规性的意义。

(四)其他软法性文件

世界卫生组织还可以制定各种的全球战略、行动计划、倡议、标准和指南，或由秘书处召开专家咨询小组和专家委员会通过一些技术指导等。这些软法性文件为多个领域提供了综合性的倡议，具有一定的全球影响力，列举以下三个为例。

一是 2004 年世界卫生大会通过的《饮食、身体活动与健康全球战略》(Global Strategy on Diet, Physical Activity and Health)。该战略旨在应对全球范围内饮食、身体活动不足导致的慢性疾病问题，如心血管疾病、糖尿病和肥胖等。这项全球战略强调了饮食、身体活动和健康之间的密切关系，并提出了一系列政策建议，以改善人们的生活方式，预防和减少慢性疾病的发生。该战略的目标是通过促使各国采取卫生政策和行动，提高全球居民的健康水平，减少慢性疾病的发病率。

二是 2010 年世界卫生大会通过的《减少有害使用酒精全球战略》(Global Strategy to Reduce the Harmful Use of Alcohol)。该战略的依据是酒精导致全球疾病负担，制定综合性的国际政策和措施能够减轻其所造成的伤害和不良影响。该战略的实施需要国际社会、政府、卫生机构、社会组织和行业的共同合作。

三是 2013 年发布的《2013—2020 年心理健康综合行动计划》(Comprehensive Mental Health Action Plan 2013—2020)。该计划旨在促进全球范围内的心理健康，预防心理健康问题，提高心理健康服务的可及性和质量。为了监测进展，该行动计划设定了可衡量的全球目标，包括增加至少 20% 的严重精神障碍服务覆盖率，减少至少 10% 的自杀率。

除此以外，世界卫生组织通过了其他的一些倡议或战略，如终止结核病战略、遏制抗菌素耐药性全球战略以及视觉 2020 全球倡议，等等。

第二节 世界卫生组织

世界卫生组织是政府间国际组织，是联合国系统内的专门机构，目前有 194 个成员国，是国际卫生领域的重要全球协调机构。

一、世界卫生组织的历史

世界卫生组织及其前身国际卫生机构可以追溯至 1851 年在巴黎举行的第一届国际卫生会议。1945 年 4 月，在联合国成立大会在美国旧金山召开期间，中国和巴西代表团倡议成立国际性卫生组织。1946 年 2 月，联合国经济及社会理事会召开关于建立一个全球卫生组织的会议。技术筹备委员会于 1946 年 3 月 18 日至 4 月 5 日在巴黎举行会议，起草了《组织法》提案，并在 1946 年 6 月 19 日至 7 月 22 日的国际卫生会议上根据这些提案起草并通过了《组织法》。《组织法》提案于 1946 年 7 月 22 日由 51 个联合国会员国和其他 10 个国家的代表签署。此次会议还设立了一个临时委员会，负责开展当时已存在的一些卫生机构的某些活动，直至《组织法》生效。根据《组织法》序言和第 69

条规定，世界卫生组织应成为联合国的一个专门机构。根据第 80 条规定，《组织法》应在联合国 26 个会员国批准后生效。1948 年 4 月 7 日，《组织法》生效，世界卫生组织正式成立，总部设于瑞士日内瓦。这一天也被定为"世界卫生日"。第一届世界卫生大会于 1948 年 6 月开幕。

二、世界卫生组织的组成

世界卫生组织由世界卫生大会、执行委员会、秘书处和地区办事处组成。

第一，世界卫生大会是世界卫生组织的主要管理和决策机构。世界卫生大会由会员国代表、大会代表和观察员组成。卫生大会的会议包括全体会议和两个主要委员会召开的会议。每年 5 月在日内瓦召开一次全体会议，主要任务是审议总干事的工作报告、规划预算、接纳新会员国和讨论其他重要议题。两个主要委员会分别是：A 委员会主要处理规划和预算事项；B 委员会主要处理行政、财务和法律等事项。尽管世界卫生大会可以提出建议和行动方案，但最终取决于各国政府确定自己的应对措施并采取行动。

第二，执行委员会是世界卫生大会的执行机构。执委会负责执行世界卫生大会的决议、政策和委托的任务，它由 32 位有资格的卫生领域的技术专家组成，每位成员均由其所在的成员国选派，由世界卫生大会批准，任期 3 年，每年改选 1/3。根据《组织法》第 29 条，执行委员会应代大会行使其托交执委会之权力。执委会不仅提交卫生大会的临时议程，也提出关于技术问题的决议。

第三，秘书处由总干事和技术及行政人员组成。总干事是世界卫生组织的技术和行政官员，是卫生大会、执委会和各委员会、小组委员会以及会议的当然秘书。经过执委会的提名，大会任命总干事，任期为 5 年，可连任一次。

第四，《组织法》第 11 章授权卫生大会设立区域办事处，现有非洲、美洲、欧洲、东地中海、东南亚、西太平洋 6 个地区办事处。

世界卫生组织成立 70 多年以来，在全球公共卫生进步中承担了重要的职责，有效地推进了全民健康覆盖。其突出成就涉及天花疾病的彻底根除、治愈丙型肝炎新药品价格的成功降低、全球 1 岁以下儿童疫苗接种覆盖率已高达 86% 等。

三、世界卫生组织突发公共卫生事件的防范与应对机制

世界卫生组织在成立以来的 70 多年中，逐渐发展起一套突发公共卫生事件的防范与应对机制，这一机制主要围绕《紧急情况应对框架》《国际卫生条例》（以下简称《条例》），以及"突发事件应对规划"展开。《紧急情况应对框架》和"突发事件应对规划"均是无拘束力的、世界卫生组织框架内部的工作文件。

（一）《紧急情况应对框架》

《紧急情况应对框架》（Emergency Response Framework，ERF，以下简称《框架》）的主要作用是澄清世界卫生组织在紧急状况中的作用和责任，并就在紧急状况中的工作开展确定具体工作方法和工作流程。《框架》目前修订更新至第 2 版。作为统一的突发事件管理程序，《框架》规定了世界卫生组织在实际运作中的方法与程序。《框架》对如下

一些重要术语均有界定。

（1）"公共卫生事件"（public health event）：任何可能对人类健康造成负面影响的事件，包括尚未导致人类疾病，但有可能通过暴露于受感染或受污染的食物、水、动物、制成品或环境而引起人类疾病的事件。[1]

（2）"紧急情况"（emergency）：影响大量人口的生活和福祉，且需要动员多部门和大量资源以援助的情况。就需要世界卫生组织的应对而言，还必须有明确的公共卫生后果。[2]

（3）"紧急情况分级"（graded emergency）：要求世界卫生组织作出相应工作的紧急公共卫生事件或其他紧急事件。世界卫生组织有3个紧急情况分级，反映需要世界卫生组织的不同的响应程度：1级（有限响应），2级（一般响应），3级（重大响应）。如果紧急情况持续6个月以上，则可能会转变为长期紧急情况。[3]

世界卫生组织突发卫生事件规划独立监督和咨询委员会提交的第10份报告建议，《紧急情况应对框架》第2版应更新，更加明确地说明每个行动者的作用、义务和责任，更新针对所有危害的应急管理程序和长期突发事件框架，并整合安保、预防和应对性剥削、性虐待和性骚扰以及突发事件环境中固有的其他风险。

（二）"突发卫生事件应对规划"

"突发卫生事件应对规划"（WHO Health Emergencies Programme, WHE，以下简称"规划"）是世界卫生组织会员国于2016年在第69届世界卫生大会上，就世界卫生组织应急机制改革达成一致通过的规划，其目的是希望在传统技术和规范作用之外，加强世界卫生组织在疫情和人道主义紧急情况中的运行能力。"规划"以世界卫生组织多年来在突发事件中与国家的合作经验为基础，其中一个重要特点在于，其涵盖完整的风险管理周期。

"规划"是世界卫生组织的一项根本性发展，是一项"管总"规划。世界卫生组织在突发事件领域的所有工作都融入了这项统一的"规划"中。由于世界卫生组织在总部和所有区域办事处拥有统一的结构，"规划"便于优化机构内部的协调、业务和信息流动。[4]"规划"独立监督和咨询委员会提交的第10份报告重申，"突发卫生事件规划"应以统一规划管理的原则为基础，在世界卫生组织总部、所有区域和国家办事处采用单一结构、单一预算、单一员工工作计划和共同成果框架。

四、中国与世界卫生组织的合作

中国是世界卫生组织的创始国之一。世界卫生组织自成立以来与中国形成了紧密的

---

[1] *Emergency Response Framework*, World Health Organization, Second Edition, 2017, p.7; *Rapid Risk Assessment of Acute Public Health Events*, World Health Organization, 2012.

[2] *Emergency Response Framework*, World Health Organization, Second Edition, 2017, p. 7-8.

[3] *Emergency Response Framework*, p.3.

[4] 世界卫生大会：《改革世卫组织在突发卫生事件管理领域的工作——世界卫生组织突发卫生事件规划，总干事的报告》，A69/30，2016年5月5日。

互惠互利合作关系。1972年5月10日，第25届世界卫生大会通过决议，恢复中国在世界卫生组织的合法席位。中国出席了此后历届大会和西太平洋区地区委员会会议，多次当选执委会委员。1978年10月，中国与世界卫生组织签署《卫生技术合作谅解备忘录》。2017年1月，习近平主席访问世界卫生组织总部并会见时任总干事陈冯富珍。

新冠肺炎疫情发生以来，中国同世界卫生组织保持密切沟通，不断深化双方合作。中国政府第一时间向世界卫生组织、有关国家和地区组织主动通报疫情信息，分享新冠病毒全基因组序列信息和新冠病毒核酸检测引物探针序列信息，定期向世界卫生组织和有关国家通报疫情信息。2020年1月，时任世界卫生组织总干事谭德塞访华，习近平主席、王毅国务委员、卫生健康委主任马晓伟分别会见谭德塞。2月16日至24日，中国—世界卫生组织联合专家考察组对北京、成都、广州、深圳和武汉等地进行实地考察调研，29日发布联合考察报告。2021年1月14日至2月10日，中国—世界卫生组织新冠病毒溯源研究联合专家组在武汉开展了为期28天的联合研究。

2020年5月18日，习近平主席在第73届世界卫生大会视频会议开幕式上发表致辞，呼吁各国团结合作战胜疫情，共同构建人类卫生健康共同体，提出全力搞好疫情防控、发挥世界卫生组织作用、加大对非洲国家支持、加强全球公共卫生治理、恢复经济社会发展、加强国际合作等6点建议，并宣布2年内提供20亿美元国际援助、与联合国合作在华设立全球人道主义应急仓库和枢纽、建立30个中非对口医院合作机制、中国新冠疫苗研发完成并投入使用后将作为全球公共产品、同二十国集团成员一道落实"暂缓最贫困国家债务偿付倡议"等中国支持全球抗疫的一系列重大举措。

新冠肺炎疫情发生以来，中国政府已向世界卫生组织提供两批共5000万美元现汇援助，积极协助世界卫生组织在华采购个人防护用品和建立物资储备库，积极协助世界卫生组织"团结应对基金"在中国筹资，参与世界卫生组织发起的"全球合作加速开发、生产、公平获取新冠防控新工具"倡议和"新冠疫苗实施计划"。[1]2021年，世界卫生组织和国家卫生健康委员会（国家卫生健康委）共同评估了《中国—世界卫生组织国家合作战略（2016—2020）》的实施情况，并以此为基础准备了《中国—世卫组织国家合作战略（2022—2026）》。[2]新战略包括对中国社会经济发展背景的概述、卫生健康状况的分析、中国与世界卫生组织当前合作的回顾以及对未来合作战略目标的概述。

---

[1]《中国同世界卫生组织关系（最近更新时间：2024年1月）》，外交部，https://www.mfa.gov.cn/web/wjb_673085/zzjg_673183/gjs_673893/gjzz_673897/sjws_674137/gx_674141/，最后访问时间：2024年4月10日。

[2]《中国—世卫组织国家合作战略（2022—2026）》，国家卫生健康委员会，世界卫生组织，https://cdn.who.int/media/docs/default-source/wpro---documents/countries/china/230808---.pdf?sfvrsn=800928ba_4&download=true，最后访问时间：2024年4月10日。

第三节 《国际卫生条例（2005）》

一、国际法上卫生条约的概况

国际社会早已认识到必须通过国际合作来预防和遏制全球传染病的蔓延。早在1851年，第一次卫生会议在巴黎召开，其时会议未能达成任何国际条约。19世纪末和20世纪初，欧洲国家进行了多轮谈判，达成了多项公约，以应对传染病的跨境影响。1892年，第一个《国际卫生公约》专门仅用于应对霍乱检疫；1897年，第二个卫生公约通过，限制了鼠疫的传播；1926年，《国际卫生公约》经过扩展，新增了应对天花和斑疹伤寒的规定。

《国际卫生条例（2005）》是在世界卫生组织主导下制定的、在突发公共卫生事件防控领域当前唯一具有法律约束力的国际文书。世界卫生组织于1951年制定了《国际卫生条例》(International Sanitary Regulations，ISR)；1969年，ISR经修正和更名后成为新的《国际卫生条例》(International Health Regulations，IHR)。之后该条例又历经数次修正。2005年5月，第58届世界卫生大会通过了现行有效的《国际卫生条例（2005）》（以下简称《条例（2005）》）。《条例（2005）》于2007年6月15日生效，截至2024年4月，《条例》有196个缔约国。

《条例（2005）》包括10部分66条的正文条款、9个附件和2个附录。相较于《条例（1969）》，《条例（2005）》包含一系列改革，包括：一是范围不只限于任何特定疾病或传播方式，而是涵盖"对人类构成或可能构成严重危害的任何病症或医疗状况，无论其病因或来源如何"；二是缔约国发展最低限度的特定核心公共卫生能力的义务；三是缔约国向世界卫生组织通报根据规定的标准有可能构成国际关注的突发公共卫生事件的事件的义务；四是授权世界卫生组织考虑非官方的公共卫生事件报告并获得缔约国有关此类事件核实的条款；五是总干事在考虑突发事件委员会的意见之后确定"国际关注的突发公共卫生事件"和发布相关临时建议的程序；六是个人和旅行者的人权保护；以及七是建立《条例（2005）》国家归口单位和世界卫生组织联络点供各缔约国与卫生组织之间就紧急情况进行沟通。

二、《国际卫生条例（2005）》的主要内容

（一）《条例（2005）》的目的、范围和原则

《条例（2005）》第1部分是关于整体条例所用术语的定义、条例目的和范围、原则和负责当局的规定。

第一，《条例（2005）》第1条中提出了众多术语的定义。这些定义包括受染、受染地区、离境、疾病、事件、物品、卫生措施、病人、国际交通、国际关注的突发公共卫生事件、公共卫生风险、检疫、科学原则、科学依据、旅行者等。应注意的是，这些定义仅是在《条例（2005）》下适用。

第二，《条例（2005）》第2条提出了本协定的"目的和范围"。根据该条，本条例"是以针对公共卫生风险，同时又避免对国际交通和贸易造成不必要干扰的适当方式，预防、抵御和控制疾病的国际传播，并提供公共卫生应对措施"。

第三，《条例（2005）》第3条提出了本协定的"原则"。根据该条，条例的执行有如下4个原则，即充分尊重人的尊严、人权和基本自由；应以《联合国宪章》和《组织法》为指导；应以其广泛适用以保护世界上所有人民不受疾病国际传播之害的目标为指导；国家具有根据其卫生政策立法和实施法规的主权权利。

应注意的是，尊重人权是《条例（2005）》执行的原则。与此尊重人权原则相关的其他《条例（2005）》条款还包括：第32条规定："在实行本条例规定的卫生措施时，缔约国应该以尊重其尊严、人权和基本自由的态度对待旅行者，并尽量减少此类措施引起的任何不适或痛苦，包括：以礼待人，尊重所有旅行者；考虑旅行者的性别、社会文化、种族或宗教等方面的关注；以及向接受检疫、隔离、医学检查或其他公共卫生措施的旅行者提供或安排足够的食品和饮水、适宜的住处和衣服，保护其行李和其他财物，给予适宜的医疗，如可能，以其理解的语言提供必要交流方式和其他适当的帮助。"第42条规定，"卫生措施应当无延误地开始和完成，以透明和无歧视的方式实施"。第43条第2款规定，额外卫生措施对国际交通造成的限制以及对人员的创伤性或侵扰性不应超过能适度保护健康的其他合理的可行措施，且缔约国的行动应基于科学证据。

（二）"国际关注的突发公共卫生事件"的定义与判断

1. "国际关注的突发公共卫生事件"的定义

"国际关注的突发公共卫生事件"（Public Health Emergency of International Concern，PHEIC）是《条例（2005）》的一个重要概念。《条例（2005）》第1条中的PHEIC定义如下：

"国际关注的突发公共卫生事件"是指根据本条例规定所确定的不同寻常的事件：

（一）通过疾病的国际传播构成对其他国家的公共卫生风险；以及

（二）可能需要采取协调一致的国际应对措施。

PHEIC的定义尽管从表面上看似清晰，但在具体事件的适用和决定中，以及在PHEIC宣布后公共卫生应对工作的领导、协调和管理过程中，存在相当复杂的实施问题。

2. PHEIC的前置步骤与判断权力

由于《条例（2005）》中PHEIC定义的概括性与开放性，无法从文本用语得出较具体的适用标准。但从《条例（2005）》的文本中可以看出，PHEIC包含着公共卫生事件的信息流动、风险评估以及决定应对三个阶段。

（1）信息流动阶段。启动PHEIC的基础是及时有效的信息流动。在有国际传播可能的公共卫生事件面前，尽早发现和让信息流动是有效应对的基础，能为后续的评估和决策提供重要保障。《条例（2005）》载有"24 小时内""48 小时内"等快速的严格时间要求，就是尽早"与时间赛跑"的卫生治理特点的体现。例如，《条例（2005）》第 43 条第 2 款就规定，"缔约国应该在采取本条第一款和第二款所述的对国际交通造成明显干扰的额外卫生措施后 48 小时内，向世界卫生组织报告此类措施及其卫生依据，临时或长期建议中涵盖的措施除外"。但是，应该注意到，这种严格的、以小时为单位的时间框架，对缔约国来说，是指国家层面的；附件 1 对于缔约国的社区、基层或中层的要求，是立即评估或向国家级机构报告，遵循的是各国国内法。尽管《条例（2005）》没有明确提出，但各国国家层面的卫生立法是《条例》实施的重要保证，是国际法与国内法衔接之处。

（2）风险评估阶段。在信息与数据的基础上，快速风险评估是预警 PHEIC 的必要步骤；风险评估后，各缔约国根据《条例（2005）》附件 2 "评估和通报可能构成国际关注的突发公共卫生事件的决策文件"的要求，决定是否需要通报。

第一，突发公共卫生事件的风险评估首先是个科学问题。风险评估的定义、方法以及过程均表明，它主要是一个科学判断，且这些判断有一定开放性，较难用纯粹的法律术语描述。《条例（2005）》要求每个缔约国在国家层面必须具备风险评估的核心能力。

第二，突发公共卫生事件的实际风险评估时间不容易确定。附件 1 "监测和应对的核心能力要求"要求的国家层面的风险评估时间是 48 小时，评估后的决策时间是 24 小时。《条例（2005）》纳入了第 8 条的磋商机制，以及通过第 9 条赋予世界卫生组织有权从其他信息来源多方位地收集信息的权力。

第三，缔约国风险评估后、向世界卫生组织通报前的决策依据是附件 2。为了将科学的风险评估结果尽可能地"标准化"与"法律化"，《条例（2005）》提供了附件 2。由于目前大多数突发公共卫生事件的风险描述是定性评估，这种评估结果就可以直接作为回答附件 2 四个标准问题的答案（即"是"与"否"）。附件 2 是一份科学法律化的决策文件。

（3）PHEIC 的判断与决定。缔约国提供的仅是潜在 PHEIC 的信息，最终决定是否构成 PHEIC 的判断权在世界卫生组织总干事。世界卫生组织总干事在《条例（2005）》下拥有宣布 PHEIC 这一重要权责，其重要性体现在即使相关缔约国不同意，甚至在委员会会议讨论后也不建议的情况下，总干事仍可单独作最终决定。

世界卫生组织总干事决定 PHEIC 这一权责受到了严格程序的限制。实践中，世界卫生组织总干事在已宣布的 6 次 PHEIC[1]中，每一次决定均听从了委员会的建议。例如，2020 年 1 月 30 日，世界卫生组织总干事宣布新冠疫情构成《条例》的"国际关注的突发公共卫生事件"，这是世界卫生组织依照《条例（2005）》所能发布的最高级别预警。2023 年 5 月，世界卫生组织综合评估后认为，全球的新冠疫情达到了《条例（2005）》结束"国际关注的突发公共卫生事件"的基本要求。

---

[1] 分别是 2009 年的甲型 H1N1 流感、2014 年的野生脊灰病毒疫情、2014 年西非暴发的埃博拉病毒疫情、2016 年的塞卡病毒疫情、2019 年刚果民主共和国暴发的埃博拉疫情以及 2019 年新型冠状病毒疫情。

（三）缔约国核心能力的建设

《条例（2005）》还要求各缔约国构建一系列监测和应对的核心能力。《条例（2005）》第 5 条"监测"规定，各缔约国应该根据本条例附件 1 的具体规定，在不迟于本条例在该缔约国生效后 5 年内，尽快发展、加强和保持其发现、评估、通报和报告事件的能力。附件 1 "监测和应对的核心能力要求"提出，缔约国应该利用现有的国家机构和资源，满足条例规定的核心能力要求，包括以下方面：监测、报告、通报、核实、应对和合作活动；以及指定机场、港口和陆路口岸的活动。每个缔约国应该在本条例对本国生效后 2 年内评估现有国家机构和资源满足附件所述的最低要求的能力。

《条例（2005）》没有明确提供国家能力建设的具体战略，然而，它要求缔约国利用现有的国家、机构，并筹集必要的资源，以满足《条例（2005）》规定的核心能力要求。

（四）世界卫生组织的作用和多部门关系

《条例（2005）》规定了世界卫生组织在全球卫生治理上的重要作用。根据《条例（2005）》，世界卫生组织总干事被授予协调国际监测、宣布引起国际关注的突发公共卫生事件、确保公共卫生核心能力、充当信息枢纽，接受缔约国报告和信息，并向缔约国提出建议的权利。总干事及世界卫生组织联络点有权寻求突发事件委员会的外部建议，与其他主管国际组织协调一致，并与国家归口单位和相关政府部门展开有效沟通。

《条例（2005）》规定了世界卫生组织与其他国际组织的合作要求。《条例（2005）》第 14 条第 1 款规定，世界卫生组织在实施本条例时应该酌情与其他有关政府间组织或国际机构合作并协调其活动，其中包括通过缔结协定和其他类似的安排。就该款而言，世界卫生组织期望酌情与之合作和协调其活动的其他有关政府间组织或国际机构包括：联合国、国际劳工组织、粮食及农业组织、国际原子能机构、国际民用航空组织、国际海事组织、红十字国际委员会、红十字会与红新月会国际联合会、国际航空运输协会、国际航运联合会以及国际兽疫局。世界卫生组织有权与这些国际组织以及缔约国分享公共卫生信息。

三、《国际卫生条例（2005）》的修正

（一）修正背景

2022 年以来，《国际卫生条例（2005）》正处于修正过程中。本次修正是《条例》于 2005 年通过后的首次重要修正。在新冠疫情构成《条例》"国际关注的突发公共卫生事件"的 3 年中，世界卫生组织要求多个机构或审查委员会审查《条例》的实施情况。相关审查报告指出，为了更好地防范未来的大流行，《条例》有若干领域需要改进，可予以补充完善或有针对性地修改。

（二）修正时间表

《条例》当前的修正是基于第 55 条的"修正"程序展开的。

第五十五条修正

一、对本条例的修正可由任何缔约国或总干事提出。修正提案应该提交卫

生大会审议。

二、任何提议的修正案文本应该由总干事至少在拟审议此修正案的卫生大会前四个月通报所有缔约国。

三、卫生大会根据本条通过的对本条例的修正案,应该以与《世界卫生组织组织法》第二十二条和本条例第五十九条至第六十四条规定相同的条件及权利和义务,在所有缔约国中生效。

据此,任何《条例（2005）》缔约国或世界卫生组织总干事均可提出对《条例（2005）》的修正提案。2022年5月,第75届世界卫生大会召开。这次大会率先通过了《条例》第59条"生效、拒绝或保留的期限"的修正决议。该决议要求缩短《条例（2005）》修正案的生效期限。根据这一决议,《条例》修正案的生效时间由原来的24个月缩短为12个月;缔约国对"条例修正案作出拒绝或保留的期限",由原来的修正案通过之日起的18个月缩短为10个月。自第75届世界卫生大会,《条例（2005）》修正程序正式启动（见表15-1）。

表15-1 《条例（2005）》修正的主要程序和时间点

时间	《条例（2005）》修正主要程序安排
2022年1月	美国依据《条例（2005）》第55条,提出修正提案
2022年5月	世界卫生组织通过《条例（2005）》第59条的修正决议,成立"《条例（2005）》修正工作组"
2022年9月30日	各国提交《条例（2005）》拟议修正案
2022年10月1日	世界卫生组织总干事召集"《条例（2005）》修正审查委员会"
2022年11月14—15日	"《条例（2005）》修正工作组"召开第1次会议,商定了修正工作计划等
2023年1月15日	"《条例（2005）》修正审查委员会"提交专家报告
2023年2月20—24日	"《条例（2005）》修正工作组"召开第2次会议,讨论了拟议修正案
2023年4月17—20日	"《条例（2005）》修正工作组"召开第3次会议,讨论了拟议修正案及《条例（2005）》和"大流行协定"的协调情况
2023年7月24—28日	"《条例（2005）》修正工作组"召开第4次会议,讨论了拟议修正案的重点条款
2023年10月2—6日	"《条例（2005）》修正工作组"召开第5次会议
2023年12月7—8日	"《条例（2005）》修正工作组"召开第6次会议
2024年2月5—9日	"《条例（2005）》修正工作组"召开第7次会议
2024年5月	"《条例（2005）》修正工作组"拟向第77届世界卫生大会提交《条例（2005）》修正建议以供世界卫生组织成员国审议

（三）《条例（2005）》修正中受关注的问题

《拟议修正案》涉及了《条例（2005）》诸多事项,包括《条例》的目的和范围;《条例（2005）》的原则;公共卫生问题的负责当局（国家归口单位）;信息通报和核实;信息共享;公共卫生事件的风险评估;确定"国际关注的突发公共卫生事件"和新设中间警报级别；世界卫生组织发布的临时建议以及突发事件委员会的召集和运作；公共卫生应对、合作和援助；额外卫生措施；健康文档的数字化；遵规和实施等方面。

在上述事项中，有一些修正议题受到了世界卫生组织会员国较多的讨论，本文列举以下三个方面。

第一，《条例（2005）》的"目的和范围"。《条例（2005）》当前第2条规定："本条例的目的和范围是以针对公共卫生风险，同时又避免对国际交通和贸易造成不必要干扰的适当方式，预防、抵御和控制疾病的国际传播，并提供公共卫生应对措施。"当前，各个国家建议修改该条，以扩展《条例（2005）》的目的和范围。

第二，《条例（2005）》的遵约和实施问题。当前，一些建议提出，《条例（2005）》应新增设遵约委员会、实施委员会和新增强制审查机制，以加强缔约国实施和执行《条例（2005）》。这些提案试图填补《条例（2005）》现行文本中的治理空白，涉及新增世界卫生组织的相关职能。"《条例》修正审查委员会"的报告指出，拟议的各项新增机制需要有《组织法》的授权依据，这些新增机制与《条例（2005）》原有机制的关系仍须厘清。

第三，公共卫生事件中的数据共享与信息流动问题。相关信息的处理与流动是有效应对有国际传播可能的公共卫生事件的重要基础。《条例（2005）》第2编（第5—14条）确立了一套信息机制。此外，有建议提出，加快世界卫生组织的风险评估进度，应取消《条例（2005）》第9条下的世界卫生组织与缔约国磋商和核实信息的义务。

四、"大流行协定"的制订

根据《组织法》第19条和第21条，[1]世界卫生组织有制定其权限内任何事项国际协定或公约的权力，世界卫生大会有通过与预防疾病等事项相关的规章条例的权力。

（一）制订背景

2021年12月，世界卫生大会召开了一次特别会议，这是世界卫生组织成立75年以来召开的第二次特别会议。在这次特别会议上，大会决定设立政府间谈判机构，起草和谈判一份名为"世界卫生组织预防、防范和应对大流行公约、协定或其他国际文书"（以下简称"大流行协定"）。

（二）制订时间表

2022年起至2023年8月，"大流行协定"政府间谈判机构已召开了6次正式会议，形成了谈判"零案文"并完成一读，并计划于2024年上半年完成谈判。表15-2列出了"大流行协定"制订过程中的主要程序安排。

---

[1]《世界卫生组织组织法》第19条规定："卫生大会应有采定在本组织权限内任何事宜之国际协定或公约之权。此项公约及协定须获出席并投票会员国之三分之二多数票之通过，并须经各该会员国宪法程序接受后，对于各该会员国始发生效力。"第21条规定："卫生大会有权通过与下列有关之规章：预防疾病于国际间蔓延之环境卫生与检疫之必需条件及其他方法；关于疾病、死因、及公共卫生工作之名称；检验方法之国际通用标准；出售于各国市场之生物，药物及其他类似制品之安全、纯净、及功效之标准；出售于各国市场之生物，药物及其他类似制品之广告与标签。"

表 15-2 "大流行协定"制订的主要程序安排

时间	"大流行协定"制订的主要程序安排
2022 年 2 月 24 日	政府间谈判机构召开第 1 次会议,选举谈判主席团成员,确定工作方法,审议和通过了主席团关于文书实质性内容等的提案
2022 年 4 月 12—13 日	"大流行协定"公开听证会等
2022 年 7 月 18 日	政府间谈判机构召开第 2 次会议,审议工作草案和讨论了"大流行协定"的法律性质
"大流行协定"概念预稿	
2022 年 12 月 5—7 日	政府间谈判机构召开第 3 次会议,讨论了"大流行协定"概念预稿
"大流行协定"预稿(零案文)	
2023 年 2 月 27 日至 3 月 3 日	政府间谈判机构召开第 4 次会议,讨论了"大流行协定"零案文,成立"大流行协定"起草小组等
2023 年 4 月 3—6 日	政府间谈判机构召开第 5 次会议
"大流行协定"主席团案文	
2023 年 7 月 17—21 日	政府间谈判机构召开第 6 次会议,审查"大流行协定"主席团案文
世界卫生组织"大流行协定"谈判案文提案	
2023 年 11 月 6—10 日和 12 月 4—6 日	政府间谈判机构召开第 7 次会议
2024 年 2 月 19 日至 3 月 1 日	政府间谈判机构召开第 8 次会议
世界卫生组织"大流行协定"谈判案文草案修订稿	
2024 年 3 月 18—29 日	政府间谈判机构召开第 9 次会议
2024 年 5 月	拟向第 77 届世界卫生大会提交"大流行协定"案文以供世界卫生组织成员国审议

根据政府间谈判机构已举行的 7 次会议,"大流行协定"目前先后有该文书的概念预稿;[1]预稿(零案文);[2]主席团案文;[3]谈判案文提案。[4]政府间谈判机构提出,该文书或将以《组织法》第 19 条为法律基础,在世界卫生组织框架下通过,并在通过后由各国自愿签署加入。《组织法》第 19 条是否可以成为"大流行协定"的缔结基础,引发了关注和讨论。迄今为止,2005 年生效的《世界卫生组织烟草控制框架公约》是根据《组织法》第 19 条制定和通过的唯一法律文书。

(三)"大流行协定"的内容和各方关注点

"大流行协定"旨在规定大流行病预防、准备、应对方面国家与国际组织的权利义务关系,内容计划将涉及病原体获取与惠益分享、技术转让、药品知识产权保护、供应链和物流网络等多个领域。

---

[1] 世界卫生组织:《供政府间谈判机构第三次会议审议的概念预稿》,A/INB/3/3,2022 年 11 月 25 日。

[2] 世界卫生组织:《供政府间谈判机构第四次会议审议的 WHO CA+ 预稿:世界卫生组织预防、防范和应对大流行公约、协定或其他文书》,A/INB/4/3,2023 年 2 月 1 日。

[3] 世界卫生组织:《关于世界卫生组织预防、防范和应对大流行公约、协定或其他国际文书(WHO CA+)的主席团案文》,A/INB/5/6,2023 年 6 月 2 日。

[4] 世界卫生组织:《世界卫生组织大流行协定谈判案文提案》,A/INB/7/3,2023 年 10 月 30 日。

根据目前最新的"大流行协定"谈判案文提案，该案文共有 36 条，且预留有附件规定。这 41 条包括三个部分，分别是"引言""全球团结、合作公平：在大流行预防、防范和应对及卫生系统恢复实现公平"和"机构安排和最后条款"。在这三部分中，"大流行协定"提出了一些新的提法，可供观察与思考。

一是提出了"同一健康方法"（one health approach）。案文指出，"同一健康方法"是指一种综合、统一的方法，旨在可持续地平衡和优化人类、动物和生态系统的健康。该方法认识到人类、家养和野生动物、植物以及更广泛的环境（包括生态系统）的健康是紧密联系和相互依存的。

二是"大流行"（pandemic）的概念。"大流行"是指某种病原体或变异株在全球传播，通过持续和高度人际传播感染免疫力有限或无免疫力的人群，其严重的发病率和高死亡率使卫生系统不堪重负，并造成社会和经济混乱，国家和全球必须开展有效的合作与协调予以控制。

三是"认识到能力水平不同"原则。各国的大流行预防、防范和应对能力水平各不相同，这构成了一项共同危险，因此需要在现有手段和资源范围内向有能力需求的国家提供支持。

四是"大流行协定"的机构安排。案文提及，"大流行协定"将拟设计缔约方会议机制，并设立附属机构，负责在缔约方会议认为必要时按照缔约方会议确定的条件和方式开展缔约方会议的工作。此类附属机构可包括但不限于履行和遵约委员会、提供科学建议的专家小组和世界卫生组织病原体获取和惠益分享系统专家咨询小组。

当前，世界卫生组织各方存在很多有待讨论的问题，例如，各国对零案文、主席团案文等这些文本在谈判中的性质和作用的看法不同。再如，在具体内容上，"大流行协定"案文提出了"大流行"的提法，但这一提法与《条例》下的"国际关注的突发公共卫生事件"之间的关系、两个定义之间如何共同推进等问题尚不清楚。此外，案文中一些具体的主题，包括研究和开发；获取惠益分享；融资；供应链和物流等方面也受到各国的普遍关注。总体上，在"大流行协定"谈判过程中，发展中国家普遍强调公平的重要性，认为应在资金、能力建设、惠益分享、技术转让等方面加强对发展中国家的支持；发达国家则强调病原体分享、监督机制，同一健康、保护人权、透明度等内容，要求各国对预防应对大流行病承担共同责任。

第四节 《烟草控制框架公约》

《烟草控制框架公约》（以下简称《框架公约》）是由世界卫生组织主持达成的第一个具有法律效力的国际公共卫生条约，也是针对烟草控制的第一个世界范围的多边协议。

一、《烟草控制框架公约》的制定背景

1995 年 5 月，世界卫生大会要求总干事提交一份报告，分析制定可行的国际控烟法律手段的可能性。当时，烟草已经在全球蔓延。1999 年，在第 52 届世界卫生大会期间，世界卫生大会通过了决议，决定启动《框架公约》的文本草案制定。经过长达 10 年的谈判，2003 年 5 月 21 日，历经两次工作组会议和大约 4 年 6 轮政府间谈判，《框架公约》获得第 56 届世界卫生大会获得通过。《烟草控制框架公约》已于 2005 年 2 月 27 日正式生效。

《框架公约》的宗旨在于限制烟草在全球范围内的传播。《框架公约》在性质上是一种框架法律文件，其法律效果与其他多边条约并无不同，其独特之处在于内容中缺乏严格、具体的权利义务条款，而是通过后续的议定书、附件或附录来进一步充实和完善条约内容和缔约方的义务。此外，按照《组织法》第 20 条和第 62 条的规定，参与的国家必须每年报告他们采取的行动。基于《框架公约》第 15 条，《消除烟草制品非法贸易议定书》是《框架公约》下的第一份议定书，由《框架公约》缔约方会议于 2012 年以协商一致的方式通过。议定书的目标是根据公约第 15 条规定消除所有形式的烟草制品非法贸易。议定书特别关注确保烟草制品供应链安全。议定书要求在议定书生效 5 年内建立由国家和 / 或区域跟踪和追溯制度组成的全球跟踪和追溯制度，并在公约秘书处设立全球信息共享点。议定书应自第 40 份批准、接受、核准、正式确认或加入的文书交存于保存人之日后第 90 日起生效。该议定书目前有 68 个缔约方，于 2018 年 9 月 25 日生效。

二、《烟草控制框架》的核心内容

《框架公约》包括 12 个部分，共 38 条。

第一，《框架公约》的目标、指导原则和一般义务。《框架公约》第 3 条规定了公约的目标，即"提供一个由各缔约方在国家、区域和全球各级实施烟草控制措施的框架，以便烟草使用和接触烟草烟雾持续大幅度下降，从而保护当代和后代免烟草消费和接触烟草烟雾对健康、社会、环境和经济造成的破坏性影响"。第 4 条提出的公约原则包括：告知公众吸烟对健康的危害，加强政治上的支持，促进国际合作和推动民间社会的参与。第 5 条提出了缔约方的一般义务。该条款单独成条，将缔约方的一般性义务列为一项条款，值得注意。

第二，《框架公约》缔约方义务的具体规定。《框架公约》对烟草的"控制"主要分为两部分，即第 3 部分"减少烟草需求的措施"（第 6—14 条）中，以及第 4 部分"减少烟草供应的措施"（第 15—17 条）。整个《框架公约》的内容就是这两条主线展开。

一是第 3 部分的措施。该部分主要包括价格措施、税收措施、成分披露、宣传教育，打击非法贸易等方面。第 13 条"烟草广告、促销和赞助"规定，各缔约方认识到广泛禁止广告、促销和赞助将减少烟草制品的消费。《框架公约》大会秘书处在 2024 年召开的第 10 届缔约方大会上，根据《框架公约》第 13 条，就跨境烟草广告、促销和赞

助及娱乐媒体对烟草描述问题等方面制定具体准则,供大会通过。各方普遍认同数字媒体对年轻人影响力大,有必要对跨境烟草广告、促销和赞助加强监管。经讨论,大会通过相关具体指南,进一步明确对烟草广告、促销和赞助,包括对娱乐媒体跨境广告应采取广泛禁止或限制,并鼓励缔约方采取额外措施应对数字媒体扩张。

二是第 4 部分的措施。该部分是关于减少烟草供应措施的规定。第 15 条强调,各缔约方认识到消除一切形式的烟草制品非法贸易,包括走私、非法生产和假冒,以及提出各缔约方要制定和实施除次区域、区域和全球协定之外的有关国家法律,这些国家法律是烟草控制的基本组成部分。第 15 条向国家提出了制定和实施法律的要求。同时,应注意《框架公约》第 2 条第 1 款的规定,该款鼓励各缔约方采取比《公约》规定更严格的控烟措施。

第三,《框架公约》的责任问题。关于责任,《框架公约》第 4 条第 5 款就明确"各缔约方在其管辖范围内明确与责任相关的事项是烟草综合控制的重要部分"。与此同时,《框架公约》要求每一缔约方应向缔约方会议报告与之相关的信息,包括已生效的立法、法规以及相关判例的信息。《框架公约》第 19 条还要求各缔约方相互合作,为涉及的民事和刑事责任提供诉讼、法院方面的协助。

三、中国与《烟草控制框架公约》

2003 年 11 月 10 日,我国签署《框架公约》,成为《框架公约》的第 77 个签署国。2005 年 8 月 28 日,第十届全国人大常委会批准了该公约。2006 年 1 月 9 日,《框架公约》在我国正式生效,从签署到生效仅间隔了 3 年时间。

第一,我国已建立起《框架公约》履约机制。烟草控制问题涉及国和计民生社会的诸多方面。2007 年,为切实做好履约工作,加强部门间的协调配合,国务院成立烟草控制框架公约履约工作部际协调领导小组。领导小组由国家发展和改革委员会、卫生部、外交部、财政部、海关总署、国家工商行政管理总局、国家质量监督检验检疫总局、国家烟草专卖局等部门和单位组成。2018 年机构改革后,部际协调领导小组由国家卫生健康委、外交部、工业和信息化部、中央精神文明建设指导委员会办公室、教育部、财政部、海关总署、市场监管管理总局、广播电视总局、体育总局、烟草专卖局、全国妇女联合会等成员单位组成。

第二,我国已有众多与控烟相关的国内法律法规和行动战略。《框架公约》中有如下条款要求缔约国虽在国内有所行动以实施《框架公约》。《框架公约》第 4 条第 1 款要求"宜使人人了解烟草消费和接触烟草烟雾造成的健康后果、成瘾性和致命威胁,并宜在适当的政府级别考虑有效的立法、实施、行政或其他措施,以保护所有人免于接触烟草烟雾"。《框架公约》第 11 条"烟草制品的包装和标签"规定,每一缔约方应在本公约对该缔约方生效后三年内,根据其国家法律采取和实行有效措施以确保,"在烟草制品的每盒和单位包装及这类制品的任何外部包装和标签上带有说明烟草使用有害后果的健康警语,并可包括其他适宜信息"。《框架公约》第 12 条也规定"每一缔约方应酌情利用现有一切交流手段,促进和加强公众对烟草控制问题的认识"。

一是法律法规层面。1991年我国就制定有《烟草专卖法》，该法于2009年修正，现行有效的是2015年修正版本。此外，我国还有一系列实施条例、管理办法和相关司法解释，包括《烟草专卖法实施条例（2023年修订）》，2010年公布的《最高人民法院、最高人民检察院关于办理非法生产、销售烟草专卖品等刑事案件具体应用法律若干问题的解释》，《烟草专卖行政处罚程序规定（2023）》《烟草专卖许可证管理办法（2016）》。这些法律法规，从减少烟草供应和减少需求两方面共同发力，进一步完善了我国的控烟立法体系。此外，还有20余个地方城市出台了地方控烟法规。2020年实施的《基本医疗卫生与健康促进法》是卫生健康领域的基础性综合性的法律。该法第78条规定："国家采取措施，减少吸烟对公民健康的危害。公共场所控制吸烟，强化监督执法。烟草制品包装应当印制带有说明吸烟危害的警示。禁止向未成年人出售烟酒。"

二是健康中国战略及其控烟行动。2019年7月9日，健康中国行动推进委员会印发《健康中国行动（2019—2030年）》。《关于实施健康中国行动的意见》指出，人民健康是民族昌盛和国家富强的重要标志，预防是最经济最有效的健康策略，围绕疾病预防和健康促进两大核心，将开展15个重大专项行动。控烟行动是健康中国行动三大板块中第一个板块，全方位干预健康影响因素六项行动中的第四项行动。随着我国控烟工作的持续推进，相关数据显示，我国15岁及以上人群吸烟率已由2018年的26.6%下降至2020年的25.8%。[1]

第三，我国积极参加相关履约会议，每年报告采取的行动。2024年2月5日至10日，《框架公约》第十届缔约方大会（COP10）在巴拿马首都巴拿马城举行。外交部作为我国《公约》履约谈判牵头单位组团与会，国家卫生健康委、工业和信息化部、市场监管总局等单位以及港澳特区政府代表参加。本次会议适逢《公约》达成20周年重要节点。会议围绕全球控烟治理重点议题展开讨论，通过20余项决定，并发表《巴拿马宣言》。《巴拿马宣言》敦促各缔约方加快实施《框架公约》、进一步排除烟草业对公共卫生政策的干扰、努力提高公众对新型和新兴烟草制品危害性的认识等，并要求秘书处与包括人权在内的相关国际论坛加强合作。中国代表团在大会一般性辩论中发言，介绍中国控烟履约工作最新情况。发言以翔实的数据，从政策法律、行政措施、戒烟服务等方面系统介绍内地、港澳特区控烟工作最新进展。发言并针对全球控烟进程面临的挑战，为国际社会促进《公约》履约提出三点建议：一是结合国情，善意履约；二是加强协调，综合施策；三是聚焦重点，提质增效。

重要名词术语

国际卫生法、卫生健康法、全球卫生治理、世界卫生组织、《国际卫生条例》、国际关注的突发公共卫生事件、《烟草控制框架公约》、"大流行协定"

---

[1]《调查显示：2020年中国15岁以上人群吸烟率降至25.8%》，中国新闻网，https://www.chinanews.com.cn/sh/2021/12-30/9641300.shtml，最后访问时间：2024年4月10日。

> 思考题

1. 国际卫生法也称为全球卫生法，你是如何看待这些不同称谓的，两者如何演变与交融？
2. 卫生与国际法之间是什么关系，这反映出国际卫生法什么特点？
3. 什么是"大流行"？什么是"国际关注的突发公共卫生事件"？你觉得两者之间有共同之处吗？
4. 《国际卫生条例（2005）》是如何定义"国际关注的突发公共卫生事件"及其判断和宣布程序的，你觉得这一制度是否存在可以改善的空间？
5. 你如何判断《国际卫生条例（2005）》的修正与"大流行协定"的制定前景呢？
6. 中国应如何更有效地参与全球卫生治理？

> 典型案例分析

国际法院"一国在武装冲突中使用核武器的合法性咨询意见"（世界卫生组织提起，1996年）

自20世纪50年代起，世界卫生组织就开始关注核武器问题。1993年5月，世界卫生大会通过决议，请求国际法院就下述问题发表咨询意见：鉴于核武器对健康与环境的巨大影响，一国在战争或其他武装冲突中使用核武器是否违反该国的国际法义务，包括《世界卫生组织组织法》中的义务。1996年7月8日，法院以11票对3票，裁定不能就世界卫生组织的请求发表咨询意见。

首先，国际法院处理了咨询管辖权的条件。法院指出，鉴于《国际法院规约》第65条第1款和《联合国宪章》第96条第2款，必须满足三项条件，才得以回答专门机构向它提出咨询意见请求。一是申请咨询意见的机构必须依《宪章》获得正式授权；二是咨询的问题必须是法律问题；三是而且咨询问题必须是在该专门机构"活动范围内"产生的问题。

其次，法院解释了《世界卫生组织组织法》。法院指出，国际组织的章程是一个多边条约，条约解释的规则同样适用于解释这一多边条约。《世界卫生组织组织法》第2条规定了世界卫生组织的职责，但该条所列举的22个职责中没有一款明确提到任何危害健康的活动的合法性问题；而且世界卫生组织的多项职能中也没有一项职能，需要取决于核武器相关行动的合法性。此外，《世界卫生组织组织法》第2条首句指出，该组织履行职能是"为了实现其目标"。该组织的目标在第1条中被界定为"实现各民族尽可能最高的健康水准"。

最后，法院指出了咨询管辖权前提条件中专门机构"活动范围"的理解。法院指出，《世界卫生组织组织法》第2条的各项规定可理解为授权世界卫生组织处理使用核武器或从事任何其他危险活动对健康的影响。但是，本程序中世界卫生组织提出的问题不是与使用核武器对健康的影响有关，而是鉴于核武器对健康和环境的影响，而提出的使用核武器合法性问题。国际法院指出，不管使用核武器可能产生什么影响，世界卫生组织的权限不取决于引起影响的行为的合法性。因此，《世界卫生组织组织法》第 2 条的规定不能理解为赋予世界卫生组织处理核武器合法性的职权；该问题与世界卫生组织的职责缺乏足够的联系，因而不属于世界卫生组织"活动范围内"的问题。因此，法院对此没有管辖权，不能发表咨询意见。

综上所述，这一咨询程序虽然没有回答世界卫生大会提出的问题，但法院在咨询意见中考察了世界卫生组织的职责，详细解释了《世界卫生组织组织法》的重要条款，更提出了国际组织的权限、国际组织的"特定原则"、国际组织的"默示权力理论"等，具有非常经典的意义。

第十六章 条约法

【内容提示】

条约随着国际社会的出现、发展而产生和发展。伴随条约实践的发展，逐步形成了规制国际法主体之间的条约关系的法律分支，即条约法。条约法用以规制与条约的缔结、解释、适用、效力等相关的法律问题。在相当长的时间内，缔结条约主要由习惯国际法调整。第二次世界大战后，在联合国主持下开始了系统的条约法编纂工作。1969年《维也纳条约法公约》是现代条约法的集大成者。作为国际法的主要渊源，条约具有鲜明的特征，它是两个或两个以上的国际法主体间所缔结而以国际法为准的旨在确立其相互间权利义务关系的国际协议。构成条约的文书，其名称可能各不相同，但都须具备条约定义的若干要素。缔结条约必须具有缔约能力，并遵循条约缔结的程序。条约的缔结与生效须符合必备要件。条约一经生效，即对缔约方产生法律拘束力。缔约方须依条约必须遵守原则，善意履行条约义务，除非缔约方对有关条约的某一条款作出保留。但是，保留并非不受限制，保留必须不为条约所禁止，且不得与条约的目的和宗旨相违背。有效成立的条约在时间、空间及对象上有特定的适用范围。适用条约的过程就是解释条约的过程。条约应依其用语按其上下文并参照条约之目的及宗旨所具有之通常意义，善意解释之。条约缔结后，为适应不断变化的情况，经常需要作出适当的修正和修改。而由于某种法律事实或法定原因的出现，可能导致条约失效、终止或停止实行，其法律后果应以条约法的原则和规则予以解决。

第一节 概述

一、条约概述

条约是国际法最主要的渊源之一，是确立、编纂和发展国际法的主要工具，也是国家进行国际交往和参与国际关系的主要途径。条约的历史可以追溯到远古时代，作为国际交往的重要手段，条约随着国际社会的出现、发展而产生和发展。古代和中世纪的条约多为双边条约，以战争之后恢复和平、缔结同盟以及划定疆界为主要目的。例如，公元前13世纪埃及法老和赫梯王缔结的同盟条约、公元前约3100年美索不达米亚的拉加什（Lagash）城邦和乌马（Umma）城邦缔结的疆界条约。近代条约一般被认为始于欧洲三十年战争结束后，以 1648 年订立的《威斯特伐利亚和约》为标志。1815 年维也纳公会后签订的《最后文件》开始具有了多边条约或集体条约的雏形。而完全以现代集体条约的方式缔结的首个条约则是 1856 年 3 月 30 日的《巴黎条约》。第一次世界大战和俄国十月革命的胜利，标志着现代国际关系的开始，现代条约应运而生。1919 年 6 月 28 日签署的《凡尔赛和约》、1928 年《关于废弃战争作为国家政策工具的一般条约》（简称《巴黎非战公约》，又称《白里安—凯洛格公约》）都是现代史上具有重要意义的条约。[1]

1945 年《联合国宪章》的通过和联合国的成立，开启了条约迅速发展的新阶段。条约作为国际法渊源的重要地位愈发凸显。截至 2023 年 12 月，交存联合国秘书长保存的多边条约已经超过 600 件；在联合国秘书处登记的条约已达 58000 余件。[2] 条约对国际法的发展发挥着越来越重要的作用，已然成为国际法的基石。中国是条约关系的重要参与者，积极通过条约发展国际关系。据统计，截至 2022 年底，中国已缔结和参加 600 余项多边条约、27000 余项双边条约，[3] 已经深度融入由条约编织的国际法律体系之中。

（一）条约的定义和特征

究竟什么是条约？1969 年《维也纳条约法公约》第 2 条对条约作了如下定义：就适用本公约而言，称"条约"者，谓"国家间所缔结而以国际法为准之国际书面协定，不论其载于一项单独文书或两项以上相互有关之文书内，亦不论其特定名称为何"。这一定义仅指向了国家之间缔结的条约，因为该公约在第 1 条即开宗明义地说明本公约适用于国家间之条约。所以，这个规定只是说明该公约所使用的"条约"一词的意义，而不是对一般意义上的条约的定义。随后通过的 1986 年《关于国家和国际组织间或国际组织相互间条约法的维也纳公约》对一个或更多国家和一个或更多国际组织间，或国际组织相互间的条约作了界定。正如 1969 年公约和 1986 年公约各自第 3 条所强调的，国家或国际组织与其他国际法主体之间以及其他国际法主体相互之间缔结的国际协定或非书面国际协定的法律效力，并不因为未纳入这两个公约的适用范围而受到影响。换言之，在两公约规制的条约之外，仍存在其他的条约。有鉴于此，国际法学界尝试提出条约的一般定义，但尚难达成一个为大家普遍接受的定义。中国学者李浩培先生认为，条约可以定义为至少两个国际法主体意在原则上按照国际法产生、改变或废止相互间权利义务的意思表示的一致。[4] 这一定义较为全面地反映了判断一项文书是否构成条约的本质特征，能够涵盖国际社会公认的具有法律约束力的各类条约，是一个比较中肯的定义。

---

[1] 关于条约的发展历史的概述，参见朱晓青主编：《国际法》，社会科学文献出版社 2005 年版，第 11 章；李浩培：《条约法概论》，法律出版社 2003 年版，第 31—35 页。

[2] 统计数据来源于联合国条约集（United Nations Treaty Collection），http://treaties.un.org.，最后访问时间：2023 年 12 月 31 日。

[3] 《充分发挥条约国际法作用　做好新时代缔约履约工作》，条法司司长马新民在第十一期中央国家机关国际法（条约法）研习班开班仪式上的致辞，https://mp.pdnews.cn/Pc/ArtInfoApi/article?id=34663995，最后访问时间：2023 年 12 月 31 日。

[4] 李浩培：《条约法概论》，法律出版社 2003 年版，第 3 页。

结合条约法公约及学者的见解，可将条约定义为：两个或两个以上国际法主体间所缔结而以国际法为准的旨在确立其相互间权利和义务关系的国际协议。根据这一定义，国际法上所指的构成国际法渊源的条约，需同时具备以下特征。

第一，条约只能由国际法主体订立。主权国家是最重要的国际法主体，因此也是条约最主要、最通常的当事方。政府间国际组织及交战团体、叛乱团体等国际法上的实体，作为部分的国际法主体，可以在一定范围内缔结条约，成为条约的当事方。个人（包括私法人）之间、个人与国家之间订立的协议，不是国际法上的条约。此外，条约必须具有两个或两个以上的缔约方，需由两个或两个以上的国际法主体订立。国家通过发表单方面声明为自己设定国际法上的义务的单方面行为，不是条约。

第二，条约必须以国际法为准（governed by international law）。这意味着条约的缔结、适用和解释均受国际法约束；条约在国际法上具有法律拘束力；并且缔约方有将条约作为法律遵守的意图。[1]

第三，条约的内容意在为缔约方之间创设国际法上的权利和义务。这也是判断名目繁多的国际文件是否构成条约的最为关键的要素。

第四，条约是意思表示的一致。国际法上的条约与私法中的契约具有相似的法律性质。条约的缔约各方必须达成一致的意思表示（agreement），才能成立条约。至于这种意思表示的一致以何种形式达成，是载于一项单独文书，抑或两项以上相互有关之文书，均不影响其协议性质。

至于条约是否必须以书面形式订立并不绝对。虽然1969年和1986年的条约法公约均适用于书面国际协定，但非书面国际协定的效力并不因两项公约的规定而受到影响。换言之，符合国际法的口头协议，即口头条约，并没有被排除在条约概念之外。只不过，书面形式是规定缔约方权利义务关系最常见和最清楚的方式。书面形式的条约也更利于遵守或履行。口头协定因为涉及证明问题，且容易引发争端而在现代条约实践中并不多见。

（二）条约的名称

条约有广义和狭义之分。广义的条约即符合条约定义、同时具备上述四项条约特征的国际协议，不论其名称为何。国际法上所称的条约一般均指广义的条约。而狭义的条约仅指以"条约"为名称的条约。

国际实践中比较常见的条约名称有以下几种：

1. 条约（treaty）

它是广义的"条约"中最正式的一种，用以规定缔约方之间最基本或最主要的法律关系，且有效期较长。例如：友好条约、边界条约、领事条约等。

2. 公约（convention）

公约是一种正式的多边条约，通常是多个国家或在国际组织主持下为解决某个或某些重要问题举行国际会议，经谈判和协商而缔结的条约。公约的内容多属于造法性的行

---

[1] 参见朱文奇、李强：《国际条约法》，中国人民大学出版社2008年版，第10页。

为规则，一般需要经过批准才能生效，例如《维也纳条约法公约》《联合国海洋法公约》以及联合国通过的一系列人权公约等。

3. 宪章（charter）、组织法（constitution）、盟约（covenant）、规约（statute）

此类名称多用于国际组织的组织章程。例如：《联合国宪章》《世界卫生组织组织法》《国际联盟盟约》《国际刑事法院罗马规约》等。

4. 协定（agreement）

协定通常用于政府间或行政部门间缔结的，为解决某一方面的具体事项的条约。例如《上海合作组织成员国边防合作协定》《中华人民共和国政府和土耳其共和国政府关于相互促进和保护投资协定》。

5. 议定书（protocol）

议定书通常是作为一个主条约的附属性文件，用以补充、说明、解释或修改主条约的规定。例如《万国邮政联盟组织法第六附加议定书》《〈儿童权利公约〉关于买卖儿童、儿童卖淫和儿童色情制品问题的任择议定书》。但有的议定书本身就是一项独立的条约。例如 1925 年《关于禁用毒气或类似毒品及细菌方法作战议定书》。

6. 换文（exchange of notes）

换文是两国政府用以缔结条约的一种简易方式，通常是两国政府就某一特定事项，以互相交换内容相同或相似的外交照会的形式达成协议。如果所换文件为信件，则可称为换信（exchange of letters）。例如，1955 年中国和印度尼西亚《关于双重国籍问题的条约的实施办法的换文》，2015 年中国政府和哥斯达黎加政府《关于哥斯达黎加在上海设立总领事馆的换文》。有时换文也可以在两个以上的国家之间进行。多边的换文，等于多边条约。例如：1929 年 2 月 26 日至 9 月 26 日，美、加、古、纽（芬兰）四方以相互换文缔结了关于分配在北美洲的短波无线电频率的多边条约。[1]

7. 文件（act）、总文件（general act）、最后文件（final act）

采用此类名称的条约通常指国际会议上通过的规定一般国际法规则或解决一般国际问题的多边条约。例如，1890 年《关于禁止非洲奴隶贸易的布鲁塞尔总文件》、1928 年《关于和平解决国际争端的日内瓦总文件》、1815 年维也纳和会的最后文件。

8. 宣言（declaration）

宣言通常是两国或数国就某一重大问题举行会谈或会议，并在会后公开发表的有关会谈或会议的文件。宣言是否构成条约，要看它是否明确规定了当事方的具体权利和义务。单纯的政策和态度声明而没有规定当事方具体权利和义务的宣言不是条约。构成条约的宣言如 1856 年关于海战规则的《巴黎宣言》，1909 年《伦敦宣言》和 1943 年中、美、英《开罗宣言》。

9. 联合公报（joint communique）、联合声明（joint declaration）

联合公报或联合声明是否属于条约，也要看其内容是否有创立、变更或终止相互间

---

[1]《国际联盟条约集》，第 97 册，第 301 页。转引自李浩培：《条约法概论》，法律出版社 1987 年版，第 30 页。

权利义务关系的意图，如果有此种意图，则构成条约。例如，2017年《中华人民共和国和巴拿马共和国关于建立外交关系的联合公报》，1984年中英《关于香港问题的联合声明》及1987年中葡《关于澳门问题的联合声明》。

10. 谅解备忘录（memorandum of understanding, MOU）

谅解备忘录一般用于在当事方间处理比较小的或次要的事项。例如，2016年中国政府和伊拉克政府《关于互免持外交护照人员签证的谅解备忘录》。一些国家对谅解备忘录是否构成条约理解不同，实践中容易引发争议，所以如以"谅解备忘录"作为条约的名称，缔约方应在约文中明确表达赋予其法律拘束力的意图。

二、条约法概述

条约法是国际法中规制国际法主体之间的条约关系的法律分支，是关于条约的缔结、解释、适用、效力等的法律原则、规则、制度的总称。[1]

与国际法的其他部门一样，条约法的渊源包括习惯、条约和一般法律原则。在相当长的时间内，缔结条约主要由习惯国际法调整。习惯由于其内容的不易确定性，给实际适用造成了一定困难。因此，编纂条约法成为条约法发展的时代需要。最早编纂条约法的尝试始于个人。如1876年美国国际法学者菲尔德的《国际法典大纲草案》、1891年瑞士国际法学者伯伦智理的《国际法典草案》、1918年意大利学者费奥勒的《国际法汇编》以及1935年美国哈佛大学国际法研究组的《条约法公约草案》。由于上述均为私人编纂，影响不大。国际联盟时期，国际联盟专家委员会曾将拟订条约规则等的问题列入其可能编撰的题目单中，但因国联行政院认为该题目"并非紧要"而受阻。1928年美洲国家第六次会议以美洲国际法学会拟定的条约法草案为基础，制定了《哈瓦那条约法公约》，但是该公约的规定对阐明条约法贡献有限。[2]

联合国成立后，条约法的编纂被正式提上日程。1949年，以促进国际法的编纂与逐步发展为己任[3]的联合国国际法委员会（International Law Commission）[4]第一届会议即决定将编纂"条约法"作为其优先考虑的专题之一。此后，应联合国大会建议，国际法委员会又分别研究了国家与国际组织间或者国际组织相互间缔结条约的问题[5]以及国家在条约方面的继承问题。[6]联合国在国际法委员会工作的基础上，先后主持制定了三项关于条约法的公约，分别是1969年5月23日通过、1980年1月27日生效的《维也纳条

---

[1] 参见李浩培：《条约法概论》，法律出版社2003年版，第40页；朱晓青主编：《国际法学》，中国社会科学文献出版社2012年版，第161页。

[2] 以上有关条约法编纂的历史转引自李浩培：《条约法概论》，法律出版社2003年版，第41—42页。

[3] 参见《国际法委员会法规》第1条第1款："国际法委员会以促进国际法之逐渐发展及编纂为宗旨。"

[4] 参见联合国大会第一七四（二）号决议《国际法委员会之设置》，A/RES/174（Ⅱ），1974年11月21日。

[5] 参见联合国大会第二五〇一（二十四）号决议《国际法委员会报告书及关于维也纳条约法公约第一条之决议案》，A/RES/2501（XXIV），1969年11月12日，第5段。

[6] 参见联合国大会第一六八六（十六）号决议《国际法之编纂与逐步发展方面之未来工作》，A/RES/1686 XVI，1961年12月18日，第3（a）段。

约法公约》[1], 1978年8月23日通过、1996年11月6日生效的《关于国家在条约方面的继承的维也纳公约》[2], 1986年3月21日通过、尚未生效的《关于国家和国际组织间或国际组织相互间条约法的维也纳公约》。关于条约法的三项维也纳公约中，尤以《维也纳条约法公约》最为基本、权威，影响最为广泛深远，被称为"关于条约的条约",[3]是条约法编纂的集大成者。《维也纳条约法公约》由序言、正文、附件三部分组成，其中正文又分8编85条，主要内容包括条约的缔结与生效，条约的遵守、适用及解释，条约的修改与修正，条约的失效、终止及停止施行，条约的保管机关、通知、更正及登记等。这一公约既最大限度地反映了习惯条约法规则，是对习惯条约法的编纂，又适度发展了条约法，使其更能适应现代国际社会的需要,[4]确立了现代条约法的基本制度框架。1997年5月9日，全国人大常委会作出我国加入《维也纳条约法公约》的决定，1997年9月3日交存加入书，1997年10月3日起公约对中国生效。[5]中国没有参加其他两项维也纳公约。

1969年和1986年的两项条约法公约并未穷尽条约法领域的所有制度规则，条约法同样需要与时俱进。此后，国际法委员会又将条约保留、多边条约的制定程序、武装冲突对条约的影响、与条约解释有关的嗣后协定和嗣后惯例、条约的暂时适用、一般国际法强制规律（强行法）等问题纳入研究议题，并提出了相应的指南、结论草案或条款草案，为国际法主体超出条约法公约范围的条约实践提供了重要参考。

第二节　条约的缔结

一、缔约能力

缔约能力是指以自己名义独立参加条约法律关系，并且直接承担条约义务和享受条约权利的能力。[6]缔约能力由国际法确定，是国际法主体作为国际人格者的一种固有的属性，是国际法主体资格的一种基本表现形式。根据当代国际法，条约是国际法主体依据国际法缔结的协议，因此，只有国际法主体才具有缔约能力。主权国家具有当然的、完全的缔约能力。《维也纳条约法公法》第6条规定，"每一国家皆有缔结条约之能力"，即是对国家固有的缔约能力的肯定。政府间国际组织作为国际法的另一主要主体，也具

---

[1] 截至2024年3月，共有116个缔约国。联合国5个常任理事国中，法国和美国尚不是公约缔约国。
[2] 截至2024年3月，共有23个缔约国。
[3] 朱文奇、李强：《国际条约法》，中国人民大学出版社2008年版，第47页。
[4] 参见李浩培：《条约法概论》，法律出版社2003年版，第51页。
[5] 中国在加入《维也纳条约法公约》时对公约第66条"司法解决、公断及和解之程序"作出保留，并声明：台湾当局于1970年4月7日以中国名义在《公约》上的签字是非法的、无效的。
[6] 参见万鄂湘、石磊、杨成铭、邓洪武：《国际条约法》，武汉大学出版社1998年版，第20页。

备相应的缔约能力，其缔结条约的能力依照该组织的规则取得，[1]因此也受到组织规则的限制。争取独立的民族是具有国际法主体资格的非国家实体，也具备一定的缔约能力。红十字国际委员会（ICRC）是国际性非政府组织的一个特例，依据联合国大会邀请其以观察员身份参加会议的决议[2]和《日内瓦公约》所赋予的职责而具备了一定的缔约能力，但其缔约能力严格限定在为执行职务和实现其目的和宗旨所必需的范围之内。

与缔约能力密切相关的一个概念是缔约权。缔约权本质上是一个国内法概念。概括而言，它是缔约主体内部某一机关行使缔约能力的权限范围。就国家而言，缔约权的主体往往由一国宪法明确规定，各国普遍将缔约权授予国家元首、政府首脑和外交部长。中国《宪法》规定：国务院同外国缔结条约和协定；全国人大常委会决定同外国缔结的条约和重要协定的批准和废除；国家主席根据全国人大常委会的决定批准和废除同外国缔结的条约和重要协定。因此，中国的缔约权由国务院、全国人大常委会和国家主席共同行使。一般而言，国家的缔约权由中央或联邦政府统一行使，作为国家组成部分的地方政府非根据该国法律经中央或联邦政府授权，一般不得行使缔约权。例如，中国2023年开始施行的《缔结条约管理办法》第4条即规定：除宪法、法律和国务院另有授权外，地方各级政府无权缔结条约。中国香港特别行政区和澳门特别行政区根据《香港特别行政区基本法》和《澳门特别行政区基本法》的规定，经中央人民政府的授权，可以在一定范围内行使缔约权，包括中央人民政府一次性授权其分别以"中国香港"和"中国澳门"的名义单独同世界各国及有关国际组织签订和履行经济、贸易、金融、航运、通讯、旅游、文化、体育等领域的协议；[3]以及特别行政区经中央人民政府具体授权同外国缔结司法互助、民航服务、互免签证及投资保护协定。

国际组织行使缔约权的机关由该组织的章程加以规定，通常赋予其行政机关行使，一般是由各该组织的行政首长代表该组织缔结条约，如联合国即由秘书长代表联合国缔结条约。

二、缔约程序

条约的缔结程序是指缔结条约的过程和需要履行的手续。在国际层面，条约的缔结大体划分为约文议定、约文的认证，及表示同意承受条约约束几个阶段。

（一）谈判、起草和议定约文

谈判是指缔约各方为了就条约内容达成协议而进行交涉的过程。这一阶段首先要委派谈判代表。重要的国际条约可以由国家元首直接参与谈判，但通常情况下，都是由一

---

[1] 关于国际组织缔约能力的来源，理论界提出了集体缔约论、国际人格论、习惯法说等不同观点。1986年《关于国家和国际组织间或国际组织相互间条约法的维也纳公约》遵循了授权理论，即认为国际组织的缔约能力实质上来源于国际组织章程的授权。相关论述详见万鄂湘、石磊：《论国际组织缔约能力的法律依据》，载《武汉大学学报（哲学社会科学版）》1994年第6期。

[2] 《鉴于1949年8月12日〈日内瓦公约〉赋予红十字国际委员会的特别作用和任务，给予该委员会观察员地位》，A/RES/45/6，1990年10月16日。

[3] 见《香港特别行政区基本法》第151条、《澳门特别行政区基本法》第136条。

国派遣代表进行谈判。谈判代表一般需持有被授权进行谈判的"全权证书"。所谓全权证书是指一国主管当局所颁发，指派一人或数人代表该国谈判、议定、认证条约约文，表示该国同意承受条约拘束，或完成有关条约的任何其他行为的文件。全权证书必须是书面的，通常由国家元首颁发，也可以由政府首脑或外交部长颁发。谈判开始前，各方代表要交验全权证书，特别是明确各自授权范围。超出授权范围的缔约行为，除非事后经所属国家追认，否则不发生法律效力。下列人员，由于所任职务，在下列情形下无须出具全权证书即被视为代表其国家：（1）国家元首、政府首脑及外交部长所实施的与缔结条约相关的一切行为；（2）使馆馆长为议定派遣国与驻在国间的条约约文时；（3）国家派往国际会议或派驻国际组织或该国际组织的一个机关的代表，为议定在该会议、组织或机关内议定的条约约文时。

谈判的主要任务就是起草和议定条约约文。双边条约的约文由一方或双方各自提交作为谈判基础，或者设立起草小组负责约文起草。多边条约的约文起草一般由国际机构承担，通常是以召开国际会议的形式，由各方代表共同起草，或由国际组织起草，或由专门委员会起草。

拟定的条约约文在交由各国认证前，需要经过最后议定（adoption），这是条约起草的最后阶段。对双边条约，约文议定须经双方谈判代表共同同意。对多边条约，议定约文有不同的程序规则，实践中形成了全体一致原则、多数同意原则和协商取得基本一致原则。[1]这几种程序各有优劣、适用于缔结不同性质的条约，究竟适用哪种程序取决参与缔约者的共同决定。

（二）约文的认证

条约起草和准备的最后阶段是对约文进行认证，表明缔约各方共同同意该约文是正确和确定的，可以作为作准定本，以便各方能够据此决定是否同意承受条约的约束。

认证约文的形式包括草签、暂签以及完全签署几种。草签是谈判代表将姓名首字母签于条约之下，仅起到认证约文的作用，不是条约缔结的必经程序。暂签又称待核准的签署，是一种不完全签署，只具有认证约文的效力，事后经本国确认，可获得与签署一样的效果。完全签署可能产生多种作用，既可以用来认证约文，也可以表示同意承受条约约束，究竟产生哪种效果，需要结合签署方的声明或各缔约方的约定来判断。

（三）同意承受条约拘束

条约能否产生法律效力，最终取决于谈判各方是否同意承受条约约束。国家以签署、换文、[2]批准、赞同（approval，又称核准）、接受、加入等方式表示同意受条约的约束，究竟采用哪种方式，取决于条约的性质、条约本身的规定、谈判各方另经确定的合意，同时亦受到谈判方国内规定的影响。

---

[1] 详尽的论述参见李浩培：《条约法概论》，法律出版社2003年版，第97—104页。

[2] 《维也纳条约法公约》第13条规定："遇有下列情形之一，国家同意承受由彼此间交换之文书构成之条约拘束，以此种交换表示之：（甲）文书规定此种交换有此效力；或（乙）另经确定此等国家协议之文书交换由此效果。"

1. 签署

签署是指在条约约文拟定后，经缔约各方议定或通过，在条约文本上做的正式签署。对有些条约而言，签署可起到同意承受条约拘束的效果。1969年《维也纳条约法公约》第12条规定，在下列情况下，签署表示一国同意接受条约的约束：（1）条约规定签署具有这样的效果；（2）另经谈判方协议确定签署具有这样的效果；（3）谈判方在全权证书上或在谈判时作出这样的意思表示，使签署具有这样的效果。

而在多数情况下，签署的效果仅表示初步同意缔结条约，是一种尚待批准或核准的签署，只有经过批准或核准后才表示正式同意接受条约拘束。初步同意的签署也会给签署国带来议定的法律义务，根据《维也纳条约法公约》第18条第1款，除非明白表示了不欲成为条约当事方的意思，否则签署国在正式批准条约之前负有不得采取任何足以妨碍条约目的及宗旨的行动的义务。

签署采用轮署制。双边条约的签署，双方代表分别将自己的全名签署在本国保存的文本左方，然后交对方签署。多边条约无法轮换，则由缔约各方按照它们所同意的文字的国家名称的字母顺序依次签字。

2. 批准、接受、核准

批准是一国确定地表达该国同意承受条约约束的一种方式。一些重要的条约经签署后还需经过批准方能有效。根据1969年《维也纳条约法公约》第14条规定，在下列情况下，一国接受条约的约束，用批准来表示：（1）条约有这样的规定；（2）谈判方另经确定条约需要批准；（3）该国代表已作出须经批准的签署；（4）该国代表的全权证书或在谈判时有这样的意思表示。

批准包括两个步骤：一是国内的批准，指缔约国的权力机关对其代表所签署的条约予以认可，同意承受条约约束；二是国际意义上的批准，即一国将同意承受条约约束的确定的意思表示通知缔约各方或条约保存机关的行为。只完成国内批准程序，并不在国际法上产生批准的效果。根据《维也纳条约法公约》的规定，批准是一国据以在国际上确定其同意受条约拘束之国际行为。因此，条约法上的批准是国际意义上的批准，只有向缔约对方交换或向保存机关交存批准书后，才完成批准程序。

除批准外，国家还可以接受或赞同（核准）的方式表示同意承受条约的拘束，其条件与适用于批准者相同，只不过在国内程序上有一定差异。一般而言，批准由立法机关进行，而接受或核准由一国政府进行。中国1990年《缔结条约程序法》区分了须经全国人大常委会决定批准的条约和须经国务院核准的条约。2023年开始施行的《缔结条约管理办法》第16条、第17条进一步明确了须经批准和须经核准的条约的类型。

3. 加入

加入（accession）通常指未参加谈判或未在条约规定的期限内签署的国家或国际组织表示同意承受条约约束的一种法律行为。换言之，只有在国家或国际组织丧失了通过签署、批准方式成为条约缔约方的机会时，加入才得到适用。但也有例外，1946年《联合国特权和豁免公约》第31节规定，"本公约将提送联合国每个会员国请其加入"。这一规定表明，对本公约而言，加入是国家表示同意承受该条约拘束的唯一方式。1969年

《维也纳条约法公约》第 15 条规定了以加入表示同意承受条约拘束的三种情况：（1）条约规定一国得以加入表示这种同意；（2）另经谈判国协议确定，该国得以加入方式表示这种同意；（3）全体当事国事后协议，该国得以加入方式表示这种同意。

条约的加入一般只适用于多边条约，特别是"开放性条约"。对于双边条约或非开放性[1]的多边条约一般不存在条约的加入问题。根据当代国际法的实践，加入条约既可以在条约生效前，也可以在条约生效后。加入的法律效果，除条约另有规定外，应与签署或批准的法律效果相同，即后加入条约的缔约方与原始缔约方享有同样的权利，并承担同样的义务。

第三节 保留

保留作为条约法中的现象，最早出现于 18、19 世纪。通常意义上，条约的保留即"一国可愿意接受条约的大部分条款，但也可由于种种原因反对该条约的其他条款"。[2]鉴于条约是谈判各方协商甚至妥协的产物，各方往往难以完全赞同条约的所有条款。一方面，参与谈判的国家希望适用条约中的绝大多数条款但又不愿接受个别条约；另一方面，条约本身需要获得尽可能广泛的接受从而尽快生效，于是保留应运而生。

一、保留的概念

所谓保留，是指一国或一国际组织在表示同意承受条约约束时所作的单方面声明，不论其措辞或名称如何，意在借此排除或更改条约中某些规定对该国或该国际组织适用时的法律效果。[3]根据这一定义，一项构成保留的单方面声明，需同时具备以下几个要素。

1. 保留的对象为多边条约

保留只能针对多边条约作出，一般而言双边条约不存在保留问题。因为双边条约的所有条款都是缔约双方通过谈判达成的。如果一方在条约成立后表示不接受某一条款，则意味着要重开谈判。而多边条约通常是所有或大多数缔约方利益妥协的结果，不能保证所有的缔约方对所有的条款都能满意，通过保留的方式进行折中。

2. 保留必须是一项单方面声明

保留是缔约方的单方行为，保留的提出不依赖其他缔约方的同意。其他缔约方对保留的接受或反对不影响保留的单方面声明的性质。

---

[1] 所谓非开放性的多边条约是指条约严格限定了缔约方范围的条约。
[2] Peter Malancuk, *Akehurst's Modern Introduction to International Law* (seventh revised edition), Routledge, 1997, p. 135.
[3] 《国际法委员会第五十届会议工作报告》，A/53/10（1998），第 479 段，注 177。

3. 保留需要在缔约方同意承受条约约束时提出

为维护条约关系的稳定性，防止保留制度被滥用，《维也纳条约法公约》将保留提出的时机限定于一国签署、批准、接收、赞同或加入条约时。

4. 保留的目的在于排除或更改条约规定对其适用时的法律效果

这是一项声明是否构成保留的主要判断标准。一国提出保留时可能使用不同的名称，如保留、声明、谅解等。不论其采用何种名称，关键要看它是否有排除或更改条约某些规定的意图。如果一国所作的声明没有排除或更改条约某些规定对其适用的意图，而只是阐明对条约规定的理解或立场，则不构成保留，而可能构成解释性声明（interpretative declaration）。同样，名称不是判定是否构成解释性声明的因素，其意图或目的才是。

二、保留的效力

保留的效力涉及一项保留是否合法而被允许，或是否非法因而无效。确定保留效力的规则经历了几个发展阶段，本质上体现了保护条约的完整性和追求条约的普遍性两种价值之间的博弈。传统的保留规则主张，一个缔约方的保留，必须得到所有其他缔约方的明示或默示同意才能有效。这一规则被称为"全体一致"规则，反映了保护条约完整性的价值理念。在联合国初期之前，"全体一致"规则一直是判定保留效力的首要规则。同一时期美洲地区出现了"反向一致"的实践，即一项保留只要获得一个国家接受，就可以产生效力。这种做法有利于条约的普遍参加，却使条约的完整性受到破坏，因而未能产生太大影响。1951年国际法院关于《防止及惩治灭绝种族罪公约》的保留问题的咨询意见开启现代条约保留制度之先河，也为1969年《维也纳条约法公约》确立现代保留制度奠定了基础。国际法院的咨询意见对保留的一些问题作出回答：第一，不能仅仅因为一个公约没有保留条款就推定该公约禁止保留。第二，如果一项保留被公约的部分当事国反对但未受到其他当事国反对，并且这项保留符合该公约的宗旨和目的，则提具保留的国家可以被认为是该公约的缔约国。第三，保留的效力具有相对性，即如果一当事国反对一项保留，认为它不符合公约的目的和宗旨，该反对国可以事实上认为保留国不是公约当事国；另一方面，如果一当事国接受此项保留，认为它符合公约的目的和宗旨，则接受国可以事实上认为保留国是公约当事国。[1]国际法院的咨询意见没有适用全体一致原则，提出一个衡量保留有效性的关键标准，即保留是否符合条约的目的和宗旨。这一标准也被《维也纳条约法公约》采纳。

《维也纳条约法公约》确定，保留一般不被禁止，根据公约第19条第1款，一国可于同意承受条约约束时提具保留。但下列三种情形下的保留将被禁止：（1）该项保留被条约所禁止。例如，1992年《联合国气候变化框架公约》第24条规定"对本公约不得作任何保留"，据此任何对本公约的保留都是无效的。（2）提出的保留超出了条约准许

---

[1] See *Reservations to the Convention on the Prevention and Punishment of the Crime of Genocide*, Advisory Opinion of 28 May 1951, ICJ Reports (1951), p. 19–30.

保留的特定范围。如 1958 年《大陆架公约》第 12 条规定，可对公约第 1—3 条以外各条提出保留。换言之，对该公约第 1—3 条的保留是不合法的。（3）保留与条约的目的和宗旨不合。例如，2006 年《残疾人权利公约》第 46 条规定，保留不得与本公约的目的和宗旨不符。

三、对保留的接受、反对及其法律后果

《维也纳条约法公约》第 20 条就接受和反对保留规定了 4 种情况。

（1）明示准许保留的条约，不需要其他缔约国事后予以接受，除非条约规定须如此办理。

（2）若从谈判国的有限数目、条约的目的和宗旨看，在全体当事国间适用全部条约为每一当事国同意承受条约拘束的必要条件时，保留须经全体当事国接受。

（3）若条约是国际组织的组织约章，除条约另有规定外，保留须经该组织主管机关接受。

（4）凡不属于以上三种情况，除非条约另有规定：第一，保留经另一缔约国接受，就保留接受国而言，保留国是条约的当事国，但条约须在这些国家均已生效。第二，保留经另一缔约国反对，条约在保留国与反对国之间并不因此而不产生效力，但反对国明确表示相反意思的不在此限。第三，一国表示同意承受条约拘束而附有保留的行为，只要至少有另一缔约国接受保留，这一行为就被视为有效。

保留可以用默示的方式接受，即就适用上述（2）和（4）两类条约而言，除条约另有规定外，如果一国在接到保留通知后 12 个月的期间届满时，或至其表示同意承受条约拘束之日止，两者中以较后的日期为准，没有对保留提出反对，那么，这项保留即被视为已经该国接受。

保留在保留国和接受国之间产生如下法律效果：凡依有关规定对另一当事国成立的保留，在保留国与该另一当事国相互之间，依保留的范围修改保留所涉及的条约规定。保留在保留国和反对国之间，如果反对保留的国家并不反对条约在它与保留国之间生效，则在该两国之间仅不适用所保留的条款。其他当事国相互之间的条约关系不受保留影响。

保留和对保留的反对均可撤回。依据《维也纳条约法公约》第 22 条，除非条约另有规定，保留可以随时撤回，无须经业已接受保留的国家的同意；对保留提出的反对也可以随时撤回。撤回保留或撤回对保留的反对，均应通知有关当事国。撤回自接受保留国或提出保留国收到撤回通知时起发生效力。

四、保留的程序

保留、明示接受保留及反对保留，均必须以书面形式提出并致送缔约国和有权成为条约当事国的其他国家。撤回保留或撤回对保留的反对，也必须以书面形式为之。如果保留是在签署须经批准、接受或赞同的条约时提出，该项保留须由保留国在表示同意承受该条约拘束时正式予以确认。在这种情况下，该项保留应视为在其被确认之日提出。

明示接受保留或反对保留的，在该项保留被确认前提出时，无须予以确认。

五、保留制度的新发展

保留制度是条约法理论与实践中最为复杂的问题，随着实践的发展又出现了许多新问题，从条约法公约中找不到直接的答案，如保留对条约生效的影响，与某些条约（特别是国际组织的组织文件和人权条约）的特定目标有关的保留，对编纂性条约的保留以及特定条约技术（拟定附加议定书、双边化技术）引发的问题等。为进一步明确条约的保留规则，回应实践需要，1993年联合国大会第48/31号决议支持国际法委员会将"与条约保留有关的法律和惯例"列入其工作议程，继续深入研究这一问题。1994年，国际法委员会任命阿兰·佩雷（Alain Pellet）先生担任这一专题的特别报告员。经过十几年的努力，国际法委员会终于在2011年第63届会议上通过了《条约保留实践指南》，提交联合国大会。《条约保留实践指南》包括定义，程序，保留和解释性声明的可容许性，保留和解释性声明的法律效果，国家继承情况下提具保留、接受保留、反对保留及提出解释性声明等五个部分。《条约保留实践指南》充分肯定并保持了三项维也纳公约关于保留的规定，同时努力填补现有制度的空白。虽然指南不具有正式的法律约束力，但它为各国和国际组织在保留方面的实践提供了具有示范力的规则，也是推动保留制度逐步发展的重要步骤。

第四节 条约的生效和暂时适用

一、条约的生效

条约的生效是指条约本身正式产生法律效力从而对缔约国产生法律约束力的一种法律状态。绝大多数条约会在约文中明文规定条约的生效方式和生效日期。如遇条约没有关于生效的规定或协议，根据《维也纳条约法公约》第24条第2款，"条约一俟确定所有谈判国同意承受条约之拘束，即行生效"。

条约的生效不同于条约对一个国家生效。后者指条约的法律约束力及于某一国家。条约对一个国家生效以条约本身生效和国家表示同意受条约约束为前提，条约对国家的约束力始自上述两个生效日期中在后的一个日期。

条约的生效也不同于条约的执行，后者指缔约国为履行条约而进行的具体活动。一般而言，条约的生效日期即是条约开始执行的日期，但也不尽然。有时，条约中规定的义务在生效后的一段时间才开始执行；也有的条约执行先于生效，这多见于条约在生效前暂时适用的情况。

条约的生效方式和生效日期是谈判国意思自治的体现。实践中，条约的生效方式多种多样。以下举例说明双边条约和多边条约常见的生效方式。

（一）双边条约的生效方式

（1）条约在签署之日，或签署后一定时间生效。例如，中国政府和瑞典王国政府《民用航空运输协定》第22条规定，本协定自签字之日起生效。

（2）条约自互换批准书之日，或互换批准书之日起一定期间内生效。例如，2007年中国和日本《关于刑事司法协助的条约》第21条第2款规定："本条约自互换批准书之日后第三十日生效。"

（3）条约自缔约双方完成国内法律程序并以书面形式相互通知之日起，或相互通知之日起一定期限后生效。例如，2018年中国政府和卢旺达共和国政府《关于互免持外交、公务护照人员签证的协定》第10条第1款规定"缔约双方各自完成使本协定生效的国内法律程序后应当通过外交途径书面通知缔约另一方，本协定在后一份书面通知发出之日起第30日生效"。

（二）多边条约的生效方式

（1）自一定数目的国家交存批准书、加入书、核准书之日或之后若干日生效。这是多边条约比较常见的一种生效方式。

（2）自一定数目的国家，其中包括某些特定的国家交存批准书后生效。例如，《联合国宪章》第110条第3款规定，一俟美国政府通知，已有中国、法国、苏联、英国、美国以及其他签字国过半数将批准书交存时，本宪章即发生效力。

（3）自某一确定的日期生效。例如1973年《国际纺织品贸易协议》第14条第1款规定："本协议应于1974年1月1日起生效。"

（4）自满足一定标准的一定数量的国家签署并交存证书后生效。例如，《国际复兴开发银行协定》第11条第1节规定"本协定经持有银行认购股份总额至少百分之六十五的会员国政府（如附录A所载）签署，并按照本条第二节（a）款的规定交存证书后，应即生效。但其生效日期不得早于1945年5月1日"。

二、条约的暂时适用

条约的暂时适用主要发生在须经批准的条约签署后、批准前的这段时间内。实践中一些条约因生效要求较高、国内批准程序复杂等原因，在签署后往往需要经过较长时间才能生效。为尽快开始履约，缔约方可约定在条约生效之前暂时适用。《维也纳条约法公约》规定了条约的一部或全部在条约生效前暂时适用的两种情况：一是条约本身如此规定，二是各谈判国以其他方式作出这样的约定。中国的缔约实践中也不乏暂时适用条约的例子。如2017年中国政府和挪威王国政府《关于互免持外交护照人员短期停留签证的协定》第8条第1款规定"本协定自签署之日起第10日开始临时适用"。

鉴于条约暂时适用问题的重要性和实践的复杂性，2012年国际法委员会将"条约的暂时适用"列入工作计划，任命胡安·曼努埃尔·戈麦斯－罗布勒多先生（Juan Manuel Gómez-Robledo）为这一专题的特别报告员，继续深入研究该问题。2021年，国际法委员会向联合国大会提交了《条约的暂时适用指南》。[1]该指南包括12条准则，其目的是为条约暂时适用的法律和实践提供指导。这些准则在遵守《维也纳条约法公约》相关规定的前提下进一步规定了条约暂时适用的协议形式、开始、法律效力，保留、违约责任、终止、暂时适用条约与国内法或国际组织规则的关系等问题。该指南指出，国家或国际组织不得以国内法或国际组织规则作为不履行因条约暂时适用所产生的义务的理由。

第五节　条约的遵守和适用

一、条约必须遵守

条约必须遵守（pacta sunt servanda）是条约法的一项基本原则。它是指缔约国对在有效期中的条约（treaty in force），[2]有义务善意地履行和遵守。

条约必须遵守源于罗马法中"约定必须遵守"的古老法律格言，后来发展成为一项重要的国际法原则。鉴于国际法领域不存在统一的、超国家的机关保证条约的履行，于是各国遵守条约的愿望逐渐促成了该原则的形成。条约必须遵守作为一项原则已载入了许多国际文件中。例如，《联合国宪章》序言强调"尊重由条约与国际法其他渊源而起之义务，久而弗懈"。宪章第2条指出，"各会员国应一秉善意，履行其依本宪章所担负之义务"。此外，国际法学界一般认为，条约必须遵守原则是一项国际习惯法规则。从国际习惯法成立应具备的两个因素，即"通例"和"法律确信"来分析，条约必须遵守原则的国际习惯法性质是显而易见的。因而可以说，"条约必须信守原则的拘束力，是国际习惯法所赋予的"。[3]

条约必须遵守原则的基本要素是善意履行条约。所谓善意履行条约，"就是诚实地和正直地履行条约，从而要求不仅按照条约的文字，而且也按照条约的精神履行条约，要求不仅不以任何行为破坏条约的宗旨和目的，而且予以不折不扣的履行"。[4]只有这样，缔结条约才有意义；也只有这样，才可能建立起稳定而有序的国际关系，才能真正地维护国际和平与安全，否则，连国际法本身都将可能荡然无存。在条约必须遵守原则之下，缔约国具有采取立法、司法、行政等措施履行条约义务的义不容辞的责任，并且，根据《维也纳条约法公约》第27条，"一当事国不得援引其国内法规定为理由而不

---

〔1〕　参见A/76/10，《国际法委员会的报告：第七十二届会议》（2021），第51段。
〔2〕　《维也纳条约法公约》第26条的作准中文本为"凡有效之条约对其各当事国有拘束力，必须由各该国善意履行"。其中"凡有效之条约"对应的英文作准本为every treaty in force。因"有效"（valid）一语容易产生歧义，故用"在有效期中"更为准确。参加李浩培：《条约法概论》，法律出版社2003年版，第577页。
〔3〕　李浩培：《条约法概论》，法律出版社1987年版，第346页。
〔4〕　李浩培：《条约法概论》，法律出版社1987年版，第329页。

履行条约"。

值得指出的是,条约必须遵守原则所要求遵守的是在平等自愿基础之上缔结的、符合国际法基本原则的有效条约。这已为前述所提及的《联合国宪章》及《维也纳条约法公约》的有关条款所规定。1970年《关于各国依联合国宪章建立友好关系及合作之国际法原则之宣言》也再次重申了这一原则,并进一步阐明:"每一国均有责任一秉诚意履行其在依公认国际法原则与规则系属有效之国际协定下所负之义务。"

二、条约的适用

(一)条约在时间上的适用范围

条约适用的时间范围实际上就是时际法的问题。它所要解决的是条约的规定是否适用于条约对当事国生效以前所发生的行为或事件问题。《维也纳条约法公约》确立了"条约不溯既往"的一般原则。这一原则包含以下几层意思:条约适用的时间起点是条约对一国生效之日;条约规定仅适用于条约有效期内当事国发生的行为和事实,对条约生效前的行为或事实或已不存在的情势,不具有法律约束力;条约生效前的行为或事实或情势在条约生效后继续存续的,条约规定可以适用;条约不适用于其终止后发生的事实。

《维也纳条约法公约》本身也不溯及既往。该公约第4条规定:"以不妨碍本公约所载之任何规则之依国际法而毋须基于本公约原应适用于条约者之适用为限,本公约仅对各国于本公约对各该国生效后所缔结之条约适用之。"1986年维也纳公约也有类似规定。

条约不溯既往并非绝对原则,当事方可通过共同的意思表示使某些条约具有追溯效力。此外,条约终止后仍可能具有一定的残余效果:条约有效期内发生的行为或事实、产生的权利和义务,仍然适用条约。

(二)条约在空间上的适用范围

1. 一般规则

条约在空间上的适用范围及于一当事国的全部领土。根据《维也纳条约法公约》,"除条约表示不同意思,或另经确定外,条约对每一当事国之拘束力及于其全部领土"。这一规定表明两层含义:第一,条约当事国可以明示或默示方式表明条约的领土适用范围;第二,在没有明确意思表示的情况下,原则上条约的效力及于一当事国的全部领土。[1] 有些条约会适用于一国领土之外的某些公共领域,如1959年《南极条约》、1979年《月球协定》。条约的域外适用会产生国家的域外管辖权问题。

2. 条约在中国特别行政区的适用

由于中国的特别行政区可在某些领域单独缔约,所以中央政府缔结的条约并非全部、自动地适用于特别行政区。这就要求中央政府在缔结条约时有必要明确条约的领土适用范围。实践中,针对不同性质和不同类型的条约形成了不同的程序。一是涉及外

---

[1] 对"全部领土"是否包括殖民地和被保护国,曾有争议。但随着殖民制度逐步被消灭,条约法起草过程中摒弃了"当事国负有国际责任的领土"这样的殖民条款,认为"全部领土"应只包括一当事国主权控制下的领土。See Report of the Commission to General Assembly, YILC (1966), Vol. II, p.213.

交、国防事务的条约以及根据其性质和规定应当适用于一国全部领土的条约，包括双边条约和多边条约，自动适用于特别行政区，中央政府将就条约适用于特区的情况、条约文本及条约其他基本信息及时通知特区政府。二是对其他性质的多边条约，国务院须在履行批约的国内程序之前，就条约是否适用于特别行政区、包括中央政府拟作出的保留或声明是否适用于特区、特区是否需要单独作出保留和声明等，征求特区政府意见。[1] 相应地，中国政府在向条约保存机关交存批准书、加入书、核准书或接受书时，将就多边条约及（如有）相关保留、声明，是否适用于两个特别行政区的情况发表政府声明。三是在特区政府可单独缔约的领域，中央政府缔结的双边条约原则上不适用于特别行政区。综上可见，香港和澳门回归后，在条约领土适用问题上并没有遵循所谓"条约边界移动"规则，[2] 而是形成了一套独特的条约领土适用的做法。这种做法也被作为"中华人民共和国发展的一种做法"而载入联合国《多边条约最后条款手册》。[3]

（三）新条约与旧条约的适用

《维也纳条约法公约》第30条处理了关于同一事项先后所订条约的适用问题。针对同一事项先后订立新、旧条约，应当优先适用何者的问题，条约法公约给出如下解决规则。

1.《联合国宪章》义务优先

根据《联合国宪章》第103条，"联合国会员国在本宪章下的义务与其依任何其他国际协定所负之义务有冲突时，其在本宪章下之义务应居优先"。据此，联合国会员国无论在《宪章》之前或之后订立的条约，与《宪章》的规定冲突的，宪章的规定优先。

2.依条约明文规定

如果条约明文规定，该条约不得违反先订或后订的条约，或不得视为与先订或后订的条约不符，则该先订或后订的条约优先适用。

3.新条约优于旧条约

如果先订条约的全体当事国同时也是后订条约的当事国，而先订条约依法并未终止或停止施行，先订条约仅在其规定与后订条约相符的范围内适用，即适用后订条约的规定。

4.新、旧条约当事国不同时

如果后订条约的当事国不包括先订条约的全体当事国，在同为先后两约的当事国之间，适用后订条约；而在同为两约的当事国与仅为其中一约的当事国之间，适用同为当事国的条约的规定。

---

[1] 见《香港特别行政区基本法》第153条第1款，《澳门特别行政区基本法》第138条第1款。

[2] "条约边界移动"规定在1978年《关于国家在条约方面继承的维也纳公约》第15条，用来规范对领土一部分的继承时的条约继承。由于香港与澳门回归不属于领土继承，中国未批准该公约，该规则也不是习惯国际法规则，故在条约在香港与澳门两个特别行政区的适用问题上，该规则不具有相关性。

[3] 《多边条约最后条款手册》（中文版），联合国出版物2003年，第70—71页。

三、条约与第三方

第三方指的是条约的非当事方。原则上,条约只对各当事方有拘束力,而对作为非缔约方的第三方是不发生效力的。这被称为"条约相对效力原则"。它可追溯至罗马法中的"契约对第三方既无损亦无益"(pacta tertiis nec nocent nec prosunt)。后被国际法所确定并得到普遍承认,而成为国际法的一项公认的原则。这是基于国家主权平等原则的必然结论。《维也纳条约法公约》第 34 条确认了这一原则,它规定:"条约非经第三国同意,不为该国创设义务或权利。"而该条的言下之意是,在第三方同意的前提下,存在条约效力扩张的可能性。

（一）为第三方创设义务的条约

《维也纳条约法公约》第 35 条规定:"如条约当事国有意以条约之一项规定作为确立一项义务之方法,且该项义务经一第三国以书面明示接受,则该第三国即因此项规定而负有义务。"据此,条约为第三国创设义务必须满足两个条件:(1)条约当事国有意为第三国创设义务;(2)第三国以书面形式明确予以接受。由此可见,一项条约之所以能对第三国课以义务,其效力并非来自条约本身,而是来自条约当事国与第三国之间达成的协议。

（二）为第三国创设权利的条约

《维也纳条约法公约》第 36 条规定:"一、如条约当事国有意以条约之一项规定对一第三国或其所属一组国家或所有国家给予一项权利,而该第三国对此表示同意,则该第三国即因此项规定而享有该项权利。该第三国倘无相反之表示,应推定其表示同意,但条约另有规定者不在此限。二、依第一项行使权利之国家应遵守条约所规定或依照条约所确定之条件行使该项权利。"根据此条规定,条约为第三国创设权利需具备两个要素:(1)当事国有此意思表示;(2)第三国表示同意,且此种同意可以通过"无相反的意思表示"推定出来,除非条约另有规定。此外,同意享有条约权利的国家需要按照条约规定的条件行使该项权利。

（三）取消或变更对第三国的义务或权利

《维也纳条约法公约》第 37 条对取消或变更义务和权利分别做了规定。对于取消或变更第三国的义务,除非经确定条约当事国和第三国另有协议,取消或变更该第三国担负的义务,必须经条约各当事国和该第三国同意。对于取消或变更权利,如经确定原意为不经该第三国同意不得取消或变更该项权利,则当事国不得取消或变更之。对取消或变更第三方的权利施加了比取消义务更严格的条件,以禁止性规定防止条约当事国任意取消或变更条约赋予第三国的权利,体现了对第三国信赖利益的保护。

（四）条约规则因成为习惯法而对第三国产生拘束力

在一些情况下,条约对第三国产生法律效果的原因是条约的规定成为了国际习惯法规则。一些条约,特别是多边条约的规定可能会因许多第三国认为是必须遵守的规则,且被这些国家在一个相当长的时期内反复遵行,从而成为国际习惯法规则。在这种情形下,条约的规定虽然对第三国带来了权利和义务,但这些权利和义务"并不是条约对第三国产生了权利和义务，而是习惯国际法附着于条约而产生"。[1]对此，《维也纳条约法公约》第38条规定："第34条至第37条之规定不妨碍条约所载规则成为对第三国有拘束力之公认国际法习惯规则。"

"条约相对效力原则"存在某些例外。例如，《联合国宪章》第2条规定了会员国应遵行的一系列原则，包括和平解决争端、在国际关系上不得使用威胁或武力等。该条第6款对此明文规定："本组织在维持国际和平及安全之必要范围内，应保证非联合国会员国遵行上述原则。"这一规定意味着《联合国宪章》为非会员国创设了义务。同时，宪章也为非会员国创设了权利，如主权平等原则、不干涉内政等原则，非会员国同样适用。

相对效力的另一例外是设立"客观制度"的条约，这类条约被认为建立了一种对整个国际社会普遍有效的制度，可以未经第三国同意，为它们规定权利或义务。实践中出现的建立客观制度的条约大体有两类：一是规定非军事化、中立化或国际化的条约，此类条约主要规定第三国的义务。例如，1958年《南极条约》旨在建立一个区域制度，冻结所有国家对南极洲的领土要求，以及禁止将南极地区军事化。[2]二是规定国际交通水道的条约，此类条约主要规定第三国的权利。"客观制度"问题在条约法起草过程中得到讨论，但最终未写入《维也纳条约法公约》。一项建立客观制度的条约是否合法，须考察它是否符合全世界的一般利益，是否对第三国的主权造成侵犯。

第六节 条约解释

一、条约解释的概念

条约解释是"对条约的具体规定的正确意义的剖析明白"。[3]正确解释条约是善意履行条约的前提。条约解释涉及两方面问题：一是谁来解释条约，即条约解释的主体；二是以什么方法解释条约，即条约解释的规则。

条约解释依解释主体的不同可分为学理解释和官方解释。学理解释是指国际法学者在其论著对条约作出的理论上的解释；官方解释指条约当事国或经授权的国际机关对条约的解释。基于解释的效力，条约解释可分为有权解释和非有权解释。按照"谁制定的法律谁就有权解释"的原则，只有条约当事国全体同意的解释才是有权解释。国际司法机关或仲裁庭根据当事国共同同意作出的解释，也是有权解释。按此标准，不仅所有学理解释都是非有权解释，而且官方解释中一方当事国的解释也不是有权解释。

---

[1] 李浩培：《条约法概论》，法律出版社2003年版，第489页。
[2] 参见《南极条约》第1、4、5条。
[3] 李浩培：《条约法概论》，法律出版社2003年版，第334页。

二、条约解释的主体

（一）条约当事国

条约是当事国缔结的，因而只有当事国最清楚条约的意图，以及条约各项条款所包含的内容，因此，条约当事国是条约当然的解释主体。每一当事国都是条约的制定者，因此不能推断某一当事国对条约的解释比另一当事国更权威。当事国的解释通常发生在条约适用的过程中，这种解释对解释国有法律拘束力，但不能产生约束其他当事国的效力。

（二）国际组织

国际组织原则上有权解释建立该组织的条约、公约或章程等国际条约，但是，国际组织的解释仅在该组织的范围内有效，即只对该组织有拘束力。

（三）国际性司法机构

《国际法院规约》第36条第2款规定："本规约各当事国得随时声明关于具有下列性质之一切法律争端，对于接受同样义务之任何其他国家，承认法院之管辖为当然而具有强制性，不须另订特别协定：（子）条约之解释。（丑）国际法之任何问题……"根据这一规定，对自愿接受法院管辖并将争端提交给国际法院的国家而言，国际法院对条约所作的解释当然是有权解释，而且对该等当事国具有拘束力。类似地，其他国际性司法机构，包括仲裁庭在审理案件中对条约所作的解释，也是有权解释，对案件当事方具有拘束力。根据《国际法院规约》第59条，"法院之裁判除对于当事国及本案外，无拘束力"。因此，一般而言，国际法院及其他国际性司法机构对条约所作的解释仅约束案件的当事方。

三、条约解释的规则

《维也纳条约法公约》第31—33条规定的条约解释的一般原则和规则，被认为是条约解释的习惯法。

（一）条约解释通则

《维也纳条约法公约》第31条规定："条约应依其用语按其上下文并参照条约之目的及宗旨所具有之通常意义，善意解释之。"这条规定构成条约解释的通则。

1. 善意解释

善意解释是善意原则的一个构成要素，也是善意履行条约的前提。条约应被善意解释以避免导致明显荒谬或不合理的结果。善意解释原则隐含的一个重要内容是有效性原则，即"宁使条款有效而不使其失去意义"。"如果一个条约有两种解释，其中之一会使条约产生适当的效果，而另外一个则不会，那么善意和条约的目的和宗旨要求前一种解释应当被采纳。"[1]但需注意的是，有效性原则不得导致背离条约用语明白表达的含义，

---

[1] A/CN.4/SER.A/1966/Add.1, Report of the International Law Commission to the General Assembly, YILC (1996), Vol. II, p.219.

否则可能构成对条约的修改。

2. 约文解释

约文必须被推定为各条约当事方的意思的权威性的表示，因而约文是条约解释的出发点，条约当事方应被推定为具有其所使用的词语的通常意义的意思，这是约文解释的精髓。约文解释的核心是阐明条约用语的自然和通常含义，如果没有明确相反的意思表示，必须假定这种通常意义最可能反映当事各方的真实意图，否则条约约文将没有任何意义。

约文的通常意义既不是通过纯粹的语法分析得出的，也不应抽象地确定，而是结合条约的上下文并参考条约的目的和宗旨综合分析的结果。这就要求必须将条约作为一个整体，进行系统的解释。依据《维也纳条约法公约》第31条第2款，就解释条约而言，条约的约文应指条约的上下文，除包括条约的序言、正文及附件外，还包括全体当事方之间就该条约的缔结所订立的与该条约有关的任何协定；以及一个或几个当事方就该条约的缔结所作出并经其他当事方接受为与该条约有关的任何文书。

3. 目的解释

目的解释是约文解释的补充，在确定条约用语的通常含义时，除根据上下文外，还必须参照条约的目的和宗旨。为确定条约的目的和宗旨，与上下文一并考虑的因素还包括（1）当事国嗣后订立的关于该条约的解释或其规定的适用的任何协定；（2）嗣后在条约适用方面确定各当事方对该条约解释的意思一致的任何惯例；以及（3）适用于各当事方之间关系的任何有关的国际法规则。

为进一步明确何谓与条约解释有关的嗣后协定和嗣后惯例，国际法委员会从2008年开始将这一问题列入工作议程。2018年，国际法委员二读通过了《与条约解释有关的嗣后协定与嗣后惯例结论草案》并提交联合国大会。[1]《结论草案》包括13项结论，内容涉及嗣后协定和嗣后惯例的定义与识别、嗣后协定和嗣后惯例在条约解释中所占分量与可能的影响、嗣后协定与嗣后惯例在确定条约含义能否进行演化解释中的作用等方面。《结论草案》指出，嗣后协定和嗣后惯例意在解释条约，而不是修正或修改条约；通过嗣后协定修正或修改条约的可能性并未得到普遍接受。《结论草案》还提出专家条约机构的声明与条约解释的相关性取决于条约的规定；缔约国的沉默并不构成接受专家条约机构以声明解释条约的嗣后惯例。

4. 特殊意义

条约用语应按其通常含义解释，这是条约解释的一般情况。如果确定当事方的原意是赋予条约用语以特殊含义，则应当认为其具有此种特殊意义。这是主观解释方法在条约解释上的一个体现。

（二）解释条约的补充资料

《维也纳条约法公约》第32条规定了在两种情况下可以将某些资料作为条约解释的补充资料：一是为证实按照条约解释通则所得的条约意义；二是按照通则解释条约的结

---

[1] A/RES/73/202，联合国大会《与条约解释相关的嗣后协定和嗣后实践》（2019），附件。

果仍意义不明、难解，或者显然荒谬或不合理时，为确定条约的意义，可以使用条约的准备工作及参考缔约时的情况。

这里的补充资料包括该条约的谈判记录、条约的历次草案和讨论条约的会议记录等。这里需要注意两点：一是只有在用尽第 31 条的解释通则仍不能得出满意的解释时，才可以使用补充资料；二是补充资料不具有权威性，只起补充说明的作用。

（三）多种作准文本的条约

条约一般会规定两种或两种以上的语文同等作准。例如，《维也纳条约法公约》第 85 条第 1 款就规定："本公约之原本应送请联合国秘书长存放，其中文、英文、法文、俄文及西班牙文各本同一作准。"虽然在缔约过程中作准文本都已经过认证，应推定其具有相同的含义，但是在条约适用过程中，就某一特定条款的含义在不同语文之间难免产生分歧。这就提出如何协调多种作准文本的条约含义的问题。对此，《维也纳条约法公约》确立了以下解释规则。

（1）各种文字同一作准。根据《维也纳条约法公约》第 33 条第 1 款，条约用两种或两种以上文字认证时，除该条约规定或该条约各当事国约定在有分歧的情况下以某种文字的约文为根据外，每种文字的约文应同一作准。

这一规定明确了各作准本在条约解释上具有同等权威性。同时，条约当事方可以约定以某一文本作为解释分歧的根据。例如，2015 年中国和越南《引渡条约》最后一段即声明"本条约于二〇一五年四月七日订于北京，一式两份，每份均用中文、越南文和英文写成，三种文本同等作准。如遇解释上的分歧，以英文本为准"。

（2）以作准文字以外的其他文字作成的条约译本，仅在条约有此规定，或当事国有此协议时，才被视为作准约文。

（3）应推定条约用语在各种作准约文内意义相同。

（4）在进行条约解释时，条约解释者应将各种作准约文予以对照比较，如果发现各约文具有不同意义时，应适用第 32 条及第 33 条的解释规则进行解释；如果仍不能消除分歧时，应参照该条约的目的和宗旨，采用最能调和各约文的那种意义。

第七节　条约的修订

一、条约修订的概念

条约缔结时不可能预见未来可能出现的所有问题。因此，为适应国际实践的发展，适时更新条约成为必然要求。修订条约是更新条约的一种常见途径。条约的修订（revision）指的是条约当事国在缔结条约后于该约有效期内改变条约规定的行为。《维也纳条约法公约》区分了条约的修正（amendment）与修改（modification）。条约的修正是指修正原条约的当事国意在使修正后的条约适用于原条约的全体当事国的修订。修改是指原条约当事国中只有一部分国家对条约进行修订，且它们意在使修改后的条约只适用于它们自己的修订。由此可见，修改只可能针对多边条约进行。事实上，条约的修正和修改只是一种理论上的区分，实际效果可能并无不同，因为尽管修正的目的是在全体缔约国之间修订条约，但如果修正后的条约仅为部分缔约国所接受，则实际上产生了修改的效果。

对条约进行修订须遵守一定的规则和程序。多边条约一般均明文规定修订的程序、条件和效力等。条约本身对修订作出规定的，按照条约的规定；在条约规定不足以解决修订的程序问题时，则诉诸《维也纳条约法公约》的规定。

二、条约修正的规则

条约修正应通过当事国的协议进行，这是修正条约的通则。根据《维也纳条约法公约》第40条的规定，除条约另有规定外，多边条约的修正应依以下规定进行。

（1）任何修正提议必须通知全体缔约国。各缔约国均应有权参加：①对修正提议采取行动的决定；以及②修正条约的任何协定的谈判和缔结。

（2）凡有权成为条约当事国的国家也应有权成为修正后条约的当事国。

（3）就修正条约所缔结的协定，对于那些尚未成为该修正协定的当事国的原条约当事国没有拘束力。在修正协定的当事国和原条约当事国间，仍适用原条约。

（4）条约经修正后成为条约当事国的国家，如其无不同意思表示，应视其为修正后条约的当事国；而其与未接受修正协定的原条约当事国的关系而言，应视其为原条约的当事国。

对于何时能提出修正条约，没有统一的规定，通常是按照各个条约的具体规定行事。在条约实践中，大致有以下两种情形：第一种情形是条约生效后一定时期才能提出修正。例如，《联合国打击跨国有组织犯罪公约关于预防、禁止和惩治贩运人口特别是妇女和儿童行为的补充议定书》第18条第1款规定，"本议定书缔约国可在本议定书生效已满五年后提出修正案并将其送交联合国秘书长"。第二种情形是缔约国可随时提出修正。例如，《儿童权利公约》未对提出修正案的时机作出限制，根据该公约第50条第1款，"任何缔约国均可提出修正案，提交联合国秘书长"。这意味着，缔约国可以随时提出修正案。

三、条约修改的规则

条约修改是仅在若干当事国间修改多边条约。根据《维也纳条约法公约》第41条的规定，多边条约两个以上的当事国在以下两种情况下可以在彼此间修改条约。一是条约内必须有这种修改的规定；二是有关的修改不被条约所禁止。后一种情况中的修改，不得影响其他当事国享有条约规定的权利或履行其义务，也不得损抑整个条约的目的和宗旨的有效实现。一般而言，有关当事国若有意修改条约，则应将它们缔结修改协定的意思及协定对条约所作的修改通知其他当事国。

第八节　条约的失效、终止和停止施行

一、条约失效

条约失效（invalidity of treaties），与条约有效相对。一项有效的条约需满足三个条件：缔约代表具备缔约能力、缔约时可以自由表示同意、所缔结的条约符合强行法。三个条件须同时具备，才能使条约实质上产生效力。实质上有效的条约（a valid treaty）与在有效期内的条约（a treaty in force）不同，有效的条约因履行完毕或有效期届满而合法终止后，虽然不在有效期内，但其法律效果继续保持，因此仍是有效的条约。而在有效期内的条约也可能因为欠缺有效要件而失去法律效力。

条约失效就是条约不具备产生效力的实质要件，因而在国际法上不产生约束力的一种法律状态。条约失效又可分为绝对失效和相对失效。绝对失效的条约，除受害国外，任何第三国和国际机构都可以主张其无效；相对失效的条约侵犯的是受害国个体的利益，只能由受害国主张其无效。导致条约相对失效的原因包括不具备缔约能力，以及错误（error）、欺诈（fraud）、贿赂（corruption）情形下的意思不自由。导致条约绝对失效的原因有因强迫（coercion）而产生的意思不自由，以及条约违反强行法。出于维持条约关系稳定性的考虑，《维也纳条约法公约》实际上采用了一种尽量使条约有效的立场。[1] 根据该公约第42条第1款，导致条约失效的原因只能在本公约规定范围内，除此之外的其他原因都不能产生使条约失效的效果。

（一）条约失效的原因

1. 越权缔约

国内法或国际组织章程一般会对缔约权限与缔约程序作出具体规定，缔约代表应在其授权范围内依法行使缔约权。为维护条约关系的稳定，一般而言，一国不得以缔约代表越权缔约作为撤销其同意受条约约束的理由。为此，《维也纳条约法公约》第46条规定，只有在"违反之情事显明且涉及具有基本重要性之国内法之一项规则"时，有关国家才可主张越权缔约。根据第46条第2款，所谓"显明"违反，是指"违反情事倘由对此事依通常惯例并秉善意处理之任何国家客观视之为显然可见者"。

如果代表表示一国同意承受某一条约拘束之权力附有特定限制，必须在其表示同意前已将此项限制通知其他谈判国，否则该国不得援引其代表未遵守限制之事实以撤销其所表示的同意（《维也纳条约法公约》第47条）。

2. 错误

错误是指国家在缔约时对存在的事实状况作出了不正确的判断，从而导致意思表示不真实的情况。依《维也纳条约法公约》第48条规定，如果条约内存在着错误，而且此项错误关涉一国缔约时假定为存在并构成其同意的必要根据的事实或情势时，该国得

---

[1] 参见朱文奇、李强：《国际条约法》，中国人民大学出版社2008年，第267—268页。

援引条约的错误撤销其承受条约约束的同意。需要强调的是，该错误必须是事实错误而非法律错误，并且该事实错误是一国同意缔约的关键因素。但是，若错误是由该国本身的行为所助成，或如当时情况足以使该国知悉有错误的可能，则不得援引错误作为撤销其对条约同意的理由。

3. 诈欺

诈欺本身在国际法上并没有统一的定义。一般来说，它是指缔约一方故意以虚假的陈述或事实欺骗另一方，诱使其缔结条约的行为。《维也纳条约法公约》第 49 条规定，如果一国因另一谈判国的诈欺行为而缔结条约，该国得援引诈欺为由，撤销其承受条约约束的同意。

4. 贿赂

贿赂是对一国缔约代表的贿赂，而不是对国家的贿赂。根据《维也纳条约法公约》第 50 条的规定，如果一谈判国直接或间接贿赂对方代表，使之同意承受条约的约束，则该国可以贿赂为理由撤销其接受条约约束的同意。

5. 强迫

强迫可以分为对缔约代表的强迫和对国家的强迫。

对缔约代表的强迫是针对其个人的人身伤害或威胁、威胁伤害家庭成员或揭露个人隐私破坏职业生涯等。《维也纳条约法公约》第 51 条规定，一国同意接受条约约束的表示是以行为或威胁对该国代表施加强迫而取得的，应无法律效果。

对国家的强迫，根据《维也纳条约法公约》第 52 条的规定，违反《联合国宪章》中所体现的国际法原则，以武力威胁或使用武力对一国施行强迫而缔结的条约无效。国际司法实践也确定了强迫缔结的条约无效。如国际法院在 1973 年的"渔业管辖权案"的判决中指出，"在当代国际法下，在使用武力或武力威胁下缔结的协定是无效的"。[1] 关于第 52 条所指的"武力"（force）是否包括政治和经济压力问题，在国际法委员会起草条约法公约时及条约法外交会议上都引起了争论。最后妥协的结果是，以全体会议通过《缔结条约时禁止军事、政治或经济强迫的宣言》，作为条约法会议最后文件的一部分，其中声明：严正谴责任何国家违反国家主权平等和同意自由的原则，威胁或使用任何形式的压力，不论军事的、政治的或经济的，以强迫另一国家实行有关缔结条约的任何行为。[2]

6. 与强行法相抵触

条约在缔结时与一般国际法强制规律抵触者无效。这里的一般国际法强制规律，又称"强行法"（jus cogens），指的是国家之国际社会全体接受并公认为不许损抑且仅有以后具有同等性质之一般国际法规律始得更改的法律规则。

---

[1] *Fisheries Jurisdiction (United Kingdom v. Iceland)*, Jurisdiction of the Court, Judgment, I.C.J. Reports 1973, para. 24.

[2] A/CONF.39/11/Add.2, United Nations Conference on the Law of the Treaties, Official Records, p. 285.

（二）条约失效的后果

依据《维也纳条约法公约》确定失效的条约无效（void）。无效的条约，其规定无法律效力（no legal force）。这种无效是条约自始无效，而非主张条约失效的理由成立之日起无效。

因导致条约失效的理由不同，其法律后果也有不同。根据《维也纳条约法公约》第69条第2款，因缔约能力不具备和同意不自由的诸多理由导致条约失效的，对于已善意履约的国家，可以主张恢复原状或保留履约效果的救济措施。具体而言，一国因信赖此种条约而实施了履约行为的，可以要求任何其他当事国在彼此关系上尽可能恢复未实施此项行为之前的状况；在条约失效前以善意实施的行为，并不仅仅因条约失效而成为不合法。

条约因与强行法抵触而失效的，当事国应尽量消除依据与任何强行法抵触的规定所实施行为的后果，并使彼此关系符合强行法。

二、条约终止的原因及后果

条约终止是指条约生效后，由于某些原因的出现，导致从这些原因出现之时起，条约不再对当事国具有约束力的法律状态。条约终止分为条约本身的终止和条约对当事国的终止。条约终止的原因产生于条约生效之后。条约终止后，此前当事国的履约行为以及与履行条约有关的行为所产生的法律效果都不受影响。

（一）导致条约终止的原因

根据条约实践和《维也纳条约法公约》第54—64条的规定，导致条约终止的原因可以概括为三个方面：条约本身的规定、当事国嗣后共同同意以及一般国际法规定的原因。

1. 条约本身规定的终止原因

（1）条约存续期限届满或到达终期。条约通常明文规定有效期限，期限届满，且无延长要求，则条约自动终止。但实践中更常见的做法是，缔约一方若希望终止条约，应在条约规定的终止期届满前一定的期限内，通知其他缔约方终止该条约，否则该条约继续有效。例如，1957年中国政府和捷克斯洛伐克政府《保健合作协定》第9条规定，本协定"有效期限为5年。如果缔约双方中的任何一方未在期满前6个月提出废除的时候，本协定将自动延长5年，并且依照这个办法顺延"。

（2）满足条约规定的终止条件。有的条约明文规定了失效的条件，一旦该条件成立，条约即失去效力。例如，1957年《已婚妇女国籍公约》第9条第2款规定："本公约在缔约国减至不足6国之退约生效之日起失效。"

（3）行使解约权或退约权。有些条约明确规定缔约国可以退约。退约国应向条约保管机关发出通知，并由其转告条约全体当事国。待保管机关接到通知一段时间后，条约便对退约国终止适用。例如，1990年《保护所有移徙工人及其家庭成员权利国际公约》第89条第1款和第2款规定："任何缔约国可在本公约对该有关国家生效五年以后，向联合国秘书长提出一项书面通知，退出本公约。退约应于联合国秘书长收到通知之日起十二个月后的月份首日发生效力。"

（4）条约义务履行完毕。有的条约是为履行一定的义务或执行某事项而缔结，例如偿还债务、撤离驻军等，一旦条约规定的义务或事项全部执行完毕，该条约即告终止。例如，2003年中国政府和老挝政府《经济技术合作协定》第4条规定："本协定自签字之日起生效，有效期至双方履行完毕本协定规定的一切有关义务之日止。"

2. 全体当事国同意的终止

全体当事国可以明示或默示的方式嗣后同意终止一项条约。《维也纳条约法公约》第54条第2款规定，任何时候，经全体当事国同其他缔约国咨商后表示同意，条约予以终止。

3. 一般国际法的适用导致条约终止

由于一般国际法的适用导致条约的终止的原因，既包括《维也纳条约法公约》规定的导致终止的法律上的原因，也包括该公约未作规定的事实上的原因。

（1）当事国丧失国际人格。一个国家缔结条约后因与其他国家合并或分裂成几个国家而丧失其国际人格。在这种情况下，该国既然已不存在，则在丧失人格前缔结的双边条约即行终止，多边条约则减少一个缔约国。

（2）条约嗣后履行不能。条约缔结后，因出现当事国意外之事，使条约不可能履行，该条约因此而终止。《维也纳条约法公约》第61条规定："倘因实施条约所必不可少之标的物永久消失或毁坏以致不可能履行条约时，当事国得援引不可能履行为由终止或退出条约。"例如，实施条约所必不可少的岛屿沉没、河流干涸等。但是，如果条约不能履行是一当事国违反条约义务或违反对条约任何其他当事国所负任何其他国际义务所引起的，该当事国不得援引不可能履行为理由终止条约。

（3）条约履行完毕。在条约本身未作规定情况下，条约履行完毕的自然结果是条约终止，但条约所产生的法律效果在条约终止后依然存续。[1]

（4）嗣后出现与条约不相容的强行法。《维也纳条约法公约》第64条规定，遇有新的一般国际法强制规律产生时，任何现有条约规定与该项规律抵触者即成为无效而终止。

（5）权利国单方面废止条约。原则上，条约不能单方面废止，但在缔约一方违约时，他方有权废除条约。这是基于"对不履行者不必履行"的原则。这项原则是公认的国际法原则。但是，并不是所有单方面的违约都导致条约的终止。根据《维也纳条约法公约》第60条的规定，如果缔约一方废弃条约或行使了与条约目的和宗旨不符的重大违

---

[1] 对条约本身未作规定、当事国间未有约定的情况下，条约履行完毕是否终止条约存在不同的认识。一种观点认为，条约不仅仅因义务履行完毕而终止，它仍然是有效的条约，但没有待执行的义务；另一种观点则认为，条约终止是条约履行完毕的自然结果。我国条约法专家李浩培先生认为后一种观点是正确的。条约的作用是规定当事国之间的法律，条约既已履行完毕，这个作用就丧失，因而条约也就终止。《维也纳条约法公约》第70条第1款乙项规定，条约终止时，不影响当事国在条约终止前通过该条约实施所产生的任何权利、义务或法律情况。由此可见，不能因为由履行条约而产生的权利、义务或法律情况的继续维持而否定条约的终止。参见李浩培：《条约法概论》，法律出版社2003年版，第430—431页。

约行为时，双边条约当事国的他方有权援引违约为理由终止该条约；多边条约的其他当事国有权一致协议，在该国与违约国之间或在全体当事国之间终止条约。

（6）情况之基本改变。情况之基本改变，又可称情势变迁，是指缔结条约时，缔约方之间存在一个假设，即缔约时所能预见到的情况不会发生变化，一旦情势发生变化，当事国可以因此而终止条约。由于情势变迁原则缺乏客观的衡量标准，缔约国往往凭其主观意志决定，因而很容易导致对该原则的滥用。为此，《维也纳条约法公约》第62条对援引情势变迁作为终止或退出条约的理由作了严格的限制：①条约缔结时存在的情况发生根本变迁，并且发生变迁的情况必须是当事国所不能预料的；②这些情况的存在构成当事国同意承受条约拘束的必要根据；③该情况的变迁将根本变动依条约尚待履行的义务的范围。只有在同时满足上述条件时，才可以援引情势变迁原则以主张条约的终止或退出。《维也纳条约法公约》第62条继续规定，在两种情况下无论如何不得援引情势变迁：一是不得援引情势变迁原则作为终止或退出边界条约的理由；二是如果情势变迁是由当事国自己违反条约义务而引起的，该国不得援引这一原则终止或退出条约。

（7）断绝外交或领事关系。条约当事国之间断绝外交或领事关系并不必然影响彼此间依条约确定的法律关系。而当外交或领事关系的存在为适用条约所必不可少时，断绝外交或领事关系可能导致条约关系的终止。

（二）条约终止的法律后果

条约终止的法律后果可依条约规定或当事国约定来确定。在既无条约规定也无约定的情况下，条约终止即解除当事国继续履行条约的义务；条约终止前当事国由于实施条约而产生的权利义务或法律状态继续存在。

三、条约停止施行的原因及后果

条约的停止施行是指条约生效后，由于某些原因的出现，条约在一定时期内暂时不对当事国具有拘束力，待这些原因消失后，条约继续施行的情况。

（一）导致条约停止施行的原因

导致条约停止施行的原因与条约终止的原因类似，包括条约本身规定、全体当事国嗣后明示或默示的共同同意、条约履行暂时不可能、外交或领事关系断绝为条约履行带来障碍等。一方重大违约和情况之基本改变也可能导致条约停止施行。此外，多边条约的部分当事国可以通过协定在彼此间停止施行条约，但需满足以下条件：条约允许或并不禁止停止施行；停止施行不影响其他当事国享有条约上的权利和履行其义务；停止施行条约不违背条约的目的和宗旨；将停止施行条约的意图及所涉及的条约规定通知其他当事国。

（二）条约停止施行的法律后果

条约停止施行期间，当事国之间的条约法律关系依然保持，条约的法律效力始终存在；在此期间，当事国仅仅是可以暂时不履行条约义务，但该义务并未消失。同时，在停止施行期间，当事国应避免从事足以阻挠条约恢复施行的行为。

第九节　条约管理

条约的管理包括条约的保管、登记和公布。

一、条约的保管

条约的正本需要保管。双边条约的正本通常一式两份，由条约当事国分别保管。多边条约由于缔约国数目众多，有关条约的程序性事项极为复杂，往往需要指定专门的保管机关。多边条约的保管机关不仅要负责保存条约的正本，还要负责管理整个条约运行期间关于该条约的各种形式和程序事项，即有关条约"生命"的各种事项。[1]多边条约的保管机关可以是一个或多个国家，也可以是一个国际组织或国际组织的行政首长。《维也纳条约法公约》第77条规定了保管机关的具体职务。条约的保管机关不是为自身利益而是为所有相关国家的利益服务，因此其职务具有国际性质。联合国秘书长担任着具有全球意义的、由联合国大会通过或由联合国有关机构召集的全权代表会议上缔结的开放性多边条约以及在联合国区域委员会框架内起草的并开放给委员会全体成员参加的区域性条约的保管机关。

二、条约的登记和公布

条约登记和公布是对20世纪初期之前盛行的秘密外交的废弃。《联合国宪章》第102条规定联合国任何会员国所缔结之一切条约及国际协定应尽速在秘书处登记并由秘书处公布之；未经登记的条约或协定不得向联合国的任何机关援引。登记行为本身不赋予任何文书它所不具有的地位：登记的文书并不当然构成条约；而一项条约即使未在秘书处登记也不影响其作为条约的地位。未登记的条约只是不得向联合国任何机关援引。

鉴于条约登记和公布的意义，1969年《维也纳条约法公约》第80条强调，"条约应于生效后送请联合国秘书处登记或存案及记录，并公布之"。双边条约由缔约一方或双方送请登记，多边条约的登记事项由保管该条约的机关实施。《联合国条约集》是联合国公布已登记条约的主要方式。

条约在国际层面的公布与国家在国内公布条约是两个层次的问题。后者取决于国内法的规定，对国际层面的条约公布不产生影响。中国《缔结条约程序法》第15条规定，经全国人民代表大会常务委员会决定批准或者加入的条约和重要协定，由全国人大常委会公报公布。中华人民共和国缔结的条约和协定由外交部编入《中华人民共和国条约集》。2023年施行《缔结条约管理办法》进一步规定，国务院核准、决定加入或者接受的条约或者向国务院备案的条约，应由国务院公报及时予以公布；以中华人民共和国政府部门名义缔结的条约，由国务院有关政府部门及时予以公布。

---

[1] 参见李浩培：《条约法概论》，法律出版社2003年版，第110页。

重要名词术语

条约、缔约能力、全权证书、保留、暂时适用、条约生效、条约必须遵守、条约解释、一般国际法强制规律（强行法）、条约无效、情况之基本改变

思考题

1. 简述条约的特征。
2. 一国通过哪些行为表示同意承受条约约束？
3. 比较条约生效和条约有效。
4. 试述条约必须遵守原则的意义。
5. 简述对一项保留的接受或反对的法律效果。
6. 简述条约解释规则。
7. 简述条约的时间和空间适用范围。
8. 试述导致条约无效的理由。

典型案例分析

世能投资有限公司诉老挝人民民主共和国政府案

基本案情

世能投资有限公司（以下简称世能公司）是一家根据中国澳门特别行政区法律在澳门注册成立的公司，在老挝从事博彩业和酒店业投资。后世能公司与老挝政府因投资发生纠纷，2012年，世能公司自认为满足1993年《中国政府和老挝政府关于鼓励和相互保护投资协定》（以下简称《中老BIT》）对"投资者"的定义，遂以《中老BIT》为依据，在新加坡针对老挝政府发起国际仲裁。老挝政府随即对仲裁庭的管辖权提出初步反对意见，主张《中老BIT》中界定的"领土范围"不包括澳门特别行政区，故世能公司不得据此提起仲裁。这一反对意见未获仲裁庭支持，2013年12月，仲裁庭作出管辖权裁决，认定《中老BIT》适用于澳门特别行政区，仲裁庭对本案拥有管辖权。

老挝政府不满该仲裁裁决，于2014年1月10日，向新加坡最高法院高等法庭提出申请，要求对仲裁庭的管辖权裁决进行司法复审。在这次诉讼中，老挝政府提具了中老两国政府的信函往来，其一是2014年1月7日老挝外交部致中国驻万象大使馆的信，信中称老挝认为《中老BIT》不适用于澳门，去信寻求中国政府关于该问题的观点。其二是2014年1月9日中国驻万象大使馆回复老挝政府的信，信中确认1993年缔结的《中老BIT》不适用于澳门特别行政区，除非中国和老挝未来另行作出安排。2015年1月，高等法庭作出判决，认定《中老BIT》不适用于澳门特别行政区，故仲裁庭对本案无管辖权。

2015年7月，世能公司不满高等法庭的判决，向新加坡最高法院上诉庭提起上诉，要求撤销高等法庭的判决。2016年9月29日，上诉庭发布终审判决，推翻了高等法庭

的判决，得出支持仲裁庭的结论，即《中老BIT》适用于澳门特别行政区。[1]

判决作出后，中国外交部发表声明："新加坡法院对这一事实问题的认定是错误的。"[2]

裁判理由

新加坡最高法院的高等法庭和上诉庭在两个问题上的分歧，导致两个法庭最终得出完全相反的结论。

第一个问题是关于"条约边界移动规则"是否适用于澳门回归中国的情况。高等法庭和上诉庭均认为"条约边界移动"适用于澳门的情况，换言之，二者均认为澳门回归中国属于中国对葡萄牙"一部分领土的继承"，故应当适用该规则。所不同的是，高等法庭适用该规则的原因是争议双方均认可该规则与本案相关，不过高等法庭认为老挝方面提供的证据表明《中老BIT》满足了该规则的但书部分，即中国与老挝之间已"另经确定"《中老BIT》不适用于澳门特别行政区，故最终排除了《中老BIT》对本案的适用。而上诉庭适用该规则的理由则是该规则属于习惯国际法，因此对包括中国和老挝在内的所有国家均具有法律拘束力；同时上诉庭认为，老挝提供的证据未能"另经确定"《中老BIT》不适用于澳门特别行政区，故应当适用默认规则，由此得出《中老BIT》适用于澳门特别行政区。

第二个问题是关于2014年1月老挝外交部与中国大使馆之间的往来信件的法律性质。高等法庭指出，《维也纳条约法公约》第31条允许缔约各国就条约的解释或条约某些规则的适用订立嗣后协定。高等法庭认为中老两国政府间的信件往来构成第31条第3款（a）项的嗣后协定，应在解释条约时给予考虑。上诉庭则认为两封信构成对条约的修改，因而不予考虑。

案件评析

本案主要涉及条约适用的空间范围和条约解释两个问题。

就条约适用的空间范围而言，具体到本案，即中央政府缔结的双边投资协定是否适用于澳门特别行政区的问题。判决中提到的"条约边界移动规则"规定在1978年《关于国家在条约方面继承的维也纳公约》（以下简称《1978年维也纳公约》）第15条中。该条针对的是"对领土一部分的继承"。据该条规定，一国领土的一部分，或虽非一国领土的一部分但其国际关系由该国负责的任何领土，成为另一国领土的一部分时：（1）被继承国的条约，自国家继承日期起，停止对国家继承所涉领土生效；（2）继承国的条约，自国家继承日期起，对国家继承所涉领土生效，但从条约可知或另经确定该条约对该领土的适用不合条约的目的和宗旨或者根本改变实施条约的条件时，不在此限。

本案中，澳门回归中国不是领土继承。首先，基于不平等条约的领土割让自始无效，中国一直拥有对香港和澳门的主权。其次，国际社会确认香港、澳门不属于一般的

---

[1] *Sanum Investments Limited v. The Government of The Lao People's Democratic Republic*, (hereinafter "*Sanum v. Laos*") [2016] SGCA 57, Judgment, para. 152.

[2] 参见"2016年10月21日外交部发言人华春莹主持例行记者会"，可访问 http://www.fmprc.gov.cn/web/fyrbt_673021/jzhsl_673025/t1407728.shtml，最近访问日期：2017年8月7日。

殖民地。1972年11月2日，联合国大会以99票赞成5票反对的投票结果通过决议，将香港和澳门从非自治领土的名单中删除。最后，葡萄牙通过国内法和国际条约确认澳门是中国领土。1976年葡萄牙共和国宪法并没有把澳门列入葡萄牙主权之下的领土，也不是自治区，而是由葡萄牙管理的区域。1987年签署的《中葡联合声明》对澳门属于中国领土这一事实的表达更为清晰，其第1条明确写道："中华人民共和国政府和葡萄牙共和国政府声明：澳门地区（包括澳门半岛、氹仔岛和路环岛，以下称澳门）是中国领土，中华人民共和国政府将于一九九九年十二月二十日对澳门恢复行使主权。"鉴于中葡双方均认为不存在主权移转，而只是中国恢复对澳门行使主权，因此并不存在继承问题，故不适用有关领土继承的规则。此外，所谓的"条约边界移动"也难以构成习惯国际法。规定这一条款的《1978年维也纳公约》只有23个当事国，国家在条约继承方面的做法往往与《1978年维也纳公约》的规定大相径庭。因此，《1978年维也纳公约》基本上属于一个"逐步发展国际法"的例证，而非"对习惯国际法的编纂"，故也"不是关于条约继承的习惯国际法的可靠指引"。老挝和中国都不是该公约的缔约国，不受该条约约束。所以，在"世能诉老挝"案中，新加坡最高法院的高等法庭和上诉庭均存在适用法律错误。

关于条约解释，双边条约的缔约双方对条约作出的解释是有权解释。中国和老挝作为《中老BIT》的缔约双方有权随时对它们自己的条约作出解释，不受任何时间限制。另外，在解释条约时，"当事国嗣后所订关于条约之解释或其规定之适用之任何协定"是与条约上下文一并考虑的因素。并且，"当事方之间就它们的条约究竟是什么含义订立清晰的协定，这通常是解释条约最有力的因素"。[1]就双边条约而言，对条约规则的权威解释权"属于缔约双方"，"如果它们就解释达成一致，无论采取何种形式，其解释将具有优先效力"。[2]显然，中国和老挝政府之间的两封信已就《中老BIT》的解释达成一致，属于解释条约的嗣后协定。作为该双边条约的缔约方，中老两国对条约的一致解释是对该条约的权威解释，具有超越其他解释的效力。对《中老BIT》适用范围的理解应以"两封信"中达成的共识为准。上诉庭以与条约解释无关的"关键日期"来排除中老两国对自己条约的权威解释，明显是错误的。

---

〔1〕 Richard Gardiner, *Treaty Interpretation,* 2nd ed., Oxford University Press, 2015, p. 224.

〔2〕 UN Doc. A/66/10/Add.1, UN GA Official Records, 66 session, Supp. No.10, *Report of the International Law Commission, 63 session (2011),* Addendum, Guideline 1.6.3, commentary, para (2). Available at http://legal.un.org/ilc/reports/2011/endligh/addendum.pdf. See also Richard Gardiner, *Treaty Interpretation,* 2nd ed., Oxford University Press, 2015, p. 225.

第十七章　外交和领事关系法

【内容提示】

外交和领事关系法是适用于外交和领事关系的一套国际法原则、规则和制度，是国际法上历史比较悠久的法律制度之一。由于其多数原则和规则都是在国家实践中形成的，因此外交和领事关系法的大部分渊源都是国际习惯。由于这些习惯国际法规则目前都已经编纂在1961年《维也纳外交关系公约》和1963年《维也纳领事关系公约》中，所以，当代国际法上的外交和领事关系法律制度都是以这两个最重要的国际法律文件为基础而展开的。

外交关系法主要涉及国家之间通过协议相互在对方的首都通过建立使馆并派遣常驻使节而形成的官方双边关系。负责处理国家对外关系的主体有对外关系机关和外交人员。对外关系机关分为国家元首和政府首脑、外交部以及驻外机关；外交人员分为使节和外交团。外交使节有常驻和临时之分，也可分为国家派遣的使节和教廷派遣的使节。使节的等级主要是指使馆馆长的级别，这同时也标志着国家之间外交关系的级别。而外交团不是依法组成的组织，不具有任何法律职能，只是在与驻在国的关系上发挥外交礼仪方面的作用。外交代表的派遣和接受遵循国际条约规定的原则与程序，其本身负有国际法规定的职务。为使其更好地履行职务，外交代表享有国际法所规定的特权与豁免。使馆其他人员亦享有不同程度的特权与豁免。"特别使团"不是国家驻外外交机关，但作为国家临时派往国外执行外交使命的机关也属于国家外交使团的一种重要形式。特别使团的派遣和接受、机构和组成、团长及其成员的等级和分工、特权和豁免等，都与常驻外交使节基本相同。

所谓领事关系，是指国与国之间根据相互间的协议通过在对方设立领事馆并派遣执行领事职务的常驻官员而形成的官方双边关系。一般情况下国家建立外交关系就意味着同时建立了领事关系。领事是指国家主要为了商务利益和其他相关目的，经另一国同意而派驻在该国一定区域内执行职务的人员。领事在其所管辖的"领事辖区"内执行其相应职务。领事的派遣与接受同样要遵守相关国际条约的规定。与外交代表相比，领事地位较低。领事官员及领事馆在接受国享有有限的特权和豁免。

中国在《维也纳外交关系公约》和《维也纳领事关系公约》的基础上结合国情制定了相应法律，建立富有中国特色的外交与领事制度，形成了别具一格的法律实践，为相关国际法实践提供新的图景。

第一节　外交和领事关系及其法律制度的概念和性质

一、外交和领事关系

外交关系有广义和狭义之分。广义的外交关系是指国家之间通过国家对外关系机关在国际上进行的各种官方的双边和多边关系，包括国家元首和政府首脑的相互访问、参加国际组织和国际会议、谈判、缔约等；狭义的外交关系是指国家之间通过协议相互在对方的首都通过建立使馆并派遣常驻使节而形成的官方双边关系。[1]本章所讨论的外交关系法主要涉及后者。与多边外交不同，双边外交关系的建立需要得到两个国家的同意，并以平等和互惠为基础。对等是国与国之间外交关系的重要特征。1961年《维也纳外交关系公约》第2条规定："国与国间外交关系及常设使馆之建立，以协议为之。"

领事关系是指国与国之间根据相互间的协议通过在对方设立领事馆并派遣执行领事职务的常驻官员而形成的官方双边关系。与外交关系相同，国家之间的领事关系也需要得到两个国家的同意。1963年《维也纳领事关系公约》第2条第1款规定："国与国间领事关系之建立，以协议为之。"

外交关系与领事关系有着密切的联系。二者的共同点是：都是国家之间的双边官方关系，建立均以相关国家的协议为基础。二者的不同在于：外交关系是国与国间包括政治、经济、文化等全面的关系；领事关系则是主要涉及国与国间限于领事辖区内商业、贸易以及与本国侨民相关的权利和利益的保护等具体事项方面的关系。二者的联系是：一般情况下两国之间建立外交关系就意味着同时建立领事关系，除了个别例外，不需要在建立外交关系之后再单独协商建立领事关系。1963年《维也纳领事关系公约》第2条第2款规定："除另有声明外，两国同意建立外交关系亦即谓同意建立领事关系。"

二、外交和领事关系的法律制度

外交关系法主要是指调整国家之间外交关系的国际法原则、规则和制度，涉及外交代表的派遣和接受、外交使节的职务、接受国的义务、使馆和外交代表的特权和豁免等问题。领事关系法是指调整国家之间领事关系的国际法原则、规则和制度，涉及领事馆及其职务、领事的特权和豁免等问题。由于外交和领事关系法是在国家之间的外交和领事关系实践中形成的，因此它与外交和领事关系具有相同的特点，即平等和互惠，确切

---

[1] 通常所说的"建立外交关系"就是指这种意义上的外交关系。

地说，对等性是外交和领事关系法的重要特征。[1]

此外，虽然国际组织或国际机构与国家的相互关系不属于严格意义上的外交关系，但是国际组织的机构及其代表在相关国家的地位、特权和豁免也在某种程度上构成外交关系法的一部分。不过，这部分内容在性质上与严格意义上的外交关系法有着明显的不同：它不具有外交关系法的对等性。[2] 鲍伊特在讨论外交豁免与国际组织的豁免（他称其为"国际豁免"）时指出，外交特权与豁免是通过实行对等原则来保障的，而国际组织则没有这种有效的保障。[3]

随着国际关系和国际法的发展，关于外交和领事关系的习惯国际法规则均已在第二次世界大战之后编纂为系统的法典，除了上述两个主要的国际公约以外，还有1969年《特别使团公约》和1973年《关于防止和惩处侵害外交代表及其他应受保护人员的罪行公约》。此外还有关于国际组织与国家之间关系的一些国际公约，例如，1946年《联合国特权和豁免公约》、1947年《联合国专门机构特权与豁免公约》和1975年《维也纳关于国家在其对普遍性国际组织关系上的代表权公约》。

第二节 国家对外关系机关与人员

一、国家对外关系机关

（一）国家元首和政府首脑

国家元首（The heads of state）是国家的最高对外关系机关。国家元首可以是个人，例如，英国的女王、美国或法国的总统；也可以是集体，例如，瑞士的联邦委员会。国家元首是个人还是集体或是个人与集体的结合，国际法上没有统一的标准或规则，完全由各国通过国内法加以规定。国家元首在国内和国外代表其本国，在国际法上享有一定的地位和权利。自19世纪以来，越来越多的国家元首只是在宪法上具有象征性权力，实质的国家权力掌握在政府手中。政府首脑一般称为总理；也有的国家称为首相，例如，英国和日本。

政府首脑作为国家最高行政机关的首长，有权代表政府与外国政府进行谈判、出席会议、签订条约或协定等。作为国家的代表，国家元首和政府首脑在外国享有某些尊荣、特权和豁免。

---

[1] 尽管国际法的其他许多规则都有一定的对等性，但外交和领事关系法的这种性质较为突出。正是因为这个特征，外交和领事关系法的实施相对容易一些。因为一国如果违反某项规则，另一个相关国家可以作出同样的行为，所以一般都能够自觉遵守。

[2] 假如驻在东道国的国际组织的代表被宣布为驱逐，该国际组织如果反对这种驱逐，不能将该东道国派驻在该国际组织的代表驱逐。被驱逐的代表的本国更没有理由采取类似的反措施。

[3] 参见 D.W. Bowett, The Law of International Institutions, Fourth Edition, Sweet & Maxwell, 1982, p.345。

（二）外交部长

外交部长是国家政府内专门负责外交事务的外交部门的首长，是代表政府与外国政府交往的负责人。各国外交部门及其负责人的职权和称呼都是由本国国内法和传统规定的。美国的外交部门称为"国务院"，首长称为"国务卿"；英国的外交部门称为"外交和联邦事务部"，负责人称为"外交和联邦事务大臣"，简称为"外交大臣"；多数国家的外交部门一般都称为"外交部"，首脑称为"外交部长"。

由于外交部在国家对外关系上的特殊职权，外交部长也具有特殊的法律地位。首先，外交部长在代表本国与外国进行谈判或签署条约时无须出示"全权证书"。[1] 其次，外交部长享有完全的外交特权和豁免，随行人员和家属同样受到特别的保护。最后，外交部长作出的声明在适当情形下具有法律拘束力，因此，国家要为外交部长的行为负责。[2]

（三）驻外外交机关

国家驻外外交机关是指国家向外国或国际组织派出的长期驻在该国或该组织的代表机关。派往外国的外交机关一般称为"使馆"；派往国际组织的外交机关一般称为"外交使团"，例如，中国派驻在纽约的联合国外交使团。欧洲联盟作为一个超越了区域性国际组织特征的"自成一类"的实体，在它的总部布鲁塞尔也有许多国家派驻的外交代表机关。在这种意义上，"特别使团"称不上国家驻外外交机关。但是，作为国家临时派往国外执行外交使命的机关，也属于国家外交使团的一种重要形式。

二、外交人员

（一）外交使节的种类

国家向外国、国际组织或国际会议派遣各种不同的使节。如上所述，外交使节有常驻和临时之分。常驻外交使节就是使馆的馆长或外交使团的团长，临时外交使节就是"特别使团"的团长。根据1961年《维也纳外交关系公约》，外交使节还可以分为国家派遣的使节和教廷派遣的使节。[3]

（二）外交使节的等级

外交使节的等级主要是指使馆馆长的级别，使馆馆长的级别同时标志着国家之间外交关系的级别。1961年《维也纳外交关系公约》第14条将使馆馆长分为三个等级：大使、公使和代办。教廷使节只有两个等级：教廷大使和教廷公使。

---

[1] 根据1969年《维也纳条约法公约》第7条第2款的规定，外交部长无须出具全权证书，视为代表其国家。

[2] 例如，在国际常设法院1933年（丹麦诉挪威）"东格陵兰"案中，法院认为挪威外交大臣艾赫伦在1919年给丹麦公使的信中承诺不反对丹麦对整个格陵兰的主权要求。外交大臣是代表国家的，他的信应视同挪威政府的保证。参见陈致中编著：《国际法案例》，法律出版社1998年版，第131—132页。法院注重他作出此声明的情形，即他是在应丹麦外交代表的请求答复一个属于外交部长职权范围内的问题的情形下作出此声明的。参见[英]詹宁斯、瓦茨修订：《奥本海国际法》（第1卷第2分册），王铁崖等译，中国大百科全书出版社1998年版，第475页。

[3] 由于中国尚未与教廷建立外交关系和坚持自主自立的天主教宗教政策，故中国不接受也不派遣教廷使节。因此，在中国加入1961年《维也纳外交关系公约》时对第14条关于教廷使节的规定作了保留。

外交使节的等级制度始于 16 世纪，当时只有两个等级：特命使节和普通使节，前者称为大使，后者称为驻使。[1] 1961 年《维也纳外交关系公约》确定的三个等级在 1815 年《维也纳规则》(Vienna Regulation) 第 1 条就已经作出了规定。1961 年《维也纳外交关系公约》只是作了三处修改，基本确认了 1815 年《维也纳规则》中的规定。[2]

如上所述，使馆馆长的等级标志着国家之间外交关系的级别。应当指出，当代国际实践表明，建立大使级外交关系是普遍现象。但是，在国家之间的外交关系发生问题时，权利和利益受到损害的国家可能作为反措施将外交关系降格为代办级，待违背国际义务的行为停止后可以恢复原来的等级。

（三）外交团

外交团有广义和狭义之分。狭义的外交团是指驻在一国首都的所有使馆馆长组成的团体；广义的外交团是指驻在一国首都的包括使馆馆长在内的所有外交人员及其家属组成的团体。外交团不是依法组成的组织，因此不具有任何法律职能。外交团只是在与驻在国的关系上发挥一些外交礼仪方面的作用。

外交团的团长由资历最深的大使担当，而在天主教国家这个职位属于教廷大使，不论其到任日期的先后。[3] 外交团团长是驻在一国的所有外交使节的代表。他可以在驻在国举行的典礼或宴会上代表外交团致辞。正如周鲠生先生所指出的："国际法不承认外交团有对驻在国政府进行政治交涉或采取联合抗议的权利。"但是历史上西方列强利用外交团在中国前清末期和北洋政府时期肆意干涉中国内政，形成北京的所谓"太上政府"，并占有特定的"使馆区"（即人所共知的东交民巷），俨然成为"国中之国"。"那真是世界外交史上突出的恶例。"[4]

外交团中的使馆馆长在驻在国的优先地位按照他们的等级排列，即按照大使、公使和代办的顺序来安排。[5] 同一个等级中，按照 1961 年《维也纳外交关系公约》第 16 条的规定，根据其开始执行职务的日期及时间先后来决定。但是该条第 3 款规定："本条规定不妨碍接受国所采行关于教廷代表优先地位之任何办法。"

三、使馆的职务

使馆的职务在过去的几百年来几乎没有发生多大变化。传统国际法上外交使节的职务主要有三个方面：保护派遣国利益、交涉和观察。

1961 年《维也纳外交关系公约》第 3 条第 1 款规定：

---

[1] 参见［英］詹宁斯、瓦茨修订：《奥本海国际法》（第 1 卷第 2 分册），王铁崖等译，中国大百科全书出版社 1998 年版，第 482 页。

[2] 参见 Eileen Denza, Diplomatic Law: Commentary on the Vienna Convention on Diplomatic Relations, 2nd ed., Clarendon Press, 1998, p.91.

[3] 参见 1961 年《维也纳外交关系公约》第 16 条第 3 款。

[4] 参见周鲠生：《国际法》（下册），商务印书馆 1981 年版，第 538 页。

[5] 参见 1961 年《维也纳外交关系公约》第 14 条第 2 款。

除其他事项外，使馆之职务如下：

（甲）在接受国中代表派遣国；

（乙）于国际法许可之限度内，在接受国中保护派遣国及其国民之利益；

（丙）与接受国政府办理交涉；

（丁）以一切合法手段调查接受国之状况及发展情形，向派遣国政府具报；

（戊）促进派遣国与接受国间之友好关系，及发展两国间之经济、文化与科学关系。

使馆的职务主要包括上述五个方面：代表、保护、交涉、调查和促进。此外，由于使馆执行领事职务是普遍的国际实践，因此该条第 2 款规定："本公约任何规定不得解释为禁止使馆执行领事职务。"

（一）使馆的五项职务

1. 代表

这是国际法委员会在传统的三项职务基础上增加的一个内容，因为代表派遣国是外交使节的全部特征。与领事职务形成鲜明的对比，使馆的职务首先是在接受国全国范围内代表派遣国。这是外交使节的基本职务，也是使馆及其职员享受特权和豁免的基础。

2. 保护

保护派遣国及其国民的利益是外交使节的传统职务之一。由于历史上西方列强以保护本国及本国侨民的利益为理由干涉接受国内政甚至对其使用武力的事情经常发生，在 1961 年《维也纳外交关系公约》第 3 条起草过程中，一些国家提出在规定保护职务时应包括不能违反该公约后面关于不干涉接受国内政的规定（第 41 条第 1 款）或者关于"用尽当地救济"的国际法规则。虽然第 3 条没有直接反映这些建议，但是在关于保护职务的（乙）项中加上了"于国际法许可之限度内"这个限定条件，其中已经暗含了这些国家要表达的意思。[1]

3. 交涉

交涉或谈判也是外交使节的传统职务。由于外交使节在接受国全面代表派遣国，他是派遣国国家元首和外交部长向接受国传达信息的喉舌，也是把接受国的信息转达给派遣国的途径。例如，派遣国有意与接受国签订某项条约或协定，可以通过外交使节将此意向传达给接受国。又如，派遣国对接受国政府的行为表示抗议也是通过其外交使节传达的。办理交涉的形式和内容是多种多样的，难以穷尽。

4. 调查

调查和了解接受国的情况并向派遣国汇报，这是外交使节的传统职务。在信息科学、交通和大众传媒都极为发达的当今时代，完成这项任务对外交人员并不艰难。但是，他们的调查手段受到国际法的限制。"以一切合法手段"，是 1961 年《维也纳外交关系公约》第 3 条第 1 款（丁）的明确规定。尽管该公约并未对何为"合法手段"作出

---

[1] 参见 Eileen Denza, Diplomatic Law: Commentary on the Vienna Convention on Diplomatic Relations, 2nd ed., Clarendon Press, 1998, p.31。

界定，但从事间谍活动显然是不合法的。[1]

5. 促进

作为 1961 年《维也纳外交关系公约》第 3 条规定的最后一项职务，促进两国友好关系完全可以与第一项代表职务合并。但是，随着联合国建立之后国际关系在各个方面的迅速发展，有必要将其作为一项单独的职务。在该公约起草过程中，国际法委员会接受了一些国家提出的建议，在第 3 条中加上了关于促进两国友好关系的这项职务。

（二）使馆的其他职务

国际法除了不禁止使馆从事领事职务以外，也不禁止受托保护第三国及其国民的利益，但须经过接受国的同意。根据 1961 年《维也纳外交关系公约》第 45 条（丙）的规定，在派遣国与接受国断绝外交关系或遇使馆长期或暂时撤退时，"派遣国得委托接受国认可之第三国代为保护派遣国及其国民之利益"。根据第 46 条，在接受国事先同意的情况下，使馆还可以应邀为"未在接受国内派有代表之第三国""负责暂时保护该第三国及其国民之利益"。

国际实践表明，在接受国同意的条件下，使馆受托执行保护第三国及其国民利益的任务是比较普遍的现象。接受国是否同意，完全由该国自由决定。中国政府曾经处理过许多关于驻中国的外国使馆受托代为保护第三国及其侨民在华利益的问题。[2]

第三节 外交特权与豁免

一、外交特权与豁免的理论

与一般的外国人不同，派遣国的外交代表在接受国享有一定的特权和豁免。由于给予外国的外交代表以一定的特权和豁免是各国的普遍实践，因此关于特权和豁免法律依据的学说已经不再像过去那样重要。但是对这些学说的了解仍然是有必要的。

（一）治外法权说

治外法权说（exterritorialtheory）在历史上是外交特权和豁免的主要理论依据。治外法权的观念首先由格劳秀斯作为虚拟说法而提出并形成一种学说。后来治外法权说几乎得到所有国际法著作家的接受。该说认为，既然外交使节是代表派遣国的，那么他们在接受国领土上就被视为好像在派遣国自己的领土上一样，因此他们不受接受国民法的拘束。这种适用于 17 世纪的学说在 20 世纪彻底被人们所摒弃。[3]

---

[1] 间谍在战争时期是了解敌人情报的合法手段，但是在和平时期则是破坏接受国国家安全的非法行为。参见 G.E. Do Nascimento e Silva, Diplomacy in International Law, A.W. Sijthoff, 1972, p.61。

[2] 参见周鲠生：《国际法》（下册），商务印书馆 1981 年版，第 537 页。

[3] 参见 G.E. Do Nascimento e Silva, Diplomacy in International Law, A.W. Sijthoff, 1972, p.112.

(二)代表性说

外交代表之所以在接受国享有一定的特权和豁免,是因为他们是派遣国的代表。一旦他们的代表职务终止,他们的特权和豁免也随之停止了。这是持代表性说(representative character)的人对外交特权和豁免理论根据的解释。但是在实践中,没有外交职衔的外交代表家属和使馆人员也享有豁免,代表性说在这方面似乎没有足够的说服力。

(三)职务需要说

职务需要说(functional necessity theory)认为,外交代表之所以享有特权和豁免是因为执行其职务所必需。如果把他们作为一般的外国人同样对待,外交工作就会由于各种干扰而不能顺利进行。这种学说更接近于当代国际关系的实践并因此被1961年《维也纳外交关系公约》所接受。其实职务说也不是完全令人满意的理论,因为外交代表的某些不代表国家的非公务行为也享有豁免。但是与代表说相比,职务说得到更加广泛的接受。可以肯定地说,关于区分外交代表公务和私人行为并不给后者以豁免的理论就是以职务说为基础的。[1]

(四)1961年《维也纳外交关系公约》的规定

既然代表说和职务说各自都不能完全解决实际问题,而且它们相互之间又可以互补,为什么不将两者适当地结合起来呢?在该公约起草阶段,国际法委员会于1957年讨论相关条款草案时曾对外交特权和豁免的依据问题进行过激烈争论。格兰德·费茨茅利斯爵士(Sir Gerald Fitzmaurice)本人表达了对职务需要说的支持,认为该理论是正确的。尽管也受到一些批评,但是它与现实贴得很近。总之,原因很简单,如果不给他们一定的特权和豁免,外交代表将无法执行其任务。[2] 1961年《维也纳外交关系公约》在其序言中主要接受了上述职务说,同时也考虑到代表说,"确认此等特权和豁免之目的不在于给予个人以利益而在于确保代表国家之使馆能有效执行职务"[3]。

二、使馆的特权和豁免

外交特权和豁免是外交关系法的核心内容。由于特权和豁免的内容比较多,而且使馆与外交代表在不同的方面享有特权和豁免,此处将按照1961年《维也纳外交关系公约》的处理方式,先讨论使馆的特权和豁免,然后再讨论外交代表和使馆其他人员的特权和豁免。

(一)使馆馆舍不可侵犯

使馆馆舍是指"供使馆使用及供使馆馆长寓邸之用之建筑物之各部分,以及其所附

---

[1] 参见 G.E. Do Nascimento e Silva, Diplomacy in International Law, A.W. Sijthoff, 1972, p.114.

[2] 参见 Eileen Denza, Diplomatic Law: Commentary on the Vienna Convention on Diplomatic Relations, 2nd ed., Clarendon Press, 1998, p.10–11.

[3] 原来的草案中只提出了职务需要说,但是苏联的代表提醒各个代表团,国际法委员会并非只接受职务需要说作为外交特权和豁免的依据。该苏联代表并成功地提出口头建议,将代表说写进序言中。

属之土地"[1]。1961年《维也纳外交关系公约》第22条第1款规定：使馆馆舍不得侵犯。使馆馆舍的不可侵犯权包括两个方面：首先，接受国官员非经使馆馆长许可，不得进入使馆馆舍。[2]与这项权利相对应的是接受国自身的不作为义务。其次，接受国负有特殊责任，采取一切适当步骤保护使馆馆舍免受侵入或损害，并防止一切扰乱使馆安宁或有损使馆尊严之情事。[3]因此，为了保证外国使馆馆舍不受侵犯，接受国一方面要保证其官员，例如，警察、部队或其他国家公务员不得擅自进入属于使馆馆舍的任何部分；另一方面，接受国还要采取一切适当措施，例如，安排保安人员对使馆馆舍周围的值勤、使馆大门的保卫等，以便保障使馆馆舍的安全并防止其他人员对使馆馆舍的任何侵入。

应当指出的是，使馆馆舍不可侵犯是绝对的，不允许有任何例外。[4]即使发生了火灾或瘟疫等紧急情况，没有使馆馆长的允许，仍然不能进入。在1961年《维也纳外交关系公约》起草阶段曾经提出过对在紧急状况允许个别例外作出规定的建议，但是遭到许多国家的反对。反对的理由是：首先，如果允许接受国对何为"例外情况"作出判断将是非常危险的；其次，越是在紧急情况下，使馆越需要享有不可侵犯权。结果该公约规定的使馆馆舍不可侵犯权是没有任何例外的。后来的国际实践表明，在发生火灾或动乱的紧急情况后，使馆宁愿自己尽力保护或者销毁其档案也不愿请接受国进行急救。之所以如此谨慎，是因为趁火打劫者时有发生。例如，在一次美国驻莫斯科使馆失火事件中，接受国的救火警员中被证明混有克格勃人员。[5]最新发生的侵犯使馆的案例，是2024年4月5日厄瓜多尔警察强行进入墨西哥驻厄瓜多尔大使馆，并拘留了在该使馆得到庇护的厄瓜多尔前副总统格拉斯。

（二）使馆档案和文件不可侵犯

1961年《维也纳外交关系公约》第24条规定："使馆档案及文件无论何时，亦不论位于何处，均不得侵犯。"但是，该公约没有为"档案和文件"下定义。各国在实践中一般都参考1963年《维也纳领事关系公约》第1条第1款第11项为"领事档案"所下的定义："称'领事档案'者，谓领馆之一切文书、文件、函电、簿籍、胶片、胶带及登记册，以及明密电码，记录卡片及供保护或保管此等文卷之用之任何器具。"

1961年《维也纳外交关系公约》第24条的上述规定至少在三个方面与这方面的国际习惯不同[6]：

首先，"不得侵犯"一词是国际法委员会精心选择的，用来涵盖两个意思：第一，接受国当局本身不得干预使馆的档案和文件；第二，接受国有义务保护这些档案和文件

---

[1] 1961年《维也纳外交关系公约》第1条（壬）。
[2] 1961年《维也纳外交关系公约》第22条第1款。
[3] 1961年《维也纳外交关系公约》第22条第2款。
[4] 请对比1963年《维也纳领事关系公约》第31条第1、2款的规定。
[5] 参见 Eileen Denza, Diplomatic Law: Commentary on the Vienna Convention on Diplomatic Relations, 2nd ed., Clarendon Press, 1998, p.121。
[6] 参见 Eileen Denza, Diplomatic Law: Commentary on the Vienna Convention on Diplomatic Relations, 2nd ed., Clarendon Press, 1998, p.160。

免受他人的干预。

其次，在时间上，使馆的档案和文件不得侵犯没有任何例外，无论在两国关系正常情况下还是在断交之后，也无论在平时或在两国发生武装冲突的特殊时期，均不得侵犯。此外，第45条还规定，接受国有义务尊重并保护这些档案和文件，并授权派遣国委托第三国加以保管。

最后，在空间上，使馆的档案和文件的不得侵犯也没有任何例外，无论在使馆内或是在使馆外，也不论是否在使馆人员的监管之下，一律不得侵犯。

（三）使馆及其人员的行动自由

1961年《维也纳外交关系公约》第25条规定："接受国应给予使馆执行职务之充分便利。"允许使馆外交代表在接受国整个领土范围内的行动自由，是他们执行使馆职务，尤其是保护派遣国国民利益和调查接受国情况向派遣国报告职务所必需的基本条件。因此，第26条规定："除接受国为国家安全设定禁止或限制进入区域另订法律规章外，接受国应确保所有使馆人员在其境内行动及旅行之自由。"

（四）使馆的通讯自由

使馆与其派遣国自由和秘密地通讯是国际外交关系法上所有外交特权和豁免中最重要的内容。[1]没有通讯自由，使馆无法完成代表本国政府与接受国交涉以及调查和了解接受国的情报并向本国政府报告的任务。使馆的通信自由包括以下几个方面。

首先，根据1961年《维也纳外交关系公约》第27条第1款，使馆可以用一切适当方法与派遣国政府以及派遣国在所有其他地方的使馆和领事馆通信。通信的方法包括使用外交信差以及明密电信。但是在使馆安装和使用无线电发报机，必须经过接受国同意。

其次，第27条第2款规定："使馆之来往公文不得侵犯。来往公文指有关使馆及其职员的一切来往文件。"

再次，外交邮袋不得予以开拆或扣留（第27条第3款）。使馆的这项特权没有任何例外。但是，外交邮袋必须要有可以识别的标记，并且外交邮袋只能装载外交文件或公务用品（第27条第4款）。该公约的这项规定发展了该公约起草时的习惯国际法。

最后，外交信差人身不可侵犯。根据《维也纳外交关系公约》第27条第5、6、7款的规定，外交信差应持有官方文件以证明其身份。在外交信差执行职务时，应受到接受国的保护。外交信差享有人身不可侵犯权，不受任何形式的逮捕或拘禁。

（五）免纳一切捐税

1961年《维也纳外交关系公约》第28条规定："使馆办理公务所收之规费及手续费免征一切捐税。"使馆享有的这项豁免是普遍的国际实践，而且使馆收受费用的业务一般都属于执行领事职务的范围，例如，办理签证、护照等。

---

[1] 参见 Eileen Denza, Diplomatic Law: Commentary on the Vienna Convention on Diplomatic Relations, 2nd ed., Clarendon Press, 1998, p.173。

三、外交代表的特权和豁免

外交代表是指包括使馆馆长和其他具有外交职衔的外交人员在内的所有使馆职员。有人试图在外交代表的"特权"与"豁免"之间加以严格区分，实际上由于人们对这两个概念的不同理解，将两者合二为一是比较常见的做法。外交代表的特权和豁免主要包括：人身不可侵犯、寓所和财产不可侵犯、管辖豁免、作证义务豁免、免纳一切捐税等。

（一）人身不可侵犯

外交代表的人身不可侵犯是最古老的外交特权和豁免，根源可以追溯到古希腊人给予使者的宗教保护。

1961年《维也纳外交关系公约》第29条规定："外交代表人身不得侵犯。外交代表不受任何方式之逮捕或拘禁。接受国对外交代表应特示尊重，并应采取一切适当步骤以防止其人身、自由或尊严受有任何侵犯。"根据这条规定，接受国负有两个方面的义务：

一是接受国本身应尊重外交代表的人身不可侵犯权，不能对他们实行任何形式的逮捕或拘禁。这是接受国的消极义务，即通过其不作为来保障外交代表的人身不可侵犯权。接受国有关当局不能为了行使主权，特别不能为了行使执行法律的权力而使外交代表受到任何人身侵犯。

二是接受国还必须采取一切适当措施，防止其他人侵犯外交代表的人身、自由和尊严。这是接受国的积极义务，即通过主动采取适当措施，例如，在使馆周围设立值勤岗哨、在使馆大门安排警卫等，以便保障外交代表的人身不受其他人的侵犯。

应当指出，与使馆的不可侵犯权相同，外交代表的人身不可侵犯权也是绝对的，没有任何例外。[1] 1961年《维也纳外交关系公约》第41条第1款规定："在不妨碍外交特权与豁免之情形下，凡享有此项特权与豁免之人员，均负有尊重接受国法律规章之义务。此等人员并负有不干涉该国内政之务。"

（二）管辖豁免

外交代表在接受国享有的管辖豁免包括刑事、民事和行政管辖豁免。1961年《维也纳外交关系公约》第31条对外交代表的刑事、民事和行政管辖豁免都作出了规定。

1. 刑事管辖豁免

由于外交代表的刑事管辖豁免与其人身不可侵犯权紧密地联系在一起，后者在第29条已经作出了规定，因此在第31条中只有一句话与刑事管辖豁免有关，而且非常简单：外交代表对接受国之刑事管辖享有豁免。外交代表如果犯了罪，接受国一般通过外交途径而不是通过司法程序加以解决，即由接受国外交部门出面与派遣国进行口头或书面的交涉，依据犯罪情节的严重程度予以处理，或者宣布相关的外交代表为"不受欢迎的人"，或者将其驱逐出境。应当指出，与领事特权与豁免相比，外交代表的刑事管辖豁

---

[1] 可对比1963年《维也纳领事关系公约》第41条的规定。

免是绝对的，没有任何例外。[1]

2. 民事和行政管辖豁免

1961年《维也纳外交关系公约》第31条规定，外交代表对接受国的民事和行政管辖也享有豁免，但是有下面三个例外：

第一，除非属于代表派遣国为使馆用途置有不动产，外交代表关于在接受国境内私有不动产的物权诉讼；

第二，关于外交代表以私人身份并不代表派遣国而为遗嘱执行人、遗产管理人、继承人或受遗赠人的继承事件的诉讼；

第三，关于外交代表于接受国内在公务范围以外所从事的专业或商务活动的诉讼。

此外，如果外交代表主动提起诉讼，对于与主诉直接相关的反诉也不享受豁免（第32条第3款）。在国际实践中，关于外交代表的民事和行政管辖豁免有一些第31条没有明确规定的实际问题。

3. 作证义务的豁免

外交代表无以证人身份作证的义务（第31条第2款）。外交代表没有义务在接受国的任何诉讼程序中出庭作证。1961年《维也纳外交关系公约》第31条第2款没有规定任何例外，外交代表作证义务的豁免包括没有义务在派往其寓所录取证言的人员面前作证。[2]但这并不排除外交代表可能在其本国批准（即由派遣国放弃豁免）的情况下自愿以证人身份出庭作证或提供书面证言。

4. 各种税收的豁免

外交代表享有各种对人或对物课征的国家、区域或地方性捐税的豁免。但是这种豁免有6个方面的例外（第34条）：第一，通常计入商品或劳务价格内的间接税；第二，对于在接受国境内的私有不动产课征的捐税；第三，接受国课征的遗产税、遗产取得税或继承税；第四，在接受国内获得的私人所得以及商业投资课征的捐税和资本税；第五，为供给特别服务所收的费用；第六，关于不动产的登记费、法院手续费或记录费、抵押税及印花税。

5. 关税、行李检验的豁免

外交代表免纳关税及其私人行李免受海关检验，是各国的普遍实践。但是，无论是国际法学者还是各国政府似乎并不认为给予外交代表以海关方面的特权和豁免是习惯国际法的要求。换言之，国家在免除外交代表的关税和行李检验时可能不认为自己有此法律义务而是出于某种礼节。

因此，各国都通过立法或行政措施对海关的特权和豁免施加限制，对免税物品的种类和数量作出详细规定。1961年《维也纳外交关系公约》第36条的规定原则上反映了各国实践，仅对使馆办公用品和外交代表或与其构成同一户口的家属的私人用品（其

---

[1] 可对比1963年《维也纳领事关系公约》第43条第1款的规定。

[2] 参见［英］詹宁斯、瓦茨修订：《奥本海国际法》（第1卷第2分册），王铁崖等译，中国大百科全书出版社1998年版，第502页。

中包括供其定居之用的物品）给予关税豁免（第 1 款）。外交代表的私人行李免受检验，但是有重大理由推定其行李中装有不在免税之列的物品或接受国法律禁止进出口或有检疫条例加以管制的物品，可以在外交代表在场的情况下，对行李进行查验（第 2 款）。

四、特权和豁免的开始和终止

关于特权和豁免的开始，根据 1961 年《维也纳外交关系公约》第 39 条，享有外交特权和豁免的人，从其进入接受国国境前往就任之时开始享有其特权和豁免；如果在就任前已经在接受国境内，则在其委派通知到达接受国外交部门之时开始。

关于特权和豁免的终止，第 39 条规定，享有外交特权和豁免的人，如果其职务因到期或被召回等其他原因而终止，特权和豁免一般于其离境之时或听任其离境的时间终了之时而终止。即使两个国家断交或发生武装冲突，也没有例外。

但是，他们以使馆人员的资格执行职务的行为，豁免应该始终有效。这就意味着，在他们失去了使馆人员资格以后的任何时候，接受国都不能对他们过去以使馆人员的资格执行公务的行为行使管辖权。此外，在使馆人员死亡后，家属应该继续享有作为家属应该享有的特权和豁免，直到听任其离境的合理期间终止。

五、特别使团

如前所述，使节制度首先是从临时使节开始的。常驻使节从 16 世纪以后才开始出现，而且和临时使节并存，他们执行的使命几乎没有什么区分。随着常驻使节的逐渐普及，临时使节虽然没有消失，但其使命却自然地与常驻使节区别开来。前者专门处理特别事宜，后者则主要负责日常外交事务。"特别使团"与"临时使团"实际上是同一概念。

特别使团，顾名思义，"是指一个国家，经另一个国家的同意，为了就特别问题同该另一国进行交涉，或为了执行同该另一国有关的特别任务，而派往该国的、代表其本国的临时使团"[1]。在国际实践中，特别使团还应该包括国家和国际组织之间以及不同的国际组织之间相互派遣的这类临时使团。

特别使团与常驻使节主要有三个区别：首先，特别使团是临时性的，一旦特定的使命完成后回国，使团随之解散；而常驻使节则是长期驻在国外，除非发生意外，例如，在派遣国和接受国之间发生战争或者断绝外交关系，一般会持续存在。其次，特别使团是为了完成特殊使命而派往另一国的，因此它仅为了某个特殊目的，如参加王室婚丧大典、签署条约等，而在接受国代表派遣国；而常驻使节则是为了在接受国执行各种日常外交职务。最后，特别使团的派遣不以外交或领事关系为必要前提[2]，而常驻使节则相反。

特别使团与常驻使节的共同点主要包括：第一，派遣和接受特别使团和常驻使节都是国家的权利。换言之，国家没有派遣和接受特别使团和常驻使节的义务。因此，"经

---

[1] 1969 年《联合国特别使团公约》第 1 条第 1 款。
[2] 1969 年《联合国特别使团公约》第 7 条。

另一个国家同意",是派遣和接受特别使团和常驻使节的前提。为了强调这一点,1969年《联合国特别使团公约》第 2 条规定:"一国事先通过外交途径或者其他双方同意或共同接受的途径取得另一国同意后,可以向另一国派遣特别使团"。[1]第二,特别使团和常驻使节都是代表国家的外交机关。特别使团不是议会代表、不是访问外国的乐队或足球队,而是代表国家发言的使者。第三,特别使团和常驻使馆都由外交代表和其他人员(行政和技术人员、服务人员等)组成。第四,他们的成员都按照等级和职务的不同而在接受国享有不同程度的特权和豁免。此外,通过比较相关公约的内容可以看出,特别使团的派遣和接受、机构和组成、团长及其成员的等级和分工、他们的特权和豁免等,都与常驻外交使节基本相同。但是由于特别使团的团长有时可能是一国的国家元首、政府首脑和外交部长或其他高级人员,没有完全比照 1961 年《维也纳外交关系公约》中关于特权和豁免的规定,适当的调整是必要的。例如,1969 年《联合国特别使团公约》第 21 条规定:"派遣国国家元首率领特别使团时,在接受国或第三国内,应享受国际法赋予进行正式访问的国家元首的便利、特权和豁免。"

第四节 领事关系及其法律制度

一、领事和领事关系法及其发展

领事制度的萌芽可以追溯到古希腊城邦实行的一种在外国人中选择代表充当他们与地方当局之间的中间人制度。[2]到中世纪后期,在意大利、西班牙和法国的商业城镇出现了所谓"仲裁领事"或"商人领事",主要负责解决商务争执。[3]各国派遣领事而不是仅仅从当地的本国商人中选任领事的实践始于 16 世纪,"但是作为国家级的代表,他们很快就退居外交使馆之后。两百年后,随着工业和海上贸易的发展,领事职能的作用被重新肯定下来"[4]。西方发达国家为了维护他们在海外的商业利益开始通过签订双边条约或制定国内法的方式对领事事务作出规定。[5]到 19 世纪中叶,领事职能随着西方列强将所谓"领事裁判权"强加于东方国家而得到进一步扩展:西方国家的领事不仅负责保护派遣国侨民的权利和利益,还享有对他们的民事和刑事管辖权。由于"领事裁判权"制

---

[1] 可对比 1961 年《维也纳外交关系公约》第 2 条的规定。
[2] 参见[英]戈尔-布思勋爵修订:《萨道义外交实践指南》(第 5 版),杨立义等译,上海译文出版社 1984 年版,第 303 页。
[3] 参见[英]詹宁斯、瓦茨修订:《奥本海国际法》(第 1 卷第 2 分册),王铁崖等译,中国大百科全书出版社 1998 年版,第 559 页。
[4] 参见[英]戈尔-布思勋爵修订:《萨道义外交实践指南》(第 5 版),杨立义等译,上海译文出版社 1984 年版,第 304 页。
[5] 1769 年,法国和西班牙两国的代表在西班牙普拉多宫签订了第一个现代的领事条约。参见[英]戈尔-布思勋爵修订:《萨道义外交实践指南》(第 5 版),杨立义等译,上海译文出版社 1984 年版,第 305 页。

度严重地违反了国家主权平等原则，在20世纪中叶被彻底废除。1963年《维也纳领事关系公约》的大部分内容都是对领事关系的习惯国际法的编纂。

领事是指国家主要为了商务利益和其他相关目的，经另一国同意而派驻在该国一定区域内执行职务的人员。与外交代表不同，他们的主要职务不是在派遣国代表本国，而是在其所管辖的区域，一般称为"领事辖区"，保护派遣国及其国民的利益。领事不是外交使节，因此不享有外交特权和豁免，而享有一定的便利、领事特权和豁免。一般情况下国家建立外交关系就意味着同时建立了领事关系，但是断绝外交关系并不当然断绝领事关系。[1]不建立外交关系，单独建立领事关系的情况是比较罕见的。[2]领事关系法是调整国家之间领事关系，包括领事的派遣和接受、领事的特权和豁免等方面的国际法律、规章制度的总和。领事关系法的主要渊源是国际习惯和国际条约，其中有大量的国家之间的双边条约，称为领事条约或"领事专约"（consular convention）。

二、领事制度

（一）领事的种类和等级

1. 领事的种类

领事可以分为两大类：职业领事和名誉领事。职业领事，也称专业领事，一般为派遣国的国民，从政府领取薪金。名誉领事，也称商人领事或非职业领事，通常是由派遣国在接受国的侨民担任，但也有一些国家允许接受国或第三国国民担任名誉领事，不过对这种名誉领事的委任必须得到接受国政府的同意。职业领事以领事为其本职工作，一般在接受国不能再受雇于私人企业或其他有收益的私人职业。名誉领事不从派遣国拿薪水，领事仅为其自己职业以外的兼职。职业领事和名誉领事享有不同的特权和豁免。1963年《维也纳领事关系公约》从第58条到第68条专门规定了适用于名誉领事的特权和豁免。中国过去不派遣也不接受名誉领事。[3]这种实践直到1997年7月1日中国恢复对香港行使主权后发生了变化。如果说香港和澳门的情况是基于"一国两制"制度而延续了过去的实践的话，中国内地新的实践也表明中国政府至少已经开始接受名誉领事。[4]

2. 领事的等级

职业领事和名誉领事都有不同的等级。职业领事分为总领事、领事、副领事和领事代理人4个等级。[5]1963年《维也纳领事关系公约》第9条规定领馆馆长分上述4个等

---

[1] 参见1963年《维也纳领事关系公约》第2条第2、3款。

[2] 有的小国，不派遣外交使节，仅派一个领事驻在另一个国家。经接受国同意，在履行领事职务的同时还履行外交职务。参见[英]詹宁斯、瓦茨修订：《奥本海国际法》（第1卷第2分册），王铁崖等译，中国大百科全书出版社1998年版，第560页。

[3] 参见丘日庆主编：《领事法论》，上海社会科学院出版社1996年版，第93页。

[4] 中国第一次接受名誉领事是1999年由瓦努阿图委派的名誉领事，参见《中国外交》，世界知识出版社2005年版，第452页。

[5] 实际上这就是领事馆的级别，即总领事馆、领事馆、副领事馆和领事代理处。参见丘日庆主编：《领事法论》，上海社会科学院出版社1996年版，第55页。

级。但是该条第 2 款规定："本条第 1 项之规定并不限制任何缔约国对馆长以外之领事官员设定衔名之权。"总领事可能是负责管理几个领事辖区的长官，也可能是负责一个较大领事辖区的领馆馆长。领事是一个较小辖区的领馆馆长。副领事是总领事或领事的助手，因其本人具有领事身份，所以可以代替领事执行一切领事职责。领事代理人是由总领事或领事任命并经派遣国批准，在该领事辖区代其执行部分领事职务的人。

（二）领事的派遣和接受

1963 年《维也纳领事关系公约》第 2 条第 1 款规定："国与国间领事关系之建立，以协议为之。"如上所述，两个国家建立领事关系的协议一般称为领事条约或领事专约。协议签订后，随之而来的是相互设立领馆，并派遣领事。关于领馆设立的地点、类别和领事辖区的确定均由派遣国作出决定，但是必须得到接受国的同意。[1]

根据 1963 年《维也纳领事关系公约》第 11 条，领馆馆长一般是通过颁发委任文凭或类似文书来派遣的。派遣国通过外交途径将此等委任文凭或文书转送到接受国政府，如果接受国同意并允许其执行职务，再由接受国向其颁发证书，称为"领事证书"。如果接受国拒绝向其颁发领事证书，说明接受国不同意该人员的委任。拒绝颁发领事证书，与宣布为"不受欢迎的人"一样，不需要说明理由。

一般情况下，在没有获得领事证书时，领馆馆长不得开始执行职务。但是，由于领事证书的颁发可能拖延，在未得到领事证书前，可以暂时承认领馆馆长并允许其执行职务。在这种情况下，关于领事特权和豁免等各种规定立即开始适用。[2]

领馆馆员的委派通过派遣国通知接受国其自由决定的人选名单来实现，名单包括领馆馆员的全名、职类和等级。接受国也是通过颁发领事证书的方式来接受。如果不接受，可以随时通知派遣国，宣告某一领馆官员为"不受欢迎之人员"或任何其他领馆馆员为不能接受。[3]

（三）领事的职务

领事执行外交事务以外的各种职务。根据 1963 年《维也纳领事关系公约》第 5—8 条，领事的职务可以概括为：

第一，在国际法许可的限度内，在接受国内保护派遣国及其国民包括个人和法人的利益。为此目的，在接受国法律允许的范围内，领事负责办理民事登记（如结婚和离婚、出生和死亡等）、向派遣国国民发放护照和旅行证件、向赴派遣国的人员发放签证和其他文件、保护派遣国未成年人、在死亡事件中保护派遣国国民的利益、在派遣国国民不能为自己辩护时，在接受国法院担任其代表或为其安排辩护人。

第二，在商业、经济、文化和科学方面增进派遣国与接受国之间的发展，并在其他方面促进两国之间的友好关系。此外，领事还可以依据国际协定或以符合接受国法律的其他方式，转送司法书状以及其他文件或文书。

---

[1] 副领事馆、领事代理处或领事办事处的设立都必须得到接受国的同意。参见 1963 年《维也纳领事关系公约》第 4 条。

[2] 参见 1963 年《维也纳领事关系公约》第 12 条、第 13 条、第 15 条。

[3] 1963 年《维也纳领事关系公约》第 23 条。

第三，以一切合法手段调查接受国内商业、经济、文化和科学活动的状况和发展情况，向派遣国政府报告，并向关心人士提供资料。

第四，领事可以担任公证或类似职务。[1] 虽然1963年《维也纳领事关系公约》并未明确规定可以负责公证的具体事项，但是实践表明各国相互间的领事专约或其他国际协定中都有具体规定。例如，中国与其他国家的领事条约中领事负责公证的文书范围很广，包括派遣国官方文件上的签字和印章、货物产地证明书、遗嘱和其他法律文书等。[2]

此外，领事还可以在接受国同意或不反对的情况下执行派遣国责成办理的其他职务；在另一国国内执行领事职务或代替第三国执行领事职务。

三、领事特权和豁免

领事不是派遣国的外交代表。但是，既然他们是派遣国委派并从接受国获得领事证书的派遣国官员，就确定了他们的官方身份：他们虽不是外交官，但也不是一般的外国人。但是，领事的官方地位并不包括可以同接受国政府直接交涉。[3] 领事是派遣到接受国一定的区域执行某些特定职务的官员。因此，他们的地位明显地低于外交代表，在接受国仅享有有限的特权和豁免。

（一）领事馆的特权和豁免

第一，一定限度的不可侵犯权。非经同意，接受国官吏不得进入领馆馆舍中专供领馆工作所用的部分。但是，如果遇到火灾或其他灾害，可以推定领馆馆长已经表示同意。与使馆的不可侵犯权相比，领馆的这一特权有两种限制：一是不可侵犯权的适用范围限制在领馆馆舍中专供领馆工作所用的部分；二是遇到火灾或其他灾害，如地震、水灾或瘟疫，不用征得同意即可进入以帮助脱险。此外，接受国为国防或公用的目的的确需要征用领馆馆舍、设备和财产时，可以征用，但不得妨碍领馆执行职务并应对派遣国给予迅速、充分及有效的赔偿。

第二，领馆档案和文件不可侵犯。领馆档案及文件无论何时何处不得侵犯。这方面与使馆的特权相同。

第三，行动和通信自由。在行动和通信自由方面，领馆的特权与使馆基本相同。但是，领馆邮袋不可开拆是有例外的。如果接受国主管当局有重大理由认为邮袋中装有公文及公用文件或物品以外的物品，可以在派遣国授权的代表面前开拆检查；如果派遣国拒绝开拆，邮袋应退回至原发地。[4]

第四，领事通知的权利和义务。根据1963年《维也纳领事关系公约》第36条和第

---

[1] 参见1963年《维也纳领事关系公约》第5条第6项。
[2] 参见丘日庆主编：《领事法论》，上海社会科学院出版社1996年版，第51—55页。
[3] 参见[英]詹宁斯、瓦茨修订：《奥本海国际法》（第1卷第2分册），王铁崖等译，中国大百科全书出版社1998年版，第565页。
[4] 参见1963年《维也纳领事关系公约》第35条第3款，并请比较1961年《维也纳外交关系公约》关于外交邮袋不可开拆的规定。

37 条，为了便于领馆执行其保护派遣国国民利益的职务，领事官员享有与派遣国国民通讯和会见的自由，派遣国国民同样享有与领事官员通信和会见的自由。由此产生了所谓的"领事通知的权利"。

相应地，接受国承担"领事通知义务"，即在领馆辖区内如果有派遣国国民受逮捕或监禁或羁押候审、或受任何其他方式拘禁的情况，经当事人本人请求，接受国当局有义务迅速通知派遣国领馆。此等当事人给领馆的信件也应迅速递交。特别应该注意的是，接受国当局有义务将"领事通知权利"通知此等当事人。[1]国际法院受理过关于领事通知权利的案件，例如，1999 年"拉格朗"案。1999 年 3 月 2 日，德国就美国司法机关逮捕一对德国兄弟而没有及时通知他们享有请求领馆协助的权利等事宜，在国际法院对美国提起诉讼，认为美国违反了《维也纳领事关系公约》对德国承担的领事通知义务。国际法院最后作出了有利于德国的判决，判定由于美国在逮捕之后没有及时通知拉格朗两兄弟《维也纳领事关系公约》第 36 条第 1 款第 2 项规定的权利，因此造成德国不能及时提供领事保护，美国违反了对德国的国际法义务。[2]

为便于领事执行其保护派遣国国民利益的职务，如果当事人不明示反对，领事有权探访受监禁、羁押或拘禁的派遣国国民。但是，领事在行使上述各项权利时，应遵守接受国的相关法律和规章。不过，领事行使这些权利的前提是领事通知的有效履行。中国与一些国家签订的领事协定中明文规定双方的领事通知义务。例如，2002 年中国与尼日利亚签署的《领事协定》第 14 条第 1 款规定："遇有派遣国国民在领区内被拘留、逮捕或以任何其他方式剥夺自由时，接受国主管当局应尽速通知领馆。"[3]又如，2015 年 4 月 12 日生效的《中华人民共和国和大韩民国领事协定》，也是中国与外国协定的第 49 个领事条约，也作出了类似规定。

第五，其他特权和豁免

领馆馆舍和领馆馆长寓所免纳国家、区域或地方性一切捐税，但对于为此等馆舍和寓所提供的特别服务的收费则不在豁免之列。

（二）领事官员的特权和豁免

第一，人身不得侵犯。领事官员的人身不可侵犯表现在两个方面：一是接受国对于领事官员应表示适当的尊重；二是接受国还要采取一切适当步骤以防止其人身自由或尊严受到任何侵犯（《维也纳领事关系公约》第 40 条）。根据第 41 条并比较外交代表的人身不可侵犯权，领事官员的这项特权在以下《公约》第 41 条第 1—3 款的限制。

第二，管辖豁免。领事官员及领馆雇员仅就其为执行领事职务所实施的行为在接受国享受司法或行政机关的管辖豁免，但是下列民事诉讼除外：（1）因领事官员或雇员并未明示或默示以派遣国代表身份而订立的契约引起的诉讼；（2）第三者因车辆、船舶或

---

[1] 1963 年《维也纳领事关系公约》第 36 条第 1 款第 1、2 项。

[2] 参见国际法院相关网址，http://www.icj-cij.org/icjwww/idocket/igus/igusframe.htm；关于该案件的中文资料，参见白桂梅、朱利江编著：《国际法》，中国人民大学出版社 2004 年版，第 265—268 页。关于领事通知权利的其他案件还有 Avena and Other Mexican Nationals Case 等，参见国际法院网站，http://www.icj-cij.org/icjwww/idecisions.htm。

[3] 参见法律教育网，http://www.chinalawedu.com/falvfagui/fg23155/178054.shtml。

航空机在接受国内所造成之意外事故而要求损害赔偿的诉讼。

第三，作证的义务。领事官员不享受作证义务的豁免权。但是，就其执行职务所涉及的事项以及以鉴定人的身份就派遣国的法律的作证，领事人员有权拒绝。除上述例外，领馆官员或服务人员不得拒绝作证（第44条第1款）。但是该款又规定，如果领事官员拒绝作证，不得对其施行强制措施或处罚。

1963年《维也纳领事关系公约》第44条第2款规定，要求领事官员作证的机关应避免妨碍其执行职务。可能的话，可以在其寓所或领馆录取证言，或接受其书面陈述。

第四，免纳捐税、关税及免受查验。根据1963年《维也纳领事关系公约》第49条和第50条，领事官员在这方面享有的豁免与外交代表基本类似，故不予赘述。[1]

第五节　中国的相关立法和实践

一、中国关于外交和领事工作的立法

（一）中华人民共和国外交特权与豁免条例

1986年9月5日，第六届全国人民代表大会第十七次会议通过了《中华人民共和国外交特权与豁免条例》（以下简称《外交特权与豁免条例》）。该条例共计29条，其基本原则和主要内容与《维也纳外交关系公约》的规定都是相同的。但对公约中未作规定或规定得不够明确的地方，该条例则根据我国的法律和实践，并参照有关国际惯例，作了必要的补充，使其内容更加明确具体。

第一，根据《外交特权与豁免条例》第2条规定，使馆外交人员原则上应当是具有派遣国国籍的人。如果委派中国或者第三国国籍的人为使馆外交人员，必须征得中国主管机关的同意。中国主管机关可以随时撤销此项同意。

第二，《外交特权与豁免条例》规定的使馆特权与豁免包括：使馆馆舍不受侵犯；使馆的馆舍、设备及馆舍内其他财产和使馆交通工具免受搜查、征用、扣押或者强制执行；使馆馆舍免纳捐税；使馆办理公务所收规费和手续费免纳捐税；使馆的档案和文件不受侵犯；使用国旗和国徽。

第三，该条例规定的外交代表的特权与豁免包括：外交代表人身不受侵犯，不受逮捕或者拘留；寓所不受侵犯，并受保护；文书和信件不受侵犯；财产不受侵犯；外交代表享有刑事管辖豁免、民事管辖豁免和行政管辖豁免；外交代表没有以证人身份作证的义务；免纳捐税；免除关税和行李免受查验等。

第四，《外交特权与豁免条例》第26条根据国际惯例强调了对等的原则。根据该条规定，如果外国给予中国驻该国使馆、使馆人员以及临时去该国的有关人员的外交特权

---

[1] 以上内容主要参考白桂梅：《国际法》（第三版），北京大学出版社2015年版，第464—502页。

与豁免，低于中国按本条例给予该国驻中国使馆、使馆人员以及临时来中国的有关人员的外交特权与豁免，中国政府根据对等原则，可以给予该国驻中国使馆、使馆人员以及临时来中国的有关人员以相应的外交特权与豁免。

（二）中华人民共和国领事特权与豁免条例

1990年10月30日，第七届全国人大常委会第十六次会议通过了《中华人民共和国领事特权与豁免条例》（以下简称《领事特权与豁免条例》）。该条例共计29条，主要包括了领馆的地位、领馆的特权与豁免、领馆成员的特权与豁免、对等原则、享有领事特权与豁免人员的义务等规定。

（三）中华人民共和国驻外外交人员法

新中国成立以后，特别是改革开放以来，随着我国国力的不断增强和国际地位的稳步提升，中国日益走向世界舞台中央，驻外外交人员在对外交往中发挥着越来越重要的作用。与此同时，在中国驻外外交人员管理工作中，也遇到一些亟须解决的问题。2009年10月31日，第十一届全国人大常委会第十一次会议通过了《中华人民共和国驻外外交人员法》（以下简称《驻外外交人员法》）。该法共10章48条，主要包括适用范围，外交职务和衔级制度，驻外外交人员的职责、条件、义务和权利，馆长负责制和驻外外交人员的工资福利制度等各个方面。

（四）有关领事保护与协助工作的法律制度

多年来，中国一直在开展有关领事工作的立法与研究工作。随着中国对外开放持续扩大及"一带一路"建设、国际产能合作稳步推进，海外中国公民和机构不断增多。为切实维护海外中国公民和机构的安全与正当权益，落实中共中央关于全面依法治国、完善新时代中国特色社会主义法律体系的总体部署，国务院于2023年7月13日发布了《中华人民共和国领事保护与协助工作条例》。该条例共27条，主要内容涵盖领事保护与协助的职责概述与履责原则、中国公民、法人和非法人组织的基本权利义务、不同情形下的领事保护与协助职责、预防性领事保护有关措施与机制等。

二、中国关于外交和领事工作的实践

中国先后于1975年和1979年加入《维也纳外交关系公约》和《维也纳领事关系公约》，并在此基础上分别制定了《中华人民共和国外交特权与豁免条例》和《中华人民共和国领事特权与豁免条例》。条例总体与两个维也纳公约规定一致，并有所补充，如两条例对使领馆及其人员携带自用枪支弹药入出境作出了限制。外交特豁条例还对来华访问的外国国家元首、政府首脑、外交部长及其他特定官员所享有的特权与豁免作出了规定。

实践中，对于涉及外交领事人员的交通管理、外交邮袋、家属待遇等具体事宜，国内长期以来，有关部门在处理此类问题的过程中，以法律规定为基础，结合外交交涉和协商，形成了一套兼顾原则性和灵活性的实践做法。[1]

---

[1] 相关内容主要参考段洁龙主编：《中国国际法实践与案例》，法律出版社2011年版，第20—27页。

重要名词术语

外交关系、外交关系法、领事关系、领事关系法、使节、外交特权于豁免、领事特权与豁免

思考题

1. 大使馆和领事馆法律地位之异同。
2. 外交人员特权与豁免的国际法律制度。
3. 中国关于外交和领事关系的法律制度与实践。

典型案例分析

德黑兰的美国外交和领事人员案

1979年国际法院受理了美国诉伊朗"德黑兰的美国外交和领事人员"案。美国请求国际法院宣布伊朗政府违反对美国承担的条约义务，伊朗政府应立即释放在德黑兰大使馆以及在大不里士和设拉子的领事馆的全部美国人和拘留在伊朗外交部的3个人，并要求伊朗对此侵权行为承担赔偿责任，对肇事者予以惩处。

这是有史以来国际法院受理的第一个严重侵犯使领馆舍及其人员的特大案件。事件发生在1979年11月4日。美国驻德黑兰大使馆被接受国群众示威队伍占领，使馆内50多人被扣作人质，其中有使馆人员和领事人员，还有一些非美国籍工作人员；使馆内的档案和文件也被示威的群众捣毁。第二天，驻在伊朗的两个美国领事馆也发生了同类事件。事件发生后，美国使馆请求伊朗当局给予援助和保护，但伊朗当局没有采取适当步骤保护使领馆及其人员和制止事态的发展。伊朗政府不仅没有采取任何保护措施，其外交部长反而于11月5日在记者招待会上表示美国应该对此事件负责。伊朗总理也在同一天的记者招待会上宣称美国使馆是间谍中心，应该继续扣留人质，直到美国把前伊朗国王及其财产归还伊朗，并禁止与美国在这个问题上进行谈判。

美国于11月9日请求联合国安全理事会召开紧急会议以便解决这个问题，并于11月29日向国际法院起诉。但是伊朗政府于1980年2月16日向法院表示反对国际法院受理此案，并拒绝出庭。1980年5月24日，国际法院在伊朗缺席的情况下作出判决。判决认为伊朗政府在许多方面违反了它根据国际条约和长期确立的国际法规则所承担的义务；伊朗应该为其违反国际义务的行为承担国际责任；伊朗政府必须立即采取一切行动缓和由于1979年11月4日及其后发生的事情所引起的局势，为此目的，双方应达成协议。

由于伊朗拒不接受国际法院的管辖，国际法院的判决不能得到执行。美国与伊朗之间的人质争端最终在阿尔及利亚的斡旋之下通过协议得以解决。依据该协议，人质在被关押444天之后于1981年1月20日全部获得释放。

在该案中，伊朗作为《维也纳外交关系公约》和《维也纳领事关系公约》的当事方，其行为无疑违反了该公约的规定，伊朗没有履行对外交人员予以保护的相关国际义务。即使没有条约义务，外交和领事特权与豁免已经成为习惯国际法的情况下，伊朗的行为依然是对国际法的粗暴践踏和公然违反。美国请求安理会召开紧急会议，向国际法院提起诉讼，并最终在第三方的斡旋下通过协议使得该问题得以解决，这一系列操作，体现出美国在应对此类突发事件时的成熟和理性，始终秉持以《联合国宪章》为基础的国际法和国际关系基本准则，充分利用国际社会已有的联合国机制、外交手段和国际司法来解决争端，至少在此案件中，美国的表现是值得肯定的。美国诉诸国际法院来解决此一争端，这是美国重视并善于利用国际司法机制的一种表现。虽然国际法院的裁决是终局的和有约束力的，但其执行有赖于有关国家的自助，也就是依靠国家的自主自愿执行，国际法院并无强制执行的能力和机制安排。从理论上来讲，确实存在伊朗若拒不执行裁决，国际法院无法强制执行的情况。但国际法院的裁决具有法律和道义上的重要影响力，关涉一个国家的国际形象和政权的合法性，一个国家一旦拒绝执行国际法院的裁决，就会严重影响该国正常发展国际关系，使得有关国家得到强制执行之外的应有惩罚。这也是国际法院的裁决一般都能得到尊重和国际法院的权威得以维持的原因。

第十八章　和平解决国际争端

【内容提示】

和平解决国际争端是国际法的重要功能和宗旨。《联合国宪章》中规定的和平解决国际争端原则是国际法基本原则，现在已经成为一项习惯国际法。

现代国际法逐渐抛弃了传统以战争为手段的争端解决方式，重新审视平时封锁和干涉的合法性，强调反报和报复应当严格遵守国际法并对其加以限制。和平解决国际争端包括政治解决方式和法律解决方式两种。政治解决方式包括谈判、协商、调查、斡旋、调停和和解等方法，该种方式尊重当事国的主权，保证当事国对争端解决享有充分的自由裁量权。通过政治解决方式得出的结果往往不具有法律拘束力，仅能依靠当事国自行执行。

法律解决方式主要包括仲裁和司法两种。位于海牙的常设仲裁法院是为国际社会提供仲裁方式解决多种国际争端的重要平台。国际法院是联合国的主要机关，具有诉讼管辖权和咨询管辖权之区别，根据前者得出的判决具有法律约束力，且属于终局判决；而根据后者产生的咨询意见虽然不具有法律约束力，但是具有解释国际法的权威性，同样很有意义。国际法院推动了国际法的实施，同时通过加强国际法解释和适用、甚至推动国际造法促进了国际法的发展。国际海洋法法庭是独立于联合国的国际法主体，致力于解决国际海洋争端，其作用日益彰显。

和平解决国际争端日益受到国际社会重视，并且呈现出全新特征，表现为争端解决机构的建设走向成熟化，国际法得到充实与发展，各种争端解决方法日益专业化、组织化，多种争端解决方法趋于整合。

第一节　概　述

一、国际争端的概念

国际公法所讲的国际争端主要是国家之间的争端，而且主要是两个国家之间的争端。但国际法主体的扩大，以及主体之间相互依赖性的增强，使我们不能将国际争端绝对地理解为只能是国家之间的争端，还包括国家和其他国际法主体（例如国际组织）以及其他国际法主体之间的争端。可以说,国际争端是两个或者两个以上国家之间、国家与其他的国际法主体之间有关法律上或事实上的观点不一致,以及它们之间政治利益的冲突。[1]

国际争端是国际生活中不可避免的客观现实。解决争端是法律的重要功能,而国际法是一个国家在国际舞台上维护其自身利益的法律工具,是国际社会维持和平与发展的一种法律机制。

国际争端作为法律范畴内的特定关系,有以下几个特征:

第一,特殊的解决方法。国际争端主要以国家为当事方,同国内法处理的个人之间的争端根本不同。国家对于处理国内争端,具有最高的权威,有普遍适用的法律,并通过司法机关对当事人进行审判,由强制机关来执行裁判。而主权国家相互平等,国际关系中不存在一个超国家的权力机关,不可能有凌驾于国家之上的立法和司法机关来制定法律、审理争端。例此,解决国际争端必须采取国际法的特殊方法。国际争端解决的方法和程序随着历史的发展而不断地发展和变化,但是主权平等是其基础,这是不能忽略的。

第二,复杂的争端起因。各国大小不一、有强有弱,各有自己的民族、历史、宗教和文化习俗,社会性质和社会制度也不相同,而各个国家从本国立场出发所产生的国家利益常会出现差异。近百年来帝国主义的侵略和殖民政策是当今诸多争端的根源,世纪之交国际新格局调整和过渡的进程同样影响着国际争端的产生、发展和解决。

第三,可能导致严重的后果。国际争端的影响是多方面的,由国家之间的争端引发战争和武装冲突的情况在历史上不绝于书;世界一体化过程中的今天,国际争端所隐含的危险和危害更是有甚于过去。

当代国际法中有关解决国际争端的内容日益丰富,且成为现代国际法学的一个分支——国际争端解决法,即国际法上调节整个国际争端解决进程的各种原则、规则、程序和制度的总体。

国际争端可以分为法律性质和政治性质两类:(1)法律性质的争端是指当事国根据国际法所承认的理由,双方在彼此法律上的权利和义务上存在的分歧和争议。具体包括以下几个方面:条约解释,国际法的任何问题,属于违反国际义务的任何事实,因违反国际义务而应给予赔偿的性质和范围等。传统国际法认为,这是一种关于权利的争端,是一种可以通过仲裁和司法程序解决的可裁判的争端。(2)政治性质的争端是指当事国双方存在的分歧和冲突是一种基于利益的政治冲突,不涉及或者不直接涉及法律问题。它的范围比较广泛,在广义上,法律权利义务性质以外的争端,都可以说是政治性质的争端。传统国际法认为政治性质的争端是一种不可裁判的争端,应当采取政治和外交途径解决。

---

[1] 按照常设国际法院在 Mavrommatis Palestine Concessions 案中的定义,国际争端"是在法律或事实点上的分歧,是双方之间法律观点或利益的冲突"。Mavrommatis Palestine Concessions (Greece v. Great Britain), Judgment of 30 August 1924, 1924 PCIJ (Ser. A) No. 2, p. 11.

不过，国际实践表明，由于国际争端在性质、内容和产生原因方面的复杂性，法律性质与政治性质的争端往往互相交错，很难截然分开。根据解决争端所用的方法来区分国际争端的性质和种类同样是比较困难的。同样或者类似的争端完全可能用不同的解决方法予以解决。例如，关于大陆架的争端，一般通过外交谈判解决，但是，实践中也存在一些由国际法院进行判决的案例。[1]

在理论上区分国际争端的性质是不无益处的，但是不能简单地强调性质的区分，并将解决争端的方法硬性地与争端的性质等同。作为主权国家，争端当事国有权自行选择适当的解决争端的方法。《联合国宪章》第33条规定："任何争端当事国……应尽先以谈判、调查、调停、和解、公断、司法解决、区域机关或区域办法之利用，或各该国自行选择之其他和平方法，求得解决。"

二、和平解决国际争端原则

20世纪两次世界大战使人类遭到了巨大的破坏，同时也唤醒、教育了人民，增强了世界人民维护世界和平、反对侵略战争的决心。《联合国宪章》第2条规定了联合国及其会员国应遵循的七项原则，其中第3款规定："各会员国应以和平方法解决其国际争端，俾免危及国际和平、安全及正义。"宪章的这一条款使和平解决争端原则确立为国际法基本原则。

通过和平方法解决国际争端是自19世纪末20世纪初以来逐步创立的一项重要的国际法制度。

1899年第一次海牙和会签署并于1907年第二次海牙和会修订的《和平解决国际争端公约》，被视为最早提出了和平解决国际争端的原则。

第一次世界大战和十月革命以后，列宁领导的苏维埃国家以国内立法的方式提出了一系列主张和平的国际法原则，谴责各富强国家为瓜分弱小民族而进行的侵略战争是"反人类的莫大罪行"，从理论和政策上论述了民族自决原则，以及不同社会制度国家和平共处的问题。

第一次世界大战前，国际法承认国家的所谓"战争权"。《国际联盟盟约》虽然限制会员国诉诸战争的权利，但并未禁止侵略战争。1923年国联大会通过的互助条约草案比较清楚地表明了对侵略战争的谴责。草案宣布，缔约各方庄严声明：侵略战争是国际罪行，每一方负有义务以使其中任何一方不犯此种罪行。但此草案并未得到发展。

1928年8月，在巴黎签署了著名的《非战公约》。第1条宣布，缔约各方郑重声明，它们谴责用战争来解决国际争端，并在其相互关系上，废弃战争作为实行国家政策的工具。第2条规定，公约参加国之间如有争端或冲突，不论属于何种性质，因何原因，永远不得以和平以外的方式解决。换言之，公约参加国承担义务和平解决国际争端。这样，第一次世界大战和十月革命以后，互不侵犯原则、和平解决国际争端的原则就确立起来了。

---

[1] 如1969年国际法院北海大陆架案。

联合国建立后通过了一些重要决议和宣言，都确认和重申了和平解决国际争端原则，并对其作了具体阐释。如1970年《关于各国依联合国宪章建立友好关系及合作之国际法原则之宣言》、1974年《各国经济权利和义务宪章》、1982年《关于和平解决国际争端的马尼拉宣言》、1988年《预防和消除可能威胁国际和平与安全的争端和局势以及关于联合国在该领域的作用的宣言》、1991年《关于联合国在维持国际和平与安全领域中的实况调查宣言》等。许多重要的区域性国际组织的章程和区域性条约也明确规定了以和平方法解决成员之间争端的义务，如1957年《欧洲和平解决争端公约》、1948年《美洲国家组织宪章》、1948年《美洲和平解决争端公约》、1963年《非洲统一组织宪章》等。

和平解决争端原则与其他国际法基本原则密切相关，共同构成国际法的基础。例如，它与在国际关系上不使用武力原则、不干涉别国内政原则、国家主权平等原则等都是相辅相成的。

由于国际社会的反复实践和反复确认，和平解决争端原则已经成为国际习惯法的一部分。这样，和平解决国际争端原则就不仅对有关国际组织或区域组织的成员、有关条约或国际公约的缔约方有法律拘束力，而且对国际社会的所有成员都有法律拘束力。

和平解决争端是国际法的基本原则，它既是国家的义务，也是国家的权利。国家不仅有权要求与其存在分歧或争端的国家以和平方法解决它们之间的争端，而且还有权自由选择和平解决争端的具体方法。

三、解决国际争端的方法

现代国际法已经废弃了以战争作为解决国际争端的方法，禁止使用武力或者进行武力威胁，确立了和平解决国际争端的基本原则。联合国的基本宗旨之一就是"以和平方法且依正义及国际法的原则，调整或解决足以破坏和平之国际争端或情势"，并责成会员国"以和平方法解决其国际争端，避免危及国际和平、安全和正义"。

但是，在传统国际法中，解决国际争端的方法分为强制的和非强制的两类。强制解决国际争端的方法是一个国家为了使另一个国家同意其主张的解决争端的方法而采取的带有强制性的方法，包括反报、报复、平时封锁和干涉。非强制的方法又分为政治的解决方法和法律的解决方法，前者包括谈判、斡旋、调停、和解（调解）及国际调查；后者包括仲裁和司法解决。这样一来，非强制的方法是和平方法，而强制方法中除了战争方法以外也属于和平方法。传统国际法是肯定战争作为推行国家政策、解决国际争端的工具的合法性的，这在现代国际法中已经得不到支持。而对于一些强制方法的合法性，同样需要重新审视。

平时封锁和干涉同战争和非法使用武力一样，都是违背国际法基本原则的非和平的方法，应当废弃和禁止。从实践来看，平时封锁往往是海上强国对弱小国家领土主权的侵犯；干涉则被一些国家用来对别国进行威胁、压迫和干涉提供法律依据。

现代国际法并未完全禁止反报和报复这两种强制方法，但要求严格遵守国际法基本准则，并且只能在特定的条件下允许使用，在适用范围上有较大限制。

反报是指一国以同样或者类似的行为回应另一国的不礼貌、不友好或者不公平的行为。引起反报的行为并不是国际不法行为，但是这种行为损害了对方的利益和尊严。反报通常适用于国家之间有关贸易、航运、关税、移民等经济和法律关系方面。反报的形式并非特定，包括断绝外交关系、收回关税待遇、禁止入境等。

报复是指一国针对另一国的国际不法行为而采取的一种相应的强制措施，以迫使对方停止其不法行为或者对不法行为所造成的后果进行赔偿。报复应当遵循以下国际法原则：（1）报复必须针对另一方的国际不法行为采取；（2）报复的目的是解决争端，而不是制裁；（3）在程序上，实行报复前应当向对方要求赔偿或者补救，只有在要求无法实现时，才能采取报复措施；（4）报复不应过度，必须与对方的国际不法行为相称，完全不适当的报复本身也是国际不法行为；（5）报复不得损害即使是在战争时期也应加以保护的客体和相关权益。

因为反报和报复可以是主权国家具有的自助手段和自卫行为，它仍然为现代国际法保留和肯定，但是，必须防止被少数国家滥用。应该强调非强制的和平解决国际争端方法的使用，这是现代国际法和国际关系进步的表现。

和平解决国际争端的方法可以分为政治方法和法律方法两种。政治方法，有时称为外交方法，是指用法律方法以外的争端双方解决方法或者争端当事国以外的第三方解决的方法，一般包括谈判、协商、调查、斡旋、调停和和解等，它可以适用于各种不同类型的国际争端，而且当事国拥有充分的自由裁量权，使其主权得到充分尊重。一种政治解决方法不成功时，相关国家还可以随时诉诸另一种政治解决方法或者是政治解决以外的其他方法。法律方法是指用仲裁或者司法裁决来解决国际争端。法律方法的特点是解决争端的标准比较客观，是法律规则而不是道德规范、社会习俗等；国际上存在一些比较完善的组织机构和程序机制，有利于法律方法的适用；而且，法律裁决对当事国具有法律拘束力，有利于争端解决的实现。

四、后冷战时期和平解决国际争端的新特征

首先，冷战时代的结束，为和平解决国际争端提供了机会和空间。1989年德国统一和1991年苏联解体，标志着冷战时代的结束。东西方对峙决定国际社会方方面面的时代已经结束，交通和通讯的发达使沟通更加便捷，国际社会组织化的经验有了丰富和加强，为各国通过多边行动落实共同目标，在广泛的领域内承担集体责任提供了条件。联合国成为各国多边外交的中心，在国际生活中发挥着不可替代的作用。它具有了自己的相对独立性，而不再像在某些战争中表现的那样，常常成为大国手中的一张牌。联合国国际法院在20世纪70年代的大部分时间里几乎是无所作为。但近些年来，国际法院却日渐繁忙，案件数量大幅增加，且所涉国家包括了大国、小国，以及发达国家和发展中国家。

其次，国际法的发展促进了国际争端的和平解决。冷战时代的结束是影响国际争端和平解决的重要因素，但并不是全部。事实上，20世纪80年上半期开始，国际法院的工作状况就有了转折。一些早先取得独立的殖民地国家此时开始认为国际法可以"为我所用",用以主张和维护自己的权益,而不是简单地像过去那样将其视为西方发达国家的专利加以怀疑和反对。确实,当代国际法在国际社会的共同努力下,尤其是有了第三世界国家的参与和贡献后,在经济一体化和科技迅猛发展的背景下,沿着民主、进步的方向取得了发展,在一定程度上反映了国际社会大多数成员的普遍利益。比如,海洋法上200海里专属经济区和国际海底区域作为"人类共同继承财产"的概念就是第三世界国家提出而得到普遍承认的。近年来,中小国家诉诸国际法院维护自身利益的案件有增多的趋势。

再次,和平解决国际争端日益专门化、组织化。当代国际法在各个分支领域不断发展,并开拓新的领域,国际争端解决法的出现就是一个例子。在多边条约框架下建立了许多和平解决争端机制而且使国际争端的和平解决日趋组织化。比如,随着《联合国海洋法公约》的生效,建立了国际海洋法法庭;1995年成立的世界贸易组织建立了一整套世界贸易争端解决机制。同时,区域范围内的争端解决机制及其组织化程度的发展也有很大加强。国际争端解决组织化的加强势必使传统的国际争端解决方法受到影响,主权国家的自我限制成为必然,尽管是有限的、谨慎的。

最后,在新的时期,各种和平解决国际争端的方法不仅进一步得到发展和完善,而且各种争端解决方法出现一定程度的整合。许多国际协议都规定有争端解决的内容,把相关的谈判、斡旋、调查、调解、仲裁和司法解决方法按调整对象的特点详细规定下来,加强其操作性、实用性。不同的方法各有优劣,互为补充,可以为国际争端的预防和解决提供多重机会和保障。其中,政治方法与法律方法、和平方法与强制行动都可以结合或衔接,并经常借助国际组织方法。例如,根据1982年《联合国海洋法公约》,和平解决争端的方法包括谈判、协商、调解、仲裁、司法诉讼等,并规定有国际法院、国际海洋法法庭、仲裁法庭、特别仲裁法庭等组织化方法,甚至当争端通过政治途径不能解决,则可以进入多层次、一定条件下可能是强制性的法律程序。但是,国际法仍是争端解决的基础,管辖权是根本的法律问题,国家同意包括根据特定公约或者情形所需要的事前或者事后同意仍然是需要的。

第二节　国际争端的政治解决方法

一、谈判与协商

谈判和协商是指两个或者两个以上的国家为了国际争端得到谅解和解决而进行的直接交涉的活动和方式。这是解决国际争端的最经常、最主要的基本方法。

在国际法的历史上,早在古代就出现了外交谈判的方法,谈判作为一种解决争端的方法也被很多国际文件列为首要方法。而协商在很长时间里只是非正式的、辅助性的协调各国政策和关系的方法。协商方法作为谈判的一种新形式逐步得到发展,是从20世纪50年代开始的。《联合国宪章》第33条中并没有规定协商方法。1953年8月，中国政府在关于和平解决朝鲜问题的政治会议的声明中首次主张并提出协商方式，还运用这一方法解决了与其他国家的许多争端。50年代以后，协商的方法越来越受到国际社会的肯定和重视。1978年8月23日《关于国家在条约方面的继承的维也纳公约》在解决争端部分就专门规定了协商。

现在，谈判与协商往往密切相连，在协商的基础上谈判，在谈判的过程中不断协商，很难截然区分。

谈判和协商的特点是：（1）争端当事国在原则上处于完全平等的地位。（2）争端当事国拥有较大的自主权，它们直接交换意见，可以参加和掌握争端解决的整个过程。（3）适用于各种类型的国际争端，任何国际争端都可以适用谈判和协商的解决方法。（4）侧重于沟通和讨论，并具有较大的灵活性。（5）由于解决方案是当事国自行谈判和协商达成的，所以一般能够得到当事国的执行和遵守。

二、斡旋与调停

斡旋是指由第三方以各种有助于促成争端当事国进行直接谈判的行动，导致和促成当事国开始或者继续谈判。从事斡旋的国家可以提出建议或者转达当事国的建议，但是，斡旋者自己不参加双方的谈判。

调停是指第三方不仅为争端双方提供便利，而且对双方的谈判提出实质性建议，以调和双方的意见和主张，并直接以调停者的资格参与当事国的谈判。

可见，斡旋和调停都是由第三方来协助当事国解决争端，一般出现在当事国不愿意直接谈判，或者谈判中断的时候采用。从事斡旋和调停的可以是国家，也可以是国际组织、国家集团或者个人。实践中，有时往往由第三方先进行斡旋，条件成熟或者必要时又参加谈判，转入调停。而斡旋或调停者所提出的和平解决方法经争端一方，或者斡旋或调停者自己宣布为不予接受，其任务即告终止。

当国家遇有严重争端时，在诉诸武力之前，应当尽可能地请求或者邀请一个或者数个友好国家出面斡旋或者调停。与争端无关的国家也可以未经当事国请求直接向争端各国提供斡旋或者调停，即使在战争期间也是如此，争端任何一方不能视此为不友好行为。

斡旋和调停者提出的意见或者忠告都只具有建议和劝告的性质，而没有法律约束力，争端当事国有决定是否采纳的完全的自由。无论成功与否，斡旋和调停者在任务终止后，不负任何法律责任。

三、调查与和解

调查作为和平解决国际争端的一种方法和程序，最早由1899年《海牙公约》确立。调查也称"查明事实"，是指在涉及事实问题分歧的国际争端的解决中，有关争端当事国同意由第三方为解决争端而通过一定的方式和程序调查有争议的事实，查明是否有争端当事国所声称的情势的存在，以促进争端的最终解决。调查往往是和平解决国际争端的第一步，因为只有查明事实，才更可能合理合法地解决争端。进行调查工作的机构、方法和程序可以由当事国和相关国家协商确定，也可以通过国际条约规定。调查的结果应编写成调查报告，提供给当事国和有关机构，报告的内容一般只限于叙述已经查明的事实，而且本身不具有法律约束力。

在历史上，调查方法第一次被用于解决 1904 年英俄之间的北海渔船事件。第一次世界大战以后，调查方法得到国际联盟、联合国等国际组织及其制定的国际文件的肯定和倡导。1991 年联合国大会审议并通过了《关于联合国在维持国际和平与安全方面的实况调查活动的宣言草案》，对调查方法的使用给予进一步的肯定和指导。

和解又称调解，是比调查更进一步的解决争端的方法。它是将争端提交给一个由若干人组成的委员会，由委员会提出报告阐明事实，并提出解决争端的建议，以促使争端当事国各方达成协议，解决争端。和解委员会提出的报告和建议，可以争端本身进行实质性的审议并提出建议，这种建议可以具有道义上的效力，但没有法律约束力，当事国并没有必须接受的法律义务。

和解可以经争端当事国一致同意而启动，这是传统的任择性质的和解。它也可以根据有关条约中特别规定或者和解条款被启动，这是一种新的国际法发展趋势，导致争端当事国一方可以单方面启动和解程序，对于另一方而言，是具有强制性质的和解。

调查与和解的主要区别在于，前者的主要目的是调查争端涉及的事实，以使当事国能够自行解决争端；后者的主要目的不仅是调查事实，而且还要提出解决争端的建议，在提出适当解决方法的基础上解决当事国之间的争端。

和解与调停也不一样，后者只能就解决争端的方法、程序等方面提出建议，而前者则可以对案件进行实质性的审议和建议。

和解与仲裁的区别是，前者的报告和建议没有法律约束力，而仲裁裁决是有法律约束力的。

1914 年秋天，美国政府根据国务卿布赖恩的建议与其他国家签订了一系列的"布赖恩和平条约"，承诺将一切为外交方法所不能调整或者解决的争端提交一个常设的国际委员会进行为期一年的调查，并由该委员会作出报告，各缔约国同意在报告提出前不得宣战或者开始敌对行动。这就是所谓的"延缓原则"。"布赖恩和平条约"也被称为"冷却"条约。这一原则后来反映在《国际联盟盟约》第 2 条中。近年来，调解也受到了越来越多的关注。例如，2016 年，东帝汶就其与澳大利亚在帝汶海的划界争端，依照《联合国海洋法公约》第 298 条和附件五针对澳大利亚提起了强制调解。2018 年，两国在调解委员会的协助下，成功达成海洋划界协议。

此外，自 2022 年以来，中国与十几个持相近理念的国家达成《关于建立国际调解院的联合声明》（以下简称《联合声明》），决定共同发起建立国际调解院。2023 年 2 月 16 日，中国政府根据《联合声明》授权，牵头在中国香港特别行政区成立国际调解院筹备办公室，负责就订立建立国际调解院的国际公约等事项组织开展政府间谈判。国际调解院将是一个由各方共同协商建立、以条约为基础的政府间国际法律组织，致力于专门提供调解服务，为各类国际争端提供友好、灵活、经济、便捷的解决方案。由此可以期待，调解将会在国际争端解决中发挥更大的作用。[1]

第三节　常设仲裁法院

一、概况

仲裁，亦称公断，是当事国把争端交付自己选任的仲裁者解决争端，相约服从其裁决的以法律方式解决争端的方式。

历史上，仲裁职务由仲裁员行使，它可由一个仲裁员或一个团体执行，也可以由几个仲裁员组成法庭的形式共同行使，在这方面当事国有充分的自由。由于仲裁人的选任和组织方式没有一定的规则，在国际仲裁制度的运用上为争端当事国带来若干困难，于是1899年第一次海牙会议制订的公约中作出了建立常设仲裁法院的规定。次年，常设仲裁法院在荷兰海牙正式成立。[2]这标志着国际仲裁制度的一个新的发展。

1907年第二次海牙会议对原公约予以修订。根据修订后的《海牙公约》，常设仲裁法院设立的目的和任务是："便利将不能用外交方法解决的国际争议立即提交仲裁。"

常设仲裁法院的组织机构是：

（1）国际事务局：作为常设仲裁法院的书记处，由秘书长和其他官员组成，负责该院的联系事项，保管档案并处理一切行政事务。

（2）行政理事会：由各缔约国驻海牙的外交代表和荷兰的外交部长组成，由荷兰外交部长担任主席。理事会负责指导和监督国际事务局的工作，制定理事会议事规则及其他必要的规章，决定仲裁法院可能产生的一切行政问题，就该院日常工作、行政工作、经费情况等向各缔约国提出年度报告。

（3）仲裁法院：事实上仅是一份仲裁员名单，由每一缔约国至多选定4名公认精通国际法问题，享有最高道德声誉，且愿担任仲裁职务的人，作为该院仲裁员，列入该院一项名单中。这项名单由事务局通告各缔约国。仲裁员任期6年，连选得连任。

遇有缔约国发生争端并希望由常设仲裁法院解决时，各当事国在该院仲裁员名单中选定2名仲裁员，然后共同选定1名仲裁员，组成仲裁法庭，处理争端案件。法庭仲裁员在行使职务并在本国以外时，享有外交特权和豁免。

同时，《海牙公约》并不禁止当事国通过协议在常设仲裁法院以外，另行选任人员组成特别仲裁法院，处理争端案件。根据统计，1920年以前的国际仲裁案件差不多全是选任该名单中的仲裁员处理的，之后的仲裁案件则多是另行选任。

---

[1] 参见孙劲、纪小雪：《发起建立国际调解院：背景、基础及进展》，载《国际法研究》2023年第6期。
[2] 自1913年以来，常设仲裁法院设在荷兰海牙的和平宫。该处为国际法学院提供了房舍，以后还成为国际常设法院和它的继承者国际法院的住址。

所以，海牙常设仲裁法院并不是一个有固定的常任仲裁法官处理案件的真正法院，也不是作为一个整体来裁决案件的。

中国是两个《海牙公约》的原始缔约国。1899年和1907年召开的两次海牙和平会议，均有中国清政府的代表与会，并先后签署、批准了两公约。[1]两公约对中国的生效时间分别为1904年11月21日和1910年1月26日。此后，清政府向常设仲裁法院指派了仲裁员。1911年，中华民国成立，接受了《海牙公约》，成为缔约国，并继续指派仲裁员。[2]1928年，中国诉美国广播公司广播电讯合同解释案提交到常设仲裁法院，并在1935年4月获得胜诉。

1949年，中华人民共和国政府成立后，由于台湾当局窃据海牙公约缔约国地位，并继续向法院指派仲裁员，因此未与常设仲裁法院发生关系。1963年，印度曾打算将中印边界争端交付常设仲裁法院解决，遭到中国政府拒绝。

中国政府于1993年7月15日由国务院副总理兼外长钱其琛致函常设仲裁法院秘书长，通知中国政府恢复在常设仲裁法院活动；10月24日，钱其琛又致函荷兰外交大臣，通知中国政府承认两个海牙公约。中国恢复活动后的首任4位仲裁员（端木正、邵天任、李浩培和王铁崖先生）应邀出席了1993年9月在海牙召开的常设仲裁法院首次全体仲裁员大会。

二、常设仲裁法院的作用及其新的发展

第一次世界大战后建立的国际联盟，宣称的口号是"安全""裁军"和"仲裁"，把仲裁作为主要的和平方法大加宣扬。从1902年至1922年这20年的时期内，海牙常设仲裁法院审理了18件仲裁案。这些案件无一例外都至少有一方是西方国家，其中法国作为当事方9次，英国6次，意大利5次，美国4次。可见其作用的发挥并不具有普遍性。囿于当时的国际背景，国际法远未成为世界各国维护自身权益的有力武器，常设仲裁法院更不可能担当太多维护和平、解决争端的使命。

但是，这一阶段常设仲裁法院的工作仍是值得肯定的。它在和平解决争端的历史中做了有开创意义的实践，并对国际法产生了影响，为其后国际社会通过国际组织和法律手段解决国际争端提供了经验和借鉴。

例如，1912年意大利诉秘鲁卡涅瓦罗求偿仲裁案中，因卡涅瓦罗声称自己具有意大利国籍，意大利给予其外交保护，要求秘鲁政府清偿有关债务。1910年4月，秘鲁和意大利协议将该争议交付常设仲裁法院解决。法院设立了由法国路易·雷诺教授主持的仲裁庭，它认为：卡涅瓦罗因出生而取得秘鲁国籍，又因为是意大利父亲的儿子而取得意国籍，所以这是双重国籍的问题。因为该人在多个场合以秘鲁公民的身份出现，比如他竞选秘鲁议员，接受了秘鲁驻荷兰总领事的职务等，所以秘鲁政府有权认为他是秘鲁公

---

[1] 1899年海牙和会中国代表团首席代表是杨儒，1907年海牙和会首席代表为陆宗祥等三人，见《国际条约集》（1872—1916），世界知识出版社1986年版，第166、325页。

[2] 中国清政府、新中国成立前的国民政府都曾与外国签定过仲裁专约，见汤武：《中国与国际法》，中国台湾地区中华文化出版事业委员会1957年版，第791—792页。

民并否认他作为意大利求偿人的地位。该案裁决在发展"积极国籍"或"有效国籍"规则方面有重要意义。有关原则为一系列国际判决遵循，如 1955 年的梅洁求偿案；它还成了 1955 年的诺特波姆案判决的依据。卡涅瓦罗原则被纳入 1930 年《关于国籍法冲突的若干问题的海牙公约》的第 5 条。它为第三国鉴别应承认哪一国国籍提供了一个标准。[1]

1922 年根据国际联盟大会通过的规约，常设国际法院宣告成立，与常设仲裁法院并行，提供了新的和平解决国际争端的司法途径。据统计，在两次世界大战期间，自 1922 年到 1942 年，除却其提出的咨询意见不算，常设国际法院受理案件 65 件，判决 32 件。[2] 常设国际法院，以及第二次世界大战后作为其替代者的国际法院的成立，无疑对常设仲裁法院的作用构成影响；更主要的是，第二次世界大战后国际社会长期存在的冷战，也使常设仲裁法院身处"冷宫"，少有用武之地。1923 年到 1940 年，常设仲裁法院只审理了 5 个案件；此后直至 1980 年，只审理 2 个案件（其中一个还是 20 世纪 30 年代提交的旧案）。

然而，常设仲裁法院并没放弃努力，坐以待毙。1992 年 10 月，常设仲裁法院国际局成为国际商事仲裁机构联合会成员。1991 年和 1992 年，常设仲裁法院秘书长连续两年出席了联合国大会。1993 年第 48 届联合国大会通过了大会决议，确认了常设仲裁法院在大会的观察员地位。

1990—1999 年为联合国大会确定的"国际法十年"，"十年"第二期活动方案中要求各国"更广泛地利用常设仲裁法院"，有力地支持了常设仲裁法院的努力，促进了其工作的开展。

现在，常设仲裁法院已经拥有仲裁以及和解、调查、调停和斡旋等多种机制促进争端的解决，而且备有多个现代的、反映当事方自主权和为有关案件特别设计的具有灵活性的规则，包括：1992 年《两个国家之间任择性仲裁规则》、1993 年《双方中只有一方为国家的任择性仲裁规则》、1996 年《关于国际组织和国家的任择性仲裁规则》、1996 年《国际组织和私人之间任择性仲裁规则》、1996 年《任择性和解规则》和 1997 年《事实调查委员会和解程序》。[3]

可见，法院已将自己从原来所设计的解决国家间争端的机构转变为一个还可解决国家同国际组织或个人之间、国际组织之间，以及国际组织与私人间的争端的有广泛管辖权的机构。

三、常设仲裁法院的未来

现在，常设仲裁法院作为联合国观察员，与联合国国际法院形成一种并列的、互相补充的关系。它们在由第三方解决争端的机制中各自发挥独特的作用。

---

[1]《国际法案例选》，陈致中、李斐南选译，法律出版社 1986 年版，第 51—53 页。
[2] 引自周鲠生：《国际法》（下册），商务印书馆 1981 年版，第 781 页。
[3] 仲裁当事方还可以协议变更有关规则的程序性规定、确定可适用的法律以及仲裁地点和使用何种语言等。

常设仲裁法院具有更多的灵活性，其作用是具有严格司法性质、管辖权有限的国际法院所替代不了的。与国际法院的判决一样，仲裁法庭的裁决是有法律拘束力的，只要不发生解释和无效等方面问题，它能够有效地解决争端。同时，它在程序上灵活、自主，更加便利、省时。虽然也是第三方解决争端，但是，争端当事各方能够自主地控制整个争端解决过程，可以选择具体的仲裁程序及适用的法律，可以有机会自由地选择仲裁员，包括可以有当事方自己国家的人充当仲裁员。因为争端各方直接参加并实际控制争端解决过程，仲裁法庭的裁决就更容易被接受。

就受理争端的案件范围来看，仲裁解决的争端范围要宽泛得多，这不单是就争端的重要性而言，也是就争端性质而言。[1] 常设仲裁法院近来已承担起了国际禁止化学武器组织机要委员会的登记职能。其他一些国际或地区性组织也同常设仲裁法院接触，希望将解决争端中的一些特定任务托付给常设仲裁法院。近年来，常设仲裁法院与国际商业仲裁领域的发展发生联系，联合国国际贸易法委员会赋予其在《联合国贸法会仲裁规则》下指定或者直接担任指定机构的职能，以打破依该仲裁规则建立仲裁庭时可能出现的僵局。

常设仲裁法院作为和平解决争端方面第一个常设机构，在历史上曾发挥过意义深远的作用。今天，它也是由多边协议授权来运用《联合国宪章》第 33 条中列举的四种第三方争端解决办法（即调查、斡旋、调停和仲裁）的机构之一，仍然是和平解决国际争端的一个重要途径。

第四节　国际法院

一、概况

第二次世界大战末期筹建联合国时，各国决定另外建立新的国际法院来代替之前的常设国际法院。1945 年的《联合国宪章》规定：国际法院是联合国的主要机关之一；《国际法院规约》是《联合国宪章》的组成部分。联合国大会和安全理事会于 1946 年 2 月 6 日选出了国际法院法官，法院于 4 月 3 日在海牙正式成立。

1946 年制订的《国际法院规则》是以常设国际法院 1936 年的规则为根据的。从 1967 年起，国际法院开始进行修订规则的工作，先就被认为最迫切需要修改的项目，作了部分的修改。到 1978 年，国际法院再次通过新的规则。此后，法院数次调整有关规则。例如，2023 年 10 月 24 日，法院公布了修订后的规则，新规则的用语具有性别包容性。

---

[1] International Arbitration: *Past and Prospects*, a Symposium to commemorate the Centenary of the Birth of Professor J.H.W.Verzijl(1888–1987), edited by A.H.A.Soons, Dordrecht (Netherlands); M.Nijhoff, 1990, p.9–22.

根据《国际法院规约》和现行《国际法院规则》，国际法院的组成人员和机构如下：

（1）法官。法院由 15 名独立法官组成。法官应是品格高尚并在各本国具有最高司法职位之任命资格或公认为国际法之法学家；由联合国大会及安全理事会在常设仲裁法院"各国团体"所提出的名单内选举。选举应注意使法官全体确能代表世界各大文化及各主要法系。法官任期 9 年，并得连选。法院 5 个法官席位每 3 年改选一次。按照惯例，安全理事会各常任理事国均有人被选为国际法院法官。然而，由于历史原因，1967—1985 年，法院并无中国法官。[1] 此外，2017 年和 2023 年的法院改选中，英国和俄罗斯的法官未能获得连任，打破了前述惯例。另外，为审理特定案件，若法院不包括某一方国籍的法官，案件当事国可根据规约第 31 条选派一人，作为专案法官参与该案。

（2）法院院长和副院长。任期 3 年，由法官投票选举产生。院长主持法院一切会议，指挥法院工作和监督法院行政。[2]

（3）分庭。法院在两种情况下设立分庭。一是为了采用简易程序而迅速处理案件，每年组成一个分庭，由法院 5 名成员组成。二是为处理特种案件，可决定成立一个或数个分庭，并确定每一分庭审理何类特种案件以及分庭成员的数目、任期和就任日期。分庭作出的裁判，应视为法院的裁判。

（4）书记处。法院从法官所提议的候选人中投票选出书记官长，任期 7 年，并得连任。书记官长在执行职务时代表法院，处理一切日常行政事务工作以及法院随时委托其执行的其他职务。

二、国际法院的管辖权

（一）诉讼管辖权

（1）国际法院的诉讼当事者。国际法院的诉讼当事者限于国家，任何组织、团体或个人均不得成为诉讼当事者。可在国际法院进行诉讼的当事国包括：①联合国会员国即法院规约的当然当事国。②虽非联合国会员国，但按《联合国宪章》第 93 条规定的条件而成为规约的当事国者，如成为联合国会员国之前的瑞士、日本、列支敦士登、圣马利诺、瑙鲁。③既非联合国会员国，亦非规约当事国，但按规约第 35 条第 2 款规定，该国已预先向国际法院书记处交存一项宣言，声明该国愿意根据宪章和规约及程序规则的条件，承认法院管辖，保证认真执行法院判决，并承担宪章第 94 条加给联合国各会员国的一切义务者。

（2）国际法院管辖的案件的范围。国际法院管辖的案件，主要包括以下三个方面：

①各当事国自愿提交的案件。此类管辖通称为自愿管辖。

②按现行条约及协定的规定提交管辖的案件。通称协定管辖。截至 2023 年 7 月 31 日，有 300 多项双多边条约或公约规定法院对国家间各种争端有管辖权。

---

[1] 早先我国曾任国际法官的有徐谟（1946—1949 年、1949—1956 年）、顾维钧（1957—1958 年、1958—1967 年）。1971 年我国在联合国的合法席位恢复以后，从 20 世纪 80 年代中期开始参加法院竞选，倪征燠（1985—1994 年）、史久镛（1994—2010 年）、薛捍勤（2010 年至今）先后担任国际法院法官。

[2] 比如，2003 年 2 月 6 日中国籍法官史久镛当选为院长，任期 3 年。

③依规约第 36 条第 2 款的规定，规约当事国得随时声明，对于接受同样义务的任何其他国家，承认法院对有关争端的管辖具有强制性，不须另订特别协定，称为强制性管辖。法院对于这类案件的管辖，不是根据当事国的主动提交和当事国间的特别协定，而是根据各当事国所作的上述声明。这种管辖虽有强制性，但又是任意承担的，因而称为"任意强制管辖"。截至 2024 年 1 月 15 日，共有 193 个国家为联合国会员国，其中 74 个国家根据向联合国秘书长交存声明，承认法院的强制性管辖权。中华人民共和国恢复在联合国的合法地位后，于 1972 年 9 月致函联合国秘书长，明确表示：对于旧中国政府 1946 年 10 月 26 日所作的关于接受法院强制管辖权的声明不予承认。

国际法院的判决属于确定性的终局判决，不得上诉。当事国只是在特殊情况下可以向法院请求解释或申请复核。对于判决，《联合国宪章》第 94 条规定：联合国每一会员国为任何案件之当事国者，承诺遵行国际法院之判决；遇有一造不履行依法院判决应负之义务时，他造得向安全理事会申诉。安全理事会如认为必要时，得作成建议或决定应采办法，以执行判决。

（二）咨询管辖权

法院在执行咨询职权时，参照规约和规则有关诉讼案件的规定。其目的主要是作为联合国的司法机关对于法律问题提供权威性的参考意见，以便帮助联合国机构更好地遵照《联合国宪章》进行活动。因此，按照宪章规定，联合国大会、安全理事会和经大会授权的联合国 16 个专门机构，对于任何法律问题得请求法院发表咨询意见。咨询意见是向联合国机构而不是向国家发表的，因此，无须国家的同意；国家也不能请求或阻止法院发表咨询意见。

国际法院的咨询意见，属咨询的性质，一般不具有法律效力。只是在特殊情况下，关于国际行政法庭判决的效力和联合国某些经费的承担等问题发表的咨询意见，才具有拘束力。但是，国际法院对于重大的法律问题的意见，在法律上的意义不可低估，有时对有关国际争端的解决还发生重要的影响。

三、国际法院的作用

国际法院作为联合国的主要司法机关，对于和平解决国际争端是负有重要责任的。但是 1946 年国际法院建立以来，在随即而来的冷战背景下，工作情况曾一度不甚理想。到 20 世纪 70 年代，国际法院受理案件和发表咨询意见为数不多，而且有越来越少的趋势，人们普遍认为国际法院已陷入"信任危机"。

美国、英国、法国等西方国家在声明接受法院强制管辖时，都附了很多保留。美国政府在作出声明时，不但把国内管辖事件排除在法院管辖之外，而且事件是不是属于国内管辖的先决权也保留了。后来，在尼加拉瓜诉美国一案的审理过程中，这样一个自相矛盾的声明美国也撤销了。

虽然有限，但是，国际法院对和平解决国际争端已经作出的贡献，也是不能抹杀的。国际法院 1986 年 12 月 21 日对马里和布基纳法索边界领土争端的解决，使两国化干戈为玉帛，两国对国际法院的判决都表示满意，认为国际法院的判决是和平的胜利，使两国友好睦邻和合作关系向前迈进了一大步。此外，1951年英挪渔业案、1962年柬埔寨和泰国的隆端寺案、1972年印度和巴基斯坦间的国际民航组织管辖案等，国际法院的判决都解决了当事国之间的争端，从而避免了可能恶化的威胁和平的紧张状态。[1]

在国际法院的实际活动中，它的一些判决和咨询意见，对于发展国际法和维护国际法律秩序，作出了引人注目的贡献。

1969年的北海大陆架划界案，不仅解决了丹麦、荷兰和联邦德国之间的争端，而且其判决中所提出的大陆架划界规则，极大地影响了各国的实践和此后召开的第三次海洋法会议。1982年《联合国海洋法公约》废弃了1958年《大陆架公约》中有关等距离划分大陆架的规定，并在第83条规定了法院判决所强调的关于大陆架划界应由当事方依公平原则协议解决的规则。同时，法院判决所阐明的自然延伸理论已为国际社会公认并规定在《海洋法公约》第76条中。

虽然根据《国际法院规约》第59条，"法院之裁判对于当事国及本案外，无拘束力"，在法律上，国际法院的裁判只是认识国际法的认识渊源；但是正如中国国际法学家李浩培指出的，"由于国际法院通常在判决中依循自己的先例，由于在判决中陈述和适用现行法以资判决和新创一个法律规则以资判决之间，有时很难区别，所以国际法院的裁判在实际上发展了国际法，从而起着国际法的一个独立的形式渊源的作用"。[2]

目前，有不少有利于发挥国际法院和平解决国际争端作用的积极因素，主要是：

（一）国际法院在适用法律方面有所变化

《国际法院规约》第38条对法院适用的国际法法律渊源做了全面的表述，使其包括条约、习惯、一般法律原则和一些确定法律原则的辅助资料等。随着历史的进步和发展，特别是亚非新独立国家的不断增加，传统国际法中的一些不适合时代潮流的原则和规定被逐渐淘汰和取代。第三世界的兴起是影响国际法发展的重要因素之一，使国际法更加趋于进步和民主。一些传统的国际法原则和规则被赋予了新的含义，一些反映历史潮流，特别是有利于各国建立和发展和平共处、友好合作关系的新的国际法原则、规则和制度逐渐形成、确立和实施，从而在更大程度上为国际法院提供了公正审理的法律渊源。

（二）国际法院组成的变动产生了积极影响

从法院成立初期的法官名单看，欧洲和美洲是占优势的。前20年里先后共选出38位法官，其中亚非国家仅8人。随着民族解放运动的蓬勃发展，越来越多的亚非民族取得了独立，建立了新的国家。他们强烈要求改变国际法院由欧美法官占多数的不合理状况。从20世纪70年代开始，15名法官的席位分配一般为：美、英、法、苏（俄）各1席，亚洲国家3席，非洲国家3席，拉丁美洲2席，东欧国家3席，西欧及其他地区2席。半个世纪以来，法院的组成已发生了明显的变化。这种积极的变化使法院有可能确实"代表世界各大文化和各主要法系"，有助于其在和平解决国际争端中发挥日益重要

---

[1] 徐杰：《联合国国际法院作用之辨析》，载《法商研究》1996年第3期。

[2] 李浩培：《国际法的概念与渊源》，贵州人民出版社1994年版，第115页。

的作用。

（三）《国际法院规则》的修改有积极意义

法院规则的修改，属法院职权范围内的工作，因而是比较容易实现的。[1]国际社会包括国际法院都把修改国际法院规则视为加强国际法院作用和顺应历史发展的一个重要环节。1972年，国际法院对法院规则进行了部分修正，目的和主要内容是：使程序尽可能简单和迅速，明确允许当事国对特别分庭的组成有重要的发言权，从而鼓励各国更多地使用分庭程序等。1978年的第二次修正进一步使分庭和咨询程序便于采用，并且在简化程序的同时增加了灵活性和适应性，比如允许法院决定在海牙以外的地点进行某一案件的全部和部分审理，允许把曾经在某国际司法机构审理的案件特别提交到国际法院审理等。2000年12月5日，国际法院又对《国际法院规则》第79、80条的修改，以提高审理效率为目的修正了初步反对程序和反诉程序。

在20世纪70年代，法院在任何时候只有一或两个案件待审理，在1990年至1997年，这个数字徘徊在9—13个。其后，案件数目已超过20个。截至2022年8月1日至2023年7月3日年度，待决的诉讼案件共20件，待决的咨询案件2件。国际法院日趋活跃，工作繁忙，出现了"复兴"。

四、国际法院工作展望

国际法院在新的世纪面临着新的机遇和挑战。

有利的方面是：（1）新的多极化的国际格局正在形成，国际社会正在努力建立新型、民主的国际秩序，在这样的国际背景之下，依托国际组织解决争端，利用国际法律机制解决问题，是更加可行的。（2）经过几百年的发展，国际法及其实施机制至少在许多领域日趋成熟，在相当程度上反映了国际社会或全人类的共同利益，也为国际法院发挥更大作用奠定了更加坚实的基础。（3）用一种国际社会普遍适用的法律规则来解决具体问题，避免了国家实力的直接交锋，有利于国际社会的稳定和案件的解决。由于案子的处理结果在学理和实践上都对后来的类似案件不无影响，至少有一种理论上的经验和示范作用，因此，案件的审理也可以指望有相当程度的公正性。即使不是这样，也会遭到国际社会的批评。

当然，过分依赖或过高估计国际法院的功能和作用也是不恰当的。以下因素制约着其作用的发挥：（1）国际法院不是超国家的机构，没有类似国内司法机关那样的权威，法院的管辖权只能建立在国家"同意"的基础上。（2）国家间法律和现实上的平等还有很长一段路要走，国际法院的工作状况取决于当事国的诚意和善意，离不开一个公正、合理的国际大环境。（3）国际法院自身在程序和实际运作上尚存在不足，还有进一步改革和发展的余地，例如，在国际法院打官司，不仅花费大，而且耗时长，存在不经济、

---

[1] 根据《国际法院规约》第69条，规约的修正采用与修改《联合国宪章》相同的程序，即修正案须经会员国2/3的表决并由会员国2/3包括安理会全体常任理事国，各依其宪法程序批准后，方对所有会员国发生效力，所以这方面的修改存在许多政治上和法律上的困难，操作性不强。

不效率的问题。成立分庭本可以在一定程度上简化程序，但也出现了为数不多的参审法官背景单一，不具有广泛代表性，可能使法院判决缺乏统一性，以及当事方就案件性质是否适于交由分庭处理存在争议、无从判定的新问题，实践中分庭的设立尚未发挥应有的作用。

国际海洋法法庭的法官、韩国国际法学家朴春浩认为：在欧洲或者受欧洲基督教文明影响的地区，如果当事双方有分歧并且不能达成一致，他们会考虑把它提交第三方解决。而在东亚，人们在提起诉讼时是带着对对方很强的敌意的。因诉讼产生的费用也很高，至少要花费两百万美元。在美加缅因湾大陆架案中，仅美国一方就花费了两亿美元。所以小国根本无力承担。而能够参与国际诉讼的律师也主要在欧洲和北美。[1]

现在的趋势是，国际法院在和平解决国际争端中的功能日益受到重视，其在国际社会中的现实作用也正在得到加强。

第五节　国际海洋法法庭

一、法庭的建立

1982年《联合国海洋法公约》规定"各缔约国应按照《联合国宪章》第2条第3项以和平方法解决它们之间有关本公约的解释和适用的任何争端"。公约关于争端解决的第十五部分规定的和平方法除了谈判协商、调解、仲裁、用尽当地补救办法等以外，司法程序包括国际海洋法法庭和国际法院。

国际法院作为联合国的主要机关之一，是受理国家之间争端的普遍的司法机构。它受理并作出实质性判决的著名海洋法案例包括1949年科孚海峡案、1969年北海大陆架案等。公约第十五部分规定缔约国可以根据自愿原则将关于公约解释和适用的海洋争端交由国际法院管辖。

联合国第三次海洋法会议制定的《海洋法公约》的一个重要特点是创立了国际海洋法法庭。1994年11月该公约生效后，1996年10月在德国汉堡宣告成立。2000年7月3日，法庭举行仪式搬入新的在汉堡尼恩斯泰顿的总部大楼。

法庭与联合国的关系可以追溯到联合国为建立普遍的海洋法律制度所做的努力。联合国秘书处为海洋法会议的召开和公约的缔结做了大量工作，此后又继续为国际海底管理局和海洋法法庭的建立提供服务。1996年12月17日，法庭被授予联合国大会观察员地位。

不过，联合国是根据《联合国宪章》成立的普遍性国际组织，法庭是根据《海洋法公约》设立的一个独立的常设国际司法机构。两者各有其法律人格。尽管法庭可以观察

---

[1] 参见[韩]朴春浩：《国际海洋法》，载《当代法学研究》2000年第2、3合期。

员资格出席联合国大会，交流有关信息，但法庭并没有向联合国大会提交年度报告的义务。

二、法庭的组织和制度

（一）法官

法庭由21名法官组成。1996年8月，《海洋法公约》第五次缔约国大会经协商一致通过了各地区法官席位分配方案：亚洲5名，非洲5名，拉美及加勒比海4名、西欧及其他国家4名、东欧3名。全体缔约国会议选举产生法官，任期9年，可连选连任。第一次选出的法官中，7人任期3年，7人任期6年，另7人任期9年，分别由联合国秘书长抽签决定，以后每3年改选法庭法官1/3。[1]

（二）法庭的权限

法庭的诉讼当事方包括：（1）公约缔约国；（2）海底管理局和作为勘探和开发海底矿物资源合同方的自然人或法人；（3）规定将管辖权授予海洋法法庭的任何其他协定的当事者。

法庭管辖的争端包括按照公约向其提交的争端和申请，以及将管辖权授予法庭的任何其他协议中特别规定的事项。

法庭的诉讼管辖权是以当事各方的同意为条件的。但有两个例外：第一，有关海洋法法庭海底争端分庭的职权范围内的管辖权大都是强制性的。第二，有关保全争端各方的各自权利或防止对海洋环境的严重损害以及船只或船员的迅速释放的临时保护措施。

同时，公约也对法庭的强制解决程序规定了限制或例外。例如，关于行使主权权利或管辖权的法律执行活动方面的争端，有关划定海洋边界的公约条款的解释或适用的争端，关于军事活动的争端，以及正由联合国安理会执行《联合国宪章》所赋予的职务的争端等。对于上类争端，缔约国可在任何时候通过书面声明，表示不接受公约规定的强制解决程序。

法庭适用的法律是公约和其他与公约不相抵触的国际法规则。如当事方同意，法庭得按照"公允和善良原则"对一案件作出裁判。

法庭的一切裁决和判决应由出席的法官过半数多数决定。法庭裁判对争端各方有确定性和拘束力。

（三）分庭

法庭根据需要设立了简易分庭、渔业争端分庭和海洋环境争端分庭。简易分庭应当事各方的请求，以简易程序审理和裁判案件。它还可以在不开庭或法官人数不足时行使法庭权力，规定临时措施。渔业分庭负责处理当事各方同意提交的涉及养护和管理海洋生物资源方面的争端；海洋环境分庭则受理当事各方同意提交的与保护和保全海洋环境有关的争端。

---

[1] 中国北京大学的赵理海教授于1996年当选为中国在该法庭的首任法官，其后许光建、高之国、段洁龙先后成为该法庭中国籍的法官。

海底争端分庭是国际海洋法法庭最重要的一个分庭，虽然在公约中它是国际海洋法法庭的一个组成部分，但是享有较大的独立性，并且在法庭组成和管辖权方面与海洋法法庭有所不同。

它从海洋法法庭法官中选出 11 名法官组成，每 3 年改选一次，可连选连任 1 次。分庭为处理特定争端，可以成立专案分庭。

根据公约第 187 条，海底分庭的职能是根据公约第十一部分及有关附件，解决缔约国之间、缔约国与管理局之间以及"海底区域"内资源的勘探开发合同当事方之间因勘探和开发在国家管辖权范围以外的海底和洋底资源而产生的争端。它还可经管理局请求，对管理局活动范围内发生的法律问题提出咨询意见。除个别争端可交由国际海洋法法庭或有拘束力的商业仲裁外，海底分庭对公约第 187 条列举的有关"海底区域"内活动的争端有强制管辖权。该分庭除了适用国际海洋法法庭适用的法律外，还应该适用：（1）管理局的规则、规章和程序；（2）对有关"海底区域"内活动的合同事项，适用合同的条款。

应当指出的是，与国际法院不同，《海洋法公约》及其附件关于有关该法庭强制管辖权的规定，是国际争端解决制度的一个突破和创新。它还影响了乌拉圭多边贸易回合谈判，对世界贸易组织中解决争端机构的案件强制管辖权的确立产生推动作用。

三、法庭工作及其展望

第三次海洋法会议期间，不少西方国家代表认为国际海洋法法庭的设立是联合国国际法院职能的不必要重复和浪费。但是成立一个独立的海洋法法庭，得到了广大发展中国家的支持，这与它们对国际法院缺乏信任，不愿将案件提交国际法院有关。哈佛大学国际法教授索恩说："大国和富国可以使用不受法律支配的、政治的、经济的压力以达到其目的，而把争端纳入法律面前平等原则盛行一时的法律轨道，对小国和发展中国家尤为重要。"[1]

另外，公约本身包括一些含糊不清的规定，在实践中也需要一个专门的法庭解决由解释和适用公约而引起的争端。显然，海洋法法庭可以比国际法院容纳更多的海洋法专家，能够起着国际法院不惯于扮演的角色。

而且，公约给予个人和海底管理局提出诉讼程序的权利，使其不象国际法院那样，不能接受国家以外的主体参加诉讼。因此，海洋法法庭和国际法院可以相互补充，前者在其特有领域可以发挥特殊作用。

国际社会对法庭的工作给予积极的评价。例如，1999 年，第 44 届联合国大会通过 54/31 号决议，在该决议中，大会满意地注意到法庭为和平解决争端继续作出的贡献，并强调了它在解释和适用《海洋法公约》方面的重要作用和权威。在这届联合国大会上，克罗地亚认为法庭"在公约关于沿海国权利、自由航行和海洋生物资源保护方面规定的解释方面作出了贡献"。澳大利亚表示："澳大利亚对法庭在审理和批准临时措施申请时

---

[1] 索恩：《解决由海洋法条约而引起的争端》，载《圣迭戈法律评论》1975 年第 12 卷。

所能做到的迅速和平稳感到印象深刻。"挪威的代表说，从法庭在"塞加号"案和金枪鱼案的判决和考虑中可见它准备以一种迅速、有效的方式办案。[1] 联合国时任秘书长安南在 2000 年时说，由于法庭法官们的卓越工作，在其成立之初的 3 年所受理的案件数量超过了之前任何国际司法机构在此相同阶段的受案数，这是令人鼓舞的。[2]

在争端通过政治途径不能解决的情况下，公约中规定了多层次、权威性和强制性的法律程序，争端当事国应选择以下一种或一种以上方式：（1）国际法院；（2）国际海洋法法庭；（3）仲裁法庭；（4）特别仲裁法庭。

尽管第三次海洋法会议通过的《海洋法公约》并非完美，它是国际社会折衷妥协的产物，应当说公约相当程度上反映了各国、包括发展中国家的共同利益。设立国际海洋法法庭是和平解决海洋争端的一项创举，只要国际社会通力合作，国际海洋法法庭将会在维护新的国际海洋法律秩序的过程中作出应有的贡献。

重要名词术语

国际争端、争端解决的政治方法、争端解决的法律方法、常设仲裁法院、国际法院、国际海洋法法庭

思考题

1. 简述后冷战时期和平解决国际争端的新特征。
2. 简述国际法上的和平解决国际争端原则。
3. 简述简述和平解决国际争端的方法。
4. 试述国际法院的管辖权。

典型案例分析

东帝汶和澳大利亚分别位于帝汶海的两侧，彼此之间的距离约为 300 海里。这两个国家在帝汶海中的专属经济区和大陆架上有着广泛的重叠主张。东帝汶 2002 年建国后，便开始直接与澳大利亚就划定帝汶海边界进行谈判。尽管谈判持续了十多年，双方仍未能就划界问题达成一致意见。

尽管如此，两国还是就共同开发签署了几项协议。首先，东帝汶与澳大利亚签订了《帝汶海条约》，双方同意建立"共同石油开发区"，共享其中藏有的大量油气资源。后来双方又达成《国际共同开发协议》，约定开发区东侧边缘经过的大日升油气田的共同开发模式。接着，双方最终达成《帝汶海特定海上安排条约》（以下简称《特定海上安排》），修正补充了双方之前关于石油开发的约定。《特定海上安排》规定，在条约有效期内，双方平分大日升地区的石油资源，并且不得就划界问题要求谈判或向国际司法机

---

[1] 法庭新闻发布 ITLOS/Press 32, 1999 年 12 月 10 日。
[2] 在国际海洋法法庭总部迁入新址仪式上的发言，法庭新闻发布 ITLO/36/Add1, 2000 年 7 月 3 日。

构寻求救济。《特定海上安排》也于 2007 年生效。

然而，东帝汶后来得知澳大利亚曾在《特定海上安排》谈判期间对其政府进行窃听，认为这使得自己在谈判中处于不利地位，遂于 2013 年 4 月依照《帝汶海条约》提起仲裁，以宣告《特定海上安排》无效。仲裁案开庭前夜，澳大利亚突袭东帝汶代表律师在堪培拉的办公室，并提取了有关的资料。东帝汶旋即向国际法院提起诉讼，并请法院指示临时措施。2014 年 3 月，国际法院作出临时措施命令要求澳大利亚归还相关材料。2015 年 6 月，在澳大利亚归还了相关文件和数据后，东帝汶便选择撤诉。2015 年 9 月，东帝汶又针对共同开发区内输油管道的问题，依照《帝汶海条约》提起另一仲裁。

2016 年 4 月，东帝汶依照《联合国海洋法公约》第 298 条和附件五，启动《公约》强制调解，并选任前国际法院塞拉利昂籍法官阿卜杜勒·克洛玛和时任国际海洋法法庭德国籍法官吕迪格·沃尔夫鲁姆为调解员。东帝汶请求在调解委员会的协助下与澳大利亚达成永久划界协议，并在争议地区达成恰当的过渡性安排，以便双方过渡到全面落实划界协议的状态。5 月，澳大利亚选任澳大利亚籍罗萨莉·巴尔金博士以及加拿大和新西兰籍唐纳德·麦克雷教授为调解员。随后，4 名调解员选任丹麦大使彼得·塔克苏－詹森为委员会主席。

至此，东帝汶和澳大利亚之间存有三个并行的争端解决程序。东帝汶在这三个程序中的主张和依据有所交叉，并且三个程序的核心都是帝汶海划界和资源分配的纠纷。然而，澳大利亚认为《公约》下的强制调解程序不适用于本案，因此在调解正式开始前提出了管辖权异议，但同时表示无论委员会的管辖权决定如何，澳大利亚都会参与后续流程。委员会于 2016 年 9 月作出有管辖权的决定。

随后，在委员会的带领下，双方举行数轮秘密会议。2017 年 1 月，双方与调解委员会发布"三方联合声明"，表示争端方同意终止《帝汶海特定海上安排条约》；为了保护有关石油公司利益，保留《帝汶海条约》及其补充性文件。作为增强互信的最后一步，东帝汶还撤回了此前依照《帝汶海条约》启动的两个仲裁案。

2017 年 8 月，双方就划界达成"全面一揽子协议"。10 月，两国政府就正式条约文本成协议，协议划定了双方在帝汶海的专属经济区和大陆架永久边界，明确规定双方均对大日升的资源享有所有权，并约定了双方未来在帝汶海的合作框架。双方约定共同享有对大日升地区资源的所有权；然而，相比于可预期的上游收益而言，双方对将管道接通到自己领土上的兴趣更大。据估计，大日升石油加工项目可以带来大量就业、知识转移、教育、基础设施建设等方面的投资建设，下游收益可达 250 亿美元。因此，无论是东帝汶还是澳大利亚都不肯在这个问题上作出让步。

随后，双方引入了已获得开发许可的几家企业组成的大日升联营体参加调解程序，也同时请求委员会继续参与双方接下来的谈判。然而，在各方提交了结论迥异的专家报告后，委员会经审议指出，根据双方之前的约定，争议焦点集中在两个方面：一是方案是否"有助于东帝汶或澳大利亚实现发展目标和满足发展需求"，以及是否有助于东帝汶"实现可持续经济发展"；二是方案是否具有"商业上的可行性"。委员会虽然表示自身并不会对两个方案孰优孰劣发表立场，但其得出的结论是只有在提供大量直接补助的情况下,将管道接通到东帝汶才具有商业可行性。

东帝汶的首席谈判代表、国父沙纳纳·古斯芒随即措辞严厉地致信委员会,批评委员会缺乏公正性。因此,直到正式签约当日,双方也没有在大日升开发方案上达成一致。

2018年3月,双方外交部长在联合国秘书长古特雷斯的见证下于联合国纽约总部正式签署边界协议。边界协议保留了对大日升地区上游收益分配规则的约定,规定了专属经济区和大陆架界限,废止了之前签订的《帝汶海条约》和《共同开发协议》,明确规定东帝汶放弃对澳大利亚此前开采行为的求偿权,还约定了通过调解或仲裁方式解决未来争端。双方还同意在大日升地区建设一个特别机制。签约仪式后的记者会上,双方外交部长表示两国都对调解委员会非常满意,双方也将会继续就大日升开发问题进行谈判。

第十九章 国际刑法

【内容提示】

国际刑法的学科范围比较宽泛，本章的内容主要限定在对国际刑事法院为基础展开的国际刑法的范畴上，也就是所谓的狭义的国际刑法。第一节主要介绍的是关于国际刑法的定义、分类以及国际刑事司法机构的产生和发展，重点介绍了三种类型的国际刑事法庭，即第二次世界大战后建立的两个军事法庭——纽伦堡军事法庭和远东军事法庭；根据联合国安理会决议建立的两个临时国际刑事法庭——前南斯拉夫问题国际刑事法庭和卢旺达国际刑事法庭；常设国际刑事法院。第二节的内容以《国际刑事法院规约》(《罗马规约》) 规定的4种犯罪类型展开，重点介绍了种族灭绝罪、危害人类罪、战争罪、侵略罪的定义、行为方式以及犯罪构成要件。第三节的内容是个人的国际刑事责任，主要包括三方面内容。第一方面主要论述个人责任的合法性根据以及个人责任与国家责任之间的关系；第二方面主要论述上级官员的国际刑事责任的合法性根据及其与豁免权之间的关系；第三方面主要论述指挥官的个人责任的合法性根据及其与国家主权之间的关系。第四节的内容是国际刑事法院的管辖权，主要介绍了属时管辖、属物管辖、属人管辖、普遍管辖以及补充管辖，同时也论述了这些管辖权与国家主权之间的竞合关系。第五节的内容是国际刑事协助，主要介绍了引渡诸原则的适用条件，同时也阐述了一事不再理原则的适用。

第一节 国际刑法的基本概念和国际刑事司法机构

一、国际刑法的概念与特征

1. 国际刑法的定义

在2002年7月1日《国际刑事法院罗马规约》(以下简称《罗马规约》) 生效之前，对国际刑法的主流定义就是美国国际刑法学家巴西奥尼所给出的定义，即国际刑法是指国际法的国内刑事法方面，以及国内刑事法的国际法方面[1]。包括中国在内的大部分

---

[1] See M. Cherif Bassiouni, The Penal Characteristics of Conventional International Criminal Law, 15 CASE W. Res. J. International Law, L. 27, 1983.

国际刑法研究基本上接受了巴西奥尼的这个定义[1]，并且国际刑法的理论框架基本上也是按照这个定义进行设定[2]。按照这个定义，所能确定的国际刑法的范畴是相当宽泛的。但是，2002 年之后，伴随《罗马规约》的生效，对国际刑法的定义也发生了一些变化，即将国际刑法的定义尽可能限定在《罗马规约》第 5 条所规定的灭绝种族罪、危害人类罪、战争罪、侵略罪以及与这些类犯罪相关的刑事司法程序的范畴内[3]。本章认为 2002 年之前的主流观点可被称为广义的国际刑法，以《罗马规约》为基础的国际刑法可被称为狭义的国际刑法。它们之间的关系如图 18-1 所示。

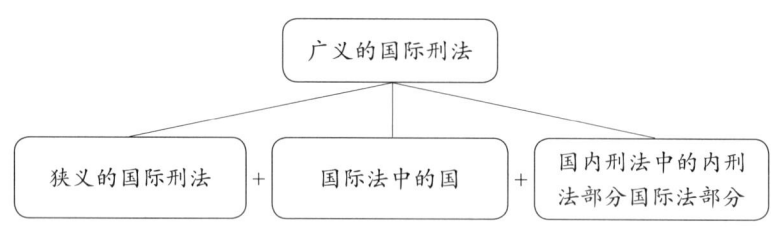

图 18-1　国际刑法的定义

广义的国际刑法包括所有涉及国际法方面的刑事法。不仅包括巴西奥尼定义中的国际法中的刑事法部分和国内刑事法中的国际法部分，而且，更加重要的是包括狭义的国际刑法部分。广义的国际刑法的确能够涵盖整个与国际刑事法相关的范畴，但是这个定义也存在不尽如人意之处。首先，根据广义的国际刑法的定义，确定明确的国际犯罪是存在一定困难的。按照《国际法院规约》第 38 条第 1 款的规定，国际刑法的渊源就应该有条约、习惯国际法以及一般法律原则。即便只以条约来确定国际犯罪，也存在相当大的困难性，因为不仅存在关于国际犯罪的多边条约，而且还有无数有关国际犯罪的双边条约。这些条约不仅对国际犯罪的定义存在相互矛盾之处，而且据此对国际犯罪的解释和适用也可能千差万别。总而言之，广义的国际刑法的定义很难具体确定国际犯罪的种类。其次，无论是国际司法机构的法官还是国内法院的法官，都很难全面掌握如此庞杂、相互交错的犯罪概念和种类。最后，即便国内法院的法官能够专攻某一领域的国际犯罪，但由于多数条约对国际犯罪也没有确定具体的犯罪构成要件，而需要通过相关国家的国内法转化（或者采纳）才能适用，在这种情形下，各个国家对国际犯罪的定义、解释和适用之间的差别是可想而知的。

狭义的国际刑法的情形与广义的情形正好相反。首先，狭义的国际刑法可以将国际

---

[1] 譬如说：Robert Cryer, Håcan Friman, Darryl Robinson, Elizabeth Wilmshurst, An Introduction to International Criminal Law and Procesure, Second Edition, Cambridge University Press, 2010, p.1.［日］山本草二：《国际刑事法》，三省堂 1991 年版，第 123 页。王世洲主编：《现代国际刑法学原理》，中国人民公安大学出版社 2015 年版，第 233 页。（注意该书所使用的狭义的国际刑法和广义的国际刑法的区别标准与本章的区别标准不同，该书的狭义的国际刑法的定义与巴西奥尼对国际刑法的定义基本相同）

[2] Edited by Carsten Stahn, The law and Practice of the international Criminal Court, Oxford University Press, 2015.

[3] 譬如说：［德］格哈德·韦勒：《国际刑法学原理》，王世洲译，商务印书馆 2009 年版，第 37—38 页。

犯罪的种类锁定在《罗马规约》第 5 条所规定的灭绝种族罪、危害人类罪、战争罪、侵略罪中，而且《罗马规约》还具体规定了这几种犯罪的构成要件。这些规定为确定具体的国际犯罪提供了坚实的司法基础。其次，适用《罗马规约》所规定的四类犯罪是由常设国际刑事法院的法官进行的。这种制度能够确保对这些犯罪的判断具有相对的稳定性、准确性以及可信性。再次，《罗马规约》不仅规定了具体的国际犯罪及其构成要件，而且还规定了明确的国际刑事司法程序规则，这为国际刑法的完整性提供了一种可能，这是构成广义的国际刑法定义中的其他两个部分所不能比拟的。最后，纵然狭义的国际犯罪的最终执行也需要通过国内刑事程序协助完成，但是通过国际法与国内法衔接共同完成的惩治同一犯罪的可行性，相对会比不同国家由于国内法的差异对同一犯罪的认定、执行的可行性要更高。诚然，狭义的国际刑法相较于广义的国际刑法具备众多优势，但是狭义的国际刑法也有显而易见的的缺点，那就是它界定的国际刑法之范畴过于狭窄，无法将国际社会中除了这四类犯罪之外的严重刑事犯罪纳入其中。

2. 国际刑法的渊源

根据《国际法院规约》第 38 条第 1 款的规定，国际法的渊源是指条约、习惯国际法和一般法律原则。国际刑法属于国际法的组成部分，因此它的渊源也应该是条约、习惯国际法和一般法律原则。从广义的国际刑法的定义来看，国际刑法的渊源一方面是国内刑法、刑事诉讼法上规定的国际法部分；另一方面是国际法中相关的刑事法的实体部分和程序法中规定的国际刑法的部分。它们之间的关系如图 18-2 所示。

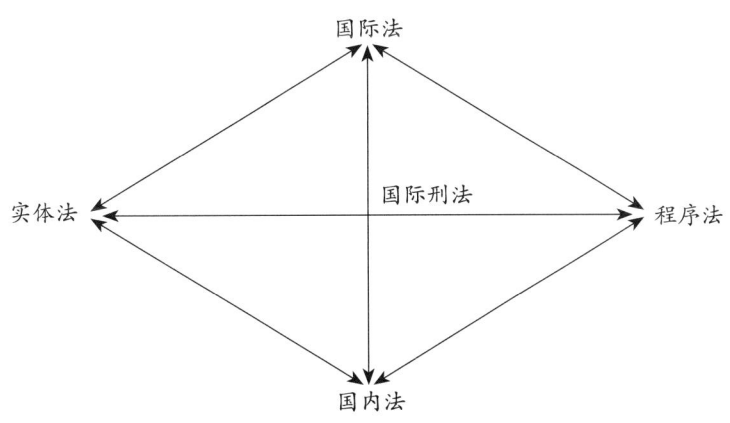

图 18-2 国际刑法的渊源

（1）国际法上的实体刑法（与国内法对接的国际犯罪）。

国际法上相关的实体刑法的部分主要体现在三个方面，条约（双边条约、国际公约）、习惯国际法和一般法律原则。因为习惯国际法是不成文法，所以需要在具体适用的时候进行认定，而这并非易事。一般法律原则通常被视为源自国内法律体系的原则，但在确定其存在和内容时有必要查明"存在一项世界各法律体系共有的原则；而且其被移植到国际法律体系内",[1]因此,在国际刑法领域适用一般法律原则也存在着难点和疑点。故此,如果从"白纸黑字"直接明确的角度来看,体现在国际法上的实体刑法的渊源就是双边条约和国际公约中规定的实体刑法规范了。到目前为止,双边条约的数量是无法真正计算的,因为有的双边条约并没有按照联合国的要求都在联合国秘书处登记。现在能够明确的只有国际公约。关于国际犯罪的公约主要有以下:① 1948 年 12 月 9 日通过,1951 年 1 月 12 日生效的《防止及惩治灭绝种族罪公约》;② 1963 年 9 月 14 日在东京签署,1969 年 12 月 4 日生效的《关于在航空器内犯罪和其他某些行为的公约》(简称《东京公约》);③ 1970 年 12 月 16 日在海牙签署,1971 年 10 月 14 日生效的《关于制止非法劫持航空器的公约》(简称《海牙公约》);④ 1971 年 9 月 23 日在蒙特利尔签署,1973 年 7 月 26 日生效的《制止危害民用航空器安全的非法行为公约》(简称《蒙特利尔》公约);⑤ 1973 年 11 月 30 日通过,1976 年 7 月 18 日生效的《禁止并惩治种族隔离罪行的国际公约》;⑥ 1973 年 12 月 4 日通过,1977 年 2 月 20 日生效的《关于防止和惩处侵害应受国际保护人员包括外交代表的罪行的公约》;⑦ 1979 年 12 月 18 日通过,1983 年 6 月 3 日生效的《侵害人质的国际公约》;⑧ 1979 年 10 月 26 日通过,1987 年 2 月 8 日生效的《核材料实物保护公约》;⑨ 1984 年 12 月 10 日通过,1987 年 6 月 26 日生效的《禁止酷刑和其他残忍、不人道或有辱人格的待遇或处罚公约》;⑩ 1988 年 3 月 10 日通过,1992 年 3 月 1 日生效的《制止危及海上安全非法行为公约》;⑪1988 年 12 月 19 日通过,1990 年 11 月 1 日生效的《联合国禁止非法贩运麻醉药品和精神药品公约》;⑫1989 年 11 月 20 日通过,1990 年 9 月 2 日生效的《儿童权利公约》;⑬1994 年 12 月 9 日通过,1999 年 1 月 15 日生效的《联合国人员及有关人员安全公约》;⑭1997 年 12 月 15 日通过,2001 年 5 月 23 日生效的《制止恐怖主义爆炸事件的国际公约》;⑮2000 年 11 月 15 日通过,2003 年 9 月 29 日生效的《联合国打击跨国有组织犯罪公约》;⑯2003 年 10 月 31 日通过,2005 年 12 月 14 日生效的《联合国反腐败公约》;⑰2005 年 4 月 13 日通过,2007 年 7 月 7 日生效的《制止核恐怖主义行为国际公约》;⑱1998 年 7 月 17 日通过,2000 年 7 月 1 日生效的《常设国际刑事法院规约》(《罗马规约》)。

除了《罗马规约》规定的四种类型的犯罪之外,违反国际刑法的国际犯罪还应该包括:劫持航空器犯罪、劫持人质罪、国际恐怖主义(爆炸)罪、跨国组织犯罪、贩卖妇女儿童罪、国际腐败罪等。这些犯罪,在国内刑法中都有能够相对应的规定,与国际刑法不同的只是这些犯罪的严重程度、所涉范围的广度、对国际社会造成的危害程度等。但是,《罗马规约》与前述国际公约所规定的犯罪不完全相同,因为不是所有的国家在国内刑法中都规定了灭绝种族罪、危害人类罪、战争罪或侵略罪,而这些国际犯罪被视为国际刑法中的核心犯罪。

---

[1] 参见联合国大会:《国际法委员会报告(第 74 届会议)》,UN Doc. A/78/10(2023),第 40 段。根据国际法委员会在 2023 年一读暂时通过的关于一般法律原则的结论草案,一般法律原则包括:(a)源自国内法律体系的原则;(b)可在国际法律体系内形成的原则。但关于是否存在第二个类别,即"可在国际法律体系内形成的原则",目前在国际法委员会和国家之间皆存在较大争议。

（2）《罗马规约》（与国内法不一定对接的国际犯罪）。

《罗马规约》第5条规定的4种犯罪，即灭绝种族罪、危害人类罪、战争罪、侵略罪，是很难在国内刑法中得以直接规定的。首先，尽管说灭绝种族罪、危害人类罪与国内刑法的规定不相冲突，但是正因为不冲突，本章才认为没有必要特意在国内刑法中规定罪名不同但行为模式相同或者相似的犯罪。其次，即便说灭绝种族罪和危害人类罪是比国内刑法中规定的最严重的刑事犯罪（譬如说，杀人罪、伤害罪）更为严重的犯罪，但是，从其性质上来讲，能够构成如此严重程度的犯罪绝不是个人、或者若干个人（犯罪集团）的行为所能够达成的。没有一个人或者几个人（即便几百个人）非武装力量就能够杀戮几百人、上千人、甚至上万人。在这个意义上讲，灭绝种族、危害人类罪的行为就难以被规定在国内刑法中。尽管说在现代国际刑事诉讼中，追究的是个人在国际法上的责任，但这些个人往往都是掌握了国家权力的人。因此，灭绝种族罪、危害人类罪与国内刑法在现实中很难对接，而战争罪、侵略罪在国内刑法上的规定就更难了。

二、国际刑事司法机构的诞生与发展

1. 国际刑事司法机构前史

1919年6月28日，《凡尔赛和约》的缔约国试图要求追究德国皇帝-霍亨索伦王朝的威廉二世的刑事责任，但是最终失败了。尽管如此，对战争发动人的责任与违反战争法律和惯行的行为加以惩罚的执行委员会还是做了许多工作。他们创设了许多犯罪名称，如"违反神圣条约不可侵犯的犯罪""违法国际道德的犯罪""违反人类法"和"战争犯罪"等，这些罪名直到现在还在使用，尤其是"战争罪"。虽然该委员会未能创建一个国际刑事司法机构，但是它对国际刑法的发展贡献是不可忽视的。

2. 第二次世界大战后的军事法庭

第二次世界大战也可以称为反法西斯战争，是人类历史上规模最大的一次世界大战。1931年日本制造"九一八"事变，揭开了第二次世界大战的序幕。1937年7月7日卢沟桥事变，日本发动了全面的侵华战争。1939年9月1日，德国向波兰发动进攻，英法对德宣战，开始了第二次世界大战的欧洲战场。德国按照巴巴罗萨计划发动了侵略苏联的战争，日本偷袭珍珠港后，美国对日宣战。1935年10月3日，意大利为了吞并埃塞俄比亚，发动了对埃塞俄比亚的侵略战争。1938年3月，德国吞并了奥地利，并且对捷克斯洛伐克提出了割让土地的要求。从以上的史实可以看到，第二次世界大战可以说是法西斯国家单边发动的侵略战争。尽管这场战争中的德国与其他欧洲国家之间的矛盾始于第一次世界大战之后帝国主义国家之间分赃不均，但这并不能改变日本、意大利和德国的侵略行为的性质，是一场对主权国家的非正义战争。

第二次世界大战之后产生了纽伦堡军事法庭和远东（东京）军事法庭，这两个军事法庭的目的是审判在第二次世界大战中实施了国际犯罪的战犯，从而追究个人在国际法上的刑事责任。因此，"个人刑事责任原则"被称为纽伦堡原则，这个原则由国际法委员会编纂并且在 1950 年提交联合国大会"[1]，影响至今。以下主要论述两个国际军事法庭。

（1）纽伦堡军事法庭。

第二次世界大战结束之前，战胜国苏联、英国、美国在 1943 年 10 月 30 日签署了《莫斯科宣言》（《关于希特勒疯子对其所犯罪行责任问题的宣言》）。该宣言规定将战犯押往犯罪地点，由受害国根据国内法对其进行审判。纵观历史，尽管类似这样战胜国对战败国的的做法并不少见，但是根据受害国国内法对战败国的战犯进行刑事审判的实践的确体现了第二次世界大战后试图采用法律的手段解决国际纠纷（战争）的理性思想。尽管如此，《莫斯科宣言》还没有完全体现出国际刑法所追求的目标。1945 年 7 月 8 日，苏联、英国、美国在柏林签署了《波茨坦会议议定书》，其中包括设立军事法庭审判战犯的条款。尽管《议定书》没有详细规定，但是它作为国际刑法的性质特征已经开始显露出来。1945 年 8 月 8 日，苏联、英国、美国、法国四国签署《伦敦协定》（《关于控诉和惩治欧洲轴心国主要战犯的协定》）和《欧洲国际军事法庭宪章》。该《宪章》规定四国各指派一名法官和一名预备法官组成国际军事法庭。法庭设在纽伦堡，所以，它也被称为纽伦堡军事法庭。在德国的领土上，由其他国家的法官组成的国际刑事法庭审判德国战犯，不得不承认这样的国际刑事法庭是国际性的，也是人类历史上第一个真正的国际刑事司法机构。

"对纽伦堡模式有两个中心反对意见，一个是它的政治合理性（战胜国对战败国），另一个是质疑它的法律基础（罪刑法定原则）"[2]。政治合理性的问题涉及的是主权平等者之间无管辖权的问题，以及国际军事法庭与国家主权之间的冲突问题。罪刑法定原则的问题涉及的是国际犯罪自身是否存在的法律问题，具体而言，它涉及被告人的人权保护问题。两个中心意见都在质疑国际法领域中的个人刑事责任。换言之，如果对个人的刑事责任不是基于"战胜国对战败国"的审判，那么，国际军事法庭是否合法？如果国际法中不存在国际犯罪的规定，是否可以追究个人的刑事责任？更进一步讲，这两个中心意见，一方面是对基于 1648 年威斯特伐利亚体系的国家主权原则的挑战；另一方面是对刑法领域中人权保障的基本理性原则的挑战。但是，本书认为之所以有这两个中心问题，是因为无论国际社会还是国内社会都没有严格区别犯罪主体（国家）与责任主体（个人）之间的不同[3]。只要直接将责任主体当作犯罪主体来对待，就难以区分国家主权与人权之间的关系，必然导致现代国家自启蒙时代以来所遵循的"罪刑法定原则"产生问题。而且，如果将犯罪主体与责任主体一体化，就抹杀了政治合理性，因为我们现代的国际法理论是以平等国家为基础和导向的理论体系。

在司法实践中，"违反国际法的各种犯罪，是由个人实施的，不是由抽象的实体实施的，并且只有通过惩罚实施了这些犯罪的个人，才能执行国际法的这些原则"[4]。毫无

---

[1] 朱文奇：《国际刑事法院与中国》，中国人民大学出版社 2009 年版，第 194 页。
[2] [德] 格哈德·韦勒：《国际刑法学原理》，王世洲译，商务印书馆 2009 年版，第 20 页。
[3] 本书认为国际犯罪的犯罪主体就是指国家，责任主体就是指在实行国家权力的个人。
[4] [德] 格哈德·韦勒：《国际刑法学原理》，王世洲译，商务印书馆 2009 年版，第 16 页。

疑问，所有的犯罪只能由具体的个人实行，绝对不是由抽象的国家实行的，但是具体的个人的行为是在抽象的国家政策指导下实行的。所以，纯粹地强调个人的具体性，就会导致一种偏颇的结论。重要的是在国际刑法中区分犯罪主体（国家）与责任主体（个人）之间的不同，从而分别追究其在国际法上的责任。

（2）美国国内军事法庭在纽伦堡的后续审判。

继纽伦堡军事审判之后，美国的军事法庭在纽伦堡还进行了12项审判，成为纽伦堡军事法庭的后续审判。主要审判的对象有以下12项：①针对在战俘和集中营囚犯身上进行医学实验的审判；②针对E.米尔西元帅的审判；③针对利用法律迫害犹太人和纳粹反对派的高级司法官员的审判；④针对党卫军集中营管理机构的领导人H.冯·波尔的审判；⑤针对大量使用外国强制性劳工的F.弗里克总裁和他的康采恩的审判；⑥针对该公司在占领区的活动造成的损害的审判；⑦针对在东南欧反击游击战中杀害人质的将军的审判；⑧针对党卫军的种族计划的审判；⑨针对奥伦多尔夫及其他的特别行动部队的指挥官的审判；⑩针对克房伯康采恩及其领导人的审判；⑪针对外交部高级官员及其几个政府部长破坏和平的审判；⑫针对最高统帅部的高级官员的审判。

在纽伦堡军事法庭和美国国内军事法庭的纽伦堡后续审判中所形成的国际犯罪罪行有：破坏和平罪，其中包含策划、准备、发动或进行战争和参与与实践战争的共同计划罪；战争罪；危害人类罪。"联合国大会于1946年一致肯定了《纽伦堡法庭宪章》和法庭判决所确认的国际法原则。从此以后，不断增强的趋势是扩大国际法所指以及确立的个人责任。纽伦堡原则的实质内容很大部分后来被国际法委员会纳入1954年通过的《危害人类和平及安全治罪法草案》。草案第一条规定，本罪所定危害人类和平及安全之罪，系依照国际法应行论处之罪，犯此类罪行之个人应予处罚。"[1]这就是纽伦堡军事法庭对国际刑法发展的贡献，即确立了个人国际刑事责任的原则。

（3）远东军事法庭。

1946年1月19日最高统帅道格拉斯·麦克阿瑟公布《远东国际军事法庭宪章》，建立远东国际军事法庭，在东京审判日本战犯。远东国际军事法庭由中国、苏联、美国、英国、法国、荷兰、加拿大、澳大利亚、新西兰、印度、菲律宾11个国家代表组成。法庭由6-11名法官构成，并指派一人为庭长。全体法官过半数构成法定人数，但必须有6名法官出席才能开庭，法庭实行多数表决制，如双方票数相等，则庭长的投票为决定票。1946年4月29日，远东军事法庭接受盟军最高统帅部国际检察处对东条英机、广田弘毅等28名战犯起诉，同年5月3日开庭审判。起诉战争罪的证据主要有：①对中国人民的屠杀；②对太平洋地区各国人民的屠杀；③对侵略地区平民拷问和其他非人道待遇；④解剖被侵略地区平民和战俘、吃人肉的行为。审判的结果：①7名甲级战犯因为战争罪和违反人道罪判处绞刑，并于1948年12月23日执行；②判处16名战犯终身监禁；③4名战犯判处有期徒刑。远东军事法庭之外的后续审判是，1956年中华人民

---

[1] ［英］詹宁斯、瓦茨修订：《奥本海国际法》（第1卷第1分册），王铁崖等译，中国大百科全书出版社1995年版，第405页。

共和国最高人民法院特别军事法庭对日本战犯实行了沈阳审判和太原审判。

尽管在远东军事法庭上，也出现了所谓的"政治合理性问题"和"罪刑法定问题"的意见，但是法官并没有接受这些意见。本章认为第二次世界大战的亚洲战场的情况不同于欧洲战场。日本对中国以及其他亚洲诸国的战争行为纯粹是侵略行为，因为没有一个亚洲国家是因为侵略日本而被日本"反"侵略的。日本就连侵略中国的理由都是自己编造的。在整个亚洲发展史上，中国对日本没有进行过任何一次侵略战争，中国和日本之间的所有战争都是中国对日本的自卫反击的战争。从历史的角度来看，抢劫、掠夺、霸占中国领土一直是日本的基本国策，是这个民族的本能性的追求。在这种情形下，在纽伦堡审判中所出现的所谓的"政治合理性问题"和"罪刑法定问题"就更加不可能应用于远东审判。

纽伦堡军事法庭的审判工作是彻底的、有效的、公正的，是彻底地让德国人认识到他们的战争行为就应该承担相当的国际刑事责任的审判，但远东军事法庭的审判工作则被人为中断，被美国和欧洲诸国进行政治干预，从而没有达到预期效果。日本并没有从远东军事审判中获得一种应有的对自己战争行为的负疚感，他们甚至没有充分认识到自己的侵略行为对中国和其他亚洲国家的人民所造成的灾难。他们对远东军事审判的态度是一种作为战败国的消极抵触，表现在他们时刻试图在任何可能的情形下的反击行为。本章认为远东军事法庭远没有像纽伦堡军事法庭那样，将国际刑事司法机构的功能完全呈现出来。

尽管如此，远东国际军事法庭对国际刑法发展的贡献依然是巨大的，它与纽伦堡国际军事法庭一样，审判了破坏和平罪、战争罪、危害人类罪，并且开启了追究个人在国际法上刑事责任的先河。人类从作为战胜国屠杀战俘以及屠杀战败国的平民以平息战胜国民愤的方式，转变成以法律手段审判侵略国家及其官员的理性模式，这是人类文明的标志性进步。

3. 根据联合国安理会决议建立的国际刑事法庭

纽伦堡国际军事法庭和远东国际军事法庭对后世的司法实践影响深远。在联合国体系内，关于个人的国际刑事责任制度的发展体现在根据联合国安理会决议建立的前南斯拉夫问题国际刑事法庭和卢旺达国际刑事法庭的实践当中。

（1）前南斯拉夫问题国际刑事法庭（ICTY）。

1992年10月6日安理会正式通过第780（1992）号决议，针对南斯拉夫境内冲突中严重违反1949年日内瓦四公约和其他违反国际人道法的行为，建立了一个专家委员会，这个委员会被称为南斯拉夫战争罪行调查委员会，负责调查和收集武装冲突期间实施了国际犯罪的证据。1993年2月22日，在接到专家委员会递交的第1封临时报告书之后，安理会在第808号决议（1993年）中明确决定建立一个国际刑事法庭，旨在起诉和审判自1991年以来在南斯拉夫境内实施了严重违反国际人道法行为之人。1993年5月25日，安理会通过附有《前南斯拉夫国际法庭规约》的第827号决议，正式设立了前南斯拉夫问题国际刑事法庭，成为联合国安理会的附属机构之一。座落在海牙的前南斯拉夫问题国际刑事法庭由联合国大会根据安理会提名任命的14名大法官组成，这是第一个针对在国内武装冲突中产生的国际犯罪设立的国际刑事法庭。武装冲突发生在一个主权国家境内，他们之间的冲突是民族之间的冲突，而不是国家与国家之间的冲突，这本来属于一个主权国家的内政，但审判对象却变成了在国内武装冲突中发生的国际犯罪行为，且法庭不是国内法庭而是国际性法庭。因此，关于前南斯拉夫问题国际刑事法庭的合法性问题在其成立伊始存在着争议，争议点不仅在于安理会是否有权建立一个国际刑事法庭，而且还在于该法庭的管辖权与国家主权之间的冲突问题。这可以视为国际刑法领域基于人权保障和反对国际罪行有罪不罚的一个突破。

（2）卢旺达国际刑事法庭（ICTR）。

1994年11月8日，联合国安理会通过第955号决议设立了卢旺达国际刑事法庭，审判在1994年1月1日到12月31日在卢旺达境内实施种族灭绝及其他严重违反国际人道法的行为，以此实现维护和平与民族和解的目的。该法庭在1995年建立，由16名常任法官和最多（同一时期）9名审案法官组成，每个审判庭由3名常任法官和最多（同一时期）6名审案法官组成。卢旺达国际刑事法庭审判了卢旺达前总理坎班达、14名卢旺达前政府部长和其他高级军事将领和地方官员。

卢旺达国际刑事法庭和前南斯拉夫问题国际刑事法庭的成立目的都是惩治在这些国家发生的严重国际罪行，是为了依法起诉对这些罪行负有刑事责任的人并交付法庭进行审判，从而打破对无辜人民采取暴力行为和报复的无止境循环，是为了维护世界和平与安全。[1] 尽管这两个临时国际刑事法庭的工作效率以及在保障人权方面的作用受到国际社会的重大关注和肯定，但在这里也必须指出，前南斯拉夫问题国际刑事法庭和卢旺达国际刑事法庭不是根据条约，而都是根据安理会的决议建立的法庭，关于这一点，在理论上存在争议[2]。因为这不仅涉及这些临时法庭的法律地位问题，而且涉及安理会的权限问题。

根据《联合国宪章》第7条第2款的规定，安理会有权"依照本宪章设立认为必需之辅助机构"。问题在于是否存在"必需建立"的前提条件以及如何判断这些条件的存在、这个前提条件是由联合国的安理会决定还是由它的成员国决定，这些问题并不明确。由于刑事法庭的管辖权是强制性的管辖权，这与以国家的同意原则为基础管辖模式在形式上存在冲突，所以这种管辖权成立的合法性就受到质疑。这种质疑涉及国家主权与国际组织之间关系的冲突问题。更进一步讲，它涉及联合国的性质问题，即联合国是否为超国家之上的国际组织的核心问题。

事实上，前南斯拉夫问题国际刑事法庭在其审理的第一个案件塔迪奇案中，即回应了被告人律师所质疑的法庭成立的合法性问题。前南斯拉夫问题国际刑事法庭上诉庭回应道："联合国安理会在决定行动方案和评估采取措施可行性时，具有广泛的自由裁量权。安理会依据《联合国宪章》第七章第41条和第42条享有广泛的和额外的权力。《联

---

[1] 参见《国际公法学》编写组：《国际公法学》（第三版），高等教育出版社2022年版，第461页。

[2] See Henry G.Schermers and Niels M. Blokker, International Institutional Law, Martinus Nijhff Publishers, 3Ed, p.414.

合国宪章》第 39 条规定得很清楚了……很明显，第 41 条所规定的措施只是列举的情势，并不排除其他的措施。这条只是规定了所有不涉及'使用武力'的措施，是一种反向的定义……安理会采取了建立司法机构的措施，即设立国际刑事法庭，作为其行使其维持国际和平与安全的方式，即为重建和维护前南斯拉夫和平所采取的措施……作为结论，上诉庭认为前南斯拉夫问题国际刑事法庭根据《联合国宪章》的适当程序而建立并对公正审判提供了必需的保障。法庭是'合法建立'的。"[1]此后，卢旺达国际刑事法庭也对其设立的合法性问题作出了同样的结论。

2015 年 12 月 30 日，卢旺达国际刑事法庭完成了其审判工作。2017 年 11 月 29 日，前南斯拉夫问题国际刑事法庭也结束了其历时 24 年的司法审判活动。至此，联合国设立的这两个临时法庭均完成了其历史使命。一方面，两个临时法庭在其司法实践中创造性地发展了国际刑法和国际法，有效地打击了有罪不罚，在一定程度内实现了国际正义；另一方面，它们的实践也促进了国际刑事法院和其他混合式国际刑事法庭的建立，并为其提供了宝贵的国际刑事审判经验。[2]

4. 国际刑事法院

与前述两个临时性的国际法庭不同，常设国际刑事法院是基于 1998 年通过的《罗马规约》，在 2002 年正式成立的常设性国际司法机构。其实，1948 年联合国就第 1 次指派国际法委员会着手从事建立国际刑事法院的工作，同时联合国大会也指定由它自身建立的委员会起草预备草案。但是，当草案准备出来时，大会对侵略罪的定义因为存在很大的争议而延迟了对该草案的考虑。尽管 1974 年联合国大会通过了侵略罪的定义，但再一次延期对法院的建设工作。直到 1990 年才再次邀请国际法委员会审查这项工作，委员会被要求在其研究日程的框架下作出它的成果[3]。1993 年大会决定优先考虑国际刑事法院预备草案，1994 年委员会完成了它的工作，并向大会提出了规约草案。在接收到国际刑事法院的规约草案之后，国家希望有机会审查这一草案。因为国际刑事法院规约草案的工作是由专家完成的，在某种意义上，可以说是国家担心草案的可行性。从政治实践的角度看，这种忧虑是可以理解的。于是，大会建立了一个特别委员会，在 1995 年召开两次会议，探讨由国际刑事法院规约草案引发的争议问题。1995 年建立预备委员会（preparatory committee）继续工作，准备更加广泛接受条约的文本的整合。在 1996 年 3 月—1998 年 4 月召开了 6 次会议，共利用 15 周的时间进行讨论。以国际法委员会提供的规约草案为基础，一同斟酌附加的 500 多份建议和由许多国家提出的修正案，最后形成了一个整合后的法律文本——《罗马规约》[4]。1997 年 12 月，大会决定召集关于建立国际刑事法院的联合国全权代表的外交会议，在 1998 年 6 月 15 日—7 月 17 日最后决

---

[1] See ICTY, *The Prosecutor v. Dusko Tadic, Decision on the Defence Motion for Interlocutory Appeal on Jurisdiction*, 2 October 1995, paras.31, 35, 38, 47.

[2] 参见刘大群：《联合国临时法庭对国际刑法发展的贡献》，载《中国国际法年刊（2018）》，法律出版社 2019 年版，第 16—17 页。

[3] See Roy S. Lee, The International Criminal Court, Kluwer Law, 1999, p.2.

[4] See Roy S.Lee, The International Criminal Court, Kluwer Law, 1999, p.3.

定并通过一个多边公约。同时，大会也邀请了一些政府间组织和非政府间组织，作为观察员，在大会的预备阶段促进这次会议的顺利进行。

国际刑事法院2002年在罗马正式成立。该法院具有国际法律人格，享有为行使其职能和实现其宗旨所必需的法律行为能力，以及享有为行使其职能和实现其宗旨所必需的法律行为能力。《国际刑事法院罗马规约》用暗含权力的理论规定了该法院的权力根据，即国际刑事法院可以以为了完成或者履行它的职能和宗旨为限定范围作出对它的权力的解释。

国际刑事法院与国际法院不同，《罗马规约》不是构成《联合国宪章》的组成部分，它是通过"本法院应当以本《规约》缔约国大会批准后，由院长代表本法院缔结的协定与联合国建立关系"，从而成为联合国体制下的一个以管辖国际刑事犯罪为中心的专门性国际司法机构。国际刑事法院是常设的司法机构，它的常驻地是荷兰海牙，它的《罗马规约》是以多边条约的形式存在的。国际刑事法院有固定的审判程序，并且它的判决具有法律约束力。国际刑事法院的成立本身就标志着国际刑法发展的新起点，经过20多年的努力，也逐渐积累了丰富的国际刑法司法实践，并且也发展了以此为基础建构起来的新的国际刑法的理论框架。

第二节 国际刑事犯罪的基本种类

如本章第一节所述，国际犯罪的种类取决于对国际刑法的定义。根据广义的国际刑法，国际刑事犯罪的种类就会伴随条约所涉及的犯罪类型来确定；根据狭义的国际刑法，国际刑事犯罪的种类就是《罗马规约》第5条规定的四种类型的国际犯罪：种族灭绝罪、危害人类罪、战争罪、侵略罪。尽管按照广义的国际刑事犯罪种类不容易确定，但是作为基本类型的国际刑事犯罪还是能够限定在《罗马规约》规定的四种犯罪类型上。本节主要论述这四种类型的国际刑事犯罪的定义、犯罪行为的特征以及相关的犯罪构成要件。

一、灭绝种族罪

1. 1948年《防止及惩治灭绝种族罪公约》与《罗马规约》对灭绝种族罪的定义

"第一个对种族灭绝给出明确定义的是一位名叫拉斐尔·莱姆金（Raphael Lemkin）的波兰律师"[1]，但是"种族灭绝首次出现在官方文件是在1945年10月8日的起诉书中，其认为欧洲各轴心国主要战犯犯下了'故意及系统性的种族灭绝罪行'，即消灭种族团体的存在，在占领区领土上针对平民旨在消灭某一特定人种或阶层的人群及民族、

---

[1] [英]莫里齐奥·拉佳齐：《国际对世义务之概念》，池漫郊等译，法律出版社2013年版，第122页。

种族或宗教团体……"[1]。同时,"联合国大会第 96 号决议又公开谴责种族灭绝行为是对整个人类群体存在权利的否定,以及国际法项下的犯罪"[2]。联合国体系中的"国际法院接着分析了联合国大会之所以通过《防止及惩治灭绝种族公约》的目的。这是一项纯粹的人道主义和文明的原因,旨在保护人类群体的生命以及确保最为基本的道德准则"[3]。1948 年 12 月 9 日,灭绝种族罪的定义在《防止及惩治灭绝种族罪公约》中被确定下来,而且一直被沿用至 2002 年生效的《罗马规约》中。

《防止及惩治灭绝种族罪公约》第 2 条规定:"本公约内所称灭绝种族是指蓄意全部或者局部消灭某一民族、人种、种族或宗教团体。"《罗马规约》第 6 条完全继承和沿用了《防止及惩治灭绝种族罪公约》第 2 条的规定。从以上两个公约的定义,我们可以肯定灭绝种族罪所要保护的法益是"保护特定团体的存在权(right of exist)"[4]。不仅保护这个团体的身体性存在,也保护这个团体的社会性存在[5]。

2. 灭绝种族罪的行为方式

《防止及惩治灭绝种族罪公约》第 2 条规定:"犯有下列行为之一者",构成灭绝种族罪:(1)杀害该团体的成员;(2)致使该团体的成员在身体上或精神上遭受严重伤害;(3)故意使该团体处于某种生活状况下,以毁灭其全部或局部的生命;(4)强制施行办法,意图防止该团体内的生育;(5)强迫转移该团体的儿童至另一团体。

《罗马规约》完全继承和沿用了《防止及惩治灭绝种族罪公约》第 2 条规定,《罗马公约》第 6 条规定,灭绝种族罪"是指蓄意全部或局部消灭某一民族、族裔、种族或者宗教团体而实行的下列任何一种行为"。构成灭绝种族罪的行为:(1)杀害该团体的成员;(2)致使该团体的成员在身体上或者精神上遭受严重伤害;(3)故意使该团体处于某种生活状况下,毁灭其全部或者局部的生命;(4)强制施行办法,意图防止该团体内的生育;(5)强迫转移该团体的儿童至另一团体。

因此,我们可以确定种族灭绝罪的行为方式就是杀害、伤害、毁灭、强制、转移某一团体、种族、阶层。

3. 灭绝种族罪的犯罪构成要件

《犯罪要件》对灭绝种族罪的构成要件规定了以下 5 类:(1)杀害;(2)致使身体上或精神上遭受严重伤害;(3)故意以某种生活状况毁灭生命;(4)强制施行办法意图防止生育;(5)强迫转移儿童。

以上所实施的行为并不以杀害、伤害、毁灭、中止生育、转移儿童的人数多少为构成灭绝种族罪的条件,只要故意以灭绝种族为目的而实行以上任何一种行为就构成灭绝种族罪,即灭绝种族罪最重要的构成要件是"特别的杀人动机",被告的行为必须是为了全部或部分地摧毁某一民族、人种、种族或宗教团体,该罪行在表现形式上必须呈现

---

[1] [英]莫里齐奥·拉佳齐:《国际对世义务之概念》,池漫郊等译,法律出版社 2013 年版,第 122 页。
[2] [英]莫里齐奥·拉佳齐:《国际对世义务之概念》,池漫郊等译,法律出版社 2013 年版,第 123 页。
[3] [英]莫里齐奥·拉佳齐:《国际对世义务之概念》,池漫郊等译,法律出版社 2013 年版,第 132 页。
[4] [德]格哈德·韦勒:《国际刑法学原理》,王世洲译,商务印书馆 2009 年版,第 229 页。
[5] 参见[德]格哈德·韦勒:《国际刑法学原理》,王世洲译,商务印书馆 2009 年版,第 229 页。

出灭绝种族的特征。

二、危害人类罪

1. 危害人类的定义

《罗马规约》第 7 条规定:"危害人类罪是指在广泛或有系统地对任何平民人口进行的攻击中,在明知这一攻击的情形下,作为攻击的一部分而实施的下列任何一种行为。"设置危害人类罪的保护法益是平民,因此可以说"危害人类罪是自然犯(mala in se acts),它显然违反了国际刑法以及世界主要刑事法律的规范、规则和原则"[1]。与种族灭绝罪不同的是,危害人类罪强调对个人(平民)的保护,即《犯罪要件》第 3 条所言的"'针对平民人口进行攻击'意指,根据国家或者组织攻击平民人口的政策,或为了推行这种政策,针对任何平民人口多次实施《规约》第 7 条第 1 款所述行为的行为过程"。"危害人类罪所依据的思想是,对个人的一些严重的攻击,在有系统地针对一种特定的平民人口时,就获得了一种国际的重要性。"[2]也正因为如此,危害人类罪比种族灭绝罪在各个国家的国内刑法上更容易获得相互对应。

"危害人类罪是针对平民人口实施的一种大规模犯罪(mass crimes)。最严重的是杀死团体中的人民,这也是灭绝种族罪的特征。"[3]换言之,灭绝种族罪是危害人类罪中,最为严重的一种危害人类的犯罪类型,正因如此,有必要将种族灭绝罪从危害人类罪中特别提炼出来,作为特别的一个国际刑事犯罪类型加以规范。因此,危害人类罪和种族灭绝罪各自所保护的法益的偏重点不同。

2. 危害人类罪的行为方式

《罗马规约》第 7 条规定了 11 种危害人类罪的行为方式:(1)谋杀;(2)灭绝;(3)奴役;(4)驱逐出境或强行迁移人口;(5)违反国际法基本规则,监禁或以其他方式严重剥夺人身自由;(6)酷刑;(7)强奸、性奴隶、强迫卖淫、强迫怀孕、强迫绝育或严重程度相当的任何形式的性暴力;(8)基于政治、种族、民族、族裔、文化、宗教、第 3 款所界定的性别,或根据公认为国际法不容的其他理由,对任何可以识别的团体或集体进行迫害,而且与任何一种本款提及的行为或任何一种本法院管辖权内的犯罪结合发生;(9)强迫人员失踪;(10)种族隔离罪;(11)故意造成重大痛苦,或对人体或身心健康造成严重伤害的其他性质相同的不人道行为。

危害人类罪的行为方式比种族灭绝罪的行为方式更为宽泛,几乎包含了所有实行种族灭绝罪所规定的全部行为方式,不同的只是危害人类罪的被害者不仅仅指某一团体,而是指所有的平民。在一定程度上,只要犯罪的主观方面是故意针对某一团体,那么危害人类罪的所有的行为方式都可以适用于种族灭绝罪。

---

[1] [美] M.C. 巴西奥尼:《国际刑法导论》,赵秉志等译,法律出版社 2006 年版,第 248 页。
[2] [德] 格哈德.韦勒:《国际刑法学原理》,王世洲译,商务印书馆 2009 年版,第 18 页。
[3] [德] 格哈德.韦勒:《国际刑法学原理》,王世洲译,商务印书馆 2009 年版,第 257 页。

3. 危害人类罪的犯罪构成要件

（1）犯罪主体。危害人类罪的主体除了责任年龄的规定外没有特别的限定，可以从政府官员到服从命令的执行者，但要求执行命令者必须知悉所执行的任务的目的。在不知情的情形下实行的执行命令的行为者，不符合此罪的主体要件。

（2）犯罪主观方面。《犯罪要件》要求犯罪人主观方面必须是故意，即明知自己行为的目的、行为的动机、行为的指向而实行的犯罪。尽管《罗马规约》和《犯罪要件》都没有明确指出过失行为能否构成国际刑事犯罪，但是从强调"故意"的规定中可以推测过失并不构成国际刑事犯罪。

（3）犯罪客体。危害人类罪的犯罪客体就是"平民"，《罗马规约》第7条第1款所列举的11类犯罪行为方式所侵害的就是平民的生命安全、身心健康。

（4）犯罪的客观方面。危害人类罪的客观方面就是《罗马规约》第7条第1款所列举的11类犯罪行为。

《罗马规约》第7条取消了危害人类罪与武装冲突有联系的要素后，"大规模或有系统"攻击这两个因素就显得尤为重要，因此，《犯罪要件》中规定："每项危害人类罪的最后两项要件描述行为发生时的必要背景情况。这些要件明确指出了必须是参加且明知系广泛或有系统地针对平民人口进行的攻击。"[1]

三、战争罪

1. 战争罪的定义

根据《罗马规约》第8条的规定，战争罪是指实行了以下几种行为的国际刑事犯罪：（1）严重破坏1949年8月12日《日内瓦公约》的行为，即对有关的《日内瓦公约》规定保护的人或财产实施的任何一种行为；（2）严重违反国际法既定范围内适用于国际武装冲突的法规和惯例的其他行为；（3）在非国际性武装冲突中，严重违反1949年8月12日4项《日内瓦公约》共同第3条的行为，即对不实际参加敌对行动的人，包括已经放下武器的武装部队人员，及因病、伤、拘留或任何其他原因而失去战斗力的人员，实施所列任何一种行为；（4）严重违反国际法既定范畴内适用于非国际性武装冲突的法规和惯例的其他行为。

从战争罪的定义来看，战争罪的保护法益应该是指平民、战俘、已经丧失战斗能力的人员的生命、健康、自由、财产，有些行为被国际性质的武装冲突所禁止，有些行为被国内性质的武装冲突所禁止，有些行为则被所有性质的武装冲突所禁止。

战争罪的行为方式与危害人类罪、种族灭绝罪的行为方式有相同、或者相似、甚至重叠之处，但是它们根本性的差别在于不同的犯罪所侵害对象的侧重点不同。危害人类罪针对的是平民；战争罪针对的不仅是武装冲突中的平民，还有战俘以及伤病员等。因此，实施犯罪所构成的罪行的种类也会有所差别。

---

[1] 参见《国际公法学》编写组：《国际公法学》（第三版），高等教育出版社2022年版，第473—474页。

2. 战争罪的行为方式

战争罪的行为方式：杀害、抢劫、强奸、强迫、劫持人质、毁坏、攻击、酷刑、剥夺（自由、财产）、驱逐等。战争罪的行为方式本质上与国内刑法中的重大犯罪相同或者相似。但是，这些行为造成的严重程度，绝非个人犯罪所能达到。

3、战争罪的犯罪构成要件

（1）战争罪的犯罪主体。战争罪的犯罪主体是国际武装冲突中的武装部队、非国际性武装冲突中的武装部队，但不适用在"内部动乱和紧张局势"中实施"暴动、孤立和零星的暴力行为或其他性质相同的行为"的人。

（2）战争罪的主观方面。战争罪的主观方面要求行为主体为故意，至少要求具有在知情情形下实行的主观意识。

（3）战争罪的客体。战争罪所侵害的对象是平民、战俘以及丧失战斗能力的人的生命、健康、自由以及财产。

（4）战争罪的客观方面。战争罪的客观方面就是犯罪主体实施了根据《罗马规约》第8条规定的任何一项犯罪行为。

四、侵略罪

1. 侵略罪的定义

2010年坎帕拉（Kampala）会议通过了《罗马规约》修正案，由此将侵略罪的定义以及国际刑事法院对侵略罪行使管辖权的条件正式纳入了《罗马规约》。[1]根据坎帕拉修正案，《罗马规约》第8条之二规定，侵略罪是指"能够有效控制或指挥一个国家的政治或军事行动的人策划、准备、发动或实施一项侵略行为的行为，此种侵略行为依其特点、严重程度和规模，须构成对《联合国宪章》的明显违反"。

侵略罪的定义与前面三个犯罪的定义有所不同，它的重点不仅在行为方式上，而且在犯罪主体上。侵略罪的要点有三个：第一个是具有控制或者指挥一国的政治、军事的行为人，而不仅仅是一个上级指挥官；第二个是侵略行为必须是有计划的行为，即需要策划、准备、发动或者实施，而不仅仅是一种临时性、偶然的暴力（武力）行动；第三个是要求行为的严重程度，要达到明显违反《联合国宪章》。

2. 侵略罪的行为方式

根据《罗马规约》第8条之二的规定，侵略行为"是指一国使用武力或以违反《联合国宪章》的任何其他方式侵犯另一国的主权、领土完整或政治独立的行为"。根据1974年12月14日联合国大会第3314号决议，无论是否宣战，下列行为均被视为侵略行为：

（1）"一国的武装部队对另一国的领土实施侵略或攻击，或此种武装侵略或攻击导

---

[1] 参见国际刑事法院缔约国大会网站：https://www.icc-cpi.int/news/review-conference-rome-statute-concludes-kampala；《国际刑事法院罗马规约侵略罪修正案》全文见：https://asp.icc-cpi.int/sites/asp/files/asp_docs/RC2010/AMENDMENTS/CN.651.2010-ENG-CoA.pdf，最后访问时间：2024年4月28日。

致任何军事占领，无论如何短暂，或使用武力对另一国的领土或部分领土实施兼并。"即一国采用武力的方式占领、兼并另一个主权国家的领土或者部分领土的行为构成侵略罪，占领的时间或者兼并的时间长短不影响侵略行为的性质。

（2）"一国的武装部队对另一国的领土实施轰炸，或一国使用任何武器对另一国的领土实施侵犯。"即一国的武装部队对另一国的领土实施军事暴力，即便不具有占领或者兼并的目的，也不影响侵略罪的成立。

（3）"一国的武装部队对另一国的港口或者海岸实施封锁。"即便一国没有占领或者兼并的目的，只要实施了对一国的港口或者海岸的封锁行为，也构成侵略罪。

（4）"一国的武装部队对另一国的陆、海、空部队或海军军舰和空军机群实施攻击"的行为构成侵略罪。

（5）"一国采取行动，允许另一国使用其置于该另一国处置之下的领土对第三国实施侵略行为"的行为，即一国教唆、唆使、允许另一国对第三国实行的侵略行为也构成侵略罪。

（6）"由一国或以一国的名义派出武装部队、武装集团、非正规军或雇佣军对另一国实施武力行为，其严重程度相当于以上所列的行为，或一国大规模介入这些行为"的行为，也构成侵略罪。

3. 侵略罪的犯罪构成要件

根据《罗马规约》修正案的《犯罪要件》的规定，侵略罪的犯罪构成要件如下所示。

（1）侵略罪的犯罪主体。尽管《罗马规约》修正案没有明确指出侵略罪的犯罪主体是指一国总统或者国王，但是至少可以排除一国的一般的上级指挥官和一般的高级行政长官。只有能够控制或者指挥一国政治或者军事的行为人才能够构成侵略罪的犯罪主体。这里需要与实行犯罪的行为主体进行区分。侵略罪的行为主体是武装部队，但是武装部队本身并不是侵略罪的犯罪主体。

（2）侵略罪的主观方面。与其他三个国际刑事犯罪一样，侵略罪的主观方面也要求行为人一定具有侵略的故意。本文认为过失并不构成此罪，因为侵略罪要求行为人具有"策划、准备、发动或实施"的行为特征。

（3）侵略罪的客体。侵略罪的侵犯客体是一个主权国家，具体而言是指一个国家的主权完整性、国家的领土完整性、国家的政治独立性。一个侵略行为不要求同时达到三个方面的侵犯，只要侵害到其中一个方面，就构成侵略罪的既遂。

（4）侵略罪的客观方面。从《罗马规约》修正案对"侵略罪"的定义来看，侵略罪的侵略方式一定有战争方式，但不仅仅限于战争方式。因为侵犯一国的政治独立性，不一定都需要使用武力。就像美西方最近几年使用的"颜色革命"，没有武装部队的介入同样可以导致一个国家的政治独立陷入危机，甚至完全瘫痪。但是，从《罗马规约》修正案对"侵略行为"的定义来看，却一定要求一国的"武装部队"的行为才能构成侵略罪。也就是说，在这里所指的"政治独立"应该是指由一国的武装部队的入侵所导致的政治上的沦陷。

侵略的客观方面主要有武装占领或兼并行为、武装轰炸或者其他武装暴力行为、武装封锁行为、武力攻击他国陆海空部队或者海军军舰、空军机群的行为、教唆他国侵略另一国的行为、或者唆使、派遣本国非正规军侵犯或者介入他国的行为。但是，这里存在一些与在武装冲突中双方国家实行的武装暴力行为、封锁行为、轰炸行为之间的区别问题。武装冲突中的这些行为是以战争罪论处还是以侵略罪论处，应该根据不同情况具体判断。

第三节 国际刑事责任的个人归责

一、个人的国际刑事责任

《罗马规约》第 25 条规定了个人刑事责任，"（一）本法院根据本规约对自然人具有管辖权"，"（二）实施本法院管辖权内的犯罪的人，应依照本规约的规定负个人责任，并受到处罚"。按照传统的国际法，表现国家主权的其中一个重要原则就是对本国国民的管辖权。那么，国际刑法上的个人刑事责任与作为传统国际法基本原则的国家主权原则是否存在冲突？为此，应该如何解释《罗马规约》第 25 条第 1 款的规定就产生了理论上的争议。

尽管关于个人的国际刑事责任议题在第一次世界大战之后就已经被提出，而且体现在《凡尔赛和约》中，但由于对第一次世界大战的正义性存在质疑，所以在第一次世界大战后提出的个人国际刑事责任的归责问题也没有得到解决。个人国际刑事责任的归责问题，主要在第二次世界大战后建立的两个军事法庭（纽伦堡国际军事法庭、远东军事法庭）和联合国设立的两个临时国际刑事法庭（前南斯拉夫问题国际刑事法庭、卢旺达国际刑事法庭）中才得到实质性的承认，并且在《罗马规约》中被最终确定下来。

但应该注意的是，正因为国际刑事法院对自然人的国际刑事责任具有的管辖权，与主权国家的国内刑事管辖权存在冲突（竞合），所以该法院对其管辖权的适用条件非常严格。以下先论述国际刑事法院管辖权的合法性根据及其适用范围。

1. 个人国际刑事责任的法律根据

关于能否在国际法上追究个人刑事责任这一问题，纽伦堡国际军事法庭和远东军事法庭在司法实践中认为：追究个人的刑事责任，是现代国际法的发展趋势，相关实践也相当丰富，包括对海盗罪和贩卖人口的惩罚，以及第一次世界大战之后对德国皇帝威廉二世进行审判的尝试等；此外，人人有知晓和遵守一切现行法的义务，对法律的愚昧无知并不能作为免除个人罪责的辩护理由。而且，国际罪行在本质上并非由抽象的集体所为，而是由具体个人犯下的，只有定罪处罚犯下如此罪行的个人，才能真正地打击有罪不罚并使国际法规则得到有效实施。[1]

---

[1] 参见朱文奇：《现代国际刑法》，商务印书馆 2015 年版，第 477—483 页。

2. 个人国际刑事责任的范围

《罗马规约》第 25 条第 3 项规定:"有下列情形之一的人,应依照本规约的规定,对一项本法院管辖权内的犯罪负刑事责任,并受到处罚:(1)单独、伙同他人、通过不论是否负刑事责任的另一人,实施这一犯罪;(2)命令、唆使、引诱实施这一犯罪,而该犯罪事实上是既遂或未遂的;(3)为了便利实施这一犯罪,帮助、教唆或以其他方式协助实施或企图实施这一犯罪,包括提供犯罪手段;(4)以任何其他方式支助以共同目的行事的团伙实施或企图实施这一犯罪。这种支助应当是故意的,并且符合下列情况之一:①是为了促进这一团伙的犯罪活动或犯罪目的,而这种活动或目的涉及实施本法院管辖权内的犯罪;②明知这一团伙实施该犯罪的意图;(5)就灭绝种族罪而言,直接公然煽动他人灭绝种族;(6)已经以实际步骤着手采取行动,意图实施犯罪,但由于其意志以外的情况,犯罪没有发生。但放弃实施犯罪或防止犯罪完成的人,如果完全和自愿地放弃其犯罪目的,不按犯罪未遂根据本规约受处罚。"

根据《罗马规约》第 25 条第 3 项的规定,首先,个人的国际刑事责任既可以是单独实行、也可以通过共同犯罪形式实行。犯罪形式并不影响个人的国际刑事责任的成立,既可以是作为指挥官的"命令"行使的犯罪,也可以是作为上级官员"唆使""引诱"所构成的主犯,或者也可以是帮助主犯的从犯,都必须承担国际犯罪的刑事责任。其次,无论是既遂还是未遂,都不影响个人承担国际刑事责任。再者,在灭绝种族罪中,即便是"公然煽动"的犯罪行为,个人也要承担国际刑事责任。在犯罪实施之后,只有有效地防止和阻止犯罪结果发生,并且只有犯罪人主动并且自愿放弃继续犯罪的,才可以根据犯罪中止处理。

3. 个人的国际刑事责任与国家责任的关系

个人的国际刑事责任并不能完全替代国家责任。《罗马规约》第 25 条第 4 项规定"本规约关于个人刑事责任的任何规定,不影响国家依照国际法所负的责任"。此处"国家依照国际法所负的责任"并非指国家可能承担国际法上的刑事责任,因为,迄今为止在国际法中并未发展出"国家罪行"这一规则,即承担国际刑事责任的只限于个人,而不包括国家。

二、上级的国际刑事责任

1. 上级的原始责任

《罗马规约》第 28 条第 2 款规定了上级责任(superior responsibility),"对于第一款未述及的上下级关系,上级人员如果未对在其有效管辖或控制下的下级人员适当行使控制,在下列情况下,应对这些下级人员实施的本法院管辖权内的犯罪负刑事责任:(1)该上级人员知道下级人员正在实施或即将实施这些犯罪,或故意不理会明确反映这一情况的情报;(2)犯罪涉及该上级人员有效负责和控制的活动;和(3)该上级人员未采取在其权力范围内的一切必要而合理的措施,防止或制止这些犯罪的实施,或报请主管当局就此事进行调查和起诉"。从逻辑上来讲,上级只应该承担自己实行的行为所造成的犯罪结果的国际刑事责任,但是因为上级的职责还包括对下级的行为管理、控制、监督的责任。所以,上级官员也要承担自己管辖内的下级所实行的国际犯罪行为的责任。具体而言,即便上级自己没有直接实行国际犯罪,只要他没有履行自己职责,导致自己管辖范围内的下级人员实行了国际犯罪的,他就应该承担这些下级人员实行国际犯罪的刑事责任。

2. 上级的责任根据

上级对下级所实行的国际犯罪行为所承担的国际刑事责任根据来自上级的原始责任。有的学者认为"上级责任概念的位置在于不作为犯罪与共同犯罪之间"[1],这种观点不完全正确。本章认为上级与下级之间的这种关系只能看作不作为,但是不能够看作是共同犯罪。首先上级明知下级的国际犯罪,而放任这种行为,从而造成国际犯罪后果的,是典型的不作为犯。共同犯罪与此不同,共同犯罪需要共同的预谋、计划、分工合作。上级的不作为成立的条件就是他应该作为而不作为,他所应该作为的根据就是他的原始责任,即上级对下级的管辖职责。这是《罗马规约》第28条第2款规定了上级的责任的内涵。关于上级自己的责任,应该从独立的个体行为来确定,即从上级自己的行为所实行的犯罪行为来确定。

三、指挥官的国际刑事责任

1. 指挥官的原始责任

《罗马规约》第28条第1款规定了指挥官责任(command responsibility):"军事指挥官或以军事指挥官身份有效行事的人,如果未对在其有效指挥和控制下的部队,或在其有效管辖和控制下的部队适当行使控制,在下列情况下,应对这些部队实施的本法院管辖权内的犯罪负刑事责任:(1)该军事指挥官或该人知道,或者由于当时的情况理应知道,部队正在实施或即将实施这些犯罪;和(2)该军事指挥官或该人未采取在其权力范围内的一切必要而合理的措施,防止或制止这些犯罪的实施,或报请主管当局就此事进行调查和起诉。"

指挥官对"有效管辖和控制下的部队"人员实行的国际犯罪行为所承担的刑事责任的主观条件是"知悉"。指挥官"知悉"的要求,有的学者认为从"必须知悉"——"应该知悉"——"实际知悉"经历三个不同的阶段[2]。本章认为还应该有一个"必然知悉"。"必然知悉"的情形应该就是指挥官直接"指挥""发布命令"的情形。"应该知悉"是指指挥官虽然没有直接指挥或者传达命令,但是按照当时的情形,指挥官应该知悉他的部下"理解"他的指挥或者命令。在国际犯罪中,并不一定要求指挥官"实际知悉"。只要指挥官"知悉",无论是哪一个阶段的"知悉",作为指挥官都应该承担其国际刑事责任,至于"知悉"所存在的不同情形只能作为量刑的一种情节考虑。

2. 指挥官责任的根据

第二次世界大战后,纽伦堡国际军事法庭和远东军事法庭虽然在其各自的法律文件

---

[1] [德]格哈德·韦勒:《国际刑法学原理》,王世洲译,商务印书馆2009年版,第155页。
[2] [美]M. C. 巴西奥尼:《国际刑法导论》,赵秉志等译,法律出版社2006年版,第262页。

中均没有规定指挥官责任的概念，但在法庭审理的实际案例中却有很多涉及指挥官责任理论的判决，即指挥官责任在这两个军事法庭的司法实践中已得到了充分发展。此后，指挥官责任理论和实践的发展表明，该原则已被世界各国军事法律所接受，并通过国际公约和国家实践逐渐发展成为习惯国际法的一部分。[1]

指挥官承担转承责任的前提是："指挥官不实施下列行为：（1）阻止具体违法行为；（2）为预防和阻止犯罪提供的一般方法；（3）对非法行为进行调查；（4）对非法行为者起诉、定罪、惩罚。"[2]从刑法原理的角度来看，指挥官所承担的转承责任的法律根据就是不作为。要求指挥官承担自己"有效管辖和控制下的部队"人员实行的国际犯罪行为的责任体现了对不作为犯罪的惩罚目的。指挥官应该"管辖或者控制"，而没有"管辖或者控制"，以致造成严重的国际犯罪结果的不作为行为，必须承担国际刑事责任。"既然军事法建立在指挥和控制的体系结构上，那么指挥链上的人员就有义务制定用以阻止实施违法行为的方法，调查关于违法行为的信息，对违法行为实施者进行惩罚，制定阻止和纠正导致违法行为的方法。"[3]如果指挥官不作为，那么就应该承担转承责任。

指挥官应该是指军事指挥官。"指挥责任包括刑事责任的两种不同概念：其一是由指挥官违反命令而引起的直接责任；其二是由下级违法行为引起的责任，该违反行为并非基于指挥者的命令。"[4]本章认为第一种情形的责任就是指挥官自身的原始责任；第二种情形下的责任是对其"有效管辖和控制下的部队"人员实行的国际犯罪行为所承担的转承责任。

四、执行命令引起的国际刑事责任

随着国际刑法的发展，在追究个人国际刑事责任方面逐渐确立了"执行命令不免责"的原则，即只要是犯有国际罪行，即便是因为服从上级命令所致，行为人仍然要被追究其个人的国际刑事责任。执行上级命令的人被认定为有罪，原因不在于上级命令的违法性，而在于执行行为本身构成了国际罪行，因此"执行命令不免责"原则主要是追究执行行为的刑事责任。

《罗马规约》第33条第1款规定，"某人奉政府命令或军职或文职上级命令行事而实施本法院管辖权内的犯罪的事实，并不免除该人的刑事责任"。这就是执行命令引起的国际刑事责任。但不是所有因为"执行命令"而实行的国际犯罪行为都必须承担国际刑事责任。下列几种行为是阻却因执行命令承担国际刑事责任的情形：（1）该人有服从有关政府或上级命令的法律义务；（2）该人不知道命令为不法的；和（3）命令的不法性不明显。

第一种情形免除了"执行命令"人在国内法律义务与国际刑事责任之间的冲突所导致的两难。譬如说，士兵的职责是听从指挥官的上级命令，但是要求士兵承担战争罪的

---

[1] 参见《国际公法学》编写组：《国际公法学》（第三版），高等教育出版社2022年版，第478页。
[2] [美] M.C.巴西奥尼：《国际刑法导论》，赵秉志等译，法律出版社2006年版，第251页。
[3] [美] M.C.巴西奥尼：《国际刑法导论》，赵秉志等译，法律出版社2006年版，第253页。
[4] [美] M.C.巴西奥尼：《国际刑法导论》，赵秉志等译，法律出版社2006年版，第251页。

国际刑事责任，就会将该士兵推入两难境地。这一条违法性阻却事由就是为了解决这种困境而设置的条款。第二种情形，"执行命令"的人的国际刑事责任是以行为人必须故意、明知自己执行的命令为不法行为的命令为前提。如果执行的命令的违法性不明显，或者在执行命令的人无法明确判断其合法性的情况下，也不追究执行命令的人的国际刑事责任。这两条的问题在于如何判断执行命令的人的主观方面的"故意"和"明知"，以及判断"命令合法性"及其"违法性不明显"的标准。

此外，第33条第2款还规定，"为了本条的目的，实施灭绝种族罪或危害人类罪的命令是明显不法的"。即灭绝种族罪或危害人类罪不适用上级命令这种辩护理由。由此可见，《罗马规约》第33条关于执行上级命令的规定，是绝对和条件责任原则相结合的条款，即它对种族灭绝罪和危害人类罪适用绝对责任原则，而对战争罪和侵略罪适用条件责任原则。现代国际刑法的实践表明，执行上级命令在任何时候都不能作为一个独立的辩护理由，它至多只是可能导致减轻刑罚的一个因素。[1]

五、官方身份不免责

根据传统的国际法规则，国家元首和外交代表等国家官员就刑事诉讼享有完全的豁免权。但纽伦堡国际军事法庭和远东军事法庭的审判发展出新规则，即包括国家官员在内的任何人，如果犯下严重国际罪行，都会被追究个人的刑事责任，即便是国家领导人，其官方身份也不能成为免除其应对国际罪行负上个人刑事责任的抗辩理由。[2]在刑事犯罪中都存在例外的情形，也就是可以阻却犯罪的事由。"官方身份不免责"是对阻却事由的阻却事由。直言之，"官方身份不免责"不能成为阻却个人国际刑事责任的事由。

1. 指挥官身份的不免责

19世纪之前，执行命令免责是一般的军事法的原则，但是19世纪之后，像德国、匈牙利等一些国家，开始在自己的国内法中规定了执行命令不免责的规定。如《德国1872年军法》规定：如果士兵执行命令的行为触犯了刑律，那么发布该命令的上级单位承担刑事责任。但是，服从该命令的下级将承担共犯的刑事责任[3]。也就是说，即便发布命令的上级单位承担刑事责任，也不免除听从命令的下级的共同犯罪的刑事责任。之后，这种思想被一些国际公约所接受，譬如说，1922年2月6日签订的《关于战时保护海上中立者和非战斗员生命及禁止使用有害气体和化学品公约》[4]（又译《关于战争中使用潜水艇和有害气体的条约》）第3条规定"缔约各国为确实保证它们所宣布的，关于对商船进行攻击、拿捕和破坏的现行法的人道规则得被履行起见，特宣布：服务于任何国家的任何人，如违反上述的任何规则，不论他是否奉有上级的命令，概认为是战争

---

[1] 参见朱文奇：《现代国际刑法》，商务印书馆2015年版，第464页。

[2] 参见《国际公法学》编写组：《国际公法学》（第三版），高等教育出版社2022年版，第479页。

[3] Paola Gaeta, The defence of superior order: the statute of the international criminal court versus customary international law, 10 EJIL 1999. p.175.

[4] Treaty Relative to the Protection of the Lives of Neutral and Noncombatants at Sea in Time of War and to Prevent the Use of Noxious Gases and Chemicals, U.S.A., U.K., Franc, Italy, Japan. 1922.

法规的破坏,将按照海盗罪行受审判和惩罚,且该违法者在哪一个国家管辖区域内被发现,即受哪一个国家的民事或军事当局审判"。这就是官方身份不免责的前史。

"执行上级命令不免责原则的确立,主要来源于对行为人理性的承认和对战争(武装冲突)中受害人权利的尊重。"[1]但是不得不承认该原则与国家主权之间的潜在冲突,因此承认该原则的合法性就必须找到该原则存在的合理性和必要性。从本质上讲,如果因官方身份免责,则严重地威胁到集体主义原则,体现在国际刑法中,就是严重地破坏了国际社会的安全和秩序。"执行上级命令不免责之所以在国际刑事审判过程中不断地被提出来,主要是因为以下三个理由:(1)军事指挥结构中所存在的等级性质(hierarchical nature);(2)在军事系统中需要维护纪律(maintain discipline)的必要性;(3)一个指挥官要为其下级人员行为负责任(responsible)。"[2]

2. 上级官员身份不免责

"根据绝对责任(absolute liability)原则,执行命令在任何情况下都不能构成免除刑事责任的辩护理由,它仅仅可以作为量刑时减轻处罚的考虑情节。"[3]但是,绝对责任原则可能会将个人(主要是士兵)置于国际刑事责任与国内刑事责任的两难悖论之中。一方面是国际刑法上的犯罪责任;另一方面是国内法上的违反军事法规引起的国内刑事责任。因此,如前所述,绝对责任原则并不适用于士兵,而只能适用于上级官员。

3. 官方身份不免责的合理性问题

《美国军事法庭手册》(1998年、2002年以及2005年)都一致主张:"被告人服从命令而实施任何罪行,其服从命令的情况属于一种合法辩护,除非被告人知道该命令是非法的,或者按照通常观念和理解,一个人应当知道该命令是非法的。"[4]《美国军事法庭手册》的思想实际上也体现了许多主权国家的主张,因为毕竟"发布命令"的上级官员以及指挥官的行为是以国家的名义作出的,"服从命令"的下级也是他们作为军人的职责所要求。"官方身份不免责"原则是将一个具有官方身份的人置于一个悖论之中的原则,因此,美国即便是在1998年参加《罗马规约》的约文讨论的过程中,依然坚持反对意见。美国代表团与1998年6月16日提出的提案中建议规定:"除了本规约允许排除刑事责任的其他理由之外,实施行为时处于以下状况的个人不负刑事责任:……(c)该人是奉政府或军事指挥官的命令行事的部队成员,除非该人已知道命令为非法的或者该命令显然为非法的。"[5]本章认为,这里的问题关键点在于官方身份的等级问题。如果官方身份包括执行命令的人在内,那么《罗马规约》第33条的规定就难以成立。但是如果官方身份不免责中的"官方身份"只是指上级官员、军事指挥官的话,官方身份不

---

[1] 朱文奇:《国际刑事法院与中国》,中国人民大学出版社2009年版,第216页。
[2] 朱文奇:《国际刑事法院与中国》,中国人民大学出版社2009年版,第218页。
[3] 朱文奇:《国际刑事法院与中国》,中国人民大学出版社2009年版,第224页。
[4] R.C.M. 916(d).
[5] 朱文奇:《国际刑事法院与中国》,中国人民大学出版社2009年版,第229页。Proposal by the United States of America for siggle provision covering issues currently governed by articles 31, 32, 33, and 34. A/CONF, 183/C.1/WGGP/L.2, 16 June, 1998.

免责原则就可以成立。因此说，确定"官方身份"的范畴才是该原则能否成立的关键。

《罗马规约》第 27 条规定："（一）本规约对任何人一律平等适用，不得因官方身份而差别适用。特别是作为国家元首或政府首脑、政府成员或议会议员、选任代表或政府官员的官方身份，在任何情况下都不得免除个人根据本规约所负的刑事责任，其本身也不得构成减轻刑罚的理由。（二）根据国内法或国际法可能赋予某人官方身份的豁免或特别程序规则，不妨碍本法院对该人行使管辖权。"国际刑事法院上诉分庭在"巴希尔"案中指出，《罗马规约》第 27 条第 2 款不仅是一个条约条款，它还取得了习惯国际法的地位，上诉分庭认为，"没有国家实践和法律确信可以证明，国家元首在国际司法机构中也存在豁免"。[1]

第四节　国际刑事法院的管辖权

一、属时管辖

《罗马规约》第 11 条第 1 款规定："本法院仅对本规约生效后实施的犯罪具有管辖权。"这里有两层含义：一是国际刑事法院只管辖《罗马规约》第 5 条规定的 4 种国际犯罪；二是法院只管辖《罗马规约》生效之后的发生的国际犯罪。前者是对罪刑法定原则的体现；后者是不溯及既往原则的要求。在理论上，将这种管辖称为属时管辖。从形式上看，属时管辖应该是争议最少的管辖规定，但这里还有一个问题需要澄清。即《罗马规约》的生效是指规约本身的生效时期（2002 年 7 月 1 日），还是指国家加入《罗马规约》的生效时期？譬如说，签署了《罗马规约》的国家在得到其国内法批准之前即实施了《罗马规约》第 5 条规定的国际犯罪，那在这种情形下，国际刑事法院是否对其具有管辖权？《罗马规约》本身的生效，是指国际刑事法院管辖权的启用时间，但是这个启用时间对非缔约国是没有意义的。只有非缔约国通过加入的形式，成为《罗马规约》缔约国的时候才会发生效力。假设不考虑这一点，就会产生另一个问题，即国际刑事法院对非缔约国管辖权的合法性问题。

《罗马规约》第 11 条第 2 款规定，"对于在本规约生效后成为缔约国的国家，本法院只能对在本规约对该国生效后实施的犯罪行使管辖权，除非该国根据第 12 条第 3 款提交声明"。这一规定是对第 11 条第 1 款规定的补充，也就是说国际刑事法院的管辖权的时间是从非缔约国成为缔约国的那一时间点为准启用的。它的例外是根据《罗马规约》第 12 条的规定，国际刑事法院对非缔约国提前启用的管辖权。

---

[1] See ICC, *The Prosecutor v Omar Hassan Ahmad Al-Bashir*, Case No ICC-02/05-01/09 OA2, Judgment (Appeals Chamber), 6 May 2019, paras.101-103, 113.

二、属物管辖

《罗马规约》第 11 条第 1 款规定："本法院仅对本规约生效后实施的犯罪具有管辖权。"国际刑事法院所指的犯罪就是《罗马规约》第 5 条规定的 4 种国际犯罪。《罗马规约》第 5 条第 1 款规定："本法院的管辖权限于整个国际社会关注的最严重犯罪。本法院根据本规约对下列犯罪具有管辖权：1. 灭绝种族罪；2. 危害人类罪；3. 战争罪；4. 侵略罪。"也就是说，国际刑事法院只管辖灭绝种族罪、危害人类罪、战争罪、侵略罪这 4 种犯罪。如《罗马规约》所言，这 4 种犯罪是国际社会最关注的国际犯罪，也是涉及人类生死存亡的国际犯罪，因此成为国际刑法最核心的犯罪类型。这 4 种犯罪类型，看似相互独立，实质上它们之间相互关联。只要发生侵略，就一定发生战争或武装冲突，只要发生战争或武装冲突，人类在非理性的情形下，就很可能会发生危害人类的行为或灭绝种族的行为，也很大可能会违反战争法。尽管以上 4 种罪行可以各自独立成为一种犯罪类型，但是多数情形下它们的行为方式具有相似性，各个罪行之间相互勾连，情形复杂。

发生纠纷的国家与国家之间、种族与种族之间存在长时间的历史纠葛、矛盾沉淀以及恩怨情仇，国际刑事法院在管辖的过程中，如何尽可能地避免加深纠葛、仇恨，尽可能主持公平正义就成为一项艰巨的工作。尤其是对侵略行为的判断上，最容易引发更加深刻的矛盾。因此，《罗马规约》第 5 条第 2 款规定："在依照第 121 条和第 123 条制定条款，界定侵略罪的定义，及规定本法院对这一犯罪行使管辖权的条件后，本法院即对侵略罪行使管辖权。这一条款应符合《联合国宪章》有关规定。"

对战争罪的判断同样非常困难，因为战争有国际战争和国内战争，不仅仅单纯是一国对另一国的战争，更不单纯是一个种族对另一个种族的战争。有的战争尽管是种族之间的战争，但它可能属于国际战争；有的战争可能是一国对另一国的战争，但可能本质上属于种族之间的战争。如果武装冲突是非国际性的话，认定战争罪就更加困难，因为这往往涉及国家主权问题。南斯拉夫的内战就是最好的例证。北约（以正义的名义的国际社会）的介入不但没有解决他们种族之间的冲突性问题，反而导致了一个国家的分裂。中国代表团认为："中国对将国内武装冲突中的战争罪的国际刑事法院的固有管辖权持有异议，国内武装冲突基本上属于国内司法管辖的范畴，国家可自行决定是否将国内武装冲突中的战争罪提交国际刑事法院审理，即所谓'选入'的方式。"[1]中国代表团的意见是指像单纯国内战争的情形。本章也认为一个国家的战争（内战）冲突最终是否需要国际社会（包括常设国际刑事法院）的介入应该由他们自己决定，这样可以排除一些复杂的国际政治和国际关系对国际刑事法院的利用，避免导致一个主权国家受到根本性的损害。

关于危害人类罪的判断更为复杂，因为判断危害人类行为的标准加入了国际人权法的标准。中国代表团认为："《罗马规约》在危害人类犯罪行为的列举中加入了许多人权

---

[1] 李世光、刘大群、凌岩：《国际刑事法院罗马规约评释》，北京大学出版社 2006 年版，前言。

法的内容，有一些行为是否已经成为国际习惯法还存在着疑问，在国家对一些新的立法和新的内容还存在着严重保留的情况下，不允许它们有选择性地接受国际刑事法院的管辖，致使其不能成为《罗马规约》的缔约国。"[1] 中国代表团的疑虑是客观存在的。

三、属人管辖

常设国际刑事法院对属人管辖的规定是非常明确的，需要特别注意的是它有两种规定：一是一般的规定；二是特别的规定。一般的规定是对所有人的管辖的规定；而特别的规定是对具有国际特别身份的人的管辖的规定。

《国际刑事法院罗马规约》第25条第1款规定："本法院根据本规约对自然人具有管辖权。"如前所述，国际刑事法院的属人管辖与国家主权存在竞合，因此，我们可以说国际刑事法院的属人管辖是通过"补充管辖权原则"的适用而适用的，即只有在一国的国内法院不愿意或者不能够进行审理时，国际刑事法院才可以行使其管辖权，这种管辖权是对国家管辖起到一种补充的作用。

特别的规定，是指常设国际刑事法院对军事指挥官和上级官员的管辖。

四、普遍管辖权

《罗马规约》在序言中指出"各国有义务对犯有国际罪行的人行使刑事管辖权"[2]。这一条可以看作国际刑事法院对普遍管辖权的规定。如果是这样，国际刑事法院所主张的普遍管辖权与主权国家国内法规定的管辖权一定产生管辖竞合。譬如说，《中华人民共和国刑法》第9条规定"对于中华人民共和国缔结和参加的国际条约所规定的罪行，中华人民共和国在所承担条约义务的范围内行使管辖权的，适用本法"。如果是中国缔结和参加的国际条约所承担的国际义务范围内，中国必定实行普遍管辖权。这个时候国际刑事法院也对相同的案件实行普遍管辖权，就会与中国的管辖权产生竞合。如韦勒所指出的那样，"关于这个法院管辖权的范围，支持法院的那些国家不可能实现自己扩大该法院管辖权的目的，根据普遍管辖原则，该法院对所有国际法项下的犯罪都有管辖权，不管这些犯罪是在什么地方、由谁或者在危害谁时实施的。属地原则和属人原则最终作为一种妥协被规定在《国际刑事法院规约》之中，然而，这个方向在这个法院的管辖权中创设了一些很敏感的空隙"[3]。原则上，在国际刑事法院与主权国家产生管辖竞合的时候，即使《罗马规约》规定了普遍管辖权，但是最终还是要以"补充管辖权原则"解决竞合问题。

按照现代的国际法的基本原则，国际组织不能是超国家之上的组织，但是《罗马规约》序言的规定，却是对现代国际法基本原则的一个的挑战。一般而言，行使刑罚权是主权国家的一个基本的象征性标志，而常设国际刑事法院对这个标志提出了挑战。在某

---

[1] 李世光、刘大群、凌岩：《国际刑事法院罗马规约评释》，北京大学出版社2006年版，前言。
[2] 《国际刑事法院罗马规约》序言。
[3] [德]格哈德·韦勒：《国际刑法学原理》，王世洲译，商务印书馆2009年版，第32页。

种意义上讲，《罗马规约》序言的规定在某种程度上完全可以说表明了常设国际刑事法院是一个超国家之上的国际组织，或者至少可以说它具有成为一个超国家之上的国际组织的内在性要素。如果能够真的确定普遍管辖权是常设国际刑事法院的基本管辖权的话，它的确可以成为国际刑事法院成立的基础，但是它也可能成为毁灭它的一个内在要素。各个国家基于不同的政治立场，对普遍管辖权持有不同的观点。"考尔先生代表德国代表团在会议上提出了国际刑事法院应建立普遍管辖权的建议，主张对规约所规定的罪刑，无论发生在何时、何地、由何人所为，国际刑事法院都应具有管辖权。这一建议是符合德国国内法的规定的。而沙弗则出于防止美国驻军海外的军人免受国际刑事法院管辖的考虑，坚决反对国际刑事法院建立普遍管辖权。中国对种族灭绝罪行使普遍管辖权没有困难，但是，对国内武装冲突中的战争罪和危害人类罪适用普遍关系权存在困难。"[1]也就是说，有的国家赞同国际刑事法院采用普遍管辖权，有的国家正好相反，还有一些国家则是对某些犯罪反对采用普遍管辖权。但是，不难断定，每一个国家都是从他们自身的国家利益出发考虑的。

五、补充性管辖权

《罗马规约》第 1 条规定："本法院为常设机构，有权就本公约所提到的、受到国际关注的最严重犯罪对个人行使其管辖权，并对国家刑事管辖权起补充作用。"

有的学者认为国际刑事法院正因为有一个补充性管辖权的规定，才使得其成立成为可能。"因为很少国家愿意接受一个优越于国家管辖权的国际法院，唯一可行的办法是使国际刑事法院仅仅用来补充国家的司法体系或者补充国家的管辖权。补充性的原则因此诞生，并成为《罗马规约》的基础。"[2]补充性管辖的确是国际刑事法院作为国际司法机构在与主权国家的权利存在潜在冲突情形下的一种妥协方案，一方面能够成全国际刑事法院的建立；另一方面也可以补充主权国家在不愿意或者不能够行使国家管辖权的情形下维护国际社会的公平正义和安全秩序，打击有罪不罚。

有的学者认为"国家对那些国际刑事法院管辖范围内的罪行继续享有优先管辖权。国际刑事法院无法自动地对那些罪行行使管辖权，除非有管辖权的国家不愿意或者不能够行使管辖权"[3]。但这里存在一个疑问，怎么判断一个国家"不能够"实行管辖权呢？判断的主体是谁？中国代表团认为"《罗马规约》规定的补充性原则，实际上授权国际刑事法院判定国家（包括非缔约国）行为的权利，致使国际刑事法院有权对一国的司法制度进行审查，包括对非缔约国是否包庇罪犯或对其审判的公正性进行审查并作出最后判定，然后再依此行使管辖权，这将使国际刑事法院成为凌驾于国家之上的超国家的司法机构"[4]。因此，即便是补充管辖权，但还是暗含了作为国际司法机构的国际刑事法院享有超国家之上权利的风险。

---

[1] 李世光、刘大群、凌岩：《国际刑事法院罗马规约评释》，北京大学出版社 2006 年版，前言。
[2] 李世光、刘大群、凌岩：《国际刑事法院罗马规约评释》，北京大学出版社 2006 年版，第 9 页。
[3] 李世光、刘大群、凌岩：《国际刑事法院罗马规约评释》，北京大学出版社 2006 年版，第 9 页。
[4] 李世光、刘大群、凌岩：《国际刑事法院罗马规约评释》，北京大学出版社 2006 年版，前言。

第五节　国际刑事协助

一、犯罪人的引渡

1. 双方可罚原则

"为了认定逃亡犯罪人的引渡犯罪该当性，通常理论上把双方可罚原则解释为：逃亡犯罪人的行为不仅根据请求国的法律要构成犯罪而且根据被请求国的法律也要构成犯罪才能被引渡的认定标准。"[1]双方可罚原则是国家之间引渡犯罪人的基本引渡原则，在国际刑事犯罪中是否也需要双方可罚原则呢？本章认为即便是国际刑事犯罪中，双方可罚原则也是引渡的基本原则。一方面，即便是国际刑事犯罪，本质上犯罪人的引渡也是国家之间的引渡或者国家与国际刑事法院之间的引渡。既然是犯罪人的引渡，就必须遵守引渡的基本原则。另一方面，即便是国际刑事法院管辖审理的案件，最终犯罪人的刑罚执行也需要具体到某一国家的国内执行。如果执行刑罚的国家的国内法根本不存在这种犯罪或者根本不承认这种犯罪类型，那么该国就无法接受外国判决或者国际刑事法院的判决，也就无法执行刑罚。因此，只要存在犯罪人的引渡，双方可罚原则就是必要的。但是《罗马规约》中并没有规定双方可罚原则的条款。

《罗马规约》第 5 条规定的 4 种类型的国际犯罪，对人类而言，是最严重的犯罪。对任何一个国家和民族而言，在不同的社会发展阶段，这 4 种类型的犯罪都是能够激发人类危机感的犯罪。在这个意义上讲，这 4 种犯罪行为也都是全人类都能够认定为国际刑事犯罪的行为，双方可罚原则的要求就隐匿在了国家之间、国家与国际刑事法院的合作之中了。但是这并不意味着双方可罚原则的消失，如果在国家之间、国家与国际刑事法院之间的合作中出现了双方可罚原则所引发的适用问题时，恰恰需要提醒查证所认定的"国际犯罪"是否构成了《罗马规约》第 5 条规定的国际犯罪。

2. 传统的引渡例外原则在国际刑事犯罪中的适用可能性

在犯罪人引渡原则中存在一些引渡的例外原则，如政治犯不引渡、军事犯不引渡、自国民犯不引渡以及死刑犯不引渡，那么这些例外原则是否也适用于国际刑事犯罪中呢？这是需要具体情况具体分析的情形。

（1）政治犯不引渡原则。从犯罪人引渡的历史来看，古代甚至近代的政治犯罪是犯罪人引渡的主要对象[2]，但是在现代，政治犯不引渡反而成为保障犯罪人人权的一个最有效的屏障。尽管如此，本章认为无论政治犯的政治目的如何，只要他们实行了《罗马规约》第 5 条所规定的犯罪，"政治性"目的都不应该成为免除国际刑事责任的事由。

（2）军事犯不引渡原则。既然《罗马规约》第 27 条规定了"官方身份的无关性"

---

[1]　秦一禾：《犯罪人引渡诸原则研究》，中国人民公安大学出版社 2007 年版，第 80 页。

[2]　M. Cherif Bassiouni, *International Extradition and World Public Order*, A. W. Sijthoff-Leyded Oceana Publications Inc. – Dobbs Ferry, N. Y., 1974, p.370.

和第 28 条追究"指挥官和其他上级的责任",那么在国际刑事犯罪中,就不可能有军事犯不引渡原则的适用可能性。

(3)自国民犯不引渡原则。在《罗马规约》中的确没有明确规定自国民不引渡的原则,但是《罗马规约》第 90 条第 6 项之一,却将犯罪人的国籍国列为优先被选择引渡、实行管辖权的国家之一。这可以看作对自国民不引渡原则的限制性的适用,因为《罗马规约》不承认自国民不引渡原则,才有可能引渡自国民回到国籍国。

(4)死刑犯不引渡原则。《罗马规约》第 77 条规定,国际刑事犯罪适用的刑罚是有期徒刑(最高不超过 30 年)、无期徒刑、罚金、没收财产。因此,不存在死刑犯不引渡的问题。

3. 特定主义原则

"特定主义是指请求国必须作出对引渡的犯罪人以引渡实施以前的犯罪对其追诉、惩罚的许诺的原则。"[1]特定主义原则最初出现在 1892 年荷兰学者普罗旺·卡拉梯(Provo Kluit)公开发表的论文中。作为明文规定的特定原则最早出现在比利时 1833 年的《犯罪人引渡法》第 6 条中[2],而且发展成为引渡制度中最重要的原则之一。"特定主义的主要作用在于保护被请求国的国家主权。因为决定引渡犯罪是被请求国根据自国的法律认定该被引渡人是否构成犯罪、是否应被处罚以及应处以何种刑罚的,所以,如果被引渡人在引渡后不是根据被请求国所认定的犯罪定罪、量刑,那么被请求国对该犯罪人所适用的双方可罚原则就会付诸于一种形式。"[3]尽管国际刑事法院不是主权国家,但是特定主义原则能够确保法院的判决在执行刑罚的主权国家得以履行。

主权国家在多大的程度上能够执行国际刑事法院所认定的犯罪、刑罚,取决于特定主义原则的适用程度。特定主义原则可以分为严格的特定主义和缓和的特定主义。根据严格的特定主义原则,请求引渡的国家或者执行国际刑事法院判决的国家就必须严格按照被请求国和国际刑事法院的要求判刑或者执行刑罚。根据缓和的特定主义,请求国或者执行国际刑事法院判决的国家在一定程度上可能更改被请求国的要求或者国际刑事法院的判决结果。尽管缓和的特定主义原则能够容易建立引渡关系,但是也容易引发引渡之后的问题。严格的特定主义原则一方面能够确保被请求国和国际刑事法院的要求得以实现,另一方面也能够保证被引渡人的人权。严格的特定主义原则可以说是为了回避缓和的特定主义原则的弊端而出场的原则,但是它也可能导致不容易建立引渡关系的后果。

二、国际刑事犯罪中的"或起诉或引渡原则"

"或起诉或引渡原则"在经过长时间的发展之后,它的内涵发生了很大的变化。在过去,"或起诉或引渡原则"主要针对的是一般引渡;但是现在,尤其是进入 21 世纪之

---

[1] 秦一禾:《犯罪人引渡诸原则研究》,中国人民公安大学出版社 2007 年版,第 14 页。
[2] 森下忠『犯罪人引渡法の理論』、成文堂 1993 年、131 頁。
[3] 秦一禾:《犯罪人引渡诸原则研究》,中国人民公安大学出版社 2007 年版,第 14 页。

后，该原则的内涵不仅指一般的引渡，而且还指特殊的引渡。一般引渡，本质上是指在被请求引渡的国家对逃亡犯罪人没有管辖权的前提下的司法协助。特殊引渡，本质上是指被请求引渡的国家具有对逃亡犯罪人的刑事管辖权，出于方便国家之间在刑事司法中更加有效地合作处理该逃亡犯罪人的问题，才让渡管辖权以达成刑事司法协助的一种方式。与此相对应，"或起诉"也就存在两种情形，一种是代理处罚，另一种是真正的起诉。进一步讲，在没有刑事管辖权的情形下，逃亡犯罪人不符合被引渡的条件，被请求引渡的国家的"或起诉"，本质上是代理处罚。与此不同，如果逃亡犯罪人不符合特殊引渡（司法协助）的条件的话，被请求引渡的国家对逃亡犯罪人实行的"或起诉"就是真正意义上的起诉，而不是代理处罚，因为该被请求引渡的国家对该逃亡犯罪人具有实质的刑事管辖权。国际刑事犯罪中的"或起诉或引渡"主要是指特殊的引渡和真正起诉。

虽然《罗马规约》没有明确规定"或起诉或引渡"原则，但是在第9编规定的国际合作和司法协助的条款中贯彻了这一原则的核心思想。"补充管辖权"本身就是"或起诉或引渡"原则的另一种表达方式。针对《罗马规约》第5条规定的4种类型的国际犯罪，相关国家或者积极实行刑事管辖权，或者将实施了国际犯罪的犯罪人引渡给具有管辖权的国家或者国际刑事法院。

三、一事不再理原则

《罗马规约》第20条第1款规定："除本规约规定的情况外，本法院不得就本法院已经据以判定某人有罪或无罪的行为审判该人。"国际刑事法院不能对已经审理过的案件再次审理，也不允许其他法院对自己审理过的案件再次进行审理。《罗马规约》第20条第2款规定："对于第五条所述犯罪，已经被本法院判定有罪或者无罪的人，不得因该罪再由另一法院审判。"第20条就是典型的适用一事不再理原则的规定。除了《罗马规约》第20条的规定，第17条第1款第3项也有相同宗旨的规定，"有关的人已经由于作为控告的理由的行为受到审判，根据第20条第3款，本法院不得进行审判"。这一项也是对一事不再理原则的规定。但是，在适用一事不再理原则时，还是存在以下一些问题：

（1）某国的国内法院愿意管辖，但是国际犯罪在该国刑法上没有规定的情形下，该国强行实行管辖权而作出的国内刑事判决（违反罪刑法定原则）是否能够算作"一次"刑事追诉？

（2）某国按照该国的国内刑法已经追究犯罪人的刑事责任，但其处罚程度与国际犯罪处罚标准之间存在不平衡，在这种情形下，这样的判决是否也可算作"一次"判决呢？本章认为这种情形比上面的情形更有可能存在，因为不能完全排除国内法庭对自己的国民持有较为"宽容"的态度。正因如此，才有了《规约》第20条第3款的例外规定。

《罗马规约》第20条第3款规定："对于第六条、第七条或第八条所列的行为，已经由另一法院审判的人，不得因同一行为受本法院审判，除非该另一法院的诉讼程序有下列情形之一：1.是为了包庇有关的人，使其免负本法院管辖权内的犯罪的刑事责任；或2.没有依照国际法承认的正当程序原则，以独立或公正的方式进行，而且根据实际情况，采用的方式不符合将有关的人绳之以法的目的。"

尽管《罗马规约》第 20 条第 3 款的例外情形规定的非常明确，但是如何判断"包庇"存在一定的困难。第二种例外情形同样存在一些难点，因为一个国家的国内刑事法程序不一定与国际法承认的正当程序一致，这里面也存在判断标准问题。

重要名词术语

国际犯罪、纽伦堡军事法庭、远东（东京）军事法庭、前南斯拉夫问题国际刑事法庭、卢旺达国际刑事法庭、国际刑事法院、危害人类罪、种族灭绝罪、侵略罪、战争罪

思考题

1. 国际刑事法院对国际犯罪的定义限定为哪四种犯罪类型？
2. 第二次世界大战之后成立的国际军事法庭对德国战犯、日本战犯的审判是否如被告人所言的那样违反了罪刑法定原则？
3. 根据联合国大会决议建立的临时国际刑事法庭是否具有合法性？它的合法性根据或者不合法的理由是什么？
4. 如何区别战争罪与侵略罪之间的不同？如何区别灭绝种族罪与危害人类罪之间的不同？
5. 为什么豁免权不能成为实施国际犯罪的国家官员的违法性阻却事由？
6. 国际刑事法院的管辖权是否与国家主权形成了冲突？

典型案例分析

国际刑事法院巴博案

2010 年科特迪瓦总统选举，但宣布时任总统巴博（Laurent Gbagbo）和反对派领导人瓦塔拉（Alassane Quattara）均获胜，并且双方分别宣誓就职，从而导致两个阵营爆发持续将近 5 个月的武装冲突。犯罪规模巨大，100 多万人流离失所，大量妇女被强奸，还发生了其他不人道的行为。在科特迪瓦首都还发现了数个"万人坑"。与此同时，效忠巴博的科特迪瓦安全部队成员袭击了联合国科特迪瓦行动团总部的巡逻员和哨兵，支持巴博的"青年爱国者"组织对联合国军事观察员发动袭击，导致两名观察员受伤。"青年爱国者"组织的头目古德（Blè Goudè），在动荡期间还煽动青少年袭击联合国工作人员。2011 年 4 月巴博部队被瓦塔拉部队击败，巴博被捕。该国的军事冲突宣告结束。

在发生武装冲突的当时，科特迪瓦还不是《罗马规约》的缔约国，但是该国已经在 2003 年 4 月 18 日宣布接受国际刑事法院的管辖，并于 2013 年 2 月 5 日加入《罗马规约》。2011 年 10 月 3 日，国际刑事法院第三预审庭通过检察官对科特迪瓦情势展开调查。2011 年 11 月 23 日，国际刑事法院签发了对巴博的逮捕令，同年 11 月 29 日，科

特迪瓦司法部对巴博执行逮捕令，并执行移交国际刑事法院的程序。巴博和古德被指控在 2010 年 12 月 16 日至 4 月 12 日，在科特迪瓦犯下了危害人类罪，包括谋杀、强奸以及其他非人道行为及其未遂和迫害行为。2012 年 2 月 22 日，第三预审分庭决定扩大对科特迪瓦调查的授权范围，2012 年 2 月 29 日，第三分庭签署对巴特夫人西蒙·巴博（Simone Gbagbo）逮捕令。

巴博是国际刑事法院成立以来第一位接受审讯的前任国家元首，巴博一直坚决否认所有指控。2019 年 1 月 15 日，国际刑事法院宣告巴博无罪，同时也宣告古德无罪。虽然 2015 年 3 月对西蒙·巴博以种族灭绝罪判处 20 年徒刑，但在 2021 年 7 月 19 日又宣布撤销对她的逮捕令。国际刑事法院的法官认为，巴博被宣判无罪的原因在于，巴博与起诉案件之间的联系"极其薄弱"，检察官没有能够提供有力的证据证明巴博和古德为他们的支持者制订了一项实施暴力的计划。

这说明，国际法上断危害人类罪等严重国际罪行是非常严肃的事情，是难以轻易判断和下结论的。相关国际司法机构是否有管辖权，国家元首、政府首脑等是否享有豁免权，事实是否清楚、证据是否确凿，法律能否准确适用，都是关键因素。

第二十章 国际人道法

【内容提示】

习近平总书记关于国际人道主义事业和红十字事业曾作出过多次重要指示，这些指示与学习、理解国际人道法密不可分。

第一，国家主席习近平于2013年5月时提出，人道主义事业是全人类共同的事业，相信红十字精神将不断发扬光大。习近平强调，中国高度重视和支持红十字事业，愿同红十字国际委员会加强合作，积极参与国际人道援助，为更多弱势群体提供帮助，在力所能及的范围内履行国际责任和义务，为国际人道主义事业作出更大贡献。

第二，国家主席习近平于2015年5月会见中国红十字会第十次全国会员代表大会代表时强调，中国红十字事业是中国特色社会主义事业的重要组成部分，中国红十字会是党和政府在人道领域联系群众的桥梁和纽带。国际红十字运动已经有150多年的历史，红十字组织是全世界影响范围最广、认同程度最高的国际组织。红十字是一种精神，更是一面旗帜，跨越国界、种族、信仰，引领着世界范围内的人道主义运动。

第三，国家主席习近平于2023年9月5日在会见红十字国际委员会主席时强调，人道主义是能够凝聚不同文明的最大共识。中华传统文化中包含的"仁者爱人""己所不欲，勿施于人"等思想，同国际红十字运动的宗旨相融相通。中国是国际人道主义事业的积极拥护者、参与者和贡献者。

上述重要指示和讲话，无论对于理解国际人道法的概念和精神，还是学习具体的人道法规则和原则，都具有重要的指导意义。

国际人道法属于国际公法的一部分，也称为"武装冲突法"或"战争法"，学习过程中应注意体会对这一领域称谓的差异与变化。本章分为4节，第1节概述国际人道法的概念、渊源及其适用。"日内瓦体系"是当前国际人道法中主要的条约渊源。第2节介绍国际人道法中对作战手段和方法的限制，注意把握其基本原则在实际情况中的运用。第3节介绍战斗人员、平民和对战争受难者的保护。学习中应注意观察战斗人员与平民的差别及其在实际中的运用。第4节介绍中国与国际人道法。中国传统文化中存在的理念早已蕴含人道和人性的思想与光辉。近代以来，我国以实际的行动支持国际人道事业和国际红十字运动。人道主义是能够凝聚不同文明的最大共识。

第一节 国际人道法概述

一、国际人道法的概念

国际法人道法"是保护战争及武装冲突受害者和适用于战争与武装冲突行为的法律规范";[1]国际人道法学科则是国际法学中,以国际人道法及其相关问题为研究对象的学科。

国际人道法常与战争法、武装冲突法同时提及。一方面,战争法就是适用于战争状态下的行为规则,是这一领域里法律规则的传统称谓。传统国际法认为,只有国家之间的战争才是国际法上的战争。传统的战争法分为两大部分:一部分有关诉诸战争的规则或权利(*jus ad bellum*),也可理解为"开战法";另一部分规范战争行为的规则(*jus in bello*)。随着1928年《巴黎非战公约》废弃将战争作为追求国家政策的工具,以及1945年《联合国宪章》第2条第4项规定在国际关系上不得使用威胁或武力,国家已经不再具有诉诸战争的权利。在国际关系中使用武力的合法性问题成为一个单独的国际法领域和国际法学研究对象。规范战争行为本身的规则则不受使用武力是否合法的影响,发展成为一个单独的国际法领域。

从概念角度来说,战争法是与和平法相对应的法律体系。长久以来,战争被国家视作保证其实体权利得到尊重的自助手段,既是一种法律状态,也是一种事实状态。法律意义上的战争主要指交战各国有"交战意思"。基于以往的实践和理论,可以认为,战争的存在表现为要么有宣战的行为,要么敌对行动事实上持续存在。从这个意义上说,也不是所有国际法上的战争都必然以存在实际的武装冲突的事实为前提。作为一种法律状态的战争,可能并没有实际的武装争斗发生。战争与和平之间存在诸多阶段这一事实,一直困扰着国际法学界。

另一方面,在"战争"提法被继续使用的同时,又出现了"武装冲突"这一术语。19世纪末以来,国际环境的根本变化使得战争法的范围和内容发生了相应的变化。1949年制定的四个日内瓦公约为了涵盖发生在国家或其他武装团体之间的所有武力争斗行为,在其共同第2条明确规定:"本公约适用于两个或两个以上缔约国间所发生之一切经过宣战的战争或任何其他武装冲突,即使其中一方不承认的战争状态。"此外,其他不少国际法律文件也都使用"武装冲突"一词,如1954年的《在武装冲突时保护文化财产公约》和1961年的《维也纳外交关系公约》等。武装冲突在法律上有着一些与战争不同的效果,但原来关于战争法的规则仍然适用。

由于战争法或武装冲突法的规则,主要是围绕"人道"而制定,在现代国际上又越来越经常地称之为"国际人道法"。

---

[1]《国际公法学》编写组:《国际公法学》,高等教育出版社2018年版,第406页。

二、国际人道法的渊源

国际人道法的特点就在于其规则不仅存在于多个条约中,还以各国公认的习惯形式发挥作用。就条约渊源而言,主要分为两个体系,"日内瓦体系"和"海牙体系"。

(一)"日内瓦体系"

"日内瓦体系"包括1864年、1906年、1929年和1949年在瑞士日内瓦签订的一系列公约。这些公约的宗旨,都在于保护战争或武装冲突者中的受难者。其中,最广为熟知的是1949年4个日内瓦公约以及1977年针对上述4个公约通过的两个附加议定书,以及2005年针对上述4个公约所作第三附加议定书的规则,包括:《改善战地武装部队伤者病者境遇之日内瓦公约》(《日内瓦第一公约》);《改善海上武装部队伤者病者及遇船难者境遇之日内瓦公约》(《日内瓦第二公约》);《关于战俘待遇之日内瓦公约》(《日内瓦第三公约》);《关于战时保护平民之日内瓦公约》(《日内瓦第四公约》)。三个附加议定书则分别为:《关于保护国际性武装冲突受难者的附加议定书》(《第一附加议定书》);《关于保护非国际性武装冲突受难者的附加议定书》(《第二附加议定书》);《关于采纳一个新增特殊标志的附加议定书》(《第三附加议定书》)。

(二)"海牙体系"

"海牙体系"是指1899年和1907年两次海牙和平会议所制订的公约和相关声明,包括了规范作战手段和方法,以及被占领地区进行治理的规则。这些文件主要是对作战手段和方法进行限制。1899年第一次海牙会议通过了一系列公约和宣言。1907年第二次海牙会议召开,会议修订了1899年的一些公约以外,还通过了10个关于陆战和海战行为的公约,每个公约都包含一项"普遍参加条款",即若参与战争的某一方不是公约缔约方,则公约对所有交战方失去拘束力。1907年海牙诸公约编纂了许多重要惯例,是限制作战手段和方法的重要条约,在法律上至今仍然有效,但是其中许多规定已经不能适应军事科学技术的发展。

"日内瓦体系"和"海牙体系"并不是两个孤立的条约体系,它们的目的都是从人道的角度出发更好地保护武装冲突中应当受保护的人。这两个体系之间的联系日趋紧密、相互影响与融合。国际法院在1996年核武器咨询意见中就指出,适用于武装冲突的"日内瓦体系"和"海牙体系",彼此紧密联系,逐渐发展成为一个复杂的体系。[1]

(三)习惯国际法

在国际人道法中,日内瓦四公约及其附加议定书中的很多规则被认为是反映了习惯国际法。例如,联合国秘书长于1993年5月向安理会提交的S/25704号报告表明,一些主要的人道法条约同样是习惯国际法的一部分。再如,在前南刑庭的"塔迪奇案"中,上诉分庭认为《第二附加议定书》中的一些规定反映了习惯国际法,例如保护平民不受敌对行动(尤其是无差别攻击)伤害;保护平民物体(尤其是文化财产);保护不参加(或不再参加)敌对行动的人员;禁止使用在国际武装冲突中不被允许的战斗方式;以

---

[1] *Legality of the Threat or Use of Nuclear Weapons*, Advisory Opinion, I.C.J.Reports 1996, para.75.

及禁止使用某些敌对行动手段。[1]

红十字国际委员会于1996年对目前在国际人道法领域的国家实践展开了一些研究，研究成果为两卷本的习惯国际人道法。第1卷是全面分析了适用于国际性和非国际性武装冲突的国际人道法习惯规则。第2卷则包含了国际人道法各个方面的内容，它是对相关条约和相关国家实践的总结，其中包括立法、军事手册、判例法和正式声明，以及国际组织、会议与司法和准司法机构的实践。红十字国际委员会的这两卷本成果，是对习惯国际人道法的概括，但并非具有法律约束力的国际法解释，但其具有重要的研究和参考价值。

三、国际人道法的适用

国际人道法是国际法的分支，其适用需要区分如下两种类型的武装冲突：国际性武装冲突和非国际性武装冲突。

（一）国际性武装冲突

国际性武装冲突（international armed conflict）就是国家与国家之间的武装冲突。在国际人道法上，主要适用于国际性武装冲突的国际协定比较多，其中主要有1856年《关于海战的巴黎宣言》；1864年《改善伤病员待遇的日内瓦公约》；1868年《禁止在战争中使用某些爆炸性子弹的圣彼得堡宣言》；1899年一系列《海牙公约和宣言》；1907年第二次海牙和平会议的系列宣言；1909年《伦敦海战宣言》；1922年《关于在战争中使用潜水艇及有毒气体的华盛顿条约》；1925年《关于禁止使用毒气或类似毒品及细菌方法作战的日内瓦议定书》；1954年《关于发生武装冲突时保护文化财产的海牙公约》；1949年日内瓦四公约；等等。从国际人道法所有已订立的法律文件来看，目前适用于国际性武装冲突的规则比较完备。

（二）非国际性武装冲突

非国际性武装冲突（non-international armed conflict）是发生在一国领土之内的不具备国际性的武装冲突。与国际法中的大部分领域只是或主要调整国家间关系不同，国际人道法不仅适用于国家间即国际性武装冲突，也适用于国家之内政府军队与非政府武装团体之间或非政府武装团体之间的武装冲突即非国际性武装冲突。在非国际武装冲突中的国际人道法的主要是1949年日内瓦四公约共同第3条，以及《第二附加议定书》。

1. 1949年日内瓦四公约共同第3条

1949年日内瓦四公约共同第3条是日内瓦四公约中唯一专门规制非国际性武装冲突行为的条款。日内瓦四公约共同第3条规定如下：

> 在一缔约国之领土内发生非国际性的武装冲突之场合，冲突之各方最低限度应遵守下列规定：

---

[1] *Prosecutor v. Dusko Tadic*, Case No. IT-94-1-AR72, 2 October 1995, Decision on the Defence Motion for Interlocutory Appeal on Jurisdiction, para.117.

（一）不实际参加战事之人员，包括放下武器之武装部队人员及因病、伤、拘留，或其他原因而失去战斗力之人员在内，在一切情况下应予以人道待遇，不得基于种族、肤色、宗教或信仰、性别、出身，或财力或其他类似标准而有所歧视。

因此，对于上述人员，不论何时何地，不得有下列行为：

（甲）对生命与人身施以暴力，特别如各种谋杀、残伤肢体、虐待及酷刑；

（乙）作为人质；

（丙）损害个人尊严，特别如侮辱与降低身份的待遇；

（丁）未经具有文明人类所认为必需之司法保障的正规组织之法庭之宣判，而遽行判罪及执行死刑。

（二）伤者、病者，应予收集与照顾。

公正的人道主义团体，如红十字国际委员会，得向冲突之各方提供服务。

冲突之各方应进而努力，以特别协定之方式，使本公约之其他规定得全部或部分发生效力。

上述规定之适用不影响冲突各方之法律地位。

1949年日内瓦四公约共同第3条为一国国内武装冲突各方提供了应当遵守的最低限度的行为规则。理解这一条有以下几个要点：

第一，共同第3条适用于所有在某一缔约国领土内爆发的武装冲突。该条规定，属于有关冲突方面在发生武装冲突场合所应遵守的"最低限度的"规定。

第二，这一"最低限度"规定，要求对不参加战斗的人员（其中包括放下武器的武装部队人员、伤、病员，或因其他原因而失去作战能力的人员），在任何情况下应予以人道的待遇；这种待遇，不得因为种族、肤色、宗教或信仰、性别、出身，或财产及其他标准而有所不同。

第三，这一"最低限度的"规定，要求对不参加战斗的人员，不论何时何地都不得有对其生命与人身施加暴力，尤其是谋杀、残伤肢体、虐待及酷刑的行为；不得有对其损害其人格，尤其是侮辱或降低其身份的待遇的行为；也不得有对其未经过符合公认标准成立的法庭的宣判而被定罪或被处决的行为。

第四，这一"最低限度的"规定，要求对伤、病员及遇船难者予以收集与照顾。

值得注意的是，日内瓦四公约共同第3条明确规定，有关对国内武装冲突方面的规定的适用，不影响冲突各方的法律地位，这样更有利于冲突各方对这些规则的尊重和遵守。

2.《第二附加议定书》

《第二附加议定书》共有28个条款。《第二附加议定书》的基本目标规定在序言中，即在非国际性武装冲突中"为了确保战争受难者获得更好保护的需要"。所谓"战争受难者"，就是指国际人道法意义上那些没有直接参加敌对行动的平民，以及原来参加又退出战斗的人，如"战俘、伤者和病者"等。《第二附加议定书》是为了发展与补充《日内瓦四公约》共同第 3 条而不改变其现有的适用条件而产生的。因此,整个《第二附加议定书》也还是关于非国际性武装冲突规则的法律文件。

《第二附加议定书》有以下几方面的特点。

第一,《第二附加议定书》适用《第一附加议定书》所未包括,而在缔约方领土内发生的该方武装部队和在负责指挥机制下,对部分领土行使控制权,使其能进行持久而协调的军事行动并执行《第二附加议定书》的反政府武装或其他有组织的武装团体之间的一切武装冲突。此外,《第二附加议定书》不适用于冲突级别上比较低的情况,如内部动乱、紧张局势等。

第二,与日内瓦四公约共同第 3 条一样,《第二附加议定书》适用于所有"国内性质的武装冲突"。它不仅适用于国家"在其武装力量和持不同政见的武装力量或者其他有组织的武装集团之间"发生的武装冲突,也适用于一国在没有政府军参加的情况下,由各武装力量之间展开的武装冲突。《第二附加议定书》没有《第一附加议定书》中常用的"冲突方"一词,只是有"敌对行动"或"军事行动"等。

第三,《第二附加议定书》第 3 条规定了一项"不干涉"条款:"一、本议定书的任何规定均不应援引以损害国家的主权,或损害政府用一切合法手段维持或恢复国内法律和秩序或保卫国家统一和领土完整的责任。二、本议定书的任何规定均不应援引作为无论基于任何理由而直接或间接干涉武装冲突或冲突发生地的缔约一方的内部或外部事务的根据。"

(三) 国际性与非国际性武装冲突的区别

区分国际性武装冲突和非国际性武装冲突,可以归纳成以下三个方面。

第一,适用规则不同。国际性武装冲突适用 1949 年日内瓦四公约以及其他应适用的法律渊源;而调整非国际性武装冲突的法律渊源只有 1949 年日内瓦四公约共同第 3 条和《第二附加议定书》。

第二,国际性武装冲突中参加到武装冲突中的武装部队成员被赋予战斗员地位,战斗员如果落入敌对方控制之中,则成为战俘。根据 1949 年《日内瓦第三公约》的规定,战俘的权益受到特殊的保护,且战俘不会在武装冲突之后因为参加到武装冲突中的原因而承担刑事责任。在非国际性武装冲突之中,积极参加武装冲突的反政府武装一方,其成员不被赋予战斗员地位,若其落入敌对方控制之中,也不具有战俘地位。

第三,国际性武装冲突对平民有详细的保护规则,而非国际性武装冲突中平民的保护规则仅限于日内瓦四公约共同第 3 条和《第二附加议定书》的规定,那些规定较为抽象。

此外,区分国际性和非国际性武装冲突的原因还在于,严重违反适用于两者的规则均被视为战争罪。但是,同样是追究个人刑事责任,起诉罪名会因为武装冲突性质而有所不同。

第二节 对作战手段和方法的限制

现代国际法禁止使用武力，但在国际关系实践中不能防止和杜绝武力的使用。在武装冲突中，也并非可以毫无限制地使用武力手段和方法。国际人道法中的"手段"（means）是指所使用的武器，而"方法"（methods）则包括如何使用武器及其他作战方法。

一、使用作战手段和方法的基本原则

国际人道法中存在一些关于作战手段和作战方法限制的基本原则。

（一）在条约没有规定的情况下仍尊重国际法义务的原则

在1899年和1907年的文件中，《陆战法规和惯例公约》及其所附的《陆战法规和惯例章程》是重要的文件。《陆战法规和惯例公约》在序言中提到了一项原则，后有称之为"马尔顿条款"（Martens Clause）的规定："在颁布更完整的战争法规之前，缔约各国认为有必要声明，凡属他们通过的规章中所没有包括的情况，居民和交战者仍应受国际法原则的保护和管辖，因为这些原则来源于文明国家间制定的惯例、人道法规和公众良知的要求。"《第一附加议定书》第1条第2款的规定也体现了"马尔顿条款"，"在本议定书或其他国际协定所未包括的情形下，平民和战斗员仍受来源于既存习惯法、人道原则和公众良心要求的国际法原则的保护和支配"。

根据"马尔顿条款"，即使是在条约没有规定的情况下，也不能解除有关冲突方必须尊重国际人道法的义务。也就是说，在国际人道法尚无具体规定的情况下，有关冲突方不能为所欲为。这一原则是人道法中的重要原则，表明在公约中没有规定情况下，平民和战斗人员仍受人道主义法规和公众良知的保护。国际法院在1996年"威胁使用或使用核武器合法性"咨询意见案中指出，这一原则属于人道法的特殊原则，如同区分原则等一样重要。在快速发展的现代社会，军事和新武器发展迅速，法律滞后性明显，这一原则具有特别重要的意义。

（二）区分原则

区分原则要求冲突各方必须区分战斗人员与非战斗人员、武装部队与平民，以及军事目标与非军事目标，并在战争和武装冲突中给予不同的对待。区分原则源于国际人道法最基本的一个概念，即在武装冲突时期只有削弱敌方军事实力的作战手段才是可接受的。

区分原则体现在以下条约规则中，例如，1977年《第一附加议定书》第48条"基本规则"规定："为了保证对平民居民和民用目标的尊重和保护，冲突各方无论何时均应在平民居民和战斗员之间和在民用目标和军事目标之间加以区别，因此，冲突一方的军事行动仅应以军事目标为对象。"《第一附加议定书》第57条第1款规定，"在进行军事行动时，应经常注意不损害平民居民、平民和民用目标"。

区分原则在适用中的困难主要体现在如何界定军事目标。例如，电台在和平时期和军事活动没有关系，但是在战争时期可以被用于军事目的，那么在武装冲突中是否可以攻击就成了一个难题。《第一附加议定书》第52条第2款对此规定："攻击应严格限于

军事目标。就物体而言,军事目标只限于由于其性质、位置、目的或用途对军事行动有实际贡献,而且在当时情况下其全部或部分毁坏、缴获或失去效用的提供明确的军事利益的物体。"

可见,判断属于军事目标应该同时满足两个条件:第一,从性质、位置、目的或用途上判断具有军事利益。第二,在当时的情况下对其进行攻击将会使攻击方取得明确的军事利益。所谓明确的军事利益是指攻击该目标后取得的军事利益不是潜在的或间接的。就此,《第一附加议定书》第52条第3款还规定:"对通常用于民用的物体,如礼拜场所、房屋或其他住处或学校,是否对军事行动作出有效贡献的问题有怀疑时,该物体应推定为未被这样利用。"

(三)比例原则

比例原则要求在对军事目标进行攻击时应最大限度地减少对平民和民用物体造成的附带损害,对平民和民用物体造成的附带损害不应超过在军事行动中所要达到的预期的、具体的、直接的军事利益。《第一附加议定书》第52条第2款规定攻击"应严格限于军事目标"。《第一附加议定书》第56条第1款还规定,"含有危险力量的工程或装置,如堤坝和核发电站,即使这类物体是军事目标,也不应成为攻击的对象,如果这种攻击可能引起危险力量的释放,从而在平民居民中造成严重的损失。其他在这类工程或装置的位置上或在其附近的军事目标,也不应成为攻击的对象,如果这种攻击可能引起该工程或装置危险力量的释放,从而在平民居民中造成严重的损失。"

具体而言,对战场上决定发动攻击的指挥官而言,国际人道法又有一些具体的规定:

第一,尽可能查明将予攻击的目标既非平民也非民用物体,而且不受特殊保护,而是属于《第一附加议定书》第52条意义内的军事目标,并查明对该目标的攻击不是第一附加议定书的规定所禁止的。

第二,在选择攻击手段和方法时,采取一切可能的预防措施以期避免,并无论如何减少平民生命附带受损失、平民受伤害和民用物体受损害。

第三,不决定发动任何可能附带使平民生命受损失、平民受伤害、民用物体受损害,或三种情形均有而且与预期的具体和直接军事利益相比损害过分的攻击。

第四,如果发现目标不是军事目标或是受特殊保护的,或者发现攻击可能附带造成与预期的具体和直接军事利益相比过分的平民生命受损失、平民受伤害、民用物体受损害,或三种情形均有,该攻击应予取消或停止。

二、对作战方法的限制

早在1899年《陆地法规和惯例公约》里就规定了对作战方法的限制,交战者在损害敌方的手段方面,并不拥有无限制的权利。

(一)禁止不分皂白的作战方法

《第一附加议定书》第51条第4款描述并禁止了3种类型的不加选择的攻击:"(1)不以特定军事目标为对象的攻击;(2)使用不能以特定军事目标为对象的作战方法或手

段;或(3)使用其效果不能按照本议定书的要求加以限制的作战方法或手段;而因此,在上述每个情形下,都是属于无区别地打击军事目标和平民或民用物体的性质的行为。"

《第一附加议定书》还进一步列举了两个特殊的例子:"(1)使用任何将平民或民用目标集中的城镇、乡村或其他地区内许多分散而独立的军事目标视为单一的军事目标的方法或手段进行轰击的攻击;和(2)可能附带使平民生命受损失、平民受伤害、平民物体受损害,或三种情形均有而且与预期的具体和直接军事利益相比损害过分的攻击。"

(二)禁止改变环境的作战方法

《第一附加议定书》第35条第3款禁止使用旨在或可能对自然环境引起广泛、长期而严重损害的作战方法或手段;第55条要求应注意保护自然环境不受广泛、长期和严重的损害。这种保护包括禁止使用旨在或可能对自然环境造成这种损害从而妨害居民的健康和生存的作战方法或手段。作为报复的对自然环境的攻击,是禁止的。但是,一些国家,如英国对第55条第2款作了保留。另外,条款的一些术语缺乏定义,比如"长期""广泛""严重""长期"等。第56条也规定了含有危险力量的工程或装置,如堤坝和核发电站,如果这种攻击可能引起危险力量的释放,从而在平民居民中造成严重的损失,即使这类物体是军事目标,也不应成为攻击的对象。其他在这类工程或装置的位置上或在其附近的军事目标,也不应成为攻击的对象,如果这种攻击可能引起该工程或装置危险力量的释放,从而在平民居民中造成严重的损失。

(三)禁止背信弃义的作战方法

背信弃义在战争法中的存在历史悠久。根据《第一附加议定书》第37条,禁止诉诸背信弃义行为来杀死、伤害或俘获敌人。背信弃义在本条中是指,以背弃敌人的信任为目的而诱取敌人的信任,使敌人相信其有权享受或有义务提供国际法所规定的保护的行为。该条款列举了一些背信弃义行为的表现:一是假装在休战旗下谈判或投降的意图;二是假装因伤或因病而无能力作战;三是假装具有平民或非战斗员身份;四是使用联合国或中立国或其他非冲突方的国家的记号、标志或制服,假装享有被保护人地位。

《第一附加议定书》第38条还规定了滥用公认标志的做法,不正当使用红十字、红新月或红狮与太阳的特殊标志或各公约或本议定书所规定的其他标志、记号或信号,是禁止的。在武装冲突中故意滥用国际公认的保护标志、记号或信号,包括休战旗,以及文化财产的保护标志,也是禁止的。除经联合国核准外,禁止使用联合国的特殊标志。

在海战规则中,追逐敌舰或被敌舰追逐时使用中立国或敌国国籍标志不认为是背信弃义。这规定于《第一附加议定书》第39条第3款,"本条或第三十七条第一款第四项的规定,不应影响适用于间谍或在进行海上武装冲突中使用旗帜的现行的公认国际法规则。"这一规则被认为增加中立国船舶航行的危险,处于这一条款保护下的军舰不能对它追逐的或追逐它的军舰开火,这一连带规则同样被接受。

三、对作战手段的限制

(一)禁止使用具有过分伤害和滥伤滥杀作用的武器

使用具有过分伤害力和滥杀滥伤作用的武器,是包括极度残忍的武器;有毒、化学和生物武器；大规模毁灭性武器（核武器）。

第一，极度残忍武器，即超过使战斗员丧失战斗能力的程度、使受害者受到极度痛苦甚至不可避免地死亡的武器。这类武器是战争法规所严格禁止使用的。例如，1868年《圣彼得堡宣言》禁止使用"轻于400克的爆炸性弹丸或易燃物质的弹丸"。1907年海牙《陆战法规和惯例章程》第23条禁止使用"足以引起不必要痛苦的武器、投射物或物质"；1899年《海牙第三宣言》禁止使用"在人体内易于膨胀或变形的投射物"；1980年《联合国禁止或限制使用某些可被认为具有过分伤害力或滥伤作用的常规武器公约》禁止使用无法检测的碎片、地雷（水雷）、饵雷以及燃烧性武器、高速小口径轻武器。当前，燃料空气炸弹、凝固汽油弹、白磷弹、集束炸弹、达姆弹、跳雷等，属于这类武器。

第二，有毒、化学和生物武器。1899年和1907年的海牙公约都明文规定禁止使用毒气和有毒武器。1925年缔结的《关于禁止使用毒气或类似毒品及细菌方法作战议定书》规定将此类禁止扩大到细菌武器。此后，对生物武器和化学武器的规范开始分化，形成各自的条约体系以及相应的监督机构。1972年签订《禁止细菌（生物）及毒素武器的发展、生产及储存以及销毁此类武器的公约》进一步规定，永远禁止在任何情况下发展、生产、储存、取得和保留这类武器。

1993年《关于禁止发展、生产、储存和使用化学武器以及销毁此类武器的公约》（《化学武器公约》）在全世界范围内禁止研制生产、储存和使用化学武器，规定缔约国必须在公约规定的期限内销毁各自的化学武器及其生产设施。《化学武器公约》第2条有关于化学武器的定义，并设立了"禁止化学武器组织"。《化学武器公约》是第一个在多边框架下谈判而成的、规定销毁整个一大类别的大规模杀伤性武器的裁军协议。

第三，大规模毁灭性武器。这类武器主要是指核武器。现行国际法并没有规范明确禁止使用核武器。1996年，联合国大会请求国际法院对使用或威胁使用核武器的合法性提供咨询意见。法院一致认为，习惯国际法和条约国际法均没有具体授权以核武器进行威胁或使用核武器。法院随后宣布，习惯国际法和条约国际法也没有对核武器进行威胁或使用核武器做任何全面和普遍的禁止。法院进一步认为，违背《联合国宪章》第2条第4款并且不符合第51条所有要求时，以核武器威胁或使用核武器必须符合武装冲突中适用的国际法的要求，特别是国际人道法原则和规则及专门处理核武器问题的条约和承诺中的义务。在关键结论上，法院宣布"遵循上述要求，以核武器进行威胁或使用核武器有悖于武装冲突中适用的国际法，特别是人道法原则和规则。然而，从国际法的现状和法院所掌握的事实要素来看，法院无法作出定论：在为国家生死存亡进行自卫的极端情况下，以核武器进行威胁或使用核武器是合法的还是非法的。

此外，在核武器领域，自1996年国际法院作出这一咨询意见以后，在有关国家推动下，联合国大会于2016年通过了第71/258号决议，启动《禁止核武器条约》的谈判。2017年7月7日，联合国大会通过了《禁止核武器条约》。

（二）海战中对作战手段的限制

1. 水雷和鱼雷

水雷和鱼雷的发明和使用，严重威胁着国际航运和中立国的合法权利。1907年《海牙第八公约》对水雷和鱼雷的使用作出了规定。《海牙第八公约》第 2 条禁止以阻断商业航运为唯一目的、在敌国海岸和港口敷设自动触发水雷；鉴于自动触发水雷可能是有锚或者是无锚的；第 3 条规定，交战国在使用有锚的自动触发雷时应对和平航运（中立航运）采取安全预防措施；第 4 条规定，在其海岸外使用这一战争方法的中立国，应将铺设水雷的区域通知其他政府和各国船东；第 5 条规定，一旦战争结束，各缔约国保证各自扫除其铺设的水雷；至于交战国一方沿另一方海岸敷设的有锚自动触发水雷，敷设水雷的国家应将敷设地点通知另一方。"科孚海峡案"从一个侧面展示了《海牙第八公约》规则使用的效果。国际法院认为，阿尔巴尼亚承担对包括英国军舰在内的所有船舶通知其在领海内存在布雷区的义务，这一义务不但基于《海牙第八公约》，而是来自某些基本的人道考虑。[1]

当前，水雷技术已经发展到高度复杂的程度，除了传统类别以外，还包括遥控水雷或者核水雷。《海牙第八公约》没有预见到这些新类型的出现，其对新型水雷的使用可能是需要调整现有法律规则。

2. 潜艇

潜艇攻击始于第一次世界大战。直至 1922 年《关于在战争中使用潜水艇和有毒气体条约》中才对潜艇攻击有了一些规定。按照这一条约，潜艇不得对遇到的商船立即攻击，在逮捕商船前应先命令其接受临检，以确定其性质。对拒绝临检或拿捕后不遵守指定的航线行驶者可以加以攻击；在确有破坏商船必要情况下，必须先将商船上人员置于安全地方。由于这一公约没有生效，1930 年又签订了关于海军作战的《伦敦条约》。《伦敦条约》在重申 1922 年的这些规定以外，还强调除对拒绝停驶或反抗临检的商船外，潜艇不得予以击沉或破坏；并且不得在将船上人员和船舶文件安置于安全地方前将该船击沉或使其不能行驶。1936 年《关于潜艇作战规则的伦敦议定书》和 1937 年《关于把潜艇作战规则推行于水面船只和飞机的尼翁协定》再次确认了上述规定。

3. 封锁

1994 年《适用于海上武装冲突的圣雷莫国际法手册》（《圣雷莫手册》）列举了若干对封锁国的要求。实施封锁时应向所有交战国和中立国通告，宣布时应详细说明封锁的开始时间、持续时间、位置和范围，以及允许中立国船只驶离被封锁海岸的期限；实施封锁的舰队有权依照军事需求来确定的离岸距离进行驻泊，对于有理由证明正在突破封锁的商船有权进行拿捕，而对于经预先警告后有明显抵抗行为的商船有权进行攻击。同时，实施封锁时，封锁措施必须公平适用于各国船只。封锁方不可以阻止船舶进入中立国的港口和海岸，不能被宣布用于使平民忍受饥饿，或对平民造成的伤害可能或预计会超过封锁带来的军事效益。

应该注意的是，需要认识和思考《圣雷莫手册》的法律效力和法律影响力。《圣雷莫手册》是由国际法和海军专家组成的国际专家小组起草的手册，同时，《圣雷莫手册》在一定程度上是对适用于海上武装冲突的条约与习惯国际法规则的重述。

---

[1] *Corfu Channel Case*, Judgment of April 9th, 1949, I.C.J. Reports1949, p.4.

（三）空战中对作战手段的限制

空战的主要问题是如何限制和减少空中轰炸的伤害，以及如何尽量避免对非军事目标轰炸的问题。迄今为止，国际法上还没有对国家具有拘束力的关于空战规则的专门条约。但仍有不少国际法律文件规定了可以适用于空战的规则和原则。例如，1899年和1907年的《海牙宣言》提出禁止用气球或类似方法投掷投射物；1923年海牙法学家委员会草拟的《空战法规草案》提出只有军事航空器才能交战；1907年《海牙第十公约》规定，轰炸只能针对军事部队等，要尽量避免轰炸宗教、艺术、科学和慈善事业的建筑物、历史纪念碑、医院船、医院等场所；1977年《第一附加议定书》第49条第3款规定："本段的规定，适用于可能影响平民居民、平民个人或民用物体的任何陆战、空战或海战。这些规定还适用于从海上或空中对陆地目标的任何攻击，但不影响适用于海上或空中武装冲突的国际法规则。"《第一附加议定书》第51—第56条和第59条的规定也均适用于空战。关于陆地的其他作战方法和手段的限制也适用于空战。

第三节 战斗人员、平民和对战争受难者的保护

国际人道法中一个非常重要的问题是战斗人员和平民的区分。两者之间的区分对国际人道法规则有如此重大的影响，主要原因有两个：一是战斗人员是合法的攻击目标，平民不得成为攻击目标。二是战斗人员可以参加敌对行动。但如果战斗人员落入敌方的控制之中，就应该获得战俘待遇。而参加敌对行动的平民则不享有这个待遇，如果落入敌方掌握之中，就不能得到国际人道法的保护。正因为如此，国际人道法首先要回答的问题是武装冲突中有权参加战斗的人员是哪些人员；当战斗人员落入敌对方控制之后，他们应该获得什么保护？核心问题是那些没有参加武装冲突的人应享有什么的保护。

一、战斗人员

人道法的主体是战斗人员与平民。

战斗人员概念主要来自1907年《陆战法规和惯例公约》。1977年《第一附加议定书》第43条第1款有详细的规定："冲突一方的武装部队是由一个为其部下的行为向该方负责的司令部统率下的有组织的武装部队、团体和单位组成，即使该方是以敌方所未承认的政府或当局为代表。该武装部队应受内部纪律制度的约束，该制度除其他外应强制遵守适用于武装冲突的国际法规则。"第43条第2款补充规定到，冲突一方的武装部队成员是战斗人员，该条款把《日内瓦第三公约》第33条所包括的医务人员和随军牧师排除在了战斗人员范畴之外。与此相对的是第3款，无论何时，如果冲突一方将准军事机构或武装执法机构并入其武装部队内，应通知冲突其他各方。

据此，武装部队应该有三个特征：一是有向政府或当局负责的司令部统率；二是受内部纪律制度制约；三是应强制遵守国际法规则。武装部队的人员，除医生、牧师外，

都是战斗员，有权直接参加战斗，战斗中如果被敌方俘虏，就成为战俘，享有战俘的待遇。

《日内瓦第三公约》第 4 条（子）项下的规定，除涵盖属于冲突一方的常规武装力量和单位外，还包括有权获得战俘地位的其他特定人群，包括以下几类：

（1）冲突之一方之武装部队人员及构成此种武装部队一部之民兵与志愿部队人员；

（2）冲突之一方所属之其他民兵及其他志愿部队人员，包括有组织之抵抗运动人员之在其本国领土内外活动者，即使此项领土已被占领，但须此项民兵或志愿部队，包括有组织之抵抗运动人员；

（3）自称效忠于未经拘留国承认之政府或当局之正规武装部队人员；

（4）伴随武装部队而实际并非其成员之人，如军用机上之文职工作人员、战地记者、供货商人、劳动队工人或武装部队福利工作人员，但须彼等已获得其所伴随之武装部队的准许，该武装部队应为此目的发给彼等以与附件格式相似之身份证；

（5）冲突各方之商船队之船员，包括船长、驾驶员与见习生，以及民航机上之工作人员，而依国际法之任何其他规定不能享受更优惠之待遇者；

（6）未占领地之居民，当敌人迫近时，未及组织成为正规部队，而立即自动拿起武器抵抗来侵军队者，但须彼等公开携带武器并尊重战争法规及惯例。

非正规武装部队包括民兵、志愿军和游击队等战斗力量。民兵和志愿军是由人民自发临时组织的，一般不是国家法定的组织，不受国家任命的指挥官统率，没有统一的制服和标志。但根据 1907 年的《陆战法规和惯例章程》的规定，民兵和志愿军应具有下列特征：一是由对部下负责的指挥官领导；二是使用可以在一定距离内识别的和固定的标志；三是公开携带武器；四是遵守战争法规和惯例。非正规武装部队只要具备上述特点，在交战中便与正规武装部队一样享受战争法的保护和人道主义待遇。游击队主要是指在敌占区内活动的战斗人员，只要他们在对方看得见的期间和范围内公开携带武器和遵守战争法规，就是合法的战斗人员，享受战争法的保护。

战俘是指根据《日内瓦第三公约》第 4 条取得战斗员身份而落入敌对方控制之下的人。国际人道法规定，属于国际性武装冲突中冲突一方正规军的成员，将取得战斗员的资格；对于不属于正规军的，如果满足其他条件，也属于战斗员之列。此外，如果对确定战斗员身份产生疑问，《日内瓦第三公约》第 5 条第 2 款还规定："凡曾从事交战行为而陷落于敌方者，其是否属于第四条所列举各类人员之任何一种发生疑问时，在其地位未经主管法庭决定前，应享受本公约之保护。"这一款规定力图避免国家对是否属于战斗员、战俘身份草率判断。

二、平民

国际人道法没有直接明确平民的含义，而是通过排除战斗人员的形式间接定义平民。例如，在武装冲突地区担任危险职业任务的新闻记者，应被视为平民。《第一附加议定书》有关战斗员和平民的规定影响巨大，其中第 50 条第 1 款采用了排除法间接定义平民，而且特别强调"遇有对任何人是否是平民的问题存有怀疑时，这样的人应视为平民"。

当前，进行战争和武装冲突的方式发生了重大改变，越来越多平民实际参加战事，战斗员和平民界限越来越模糊。有观点认为，直接参加敌对行动的平民是"非法战斗员"。但是，迄今为止的国际法律还没有建立"非法战斗员"的条约与习惯国际法。《第一附加议定书》第51条第3款规定："平民除直接参加敌对行动并在直接参加敌对行动时外，应享受本编所给予的保护。"为了实现这项保护，《第一附加议定书》禁止对平民居民或者平民个人进行攻击。冲突各方"在任何情况下"都不能将"平民居民本身以及平民个人"作为"攻击的对象"，并"禁止以在平民居民中散布恐怖为主要目的的暴力行为或暴力威胁"。第一议定书还"禁止旨在平民居民中散布恐怖的武力行动或威胁"。同时，为保护平民起见，冲突各方不能出于掩护军事行动，或为使其军事目标不受攻击的目的而移动平民居民或平民个人。

《第一附加议定书》还禁止使用意图威胁平民生存的战争方法的规定。第54条第1款陈述了以下原则："作为作战方法使平民陷入饥饿，是禁止的。"该条第2款规定，不论是什么动机，也不论是为了使平民饥饿，使其迁移，还是为了任何其他动机，基于使对平民居民生存所不可缺少的物体，如粮食、生产粮食的农业区、农作物、牲畜、饮水装置和饮水供应和灌溉工程，对平民居民失去供养价值的特定目的，而进行的攻击、毁坏、移动或使其失去效用，都是禁止的。《第一附加议定书》在保护平民方面的规定是比较广泛和细致的。

三、对战争受难者的保护

武装冲突中对战争受难者保护的规则，不涉及战争的法律地位或交战国间的一般关系，也不涉及交战国使用的作战方法和手段，更不涉及交战国和中立国间的权利和义务，它们只是从人道的原则出发给予战争受难者以必要的保护。

（一）对交战国境内敌国平民的保护

根据《日内瓦第四公约》第35条，在冲突开始和进行中，所有受保护人希望离境的均有权离境，除非其离去有违所在国的国家利益。该规则的目的是保护居住在交战国领土内的敌国平民，这些人可能被地方当局拘禁或将面临恶劣的生存环境。《日内瓦第四公约》允许的离境行为，应在安全卫生保健及食物等方面条件妥善的情况下实行。一切与离境有关的费用，自拘留国领土上的出境地点开始，应由出境者目的地国负担，或者如果出境者被中立国收留，则该项费用由受益人的本国承担。

对未离境者，应保障基本权利，不得将他们作为军事攻击的对象，禁止对他们实施报复，保障他们的合法权益，不得强迫他们提供情报，不得施以体刑和酷刑，禁止进行惩罚和作人质，给予维护生活的机会，对妇女、儿童给予特别的保护，防止被施暴和给予必要的协助。

（二）对占领区被占领国平民的保护

军事占领是指战争或武装冲突中交战一方以军队占领敌方领土的一部分或全部，暂时行使统治的状态。军事占领是临时性的，不涉及领土主权的归属问题。它以存在战争或武装冲突和占领的事实以及确保统治的意图为条件。

暂时的入侵不构成军事占领。1907年《海牙陆战法规和惯例章程》与1949年《关于战时保护平民之日内瓦公约》对此作了比较详细的规定。

占领方只能在占领区行使军事管辖权，应对占领地的平民给予人道主义的待遇。根据1907年的《海牙陆战法规和惯例公约》和1949年的《关于战时保护平民的日内瓦公约》和1977年的两个附加议定书，不得剥夺平民的生存权；尊重平民的人格尊严、家庭、宗教信仰；不得对平民施以暴行、恐吓和侮辱；不得把平民扣作人质，进行集体惩罚或谋杀；不得驱逐平民，不得强迫提供情报或为其军队服务；不得侵占平民的粮食和医药供应，不得废除被占领国的法律等。

（三）对伤者病者的待遇

对战时伤者病者要求予以无区别的人道待遇和照顾。有关伤病者和战争受难者的待遇的公约主要有1864年、1906年和1949年先后签订的关于改善战争中武装部队伤者病者境遇的公约。这些公约对战争中伤者病者和受难者的待遇作了详细的规定。《第二附加议定书》第7条规定所有伤者、病者和船难者，不论曾否参加国内武装冲突，均应受尊重和保护。这些人员可以是军人或者是平民。第7条又规定，在任何情况下，这些人员均应受人道待遇，并应在最大实际可能范围内尽快得到其所需的医疗照顾和关怀。不应以医疗以外的任何理由对他们加以区别。

（四）对战俘的待遇

国际人道法中对战俘待遇有所规定的条约是1949年《日内瓦第四公约》以及《第一附加议定书》。按照这些公约的规定，战俘自其被俘至其丧失战俘身份前应享受各方面的待遇，包括：一是交战方应将战俘拘留所设在比较安全的地带。二是不得将战俘扣为人质，禁止对战俘施以暴行或恫吓及公众好奇的烦扰；不得对战俘实行报复，进行人身残害或肢体残伤，或供任何医学或科学实验；不得侮辱战俘的人格和尊严。三是战俘应保有其被俘时所享有的民事权利。四是尊重战俘的风俗习惯和宗教信仰。五是准许战俘与其家庭通讯和收寄邮件。六是战俘享有司法保障。七是不得歧视。

第四节 中国与国际人道法

在人类历史的发展过程中，一直存在着限制暴力的努力。国际人道法体现了人类文明的最大共识，它属于全世界和全人类，而非局限于某个特定的时代或民族。正如本章提要所提及，人道主义是能够凝聚不同文明的最大共识。

一、中国传统文化中的理念

中国人道主义有深厚的历史传统，如孔子的仁爱、墨子的兼爱、孟子的仁政等。中华传统文化中包含的"仁者爱人""己所不欲，勿施于人"等思想，对中国社会产生了深远的影响，这种仁爱思想是中国在人道方面的宝贵遗产，与人道法的基本理念有着相通之处。

在 18 世纪和 19 世纪欧洲涌现出有关战争目的思想时，我国著名的军事家孙武就著有《孙子》十三篇，提出了许多关于军事战略和战术等方面的理论。其中，"不战而屈人之兵"明确而准确地反映了战争的最直接目的，即只要能削弱敌方军事力量，就应避免给敌人造成不必要的痛苦。孙武还提出了对平民百姓及其财产的"秋毫无犯"思想，实际上就是现代国际人道法中保护平民和区分原则的基本理念。再如，保护俘虏的思想在我国古代也有体现。《唐律疏议》是目前我国保存最完整的古代法典之一，其中包含了一些保护战俘的思想，规定了丢弃武器投降的敌方人员不得被杀害，与现代国际人道法中对战俘的待遇理念一致。《唐律疏议》比第一部专门保护战俘的日内瓦公约，即制定于 1929 年的日内瓦公约，要早 1000 多年。

国际人道法的基本原则是以国际社会每一种文明所共享的全人类共同价值为基石的。中国，如同其他古老文明一样，对人道规则和国际人道法的基本哲学发展作出了实际的贡献。

二、中国与国际人道法相关的实践

国际人道法理念不仅出现于古代历史中，更是继承、发展和体现于近现代实践中。近年，我国在外交实践中对国际人道法给予了相当的重视。

第一，中国人民解放军自初创时起即强调保护平民和禁止虐待俘虏。"三大纪律、八项注意"是中国人民解放军的光荣传统；不虐待俘虏早就成了我军的一项基本传统。1928 年，当时的红军制定了宽待俘虏的一些具体规定，这些规定后又发展为"不杀或伤害俘虏""不打、不骂、不虐待、不侮辱俘虏"等。1937 年，我军曾提出三大原则，其中就有宽待俘虏一项。

为实施日内瓦四公约及其附加议定书，中国人民解放军不断完善军事法规以及军事法律顾问制度，并将公约及其附加议定书有关战俘待遇和保护平民的要求纳入平时部队训练和演习之中。近年来，中国人民解放军参加联合国维和行动、亚丁湾护航、国际灾难救援和人道主义援助，为维护国际和平与安全作出重要贡献，树立了"威武之师、文明之师、和平之师"良好形象，其中也包含人民解放军对人道原则的庄严承诺和坚定信守。

第二，中国积极参与和实施国际人道法。中国于 1952 年承认并于 1956 年批准了日内瓦四公约，1983 年加入《第一附加议定书》《第二附加议定书》，1984 年加入《禁止生物武器公约》，1997 年批准《禁止化学武器公约》，2020 年批准《武器贸易条约》。中国是世界上较早批准日内瓦四公约和最早加入两个附加议定书的国家之一。近年来，我国还批准了一些国际人道法相关的国际条约，典型的如《联合国打击跨国有组织犯罪公约关于打击非法制造和贩运枪支及其零部件和弹药的补充议定书》（以下简称《枪支议定书》）。《枪支议定书》有 120 余个缔约国，2023 年 12 月 19 日，中国常驻联合国代表张军大使向联合国秘书长古特雷斯交存了《枪支议定书》批准书。

在国内法层面，我国于 2020 年修订了《国防法》。《国防法》第 70 条规定，中华人民共和国在对外军事关系中遵守同外国、国际组织缔结或者参加的有关条约和协定。该条中的"有关条约和协定"就包含着《日内瓦四公约》和两个附加议定书在内的诸多重要人道法条约。2005 年 7 月，我国与红十字国际委员会签订了东道国协议，红十字国际委员会东亚地区代表处在北京成立。

第三，中国红十字会是国际红十字运动的重要一员，中国红十字会在其发展历程中，坚持不懈地把传播普及、推动实施国际人道法作为重要任务。中国红十字会自 1904 年诞生以来，在战争和武装冲突中开展了大量人道救助工作，挽救了无数生命。中国红十字会根据《日内瓦四公约》及其附加议定书、《国际红十字会和红新月运动章程》以及《红十字会法》等有关法律的规定，致力于国际人道法的传播工作。《红十字会法》第 1 条规定，红十字会的宗旨是"保护人的生命和健康，维护人的尊严，发扬人道主义精神，促进和平进步事业"。该法还明确规定，中国红十字会应当遵守宪法和法律，遵循国际红十字和红新月运动确立的基本原则，依照中国批准或者加入的日内瓦公约及其附加议定书和中国红十字会章程，独立自主地开展工作。

2007 年 11 月，由中国红十字会牵头，外交部、司法部、教育部、国家文物局等多方面参加的中国国际人道法国家委员会正式成立。中国国际人道法国家委员会将研究涉及国际人道法的各种问题，协调国内传播和实施国际人道法的活动，协调我国参与国际人道法事务的国际交流与合作。由于《日内瓦四公约》及其 1977 年两个附加议定书并未要求设立此类委员会，中国国际人道法国家委员会的成立，进一步表明了我国对推动国际人道法传播和发展的积极态度。

第四，中国近年来一直在安理会积极支持实施国际人道法。一是中国支持了前南斯拉夫问题国际刑事法庭的建立，对安理会第 808 号和第 827 号决议投了赞成票。二是在参与联合国安理会关于"武装冲突中平民问题"的系列讨论中，中国一直强调保护平民的重要性，提出了要切实遵守国际法，充分实施日内瓦四公约等国际人道法和安理会相关决议。三是中国近年通过发布相关文件的方式，支持安理会通过有关或涉及国际人道法的决议，阐明我国关于人道法的相关看法。2023 年 12 月，我们发布《关于解决巴以冲突的立场文件》，提出切实保护平民。要停止一切针对平民的暴力袭击和违反国际人道法的行为，避免袭击民用设施。

三、中国的形势和需要

中国是一个大国，对国际人道法的形成、发展和实践有所作为。中国已经 40 多年没有发生大规模武装冲突，30 多年没有发生任何武装冲突，但是，中国仍需关注国际人道法的变化和发展，加强国际人道法的研究。

第一，中国倡导构建人类命运共同体。在人类命运共同体中，全人类休戚与共，命运紧密相连，任何国家和民族都不能因为本国、本民族没有发生或卷入武装冲突，就对世界其他地方发生的武装冲突置若罔闻。因此，为了推动构建人类命运共同体，中国需要更多地关注世界各地发生的武装冲突以及与其紧密相关的国际人道法，"促进全球治理体系变革""为世界和平与发展作出新的重大贡献"。

第二，中国的国家实力包括军事实力不断增强，"国际影响力、感召力、塑造力进一步提高"。然而，尽管中国是一个军事大国和强国，但在国际人道法以及相关的军事法领域和学科中，说不上是大国和强国。中国在国际人道法领域的话语权和影响力与中国的国际地位和军事实力不相称。中国作为一个负责任的大国，应在包括国际人道法在内的诸多国际法领域进一步提升自己的话语权和影响力。

第三，中国虽然承平日久，但需居安思危。"世界面临的不稳定性不确定性突出"，不能排除中国在可预见的将来发生或卷入武装冲突的可能性。一旦发生这种情况，在合法合规地完成作战任务、达成军事目标的同时，在"外交战""法律战"中赢得先机、不授人以口实同样重要，而这要以非常专业和发达的国际人道法研究为基础和支撑。即使中国本身不发生或卷入武装冲突，中国派驻联合国各项维和行动的部队和人员也可能被迫卷入武装冲突。[1] 除了过硬的政治素质和严明的军事纪律外，充分了解和把握国际人道法也将是中国维和部队和人员在复杂的国际政治和舆论环境中圆满完成任务的重要保障。

重要名词术语

国际人道法、战争法、武装部队、平民和平民居民、国际性武装冲突、非国际性武装冲突、区分原则、占领

思考题

1. 传统战争法在现代称之为"国际人道法"，你是如何看待这些不同称谓的？
2. 国际性武装冲突和非国际性武装冲突有何不同？为什么需要区分国际性武装冲突与非国际性武装冲突，你是如何看待武装冲突的性质及其区分的？
3. 《第一附加议定书》是如何定义平民和军事目标的，这种定义方式反映了一种什么样的理念？
4. 区分原则和比例原则是指什么？这两个原则有何特点？
5. 中国与战争相关的传统思想、传统文化与智识对现代国际人道法的未来发展能发挥什么样的作用？

典型案例分析

案例一　"尼加拉瓜军事行动及准军事行动案"（尼加拉瓜诉美国，1986年）

1983年底和1984年初，美国在尼加拉瓜的一些港口附近布雷，范围包括尼加拉瓜

---

[1] 参见国务院新闻办公室：《中国军队参加联合国维和行动30年》白皮书，http://www.gov.cn/zhengce/2020-09/18/content_5544398.htm，最后访问时间：2024年4月10日。

的内水和领海。布雷活动严重威胁了尼加拉瓜的安全和航行。1984年4月9日,尼加拉瓜向国际法院提起诉讼,指控美国政府指使美国军人和拉丁美洲国家的国民在尼加拉瓜港口布雷、破坏尼加拉瓜的石油设施和海军基地、侵犯尼加拉瓜的领空主权并在尼加拉瓜组织和资助反政府集团等军事和准军事行动。尼加拉瓜请求国际法院判定美国的行动构成非法使用武力和以武力相威胁、干涉尼加拉瓜内政和侵犯尼加拉瓜主权的行为,请求法院责令美国立即停止上述行动并对尼加拉瓜及尼加拉瓜国民所受的损失给予赔偿;并请求国际法院指示临时保全措施。

美国参与了该案管辖权部分的听证,论证国际法庭对此案没有管辖权。1984年11月26日,国际法院认为其案件具有管辖权。1986年6月,国际法院对此案作出判决。法院认定,美国在尼加拉瓜境内的行动违反禁止使用武力原则,构成对尼加拉瓜非法使用武力和以武力相威胁;美支持尼反政府武装是对尼内政的干涉,违反不干涉内政原则。国际法院还认定,美国对尼加拉瓜的行动违反尊重国家领土主权原则;美国鼓励尼加拉瓜反政府武装从事违反人道法原则的行为,美国在尼港口布雷造成第三国船舶及其人员的人身、财产损害的行为也构成对人道法原则的违反;美国有义务立即停止并不再采取任何上述违背其国际义务的行为,并对造成的损害予以赔偿。

国际法院在"尼加拉瓜军事行动及准军事行动案"中提及了《日内瓦四公约》共同第3条。法院认为,1949年《日内瓦四公约》的共同第3条同样适用于对非国际性武装冲突。在法院看来,共同第3条的反映了本法院在1949年"科孚海峡案中"所指出的"对人道的最基本的考虑"。[1]

案例二 国际法院"以核武器相威胁或使用核武器的合法性咨询意见"(1996年)[2]

"一国在武装冲突中使用核武器的合法性咨询意见"是具有里程碑意义的案例。1994年12月15日,联合国大会通过决议,要求国际法院就以下问题发表咨询意见:国际法是否允许在任何情况下以核武器进行威胁或使用核武器?国际法院在该案中发表咨询意见指出:没有任何法律渊源,包括习惯法和条约法,明确禁止使用或禁止拥有核武器。但使用核武器必须符合自卫和国际人道法的原则。法院还在该咨询意见中探讨了国际司法机构的职能、国际法院咨询意见的意义、国际人道法等问题。

首先,法院讨论了核武器的独特性问题。法院指出,核武器的独特性在于它的破坏能力,它造成人类巨大痛苦的能力,以及它给后代造成损害的能力。

其次,法院考察了各种条约和习惯国际法。法院考察了包括《联合国宪章》《不扩散核武器条约》等在内的条约,都没有发现在任何条约规则明确禁止使用核武器。法院审议了习惯国际规则,也没有发现国际社会中已经形成了一种不诉诸核武器的法律

---

[1] *Military and Paramilitary Activities in und against Nicaragua (Nicaragua v. United States of America)*, Jurisdiction and Admissibility, Judgement, I.C.J.Reports 1984, p. 392; Military and Paramilitary Activities in and against Nicaragua(Nicaragua v. United States of America), Merits, Judgment. I.C.J. Reports 1986, p. 14.

[2] *Legality of the Threat or Use of Nuclear Weapons*, Advisory Opinion, I.C.J.Reports 1996, p.226.

确信。

最后,法院考察了国际人道法的原则和规则。法院指出,国际人道法有如下一些原则:保护平民和民用目标并区分战斗员和非战斗员;禁止对战斗员造成不必要的痛苦;载于《第一附加议定书》第 1 条第 2 款的马尔顿斯条款。法院指出,核武器的发明是在适用于武装冲突的人道法的大部分原则和规则已经存在以后的,核武器与常规武器存在数量与质量的差异,但所有国家似乎都遵守国际人道法的规则和原则,法院认为,人道法也就适用于核武器问题。然而,法院认为,鉴于整个国际法的现状以及法院所掌握的事实,法院不能就以下问题得出明确的结论:国家在自卫的极端情况下(该国的生存将受到威胁),以核武器相威胁或使用核武器的合法性或非法性。

国际法院法官就此咨询意见作了 7 次单独的投票。其中,以核武器威胁或使用核武器是否一般会违反适用于武装冲突的国际法的问题上,法院分歧严重,最终以 7 比 7 的投票,由法院院长投下决定票的方式通过决定。

后 记

为深入学习贯彻习近平新时代中国特色社会主义思想,特别是学习贯彻习近平法治思想和习近平外交思想,努力落实党中央和中国社会科学院以马克思主义为指导、不断推进中国特色哲学社会科学学科体系、学术体系、话语体系建设的要求,具体落实2023年2月中共中央办公厅、国务院办公厅联合印发的《关于加强新时代法学教育和法学理论研究的意见》,在中国社会科学院大学法学院院长、中国社会科学院法学研究所所长莫纪宏研究员的大力支持下,在中国社会科学院国际法研究所和中国社会科学院大学法学院国际公法教研室同仁们的协同努力下,我们中青年国际法学者联合撰写了这本《国际公法学教程》。

本书由我担任主编,各章节的分工如下:

绪论	作者	柳华文研究员
第一章 国际法的性质与发展	作者	柳华文研究员
第二章 国际法的渊源	作者	马金星副研究员
第三章 国际法与国内法的关系	作者	戴瑞君研究员
第四章 国际法的基本原则	作者	孙世彦研究员
第五章 国际责任	作者	郝鲁怡研究员
第六章 国际法上的主体	作者	李西霞副研究员
第七章 国际法上的国家	作者	张卫华助理研究员
第八章 国际组织法	作者	李赞副研究员
第九章 国际法上的个人	作者	郝鲁怡研究员
第十章 国际人权法	作者	孙世彦研究员
第十一章 国际法上的领土	作者	罗欢欣副研究员
第十二章 海洋法	作者	何田田副研究员
第十三章 空间法	作者	张卫华助理研究员
第十四章 国际环境法	作者	王惠茹助理研究员
第十五章 国际卫生法	作者	何田田副研究员
第十六章 条约法	作者	戴瑞君研究员
第十七章 外交和领事关系法	作者	李赞副研究员
第十八章 和平解决国际争端	作者	柳华文研究员
第十九章 国际刑法	作者	秦一禾副教授

第二十章　国际人道法　　　　　　作者　何田田副研究员

国际法学的框架和内容丰富庞杂，历史积累时间长，动态发展变化快，我们力求在本教程中简洁明了地反映当前国际公法学的基本内容和知识、国际公法的法理与中国的相关立场、主张和实践，使之成为学习国际法的教学用书和进一步钻研国际法的基础文献，但囿于能力和水平有限，加之时间仓促，实现本书撰写和出版的初衷和目的殊非容易。书中的疏漏和不足在所难免，希望各界同仁不吝指正，学习国际法的同学们多提意见和建议。希望大家共同支持和推动中国国际法研究和教学，为培养涉外法治人才、统筹推进国内法治和涉外法治、推动国际法的有效运用作出贡献。

特别感谢当代中国出版社对中国社会科学院大学法学院"新时代法学教育丛书"和本教程的大力支持，特别是王茵副总编辑的指导和帮助以及邓颖君责任编辑的细致工作。

柳华文

中国社会科学院大学法学院副院长

中国社会科学院国际法研究所副所长

2024 年 8 月 8 日于北京